高等医药院校创新教材
供临床医学、中医骨伤、医学影像技术及相关专业使用

医学影像诊断学

主　编　廖伟雄　孟　祥　夏正超
副主编　蒋　蕾　张振勇　黄　晓
主　审　蒋烈夫
编　委（按姓氏汉语拼音排序）
　　耿云平　南阳市中心医院
　　黄　晓　肇庆医学高等专科学校
　　蒋　蕾　南阳医学高等专科学校
　　蒋烈夫　南阳医学高等专科学校
　　廖伟雄　肇庆医学高等专科学校
　　林志艳　甘肃中医药大学
　　孟　祥　商丘医学高等专科学校
　　王海波　漯河医学高等专科学校第二附属医院
　　夏正超　成都川蜀血管病医院
　　于新设　辽宁医药职业学院
　　张艳辉　商丘医学高等专科学校
　　张振勇　漯河市中心医院
秘　书　罗梦灵　肇庆医学高等专科学校

科学出版社
北　京

内容简介

本教材基于医学影像技术岗位对知识、能力和素质的要求，遵循必须、够用和实用的原则编写教学内容。第一章总论，简要介绍了 X 线、CT 和 MRI 成像原理和方法，并阐述了医学影像诊断原则和报告书写等内容；第二章至第九章分别介绍了全身各系统的影像学检查方法、正常影像学表现、异常影像学表现和常见疾病的影像诊断与鉴别诊断。本书每章均设置了学习目标、病例分析、思考题等特色栏目，使教材更加符合医学影像实用技能型人才的培养要求。

本教材可供三年制专科医学影像技术、临床医学、中医及相关专业使用。

图书在版编目（CIP）数据

医学影像诊断学 / 廖伟雄，孟祥，夏正超主编，—北京：科学出版社，2017.1

高等医药院校创新教材

ISBN 978-7-03-051024-2

Ⅰ. 医… Ⅱ. ①廖… ②孟… ③夏… Ⅲ. 影像诊断–医学院校–教材 Ⅳ. R445

中国版本图书馆 CIP 数据核字(2016)第 294893 号

责任编辑：丁海燕 / 责任校对：彭珍珍 贾伟娟

责任印制：赵 博 / 封面设计：铭轩堂

科学出版社 出版

北京东黄城根北街 16 号

邮政编码: 100717

http://www.sciencep.com

北京九州迅驰传媒文化有限公司印刷

科学出版社发行 各地新华书店经销

*

2017 年 1 月第 一 版 开本：787×1092 1/16

2025 年 8 月第九次印刷 印张：25 1/2

字数：605 000

定价：69.80 元

（如有印装质量问题，我社负责调换）

前　言

医学影像学是当今发展最快的学科之一。随着影像设备不断更新，成像技术不断改进，医学影像已从单一的X线成像发展成集X线、超声、核素显像、CT和MRI在内的综合成像体系；影像诊断也从早期单一的形态学诊断发展为形态、功能和代谢并重的综合诊断，因此，医学影像诊断在临床上的价值日益重要。

《医学影像诊断学》是由科学出版社组织编写，供高职高专医学影像技术专业使用的规划教材，也可供临床医学专业（医学影像方向）等专科学生使用。编者基于医学影像技术职业对知识、能力和素质要求，参考了其他同类教材的基础上，参照放射技师执业资格考试标准，遵循必须、够用和实用的原则精心编写本教材内容。针对本专业课程特点，全书引入了大量病例插图，便于学生直观理解；同时，每章均设置了学习目标、病例分析、思考题等特色栏目，使教材更加符合医学影像实用技能型人才的培养要求。

本书共分九章。第一章总论，简要介绍了X线、CT和MRI成像原理和方法，并阐述了医学影像诊断原则和报告书写等内容；第二章至第九章分别介绍了全身各系统的影像学检查方法、正常影像学表现、异常影像学表现和常见疾病的影像学诊断与鉴别诊断。本教材在内容上注重与其他专业课程之间的紧密联系，既强调影像解剖、疾病病理与临床概要等相关学科的知识关联与巩固，又注重影像判读能力及诊断思维锻炼，有利于培养学生在影像技术岗位工作中发现问题和解决问题的能力。

本书参编者均来自教学与临床经验丰富的一线影像学教师和医师。在整个编写过程中，科学出版社及编者所在的单位给予了多方面的关注、支持和建议，在此一并致谢；同时，对为本书提供参考的其它同类教材的编写人员，表示诚挚的敬意和衷心的感谢。

限于编者经验和水平，本书不足之处在所难免，敬请广大师生和读者批评指正，以便再版时修正。

廖伟雄

2016年12月

目　录

第一章 总 论

学习目标

1. 掌握X线、CT、MRI成像技术的基本原理和图像特点；医学影像诊断的基本原则。

2. 熟悉X线、CT和MRI的常用检查方法；不同影像成像技术的临床应用、影像报告的书写方法和要求。

3. 了解医学影像技术的新进展。

自1895年德国物理学教授伦琴（Roentgen）发现X线不久，即被用于人体疾病检查，由此产生放射诊断学（diagnostic radiology）。20世纪50年代出现了超声成像（ultrasonography，US），20世纪70年代和80年代又相继出现了X线计算机体层成像（x-ray computed tomography，CT）和磁共振成像（magnetic resonance imaging，MRI）等新的成像技术。这些成像技术的应用极大拓展了原有放射诊断学领域，形成了包括X线诊断、超声诊断、CT诊断及MRI诊断在内的影像诊断学体系。

医学影像诊断学（medical diagnostic imaging）是应用医学成像技术获取的影像来显示人体内部组织器官的形态和生理功能状况，以及疾病所造成的病理改变，借以达到疾病诊断的目的。随着医学影像技术的快速发展，医学影像诊断从早期单纯依赖形态学变化进行疾病诊断发展为目前集形态、功能和代谢改变为一体的综合诊断体系，已成为诊断疾病的主要手段之一。

第一节 医学影像成像技术

一、X线成像和临床应用

X线成像技术应用于临床疾病诊断已有一百多年历史，至今仍然是医学影像学检查的重要组成部分，它具有的重要作用并未完全被其他现代成像技术所取代。

（一）X线成像原理和设备

1. X线的特性 X线是一种电磁波，波长范围为0.000 6～50nm。是在真空管内高速运行的电子束撞击钨（或钼）靶时而产生的。

X线具有以下与X线成像相关的特性。

（1）穿透性：X线具有很强穿透力，能穿透可见光不能穿透的物体，在穿透过程中有一定程度的吸收即衰减。X线的穿透力与X线管电压相关，管电压越高，所产生的X线穿透力越强；反之，X线穿透力越弱。穿透性是X线成像的基础。

（2）荧光效应：X线能激发荧光物质（如硫化锌镉及钨酸钙）产生可见光。荧光效应是透视检查的基础。

（3）感光效应：X线可引起感光材料感光，如使感光胶片乳剂中的溴化银放出银离子形成潜影，经显影、定影药液处理后，即可获得具有不同灰度的X线照片。感光效应是X

线胶片成像的基础。

（4）生物效应：X 线能使组织细胞和体液中的原子分离，产生生物学方面的改变，亦称电离效应。生物效应是放射治疗的基础，也是在 X 线检查时要注意 X 线防护的原因。

2. X 线成像的基本原理 X 线能使人体组织结构在荧光屏上或胶片上形成影像，一方面是基于 X 线的穿透性、荧光效应和感光效应；另一方面是基于人体组织结构之间有密度和厚度的差别。

人体组织结构依密度不同大致分为三类：①高密度的有骨和钙化灶等。②中等密度的有软骨、肌肉、神经、实质器官及体液等。③低密度的有脂肪组织及含有气体的肺组织、胃肠道、鼻窦和乳突气房等。

在人体 X 线摄影时，高密度组织如骨对 X 线吸收多，X 线片感光少，呈白影；低密度组织如含气的肺，与之相反，呈黑影；中等密度组织如实质器官，则介于前两者之间，呈灰影（图 1-1）。此外，透过组织结构的 X 线量的多少也与其厚度有关，厚度越大，则透过的 X 线就越少。因此，X 线片上影像的黑白程度除与组织结构的密度有关外，也受其厚度影响。当 X 线透过人体不同组织结构时，由于密度和厚度的差别，X 线被吸收的程度不同，所以到达荧屏或胶片上的 X 线量即有差异。这样，在荧光屏或 X 线片上的感光度不同就形成明暗或黑白对比不同的影像（图 1-2）。这就是应用 X 线检查进行人体疾病诊断的基本原理。

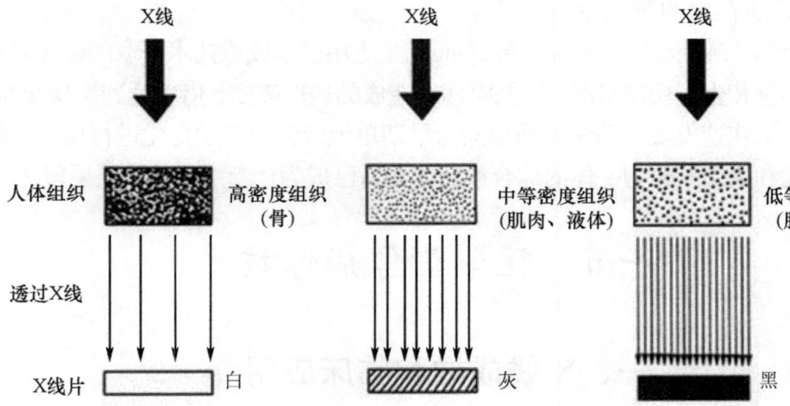

图 1-1 不同组织密度与 X 线成像的关系

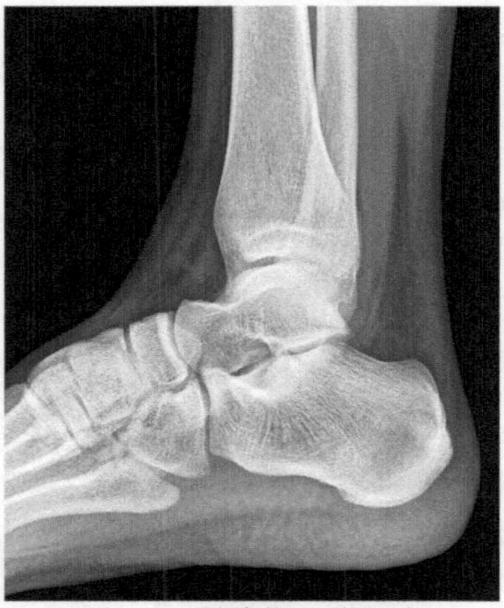

图 1-2 踝关节 X 线平片
显示骨、肌肉与脂肪的密度差异

3. X 线设备 传统 X 线设备包括通用型 X 线机、胃肠 X 线机、心血管造影 X 线机、床旁 X 线机、乳腺 X 线机和牙科 X 线机等，它们性能各异，分别有不同的用途。X 线机主要由 X 线管、变压器、操作台及检查床、支架等辅助装置等部件构成。现在应用的 X 线设备包括传统 X 线机和数字 X 线机，应用传统 X 线设备进行摄影时，是以胶片为载体，对透过人体的 X 线信息进行采集、显示和存储。现在的 X 线设备逐渐实现了计算机化、数字化和自动化。

（1）数字 X 线设备：主要包括计算机 X 线成像（computed radiography，CR）、数字 X 线成像（digital radiography，DR）及数字减影血管造影（digital subtraction angiography，DSA）。应用 CR 或 DR 进行摄影时，将透过人体的 X 线信息进行像素化和数字化，再经计算机进行各种处理，最后转换为模拟 X 线图像。不同的是 CR 以影像板（image plate，IP）代替胶片，作为透过人体 X 线信息的载体，而 DR 则用平板探测器（flat panel detectors，FPD）。数字化 X 线成像的优点：①摄影条件的宽容度大，可明显降低 X 线辐射剂量。②提高了图像质量，可更加清晰地显示不同密度的组织结构（图 1-3）。③具有测量、边缘锐化和减影等多种图像处理功能。④图像的数字化信息既可存储在光盘、硬盘中，还可通过图像存储与传输系统（picture archiving and communication system，PACS）进行传输。CR 不足之处在于成像速度慢，图像质量也有待提高；与 CR 相比，DR 不但大大缩短了成像时间，还最大限度地降低了辐射剂量等。

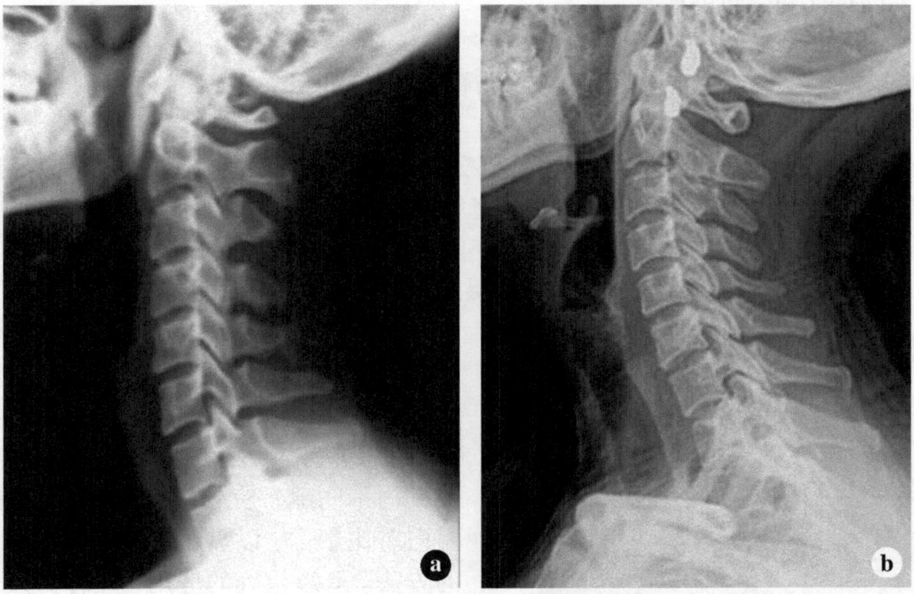

图 1-3　X 线胶片成像与数字成像比较

a. 颈椎 X 线胶片成像；b. 颈椎 DR 成像显示图像质量更清晰，组织结构层次更丰富

（2）数字减影血管造影（DSA）设备：DSA 设备是一种特殊的专用于心血管造影和介入治疗的数字化 X 线设备。以往应用传统心血管造影设备进行血管造影检查时，血管影与邻近骨和软组织影相重叠，影响了血管的显示。DSA 检查则可避免这种影像重叠。数字减影方法是应用计算机对血管内含与不含对比剂图像的数字矩阵进行相减处理，这样便可消除骨与软组织影像，仅留有清晰的血管影像（图 1-4）。目前，DSA 检查仍然是诊断心血管疾病的金标准，也是血管内介入治疗不可缺少的成像手段。

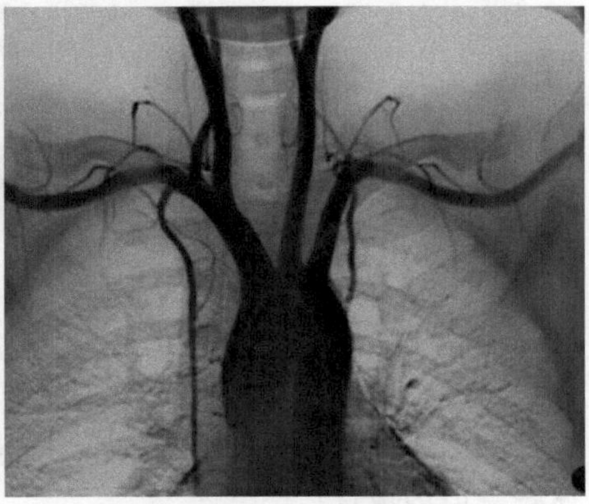

图 1-4　DSA 图像

消除胸部骨骼及软组织影，仅显示血管

（二）X 线检查技术

1. 普通检查

（1）透视：透视是利用透过人体被检查部位的 X 线在荧光屏上形成影像的检查方法。目前多采用平板探测器（FPD）和影像增强电视系统代替荧光屏。透视下可转动患者体位，从不同方位进行观察；可了解器官的动态变化，如心和大血管的搏动、膈的运动及胃肠蠕动等；操作方便；费用低。透视主要用于胃肠道钡剂造影检查、介入治疗和骨折复位等。

（2）X 线摄影：常简称为拍片，其影像对比度及清晰度均较好，广泛用于检查人体各个部位。X 线摄影时，常需行两个方位摄影，例如正位和侧位。目的是更好地发现病变，显示病变的特征和空间位置。

2. 特殊检查

（1）软 X 线摄影：是应用钼靶或铑靶 X 线管的摄影技术，专门用于乳腺 X 线检查。

（2）体层摄影：普通 X 线片上，一部分影像因与其前、后影像重叠，而不能显示。体层摄影是指利用特殊装置获得某一选定层面上结构的影像，而选定层面以外的结构则在投影过程中被模糊掉。对于显示病变内部结构是否有空洞、钙化或显示支气管腔有无狭窄等方面，体层摄影较普通 X 线摄影有一定优势，但影像分辨力低。目前主要用于口腔齿科检查，其他部位体层摄影已被 CT 检查替代。

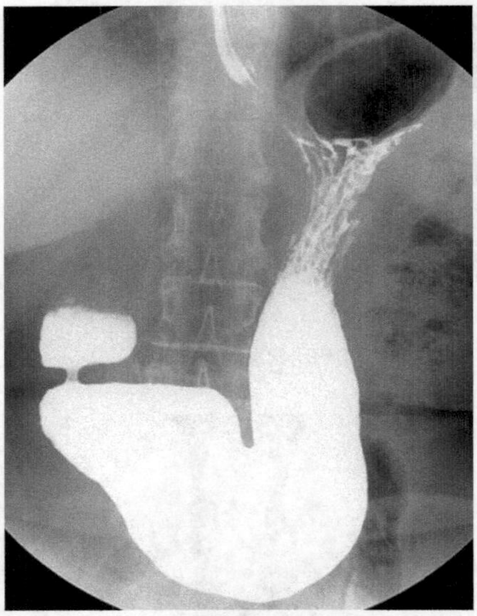

图 1-5　胃肠钡餐造影
口服造影剂显示胃肠形态

3. 造影检查　造影检查是将造影剂（对比剂）引入缺乏自然对比影像的器官内或其周围间隙，使之产生人工密度差，形成黑白对比影像，以显示器官形态结构和功能的方法。造影检查的应用，显著扩大 X 线检查范围。

造影剂（对比剂）按其密度高低分为两类。高密度（阳性）造影剂有钡剂和碘剂；低密度（阴性）造影剂为气体，现临床已少用。

钡剂为医用硫酸钡粉末，加水配成钡混悬液，主要用于消化道造影（图 1-5），并可用气钡双重造影，提高诊断正确率。

有机碘溶剂分两类：①离子型（如泛影葡胺）具有高渗性，易出现毒性反应，已趋于淘汰；②非离子型（如碘普罗胺）具有相对低渗性、低粘度和低毒性特点，减少了毒性反应的出现，临床应用广泛，主要用于心血管和尿路等造影检查。

（三）X 线图像特点和临床应用

1. X 线图像特点

（1）X 线图像是黑白灰阶图像。图像的黑白灰度反映了物质的密度高低和受检部位的厚度。

（2）X 线图像是立体结构的平面投影，有结构重叠。X 线图像是 X 线束穿透某一部位的不同密度和厚度组织结构后的投影总和，是该穿透路径上各个结构影像相互叠加在一起的影像。例如，正位 X 线投影中，既有前部，又有中部和后部的组织结构。

（3）X 线呈锥形投射，X 线影像有一定的放大。X 线束从 X 线管向人体作锥形投射，X 线影像有一定程度的放大和使被照体原来的形状失真；被照体与探测器越远，放大率和失真度越大（图 1-6）。因此，X 线摄影检查时，要求被照体尽量接近探测器。

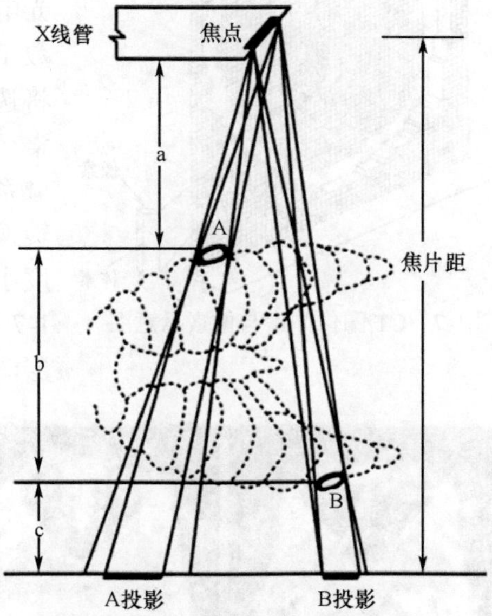

图 1-6 X 线放大与失真

X 线管焦点具有一定的面积，所投射的 X 线束使 X 线影像放大并产生半影，病灶 A 距离探测器较病灶 B 远，病灶 A 投影的放大率与失真度较病灶 B 大

2. X 线临床应用 近年来一些先进影像技术（如 CT 和 MRI 等）显示了很大的优越性，但它们并不能取代 X 线检查。肺部、胃肠道、骨关节及心血管等部位仍主要使用 X 线检查。X 线检查具有整体成像、成像清晰、经济和简便等特点，仍然是影像诊断中使用最广泛和最基本的检查方法。

3. X 线防护 X 线照射人体将产生一定的生物效应。若接触的 X 线量超过容许辐射量，就可能产生放射反应，甚至放射损害。要严格掌握 X 线检查的适应证，避免不必要的照射，尤其是孕妇和小儿，早孕者应属禁忌。但是，如 X 线量在允许范围内，则少有影响。因此，也不应对 X 线检查产生过度疑虑或恐惧，而应重视防护。X 线检查时应遵循辐射防护基本原则。①屏蔽防护：用高密度物质作为屏蔽物，遮挡敏感部位和器官，如含铅的防护服、眼罩、颈套和三角裤等。②距离防护：利用 X 线量与距离成反比的原理，适当扩大检查室的空间，减少散射线的辐射。③时间防护：每次检查的照射次数不宜过多，并尽量避免重复检查。

二、CT 成像和临床应用

计算机体层成像（CT）是由英国工程师 Hounsfield 设计并于 1972 年应用于临床。CT 的应用，明显扩大了医学影像诊断的应用领域，提高了病变的检出率和诊断的准确率，促进了医学影像学的发展。为此，Hounsfield 获得了 1979 年度诺贝尔生理学或医学奖。

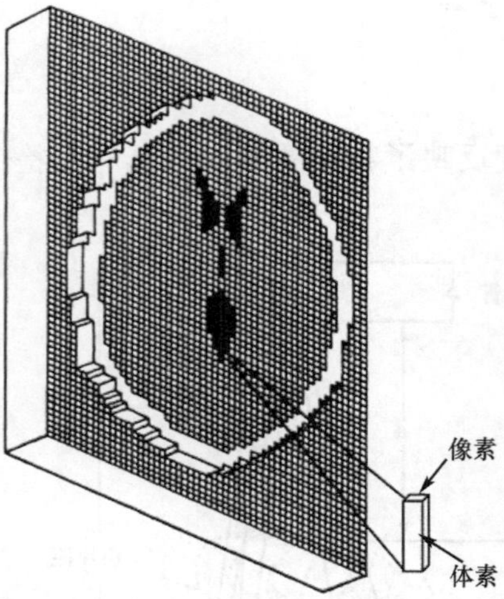

图 1-7　CT 图像体素与像素示意图

（一）CT 成像原理与设备

1. CT成像的基本原理　CT是利用X线束从多个方向对人体某部位一定厚度的层面进行扫描，由探测器接收透过该层面的 X 线，将其转变为可见光后，由光电转换器转变为电信号，再经模拟/数字转换器转为数字信号，输入计算机处理并重建图像。图像处理时将选定层面分成若干个体积相同的长方体，称之为体素。扫描所得信息经过计算而获得每个体素的 X 线衰减系数或吸收系数，再排列成数字矩阵。经数字/模拟转换器把数字矩阵中的每个数字转为由黑到白的等灰度小方块，即像素，并按矩阵排列，构成 CT 图像（图 1-7）。CT 图像常为人体某一部位多个连续的轴面断层图像（图 1-8）。

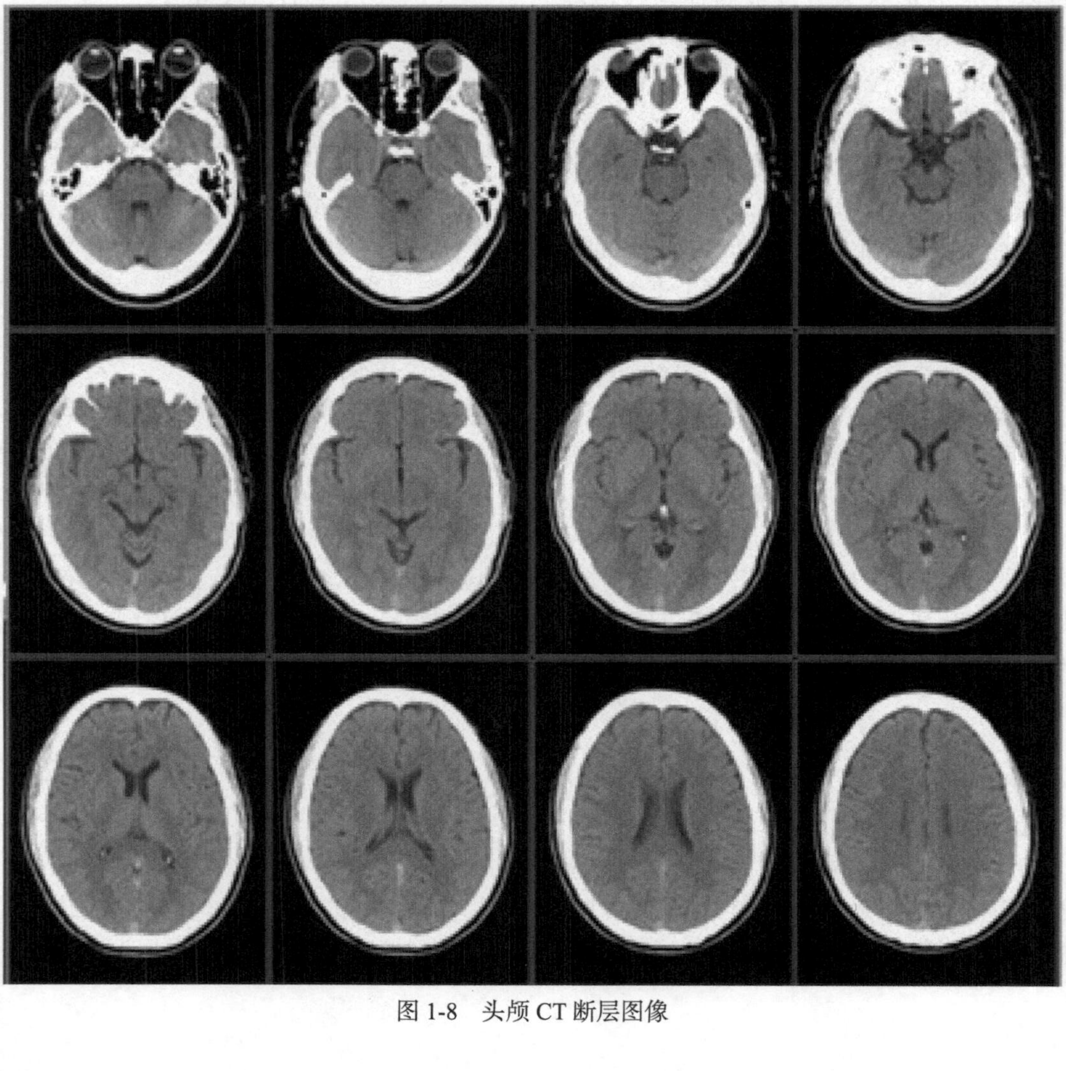
图 1-8　头颅 CT 断层图像

2. CT 设备 CT 主要由以下三部分组成。①扫描系统：包括 X 线发生装置、准直器、探测器、扫描机架和检查床等，用于不同部位和层厚的扫描。②计算机系统：负责整个 CT 装置的运行，进行 CT 图像重建和后处理，以及 CT 设备故障的检测。③图像显示和存储系统：包括显示器、激光打印机和光盘刻录机等，可进行图像显示、照片摄制和图像资料存储。

CT 设备发展迅速，由单层采集 CT 发展到多层螺旋 CT（multi-slice spiral CT，MSCT）。MSCT 采用了滑环技术，X 线管和探测器可单方向连续旋转，床和人体匀速前进或后退，连续产生 X 线，连续取样，围绕人体的一段体积螺旋式地采集数据，故也称容积 CT（volume CT）。此外，MSCT 在扫描速度和层厚方面也有了很大改进，单周 360°的扫描速度已达 0.27～0.40s，层厚可小至 0.5～0.625mm。如此，不但显著提高了成像的时间分辨力，有利于活动器官如心脏的成像；而且进一步提高了图像的空间分辨力，提高了图像质量。目前，多层螺旋 CT 已成为主流机型，包括 4 层、16 层、64 层、256 层和 320 层螺旋 CT。MSCT 的最新机型还有双源 CT 和能谱 CT。

（二）CT 检查技术

1. CT 检查方法

（1）平扫：指未用血管内造影剂的 CT 扫描。CT 检查一般都是先行平扫。一些病变，如急性脑出血、支气管扩张、肝囊肿和肾结石等，平扫即能诊断；但是，更多见的是平扫虽显示病变，但难以明确诊断。

（2）增强扫描：是经静脉注入水溶性有机碘对比剂后再行扫描的方法，较常应用。血管内注入碘对比剂后，器官与病变内碘的浓度可产生差别，形成密度差，可使病变显影更为清楚；还可观察某些器官或病变中对比剂分布与排泄的特点，以利于疾病的定性诊断。平扫显示病变而未能明确诊断或可疑异常，均应行增强检查。增强检查时，正常组织结构及病变内可因其内含有碘对比剂而密度增高，称之为强化。通过病变有无强化、强化的程度和方式等，常有助于定性诊断。

根据对比剂注入后的扫描延迟时间和扫描次数，分为以下几种增强检查方法。①普通增强检查：常用于头颈部疾病的诊断。②多期增强检查：能够动态观察病变强化程度随时间所发生的变化，有利于定性诊断（图 1-9），主要用于腹、盆部疾病的诊断。③CT 血管成像（CT angiography，CTA）：用于血管病变的诊断，如肺动脉栓塞、血管瘤和主动脉夹层等。

（3）高分辨力 CT 扫描：高分辨力 CT 扫描（high resolution CT，HRCT）是通过薄层扫描，大矩阵、骨算法重建图像，获得良好空间分辨力 CT 图像的扫描技术。常用于骨、内耳、肾上腺或肺等细微结构及微小病变的观察。

2. CT 图像后处理技术 螺旋 CT 扫描层厚较薄并获得连续横断层面容积数据，应用计算机软件，能够进行多种图像后处理，获得新的显示方式，以供观察和分析。

（1）二维显示技术：①薄层面重组：可以提高图像的空间分辨力，有助于微小病灶的显示。②多平面重组（multiplanar reformation，MPR）：包括冠状、矢状及任何方位的图像重组，有利于确定病变位置及毗邻关系（图 1-10a）。③曲面重组（curved planar reformationg，CPR）：能够整体显示走行弯曲的结构，例如冠状动脉（图 1-7a，图 1-7b）。

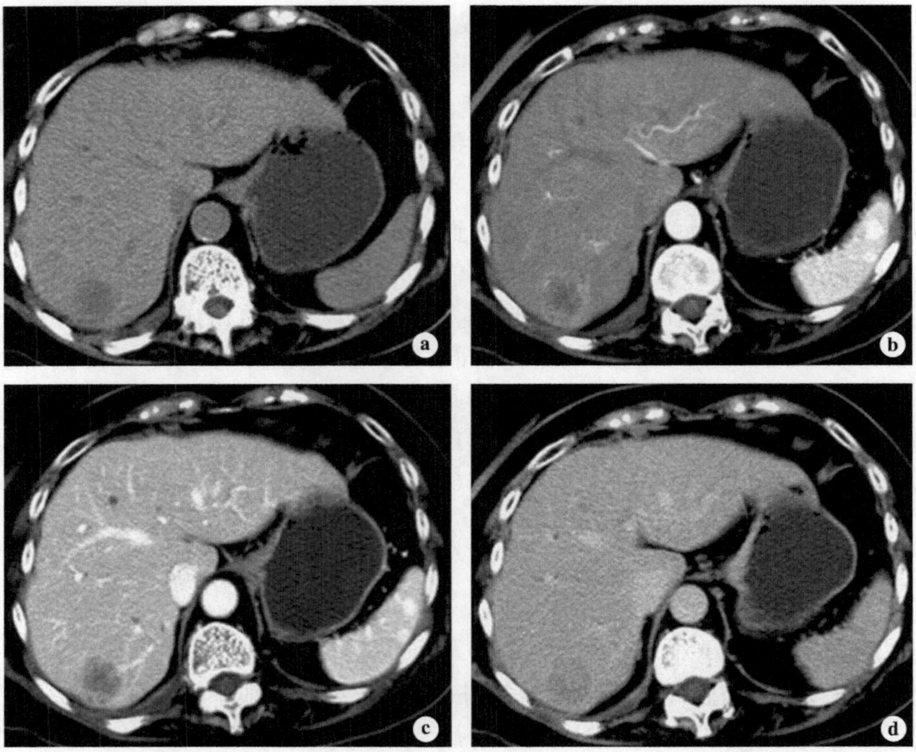

图 1-9　肝 CT 动态增强

a. 平扫；b. 动脉期；c. 门脉期；d. 平衡期

（2）三维显示技术：①最大密度投影（maxlmum intensity projection，MIP）：可于不同方位上整体观察高密度结构，例如增强后的血管显示（图 1-10b）。②最小密度投影（minimum intensity projection，MinIP）：可于不同方位上整体观察低密度结构，例如支气管树（图 1-10c）。③表面遮盖显示（surface shaded display，SSD）和容积再现（volume rendering，VR）：两者均能三维显示复杂结构的全貌，立体感强（图 1-10d）。其中，VR 技术还可进行透明化和伪彩处理，形象逼真。主要用于立体显示心血管和骨骼系统及与毗邻结构的关系。

（3）其他后处理技术：包括 CT 仿真内镜（CT virtual endoscopy，CTVE）、各种结构分离技术、肺结节分析技术、骨密度分析技术、心功能分析技术和冠状动脉分析技术等。

（三）CT 图像特点和临床应用

1. CT 图像特点

（1）CT 图像为层面图像：CT 图像是人体断面图像，解剖结构清晰，无影像重叠，明显提高了病变的检出率。但是，为了显示器官和组织结构的全貌，需要多个连续断面图像。

（2）可行密度量化分析：CT 图像以不同灰度反映器官和组织对 X 线的吸收程度。与 X 线图像一样，密度高的组织为白影，密度低的组织为黑影。CT 测量组织密度的量化指标是 CT 值，可以更精确地反映组织密度高低，CT 值单位为亨氏单位（Hounsfield unit，HU）。

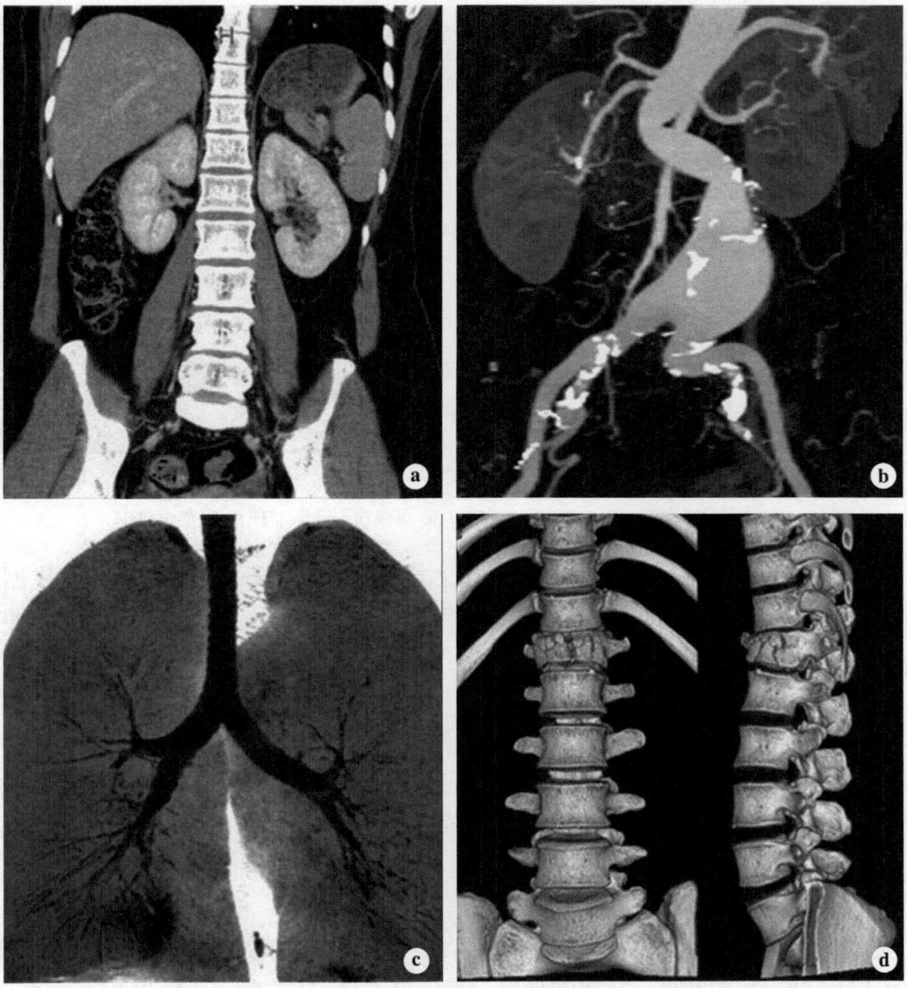

图 1-10 CT 图像后处理技术

a. 腹部 MPR 冠状面重组；b. 腹部血管最大密度投影；c. 支气管最小密度投影；d. 脊柱容积再现

水的 CT 值为 0HU，人体中密度最高的骨皮质 CT 值为+1000HU，最低密度的气体 CT 值为－1000HU；人体中密度不同的各种组织的 CT 值则居于－1000HU 到＋1000HU 的 2000 分度之间。人体软组织的 CT 值为 25～60HU，脂肪的 CT 值为－90～－70HU（图 1-11）。

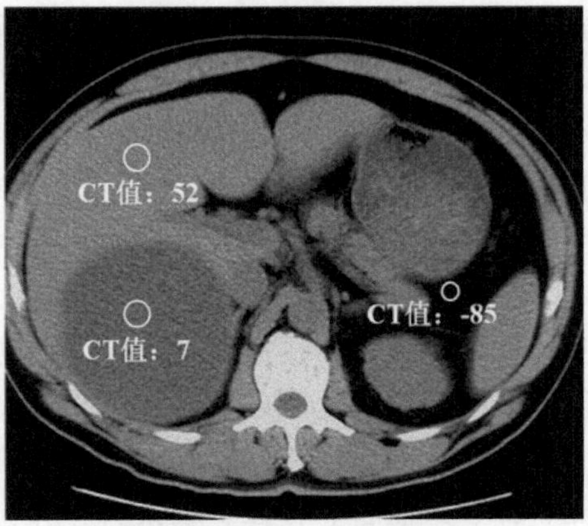

图 1-11 人体 CT 值的测量

肝实质 52HU，脂肪-85HU，肝囊肿 2HU

（3）需要调整 CT 窗口技术显示人体不同组织结构：由于 CT 的密度分辨力高，人体组织的 CT 值有数千个，而一般人眼只能区分 16 个灰阶，CT 值的数量大大地超出了人眼识别灰阶的能力。为了使图像上感兴趣的组织结构达到最佳的观察效果，需根据其 CT 值范围，选用不同的窗口设置，其中包括窗位和窗宽。窗位和窗宽的设定较为复杂，通常的设定原则是以主要观察组织的平均 CT 值为窗位，窗宽则要包含层面中所观察最高密度组织的 CT 值和最低密度组织的 CT 值。例如在胸部 CT 图像上，肺窗（窗位－700HU，窗宽 1500HU）可最佳显示肺组织及其病变，而纵隔窗（窗位 35HU，窗宽 300HU）才能最佳显示纵隔及其病变（图 1-12）。

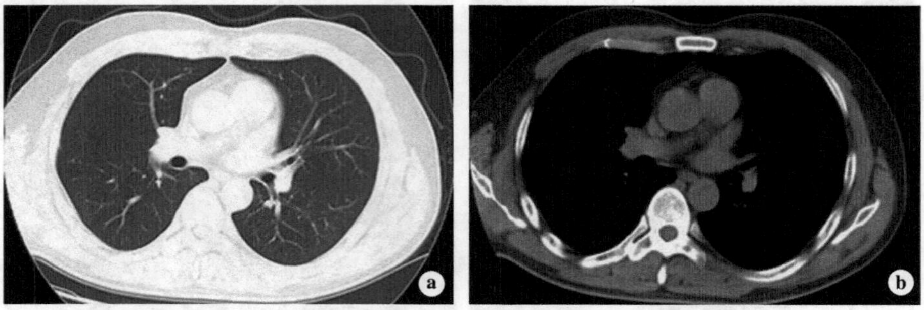

图 1-12　CT 窗技术

a. 肺窗：窗位-700HU，窗宽 1500HU；b. 纵隔窗：窗位 35HU，窗宽 300HU

（4）CT 图像可以进行后处理：螺旋 CT 能够运用计算机软件对成像数据进行多种后处理，可做任意平面的二维图像重组、三维立体图像重组及其他多种分析技术，可以从不同角度多方位观察，有利于直观地显示正常结构及病变的形态及毗邻关系。

（5）受到部分容积效应影响：当 CT 图像中同一体素内含有两种密度不同组织时，则该像素所显示的密度或测得的 CT 值并非代表其中任何一种组织，此即部分容积效应；部分容积效应影响了小病灶的观察。采用更薄的扫描层厚或重建层厚，可克服部分容积效应的影响。

2. CT 临床应用

（1）CT 能无重叠地显示人体断面解剖结构：CT 检查获取的图像是人体组织器官真正的横断面或冠状断面的图像，这些图像既避免了不同组织器官病变影像相互重叠，又能提供受检组织器官和病灶等的解剖细节；并可通过特殊的软件功能，对 CT 图像进行多方位重组，从而更好地对病变或组织器官的形态、大小、部位及邻近关系等作出准确和立体的判断，为临床诊断提供更有价值的依据。

（2）CT 图像的密度分辨力高：CT 和普通 X 线检查最大的不同是 CT 可把组织间的微小 X 线吸收差异以不同的灰阶表现在图像上。CT 所摄取的是一极薄层的人体横断面，将其显示在二维空间的画面上，不含有其他组织结构的重叠干扰。因此，CT 图像具有较高的组织密度分辨力。

（3）CT 为非侵袭性检查：与普通 X 线检查、同位素和超声波检查一样，均无需损伤身体即可完成检查，故称之为“无损伤性诊断方法”，而且 CT 检查全过程中所接受的照射均在安全允许范围内。

（4）CT 具有很高的诊断价值：CT 对脑部疾病的诊断价值已无可质疑，它对颈部、纵隔、肺、大血管、脊柱、腹膜后、肝、脾、肾、胰、胆囊、肾上腺、子宫、卵巢和膀胱等软组织病变的发现，病变位置及其侵犯程度的确认都有其特殊价值。CT 不但对诊断有帮助，对疾病治疗效果的追踪也有很大的参考价值。

三、MRI成像和临床应用

磁共振成像（MRI）是利用强外磁场中人体内的氢质子（^1H）在特定射频脉冲（radio frequency，RF）作用下发生磁共振现象所产生的信号，经图像重建的一种成像技术。1946年发现了原子核磁共振这一物理现象，1973 年 Lauterbur 应用该物理现象获得了人体 MRI 图像。MRI 的应用极大促进了医学影像诊断学的发展。为此，Lauterbur 获得了 2003 年诺贝尔生理医学奖。

（一）MRI 成像原理和设备

1. MRI 成像的基本原理

（1）物质基础：人体内广泛存在氢原子核，氢核内的质子（^1H）带正电荷，并因自旋运动而产生磁矩，^1H 犹如一个小磁体（图 1-13）。通常体内无数的小磁体呈随机无序排列，磁力相互抵消。

（2）纵向磁化与质子进动：当把人体放入一个强外加磁场中，氢质子将沿外加磁场方向排列，产生纵向磁化（图 1-14）。同时，这些质子的自旋轴围绕着外加磁场的磁力线做快速锥形旋转运动，称为进动，每秒旋转的次数为进动频率。

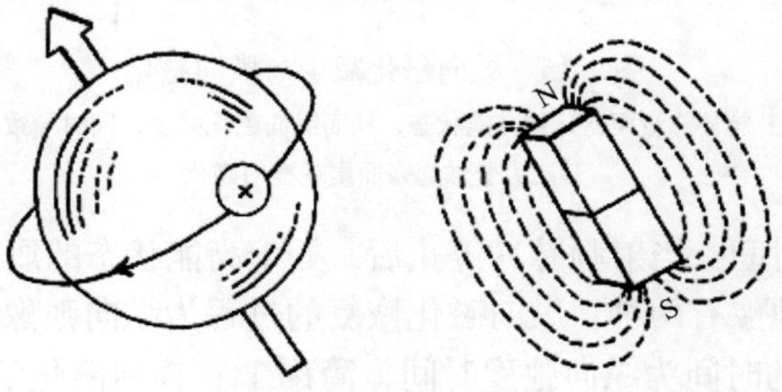

图 1-13 质子

质子带正电荷，并做自旋运动，运动的电荷产生电流，电流产生磁场，质子为小磁体

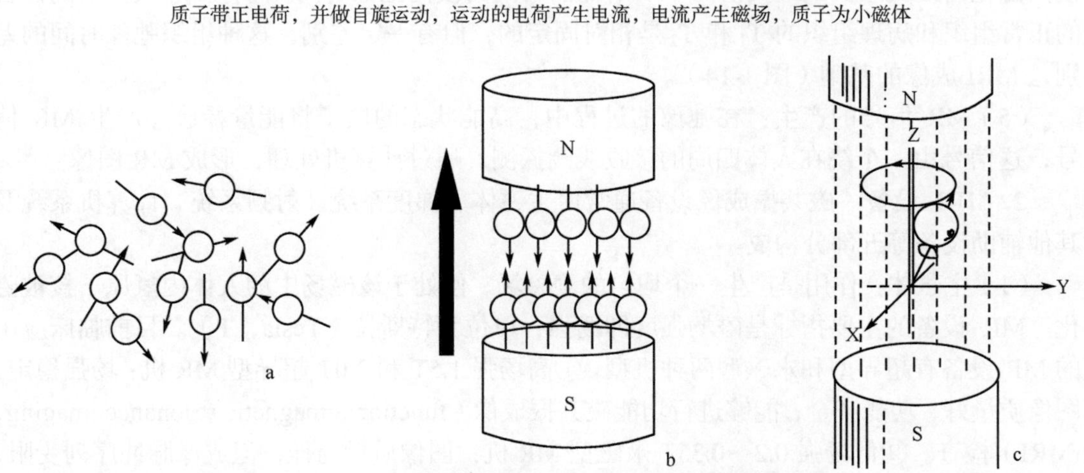

图 1-14 进入主磁体前后人体组织中氢质子的核磁状态变化

a. 进入主磁体前氢质子杂乱无章地排列；b. 进入主磁体后，质子的磁场方向与主磁场方向平行排列，平行同向者略多于反向者，互相抵消后产生一个与主磁场方向一致的宏观磁化矢量；c. 质子除自旋运动外，还做快速锥形的旋转运动，即进动

（3）纵向磁化减少与横向磁化出现：向人体发射与质子进动频率相同的射频脉冲而产生磁共振现象，一些质子吸收能量，发生相位变化及跃迁到高能状态，使纵向磁化减少和出现横向磁化（图 1-15）。

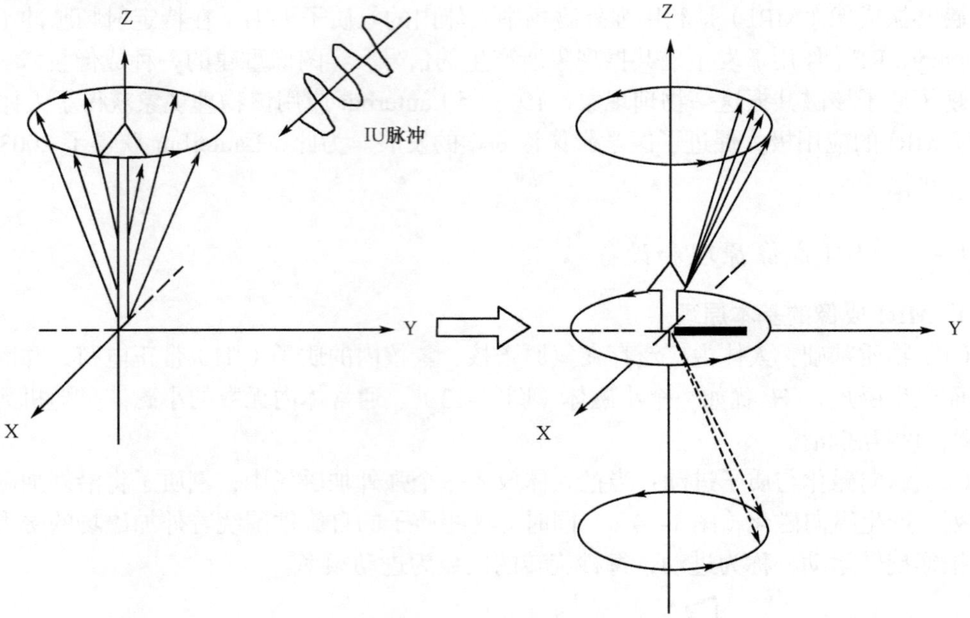

图 1-15　纵向磁化减少与横向磁化

发射 RF 脉冲，一些质子吸收 RF 脉冲能量而跃迁到高能状态，从而纵向磁化减少；同时导致质子同步同速运动，即同相位，其磁力叠加起来而出现横向磁化

（4）弛豫与弛豫时间：当射频脉冲停止后，处于高能状态的质子相位及能级恢复到原来的状态称为弛豫。弛豫有两种：纵向磁化恢复的过程为纵向弛豫，纵向磁化由零恢复到原来数值的 63%所需的时间为纵向弛豫时间，简称 T_1；横向磁化消失的过程为横向弛豫，横向磁化由最大减少到最大值的 37%所需的时间为横向弛豫时间，简称 T_2。人体不同器官的正常组织和病理组织的 T_1 和 T_2 是相对固定的，但有一定差别，这种组织弛豫时间的差别是 MRI 成像的基础（图 1-14）。

（5）MR 信号的产生：在弛豫的过程中，高能状态的质子将能量释放并产生 MR 信号，这信号由一个绕在人体四周的接收线圈探测，通过计算机处理，形成 MR 图像。

2. MRI 设备　磁共振成像设备通常由主磁体、梯度系统、射频系统、计算机系统及其他辅助设备等五部分构成。

（1）主磁体：作用是产生一个均匀的静磁场，使处于该磁场中的人体内氢原子核被磁化。MR 设备的主要指标是磁场强度即场强，单位为特斯拉（Tesla，T）。目前临床应用的 MR 设备有超导型和永磁型两种机型。①高场强 1.5T 和 3.0T 超导型 MR 机：场强稳定，图像质量好，功能齐全，能够进行功能磁共振成像（functional magnetic resonance imaging，fMRI）检查。②低场强 0.2～0.35T 永磁型 MR 机：图像质量尚佳，但成像脉冲序列受限，难以获得较佳的 fMRI 图像。

（2）梯度系统：主要由 X、Y、Z 三组梯度正交线圈组成，作用是产生梯度磁场，动态地叠加在静磁场上，使受检体在不同位置的磁场值有线性的梯度差异，实现成像体素的选层和空间位置编码的功能，即是为人体 MR 信号提供空间定位三维编码的条件。此外，在梯度回波和一些快速成像序列中，梯度磁场的翻转还起着射频激发后自旋系统的相位重聚，产生梯度回波信号的作用。

（3）射频系统：主要包括射频发生器、发射线圈和接收线圈。发射线圈发射射频脉冲激发人体内的质子发生共振；接收线圈接收人体内发出的MR信号。MR设备有多种射频线圈类型，包括全容积线圈（头线圈、体线圈）、表面线圈、腔内线圈和相控阵线圈等，适用于检查不同部位和组织器官的需要。

（4）计算机系统：主要包括模拟/数字转换器、阵列处理器及计算机等，控制磁共振的射频脉冲激发、信号采集、数据运算和图像显示等功能。

（5）其他辅助设备：如检查床及定位系统、液氦及水冷系统和磁屏蔽体等。

（二）MRI检查技术

MRI检查技术种类繁多，包括各种MRI检查序列、MRI对比增强检查、MR血管造影检查、MR电影成像技术、MR水成像技术、MR波谱技术和功能性MR成像技术等，它们各具特点和应用目的。

1. MRI检查序列 MRI检查序列是指应用特定的RF脉冲组合、采集时间和编码方式等所进行的MRI检查技术。当这些参数不同时，就组成了不同的MRI检查序列，获得了不同性质的MRI图像，用于不同的检查目的。

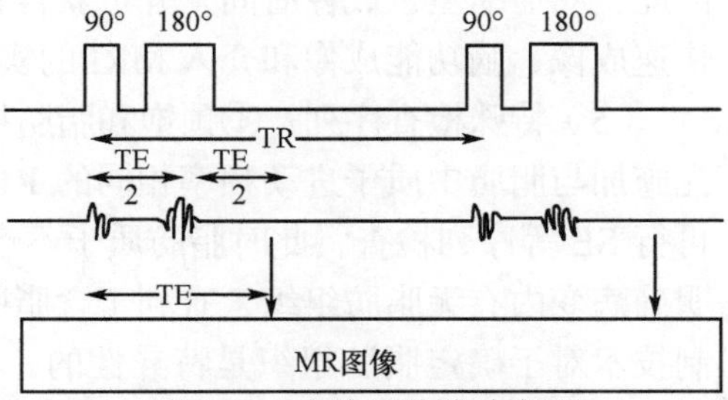

图1-16 自旋回波脉冲序列

（1）自旋回波（spin echo，SE）序列：是MRI经典成像序列，采用90°和180°射频脉冲组合（图1-16）。根据发射RF脉冲类型、间隔时间和信号采集时间不同，所获得的图像代表T_1值或T_2值的权重亦不同。其中，相同RF脉冲的间隔时间称为重复时间（repetition time，TR），自发射RF脉冲至信号采集的时间称为回波时间（echo time，TE）。若使用短TR、短TE，则所获得的图像主要反映T_1值，代表组织间T_1值的差异，称为T_1加权像（T_1 weighted imaging，T_1WI）；如使用长TR、长TE，则图像主要反映T_2值，代表组织间T_2值的差异，称为T_2加权像（T_2 weighted imaging，T_2WI）（图1-17）。快速自旋回波（fast SE，FSE）序列则能明显缩短成像时间。

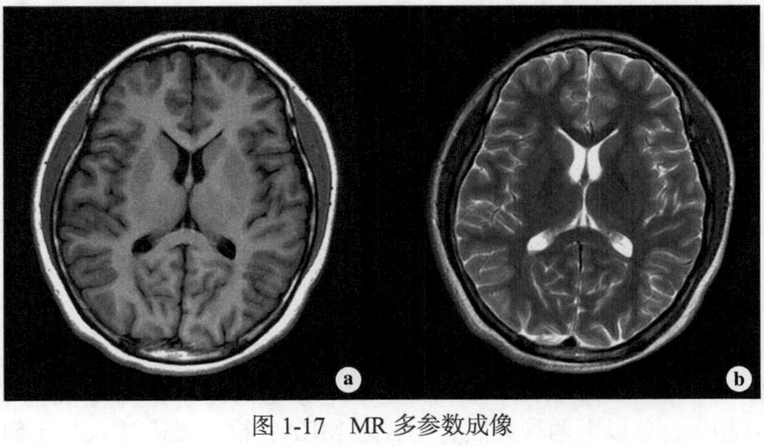

图1-17 MR多参数成像

a. T_1加权像；b. T_2加权像

（2）反转恢复（inversion recovery，IR）序列：亦是临床上常用的序列。采用 180°、90°和 180°脉冲组合，并在第一个 180°反转脉冲之后，经一定时间即反转时间（inversion time，TI）再施加 90°脉冲。依 TI 长短，分为短 TI 反转恢复（short TI inversion recovery，STIR）序列、长 TI 反转恢复序列即液体衰减反转恢复（fluid attenuated inversion recovery，FLAIR）序列。STIR 序列可抑制具有短 TI 值组织的信号，例如脂肪；FLAIR 则抑制 T_2WI 上自由水的信号强度，使邻近的长 T_2 高信号病变，例如脑室周围和脑沟旁的小病灶，显示更为清楚。

（3）梯度回波（gradient echo，GRE）序列：可提高磁共振成像速度，临床上常用。在 GRE 序列中，激励脉冲小于 90°并施加梯度磁场代替 180°脉冲，从而明显缩短了成像时间。快速梯度回波序列则能进一步提高成像速度。主要用于 MRI 动态增强检查及心脏、血管成像。

（4）平面回波成像（echo planar imaging，EPI）：为目前 MRI 速度最快的成像技术，是在一个 TR 期间内利用一次射频脉冲激发，采集多个梯度回波。EPI 几乎能与所有常规成像序列进行组合，如与 SE 序列组合，即在 90°和 180°脉冲之后进行平面回波数据采集。因此，明显缩短了成像时间，并可获得较高质量的图像。EPI 适用于心脏快速成像、腹部快速成像、脑功能成像和介入 MRI 的实时监控。

（5）特殊检查序列：①预饱和脂肪抑制技术（frequency selective fat suppression）：是先施加与脂肪中质子进动频率相同的 RF 脉冲及扰相位梯度脉冲，使其磁化量为零，其后再行 SE 等序列检查，此时脂肪质子不产生 MR 信号，即受到抑制。应用该检查技术能够明确病变内有无脂肪组织，有利于含脂肪病变的诊断。与前述 STIR 序列不同，该脂肪抑制技术对于确定脂肪组织是特异性的，而 STIR 序列则是非特异性的。②GRE 序列同、反相位 T_1WI：是利用脂质中质子和水中质子的进动分别处于同相位和反相位时成像，同相位成像时采集的 MR 信号为两者信号之和，反相位时则为两者信号之差。因此，同一体素内若含丰富的脂质和水，则与同相位相比，反相位上的信号强度有明显下降。同、反相位成像在临床上主要用于检查脂肪肝和鉴别肾上腺腺瘤与非腺瘤。③水抑制 T_2WI：能够抑制自由水信号，脑灰、白质信号对比同普通 T_2WI 图像，有利于脑室、脑沟旁长 T_2 高信号病灶的检出。④磁敏感加权成像（susceptibility weighted imaglng，SWI）：为一种反映组织间磁敏感性差异的特殊成像技术，能够清晰显示小静脉、微出血和病灶内铁沉积（图 1-18a）。

2. 对比增强检查 是经静脉注入顺磁性或超顺磁性对比剂后，再行 T_1WI 或 T_2WI 检查的方法。目前，普遍采用的对比剂是二乙烯三胺五乙酸钆（gadolinium diethylene-triaminepenta-acetic acid，Gd-DTPA），为顺磁性对比剂，主要作用是缩短 T_1 值，可使 T_1WI 图像上组织与病变的信号强度发生不同程度增高，称之为强化，从而改变其间的信号对比，有利于病变的检出和诊断。其他对比剂：①超顺磁性氧化铁（superparamagnetic iron oxide，SPIO）：为超顺磁性对比剂，主要作用是缩短 T_2 值，使 T_2WI 图像上信号减低，是网状内皮系统 Kupffer 细胞特异性对比剂。②钆塞酸二钠（Gd-EOB-DTPA）：为顺磁性对比剂，主要作用是缩短 T_1 值，是一种新型肝细胞特异性对比剂。

3. 磁共振血管成像 磁共振血管成像（MR angiography，MRA）主要用于血管性疾病的诊断（图 1-18b），分以下两种方法：①普通 MRA：检查无需注入对比剂，但对于小血管显示欠佳。②增强 MRA：需经静脉注入 Gd-DTPA，对于血管细节尤其小血管的显示效果要优于普通 MRA。

4. 磁共振水成像 检查利用重 T_2WI 序列检查，不用任何对比剂，就能够整体显示含有液体的器官和间隙（图 1-18c）。常用于包括 MR 胆胰管成像（MR cholangiopancreatography，MRCP）、MR 尿路成像（MR urography，MRU）和 MR 脊髓成像（MR myelography，MRM）等。

5. 功能磁共振成像（fMRI）检查 fMRI 是近十年来发展起来的一类全新成像技术，它们是以组织结构的生理功能及其异常改变为成像信息，并以图像形式反映出来的成像技术。

（1）扩散加权成像和扩散张量成像检查：扩散加权成像（diffusion weighted imaging，DWI）是用特定的脉冲序列反映组织内水分子扩散运动状态，不同类型病变对水分子扩散产生不同的影响，这种功能改变早于病变形态学改变。DWI 应用广泛，除常规用于超急性期脑梗死诊断外，也用于肿瘤性病变诊断与鉴别诊断（图 1-18d）。扩散张量成像（diffusion tensor imaging，DTI）是在 DWI 的基础上发展而来，反映组织中水分子扩散的各向异性。目前常用于脑白质纤维束成像，能够清楚地显示其因病变所造成的移位、破坏和中断。

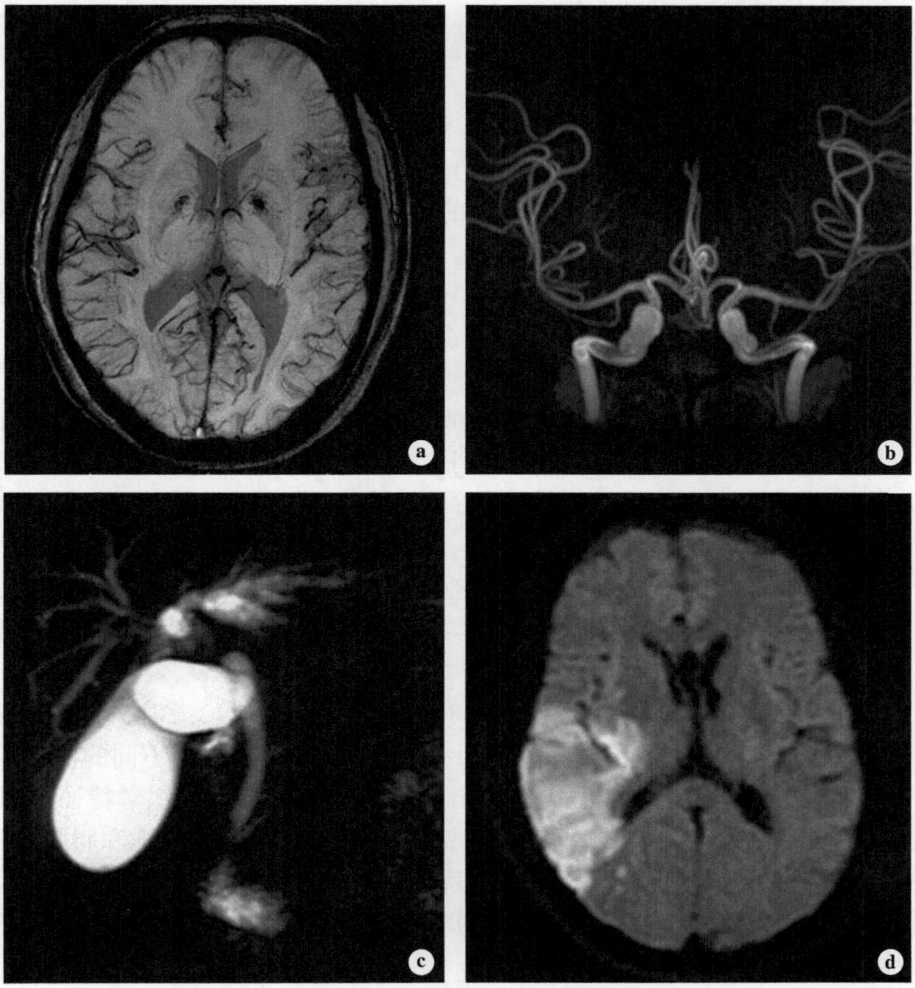

图 1-18 MR 其他常用序列成像

a. 磁敏感加权成像；b. 血管成像；c. 胆胰管水成像；d. 扩散加权成像

（2）灌注加权成像检查：灌注加权成像（perfusion weighted imaging，PWI）是在静脉内快速注入顺磁性对比剂 Gd-DTPA，对感兴趣部位进行平面回波（EPI）快速连续成像，计算出相对血容量、相对血流量、平均通过时间和达峰时间等参数，并由此组成伪彩图。主要用于缺血性病变诊断、肿瘤性病变诊断与鉴别诊断以及肿瘤恶性程度评估的研究。

（3）脑功能定位成像：利用血氧水平依赖性（blood oxygenation level-dependent，BOLD）MRI 技术来标识脑功能活动所致的血氧浓度改变，在 MRI 上直接实时显示脑功能变化。目前已用于脑肿瘤手术方案的制订，以尽可能避免损伤重要的脑功能区，也用于致癫灶异常活动脑区的定位。

6. 磁共振波谱 ^{1}H 磁共振波谱（magnetic resonance spectroscopy，MRS）通常获取的是代表组织内不同代谢物的生化成分中 ^{1}H 共振谱线图，进而能够明确其生化成分的组成和浓度；也可根据某一生化成分的空间分布和浓度转换成检查层面的伪彩图，并与普通平扫 MRI 图像叠加，以便直观分析。^{1}H-MRS 检查对脑肿瘤、前列腺癌和乳腺癌等肿瘤的诊断与鉴别诊断有很大帮助。

（三）MRI 图像特点和临床应用

1. MRI 图像特点

（1）多参数成像：弛豫时间的差别，是 MRI 诊断的基础。人体不同组织和病变具有不同的 T_1、T_2 值，在 T_1WI 和 T_2WI 像上产生不同的信号强度，具体表现为不同的灰度。因此，可分别获取同一解剖部位、同一层面的 T_1WI、T_2WI。T_1WI 有利于观察解剖结构，而 T_2WI 对显示病变组织较好。一般情况下，组织信号越强，图像上相应部分就越亮；组织信号越弱，图像上相应部分就越暗。在 T_1WI 上，短 T_1 值的呈高信号，例如脂肪组织；长 T_1 值的呈低信号，例如脑脊液。在 T_2WI 上，短 T_2 值的呈低信号，例如骨皮质；长 T_2 值的呈高信号，例如脑脊液。

（2）具有多种成像序列：MRI 能进行多种序列成像，最常用的是自旋回波（SE）序列和快速自旋回波（FSE）序列，其他成像序列包括梯度回波（GRE）序列、反转恢复（IR）序列和平面回波成像（EPI）等。这些成像序列和成像方法具有不同的组织对比和不同的成像速度，因而有不同的临床应用价值。

（3）直接获取多方位断层图像：MRI 检查常规获得轴位断层图像，根据临床需要，还可以直接进行冠状位、矢状位及任意方位倾斜面的断层成像，能清楚地显示组织结构间的解剖关系，有利于明确病变的起源及范围。

（4）具有高的组织分辨力：MRI 图像基于成像原理和多参数、多序列成像的特点，因而具有高的组织分辨力。在不同的扫描序列上，不同的组织表现出不同的信号特点，采用一些特定的成像序列和成像方法还有利于进一步确定病变的组织学特征。例如亚急性出血和脂肪组织在 T_1WI、T_2WI 均表现为相似的高信号，但采用预饱和脂肪抑制技术，脂肪组织特征性被抑制为低信号，而亚急性出血仍呈高信号。因此，MR 应用不同的成像序列及成像方法，能准确识别正常结构和病变的不同组织学类型，有助于病变的检出和诊断。

（5）受流动效应影响：在 MRI 上，流动的液体信号比较复杂，取决于液体的流速、流动的类型和成像序列等多种因素。例如，在SE序列上，高速的血流由于流空效应，表现为信号丢失；而在GRE序列图像上，血流因流入增强效应而呈高信号。此外，流体的流速还可诱发流动的质子发生相位改变。流入相关增强效应和流速诱导的流动质子的相位改变，分别为磁共振血管成像（MRA）时间飞跃（TOF）和相位对比（PC）法成像的物理基础。MRA检查不仅能显示血管的形态，且能提供血流方向和流速等方面的信息。

2. MRI临床应用

（1）MRI成像的主要优势：①组织分辨力高：MRI为多参数、多序列成像，不同病变内的组织在这些成像序列和检查技术上，有不同的信号强度表现，从而有助于病变的检出及诊断和鉴别诊断。②直接进行水成像：MR水成像技术可不用对比剂，就能够整体显示含有液体的器官，类似X线造影检查效果。如MR胆胰管成像、MR尿路成像和MR内耳成像等。③直接进行血管成像：MRA能利用液体流动效应，不用对比剂即能整体显示血管，类似X线血管造影效果。④在体分析组织和病变代谢物的生化成分：^{1}H磁共振波谱（MRS）检查能够检测活体组织和病变内代谢物的生化成分及其含量。⑤能够进行fMRI检查：DWI能够反映组织和病变内水分子扩散运动及其受限程度；而DTI则能反映水分子扩散运动的各向异性。灌注加权成像（PWI）可通过灌注参数值反映组织和病变的血流灌注状态。脑功能定位成像利用血氧水平依赖（BOLD）原理进行脑功能活动区的定位和定量。

（2）MRI成像的局限性：①检查时间相对较长：常规MRI检查为多序列成像，耗时较长，不利于急症患者和难以制动者检查。快速成像序列和技术，例如平面回波成像（EPI），可在一定程度上缩短检查时间。②识别钙化有限度：常规MRI检查多不易识别钙化，磁敏感加权成像有所帮助，但总体而言，MRI对钙化识别不及CT检查。③MRI检查的安全性：置有心脏起搏器者和体内有金属性（铁磁性）手术夹、支架、假体和假关节者，以及孕三个月以内者和幽闭恐惧症者，均不得进行此项检查。

（廖伟雄）

第二节　各种成像技术的比较和综合应用

一、不同成像技术的临床应用

随着医学影像技术迅速发展，目前已形成了X线、CT和MRI等多种成像技术检查体系。基于这些成像技术成像原理不同，它们在临床应用上各具不同的适用范围和诊断价值。

1. X线检查　X线具有经济、简便、设备普及和成像较清晰等特点，是影像诊断中使用最广泛和最基本的方法。临床上主要用于：①普通X线摄影：检查具有良好自然密度对比的器官和部位所发生的病变，例如肺部、骨关节和乳腺疾病；检查能够与周围结构产生明显密度对比的病变，例如尿路结石、胆石症、气腹和肠梗阻等。②X线造影：检查消化道、泌尿系统和心血管系统疾病，如胃肠钡餐和静脉肾盂造影等。

2. CT 检查 CT 的密度分辨力高，易于发现病变，临床上应用广泛。适用范围几乎涵盖了人体各个系统和解剖部位的检查，其中包括中枢神经系统、头颈部、胸部、心血管系统、腹盆部及骨骼肌肉系统等疾病；并可作为 X 线、超声的进一步检查手段。

3. MRI 检查 MRI 的组织分辨力高，易于发现病变并显示其特征，而且能进行 ^{1}H-MRS 和多种功能成像检查。临床上主要用于：①检查中枢神经系统、头颈部、乳腺、纵隔、心脏大血管、腹盆部、肌肉软组织及骨髓等疾病，并可作为 X 线、超声和 CT 的进一步检查手段，例如乳腺肿块、肝肿块和肾上腺病变等。②检出 X 线、超声和 CT 检查难以或不能发现的病变，例如脑内微小转移瘤、骨挫伤、关节软骨退变和韧带损伤等。③fMRI 和 ^{1}H-MRS 也常用于疾病的早期发现及诊断与鉴别诊断，例如应用 DWI 检查超急性期脑梗死、鉴别脑转移瘤与脑脓肿，应用 ^{1}H-MRS 诊断前列腺癌并与良性前列腺增生鉴别等。

二、不同成像技术和检查方法的选择

不同成像技术在检查的易行性、创伤性、安全性和费用等方面有明显不同，更重要的是对于不同系统和解剖部位病变的检出和诊断能力也有很大差异。例如：①在中枢神经系统疾病诊断上，X 线检查的密度分辨力低，加之组织结构影像的重叠干扰，因而价值有限，已基本不再使用；CT 和 MRI 检查则分别具有高的密度分辨力和组织分辨力，已成为目前中枢神经系统疾病广泛应用的检查技术。②在呼吸系统疾病诊断方面，X 线平片检查由于具有良好的自然对比，仍是常用和首选的检查技术；CT 检查基于密度分辨力高和无重叠影像干扰等优点，对疾病的检出和诊断明显优于 X 线平片，已成为呼吸系统的主要检查技术；由于肺组织的质子密度低，MRI 很少用于呼吸系统疾病的检查。③在胃肠道疾病诊断上，尽管 CT 和 MRI 对于检出某些胃肠道疾病及显示壁外侵犯有较高的价值，但 X 线钡剂造影检查简便易行，能观察胃肠蠕动、排空等功能变化，仍是首选和主要检查技术。

上述示例说明，造成不同成像技术适用范围和诊断能力差异的主要原因，除了与各种成像技术的成像原理及成像性能密切相关外，还取决于不同系统和解剖部位组织结构的差异。因此，影像学检查时，首先要综合性考虑简单易行、安全、无创和检查费用低，同时要针对性选择易于检出病变且诊断价值高的成像技术。

每一种成像技术还包括不同的检查方法，这些检查方法适用范围和诊断能力同样有很大差别。例如：①怀疑急性脑血管病变时，需选用 CT 或 MRI 检查，但在超急性期脑梗死时，常规 CT 或 MRI 检查常不能发现病灶，而需进一步选用 CT 灌注检查或 MRI 的 DWI 检查，方能发现病灶和明确诊断。②在肝肿瘤性病变的鉴别诊断上，多种常见肝肿瘤 CT 平扫检查可表现为相似的局灶性低密度病变，但采用多期增强 CT 检查，根据病变的强化特征，常能做出明确诊断。因此，不同检查方法各有其适用范围和应用价值。当确定所用成像技术后，还要根据具体情况进一步选用合适的检查方法以反映病变的特征。

三、不同成像技术和检查方法的综合应用

影像学检查时，常常需要综合应用两种或以上的成像技术和检查方法，目的是为了更

好地检出病变、提高病变的诊断准确性。①不同成像技术的综合应用：根据某一成像技术的初次检查表现，进一步选用另一种成像技术进行检查。例如，胸部X线平片检查时发现肺内孤立性结节，需进一步选用胸部平扫CT检查，以明确肺结节形态、密度及结节周围情况的细节，以利于肺结节的定性诊断。②不同检查方法的综合应用：影像学检查也经常综合应用同一种成像技术中的不同检查方法。例如，MRI检查对前列腺病变具有较高的诊断价值，除常规采用平扫T_1WI和T_2WI检查外，还常需行DWI、^1H-MRS和PWI检查才进一步明确前列腺病变的性质。

（廖伟雄）

第三节 医学影像诊断原则和报告书写

一、医学影像诊断原则

影像诊断是临床诊断的重要组成部分，起着举足轻重的作用。X线、CT和MRI都是以图像改变为依据的，因此熟悉图像的正常表现、发现和辨认异常表现是正确诊断的前提条件。当发现异常后，还要进行分析归纳，明确异常表现所反映的病理变化。最后，综合各种异常表现，结合临床资料，进行逻辑推理，才可能提出比较客观、正确的诊断。因此，医学影像诊断的基本原则是熟悉正常、辨认异常、分析归纳、综合诊断。

（一）熟悉正常影像表现

熟悉正常影像表现是辨认异常影像表现的先决条件。熟悉和掌握正常影像表现应具备以下条件：①要有良好的人体解剖学基础。②要认识不同成像技术的成像原理和图像特点。③要清楚同一种成像技术但不同检查方法之间的差异。④要注意性别、年龄及个体之间的差异。⑤要识别各种正常解剖变异。

（二）辨认异常影像表现

异常影像表现是进行疾病影像诊断的主要依据，识别异常表现过程中，注意受检器官和结构的形态、密度和信号强度是否发生改变。当发现图像有可疑异常时，应进一步运用所掌握的知识判断是否代表病理改变所引起的异常表现。

为了避免遗漏图像上的异常表现，应当有序、全面、系统地进行观察，并养成良好的阅片习惯。例如，在观察和分析胸部正位X线片时，应由外及里依次观察和分析胸壁、肺、肺门、纵隔和心脏大血管等影像。在观察和分析肺部时，亦应自肺尖至肺底、自肺门向肺周有顺序地进行。否则，很容易遗漏某些具有重要临床意义的病灶，例如忽略肋骨的骨质破坏，这种情况并非少见。对于CT和MRI的多幅横断层图像，也要逐层认真全面观察和分析，稍不细心就容易遗漏小病灶。

（三）异常影像表现的分析和归纳

对于所见异常影像，要按照影像表现的特点进行分类和概括，进一步分析异常表现所代表的病理意义。要注意从病变的部位及分布、数目及大小、形态及边缘、密度信号及均匀度、周围情况、功能变化和动态发展等方面逐一进行分析。

1. 部位及分布 一些病变常有其好发部位。如骨巨细胞瘤常位于长骨骨端，而骨肉瘤多位于长骨干骺端。

2. 数目及大小 如原发性肿瘤多为单发病灶，转移性肿瘤常为多发性病灶。

3. 形态及边缘 反映了病变的大体形态。如类圆形且边缘光整肿块常为良性病变，而形态不规则、边缘不清者，可能为恶性肿瘤或急性炎症。

4. 密度（信号）及均匀度 密度（信号）的高低可大致反映病变的组织结构和成分。例如含液囊肿在 CT 上为均匀水样密度，畸胎瘤常为含有脂肪的不均匀密度肿块；对比增强检查能反映病变组织的血供情况。

5. 周围情况 邻近器官和结构改变对诊断常有较大帮助。例如发现肺内肿块，若同时有同侧肺门淋巴结增大，提示为周围型肺癌并淋巴结转移。

6. 功能变化 某些器官的病变既有形态学改变，也可见功能的异常。如胃肠道蠕动改变，有时甚至是疾病诊断的重要依据。

7. 动态发展 不同时期的病变随访比较疾病的治疗效果很重要，同时对一些初诊不能定性的疾病有很大帮助。例如，发现肺部孤立性结节，若结节长期无明显变化，常指示为良性结节；若结节短期内明显增大，则提示肺癌的可能性。

（四）结合临床资料进行综合诊断

由于疾病的异常表现常常缺乏特异性，同样的异常表现可见于不同疾病，同一疾病不同类型或进展阶段也可有不同的异常表现，即所谓“异病同影”或“同病异影”。因此，发现病变时，根据异常影像表现的特征获得初步病理结果后，还须结合临床进一步推断是由何种疾病所致。

1. 年龄和性别 不同年龄和性别，考虑的疾病也有差异。例如肺门肿块，在儿童常为淋巴结结核，在老年人则多考虑中央型肺癌；肝内肿块，肝细胞癌易发生于男性，肝细胞腺瘤侧多见于中年妇女。

2. 职业史和接触史 职业史和接触史是诊断职业病和一些疾病不可或缺的依据，例如尘肺的诊断需具有粉尘职业史。

3. 生长和居住史 生长和居住史对地方病诊断具有重要作用。例如肝棘球蚴病多发生在西北牧区，而肝吸虫病则以华东、华南一带多见。

4. 家族史 对某些疾病诊断具有重要意义。例如神经纤维瘤病、结节性硬化和多囊肾等均为遗传性疾病，常有阳性家族史。

5. 临床症状、体征和实验室检查 是进行最终影像诊断所必须参考的内容。例如影像检查根据肝内病灶的异常表现，考虑为肝细胞癌，实验室检查血中甲胎蛋白明显增高，则支持肝细胞癌诊断；如 CT 上显示肺内大片实变影，据此考虑为常见的肺炎性病变，当患者并无发热和血白细胞增高，则不支持最初考虑，而有可能为细支气管肺泡癌。因此，结合临床资料进行综合分析，是做出正确影像诊断的至关重要环节。

二、影像诊断报告书写

书写诊断报告是影像学科从事诊断工作医师的主要任务，它是患者进行影像学检查所获得的最后结果。影像诊断报告的正确与否，直接关系到患者是否能够获得及时有效的治疗。因此，为了保证影像诊断报告书写质量，必须熟悉影像诊断报告书写的原则和步骤。

（一）充分做好书写前的准备工作

1. 仔细阅读检查申请单 在书写影像诊断报告之前，要认真阅读申请单，它是作出正确影像诊断的重要参考资料。若这些项目不齐全或填写不够详细和充分时，应及时予以补充。申请单通常记载的内容包括：①患者的姓名、性别和年龄等一般资料。②患者的临床病史、症状、体征、实验室检查和其他影像检查结果。③患者的临床拟诊情况、本次影像学检查的要求和目的等。

2. 认真审核图像 ①查对图像所示一般资料是否与申请单相符：要认真审核图像上的姓名、性别、年龄、检查号是否与申请单上一致，避免发生错误，否则将会导致医疗事故。②审核检查技术和检查方法是否合乎要求：认真审核所进行的影像检查技术能否满足临床的要求和目的；若不符合需要，则应及时补充检查。③审核图像质量是否符合标准：图像良好的清晰度和对比度对于疾病的显示至关重要，在数字化图像上正确运用窗技术亦是疾病能够清楚显示的关键。对于不符合质量要求的图像，不能勉强书写，以免发生误诊和漏诊。

3. 相关资料准备齐全 包括与疾病有密切关系的各种实验室检查、各种功能检查、各种其他辅助检查和其他影像技术检查（包含既往影像检查的图像及诊断报告），这些检查结果对影像检查的最终诊断和鉴别诊断有着重要的价值。

4.初步得出诊断结论 按照影像诊断的基本原则，采用全面观察、具体分析、结合临床和综合诊断的方法，做出初步影像诊断结论。影像诊断可分为肯定诊断、否定诊断和可能性诊断三种。综合诊断思维需遵循一些基本原则：①一元论：要尽量用一种疾病来解释影像。②影像诊断首先考虑常见病和多发病原则。

（二）认真书写影像诊断报告书

影像诊断报告要求用计算机打印。对于不具备打印条件的单位，书写时要求字迹清楚、字体规范和不得涂改，禁用不标准简化字和自造字。书写时要使用医学专用术语，要语句通畅和逻辑性强，并且要正确运用标点和符号。

影像诊断报告一般包括下述五项基本内容：一般资料；成像技术和检查方法；影像学检查表现；印象或诊断；书写医师和复核医师签字。

1. 一般资料 要认真填写在诊断报告书上，其中包括患者的姓名、性别、年龄、门诊号、住院号、病区、科室、床号、检查号、检查部位、检查日期和报告日期等，并注意与申请单和图像上相应项目的内容保持一致。

2. 成像技术和检查方法 要明确叙述采用何种成像技术和何种检查方法获取的影像。

对与图像分析有关的检查步骤（如消化道造影的胃肠道准备、动态增强CT的扫描时间）、使用的材料（如增强检查所用对比剂的名称、剂量）及检查时患者的状态（神志欠清、不配合检查）等要予以说明。

3. 影像学表现 影像学表现的描述是影像诊断报告书的核心部分，是最后诊断意见的重要依据。应在系统、全面观察图像的基础上书写这部分内容，包括异常和正常部分的描述。①关于异常表现：应重点叙述，要详细描述病灶的部位及分布、数目及大小、形态及边缘、密度（信号）及均匀度（包括增强表现）、周围情况、功能变化和动态发展等，这些征象是疾病诊断的主要依据。描述中注意不要出现疾病名称的术语，不能与印象或诊断相混淆。②关于正常表现：应简明扼要描述图像上已显示但未发现异常表现的组织结构和器官，这表明诊断医师已经注意了这些部位，并排除了病变的可能性。

4. 诊断意见 诊断意见是诊断报告的结论部分，要注意其准确性。在书写印象或诊断时，要注意以下几点。

（1）“诊断意见”与“影像学表现”的一致性：“诊断意见”应与“影像学表现”所述内容相符，绝不能相互矛盾，也不应有遗漏，即“影像学表现”已描述有异常，但“诊断意见”却无相应内容的结论；反之亦然。

（2）“正常”的影像学诊断：若影像学检查表现的描述中未发现异常，则“诊断意见”应为“表现正常”或“未见异常”。

（3）“疾病”的影像学诊断：可分为以下几种情况。①在影像学检查表现的描述中发现异常，应在“诊断意见”中指明病变的部位、范围和性质，例如“右上肺中央型肺癌并纵隔淋巴结转移及右侧第5后肋骨质破坏”。②发现异常但确定病变性质有困难时，则应述清病变的部位和范围，指明病变性质待定或列出几种可能性病变，并按可能性大小排序。此外，还应提出进一步检查的手段（包括其他影像学检查、实验室检查或其他辅助检查等）。③当“表现”中描述有几种不同疾病异常表现时，“诊断意见”中应依这些病变的临床意义进行排序，如“1. 肝右前叶巨块型肝癌并肝门区淋巴结转移；2. 胆囊结石；3. 右肾小囊肿”。

（4）用词的准确性：在书写“诊断意见”时，更应注意用词的准确性。疾病的名称要符合规定，避免错别字、漏字及左右侧之误，否则可导致严重后果。

5.书写医师和复核医师签名 书写医师和复核医师签名为诊断报告书的最后一项内容，不应用计算机打印，而应当用笔手签，以表示对报告内容负有责任。其中书写医师在完成报告书写后，要认真检查各项内容并确认无误后，交给复核医师审核。复核医师应严格把关，逐一复审报告书各项内容并确认无误后，才签字并准发报告。

（廖伟雄）

目 标 检 测

复习思考题

1. 简述X线成像的基本原理。

2. X线防护有哪些基本原则？
3. 简述X线、CT和MRI图像特点。
4. CT包括哪些常用的图像后处理技术？
5. 试述不同医学成像技术的临床应用价值。
6. 发现异常影像表现时，需要分析和归纳哪些诊断要素？
7. 影像诊断报告书包括哪些基本内容？

第二章　中枢神经系统

学习目标

1. 掌握中枢神经系统正常影像学表现；掌握中枢神经系统常见疾病的影像诊断与鉴别诊断。

2. 熟悉中枢神经系统影像学检查技术；熟悉中枢神经系统异常影像学表现；熟悉中枢神经系统常见疾病的病理及临床表现。

3. 了解中枢神经系统影像检查技术的新进展。

中枢神经系统包括颅脑和脊髓。X 线平片的价值有限，目前影像学检查主要依靠 CT 和 MRI。由于 CT 应用比较普及，故本章对中枢神经系统正常和异常 CT 表现、常见疾病的 CT 表现介绍较多。MRI 可以提供更多的信息，对颅后窝和椎管内病变的显示更具优势。随着 MRI 的临床应用和普及，可使中枢神经系统疾病的诊断符合率更高。

第一节　影像学检查技术

一、X 线检查

（一）颅脑

1. 平片　一般采用正、侧位，必要时加摄切线位。对颅骨骨折、先天性畸形和某些颅骨肿瘤等疾病的诊断有一定的价值。

2. 脑血管造影　脑血管造影包括颈内动脉、颈外动脉和椎动脉血管造影，是根据脑血管的分布、形态、位置等变化来判断颅内疾病，并可经导管行介入治疗。主要用于诊断及评价动脉瘤、血管畸形和血管狭窄、闭塞等，也可了解脑肿瘤的供血情况。

（二）脊髓

1. 平片　通常摄取正、侧位，必要时加摄斜位。主要用于观察脊椎骨质结构、椎间隙、椎间孔，可较好地显示椎骨病变。由于不能直接显示脊髓，对脊髓病变诊断价值非常小。

2. 脊髓造影　是将非离子型碘对比剂注入蛛网膜下腔，以观察椎管内病变的方法；主要用于判定椎管内有无梗阻及梗阻部位。目前已被磁共振脊髓成像替代。

二、CT 检查

（一）颅脑

1. CT 平扫　颅脑 CT 扫描基线采用眦耳线或上眶耳线，层厚 8～10mm，一次由颅底至颅顶连续扫描 8～10 个层面。CT 平扫对急性颅脑出血、颅内钙化的敏感性很高，对颅骨疾病、脑积水、急性颅脑外伤、脑梗死等诸多颅脑疾病等也能明确诊断。

2. CT 增强扫描　CT 增强扫描有助于进一步明确病变性质，常用于平扫显示不清或病变定性困难者；对颅内肿瘤、炎症、动脉瘤、血管畸形等病变需要同时做增强扫描。

3. CT 灌注成像　CT 灌注成像（CT perfusion，CTP）是通 CT 动态增强过获得脑组织血流灌注的定量信息。临床上常用于发现或显示脑缺血及脑缺血半暗带，进行急性脑卒中的诊断。

4. CT 血管成像　CT 血管成像（CTA）常采用 MIP、SSD 和 VR 等三维重组技术显示颅内血管情况。主要用于脑血管病变如动脉狭窄和闭塞、动脉瘤、血管畸形等。

（二）脊髓

1. CT 平扫　常规横断面扫描，多采用平扫，必要时于靶区容积扫描后行矢状面、冠状面及立体三维重组，以确定病变位置、了解病变与邻近组织的解剖空间关系。CT 对椎间盘突出、椎管狭窄及脊柱病变的诊断价值较大，但对脊髓病变的诊断作用有限。

2. 脊髓 CT 造影　脊髓 CT 造影（CT myelography，CTM）是将非离子型碘对比剂注入蛛网膜下腔，然后行 CT 扫描。在高密度蛛网膜下腔的衬托下，可清楚显示硬脊膜囊及脊髓情况，可用于显示椎管内病变，但目前已较少应用。

三、MRI 检查

（一）颅脑

1. MRI 平扫　颅脑 MRI 常规采用 SE 序列 T_1WI 及 FSE 序列 T_2WI，也可采用快速自旋回波（FSE）序列及梯度回波（GRE）序列；水抑制成像（FLAIR）也常应用于颅脑检查；临床上对脂肪抑制技术选择性使用。颅脑 MRI 常规采用横断面扫描，根据诊断需要可行矢状面和冠状面扫描。MRI 显示大脑灰白质的对比明显优于 CT；T_1WI 显示解剖结构较清晰，而 T_2WI 显示病变较敏感；FLAIR 较 T_2WI 发现病变的敏感性更高；脂肪抑制序列常用于颅内含脂病变；对于垂体微腺瘤等小病灶需采用高分辨力 MR 成像。

2. MRI 增强扫描　增强扫描可提供更多诊断信息，可用于鉴别病变与正常组织、病变与水肿；显示微小病变如垂体微腺瘤及小转移灶；了解病变的血供及血-脑屏障破坏情况。

3. MRI 血管成像　MRI 血管成像（MRA）属无创检查，主要采用 TOF 和 PC 法，一般无需应用对比剂，就能清楚显示脑血管的大中分支。常用于脑血管病变的筛查，如脑血管狭窄和闭塞、动脉瘤、血管畸形及静脉窦血栓等检查；评估颅脑肿瘤的血供。

4. MRI 脑功能成像　MRI 脑功能成像包括扩散加权成像（DWI）、脑灌注成像（PWI）、磁共振波谱（MRS）技术和脑功能皮层定位成像等。①DWI 可在脑梗死发生 1～6 小时内显示病灶，临床上常用于早期及超急性期脑梗死的诊断与鉴别诊断。②PWI 可反映脑组织微循环血流动力学状态，了解脑灌注情况，用于脑缺血评估。③MRS 可用于脑内外肿瘤的鉴别、胶质瘤恶性程度的分级诊断、脑瘤放疗后复发与坏死的鉴别诊断、缺血缺氧性脑病的严重程度及预后诊断、精神疾病的辅助诊断等方面。④脑功能皮层定位成像多用于观察颅内肿瘤对运动感觉皮层的影响，辅助制定术前计划及术后评价；语言及记忆优势半球的定位；癫痫的定位；痴呆及认知障碍的研究等。

（二）脊髓

1. MRI 平扫 脊髓 MRI 检查一般以矢状面扫描为主，辅以病变区横断面和冠状面扫描。目前，MRI 检查是显示脊髓病变的最佳方法。常规获取 SE 或 FSE 序列 T_1WI 及 T_2WI，脂肪抑制（STIR）序列也常使用。

2. MRI 增强扫描 采用静脉团注法注入 Gd-DTPA，剂量为 0.1～0.2mmol/kg。

3. MRI 脊髓成像 又称脊髓水成像，利用重 T_2 加权快速自旋回波序列加脂肪抑制技术，获得脊髓蛛网膜下腔脑脊液影像，类似脊髓造影效果，为一种简便、易行、无创的检查方法，成像效果和诊断价值类似脊髓造影和 CT 脊髓造影，目前已基本替代脊髓造影和 CT 脊髓造影。

（张艳辉）

第二节 正常影像学表现

一、正常 X 线表现

（一）头颅 X 线平片

1. 颅板 儿童较薄，成人较厚。分为内板、外板及板障三层，内、外板为致密骨，呈线状高密度；板障位于内外板之间，为较低密度的骨松质。

2. 颅缝与囟门 颅缝包括矢状缝、冠状缝、人字缝、颞鳞缝、枕乳缝、顶乳缝和额缝等，颅缝 X 线表现为锯齿状透亮影。新生儿颅缝较宽，约 1mm；颅缝随年龄增长逐渐闭合，表现为颅缝边缘出现硬化，勿将颅缝误认为骨折。2 岁以内的儿童可见囟门，包括前囟、后囟、前外侧囟和后外侧囟；囟门在 X 线平片上呈较清楚的不规则多角形透亮区。

3. 颅板压迹 包括脑回压迹、脑膜中动脉压迹、蛛网膜颗粒压迹及板障静脉压迹。

4. 生理性钙化 包括松果体钙化、大脑镰钙化、床突间韧带钙化及脉络丛钙化等。

（二）正常脑血管造影表现

正常脑动脉管径光滑，走行自然，由近至远逐渐变细，分布均匀；各支位置较为恒定并与脑叶有一定的对应关系，包括颈动脉系统及椎-基底动脉系统。

1. 颈动脉系统 颈总动脉在相当于第 4 颈椎水平分出颈内及颈外动脉。颈内动脉主要由颈段和颅内的虹吸部构成。颅内段的五个主要分支为眼动脉、脉络膜前动脉、后交通动脉，终段分为大脑前动脉及大脑中动脉（图 2-1）。虹吸部在侧位片上呈 C 形，分五段分别为 C_5（岩骨段）、C_4（海绵窦段）、C_3（前膝段）、C_2（床突上段）及 C_1（终段）。大脑前动脉分布于大脑半球的内侧面，顶枕裂之前和大脑半球外侧面的上缘；大脑中动脉是颈内动脉的直接延续，分五段。

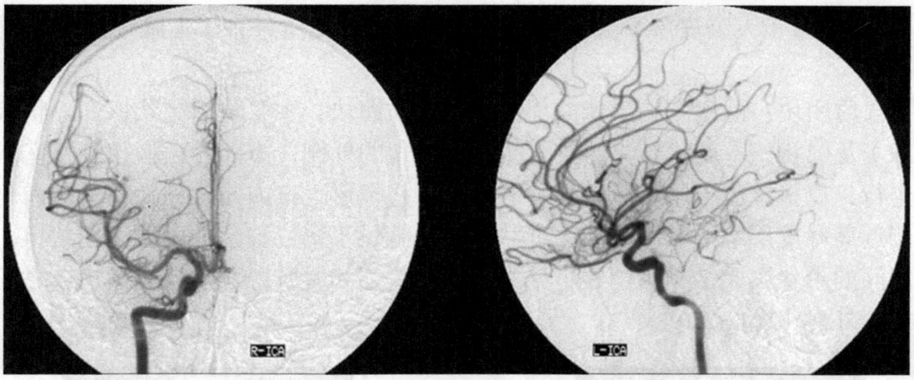

图 2-1　正常脑血管 X 线造影

2. 椎-基底动脉系统　①椎动脉：起自锁骨下动脉，经第 6 至第 1 颈椎的横突孔内上行，通过枕大孔入颅，分支主要有脑膜后动脉、脊髓前后动脉、延髓动脉和小脑下后动脉。②基底动脉：由双侧椎动脉在脑桥下缘汇合而成，主要分支有小脑下前动脉、脑桥动脉、迷路动脉及小脑上动脉，终末支为双侧大脑后动脉。③大脑后动脉分出中央支和皮质支两组。

3. 静脉系统　①浅静脉：主要收集大脑皮质及皮质下髓质的血液，包括大脑上、中、下静脉等，分别汇入上矢状窦、海绵窦、横窦、岩上窦和岩下窦，其间有交通吻合静脉相沟通。②深静脉：收集深部髓质、基底神经节和丘脑的静脉，丘纹静脉和透明隔静脉在室间孔后壁汇合成大脑内静脉，两侧大脑内静脉及基底静脉汇合成大脑大静脉，最终汇入直窦。③静脉窦：上矢状窦汇入窦汇。下矢状窦与大脑大静脉汇合为直窦，入窦汇。窦汇位于两侧小脑幕游离缘之间，分出左、右横窦并延续为乙状窦，最后均引流入颈内静脉。

（三）脊髓

1. 脊髓在平片上不显影。

2. 脊髓造影　正位片上椎管内造影剂呈柱状，两侧高密度窄条影为蛛网膜下腔，造影剂柱对应椎间孔处有近似三角形的外突致密影为神经根袖，其内可见细带状透明影为神经根；中央相对低密度的宽带状影为脊髓，在颈膨大及腰膨大处稍宽；第 1 腰椎平面以下，因无脊髓，密度均匀的造影剂柱中呈均匀排列的点、线状低密度影为马尾神经。椎管内造影剂在侧位片上呈柱状，在椎间隙后方略凹陷，深度较浅。

二、正常 CT 表现

（一）颅脑

1. 颅骨及气腔　用骨窗（WW1000、WL300）观察。可显示颅骨内外板、颅缝、颈静脉结节、岩骨、蝶骨小翼、蝶鞍、颈静脉孔、破裂孔及各鼻窦；颅骨为高密度，鼻腔、鼻旁窦及乳突气房内气体呈极低密度。

2. 脑实质

（1）髓质及皮质：脑实质分髓质和皮质，髓质 CT 值为 28～32HU，皮质 CT 值为 32～

40HU。髓质分布于大脑皮层下方广泛的脑实质之中，皮质分布于大脑皮层及髓质内的灰质核团。

（2）灰质团块：两侧大脑半球深部的一些灰质团块，主要包括尾状核、豆状核（壳核和苍白球）及屏状核。尾状核头部位于侧脑室前角的外侧，体部沿丘脑和侧脑室体部之间向后下走行；豆状核位于尾状核与丘脑的外侧，呈楔形，自内向外分为苍白球和壳核；豆状核外侧近岛叶皮层下的带状灰质为屏状核。丘脑位于第三脑室的两侧。尾状核、丘脑和豆状核之间的带状白质结构为内囊，分为前肢、膝部和后肢。豆状核与屏状核之间的带状白质结构为外囊（图 2-2）。

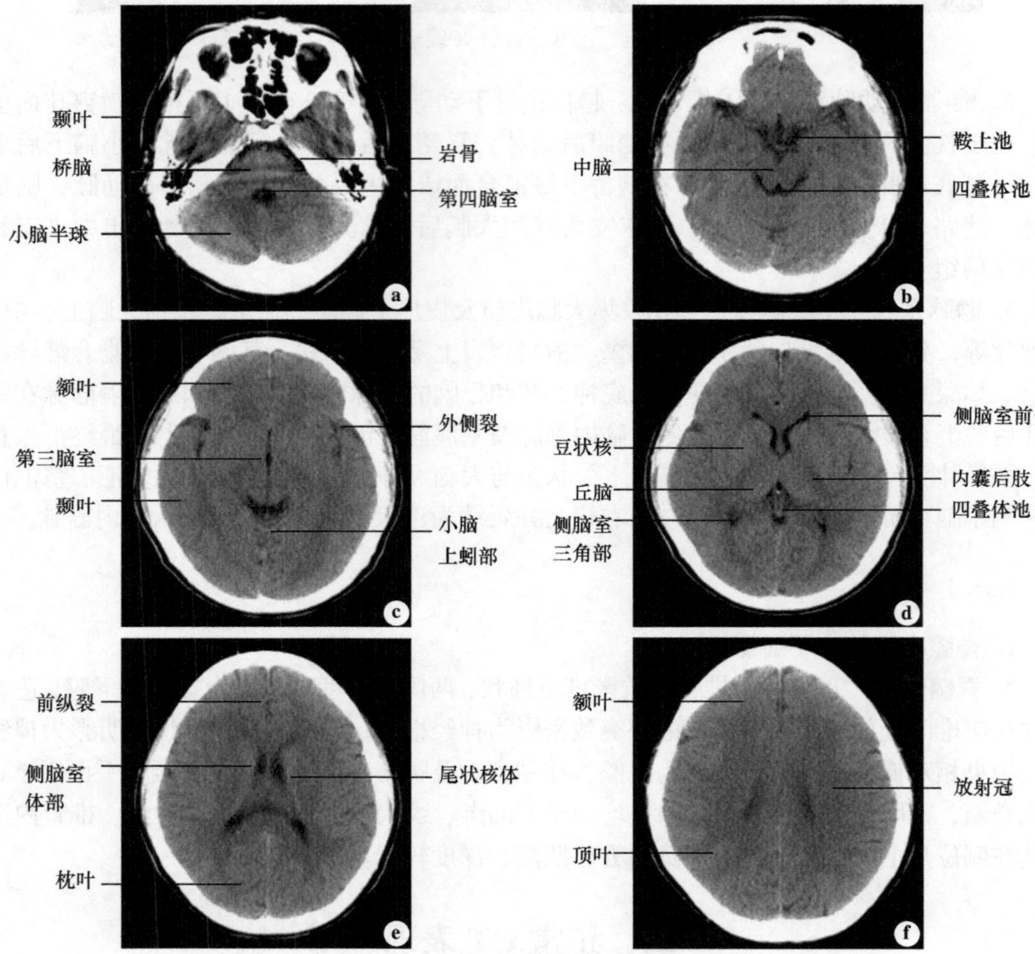

图 2-2　正常颅脑 CT 表现

a. 桥脑层面；b. 中脑层面；c. 第三脑室层面；d. 丘脑层面；e. 侧脑室体部层面；f. 侧脑室顶部层面

3. 含脑脊液的间隙　脑室、脑池、脑裂和脑沟内因含有脑脊液而呈低密度，CT 值为 0～20HU；其包括双侧侧脑室、第三脑室、第四脑室、纵裂池、侧裂池、枕大池、桥池、桥小脑角池、鞍上池、环池、四叠体池、大脑大静脉池等。新生儿发育期部分脑裂、脑池较宽，老年人因脑萎缩故含脑脊液的腔隙扩大。

4. 非病理性钙化　颅内非病理性钙化 CT 检出率明显高于平片，常见部位为松果体、缰联合、脉络丛、大脑镰、基底核及齿状核；一般钙化多见于 40 岁以上成人。

5. 增强扫描　注入对比剂后扫描，正常脑实质因血-脑屏障而轻度强化；脑内血管明显强化；其他结构，如硬脑膜、垂体和松果体因无血-脑屏障均可发生明显强化。

（二）脊髓

1. 平扫　硬膜囊位于椎管内，借周围脂肪显影，呈圆形或椭圆形；囊内含脊髓，平扫两者不能区分。

2. CT 脊髓造影　目前已较少应用，可显示脊髓形态及大小，正常颈髓前后径范围 6～8mm，横径 7～12mm，颈髓膨大横径可达 12～15mm；胸腰髓的前后径 5～7mm，横径 7～9mm。脊髓圆锥轻度增粗，逐渐变细成终丝，马尾神经在蛛网膜下腔呈均匀分布的点状低密度影。

三、正常 MRI 表现

（一）颅脑

1. 脑实质　脑髓质较脑皮质含水量少而含脂量多，故在 T_1WI 上脑髓质的信号高于脑皮质，在 T_2WI 上则低于脑皮质；在髓质深部的苍白球、红核、黑质及齿状核等灰质核团铁质沉积较多，在高场 T_2WI 上呈低信号。基底节是大脑半球中最重要的灰质核团，其内侧为侧脑室，外侧为外囊；在豆状核、尾状核与丘脑间有内囊（图 2-3，图 2-4）。MRI 图像因无颅骨伪影干扰，是小脑、脑干病变的最佳检查方法。

2. 含脑脊液的结构　脑室和蛛网膜下腔含脑脊液，其信号均匀，T_1WI 为低信号，T_2WI 为高信号，FLAIR 为低信号；但在双侧孟氏孔附近可有局部高信号。

3. 脑血管　血管内流动的血液因“流空效应”常显示为无信号区，即 T_1WI、T_2WI 均呈低信号，而血流缓慢或梯度回波成像时则呈高信号。MRA 和 MRV 在一定程度上可代替 DSA 显示脑血管形态及分布。

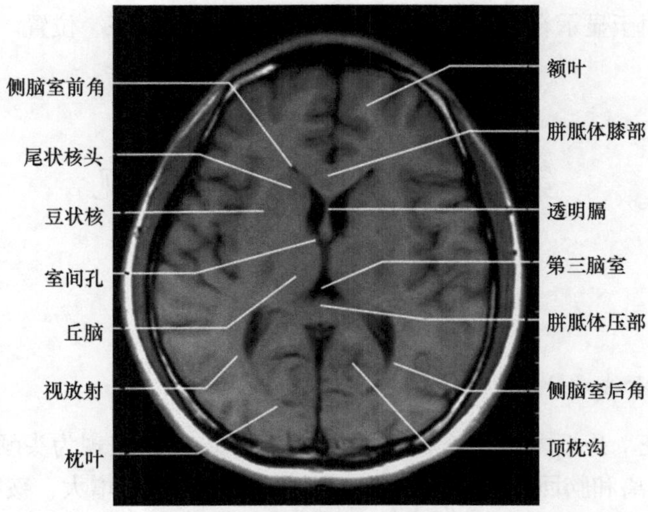

图 2-3　正常颅脑 MRI 横断面 T_1WI 表现（基底节层面）

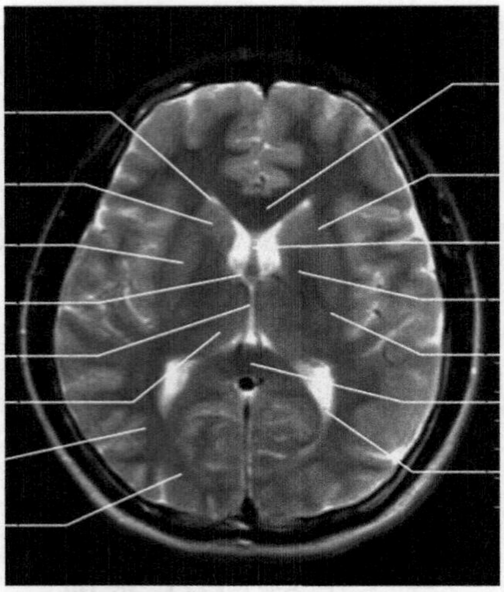

图 2-4　正常颅脑 MRI 横断面 T_2WI 表现（基底节层面）

4. 脑神经　高分力 MRI 能清晰显示多对脑神经，T_1WI 为等信号，自上而下层面依次可显示第Ⅲ、Ⅳ、Ⅴ、Ⅱ、Ⅵ、Ⅶ、Ⅷ、Ⅸ、Ⅹ、Ⅺ、Ⅻ对脑神经。

5. 颅骨　颅骨内外板因含水量和氢质子含量少，故 T_1WI、T_2WI 均为低信号；板障内含脂肪组织，T_1WI、T_2WI 均为高信号。

（二）脊髓

1. 矢状位　可充分连续地显示脊髓及椎管内外的结构，脊髓位于椎管中心，在 T_1WI、T_2WI 上均呈等信号带状影，脊髓圆锥位于胸 11～12 水平，其末端位于腰 1～2 水平；马尾神经信号较圆锥略低。

2. 横断位　脊髓在 T_1WI 上呈较高信号，位于低信号蛛网膜下腔内，蛛网膜下腔周围的静脉丛、纤维组织和骨皮质均为低信号；在 T_2WI 上脊髓呈较低信号，而周围脑脊液呈高信号。横断位还可清楚显示硬膜囊及脊神经根为低信号。

3. 冠状位　用于显示脊髓两侧的神经根和脊髓病变的形态、位置。

（张艳辉）

第三节　异常影像学表现

一、异常 X 线表现

（一）头颅 X 线平片

1. 颅内高压征　是颅内病变较常见的共同表现。在儿童表现为头颅增大，囟门增宽，颅板变薄，颅缝分离和脑回压迹增多；在成人主要表现为蝶鞍增大，鞍底和鞍背骨质模糊或消失，颅骨变薄。

2. 颅内肿瘤定位征

（1）局限性颅骨变化：表现为颅骨的局限性增生、破坏或结构改变，见于脑表面或靠近颅骨的肿瘤。增生多见于脑膜瘤；岩骨尖破坏、缺损多见于三叉神经瘤，内耳道扩大多见于听神经瘤。

（2）蝶鞍改变：鞍内型，蝶鞍气球样膨大，见于垂体瘤；鞍上型，蝶鞍扁平，鞍背缩短，见于鞍上肿瘤；鞍旁型，鞍底受压下陷，形成双鞍底，前床突上翘或破坏，见于鞍旁肿瘤。

（3）钙化：根据钙化表现可初步判断肿瘤的位置和性质；根据正常生理钙化可推断肿瘤的大致位置和大小，如松果体钙化的移位情况等。

（二）脑血管造影

1. 脑血管移位　颅内占位性病变及其周围的水肿可使脑血管移位，移位的程度取决于病灶的大小与位置。

2. 脑血管形态改变　可表现为脑动脉增粗、迂曲，均匀或不均匀性狭窄、痉挛或走行僵硬、闭塞及出血，常见于脑血管性病变和肿瘤等。

3. 脑血管循环改变　有助于定位和定性诊断。颅内压增高时，脑循环减慢；良性肿瘤常可见局部循环时间延长，而恶性肿瘤则局部血液循环加速。

4. 肿瘤血管的形态与分布　颅内占位性病变导致正常的脑血管受压移位、聚集或分离、扭曲或僵直。良性肿瘤的新生血管较为成熟、粗细均匀，轮廓清楚，瘤内小动脉显影如网状；恶性肿瘤的新生血管粗细不均，密度不均匀，分布弥漫，呈模糊的小斑点状。

（三）脊髓造影

脊髓造影可明确椎管内占位所在的部位及肿瘤与脊髓、脊膜的关系。

1. 脊髓内占位　可见脊髓呈梭形膨大，造影剂于病变处出现不完全性或完全性梗阻，梗阻处呈“大杯口”状；两侧脊蛛网膜下腔均匀变窄或闭塞。常见于室管膜瘤和星形细胞瘤。

2. 脊髓外硬脊膜内占位　脊髓受压变窄并侧移，患侧脊蛛网膜下腔增宽，梗阻处呈“小杯口”状；对侧脊蛛网膜下腔变窄。常见于神经鞘瘤、神经纤维瘤和脊膜瘤。

3. 硬脊膜外占位　脊髓及脊蛛网膜下腔均受压侧移，患侧脊蛛网膜下腔增宽，梗阻处较平直；脊髓向对侧轻度移位并导致对侧脊蛛网膜下腔变窄。常见于转移瘤和淋巴瘤。

二、异常 CT 表现

（一）头颅

1. 颅骨改变

（1）颅骨本身病变：骨折常表现为骨质连续性中断，有时需与正常颅缝区别；颅骨肿瘤可表现为骨质破坏、软组织肿块。

（2）颅内病变：根据颅骨的增厚、变薄或吸收破坏等改变可判断肿瘤的位置。如脑膜瘤可出现邻近颅骨骨质增生变厚。

2. CT 平扫脑实质密度改变

（1）高密度病灶：指密度高于正常脑组织的病灶，CT 值常大于 40HU，如钙化、新鲜出血、部分肿瘤等。

（2）等密度病灶：指密度类似于正常脑组织的病灶，CT 值常为 28～40HU，如亚急性出血、某些脑肿瘤、脑梗死早期的模糊效应期等。可根据脑室、脑池及中线结构的移位和变形或周围水肿带的衬托来判断病灶的存在。

（3）低密度灶：指密度低于正常脑组织的病灶，CT 值常小于 28HU，如炎症、脑梗死、囊肿、部分脑肿瘤、陈旧性出血、脑水肿、脑软化或脑脓肿等。

（4）混杂密度灶：指同时存在两种或两种以上密度的病灶，如出血性脑梗死或并有出血坏死囊变的肿瘤和畸胎瘤等。

3. 占位效应　由于颅腔容积固定，所有肿瘤、出血等占位性病变及其引起的周围脑组织水肿均可产生占位效应。常见的占位征象：①中线结构移位：正常中线结构包括大脑镰、松果体钙化灶、第三脑室、第四脑室及透明隔等，一侧占位性病变可使这些结构向对侧移位。②脑室、脑池与脑沟变窄或闭塞：脑室与脑池外占位性病变可引起脑室与脑池的移位与变形，甚至闭塞；脑室与脑池内占位性病变及其所致的脑积水可引起脑室与脑池扩大；脑内占位性病变常因推压周围脑组织致邻近脑沟变窄、闭塞。

4. 脑积水　是指因脑脊液产生和吸收失衡或脑脊液循环通路障碍所致的脑室系统异常扩大，脑池无增宽，包括交通性脑积水和梗阻性脑积水。因脑脊液产生过多或吸收障碍而形成的脑积水称为交通性脑积水，表现为脑室系统普遍扩大，脑沟正常或消失；因脑室系统或第四脑室出口处阻塞而形成的脑积水称为梗阻性脑积水，表现为梗阻近端脑室系统扩大积水，远端正常或缩小。

5. 脑萎缩　是指各种原因所致的脑组织减少而继发的脑室和蛛网膜下腔扩大，表现为脑沟、脑池增宽和脑室扩大；脑沟宽度大于 5mm 可认为增宽。常见于老年脑萎缩、退行性脑病等。

6. 增强改变　增强后病灶是否强化及强化的程度，与病变组织血供是否丰富及血-脑屏障被破坏的程度有关。强化程度因病变性质不同亦有很大差异，分为明显强化、轻中度强化或无强化等。强化形式可表现均匀强化、斑片状强化、环形强化、不规则强化和脑回状强化等。均匀强化常见于脑膜瘤、生殖细胞瘤、动脉瘤等；斑片状强化常见于血管畸形、星形细胞瘤、脱髓鞘疾病、炎症等；环形强化常见于脑脓肿、脑转移瘤、星形细胞瘤等；不规则强化常见于恶性胶质瘤等；脑回状强化是脑梗死的一种特征性表现；无强化见于脑水肿和脑囊肿。

（二）脊髓

脊柱 CT 平扫可显示椎管内占位性病变，多呈软组织密度；并可显示脊髓肿胀、断裂和萎缩及脊髓空洞症等。脊髓血管病变及肿瘤常需进行对比增强检查。CTM 有助于病灶的定位，能较清晰地显示肿瘤与脊髓、硬膜及蛛网膜下腔的关系，判断原理同脊髓造影。

三、异常 MRI 表现

（一）头颅

1. 脑实质信号异常

（1）长 T_1、长 T_2 信号：即在 T_1WI 上呈低信号，T_2WI 上呈高信号。见于大多数的脑肿瘤、脑梗死、脑囊肿、脱髓鞘病变、脑脓肿及脑炎等。

（2）长 T_1、短 T_2 信号：即在 T_1WI、T_2WI 上均为低信号。见于动脉瘤、动静脉血管畸形（AVM）、钙化、纤维组织增生等。

（3）短 T_1、长 T_2 信号：即在 T_1WI、T_2WI 上均为高信号。见于脑出血的亚急性期、含脂肪类肿瘤等。

（4）短 T_1、短 T_2 信号：即在 T_1WI 上呈高信号，T_2WI 上呈低信号。主要见于急性出血、肿瘤内出血、黑色素瘤等。

（5）混杂信号：动脉瘤出现湍流现象，AVM 伴血栓形成，肿瘤合并坏死、囊变、钙化、出血等，表现为混杂信号。

2. 形态、结构异常　MRI 的软组织分辨力较 CT 更高，且可以行多方位成像和功能成像，可清楚显示颅内病变与邻近结构的关系，有利于颅内各种病变的定位和定性诊断。脑结构的 MRI 形态变化与 CT 相同。

3. MRA 脑血管改变　脑动脉走行僵硬、节段性狭窄、分支减少。常见于动脉硬化；脑动、静脉狭窄或中断多见于脑血管栓塞、脑梗死；脑血管扭曲成团并见供血动脉及引流静脉多见于脑动静畸形；脑动脉局部增粗或向外突出多见于动脉瘤；脑动脉移位多见于肿瘤、血肿等占位性病变。

4. 增强改变　用于鉴别病灶与水肿、病灶与正常脑组织，显示微小病灶，了解病变的血供情况及血-脑屏障的破坏程度，有助于病变的鉴别诊断。强化特点与 CT 相同。

（二）脊髓

MRI 显示脊髓病变具有独特的优势，对脊髓的形态、髓内外病变的位置及性质、脊髓位置改变的观察均有很大的价值。

1. 脊髓增粗　局部脊髓宽度超过相邻脊髓呈梭形，相应的蛛网膜下腔发生对称性狭窄乃至闭塞。常见于脊髓炎症、肿瘤、外伤、脊髓血管畸形等。后者常伴有迂曲、粗大的流空血管影。

2. 脊髓变细　矢状面上均可直接观察脊髓萎缩的程度与范围。常见于脊髓损伤后期、髓外硬膜内肿瘤、脊髓空洞症等。

3. 脊髓信号异常　①髓内长 T_1、长 T_2 信号：即在 T_1WI 上呈低信号，T_2WI 上呈高信号。常见脊髓缺血、感染及脱髓鞘病变、肿瘤等。②长 T_1、短 T_2 信号：即在 T_1WI、T_2WI 上均为低信号。常见于脊髓血管畸形、钙化、纤维组织增生等。③短 T_1、长 T_2 信号，即在 T_1WI、T_2WI 上均为高信号。常见于亚急性期出血、肿瘤内出血等。

4. 脊髓移位　髓外硬脊膜内占位，脊髓局部移位较为明显，常伴有病灶一侧上下方蛛网膜下腔的显著增宽。硬脊膜外占位，脊髓轻度移位但移位范围常较长，常伴有病灶上、下方蛛网膜下腔的变窄。MRI 有助于病灶的定位，较清晰地显示肿瘤与脊髓、硬膜及蛛网膜下腔的关系，判断原理同脊髓造影。

（张艳辉）

第四节　颅脑外伤

颅脑外伤是由于外力作用于头部所致，根据外力大小、受伤部位不同可产生不同程度的损伤，一般可分为头皮软组织损伤、颅骨损伤和脑实质损伤。

一、颅骨骨折

颅骨骨折（fracture of skull）是颅骨受暴力作用所致，可发生于颅骨任何部位，最常见于顶骨，额骨次之，再次为颞骨和枕骨。

【病理与临床】　按骨折部位分为颅盖骨折和颅底骨折，颅盖骨折最常见，约占 4/5。按骨折形态分为线样骨折、凹陷骨折、粉碎骨折和穿入骨折，各种骨折类型可以并存。按骨折与外界是否相通分为开放性与闭合性骨折。颅骨骨折严重性不在于骨折本身，而在于多合并颅内脑膜、脑及脑血管、脑神经等其他损伤。

临床表现为局部肿胀，压痛。颅底骨折临床表现复杂，可出现脑脊液鼻漏、耳漏等症状。合并颅内其他损伤可出现不同程度的头痛、头晕、呕吐等表现。

【影像学表现】

1. X 线表现　①线样骨折：平片表现为边缘锐利的骨折透亮线，位于颅盖骨者可清楚显示，位于颅底骨者显示率低。②凹陷骨折：以切线位观察较好，表现为颅骨断裂呈锥形向颅腔内陷。③粉碎骨折：显示多条骨折线，形成数个不规则碎骨片。④穿入骨折：为锐器伤，穿通颅骨表现为局部骨缺损，骨碎片向颅内移位或伴有颅内异物。⑤颅底骨折：骨折线常显示不清，但可见间接征象，表现为颅内积气和鼻窦、乳突气房浑浊。⑥颅缝分离：以人字缝最多见，正常颅缝宽度不超过 1.5mm；若颅缝宽度超过 1.5mm，或两侧不对称，相差 1.0mm 以上即可诊断。

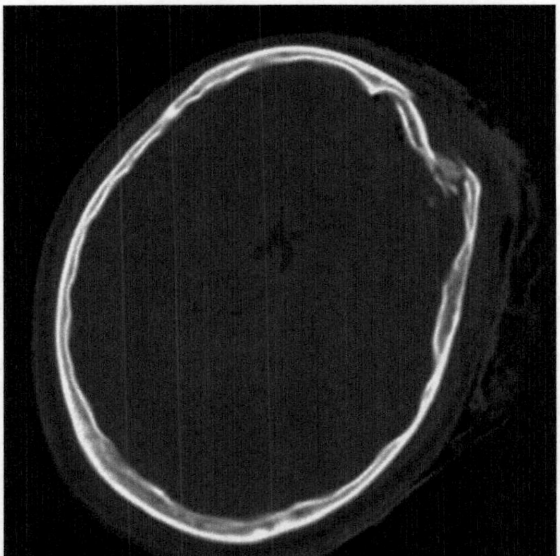

图 2-5　左额骨凹陷性骨折 CT 表现

2. CT 表现　CT 是颅骨骨折的主要检查方法。①骨窗观察：颅骨骨折需用骨窗才能显示骨折的部位、骨碎片分布、骨折凹陷程度（图 2-5），各型表现与平片相同。②脑窗观察：脑窗可显示有无颅骨骨折并发的颅内损伤。③颅底骨折：通常采取高分辨力 CT 扫描才能清楚显示骨折线，颅底骨折常见的间接征象为颅内积气、鼻窦腔积液和乳突气房积液等。

CT 检查时应根据临床表现，重点观察避免漏诊。颅骨的三维重组能立体显示骨折与周围结构的关系，为临床治疗方案的制定提供有效的依据。

【诊断与鉴别要点】 结合外伤史，X 线或 CT 发现颅骨连续性中断即可诊断颅骨骨折。若发现颅内积气，即使没有发现颅底骨骨折线，也可提示有颅底骨折。高分辨力 CT 可以发现较为隐蔽的骨折。颅骨骨折线还要与正常颅缝相鉴别，正常颅缝有固定的位置和走行，而且两侧对称。

二、颅 内 血 肿

颅脑损伤后引起颅内继发性出血，血液积聚在颅腔内形成局限性占位性病变，产生脑受压和颅内压增高症状，称为颅内血肿。按血肿形成的部位，可分为硬膜外血肿、硬膜下血肿和脑内血肿等。按病程和血肿形成时间不同，可分为急性（3 天内）、亚急性（3 天～3 周）、慢性（3 周以上）血肿。

（一）硬膜外血肿

颅内出血积聚于颅骨与硬膜之间，称为硬膜外血肿（epidural hematoma）。

【病理与临床】 硬膜外血肿多发生于头颅直接损伤部位，常为加速性头颅损伤，大多由于颅骨骨折伤及脑膜动脉所致；因硬膜与颅骨粘连紧密，故血肿范围局限，形成双凸透镜形。血肿常见于颞部、额顶部和颞顶部。硬膜外血肿可多发，也可合并颅内其他损伤。

临床主要表现为意识障碍，典型表现为头部外伤、昏迷、清醒、再昏迷；其他还可有头痛、呕吐等颅内高压表现，严重者出现脑疝。

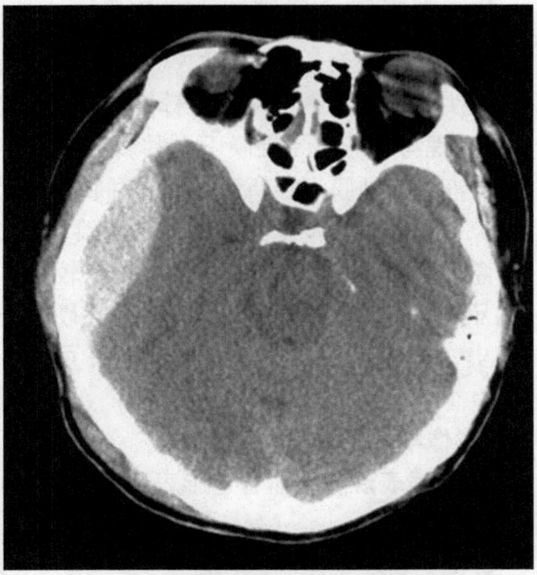

图 2-6　右颞部急性硬膜外血肿 CT 表现

【影像学表现】

1. X 线表现　平片可见颅骨骨折。脑血管造影表现为脑凸面血管与颅骨内板之间梭形或双凸透镜形无血管区。

2. CT 表现

（1）急性硬膜外血肿：典型表现为颅骨内板下方梭形或双凸透镜形高密度区，多数密度均匀，边缘锐利光滑；范围较局限且一般不超过颅缝（图 2-6）。硬膜外血肿常并发颅骨骨折；并可见中线结构移位、侧脑室受压等占位效应和其他颅内损伤。

（2）亚急性、慢性硬膜外血肿：平扫表现为颅骨内板下方梭形或双凸透镜形等、低密度区。

3. MRI 表现 硬膜外血肿形态与 CT 显示相似，血肿呈梭形或双凸透镜形，边界锐利。①急性硬膜外血肿：血肿在 T_1WI 上信号强度与脑实质相近，T_2WI 上呈低信号（图 2-7）。②亚急性硬膜外血肿：血肿在 T_1WI 和 T_2WI 均呈高信号。③慢性硬膜外血肿：血肿在 T_1WI 上逐渐呈低信号，T_2WI 呈高信号，周边呈低信号。

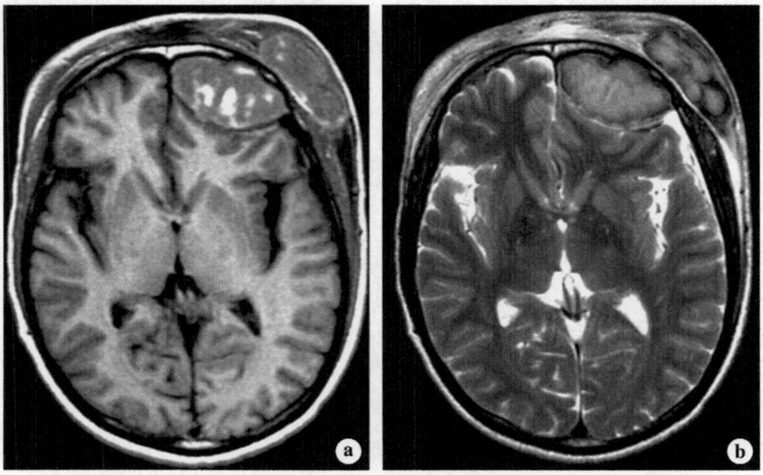

图 2-7 急性硬膜外血肿 MRI 表现

a. 左额部颅骨内板下方呈双凸透镜形异常信号灶，T_1WI 呈等高信号；b. T_2WI 呈等信号

【诊断与鉴别诊断】 硬膜外血肿影像学表现为颅骨内板下方梭形或双凸透镜形高密度影或异常信号影，边界清楚，一般不难诊断；有时需与硬膜下血肿鉴别。

（二）硬膜下血肿

颅内出血积聚于硬脑膜与蛛网膜之间，称为硬膜下血肿（subdural hematoma），常为减速性头颅外伤所致，无颅骨骨折或骨折仅位于暴力部位。

【病理与临床】 硬膜下血肿多由于脑皮质动脉或静脉、矢状窦旁桥静脉或静脉窦破裂，血液流入硬膜下腔所致。因蛛网膜柔软无张力，血液可沿脑表面分布到硬膜下腔的广泛腔隙，形成较大范围的血肿，多为额、顶和颞叶同时受累。

急性硬膜下血肿病情危重，发展较快。多为持续性昏迷，且进行性加重，脑疝和颅内压增高出现较早。亚急性和慢性硬膜下血肿的特点是有轻微头部外伤史或无明确外伤史，患者症状出现较晚或较轻，可有头痛、头晕、轻度偏瘫等表现，也可无明显症状。

【影像学表现】

1. X 线表现 脑血管造影表现为脑凸面血管与颅骨内板之间新月形无血管区，范围较广泛。

2. CT 表现

（1）急性硬膜下血肿：表现为颅骨内板下方新月形高密度区，少数血肿因有血清和脑脊液相混而呈等密度或稍低密度；血肿范围广泛，可跨越颅缝。硬膜下血肿常合并脑挫伤，故占位效应显著，表现为脑皮质受压向内侧移位，局部脑沟消失，同侧侧脑室受压变形移位，中线结构向对侧移位（图 2-8）。

（2）亚急性和慢性硬膜下血肿：可表现为高密度、等密度或低密度，也可为混杂密度；如血肿内含沉淀的血细胞和上浮的血清，则表现为新月形血肿的上半部为低密度而下半部呈高密度。

3. MRI 表现　硬膜外血肿形态与 CT 显示相似，血肿呈新月形。血肿信号强度变化与血肿的期龄及设备场强有关。急性期血肿 T_1WI 呈等信号，T_2WI 呈低信号；亚急性期血肿 T_1WI、T_2WI 均呈高信号（图 2-9）。

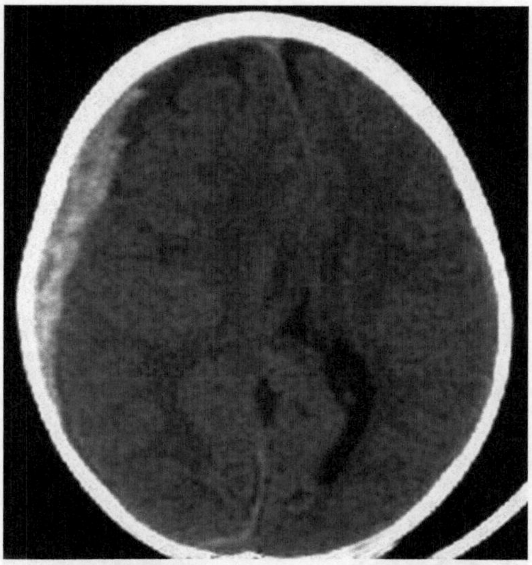

图 2-8　右额颞部急性硬膜下血肿 CT 表现

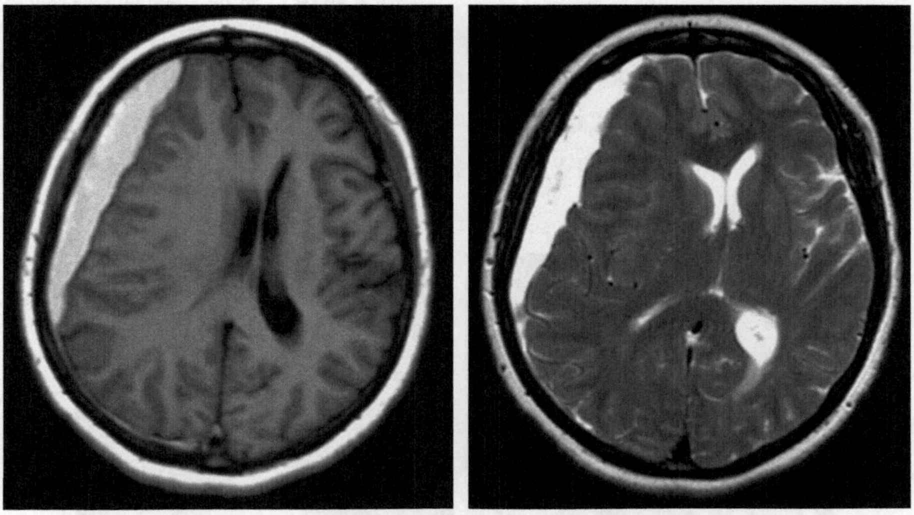

图 2-9　右额颞部亚急性硬膜下血肿 MRI 表现

【诊断与鉴别诊断】　根据外伤史及临床典型表现，CT 或 MRI 表现为颅骨内板下方新月形高密度影或异常信号影，可诊断本病。本病主要与硬膜外血肿鉴别。

三、脑挫裂伤

脑挫裂伤（laceration and contusion of brain）是指颅脑外伤所致的脑组织器质性损伤，分脑挫伤和脑裂伤。脑挫伤是指脑质表层或深层散发小出血灶、脑水肿和脑肿胀。脑裂伤是指脑和软脑膜血管的破裂。两者常同时发生，故称脑挫裂伤，为常见的颅脑损伤之一。

【病理与临床】　病理改变包括外伤引起的局部脑水肿、坏死、液化和多发散在小灶性出血等改变，常伴有蛛网膜下腔出血、脑内血肿、脑外血肿、颅骨骨折等。约半数患者

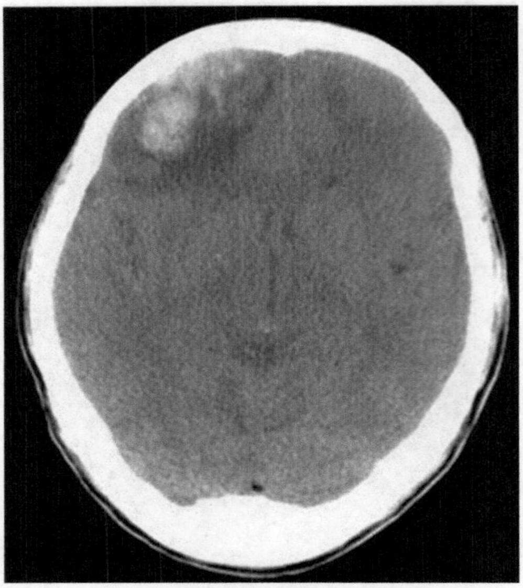

图 2-10　右额叶脑挫伤 CT 表现

累及额叶，好发于额叶底部和周边。

患者伤后可有头痛、恶心、呕吐、意识障碍等症状和体征。

【影像学表现】

1. CT 表现　①损伤区局部改变：表现为形态不一、大小不等的低密度区，边界不清，白质和皮质常同时受累；低密度区中可见散发点片状高密度出血灶（图 2-10）。②占位效应：与受伤面积相关，表现为同侧的侧脑室受压变小或完全闭塞，中线结构移位等。③合并其他征象：可并发脑内和脑外血肿、蛛网膜下腔出血、颅骨骨折、颅内积气等。④晚期可形成脑组织软化灶。

2. MRI 表现　病灶信号强度随脑水肿、脑出血和脑挫裂伤的程度而异。早期脑水肿 T_1WI 呈片状低信号，T_2WI 呈片状高信号；病灶内出血与水肿并存则信号不均匀，有占位效应（图 2-11）。挫伤出血灶信号强度随时间变化而异，急性期 T_1WI 呈等或略低信号，T_2WI 呈高或低信号。脑挫裂伤晚期，可不留痕迹，也可形成软化灶，表现为 T_1WI 低信号，T_2WI 高信号；可伴局部脑萎缩，表现为邻近脑室扩大，脑沟增宽。

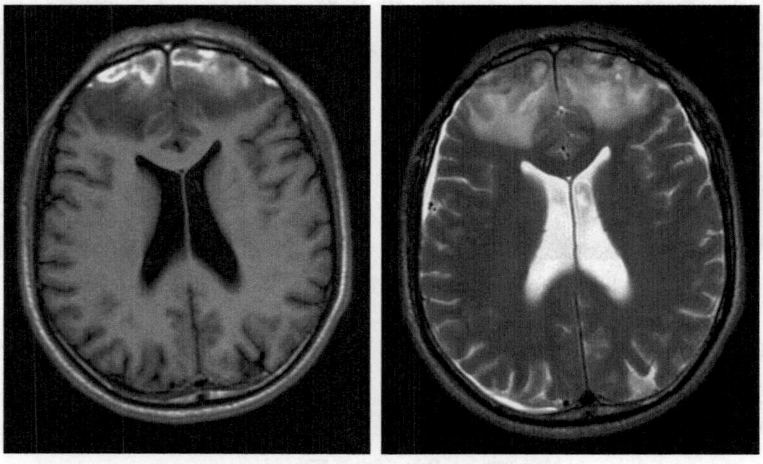

图 2-11　双侧额叶脑挫伤 MRI 表现

【诊断与鉴别诊断】　根据外伤史，有颅内压增高和局灶性脑损伤症状和体征，CT 平扫脑内出现片状低密度或 MRI 平扫 T_1WI 呈片状低信号，T_2WI 呈片状高信号，伴点片状出血及占位效应，可诊断脑挫裂伤。主要与颅内血肿鉴别。

（张艳辉）

第五节　脑血管疾病

一、脑　梗　死

脑梗死（cerebral　infarction）为脑血管闭塞所致脑组织缺血性坏死，其发病率在脑血管疾病中占首位，主要分为脑动脉闭塞性脑梗死和腔隙性脑梗死。

（一）脑动脉闭塞性脑梗死

主要病因是脑的大或中等管径的动脉粥样硬化，继发血栓形成，导致管腔狭窄、闭塞，引起病变血管供应区脑组织缺血坏死。多见于患有动脉粥样硬化、糖尿病、高脂血症的患者。

【病理与临床】 梗死发生4～6小时，脑组织出现缺血与水肿，继而脑组织发生坏死；1～2周后脑水肿逐渐减轻，坏死脑组织液化，同时有胶质细胞增生；8～10周后坏死区变为含液体的囊腔（软化灶），可致邻近局部脑室扩大、脑沟增宽。少数缺血性脑梗死在发病后24～48小时内可因再灌注而发生梗死区内出血，成为出血性脑梗死。

临床表现因梗死区部位不同而异。常见的临床症状和体征为偏瘫、偏身感觉障碍、偏盲、失语等；小脑或脑干梗死常出现共济失调、吞咽困难、呛咳等症状。

【影像学表现】

1. X线表现　脑血管造影可见血管闭塞。

2. CT表现

（1）平扫：①脑梗死发生在24小时内，CT检查可无阳性发现。②24小时后CT可显示梗死灶呈清楚的低密度区，横断面上多呈扇形，基底贴近硬膜，其范围与闭塞血管供应区一致，皮髓质同时受累（图2-12）；梗死2～15天为水肿高峰期，可有占位效应，表现为同侧脑室受压和中线结构移位等。③2～3周因脑水肿消失及吞噬细胞浸润使组织密度增加，病变区变为等密度，临床上称之为“模糊效应”。④1～2个月后形成边界清楚的囊性软化灶，CT显示其密度更低，可伴有邻近部位脑萎缩表现。⑤部分患者发生出血性脑梗死时，表现为片状低密度区内有不规则高密度出血影。

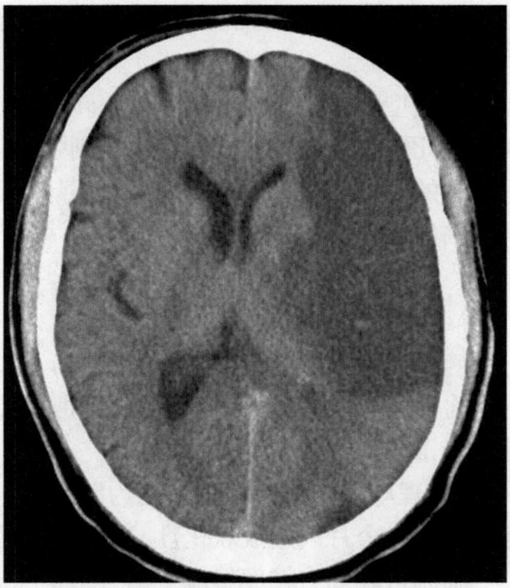

图2-12　左侧额颞叶脑梗死CT表现

（2）增强扫描：梗死后可出现强化，是由于血-脑屏障破坏，新生毛细血管和血液灌注过度所致；可表现为不均匀、脑回状、条状或环状强化。梗死区强化CT灌注成像（CTPI）对血流灌注状况的判断有参考意义，常用观察指标有脑血流量（CBF）、脑血容量（CBV）、平均通过时间（MTT）和达峰时间（TTP）。

3. MRI 表现 ①脑梗死发生 6 小时内，DWI 可显示为异常高信号，此后呈 T_1WI 低信号、T_2WI 高信号。②梗死 1 天后至 1 周末，水肿逐渐加重，占位效应明显，病灶仍表现为 T_1WI 低信号、T_2WI 高信号；有时可见梗死血管流空信号消失。③梗死后期，小病灶可不显示；大的病灶形成软化灶，信号改变似脑脊液，并出现局限性脑萎缩（图 2-13）。

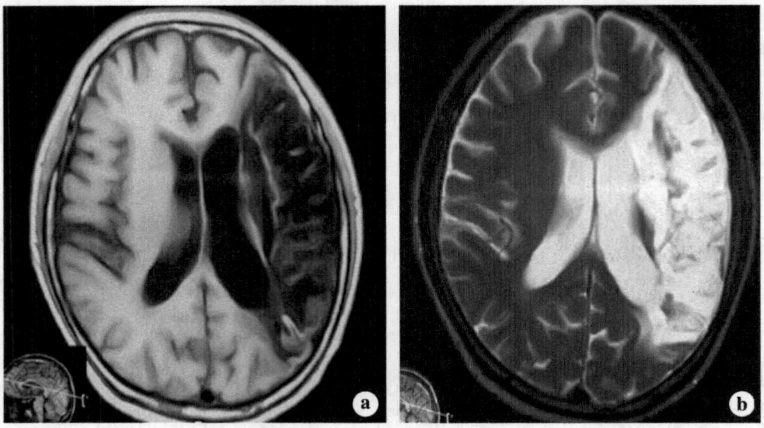

图 2-13 脑梗死 MRI 表现

a. T_1WI 示左额颞顶叶大片状低信号影；b. T_2WI 呈高信号

应用 MRA、DWI、PWI 技术是早期脑梗死首选的影像检查方法。MRA 可直接显示血管的狭窄或中断情况；PWI 结合 DWI 还可判断梗死周边缺血半暗带（复血供后可存活的区域）的存在，为临床溶栓治疗提供有效的指征。

【诊断与鉴别诊断】 根据对侧偏瘫、偏身感觉障碍、偏盲等临床表现，CT 显示脑实质片状低密度灶，或 MRI 显示 T_1WI 低信号、T_2WI 高信号且 DWI 为高信号的病变区，即可诊断脑梗死。MRI 发现脑梗死比 CT 更敏感，对显示脑干、小脑的梗死更胜 CT 一筹。

不典型脑梗死应与脑胶质瘤、转移瘤、脑炎、脱髓鞘疾病等鉴别。脑肿瘤占位表现常较脑梗死更显著；胶质瘤多呈不规则强化；转移瘤常多发，呈均匀或环形强化；脑脓肿常呈规则的环形强化；脱髓鞘疾病的病灶形态更不规则，多位于侧脑室周围等。结合各种疾病的临床表现，一般可鉴别。

（二）腔隙性脑梗死

腔隙性脑梗死（lacunar infarction）是指脑穿支小动脉闭塞引起的深部脑组织较小面积的缺血性坏死。多见于高血压、长期吸烟、糖尿病等人群，好发于基底节区、丘脑区及小脑、脑干等部位，常为多发。

【病理与临床】 病理改变为脑穿支小动脉闭塞引起的深部脑组织局部小面积缺血性坏死，约 1 个月后形成软化灶，梗死灶直径为 5～15mm。

临床可表现为轻度偏瘫、偏身感觉障碍等。梗死部位不同，临床表现各异，总体表现为症状轻且局限，预后较好，也可以无明显的临床症状。

【影像学表现】

1. CT 表现 基底节区、丘脑区或脑干类圆形低密度灶，边界清楚，直径在 5～10mm，无水肿及明显占位效应，可多发（图 2-14a）；4 周左右形成低密度软化灶。一般不做增强

CT 检查。

2. MRI 表现 MRI 对腔隙性脑梗死的检出率明显高于 CT，DWI 可在早期发现梗死，呈高信号。MRI 平扫病灶表现为 T_1WI 低信号、T_2WI 高信号，无占位征象（图 2-14b）。

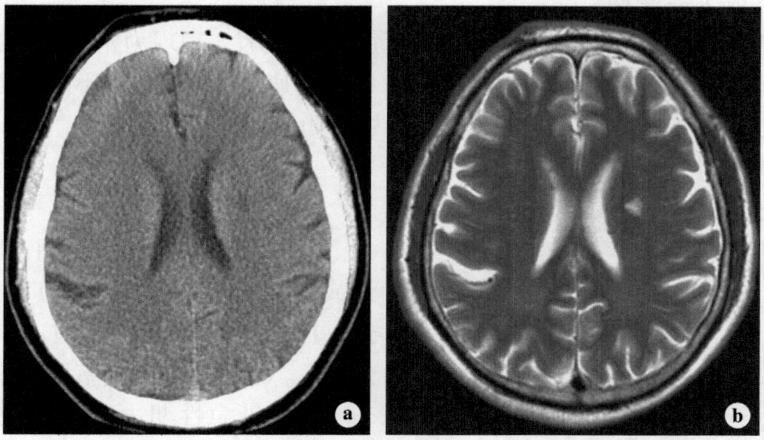

图 2-14 腔隙性脑梗死 CT 与 MRT 表现

a. CT 示左侧放射冠小片状低密度影；b. MRI 平扫 T_2WI 呈小片状高信号影

【诊断与鉴别诊断】 基底节区、丘脑区或脑干单发或多发类圆形小病灶，CT 上呈低密度或 MRI 上呈 T_1WI 低信号、T_2WI 高信号，边界清楚，无明显占位表现，结合临床症状较轻，可以明确诊断。腔隙性脑梗死有时需与脑软化灶、血管周围间隙鉴别。

二、颅 内 出 血

颅内出血（intracranial hemorrhage）主要包括高血压脑出血、脑血管畸形出血、动脉瘤破裂出血和出血性脑梗死等。出血可发生于脑实质、脑室内和蛛网膜下腔，也可同时累及两个或两个以上部位。儿童及青壮年以脑血管畸形出血多见，中年以动脉瘤破裂出血多见，中老年以高血压脑出血最常见。颅内出血往往起病急、病情重，诊断主要以 CT 检查为主，辅以 DSA 和 MRI 等影像学检查。

（一）高血压脑出血

高血压脑出血（hypertensive intracerebral hemorrhage）是颅内最常见的出血，为高血压患者在血压骤升时导致的小动脉破裂出血。好发于 50 岁以上的中老年人，发病率仅次于脑梗死，但死亡率占脑血管疾病的首位。

【病理与临床】 高血压所致脑小动脉的微型动脉瘤或玻璃样变，是脑血管破裂出血的病理基础。出血的好发动脉是豆纹动脉和丘脑膝状体动脉。出血好发部位为基底节、丘脑、脑干、小脑，易破入脑室或蛛网膜下腔，亦可由血肿压迫室间孔、导水管或第四脑室而引起脑积水。脑内血肿的病理学分期：①超急性期（≤6 小时）：血肿内红细胞完整，主要含氧合血红蛋白。②急性期（7～72 小时）：血凝块形成，红细胞明显脱水萎缩，氧合血红蛋白逐渐变为脱氧血红蛋白，灶周水肿明显。③亚急性期（3 天～2 周）：亚急性早期（3～6 天）从血肿外周向中心发展，红细胞内的脱氧血红蛋白转变为正铁血红蛋白；亚急性晚期（1～2 周）正铁血红蛋白释放到细胞外，血肿周围出现炎性反应，灶周水肿减轻。④慢性期（2 周后）：血块周围水肿消失，反应性星形细胞增生，坏死组织被清除，缺损部分由胶质细胞和胶原纤维形成瘢痕；血肿小可填充，血肿大则遗留囊腔，成为囊变期。

临床起病急骤，常由情绪激动、体力活动过度等诱发，表现为剧烈头痛、头晕、恶心、呕吐，并逐渐出现一侧肢体无力、意识障碍；病情迅速恶化，可出现不同程度的意识障碍、肢体偏瘫、失语或昏迷状态，严重者可短期内因颅内压急剧增高而死亡。

【影像学表现】

1. CT 表现

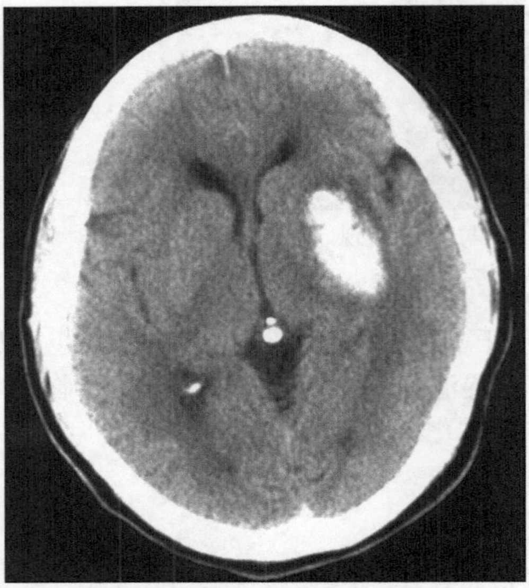

图 2-15　左侧基底节区脑出血 CT 表现

（1）急性期及超急性期：脑内圆形、肾形或不规则形高密度灶，CT 值 50～80HU；灶周出现水肿，血肿较大时占位效应明显（图 2-15）。血肿可破入脑室形成脑室铸型。

（2）亚急性期：血肿密度逐渐降低，边缘模糊；周围水肿及占位效应由明显逐步减轻。血肿吸收呈融冰征，表现为血肿周边吸收，中央仍为高密度区。

（3）慢性期：病灶呈圆形、类圆形或裂隙状低密度影，病灶较大者呈囊状低密度区，此期周围水肿及占位效应消失。

2. MRI 表现　MRI 在显示出血、判断出血时间和原因等方面有着独特的优势，MRI 信号能够反映氧合血红蛋白、脱氧血红蛋白、正铁血红蛋白和含铁血黄素之间的演变过程，更好地进行出血的分期。①超急性期：血肿内含氧合血红蛋白，T_1WI 为等信号，T_2WI 为高信号（图 2-16）。②急性期：氧合血红蛋白逐渐变为顺磁性的脱氧血红蛋白，血肿 T_1WI 为

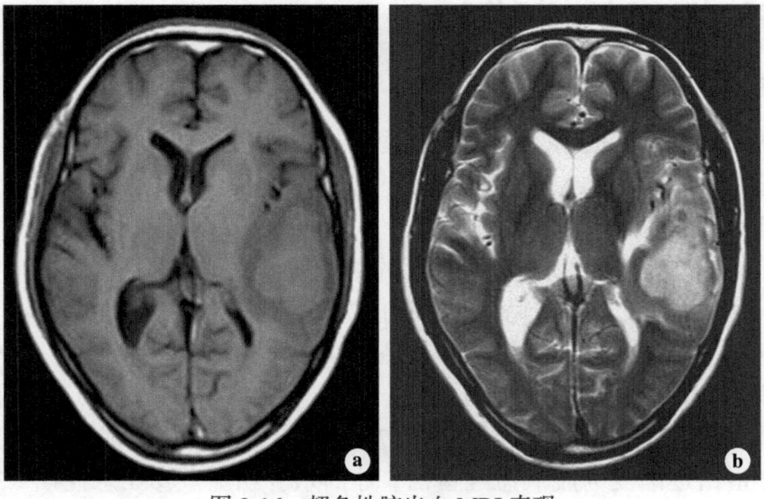

图 2-16　超急性脑出血 MRI 表现

a. T_1WI 示颞叶团块状等信号灶，周围有低信号带环绕；b. 团块影 T_2WI 呈高信号，周围有高信号带环绕为水肿带

等或略低信号，T_2WI 为低信号；灶周出现水肿，占位效应明显。③亚急性期：亚急性早期红细胞内脱氧血红蛋白逐渐变为顺磁性正铁血红蛋白，T_1WI 呈周边高信号环，中心低信号，T_2WI 为低信号；亚急性晚期正铁血红蛋白随着红细胞的溶解而游离，血肿在 T_1WI、T_2WI 均呈高信号。灶周水肿及占位效应逐渐减轻。④慢性期：正铁血红蛋白变为顺磁性的含铁血黄素，表现为 T_1WI、T_2WI 上均呈高信号的血肿周围有一圈低信号环，为含铁血黄素环。血肿充分吸收，在 T_1WI、T_2WI 均表现为斑点样不均匀略低或低信号影；软化灶形成 T_1WI 为低信号，T_2WI 为高信号。

有些高血压患者，用 SWI 可显示脑内微小出血灶，表现为直径 1～5mm 的低信号影，而这些病灶用 CT 或 MRI 常规序列均难以显示。

【诊断与鉴别诊断】 有高血压病史，急性起病，出现意识障碍、肢体偏瘫、失语等症状，CT 表现为脑内好发部位的高密度影伴周围水肿，MRI 信号随血肿演变而变化，结合临床可以明确诊断。

高血压脑出血与外伤性脑出血、动脉瘤和动静脉畸形破裂形成的脑内血肿具有相似的演变规律，可以结合外伤史、血肿的位置来进行鉴别，必要时可做 MRA 或 DSA 检查。

（二）蛛网膜下腔出血

蛛网膜下腔出血（subarachnoid hemorrhage，SAH）是由于颅内血管破裂，血液进入蛛网膜下腔所致。根据病因分外伤性和自发性，自发性见于颅内动脉瘤破裂、高血压动脉硬化和脑动静脉畸形等，以颅内动脉瘤破裂出血最常见。

【病理与临床】 病理改变：①无菌性脑膜炎：由脑脊液中的氧合血红蛋白引起。②脑血管痉挛：使脑组织水肿，重者发生梗死、软化。③脑积水：急性期过后形成正压性脑积水，慢性期由于蛛网膜颗粒受阻、脑脊液吸收障碍所致。

临床出现三联症：剧烈头痛、脑膜刺激征、血性脑脊液。

【影像学表现】

1. CT 表现

（1）直接征象：脑沟、脑池和脑裂内被高密度影充填（图 2-17）。

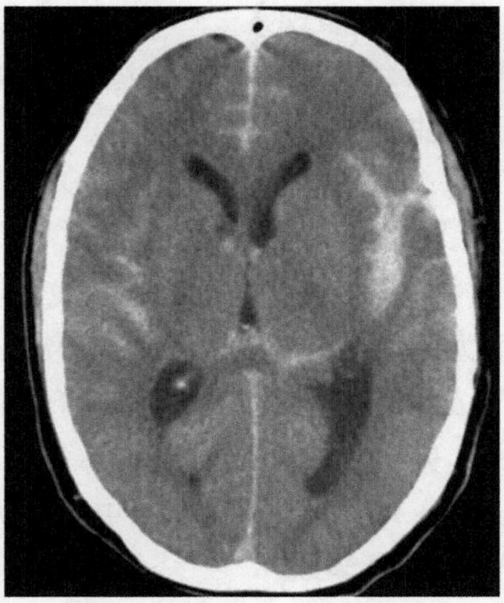

图 2-17　蛛网膜下腔出血

双侧额颞叶脑沟、纵裂池和双侧侧裂池被高密度影填充

（2）不同颅内血管破裂血液积聚部位有别：大脑前动脉破裂，血液多积聚于视交叉池和侧裂池前部；大脑中动脉破裂，血液多积聚于同侧外侧裂池附近；颈内动脉破裂，血液亦多积聚于大脑侧裂池；椎-基底动脉破裂，血液主要沉积于脚间池和环池。

（3）出血密度变化：随着时间延长，出血被脑脊液冲淡及血红蛋白的降解，密度逐渐减低；3 天后呈等密度，1 周后 CT 检查为阴性。

（4）间接征象：包括脑积水、脑水肿、脑梗死、脑内血肿、脑室内出血、脑疝等。

2. MRI 表现　急性期 SAH 的 MRI 敏感性不如 CT；SAH 的 MRI 检查优势在亚急性期

和慢性期。24 小时内的急性 SAH 在 T_1WI 可呈比脑脊液稍高的信号影，T_2WI 上可呈比脑脊液稍低的信号影；亚急性期 T_1WI、T_2WI 均可表现为高信号；慢性期在 T_2WI 上可出现低信号的含铁血黄素影，较具特征性。

【诊断与鉴别诊断】 根据剧烈头痛、脑膜刺激征和血性脑脊液三联症，结合 CT 显示蛛网膜下腔高密度影充填即可诊断。

三、脑血管畸形

脑血管畸形（cerebral vascular malformation）是脑血管的先天发育异常，一般包括动静脉畸形（AVM）、海绵状血管瘤、毛细血管扩张症和静脉畸形。其中 AVM 最多见，常为单发。本书只介绍脑血管畸形中发病率最高的 AVM。

脑动静脉畸形（arterio-venous malformation，AVM）由一条或多条供养动脉、畸形血管团、一条或多条引流静脉组成，周围伴增生的胶质细胞。可发生于任何年龄，多在 40 岁前发病，约 85%发生于幕上。

【病理与临床】 AVM 常见于大脑中动脉分布区的脑皮质，其次见于大脑前动脉分布区的脑皮质；大小不一，病变中畸形的血管粗细不一呈团块状，其内血管可极度扩张、扭曲，血管壁极薄，部分可见动脉与静脉直接相通；血管区内夹杂正常或变性神经组织，病灶周围脑组织常有变性和胶质增生，而继发脑萎缩。有些部位还可以有脑水肿、梗死、钙化和出血。

临床主要表现有头痛、急性脑出血和癫痫等症状；约半数患者因脑出血就诊而发现。

【影像学表现】

1. X 线表现 脑血管造影是诊断 AVM 最可靠、最准确的方法。在动脉期可见粗细不等、迂曲成团的血管，有时可表现为网状或血窦状，供血动脉增粗，并于动脉期见引流静脉显影；邻近血管往往显影不良或变细。约 20% AVM 脑血管造影为阴性，称隐匿性 AVM。

2. CT 表现

（1）平扫：①表现为脑表浅部位边界不清楚的混合密度病灶，常无占位效应；②其内高密度为钙化或出血灶，低密度为软化灶；③周围脑组织常有脑沟增宽等脑萎缩改变（图 2-18a）。

（2）增强扫描：可见点、条状血管强化影，亦可显示粗大引流血管。CTA 可见异常血管团，并可见增粗的供血动脉和引流静脉。

（3）AVM 合并出血：可表现为颅内血肿或蛛网膜下腔出血。

3. MRI 表现

（1）平扫：MRI 信号取决于畸形血管的血流状态，是否有血栓形成、出血、钙化等。异常血管团在 T_1WI、T_2WI 上均显示流空信号影（图 2-18b，图 2-18c）。供血动脉为低或无信号区；其引流静脉由于血流缓慢，T_1WI 为低信号，T_2WI 为高信号。病变区常可见新鲜或陈旧的局灶性出血信号。

（2）增强扫描：可显示异常血管明显强化。MRA 可直接显示 AVM 的供血动脉、异常血管团、引流静脉及静脉窦（图 2-18d）。

【诊断与鉴别诊断】 AVM 的影像学诊断并不困难。脑血管造影可以清晰地显示 AVM 的异常血管结构，目前仍是 AVM 的重要检查方法和诊断金标准。在 CT 上脑表浅部位不规则形混杂密度灶，无占位表现，增强扫描显示点状或弧形状血管影；在 MRI 上见毛线团状或蜂窝状血管流空影，均可诊断为 AVM。

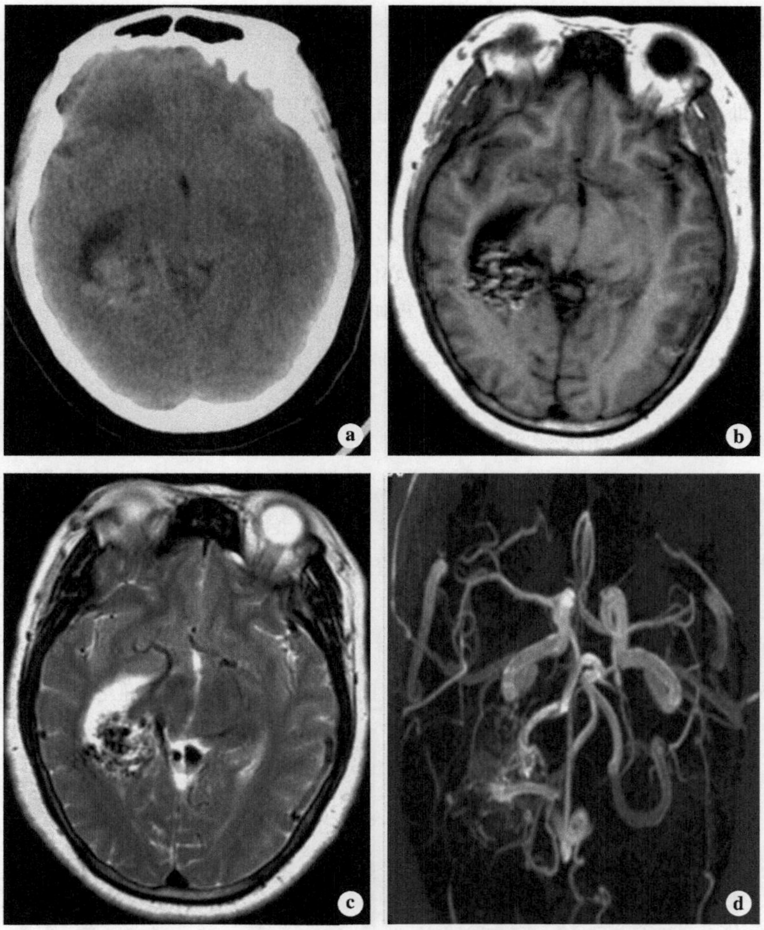

图 2-18 脑动静脉畸形

a. CT 平扫示右侧颞枕叶不规则形混杂密度灶；b、c. MRI 平扫 T_1WI 及 T_2WI 见混杂信号灶内有明显流空信号的异常血管团；d. MRA 见紊乱的异常血管团，并可见增粗的供血动脉

四、颅内动脉瘤

颅内动脉瘤（intracranial aneurysm）是指颅内动脉的局限性扩张，占脑血管疾病发病率的第三位；病因包括先天性因素、动脉粥样硬化、感染性因素、外伤等。动脉瘤 90%起自颈内动脉系统，10%起自椎-基底动脉系统。中年人发病多见，女性略多于男性，约一半以上的自发性 SAH 是由于动脉瘤破裂所致。

【病理与临床】 病理特点包括动脉壁呈病理性局限扩张，与载瘤动脉腔有一颈部相连。依据其形态分粟粒状动脉瘤、囊状动脉瘤、假性动脉瘤、梭形动脉瘤和夹层动脉瘤五种类型。

临床上动脉瘤未破裂时常无症状，部分患者可有头痛、癫痫、脑神经压迫等症状；破裂时导致蛛网膜下腔出血、脑内出血，可引起相应的临床症状与体征。

【影像学表现】

1. X 线表现 脑动脉造影可见动脉瘤起源于动脉壁一侧，突出呈囊状，多为圆形、卵圆形，少数呈葫芦状等不规则形。

2. CT 表现

（1）平扫：①无血栓动脉瘤，呈类圆形稍高密度影，边界清楚（图 2-19a）。②部分血栓动脉瘤，血流部分呈稍高密度区，血栓呈等密度。③完全血栓动脉瘤，呈等密度灶，其内可见点状钙化，瘤壁可有弧形钙化。④动脉瘤破裂后，CT 多不能显示瘤体，可见出血、水肿、脑积水，甚至脑疝形成。

（2）增强：①无血栓动脉瘤呈均匀强化。②部分血栓动脉瘤血流部分明显强化，血栓不强化；如果血栓位于血管腔内周边，则动脉瘤中心的瘤腔和外层囊壁均强化，形成中心高密度影和外周高密度环，中间隔以等密度带，称之为“靶征”。③完全血栓动脉瘤，仅瘤壁呈环形强化，其内血栓不强化。④CTA 可清晰显示瘤体与动脉相连，并能显示动脉瘤的部位、大小和形状。

3. MRI 表现

（1）平扫：MRI 显示动脉瘤与其血流、血栓、钙化和含铁血黄素沉积有关。无血栓动脉瘤，在 T_1WI 和 T_2WI 上均为圆形低信号。动脉瘤内的涡流会导致信号不均匀，血流快的部分出现流空效应；血流慢的部分 T_1WI 呈低或等信号，T_2WI 呈高信号。动脉瘤内有血栓时，其信号随血栓形成时间不同而变化（图 2-19b，图 2-19c）。颅内动脉瘤破裂出血形成颅内血肿的 MRI 表现见脑出血部分。

（2）增强扫描：无血栓部分明显强化，血栓不强化。MRA 上显示为与载瘤动脉相连的囊状影（图 2-19d），可显示动脉瘤内部结构，对血栓、夹层及瘤周出血等方面具有优势。

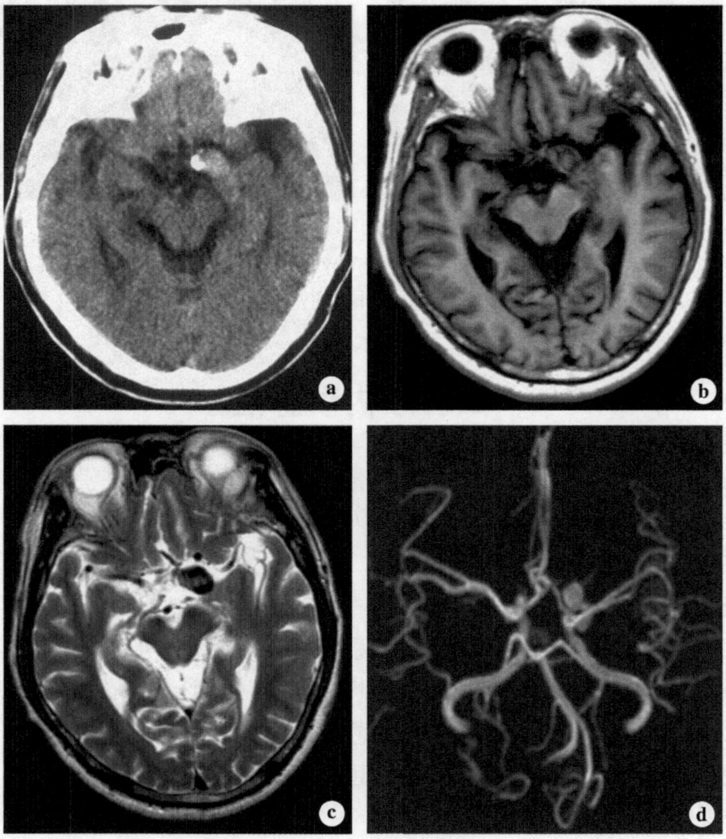

图 2-19　颅内动脉瘤

a. CT 平扫示鞍上池左侧一卵圆形稍高密度灶，其内侧边缘见钙化；b、c. MRI 平扫见鞍上池病灶 T_1WI 及 T_2WI 均有流空信号；d. MRA 显示位于左侧基底动脉环前交通支动脉瘤

【诊断与鉴别诊断】 根据DSA、CT或MRI特征性表现，结合病灶位置可明确做出动脉瘤诊断。鞍区附近的动脉瘤有时需与鞍区肿瘤如垂体瘤、颅咽管瘤和脑膜瘤鉴别，根据增强扫描并结合临床可资鉴别。

（张艳辉）

第六节　颅内肿瘤

一、神经上皮肿瘤

神经上皮肿瘤（neuroepithelial tumors），既往称之为神经胶质瘤（glioma），是各种神经上皮细胞起源肿瘤的总称，为脑内最常见的原发性肿瘤。依据WHO分类，可分为星形细胞瘤、少突胶质细胞瘤、混合性胶质瘤、室管膜瘤及髓母细胞瘤等。85%以上的神经上皮肿瘤位于幕上，50%累及多部位。

（一）星形细胞瘤

星形细胞瘤（astrocytic tumors）是最常见的神经上皮肿瘤，占颅内原发肿瘤的60%，可发生于中枢神经系统的任何部位。成人多发生于大脑半球，以额叶及颞叶最常见，可多发累及两个以上脑叶；儿童多发生于小脑半球，也可见于脑干。

【病理与临床】 肿瘤主要位于白质内，可侵犯皮质及脑内深部结构，恶性度较高的肿瘤可沿胼胝体侵及对侧。星形细胞瘤分类复杂，按WHO脑肿瘤分类法，分为毛细胞型星形细胞瘤（Ⅰ级）、弥漫性星形细胞瘤（Ⅱ级）、间变性星形细胞瘤（Ⅲ级）和胶质母细胞瘤（Ⅳ级）。Ⅰ级分化良好，呈良性；Ⅱ级为良恶交界性；Ⅲ～Ⅳ级为恶性，分化不良。分化良好的肿瘤多位于大脑半球白质，肿瘤含神经胶质纤维多，多表现为瘤内囊变，肿瘤血管较成熟。分化不良的肿瘤呈弥漫浸润性生长，边界不清，易发生大片坏死、出血和囊变，肿瘤血管丰富且分化不良。

临床表现与肿瘤部位有关，主要临床表现为抽搐、局灶性或全身性癫痫发作，且在诊断前数年就可出现。其他还可出现神经功能障碍和颅内压增高等表现，常在病变后期出现。

【影像学表现】

1. CT表现

（1）平扫：Ⅰ～Ⅱ级星形细胞瘤表现为低密度病灶，密度较均匀，境界相对清楚，瘤周水肿及占位效应不明显；Ⅲ～Ⅳ级星形细胞瘤表现为低、略高或混杂密度病灶，有时可见高密度钙化和出血，形态不规则，边界不清，瘤周水肿明显，有不同程度的占位征象。

（2）增强扫描：Ⅰ级星形细胞瘤多无强化；Ⅱ级不强化或轻度强化，若强化提示局部恶变；Ⅲ～Ⅳ级通常呈环状或不规则强化，环壁上可见强化的壁结节，若肿瘤沿胼胝体向对侧生长则呈蝶翼状强化。

2. MRI表现

（1）平扫：肿瘤在T_1WI上呈低、等信号，T_2WI及FLAIR呈高信号（图2-20a，图2-20b）。Ⅰ级星形细胞瘤信号较均匀，Ⅱ、Ⅲ、Ⅳ级信号多不均匀；Ⅰ、Ⅱ级星形细胞瘤境界相对清楚，瘤周水肿及占位效应不明显，而Ⅲ、Ⅳ级星形细胞瘤边界不清，瘤周水肿明显，有不同程度的占位征象。

（2）增强扫描：Ⅰ级星形细胞瘤轻度强化；Ⅱ级不强化或轻度强化；Ⅲ、Ⅳ级通常呈环状或不规则强化（图 2-20c），环壁上可见强化的壁结节，若肿瘤沿胼胝体向对侧生长则呈蝴蝶状强化。

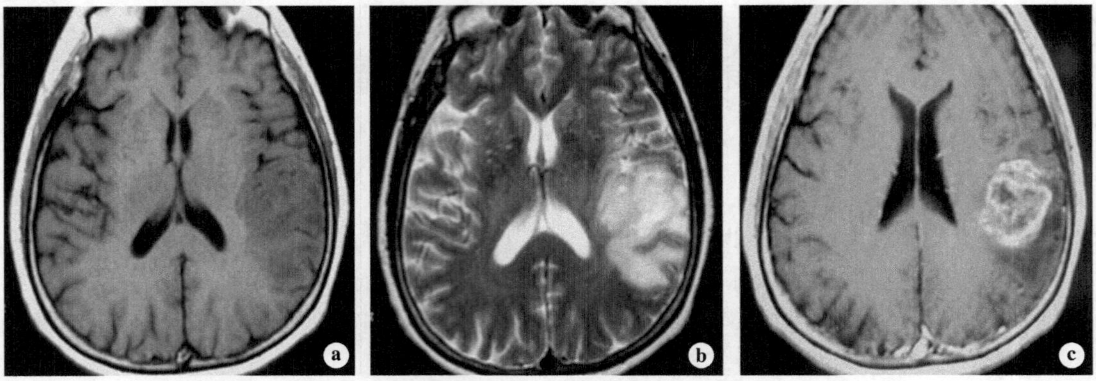

图 2-20　星形细胞瘤 MRI 表现

a～c. 左颞叶团块状占位性病变，T_1WI 呈低信号，T_2WI 呈高信号，增强呈不规则强化，瘤周见水肿灶

（3）波谱成像：MRS 上 Cho 峰升高，NAA 峰降低。低级星形细胞瘤（Ⅰ～Ⅱ级）还可见 MI/Cr 增高（0.85±0.25）。Cho/Cr 在Ⅲ～Ⅳ级星形细胞瘤中也升高。

【诊断与鉴别诊断】　根据病变发生的部位、密度或信号强度及增强特点，诊断星形细胞瘤并不困难。星形细胞瘤需与脑梗死、髓母细胞瘤、脑脓肿等疾病鉴别。级星形细胞瘤应与脑梗死鉴别，脑梗死的特点是临床上有突发偏瘫病史，病灶多呈楔形，同时累及皮、髓质，增强扫描病灶呈脑回状强化。

（二）少突胶质细胞瘤

少突胶质细胞瘤（oligodendroglioma）起源于少突胶质细胞。90%以上发生于幕上大脑半球，以额叶多见，其次为顶叶和颞叶。

【疾病概要】　肿瘤一般为实性，质硬易脆，但无包膜。肿瘤位于白质和皮质浅层，可向外生长，有时可与脑膜相连。肿瘤易钙化，钙化形态多样，多为点状或斑片状钙化，为该肿瘤的重要特征之一。肿瘤可见囊变与出血。

临床多以癫痫为首发症状，其他症状与体征则与肿瘤生长部位有关。1/3 有偏瘫和感觉障碍，还可出现颅内压增高及精神症状等。

【影像学表现】

1. X 线表现　平片常显示肿瘤区呈条带状或团絮状的钙化。

2. CT 表现

（1）平扫：肿瘤位置表浅，位于皮层或皮层下区，呈混杂密度肿块，多呈类圆形，边界不清，囊变者为边缘清楚的低密度区；内有钙化是其特征性改变，钙化可呈条索状或团块状钙化；瘤周水肿及占位征象多较轻（图 2-21a）。

（2）增强扫描：多不强化或轻度强化。

3. MRI 表现　肿瘤呈团块状，在 T_1WI 上呈低或等信号，T_2WI 呈高信号，信号多不均匀；钙化在 T_1WI 与 T_2WI 上均为低信号；肿瘤边缘清晰、锐利，瘤周无水肿或仅有轻度水肿，占位征象轻（图 2-21b，图 2-21c）。MRS 对肿瘤的定性诊断有帮助。

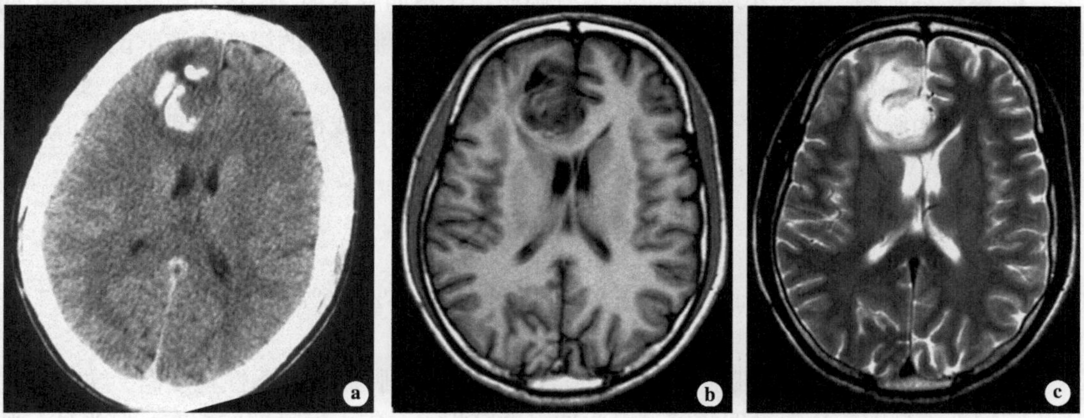

图 2-21　少突胶质细胞瘤 CT 与 MRT 表现

a. CT 示右侧额叶占位，内有点、条状及弯曲条索状钙化；b. MRI 平扫 T_1WI 呈低、等混杂信号；c. MRI 平扫 T_2WI 呈高信号，瘤周见少量水肿

【诊断与鉴别诊断】　好发于成人，以癫痫为首要症状，病灶多见于额叶，位置表浅，水肿及占位效应轻，CT 或 MRI 显示钙化，增强后无明显强化，可提示此病。应与脑膜瘤、星形细胞瘤及钙化性脑动静脉畸形等鉴别。

1. 脑膜瘤　为颅内脑外肿瘤，广基底与颅骨或硬膜相连；肿瘤强化明显，有脑膜尾征，邻近颅骨骨质增生等改变；MRI 上 T_1WI 和 T_2WI 多为等信号。

2. 星形细胞瘤　CT 平扫呈低密度；瘤内多无条带状钙化。

3. 脑动静脉畸形　无占位效应；增强扫描可见增粗迂曲的血管团；MRI 上可见流空血管影。

（三）室管膜瘤

室管膜瘤（ependymoma）为起源于室管膜细胞的胶质性肿瘤，多见于儿童及青少年。可发生于脑室系统的任何部位，最常见于第四脑室，依次为侧脑室三角区和第三脑室。

【病理与临床】　肿瘤位于脑室内，生长缓慢，多呈膨胀性生长，界限较清；界限不清楚者为浸润性生长。肿瘤多为实性，多呈分叶状和结节状生长，可有囊变和颗粒状钙化，较少有出血、坏死。肿瘤可发生室管膜种植性转移。

临床常有头痛、恶心、呕吐、共济失调和眼球震颤等，症状与肿瘤所在位置有关。

【影像学表现】

1. X 线表现　平片多正常，也可出现颅内高压征象，有时可见点状分布的肿瘤钙化灶。

2. CT 表现　肿瘤位于脑室内、脑室壁或脑室内、外生长，呈等密度或稍高密度，密度均匀或不均匀，可见低密度囊变和高密度钙化等；瘤周多无水肿，位于第四脑室内的病灶，可引起侧脑室和第三脑室扩张积水。增强扫描时肿瘤呈均匀或不均匀强化。

3. MRI 表现　肿瘤在 T_1WI 上为低或等信号，T_2WI 上为高信号，常伴脑积水；增强扫描肿瘤呈均匀或不均匀明显强化。

【诊断与鉴别诊断】　儿童及青少年脑室内 CT 见等密度病灶或在 MRI 上 T_1WI 呈低或等信号，T_2WI 呈高信号病灶，伴有脑积水；增强后呈均匀或不均匀明显强化，可考虑室管膜瘤。主要与髓母细胞瘤及脑室内脑膜瘤鉴别。

1. 髓母细胞瘤 位于小脑蚓部，而室管膜瘤位于第四脑室内。髓母细胞瘤残留的第四脑室常位于肿块的前方或前上方，为压迫所致；而室管膜瘤残留的第四脑室常位于肿块的四周或后方，为占位所致。

2. 脑室内脑膜瘤 好发于侧脑室三角区，CT 平扫为等或稍高密度，钙化多见，MRI 上 T_1WI 及 T_2WI 呈等信号。

（四）髓母细胞瘤

髓母细胞瘤（medulloblastoma）占神经上皮肿瘤的 4%～6%，属于胚胎性肿瘤，75% 在 15 岁以前发病。

【病理与临床】 髓母细胞瘤是儿童最常见的颅后窝肿瘤，其恶性程度高，主要发生于小脑蚓部，易向前压迫第四脑室，引起梗阻性脑积水；成人发病部位常在小脑半球。肿瘤生长迅速，易沿脑脊液种植播散，并可广泛种植于脑室系统、蛛网膜下腔和椎管内。肿瘤呈浸润性生长，边界不清。

临床常见共济失调及头痛、恶心、呕吐等颅内高压征象。

【影像学表现】

1. X 线表现 除部分病例可显示颅内压增高征象外，多无太大价值。

2. CT 表现 可见小脑蚓部类圆形略高密度肿块，密度均匀或不均匀，约半数病灶周围有水肿，第四脑室受压变形移位，侧脑室、第三脑室扩张积水；增强后肿瘤明显强化，呈“快进快出”表现。

3. MRI 表现 肿瘤 T_1WI 呈低信号，T_2WI 呈高或等信号；肿瘤压迫阻塞第四脑室时，可见第三脑室及侧脑室扩张等脑积水表现。肿瘤明显强化。

【诊断与鉴别诊断】 儿童颅后窝小脑蚓部实性肿块，CT 平扫呈略高密度，MRI 上 T_1WI 呈低信号，T_2WI 呈高信号；增强扫描明显强化，伴脑积水，可考虑髓母细胞瘤。但需与室管膜瘤和小脑星形细胞瘤鉴别。

1. 室管膜瘤 见“室管膜瘤的鉴别诊断”。

2. 小脑星形细胞瘤 好发于儿童，肿瘤位于小脑半球，CT 平扫为低或等密度，增强扫描病灶呈环状强化，可见壁结节。

二、脑　膜　瘤

脑膜瘤（meningioma）起源于脑膜，位居颅内肿瘤的第二位，占颅内肿瘤的 15%～20%；多见于 40—60 岁，女性发病率约为男性的 2 倍。大多数为良性，极少为恶性。

【病理与临床】 脑膜瘤起源于蛛网膜的帽状细胞，与硬脑膜相连，多数由脑膜动脉分支供血，血运丰富。常见部位为矢状窦旁、大脑镰、脑凸面及小脑幕等。肿瘤有完整包膜，质坚韧，多为结节或颗粒状，可有钙化或骨化。多数脑膜瘤为良性，生长缓慢，可长大并嵌入脑内，压迫脑皮质；脑膜瘤因紧邻颅骨，易引起颅骨骨质增生、破坏或变薄。恶性脑膜瘤瘤体较大，呈膨胀性或浸润性生长，多数出现囊变、坏死和出血。

脑膜瘤起病缓慢，病程长，头痛、头晕等颅内压增高及局部定位症状和体征出现较晚。位于大脑凸面者常有癫痫发作；位于功能区的脑膜瘤，可有局限性体征及神经功能障碍。

【影像学表现】

1. X 线表现　平片常见颅内压增高和松果体钙斑移位，并可见颅骨骨质增生、破坏、肿瘤钙化和血管压迹增粗等。脑血管造影可显示肿瘤引起的脑血管移位、变形，动脉期可见来自颈外和颈内动脉的脑膜分支，毛细血管期或静脉期可见肿瘤染色。

2. CT 表现

（1）平扫：肿瘤呈圆形或类圆形，边界清晰，呈略高或等密度影。肿瘤以广基底靠近颅板或硬脑膜，瘤体可见钙化；多可见瘤周水肿，程度不一，多较轻；占位征象明显。有时可见颅板增厚、破坏等，出血、坏死和囊变少见。

（2）增强扫描：多呈明显均匀强化，边缘锐利；发生坏死、囊变则不强化（图 2-22）。

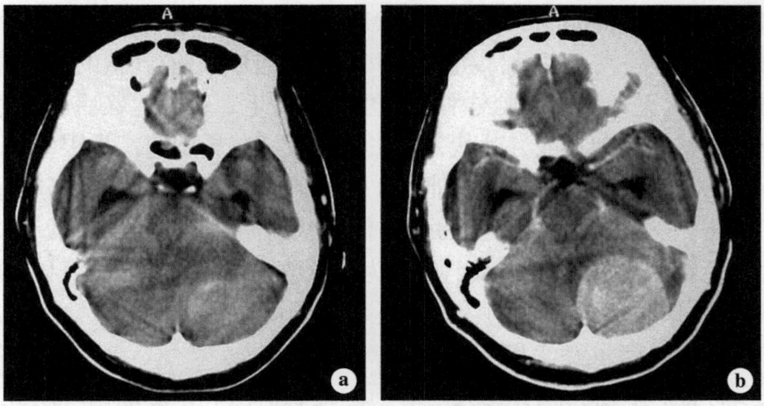

图 2-22　脑膜瘤 CT 表现

a. CT 平扫示左侧小脑半球密度稍增高；b. CT 增强示左侧枕部颅骨内板下方一类圆形均匀强化肿块，边缘光滑，广基与脑膜相连

3. MRI 表现

（1）平扫：肿瘤信号多与脑皮质接近，T_1WI 多为等信号，T_2WI 多为等或稍高信号（图 2-23a，图 2-23b），内部信号可不均匀，可见血管流空影。囊变呈长 T_1、长 T_2 信号，钙化在 MRI 上无信号；瘤周水肿在 T_1WI 为低信号，T_2WI 为高信号。肿瘤周围可见低信号环，以 T_1WI 明显，介于肿瘤与水肿之间，称为肿瘤包膜。

（2）增强扫描：肿瘤多呈明显强化；出现囊变、坏死时强化不均匀。肿瘤相邻脑膜可呈鼠尾状强化，称为“脑膜尾征”（图 2-23c）。

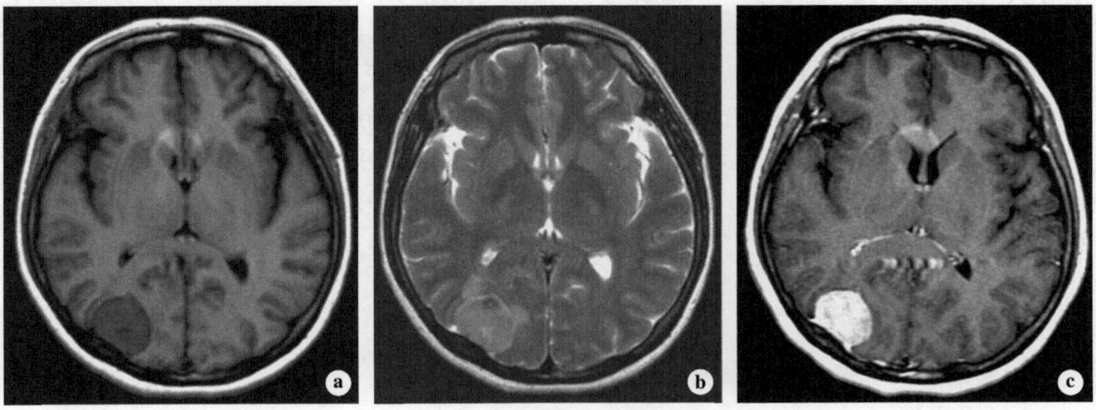

图 2-23　脑膜瘤 MRI 表现

a. MRI 平扫 T_1WI 示右枕部见类圆形低信号肿块，广基与脑膜相连；b. MRI 平扫 T_2WI 呈稍高信号；c. 增强：肿块明显强化，可见“脑膜尾征”

（3）波谱成像：脑膜瘤属于脑外肿瘤，不含正常神经元，MRS 表现为 NAA 峰缺乏，Cho 峰升高，Cr 峰下降，可出现丙酸（Ala）峰。

【诊断与鉴别诊断】 矢状窦旁、大脑镰、脑凸面等蛛网膜分布区域见等密度或等信号的肿块，增强扫描明显强化，且见“脑膜尾征”，可诊断脑膜瘤。

脑膜瘤需与星形细胞瘤鉴别；桥小脑角区脑膜瘤要与听神经瘤鉴别；鞍区脑膜瘤要与颅咽管瘤鉴别；脑室内脑膜瘤要与室管膜瘤鉴别。

三、垂体腺瘤

垂体腺瘤（pituitary adenoma）为起源于腺垂体的良性肿瘤，是鞍区最常见的肿瘤，占颅内肿瘤的第三位。本病成人多见，男女发病率相等，但分泌催乳素的微腺瘤多见于女性。

【病理与临床】 垂体腺瘤属脑外肿瘤，可累及鞍上、鞍下、鞍后、鞍旁及前颅窝底，较大的肿瘤包膜完整，呈圆形或分叶状，膨胀性生长，与周围组织界限清楚。根据有无激素分泌，可分为功能性（75%）和无功能性（25%）两类。功能性包括分泌生长激素和泌乳素的嗜酸细胞瘤，分泌促肾上腺皮质激素、促甲状腺激素、促性腺激素等的嗜碱细胞瘤；无功能性的为嫌色细胞瘤。根据其大小可分为微腺瘤（直径≤10mm）和大腺瘤（直径＞10mm）。肿瘤较大时可出现出血、坏死和囊变；偶可钙化。垂体瘤常发生出血或梗死，称为垂体卒中；进而可产生囊变和坏死。

临床表现多样性，表现为内分泌亢进和压迫症状。泌乳素腺瘤出现闭经、泌乳；生长激素腺瘤出现肢端肥大；促肾上腺皮质激素腺瘤出现 Cushing 综合征等。巨大垂体腺瘤可出现压迫症状，如视力障碍、垂体功能低下、头痛等。

【影像学表现】

（一）垂体大腺瘤

1. X 线表现 可见蝶鞍扩大，前、后床突骨质吸收、破坏，鞍底下陷等。

2. CT 表现

（1）平扫：①鞍区肿块：呈圆形、椭圆形或分叶状，边缘光滑，多为等密度或稍高密度肿块，密度均匀或不均匀。②蝶鞍扩大，鞍背变薄后移。③鞍上池闭塞，视交叉受压上移。④冠状位扫描显示肿瘤呈哑铃状。

（2）增强扫描：多呈均匀强化或周边强化；囊变、坏死、出血和钙化灶不强化。

3. MRI 表现 瘤体 T_1WI 呈较低或等信号，T_2WI 呈等或较高信号，信号均匀或不均匀；若肿瘤内部发生囊变或坏死，在 T_1WI 上肿瘤内部出现更低信号，T_2WI 则呈更高信号；伴出血则在 T_1WI、T_2WI 上均呈高信号。增强扫描肿瘤多呈均一强化；坏死、囊变、出血和钙化部分不强化（图 2-24）。肿瘤向外侵犯征象与 CT 检查相似，但比 CT 更清晰。

（二）垂体微腺瘤

1. X 线表现 多无异常发现。

2. CT 表现

（1）平扫：常规为薄层扫描、冠状面 MPR 重组观察，约半数患者无异常表现；有的可表现为垂体高度增加（男性＞7mm，女性＞9mm），垂体上缘局部膨隆及垂体柄偏移等征象。

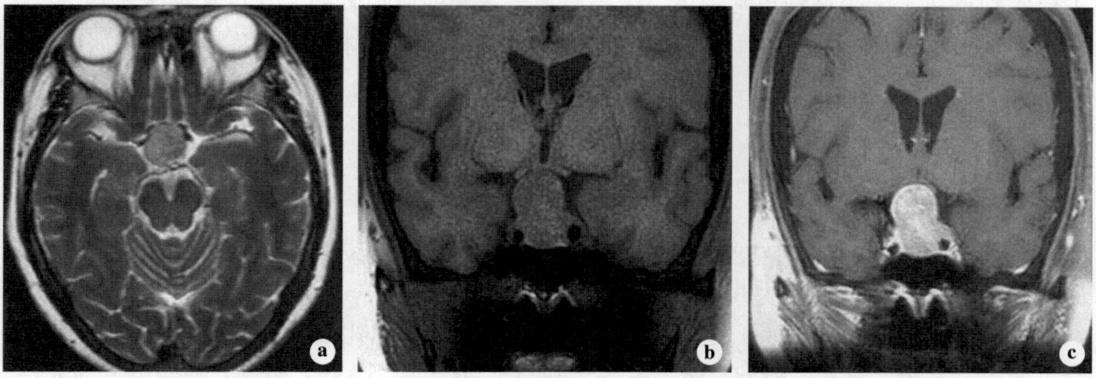

图 2-24　垂体大腺瘤 MRI 表现

a. MRI 平扫横断面示鞍区一类圆形占位，T_2WI 上呈稍高信号；b. 冠状面占位呈哑铃状，T_1WI 上呈等信号；c. 增强扫描呈明显强化，病灶向上压迫视束和视交叉

（2）增强扫描：快速注入对比剂后立即扫描，肿瘤呈低密度；延迟扫描呈等密度或稍高密度。

3. MRI 表现

（1）平扫：冠状位及矢状位薄层扫描时 T_1WI 呈低信号，伴出血为高信号；T_2WI 呈高或等信号。肿瘤通常位于垂体一侧，可见垂体高度增加，上缘局部膨隆；垂体柄偏移；鞍底下陷或局部骨质吸收（图 2-25a）。

（2）增强扫描：增强早期肿瘤信号强度低于正常垂体，晚期信号强度等于或高于正常垂体（图 2-25b，图 2-25c）。

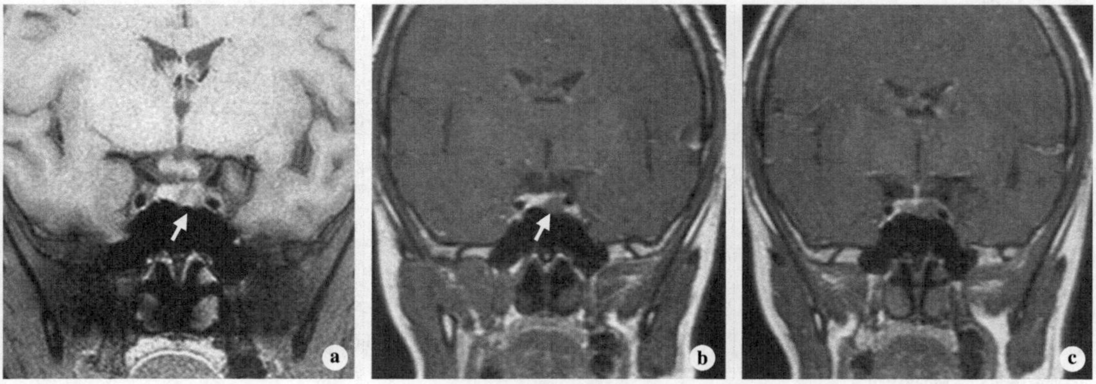

图 2-25　垂体微腺瘤 MRI 表现

a. MRI 平扫 T_1WI 冠状面示垂体偏左侧可见类圆形稍低信号结节，鞍底局部下陷（↑）；b. 增强早期正常垂体明显强化，结节（↑）强化程度低于正常垂体；c. 增强后期，结节强化程度增加，呈等信号

【诊断与鉴别诊断】　鞍内或鞍上类圆形略高或等密度肿块，MRI 上 T_1WI 为等信号，T_2WI 为高信号，均一或周边强化，伴蝶鞍扩大、破坏等影像学改变，结合内分泌紊乱可诊断垂体大腺瘤。垂体内低密度或 T_1WI 低信号小病灶，伴垂体柄偏移等间接征象，增强后早期信号强度低于正常垂体，晚期信号强度高于正常垂体，结合内分泌紊乱可诊断垂体

微腺瘤。

垂体大腺瘤需与发生于鞍区的其他肿瘤进行鉴别，如脑膜瘤、颅咽管瘤及动脉瘤等，主要鉴别点在于能否见到正常垂体。微腺瘤需与青春期或哺乳期妇女正常垂体鉴别，后者也可表现为垂体高度增加，垂体饱满，上缘局部膨隆，但垂体左右对称，垂体柄居中，鞍底无下陷。

四、颅 咽 管 瘤

颅咽管瘤（craniopharyngioma）是较常见的颅内肿瘤，多位于鞍上，是鞍区仅次于垂体腺瘤的常见肿瘤。常见于儿童，也可发生于成人。

【病理与临床】 目前普遍认为该肿瘤起自颅咽管在退化过程中的残留上皮细胞，肿瘤可沿鼻咽后壁、蝶窦、鞍内、鞍上至第三脑室前部发生，以鞍上多见。肿瘤可分为囊性、囊实性和实性三种，多为囊性；囊内可为单房或多房，囊液呈黄褐色并漂浮胆固醇结晶；囊壁和肿瘤实性部分多有钙化。

肿瘤因压迫垂体、下视丘而出现相应临床症状。儿童以发育停滞、侏儒、颅内压增高为主；成人则多出现视力、视野障碍，部分患者可有精神异常及垂体功能低下。

【影像学表现】

1. X 线表现 平片常显示鞍区钙化、蝶鞍异常和颅高压征象等。

2. CT 表现

（1）平扫：表现为鞍上区圆形、类圆形或分叶状肿块，以囊性和部分囊性居多。密度变动范围大，含胆固醇多则 CT 值低，含钙质或蛋白质多则 CT 值高。囊壁可见蛋壳状钙化，实体肿瘤内为点状、不规则或团块状钙化。一般无脑水肿，可出现脑积水。

（2）增强扫描：囊壁可出现环状强化，肿瘤实性部分可呈均匀或不均匀强化，低密度囊液不强化。

3. MRI 表现

（1）平扫：因瘤内成分有蛋白质、胆固醇、正铁血红蛋白、钙化等诸多成分，且含量各异，平扫 MRI 表现变化多样。T_1WI 上可呈高信号、等信号、低信号或混杂信号，T_2WI 以高信号多见（图 2-26）。实性肿瘤 T_1WI 为等信号，T_2WI 为高信号。囊变在 FLAIR 上亦表现为高信号。

（2）增强扫描：与 CT 增强表现类似。

【诊断与鉴别诊断】 儿童鞍上肿块，有囊变及多种形式钙化，增强扫描可见实体部分均匀或不均匀强化，囊壁可出现环状强化，结合临床表现可诊断颅咽管瘤。需与鞍区脑膜瘤及胶质瘤鉴别。

1. 鞍区脑膜瘤 鞍旁骨质增生硬化，MRI 上 T_1WI 和 T_2WI 肿瘤均呈等信号，增强扫描肿块明显均一强化，并可见脑膜尾征。

2. 胶质瘤 与实性颅咽管瘤较难鉴别，但胶质瘤好发于青壮年，肿块多无钙化。

五、听 神 经 瘤

听神经瘤（acoustic neurinoma）是最常见的源于脑神经的肿瘤，占原发颅内肿瘤的 8%～

10%，为脑外肿瘤，好发于中年人。

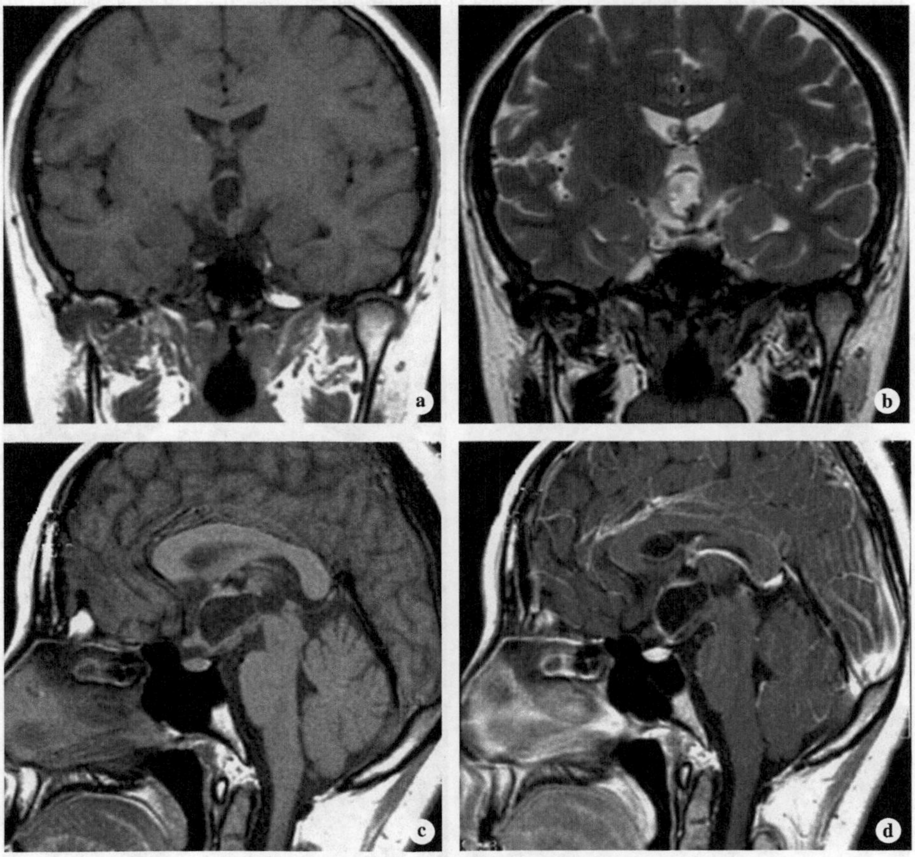

图 2-26　颅咽管瘤 MRI 表现

a、c. MRI 平扫 T_1WI 冠状面示鞍上一囊性低信号占位；b. T_2WI 上呈高信号；d. 增强示囊壁环状强化

【病理与临床】　听神经瘤多起源于听神经前庭支内听道段，属神经鞘瘤，为生长缓慢的良性肿瘤。肿瘤呈圆形或类圆形，质地坚硬，有包膜，境界清楚，易发生囊变；常伴有内耳道扩大；肿瘤可压迫脑干和小脑，产生梗阻性脑积水。

临床主要表现为桥小脑角综合征，即患侧听神经、面神经和三叉神经受损症状及小脑症状，具体表现为单侧耳鸣、听力减退或耳聋等。肿瘤压迫小脑和脑干时可出现颅内压增高征象。

【影像学表现】

1. X 线表现　平片可见内耳道扩大和邻近骨质吸收。

2. CT 表现

（1）平扫：表现为桥小脑角区类圆形肿块，可呈低密度、等密度或混杂密度。肿瘤居岩骨后缘，以内耳道为中心，与岩骨接触面多呈锐角。骨窗显示内耳道呈漏斗状扩大，骨质吸收模糊，甚至骨质破坏。肿瘤增大压迫小脑和脑干时可导致其变形移位，压迫第四脑室使其闭塞形成梗阻性脑积水。

（2）增强扫描：肿瘤增强扫描时多呈明显均匀或不均匀强化，病变边界清楚；肿瘤囊变坏死区不强化。

3. MRI 表现

（1）平扫：MRI 上 T_2WI 可清晰显示内耳道内的肿瘤，并可见肿瘤所致内耳道扩大征象。MRI 亦可见桥小脑角区类圆形肿块，T_1WI 上呈等或低信号，T_2WI 上呈高信号（图 2-27）。若瘤体内部发生囊变时，囊变区 T_1WI 呈低信号，T_2WI 为高信号。

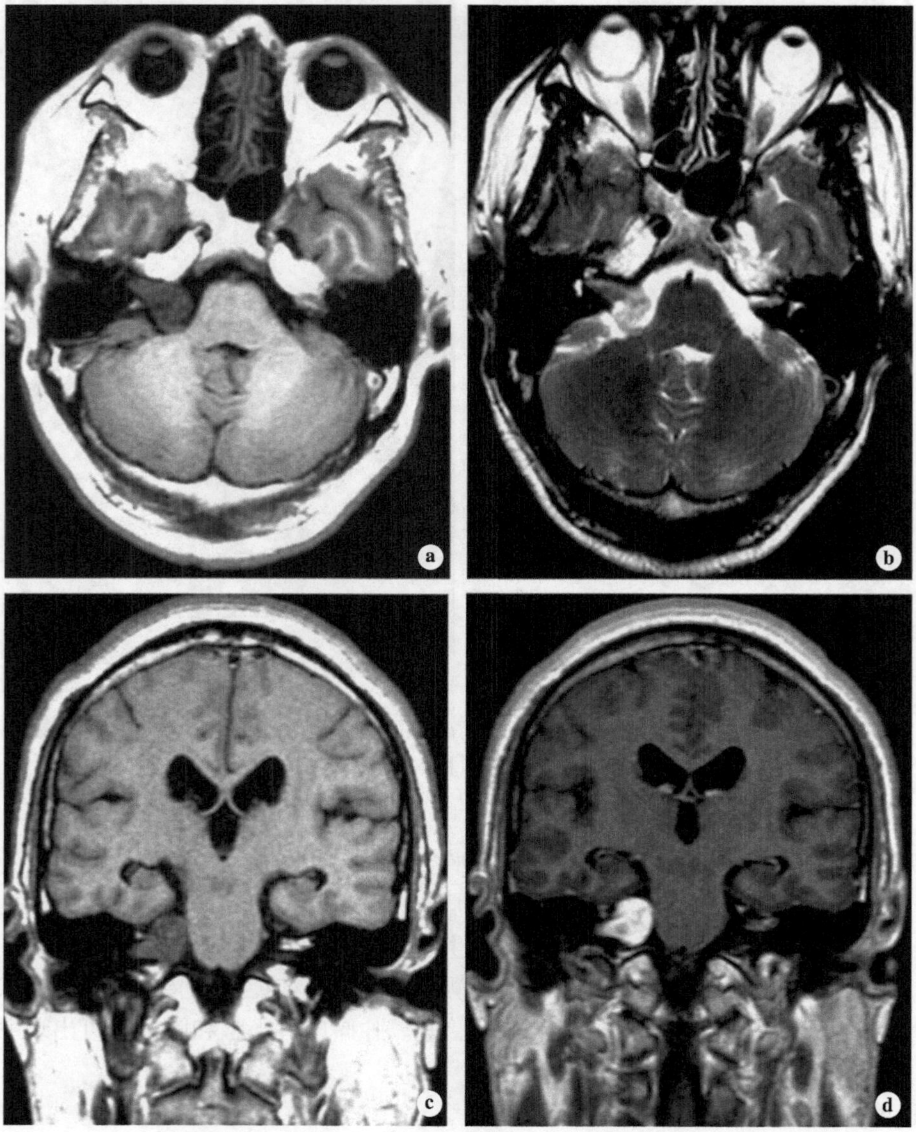

图 2-27 听神经瘤 MRI 表现

a～d. MRI 横断面及冠状面平扫见右侧桥小脑角区类圆形实性占位，T_1WI 上呈低信号，T_2WI 上呈较高信号

（2）增强扫描：瘤体实质部分明显强化，囊变区无强化。

【诊断与鉴别诊断】 根据听力障碍，桥小脑角区实性或囊实性肿块伴有听神经增粗、内耳道扩大，可诊断听神经瘤。要注意与发生在桥小脑角区的脑膜瘤、表皮样囊肿（胆脂瘤）等鉴别，鉴别诊断如下。

1. 脑膜瘤 脑膜瘤与岩骨夹角呈钝角，一般无内听道扩大，邻近岩骨可有骨质增生；MRI 增强明显均匀强化，有“脑膜尾征”。

2. 表皮样囊肿　呈脑脊液样密度或信号肿块，形态不规则，沿蛛网膜下腔生长；增强扫描不强化，无内听道扩大。

六、脑 转 移 瘤

脑转移瘤（metastatic tumor of brain）比较常见，可发生于任何年龄，中老年人较常见。

【病理与临床】　脑转移瘤血行转移者，多来自肺癌、乳腺癌、胃癌、结肠癌、肾癌等；直接蔓延者，可来自鼻咽、鼻窦、眼眶的恶性肿瘤。转移部位以幕上多见，好发于皮-髓质交界区。肉眼观察肿瘤与正常脑组织分界清楚，肿瘤中心常发生坏死、出血、囊变；瘤周水肿明显。肿瘤血供多较丰富。

临床多有原发恶性肿瘤病史，但部分患者以颅脑症状为首发症状。颅脑症状与肿瘤的占位效应有关，常见症状有头痛、恶心、呕吐、视盘水肿等颅内高压表现，亦可表现为共济失调，进一步加重可出现意识障碍及脑疝等症状。部分患者无明显神经系统症状。

【影像学表现】

1. CT 表现

（1）平扫：肿瘤常为多发，呈类圆形高、等、低或混杂密度肿块，多位于皮髓质交界区，其内可有出血、坏死、囊变等；瘤周水肿较明显，呈“小肿瘤大水肿”特征性表现。

（2）增强扫描：肿瘤多呈均匀性或环形强化，环形强化者环壁较厚或可有壁结节；肿瘤坏死、出血区无强化。

2. MRI 表现

（1）平扫：肿瘤表现为 T_1WI 低信号、T_2WI 及 FLAIR 高信号；瘤周可见广泛水肿，占位效应明显（图 2-28a，图 2-28b）。

（2）增强扫描：可呈结节状或环状明显强化（图 2-28c）。

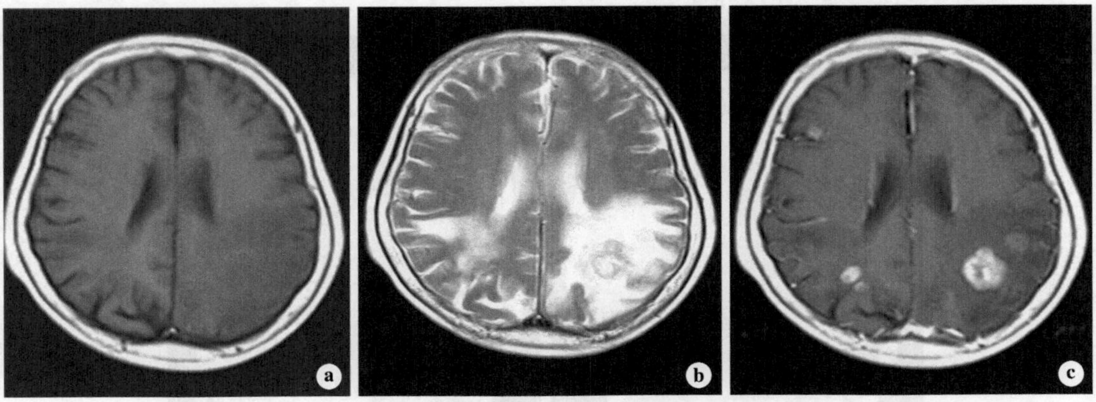

图 2-28　脑转移瘤 MRI 表现

a. MRI 平扫 T_1WI 示双侧顶叶呈片状低信号相连；b. MRI 平扫 T_2WI 见双侧顶叶多个小结节状高信号灶，周围大片状水肿；c. MRI 增强示颅内多个结节状明显强化灶

【诊断与鉴别诊断】　有原发恶性肿瘤病史，脑内多发皮髓质交界区病灶，病灶周围水肿明显，均匀或环状强化，则可诊断为转移瘤。需与多发结核球、多中心性脑胶质瘤鉴别；环状强化的脑转移瘤要与星形细胞瘤、脑脓肿鉴别。

（孟　祥）

第七节　颅内感染性疾病

一、脑　脓　肿

脑脓肿（brain abscess）是由化脓性细菌进入脑组织引起炎症，进而形成脓肿。脑脓肿以幕上多见，感染途径以邻近感染蔓延至颅内居多，其次为血源性感染。

【病理与临床】　病理分期可分为三期。①急性脑炎期：病变多位于白质，有充血、水肿、炎性细胞浸润、斑点状出血，伴有小静脉炎和血栓形成。②化脓期：脑炎进展，坏死液化区扩大，脓腔形成，周围肉芽组织和胶原组织增生，脓肿壁逐渐形成，周围水肿。③包膜形成期：脓腔增大，脓肿壁内层为炎症细胞，中层为肉芽和纤维组织，外层是神经胶质层。脓肿中心多坏死，呈液态、干酪或凝块状。若脓肿破溃外溢，可形成多房脓肿或卫星脓肿。

临床上除患者原发感染症状外，一般都有急性全身感染症状。当包膜形成以后，上述症状好转或消失，并逐渐出现颅内压增高和脑脓肿的局灶体征和症状。

【影像学表现】

1. CT 表现

（1）急性炎症期：①平扫表现为边界不清的低密度或不均匀的混合密度区；周围水肿和占位效应明显。②增强扫描病灶一般无强化，也可有斑点状强化。

（2）化脓期和包膜形成期：①平扫示脓肿壁呈等密度，壁完整或不完整，约半数患者可显示低密度的脓腔；有些脓腔内可见气-液平；周围水肿逐渐减退。②增强扫描示化脓期脓肿壁轻度强化，脓腔不强化仍为低密度；包膜形成期脓肿壁明显强化，脓肿呈圆形、椭圆形或不规则形，壁较薄且完整光滑、均匀（图 2-29）。

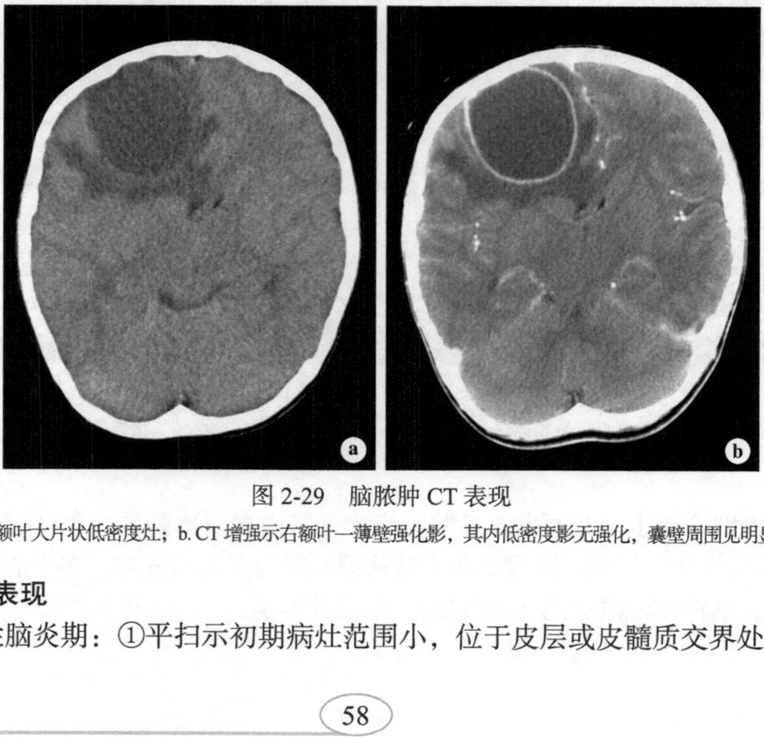

图 2-29　脑脓肿 CT 表现

a. CT 平扫示右侧额叶大片状低密度灶；b. CT 增强示右额叶一薄壁强化影，其内低密度影无强化，囊壁周围见明显水肿及占位效应

2. MRI 表现

（1）急性脑炎期：①平扫示初期病灶范围小，位于皮层或皮髓质交界处，T_2WI 呈略

高信号。病变进一步发展，范围增大，T_1WI 为低信号，T_2WI 呈高信号，占位效应明显。②增强扫描示病灶无强化或斑点状强化。

（2）化脓期和包膜形成期：①T_1WI 上脓肿和其周围水肿为低信号，两者之间的脓肿壁为等信号环形间隔；T_2WI 脓肿和周围水肿为高信号，脓肿壁为等或低信号。②增强扫描示脓肿壁显著环状强化，脓腔不强化；脓肿壁的特点与 CT 类似。

【诊断与鉴别诊断】 根据感染史及局部和全身感染症状等临床表现；典型脑脓肿的影像学表现为 CT 平扫可显示等密度或高密度的环壁，内可见水样密度；MRI 为等信号环壁，内可见水样信号；增强扫描环壁光整且强化明显，可诊断脑脓肿。需与星形细胞瘤和脑转移瘤等病变鉴别。

1. 星形细胞瘤 环形强化，壁厚薄不一，有壁结节；无发热、白细胞升高等感染症状。

2. 脑转移瘤 有原发肿瘤病史；病灶常多发，可呈环状、结节状、斑状等多种强化形式；强化环周围脑水肿特别明显，呈"小肿瘤大水肿"表现；无发热、白细胞升高等感染症状。

二、脑寄生虫病

脑寄生虫病包括脑囊虫病、脑包虫病、弓形虫病、血吸虫病、脑型肺血吸虫病等多种，本节仅介绍最常见的脑囊虫病。

脑囊虫病（cerebral cysticercosis）主要流行于我国北方地区，为猪绦虫的囊尾蚴寄生于人脑内所致的疾病。

【病理与临床】 囊尾蚴进入脑内形成囊泡，囊泡内含有液体和白色头节。虫体死亡后由炎性细胞包裹，外层是富于血管的胶原纤维形成的肉芽肿；后期由于胶原纤维结缔组织修复变成瘢痕，死亡虫体发生钙化。根据病变部位的不同又可分为脑实质内型、脑室内型、软脑膜型和混合型。

脑囊虫病的临床症状复杂多变，主要有意识障碍及精神障碍，多种类型的癫痫发作，颅内高压、脑积水等；查体可触及皮下结节。囊虫补体结合试验多呈阳性。

【影像学表现】

1. CT 表现

（1）脑实质型：①平扫示病灶多发，呈广泛性分布，主要位于幕上大脑半球。病灶形态可呈多样性改变：急性脑炎型呈脑内散在多发低密度影，并全脑肿胀、脑室变窄等；多发小囊型为脑内多发小圆形低密度灶，其内可见小结节状致密影（图 2-30a）；单发大囊型表现为单发巨大圆形或分叶状囊液性占位；多发钙化型呈脑内多发小结节状钙化；多发结节型呈散在多发不规则低密度影。②增强扫描示多发结节型，可呈结节状强化或点环状强化；其余各型均无强化。

（2）脑室型：①平扫多位于第四脑室和第三脑室，CT 难以直接显示囊泡，仅表现为脑室形态异常、局限性不对称扩大或阻塞性脑积水等间接征象。②增强扫描可见囊壁环形强化。

（3）脑膜型：①平扫可见外侧裂池、鞍上池呈囊性扩大，有轻度占位现象，蛛网膜下腔扩大、变形，脑室对称性扩大。②增强扫描有时可见囊壁强化或结节状强化，脑膜也可强化。

（4）混合型：上述两种或两种以上类型同时存在。

2. MRI 表现

（1）脑实质型：①平扫：活动期表现为多发圆形囊性病灶，大小 2～8mm，其内可见小结节状影附着在囊壁上，为囊虫头节；脑囊虫存活期水肿轻微。退变期周围水肿加重，“白靶征”出现，即指在 T_2WI 上囊肿内囊液及周围水肿呈高信号，而囊壁与囊内模糊不清的头节呈低信号，低信号为囊虫逐渐纤维化、机化和钙化所致（图 2-30b，图 2-30c）；囊虫钙化后出现“黑靶征”，即指在 T_2WI 上囊肿内除有一点状高信号外，余均呈低信号。②增强扫描：活动期囊壁可强化或不强化；退变期出现环状强化；非活动期病灶无强化。

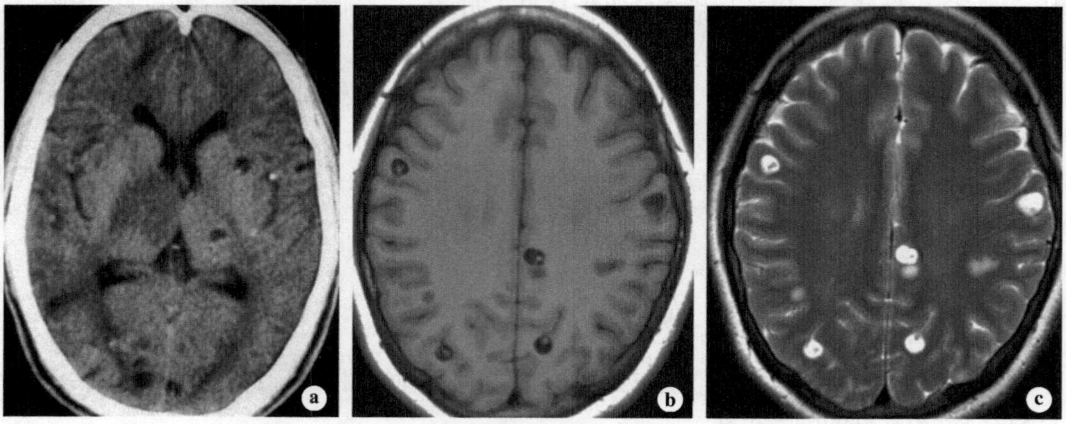

图 2-30　脑囊虫病 CT 表现

a. CT 平扫示大脑实质内多发小圆形囊性低密度灶，囊内可见小结节状致密影；b、c. MRI 平扫示大脑实质内多发类圆形囊性病灶，T_1WI 呈低信号、T_2WI 呈高信号，囊内可见低信号结节影，呈“白靶征”

（2）脑膜型：①平扫示脑池扩大或脑积水征象，多由脑沟内的囊虫与脑膜粘连所致。②增强扫描可见脑膜强化。

（3）脑室型：①平扫示脑室、脑沟及脑池内的囊虫，表现为大小 2～8mm 小圆形囊状影，呈长 T_1、长 T_2 信号，头节常显示不清，偶见头节位于边缘。②增强扫描可见囊壁环形强化。

（4）混合型：上述两种或两种以上类型同时存在。

【诊断与鉴别诊断】　影像学发现脑内多发囊性病灶，囊内有头节存在，结合疫区或绦虫病感染史及囊虫补体试验阳性，可作出本病的诊断。脑囊虫病需与以下疾病鉴别。

1. 脑囊虫病非钙化期　需与下列病变鉴别：①脑转移瘤：多为欠规则的厚环状或结节状强化，瘤周水肿较明显；有原发肿瘤病史。②脑结核瘤：一般为小结节状病灶，无头节，好发于脑底部；脑脊液检查及治疗随访有助于鉴别。③细菌性脑脓肿：有发热、头痛等炎性症状和体征，囊内无头节。

2. 脑囊虫病钙化　需与生理性钙化、结节性硬化和甲状旁腺功能减退鉴别。

（孟　祥）

第八节　颅脑先天畸形

一、结节性硬化

结节性硬化（tuberous sclerosis）是常染色显性遗传病，是由于胚胎时期各胚层的分化发生紊乱所致。男性发病率为女性的 2～3 倍。该病以不同器官形成错构瘤为特点。

【病理与临床】　该病的脑部病理特征为皮质和室管膜下的白色结节，结节由神经胶质细胞和各种奇特的异常神经细胞所构成，内有钙盐沉积，偶有囊变；皮层结节以额叶为多。室管膜下的小结节极易钙化，可阻塞脑脊液通路形成脑积水。该病易伴发室管膜下巨细胞型星形细胞瘤，可合并身体其他部位的错构瘤。

临床特征性表现为癫痫、智力障碍和皮脂腺瘤；皮肤改变主要是棕色痣，呈蝶翼状分布于鼻、颊、颏部。常伴发纤维瘤等多种畸形。

【影像学表现】

1. X 线表现　平片有时可见颅内散在钙化点和颅骨内板局限性骨质增生；钙斑多位于基底节区、蝶鞍区和脉络丛，也可见于脑实质，大小不等。

2. CT 表现

（1）平扫：可见室管膜下与脑室周围多发高密度结节或钙化（图 2-31），呈类圆形或不规则形，病灶为双侧对称性分布；皮层或白质内有时可见多发小结节状钙化，其密度比脑室壁钙化低，边界不清。

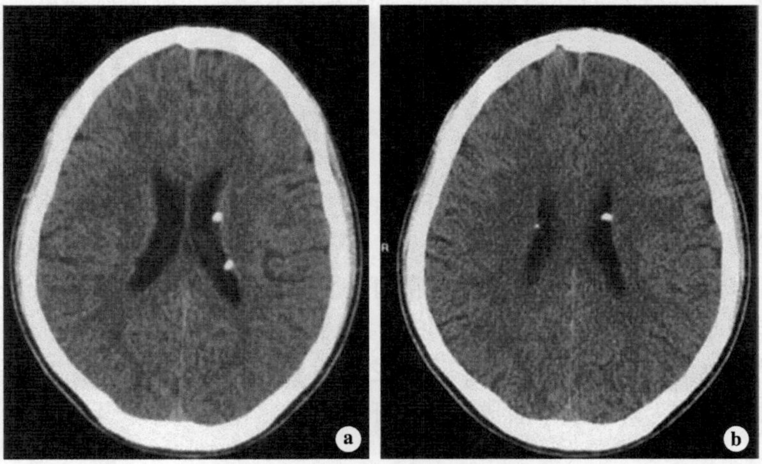

图 2-31　结节性硬化 CT 表现

a、b. 双侧侧脑室室管膜下可见多发钙化结节，部分突入侧脑室内

（2）增强扫描：室管膜下、皮质和皮质下结节无强化。

3. MRI 表现　早期表现为脑皮质形态异常，以后出现皮髓质界限不清，白质内可出现长 T_1、长 T_2 脱髓鞘斑；较大结节在 T_1WI 上呈等或低信号，T_2WI 呈高信号；可见脑积水、脑萎缩征象。

【诊断与鉴别诊断】　根据颜面部皮脂腺瘤、癫痫、智力发育障碍等临床特点，结合 CT 和 MRI 上室管膜下、皮质和皮质下结节，部分伴钙化，可诊断结节性硬化。该病应与其他原因所引起的多发钙化鉴别。①脑囊虫病：其钙化一般位于脑实质的皮髓质交界区，室管膜下较少发生。②甲状旁腺功能减退：钙化以两侧基底节和（或）小脑齿状核为主，形态不规则。

二、胼胝体发育不全

胼胝体发育不全（hypoplasia of corpus callosum）是常见的颅脑先天性发育畸形，包括胼胝体完全缺如和部分缺如，常合并脂肪瘤、纵裂囊肿等其他颅脑发育畸形。

【病理与临床】 胼胝体发育不全常伴有第三脑室上移，两侧侧脑室分离，也可伴有颅脑其他发育畸形，如胼胝体脂肪瘤、多小脑回畸形、脑膜脑膨出、视隔发育不全及前脑无裂畸形等。

本病轻者无明显临床症状，或有视觉、触觉障碍，重者出现智力障碍、癫痫及脑积水。

【影像学表现】

1. CT 表现 两侧侧脑室室间距加宽、分离，后角扩张，呈八字形，第三脑室扩大上移，插入两侧侧脑室体部之间，甚至可上移到两侧半球纵裂的顶部。

2. MRI 表现 矢状面 T_1WI 可清晰显示胼胝体部分或全部缺如，以压部畸形最为常见；横断面及冠状面 T_1WI 显示两侧侧脑室体部明显分离，体部正常弧度消失、外凸，与后角呈“微抱球状”，后角相对扩大；第三脑室位置上抬，居两侧侧脑室之间。

【诊断与鉴别诊断】 根据 MRI 正中矢状面显示胼胝体形态异常，CT 及 MRI 横断面及冠状面显示两侧侧脑室体部明显分离等征象，可明确诊断胼胝体发育不全。胼胝体发育不全伴发纵裂囊肿时，需和前脑无裂畸形鉴别，前脑无裂畸形无正常的大脑镰结构，丘脑呈融合状，往往伴有面部畸形；而胼胝体发育不全，丘脑明显分离，并有其他典型表现。

三、蛛网膜囊肿

蛛网膜囊肿（arachnoid cyst）是脑脊液在脑外异常的局限性积聚，分为原发性和继发性两种。原发性多见于儿童；继发性由外伤、感染、手术等原因所致，多见于中青年。

【病理与临床】 原发性多属于蛛网膜内囊肿，囊肿与蛛网膜下腔不交通，也称蛛网膜内囊肿、非交通性囊肿，好发于侧裂池、大脑半球凸面、鞍上池及枕大池。继发性蛛网膜囊肿其囊腔多数情况下与总的蛛网膜下腔之间存在相连的狭窄通道，实际上是蛛网膜下腔的局部扩大，也称为蛛网膜下囊肿，多见于较大的脑池处，如鞍上池、枕大池、侧裂池和四叠体池。

临床上部分患者无任何症状或体征，部分患者可出现头痛、癫痫发作等。

【影像学表现】

1. X 线表现 小的囊肿平片常无异常改变，大的囊肿可见局部颅板变薄、外突。

2. CT 表现 可见蛛网膜囊肿位于脑外，边界清楚、光滑，与脑脊液密度完全一致，囊肿壁不显示；囊肿较大时可造成局部颅骨变薄、膨隆，局部脑组织被推压移位，甚至脑萎缩（图 2-32）。

3. MRI 表现 蛛网膜囊肿在 T_1WI 上呈低信号，T_2WI 上呈高信号，与脑脊液信号完全一致；但当囊液内蛋白和脂类成分较高时，在 T_1WI 和 T_2WI 上信号均可稍高于脑脊液。

【诊断与鉴别诊断】 根据脑外边缘锐利的圆形或卵圆形脑脊液密度或信号病灶，局部颅板变薄；增强后无强化，可确诊为蛛网膜囊肿。有时需与表皮样囊肿鉴别，表皮样囊肿边缘呈扇贝样，沿脑池匍匐生长，具有包绕血管或神经的趋势，FLAIR 序列和 DWI 上均为高信号。

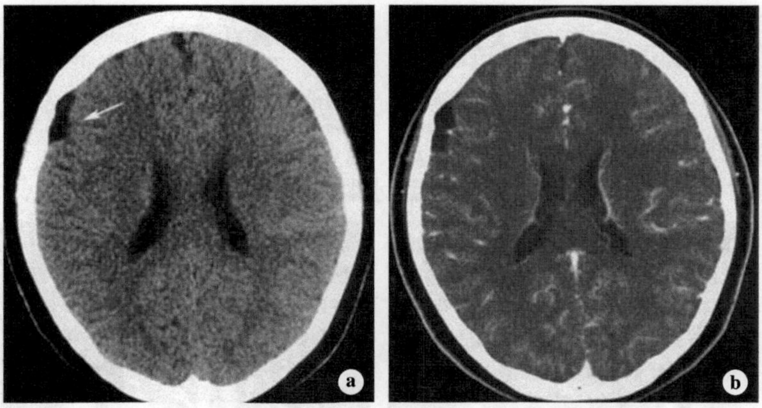

图 2-32　蛛网膜囊肿 CT 表现

a. CT 平扫示右额部颅骨内板下囊液性低密度灶，邻近颅骨及脑实质轻度受压（↑）；b. CT 增强无强化

（孟　祥）

第九节　脊髓和椎管内病变

一、椎管内肿瘤

椎管内肿瘤按其生长部位可分为脊髓内、脊髓外硬脊膜内和硬膜外三种，以脊髓外硬脊膜内最为多见。髓内肿瘤以室管膜瘤和星形细胞瘤多见，脊髓外硬脊膜内肿瘤以神经鞘瘤、神经纤维瘤和脊膜瘤多见，硬膜外肿瘤多为转移瘤和淋巴瘤。

（一）室管膜瘤

室管膜瘤是成人最为常见的髓内肿瘤，约占 60%。

【病理与临床】　室管膜瘤（ependymomas）多见于 20—60 岁，是起源于脊髓中央管的室管膜细胞或终丝等部位的室管膜残留物。室管膜瘤可发生于脊髓各段，好发于马尾及终丝，其次为颈髓段。肿瘤多呈膨胀性生长，边界较清楚，多为良性；约半数可囊变，囊变、出血多位于肿瘤边缘。肿瘤可沿终丝进入神经孔向髓外和硬脊膜外生长，也可经脑脊液种植性生长。

临床表现为局限性颈背痛，可逐渐出现肿瘤节段以下的运动障碍和感觉异常。肿瘤生长缓慢，症状轻，往往就诊时肿瘤常较大。

【影像学表现】

1. X 线表现　平片多无异常发现，仅少数患者可见椎管扩大，椎弓根间距增宽。椎管造影大多数可见脊髓增粗，周围可见新月状造影剂包绕。

2. CT 表现

（1）平扫：可见脊髓不规则增粗，密度略低，出现囊变则密度更低。有时肿瘤边缘模糊与正常脊髓分界不清；肿瘤较大时可见椎管扩大并伴椎间孔扩大。

（2）增强扫描：肿瘤实质部分轻度强化或不强化，囊变部分无强化。

3. MRI 表现

（1）平扫：矢状面可见脊髓局限性增粗，肿瘤 T_1WI 信号等或低于脊髓信号，T_2WI 呈高信号；肿瘤较大时发生出血、坏死、囊变，使其信号强度变得不均匀；周围蛛网膜下腔变窄、闭塞（图 2-33a）。

（2）增强扫描：肿瘤呈均匀强化，瘤周水肿及囊变无强化（图 2-33b）。

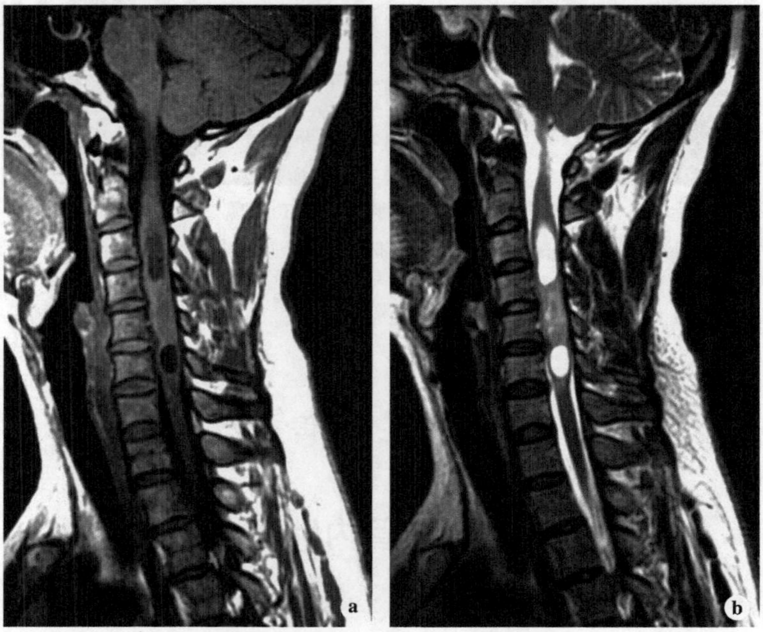

图 2-33　室管膜瘤 MRI 表现

a、b. MRI 平扫矢状面示颈 3～4 及颈 6 椎体水平多发类圆形占位，T_1WI 上呈低信号，T_2WI 上呈高信号

【诊断与鉴别诊断】 根据脊髓内异常密度或信号肿物，伴发囊肿和蛛网膜下腔变窄、阻塞，结合临床表现，可诊断脊髓内室管膜瘤。

1. 星形细胞瘤和室管膜瘤的鉴别　前者以颈、胸段最为常见，较少累及马尾、终丝，累及范围较大，伴发囊肿机会较少；而后者瘤体较大，呈边界清楚的结节状影，并伴发广泛囊肿。

2. 脊髓内肿瘤与脊髓外硬脊膜内肿瘤的鉴别　脊髓外硬脊膜内肿瘤表现为局部脊髓受压变细，病灶同侧蛛网膜下腔增宽。

（二）星形细胞瘤

星形细胞瘤是儿童最常见的髓内肿瘤。

【病理与临床】 星形细胞瘤起源于脊髓星形细胞，占髓内肿瘤 30%左右，好发于颈、胸髓，其次为腰髓；沿脊髓纵轴浸润性生长，可累及多个节段，甚至脊髓全长；肿瘤与正常组织多无明显分界，常呈偏心性且伴不规则囊变甚至合并脊髓空洞。

多见于儿童或青壮年，临床表现为局限性颈背痛；晚期可引起神经脊髓功能不全。

【影像学表现】

1. X 线表现　平片多无异常发现；椎管造影可见多节段脊髓增粗。

2. CT 表现

（1）平扫：可见脊髓不规则增粗，常累及多个脊髓节段，呈等密度或低密度；囊变或出血表现为低密度或高密度；有时肿瘤边缘模糊与正常脊髓分界不清。

（2）增强扫描：肿瘤实质部分轻度不均匀强化。

3. MRI 表现

（1）平扫：可见脊髓局限性增粗，肿瘤 T_1WI 呈低信号，T_2WI 呈高信号；肿瘤发生出血、囊变可使其信号不均匀。肿瘤常位于脊髓后部，呈偏心性，可见肿瘤周围蛛网膜下腔变窄、闭塞。

（2）增强扫描：肿瘤实性部分呈明显强化。

【诊断与鉴别诊断】 根据脊髓内多节段异常密度或信号肿物，结合患者发病年龄及相应的临床表现，可诊断脊髓内星形细胞瘤。鉴别诊断见上述室管膜瘤。

（三）神经鞘瘤与神经纤维瘤

神经鞘瘤（nerve sheath tumors）为最常见的髓外硬脊膜内肿瘤，占所有椎管内肿瘤的25%～30%，较神经纤维瘤多见。

【病理与临床】 神经鞘瘤起源于神经鞘膜的施万细胞，故又称施万细胞瘤（schwannoma）。肿瘤可发生于脊髓的各个节段，以上、中颈段及上胸段多见，绝大多数生长于椎管后外侧。肿瘤常呈卵圆形或分叶状，多单发，有蒂及完整包膜；大的肿瘤可发生囊变或出血。肿瘤常累及神经根，当肿瘤沿神经根生长，穿过椎间孔侵及椎管外时，呈典型的哑铃状。脊髓可见肿瘤压迫所致的扁条状压迹，多有水肿和软化。

神经纤维瘤起源于神经纤维母细胞。肿瘤可发生于脊髓的各个节段，但很少发生于圆锥以下。肿瘤沿神经根生长，呈圆形，易侵入椎间孔，侵犯临近椎弓根和椎体。

临床主要表现为神经根性疼痛，以后出现肢体麻木、酸胀感或感觉减退；随着病情进展可出现瘫痪及膀胱、直肠功能障碍等脊髓压迫症状。

【影像学表现】

1. X 线表现 可见椎管及椎间孔扩大等，也可无异常发现。椎管造影可见肿瘤本身所造成的充盈缺损及肿瘤侧蛛网膜下腔被肿瘤撑宽。

2. CT 表现

（1）平扫：肿瘤呈圆形软组织密度影，脊髓受压向对侧移位，其上、下方的蛛网膜下腔扩大。神经鞘瘤部分易向椎管外生长而呈哑铃状，神经孔扩大；骨窗可见椎弓根骨质吸收、破坏。

（2）增强扫描：肿瘤呈中度强化。

3. MRI 表现

（1）神经鞘瘤：①平扫：神经鞘瘤常位于脊髓背侧，肿瘤在 T_1WI 上呈等或略高于脊髓信号，少数呈低信号，T_2WI 呈高信号。横断层或冠状位往往可见瘤体从椎间孔穿出，可呈哑铃状。②增强扫描：肿块呈均匀强化；合并囊变呈不均匀强化。

（2）神经纤维瘤：①平扫：肿瘤在 T_1WI 上呈等或低信号，T_2WI 上呈等或高信号。②增强扫描：肿块明显强化。“靶征”为其增强的特征性表现，病灶中心为胶原纤维组织，在 T_1WI 和增强 T_1WI 上呈低信号，周边呈环形高信号为黏液基质成分。

【诊断与鉴别诊断】 根据椎管内肿块，推挤脊髓移位，同侧蛛网膜下腔增宽，对侧变窄；肿块呈明显强化效应等可诊断脊髓外硬脊膜内肿瘤。但脊膜瘤与神经鞘瘤需相互鉴别，脊膜瘤常发生于胸段，女性多见，钙化率高，且增强后可有“硬膜尾征”；肿瘤呈哑铃状及椎间孔扩大，常见于神经鞘瘤。

（四）脊膜瘤

脊膜瘤（meningiomas）发病率位居椎管内肿瘤的第二位，占 25%；好发于中青年，女性多于男性。

【病理与临床】 脊膜瘤起源于脊髓上皮蛛网膜细胞，主要发生于中、上胸段，其次为颈段，腰段少见。肿瘤常位于脊髓背侧，呈类圆形实性肿块，质地较硬，基底宽，紧贴于脊髓硬脊膜表面；约 10%病例可出现钙化。脊髓受压移位、变形，可出现水肿、软化甚至囊变。大多数位于髓外硬脊膜内，少数可向椎管外发展呈哑铃状。

临床表现与神经鞘瘤相似。

【影像学表现】

1. X 线表现 多无异常发现，较大肿瘤可显示椎管膨大，少数可见结节状钙化。椎管造影与神经鞘瘤等造影所见相似。

2. CT 表现

（1）平扫：可见类圆形肿块，密度略高于脊髓，有时瘤体内可见不规则钙化，包膜完整，邻近骨质可呈增生性改变。

（2）增强扫描：肿块呈中度强化。

3. MRI 表现

（1）平扫：肿块呈类圆形，常位于胸段蛛网膜下腔，在 T_1WI 上呈等信号，少数呈低信号；T_2WI 呈稍高或等信号。钙化在 T_1WI 及 T_2WI 上均呈低信号。肿块以宽基底与硬脊膜相连；脊髓受压向对侧移位，同侧蛛网膜下腔增宽，对侧变窄。

（2）增强扫描：肿瘤呈持久性明显强化；脊膜瘤增强时亦可见“硬脊膜尾征”，肿瘤邻近的硬脊膜呈线性明显强化并与肿瘤相连，为脊膜瘤特征性表现。

【诊断与鉴别诊断】 同神经鞘瘤和神经纤维瘤。

二、脊 髓 外 伤

脊髓外伤（spinal cord injury）是指由于车祸、工伤、运动及火器伤等外力因素导致的脊髓受伤，往往同时累及脊椎与脊髓，构成联合性损伤，是极其严重的外伤。

【病理与临床】 病理上按损伤轻重程度分为脊髓震荡、脊髓挫裂伤、脊髓压迫或横断和椎管内血肿。脊髓震荡属最轻的类型，脊髓形态一般正常，为短暂的脊髓功能超限抑制所致。脊髓挫裂伤常伴有较严重的脊柱骨折和脱位，脊髓内可见点片状或局灶性出血，常合并水肿、液化坏死及蛛网膜下腔出血，损伤可多节段存在；严重者脊髓可部分或完全断裂。

脊髓损伤早期出现脊髓休克，损伤水平以下功能丧失，肢体呈弛缓性瘫痪，感觉、反射和括约肌功能部分或全部丧失。轻者如脊髓震荡可在短期内恢复；脊髓挫伤可不完全恢复；完全横断时其损伤水平以下的运动和感觉均丧失。

【影像学表现】

1. X 线表现 平片可观察椎体及附件有无骨折或脱位，椎管内有无碎骨片，脊柱有无生理性弯曲形变及侧弯等。

2. CT 表现 可清晰显示椎体及附件骨折、滑脱等。挫裂伤表现为脊髓肿大，边缘模糊，其内密度不均，有时可见点状高密度区。脊髓内血肿呈高密度，髓外血肿常使相应脊髓受压移位。

3. MRI 表现　脊髓挫裂伤在 T_1WI 上见脊髓外形膨大，信号不均，可见低信号水肿区，也可无信号异常改变，或仅见脊髓外形改变；T_2WI 可见不均匀高信号。合并出血时，急性期 T_1WI 可显示正常，T_2WI 呈低信号；亚急性期 T_1WI、T_2WI 均呈高信号。脊髓横断时 MRI 可清晰观察横断的部位、形态及脊柱的损伤程度。T_2WI 上无需对比剂就能直接观察到神经根撕脱和硬脊膜囊撕裂。

【诊断与鉴别诊断】　根据明确的外伤史和典型的 X 线、CT 椎体骨折征象和 MRI 脊髓受损水肿、出血、断裂等表现，可明确诊断脊髓损伤。

外伤后脊髓空洞症需与脊髓软化灶及髓内肿瘤囊变鉴别，主要依据外伤史、脊柱骨折征象鉴别。

（孟　祥）

目 标 检 测

一、病 例 分 析

病例一

男，28 岁，车祸外伤后不省人事 1 小时（图 2-34）。

【问题及讨论】

1. 指出病变部位。
2. 分析病灶的形态、边缘和密度特点。
3. 试解释病灶形态的病理基础。
4. 初步诊断是什么疾病？请说出诊断依据。
5. 完成该病例诊断报告书写。

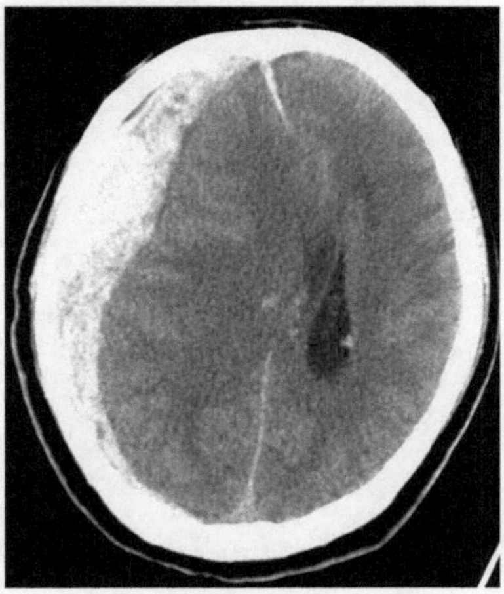

图 2-34　病例一

病例二

女，57 岁。进行性左耳听力下降 2 年（图 2-35）。

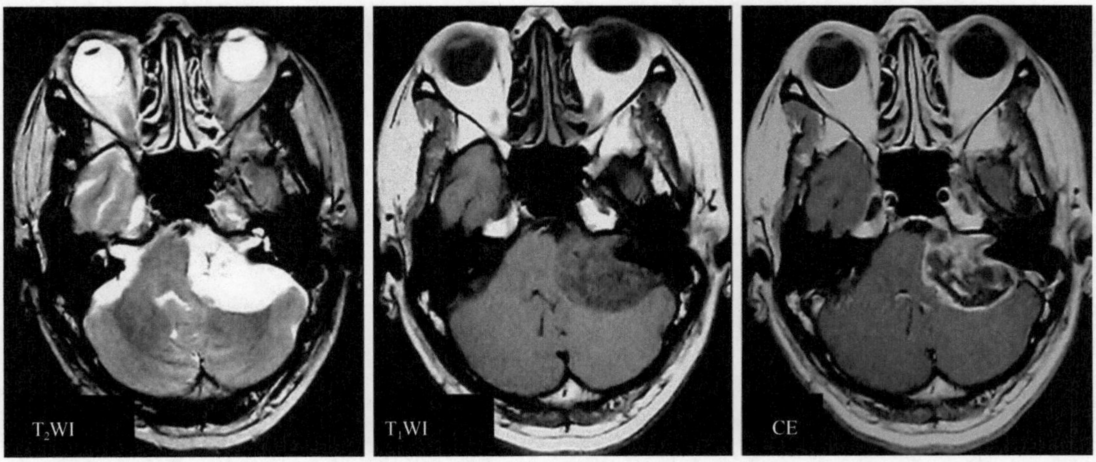

图 2-35　病例二

【问题及讨论】

1. 指出病变部位。
2. 分析病灶的形态、边缘、信号特点。
3. 初步诊断是什么疾病？请说出诊断依据。
4. 试完成该病例诊断报告书写。

二、复习思考题

1. 硬膜外血肿与硬膜下血肿的影像学表现有何不同？为什么？
2. 脑挫裂伤的定义是什么？其 CT 和 MRI 表现有哪些？
3. MRI 检查技术在脑梗死诊断中的作用与意义是什么？
4. 简述脑出血各时期的 CT 表现。
5. 大脑有哪些常见占位性病变？
6. 试述星形细胞瘤的分类及 CT、MRI 表现。
7. 试述脑脓肿的 CT、MRI 诊断要点。
8. 试述脊髓室管膜瘤的 CT 和 MRI 表现。

第三章　头　颈　部

学习目标

1. 掌握头颈部正常影像学表现；掌握头颈部常见疾病的影像诊断与鉴别诊断。
2. 熟悉头颈部影像学检查技术；熟悉头颈部异常影像学表现；熟悉头颈部常见疾病的病理及临床表现。
3. 了解头颈部影像检查技术的新进展。

第一节　眼 和 眼 眶

一、影像学检查技术

（一）X 线检查

普通平片仅局限于显示眶骨和不透 X 线异物。

1. 普通 X 线检查

（1）眼眶后前位：取柯氏位，患者俯卧，头部矢状面与床面垂直，中心线向足侧倾斜 10°～20°；主要显示双侧眼眶各部骨质结构、额窦及筛窦。

（2）眼眶侧位：头部矢状面与床面平行，中心线垂直于眼眶；可观察眶顶壁、眶底壁及眼眶密度。

2. 泪囊造影　主要用于检查慢性泪囊炎，以了解泪囊的大小、泪道有无阻塞及其阻塞程度和部位。泪囊造影常用碘化油或有机碘溶剂作为对比剂。

（二）CT 检查

CT 能显示眼球和眼眶病变的大小、位置和结构，尤其是骨质变化；也能准确显示眼眶骨折的直接和间接征象，以及进行异物定位。

1. 平扫　一般取横断面扫描，扫描基线为听眶下线；也可取冠状面扫描，扫描基线为听眶下线的垂线。扫描范围包括眶上壁和下壁。一般采取薄层扫描，层厚以 2mm 为佳；常规软组织窗和骨窗同时观察。眼眶冠状面的重组基线为听眶下线的垂线，斜矢状面的重组基线平行于视神经。

2. 增强扫描　用于了解病变的血供丰富与否，亦可了解病变与其周围组织间的关系。

（三）MRI 检查

MRI 可多参数、多方位成像，对软组织病变的显示优于 CT；适合诊断眼球及眼眶肿瘤、肿瘤样病变、视网膜脱离、眼肌病变及视神经病变等。

通常采用颅脑线圈或眼表面线圈，采用横断面、冠状面及斜矢状面（与视神经长轴一致）扫描，层厚 3mm 或 4mm，扫描序列包括 SE 序列 T_1WI 及 FSE 序列 T_2WI；脂肪抑制序列可降低球后脂肪信号强度，有利于病灶形态的观察。常规横断面及冠状面同时观察，必要时还需斜矢状位（与视神经走行一致）观察。

二、正常影像学表现

（一）正常 X 线表现

1. 眼眶后前位 眼眶前缘呈类方形，四角圆钝；眼眶腔内可见由蝶骨大翼及蝶骨小翼围成的眶上裂；眼眶的形态、大小及密度通常两侧对称。

2. 眼眶侧位 两侧结构重叠。眼眶侧壁前缘双侧重叠或平行显示，侧壁后缘以蝶骨平面后缘和鞍结节之间的视交叉沟为界。

3. 泪囊泪道造影 泪囊位于眼眶前缘鼻下隅角，呈椭圆形；鼻泪管上端连接泪囊下方，下端开口于下鼻道。正常泪囊泪道造影显示泪囊无对比剂潴留，鼻泪管通畅，鼻腔内可见对比剂。

（二）正常 CT 表现

常规采用横断面和冠状面扫描，层厚 3～5mm；范围包括全部眼眶，用软组织窗观察。

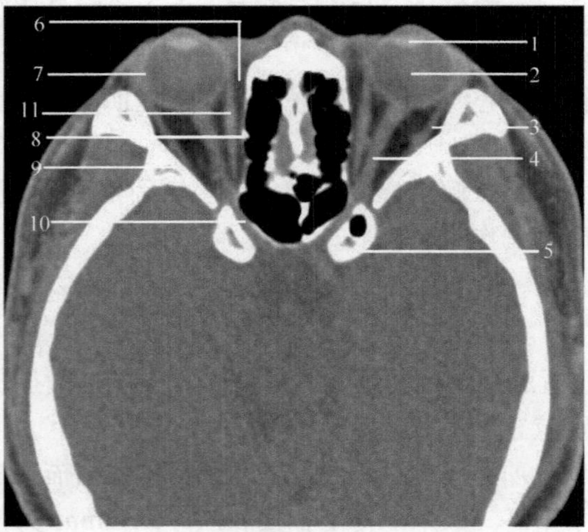

图 3-1 正常眼部 CT 解剖（横断面）

1. 晶状体；2. 玻璃体；3. 外直肌；4. 视神经；5. 前床突；6. 泪囊；7. 泪腺；8. 眼眶内壁；9. 眼眶外壁；10. 视神经管；11. 内直肌

1. 横断面 主要显示眶壁、眼球、球后脂肪、眼外肌、视神经等（图 3-1）。①眶壁：内下壁薄，外壁最厚，上壁厚薄不均。②眼球：眼环呈均匀浓白色环，厚约 1mm。晶状体呈梭形均匀高密度影，前方为房水，呈均匀低密度；后方为玻璃体，呈均匀低密度。③球后脂肪：为球后锥形低密度区，密度均一，其内可见视神经及血管等结构。④视神经：自球后极中央至眶锥中央，粗细均匀，3～4mm。⑤眼外肌：呈等密度，其厚度因部位不同而异，肌腹处最厚。

2. 冠状面 分为眼球赤道层面和球后层面。①眼球赤道层面：主要对上直肌及其上方的提睑肌、下直肌及其下方的下斜肌，以及眼眶外上方的泪腺显示清晰。此外，对眶骨四周的轮廓结构显示亦清晰（图 3-2）。②球后层面：可见四条直肌及上斜肌围成的肌锥内间隙，中间有视神经通过，可清晰显示其位置、形态、大小和密度；同时可见眼动脉和眼上静脉的正常影像（图 3-3）。

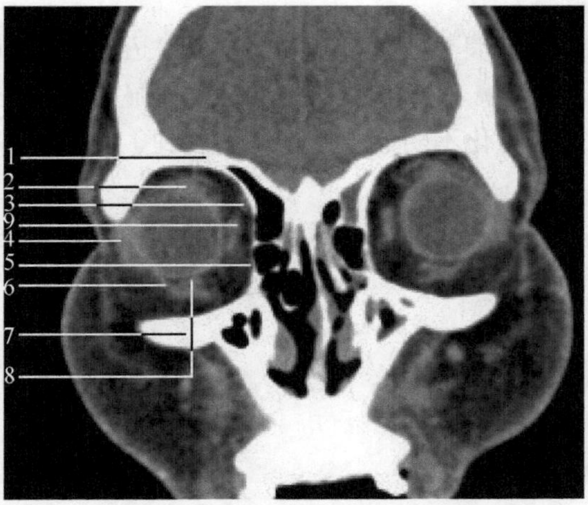

图 3-2 正常眼部 CT 解剖(冠状面-眼球赤道层面)

1. 眼眶上壁；2. 上直肌；3. 上斜肌；4. 泪腺；5. 眼眶内壁；6. 下斜肌；7. 眼眶下壁；8. 下直肌；9. 内直肌

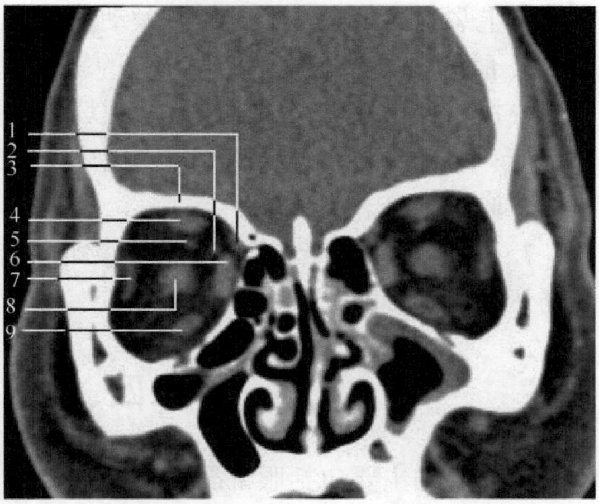

图 3-3 正常眼部 CT 解剖（冠状面-球后层面）

1. 上斜肌；2. 眼上静脉；3. 眼眶上壁；4. 上直肌；5. 眼上动脉；6. 内直肌；7. 外直肌；8. 视神经；9. 下直肌

（三）正常 MRI 表现

MRI 图像上，眶壁骨皮质无信号，呈黑色；骨松质因含脂肪呈高信号。眼外肌、视神经、眼环及晶状体呈等信号。前房及玻璃体 T_1WI 呈低信号、T_2WI 呈高信号；球后脂肪呈高信号，应用脂肪抑制技术后呈低信号。

三、异常影像学表现

1. 形态与大小异常 CT 和 MRI 检查均可观察眼眶形态及大小改变，通常可提示眼部外伤、畸形、肿瘤等病变的存在。眼眶增大主要见于占位性病变；眼眶变形见于先天性发育畸形或骨纤维异常增殖症、额筛窦黏液囊肿等；眼球增大见于眼球占位、青光眼晚期、高度近视等；眼外肌增粗见于炎性病变、外伤、甲状腺眶病等；视神经增粗见于肿瘤、炎症等。

2. 密度或信号异常 CT 可显示眶内异常密度。低密度提示含脂肪性病变、积气或表皮样囊肿等；等密度多见于炎性或肿瘤性病变；高密度见于骨瘤，钙化可见于视网膜母细胞瘤。MRI 可显示眶内信号异常，眶内大部分病变呈 T_1WI 低信号，T_2WI 高信号；脉络膜黑色素瘤 T_1WI 呈高信号，T_2WI 为低信号；表皮样囊肿或皮样囊肿因含脂类成分，T_1WI 及 T_2WI 均呈高信号，行脂肪抑制扫描后信号强度减低。

3. 位置异常 眼球突出见于球后占位性病变、外伤后出血、甲状腺眶病及颈动脉海绵窦瘘等，体位性眼球突出见于脉管性病变；眼球内陷多见于爆裂性骨折或眶内静脉曲张；眼外肌或视神经位置异常时，可根据移位方向判断病变的位置或起源。

4. 眶壁骨质异常 包括骨质中断、骨质破坏和骨质增生。骨质中断为外伤骨折所致；骨质破坏提示眶内、眶周恶性肿瘤或转移瘤；骨质增生多见于骨纤维异常增殖症、脑膜瘤或炎性病变。

5. 眼眶通道异常 视神经管扩大见于视神经胶质瘤、视神经鞘脑膜瘤或神经纤维瘤病；眶上裂增大见于神经鞘瘤和颈动脉海绵窦瘘。

6. 肿块 边界光整、密度均匀的软组织肿块多为良性肿瘤；密度不均匀、边界不规则的肿块提示炎性病变；如伴有骨质破坏多为恶性肿瘤。血供丰富的病变强化明显，见于炎性病变、恶性肿瘤、血管瘤等；而缺乏血供的病变强化不明显，见于黏液囊肿、皮样囊肿或表皮样囊肿等。

7. 邻近解剖结构改变 需要注意毗邻结构，如鞍区、颅底、鼻窦是否受累，以利于眶内病变的鉴别诊断。

四、眼部外伤

眼部外伤主要包括眼部异物和眼眶骨折。

（一）眼部异物

眼部异物（ocular foreign body）是眼外伤中最常见的损伤，以眼球最多发，其次为眶内球后或视神经管内。

【病理与临床】 眼部异物分类：①按位置分类：眼内异物、球壁异物和眶内异物。②按种类分类：金属异物、非金属异物。金属异物包括磁性异物、非磁性异物；非金属异物包括植物性和非植物性。

临床上常有外伤史，主要表现有视力障碍、眼球疼痛等。眶内异物若损伤视神经则表现为视力障碍；若损伤眼外肌可出现复视、斜视和眼球运动障碍等。

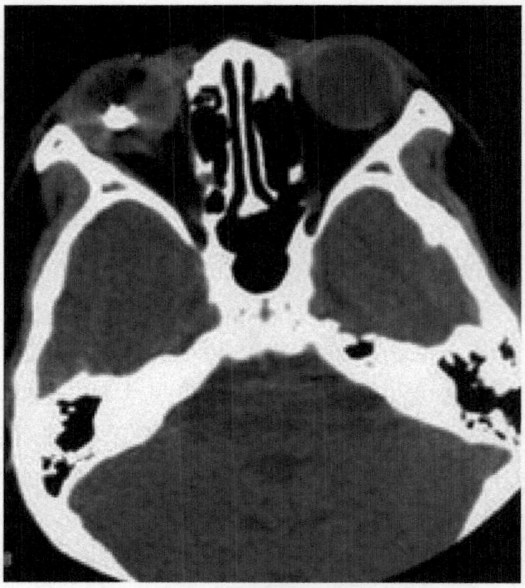

图 3-4 眼球金属异物 CT 表现

平扫见右侧眼球玻璃体内椭圆形高密度影

【影像学表现】

1. X 线表现 平片可显示不透 X 线异物，表现为高密度致密阴影。

2. CT 表现 CT 横断面及冠状面可清晰准确地显示眶内异物。①金属异物：表现为极高密度影，CT 值在 2000HU 以上；可有明显的放射状伪影（图 3-4）。②高密度非金属异物：包括沙石、玻璃和骨片等，CT 值多在 300HU 以上。③低密度非金属异物：包括植物类、塑料类等。植物类如木质异物 CT 值在−199～−50HU；塑料类异物 CT 值为 0～20HU；但对木屑、橡胶、塑料、泥沙等 X 线可透性异物，CT 不易检出。

3. MRI 表现 MRI 可显示 X 线及 CT 检查不能显示的植物性异物，对显示眼部异物的并发症优于 CT，可作为补充检查。当怀疑眼内有金属磁性异物时，禁行 MRI 检查，以免异物移动造成二次损伤。

【诊断与鉴别诊断】 X 线平片或 CT 发现眼眶内异常致密影，即可考虑眼部异物。眼部异物需与钙化灶鉴别，详细询问有无外伤史是鉴别诊断的关键。

（二）眼眶骨折

眼眶骨折（orbital fracture）是眼科常见疾病之一。

【病理与临床】 眼眶骨折主要是直接暴力打击，当眼部突然遭受打击，骤增的压力经眼球传送至眶壁即可致其骨折，即爆裂骨折。按照受伤机制和骨折类型可分为爆裂骨折、直接骨折和复合骨折。

主要临床表现为复视，眼球内陷或突出，皮下气肿，眼部和（或）眶内软组织肿胀、出血，视力下降等。

【影像学表现】

1. X 线表现 表现为骨壁连续性中断、成角或塌陷变形；可合并患侧鼻窦腔积血而密度增高；眶内侧壁骨折，可致筛窦透光度降低。

2. CT 表现 ①直接征象：眶壁骨质连续性中断、粉碎及移位等改变（图 3-5）。②间接征象：眶内积气；眶内血肿；眼外肌增粗扭曲或移位；筛窦或同侧上颌窦黏膜肿胀；窦腔积液、积血等。

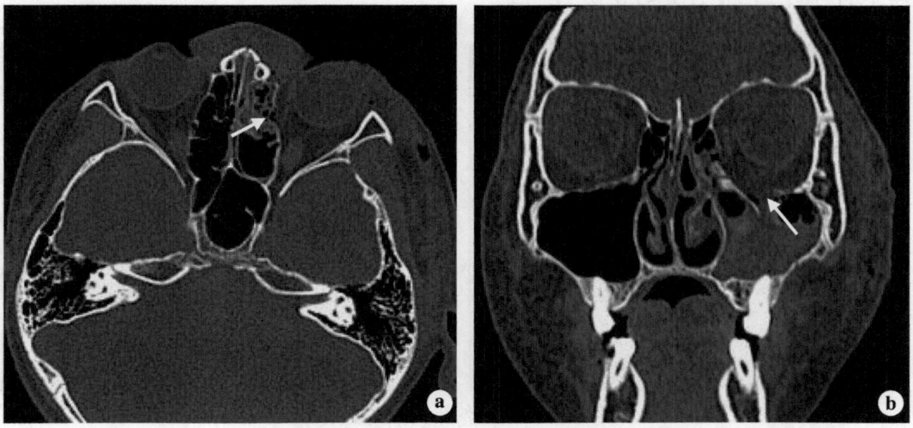

图 3-5　眼眶骨折 CT 表现

a. CT 横断面骨窗示左侧眼眶内壁骨质不连续（↑），筛窦积液；b. CT 冠状面骨窗左侧眼眶下壁显示骨质不连续（↑），左上颌窦积液

3. MRI 表现 骨折主要表现为皮质信号连续性中断，显示不如 CT 敏感；但对显示眶内容物继发改变及有无嵌入上颌窦或筛窦内则较直观。可直接观察视神经情况。

【诊断与鉴别诊断】 诊断时要注意不要把正常结构，如眶下孔、眶内壁的筛前、后动脉走行处及眶壁正常弯曲处误认为骨折。还必须注意周围结构有无骨折或其他外伤性改变。

五、眼眶炎性假瘤

炎性假瘤（inflammatory pseudotumor）是一种原因不明的非特异性炎症，是单侧眼球突出的最常见原因之一。

【病理与临床】 病理上根据炎症累及的范围可分为眶隔前炎型、肌炎型、泪腺炎型、巩膜周围炎、神经束膜炎及弥漫型炎性假瘤。急性期主要为水肿和轻度炎性浸润，浸润细胞包括淋巴细胞、浆细胞和嗜酸细胞；亚急性期和慢性期为大量纤维血管基质形成，病变逐渐纤维化。

临床上急性期表现为眼周不适或疼痛、眼球转动受限、眼球突出、球结膜充血水肿、眼睑皮肤红肿、复视和视力下降等；亚急性期和慢性期症状和体征可于数周至数月内缓慢发生，持续数月或数年。

【影像学表现】

1. X 线表现 多无异常发现。

2. CT 表现 根据炎症累及的范围分为不同类型，以肿块型和肌炎型常见。①眶隔前炎型：表现为隔前眼睑组织肿胀增厚。②肌炎型：眼外肌增粗，典型表现为眼外肌肌腹和肌腱同时增粗，以上直肌和内直肌最易受累。③巩膜周围炎型：表现为眼球壁增厚。④视神经束膜炎型：视神经增粗，边缘模糊。⑤弥漫型：可为双侧性，病变范围广，典型的 CT 表现为患侧眶内脂肪密度影为软组织密度影取代，形成所谓“冰冻眼眶”；眼外肌增粗，泪腺增大，视神经可被病变包绕。⑥泪腺炎型：表现为单侧或双侧泪腺增大，呈椭圆形，可超出眶缘以外，眼球向内下轻度移位。⑦肿块型：表现为边界清楚的软组织密度影，增强扫描呈轻至中度强化（图 3-6）。

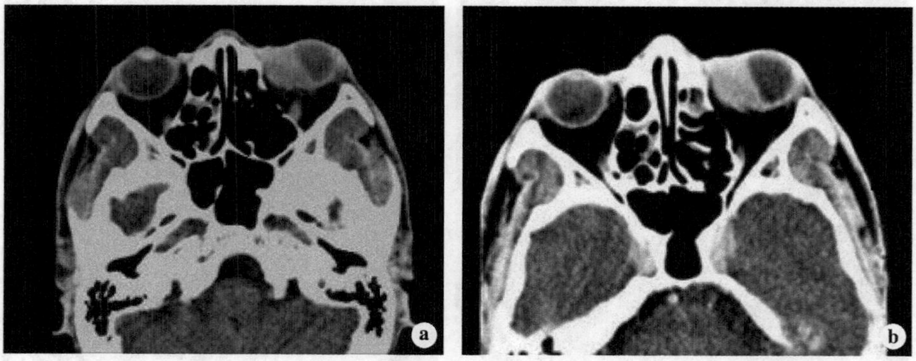

图 3-6 眼眶炎性假瘤 CT 表现

a. CT 平扫可见左眼球内侧不规则的软组织肿块，左眼球受压变形；b. CT 增强扫描见肿块呈均匀强化

3. MRI 表现 大多数弥漫性淋巴细胞浸润型炎性假瘤在 T_1WI 显示为低或中等信号，T_2WI 为高信号；而纤维增生型炎性假瘤 T_1WI 和 T_2WI 均为低信号，且具有一定特异性；混合型炎性假瘤信号强度介于上述两者之间。

【诊断与鉴别诊断】 泪腺增大、眼外肌肌腹和肌腱增粗、眼睑软组织肿胀增厚、眶内异常密度或信号影、巩膜增厚和视神经增粗，具有上述任何一项并排除肿瘤病变后即可提示本病。①肌炎型与甲状腺眶病鉴别：肌炎型眼外肌增粗，外形清楚，以肌腹增厚为主，肌腱附着点正常。②肿块型与眶内肿瘤鉴别：良性肿瘤多有完整包膜；淋巴瘤形态不规则，边界模糊。

六、视网膜母细胞瘤

视网膜母细胞瘤（retinoblastoma，RB）为神经外胚层肿瘤，起源于视网膜的神经元细胞或神经节细胞。是儿童最常见的眼球恶性肿瘤，绝大多数见于 3 岁以下幼儿。

【病理与临床】 肿瘤位于视网膜，向玻璃体内或视网膜下生长，呈团块状，大多呈灰白色；常有钙化和坏死。

临床早期症状为“猫眼”，表现为“白瞳症”，可出现斜视、视力逐渐减退甚至丧失；晚期可继发青光眼，球后扩散可引起眼球突出或肿瘤向前生长侵及球外。可向颅内蔓延，也可发生骨骼、肝和淋巴结等远处转移。

【影像学表现】

1. X 线表现 眶内细小斑点状钙化影为常见表现；晚期可出现眶壁骨质破坏及眶腔增大等。

2. CT 表现 表现为眼球内圆形或椭圆形软组织密度肿块，密度不均匀，95%可见肿块内钙化，钙化可呈团块状、片状或斑点状，是本病特征性表现（图 3-7a）。增强扫描可见肿块轻至中度强化。

肿瘤可直接穿破眼球壁形成球后肿块或沿视神经蔓延致视神经增粗，也可经视神经管侵及颅内（图 3-7b）。

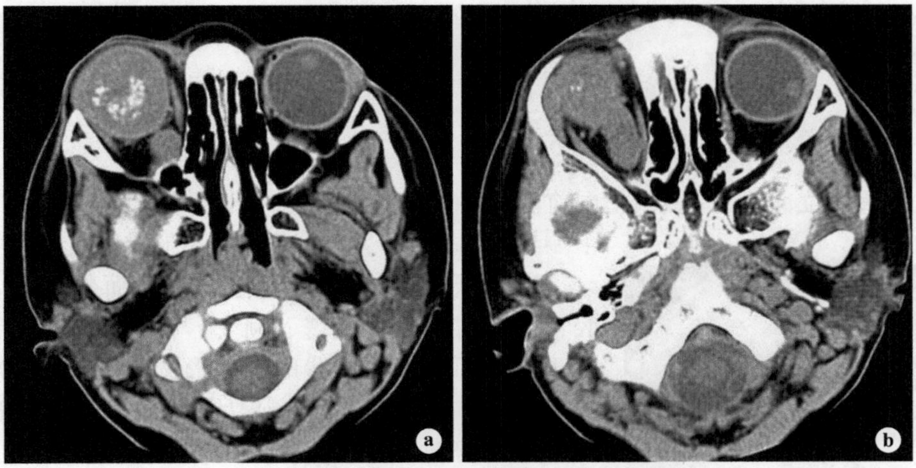

图 3-7 视网膜母细胞瘤 CT 表现

a. CT 平扫示右侧眼球内充满软组织密度肿块，内有不规则钙化；b. 右侧视神经增粗

3. MRI 表现 在 T_1WI 表现为眼球内形态不规则肿块，信号不均匀，呈低至中高信号不等，在 T_2WI 上呈中等或明显低信号；钙化在 T_1WI、T_2WI 上均呈低信号，增强扫描呈不均匀轻至中度强化；如肿瘤内发生坏死，在 T_2WI 上呈片状高信号。

【诊断与鉴别诊断】 钙化和发病年龄是视网膜母细胞瘤的重要诊断依据，婴幼儿眼球内发现钙化性肿块，应首先考虑视网膜母细胞瘤。

（耿云平）

第二节 鼻和鼻窦

一、影像学检查技术

（一）X 线检查

1. 鼻骨侧位片 主要用于诊断鼻骨骨折。

2. 鼻窦平片 显示鼻腔、鼻窦及其邻近结构，一般采取华氏位和柯氏位投照。

（1）华氏位（Water 位）：主要用于检查上颌窦，也可观察额窦、筛窦及眼眶。

（2）柯氏位（Caldwell 位）：主要用于观察额窦、前组筛窦、鼻腔及眼眶。

（二）CT 检查

通常采用横断面扫描，用软组织窗和骨窗观察，必要时可行冠状面 MPR 重组，并根据需要采用增强检查。目前，CT 已成为鼻和鼻窦病变的常规检查方法。

（三）MRI 检查

鼻和鼻窦的 MRI 检查以横断面和冠状面为主，常规采用 SE 序列 T_1WI 和 T_2WI 成像；必要时可行增强扫描。

二、正常影像表现

（一）正常 X 线表现

1. 鼻骨侧位 鼻骨呈由后上向前下斜行的条状连续骨影，顶端以鼻额缝与额骨相接，下端与软骨相连，因后者不显影而形成游离缘。

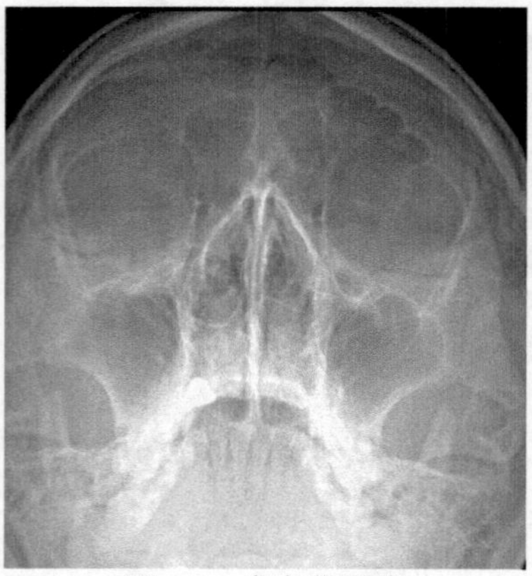
图 3-8 鼻窦华氏位

2. 华氏位 鼻窦为鼻腔周围颅面骨中的含气空腔，共四对，为上颌窦、额窦、筛窦及蝶窦。上颌窦位于鼻腔两侧，为倒置的三角形透光区，左右对称，骨壁清楚；黏膜可不显影或为沿窦壁厚度不超过 1mm 的软组织密度影。额窦位于两侧眼眶的内上方，左右各一；正常额窦气化程度差异大，气化良好的额窦略呈花瓣状。筛窦位于鼻腔和两侧眼眶间呈小蜂窝状影，为筛窦前群；筛窦后群在此位置位于眼眶内下方并与鼻腔侧壁重叠，不易观察。鼻腔是上窄下宽、前后径大于左右径的狭长腔隙，由鼻中隔分为左、右鼻腔，双侧大体对称（图 3-8）。

3. 柯氏位 可显示额窦形态和大小，多呈扇形，透亮度略高于眼眶；两侧多不对称，大小、形态差异较大。筛窦投影于两眶之间，呈多房状，透亮度高于眼眶，前组与后组无明显界限。

（二）正常 CT 表现

鼻窦是颅骨不规则的骨内气腔，分为上颌窦、筛窦、蝶窦与额窦。鼻和鼻窦的 CT 影像解剖见图 3-9。

（三）正常 MRI 表现

MRI 检查时窦腔内气体及骨皮质呈低信号；骨髓呈高或中等信号；黏膜呈线状影，T_1WI 为中等信号、T_2WI 为高信号。

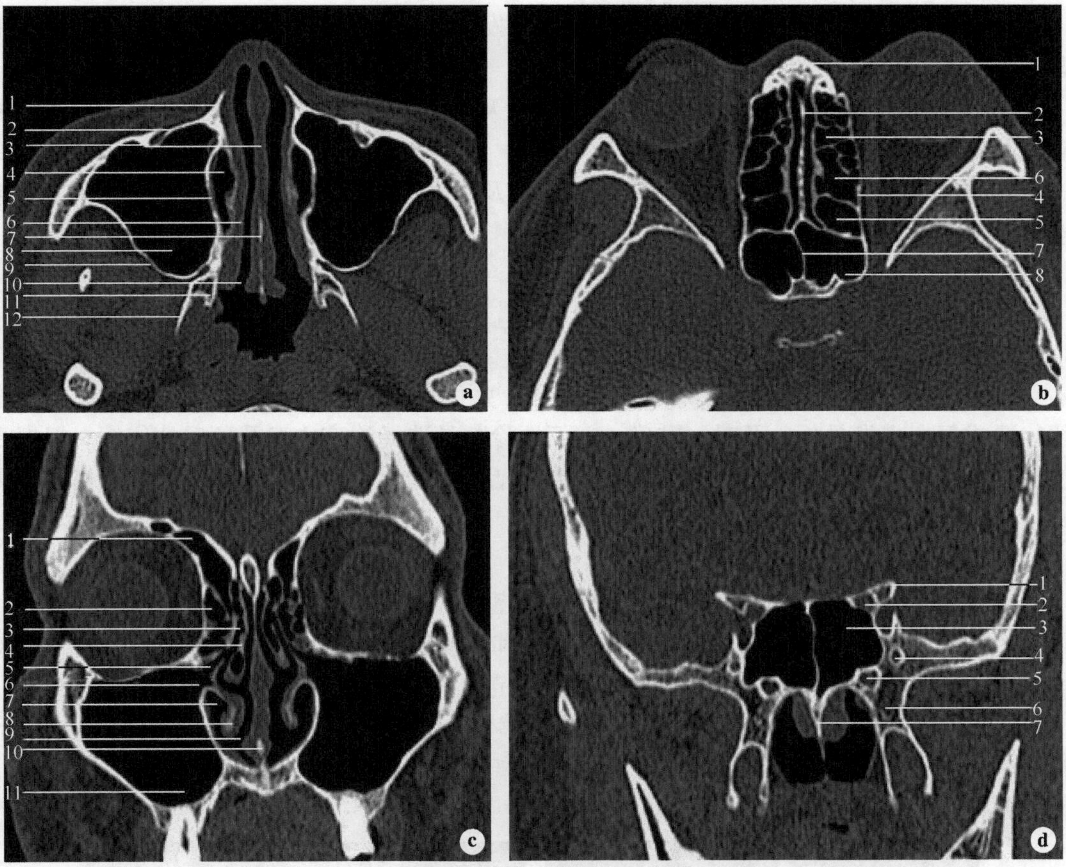

图 3-9 正常鼻腔鼻窦 CT 解剖

a. 鼻窦 CT 横断面上颌窦层面：1. 上颌骨额突；2. 上颌窦前壁；3. 鼻中隔软骨部；4.下鼻道；5. 上颌窦内侧壁；6.下鼻甲；7.骨性鼻中隔；8. 上颌窦；9. 上颌窦外侧壁；10. 总鼻道；11. 翼突；12. 翼突外侧板。b. 鼻窦 CT 横断面蝶筛层面：1. 鼻骨；2. 骨性鼻中隔；3. 前组筛窦；4. 筛骨纸板；5. 后组筛窦；6. 中组筛窦；7. 蝶窦骨性间隔；8. 蝶窦。c. 鼻窦 CT 冠状位窦口鼻道复合体层面：1. 额窦；2. 筛泡；3. 中鼻道；4. 中鼻甲；5. 筛漏斗；6. 上颌窦开口；7. 下鼻道；8. 下鼻甲；9. 总鼻道；10. 鼻中隔；11. 上颌窦。d. 鼻窦 CT 冠状位后鼻孔层面：1. 前床突；2. 视神经管；3. 蝶窦；4. 圆孔；5. 翼腭窝；6. 翼突；7. 鼻中隔

三、异常影像学表现

包括黏膜增厚、窦腔积液、软组织肿块、骨质异常等。

1. 黏膜增厚 呈与窦壁平行的软组织影，在 HRCT 上为中等密度条带影；MRI 上则呈长 T_2 高信号，见于鼻窦炎。

2. 窦腔积液 表现为窦腔内液体密度或信号影，并可见气液平面，见于炎症、外伤等。

3. 软组织肿块 若密度中等、均匀，边界清楚光整，呈轻中度强化，多为良性肿瘤；若无强化或周边强化者，提示为黏膜或黏液囊肿；密度不均匀，边界不规则，且明显强化的病变多为恶性肿瘤；密度高且近似于骨密度者，提示为骨瘤或骨化性纤维瘤。

4. 骨质异常 骨质破坏见于各种恶性肿瘤、急性炎症、真菌感染及部分良性肿瘤；骨质增生见于长期慢性炎症、骨纤维异常增殖症、成骨性转移瘤；骨质中断、移位、粉碎常见于外伤骨折；骨质吸收见于炎性病变或部分良性肿瘤。

5. 窦腔大小异常 窦腔增大多提示病变原发于鼻窦或窦口阻塞；窦腔缩小提示病变来源于窦周结构。

6. 鼻腔形态异常 鼻腔狭小或闭塞见于先天发育畸形、鼻甲黏膜肥厚、鼻息肉及各种鼻腔肿瘤。

7. 邻近解剖结构改变 鼻和鼻窦病变易累及眼眶、颅底、颅内、口腔及鼻咽部，引起上述部位的形态或骨质异常。

四、鼻和鼻窦外伤

【病理与临床】 鼻和鼻窦骨折临床常见，病因以交通事故、暴力、坠落多见，外伤往往造成复合多发骨折，及时、准确、全面地诊断是选择治疗方案及预后的依据。根据受伤部位及程度不同，症状也有所不同，主要包括面部青紫肿胀、鼻出血、脑脊液鼻漏、鼻塞、鼻部变形及感觉异常。

【影像学表现】

1. X 线表现 可见骨质中断、移位，窦腔密度增高。

2. CT 表现 HRCT 能清晰显示外伤后鼻和鼻窦诸骨骨质的细微改变，为常规首选检查方法；三维重组技术有助于显示骨折及移位情况。

（1）鼻骨骨折：①鼻骨骨质中断和（或）移位（图 3-10）；②骨缝分离增宽，鼻额缝、鼻骨与上颌骨额突缝、上颌骨额突与泪骨缝分离或（和）错位；③可伴发邻近上颌骨额突、骨性鼻中隔骨折。

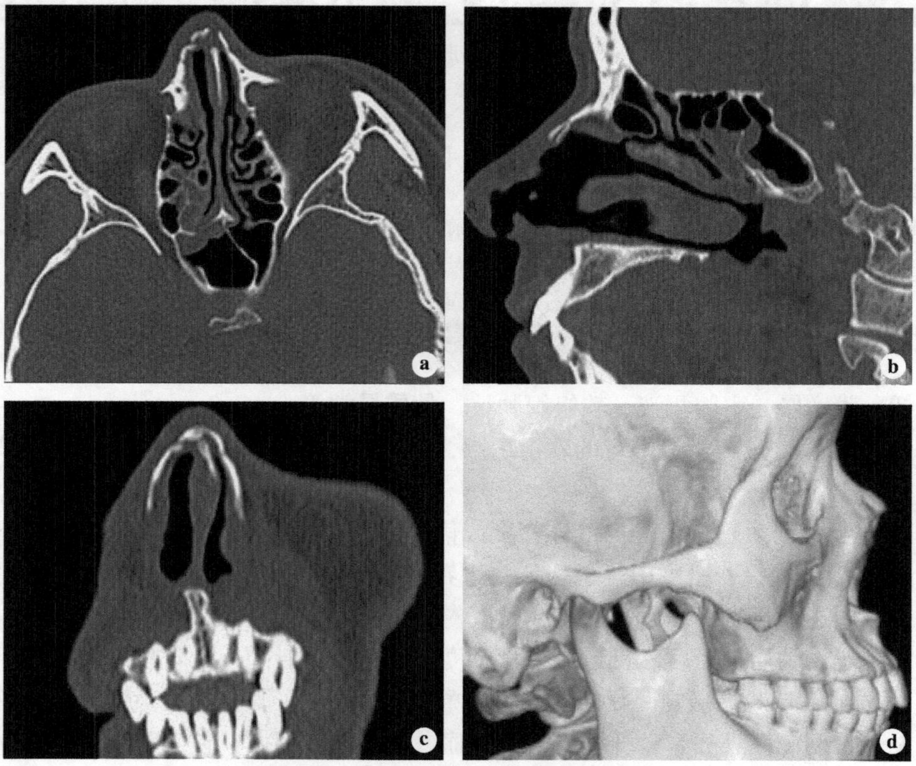

图 3-10 右侧鼻骨骨折 CT 表现

a. 鼻骨横断面；b. 鼻骨矢状面；c. 鼻骨冠状面；d. 鼻骨三维重组

（2）鼻窦骨折：CT 可清晰显示窦壁骨质连续性中断、移位，窦腔内积血、积液和黏膜肿胀增厚；也可显示周围组织疝入窦内的情况。

3. MRI 表现 骨折线常难以显示，但能清楚显示窦腔内黏膜反应性肿胀增厚和积液、积血，表现为 T_1WI 呈中等信号，T_2WI 呈高信号，窦腔内出血则信号混杂；亦能清晰显示周围软组织水肿、出血及邻近结构有无合并其他损伤；水成像技术可发现脑脊液鼻漏的位置。

【诊断与鉴别诊断】 结合外伤史，CT 易于明确骨折诊断。诊断时注意与神经血管沟和骨缝等鉴别，不要误认为是骨折线。

五、鼻 窦 炎

鼻窦炎（sinusitis）多继发于急性鼻炎或上呼吸道感染，也可为变态反应的继发感染或邻近器官炎症的扩散等。上颌窦发病率最高，其次为筛窦，常为多发；若一侧或双侧各鼻窦均发病者，称全鼻窦炎。可分为急性和慢性两类。

【病理与临床】

病理改变：主要为急性期黏膜充血、水肿，炎性细胞渗出，黏膜肿胀阻塞窦口，分泌物潴留，少数可有骨髓炎；慢性期黏膜肥厚、增生，窦壁骨质硬化增生。

临床表现：急性期主要为鼻塞、脓涕和头痛，全身症状有畏寒、发热、乏力、食欲缺乏；慢性期以鼻腔内黏脓涕增多为主要症状，全身症状一般不明显。

【影像学表现】

1. X 线表现 急性期表现为窦腔密度均匀性增高，坐位水平投照可见窦腔内有液平面，在腔内气体衬托下可见黏膜增厚（图 3-11）；慢性期黏膜肥厚更加明显，沿窦壁呈环形增厚，也可呈凹凸不平的息肉状。

2. CT 表现 急性期鼻腔内可见黏膜肿胀增厚明显，鼻甲肿大，鼻腔、鼻道狭窄，鼻窦内含伴有气泡的中低密度的脓性分泌物；鼻窦内黏膜肿胀增厚，呈中低密度影，增厚的黏膜多与鼻窦骨壁平行，相应窦腔变小，中央可残留部分空气影，与窦腔内分泌物形成气-液平面（图 3-12）。增强扫描示肿胀的黏膜强化，窦腔中央的积液不强化，窦腔骨壁一般无明显改变。窦腔软组织影内见不规则钙化，提示并发霉菌感染。

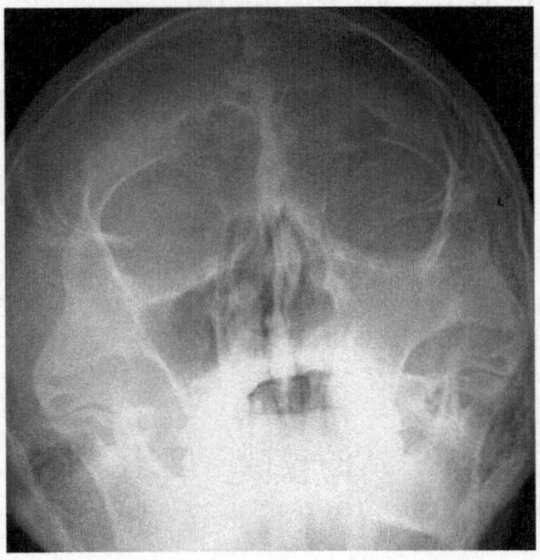

图 3-11 上颌窦炎 X 线表现

左侧上颌窦密度增高

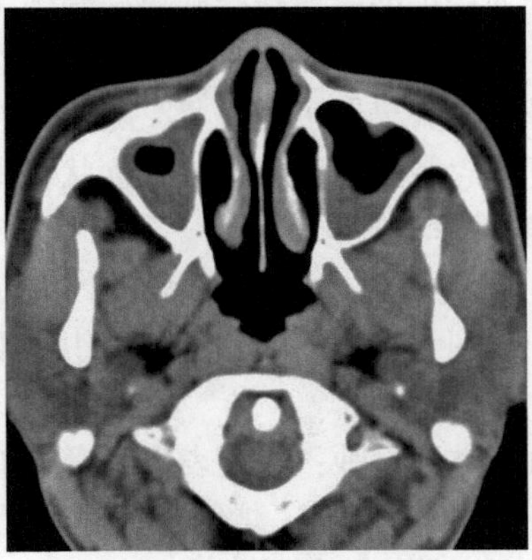

图 3-12 鼻窦炎 CT 表现

双侧上颌窦充填液性密度影

3. MRI 表现 T_1WI 上增厚的黏膜呈等信号，T_2WI 为高信号。急性期窦腔内渗出液为浆液，T_1WI 低信号，T_2WI 高信号（图 3-13）；若蛋白含量较高，则 T_1WI 为等或高信号，T_2WI 高信号。增强扫描黏膜呈环形强化。

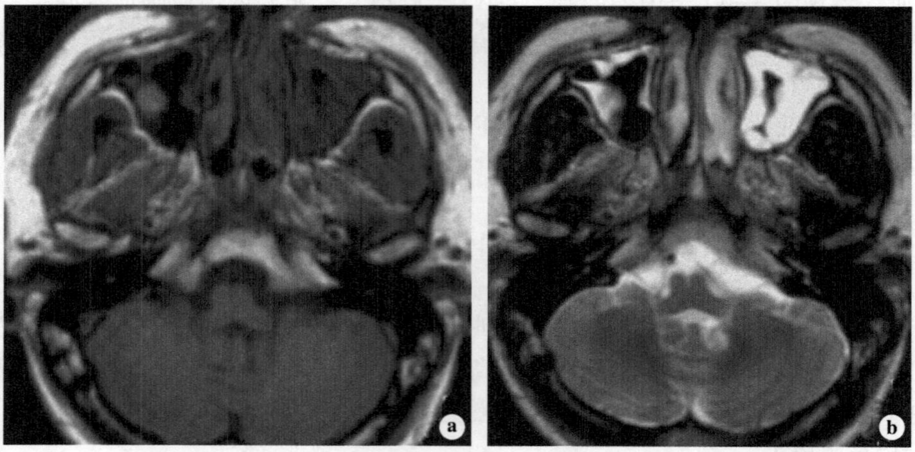

图 3-13 鼻窦炎 MRI 表现

a. T_1WI；b. T_2WI 示双侧上颌窦内可见等 T_1、长 T_2 的液性信号

【诊断和鉴别诊断】 根据临床表现，结合影像学所见窦腔浑浊、积液、黏膜增厚和骨壁改变，诊断并不困难；慢性期可伴部分骨质吸收、破坏。

六、鼻窦囊肿

鼻窦囊肿可分为黏液囊肿（mucocele）和黏膜囊肿（mucosa cyst）。黏液囊肿以往认为由于窦口堵塞，分泌物在窦腔内大量潴留所致。黏膜囊肿包括黏液潴留囊肿及浆液囊肿；黏液潴留囊肿是由于黏膜腺体分泌物在腺体内潴留形成，可发生于任何鼻窦，但以上颌窦最为常见。

【病理与临床】 黏液大量潴留压迫窦壁，致窦腔膨胀，窦壁变薄；多为慢性鼻窦炎的并发症。黏液囊肿多发生于单个窦腔，好发于额窦和筛窦，蝶窦和上颌窦相对少见。浆膜囊肿为渗出的浆液在黏膜下层结缔组织内潴留，常见于上颌窦底部和内壁，呈圆形或半球形，大小不一，直径多在 2cm 以下。

鼻窦囊肿早期多无症状，随着囊肿的增大可引起头痛；若发生于筛窦者，可突入眼眶出现复视、眼痛、流泪等眼部症状，眼球向外移位等。

【影像学表现】

1. X 线表现 黏液囊肿表现为窦腔透亮度减低、浑浊，窦腔膨大，窦腔骨壁菲薄。黏膜囊肿表现为窦腔内半圆形软组织密度影，边缘光滑锐利，骨壁和黏膜多无异常。

2. CT 表现

（1）黏液囊肿：典型表现为囊腔扩大，窦腔内呈均匀一致的较低密度影，窦壁均匀性变薄，呈气球样改变；增强扫描囊内无强化。筛窦黏液囊肿可侵入眼眶致眼球突出、移位，眼外肌和视神经移位等征象。

（2）黏膜囊肿：表现为窦腔内低密度结节影或呈基底部位于窦壁的半球形、球形液性密度影，密度均匀，边界清楚、锐利，一般较小不充满窦腔（图 3-14）；增强扫描无强化，表面黏膜可有轻度强化。

3. MRI 表现

（1）黏液囊肿：黏液是鼻窦内含蛋白的一种分泌物，在不同患者中蛋白质浓度差异较大，黏蛋白质较少时，T_1WI 为中低信号，T_2WI 为高信号；黏蛋白较多时，T_1WI 及 T_2WI 均呈中等或高信号；若水分吸收而囊内分泌物十分黏稠时，T_1WI 和 T_2WI 均为低信号。

（2）黏膜囊肿：黏膜下囊肿因渗出液含蛋白量较低，呈长 T_1、长 T_2 信号，信号均匀一致。黏液腺囊肿 T_1WI 呈略低或中等信号、T_2WI 呈高信号。增强扫描囊肿内部无强化，覆盖于囊肿表面的黏膜呈线状强化。

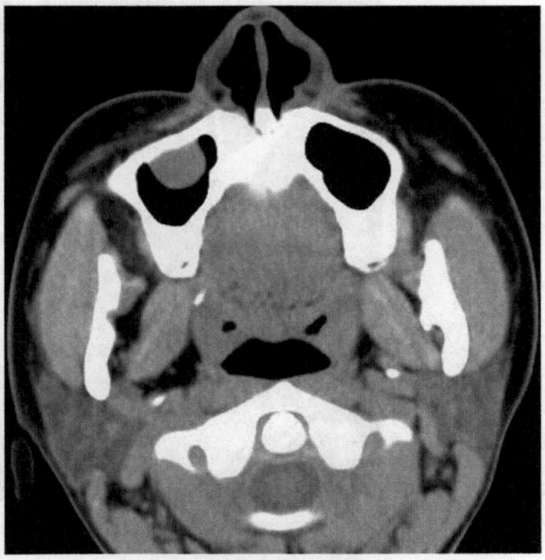

图 3-14 上颌窦黏膜囊肿 CT 表现

右侧上颌窦见一类圆形液性密度影，广基与窦壁相连

【诊断及鉴别诊断】 CT 多可显示本病的主要特征，故本病行 CT 检查即可明确诊断。当本病与肿瘤鉴别有困难时，行 MRI 检查有助于鉴别。

七、上 颌 窦 癌

上颌窦癌（carcinoma of maxillary sinus）是最常见的鼻窦恶性肿瘤，约占鼻窦恶性肿瘤的 4/5，多见于中老年人，以男性多见。

【病理与临床】 病理上以鳞状细胞癌最多见，其次为腺癌、乳头状瘤、淋巴上皮癌等，肉瘤少见。

早期临床症状不典型，可有鼻塞、血涕、头痛、面部肿胀不适等，与慢性炎症难以鉴别。晚期可表现面部畸形、肿胀等，侵及邻近组织器官则引起相应症状及体征；若侵犯眶下神经可引起面颊部疼痛和麻木；侵犯牙槽骨时引起牙痛、牙松动；侵犯眼眶引起突眼、复视、充血、运动受限；侵犯翼腭窝引起张口困难；侵犯颞下窝及翼内外肌引起三叉神经痛、面部感觉障碍。

【影像学表现】

1. X 线表现 可表现为窦腔内不规则肿块，晚期可见窦壁骨质破坏。

2. CT 表现 ①软组织肿块：一般密度均匀，较大肿块可有液化坏死；部分肿瘤还可见钙化。②侵蚀性改变：可直接侵犯邻近结构，如眼眶、翼腭窝、颞下窝、面部软组织甚至侵及颅内等。③骨质破坏：可为大片状或侵蚀状骨质破坏；当病灶突破骨壁后向周围蔓延，表现为上额窦周围脂肪间隙变形、变窄甚至消失。④增强扫描：肿瘤可呈较明显强化（图 3-15）。

3. MRI 表现 肿瘤 T_1WI 为等信号，T_2WI 为中等稍高信号。当肿瘤较大时整个窦腔可被瘤体取代，其内可见坏死、囊变区，呈 T_1WI 低信号、T_2WI 高信号；增强扫描肿瘤呈轻至中度强化，其中囊变、坏死区不强化。

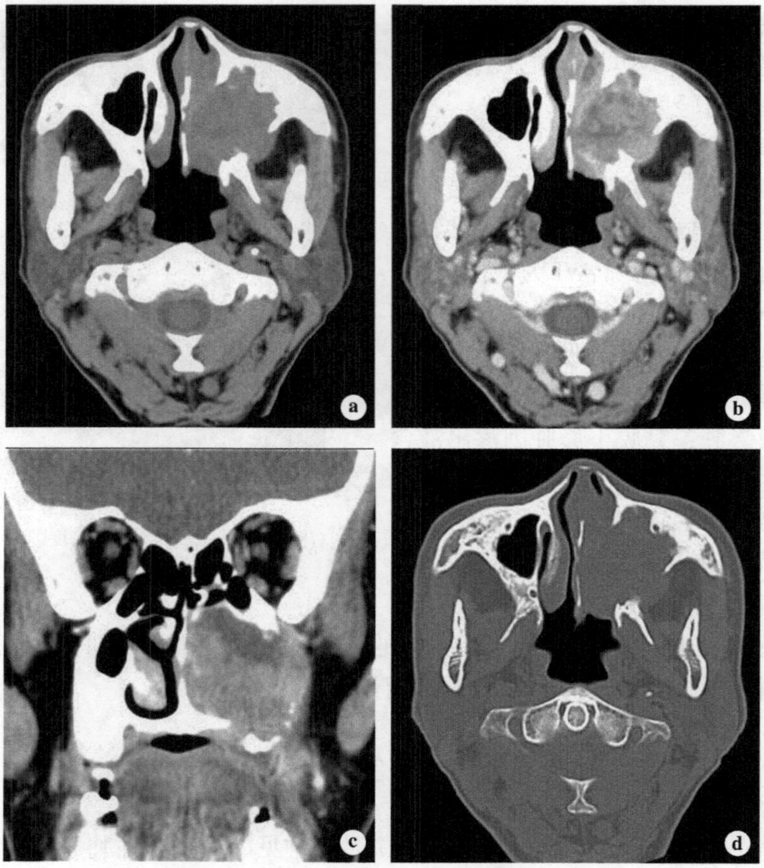

图 3-15　上颌窦癌 CT 表现

a. CT 横断面示左侧上颌窦内软组织肿块；b. CT 增强示肿块呈不均匀性明显强化；c. CT 冠状面示肿块充满整个窦腔，并向外侵犯；d. 骨窗示部分窦壁骨质破坏

【诊断与鉴别诊断】　中老年患者，影像发现上颌窦肿块，伴骨质破坏，可考虑上颌窦恶性肿瘤。本病需与内翻性乳头状瘤、恶性肉芽肿、淋巴瘤、血管瘤、真菌感染等疾病鉴别，有时鉴别诊断需依赖病理检查。

（耿云平）

第三节　耳　　部

一、影像学检查技术

（一）X 线检查

耳部的 X 线摄影体位有许氏位、梅氏位、汤氏位及颞骨岩部后前位等，主要显示乳突小房、鼓窦、鼓室、颞颌关节、内听道、外耳孔和颞骨岩部。由于耳部结构细小、重叠多，X 线检查分辨力差，目前 X 线检查已被 CT 检查取代。

（二）CT 检查

常规行 HRCT 检查，采取横断面及冠状面扫描。

目前 HRCT 是耳部最佳的影像学检查方法，横断面与冠状面结合能提供丰富的影像信息。采用曲面重组、三维成像或仿真内镜技术，可更直观准确地观察耳部解剖结构及其与病变间的关系。

（三）MRI 检查

常规采用 SE 或 FSE 序列 T_1WI 和 T_2WI 扫描，可较好地显示听神经、面神经、膜迷路结构及软组织等病变；MRI 水成像技术可很好地显示膜迷路的三维结构。

二、正常影像学表现

（一）正常 CT 表现

常规应用 HRCT 横断面和冠状面观察。耳由外向内依次为外耳、中耳及内耳（图 3-16）。①外耳道呈“S”形管道，由骨和软骨组成；软骨占外 1/3，骨部占内 2/3。②中耳由鼓室、鼓窦、咽鼓管、乳突组成。鼓室为不规则含气腔，分为上鼓室、中鼓室、下鼓室，鼓室内有听小骨，包括锤骨、砧骨、镫骨。鼓窦为含气空腔，大小、形状、位置与乳突发育相关。咽鼓管是鼓室与鼻咽相通的管道，外 1/3 为骨性管道，内 2/3 为软骨性管道。③内耳位于颞骨岩部内，又称迷路，由致密骨构成，分为前庭、前庭窗、前庭水管、半规管、耳蜗、耳蜗水管。面神经管走行于颞骨内，分为迷路段、水平段和垂直段。

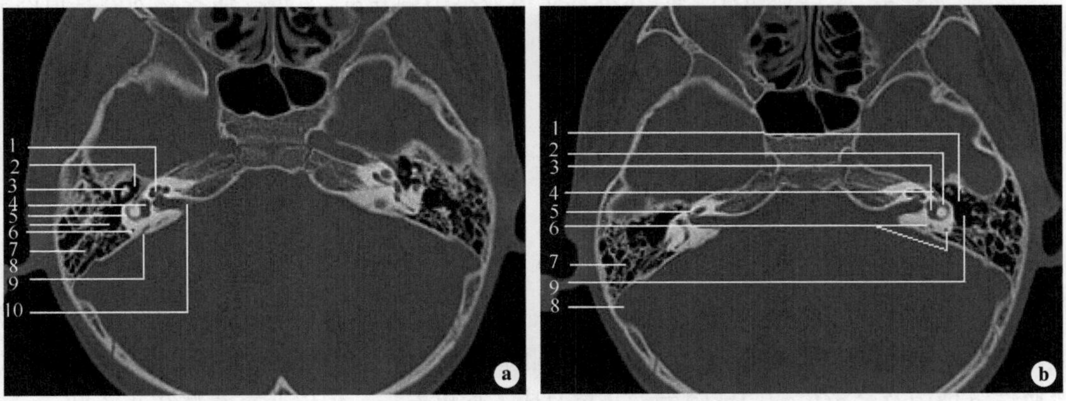

图 3-16　颞骨 HRCT 横断面

a：1. 耳蜗；2. 上鼓室；3. 锤骨；4. 前庭；5. 外半规管；6. 乳突窦；7. 后半规管；8. 乳突气房；9. 前庭导水管；10. 内耳道。b：1. 鼓窦入口；2. 外半规管；3. 前庭；4. 面神经管鼓室段；5. 面神经管迷路段；6. 后半规管；7. 乳突气房；8. 乙状窦；9. 乳突窦

（二）正常 MRI 表现

鼓室骨壁、听小骨及其中气体均为低信号，其表面黏膜在 T_1WI 呈稍高信号的线状影，借此可显示中耳腔的轮廓；同样，乳突气房也可由黏膜勾画出其泡状结构。内耳骨

迷路无信号，其中的膜迷路在 T_2WI 上呈稍高或高信号。薄层扫描或内耳水成像可显示膜性耳蜗、前庭、半规管及内耳道内的神经等结构，内耳道内神经为条状中等信号影，增强扫描无强化。

三、异常影像学表现

（一）异常 CT 表现

1. 颞骨结构与形态异常 外耳与中耳的先天性畸形，可表现为颞骨正常结构和形态的改变，如外耳道狭窄、闭锁，听小骨畸形、融合，鼓室腔狭窄等；内耳的先天性畸形，可表现为前庭半规管及耳蜗的结构异常、内耳道狭窄等。内耳道单侧或双侧扩大提示内耳道占位性病变，常见于听神经瘤。

2. 颞骨骨质异常 CT 可清晰地显示颞骨有无骨质破坏及其骨质破坏的部位、范围和分界，以及骨破坏区内有无软组织密度肿块。

3. 乳突窦与乳突气房异常 乳突窦与乳突气房的发育与密度异常，是急性和慢性中耳乳突炎症和胆脂瘤所致的改变之一。

4. 骨质连续性异常 颞骨骨折可表现为平行（纵行）或垂直于（横行）岩骨的骨折线，有时合并听骨链脱位及面神经管骨折。

（二）异常 MRI 表现

1. 信号异常 鼓室骨壁、听小骨及其中气体等，MRI 均呈无信号；如鼓室内积液、积血、炎症、肉芽肿、新生物及胆脂瘤，可出现异常 MRI 信号。

2. 结构异常 内耳畸形在内耳水成像中可显示结构异常；听神经瘤表现为内耳道内等信号占位病变且向桥脑小脑角蔓延。

3. 中耳乳突炎的并发症 如硬膜外脓肿、乙状窦栓塞性静脉炎等在 MRI 上均可显示。

四、化脓性中耳乳突炎

（一）急性化脓性中耳乳突炎

急性化脓性中耳乳突炎（acute suppurative otomastoiditis）是中耳黏膜的急性化脓性炎症，多因上呼吸道感染或腺样体肥大致咽口阻塞；主要致病菌为肺炎球菌、流感嗜血杆菌、溶血性链球菌及金黄色葡萄球菌等。儿童及成人均可发病，但以儿童及婴幼儿多见。

【病理与临床】 化脓性细菌多经咽鼓管侵入鼓室，病变常累及鼓室、咽鼓管、鼓室窦和乳突小房。

临床主要表现有耳痛、听力减退、耳鸣，鼓膜穿孔和耳溢液，初为血水样，后为黏液脓性。若并有乳突炎则乳突部皮肤肿胀、潮红，乳突尖有明显压痛，可伴有全身症状如发热、头痛等。

【影像学表现】

1. CT 表现 乳突气房密度增高，气房间隔骨质吸收，密度减低；鼓室、乳突窦内积脓，表现为密度增高，有时可见液平面(图 3-17)。

2. MRI 表现 可见中耳腔积液，乳突气房信号增高，可有气液平面。液体的 T_1 和 T_2 值均较长，T_1WI 呈低或中等信号，T_2WI 呈高信号；若为积血，则 T_1WI 及 T_2WI 均为高信号。

【诊断及鉴别诊断】 急性化脓性中耳乳突炎根据临床症状和体征一般可做出诊断，CT 及 MRI 检查的主要目的是了解骨质破坏程度及颅内并发症情况。

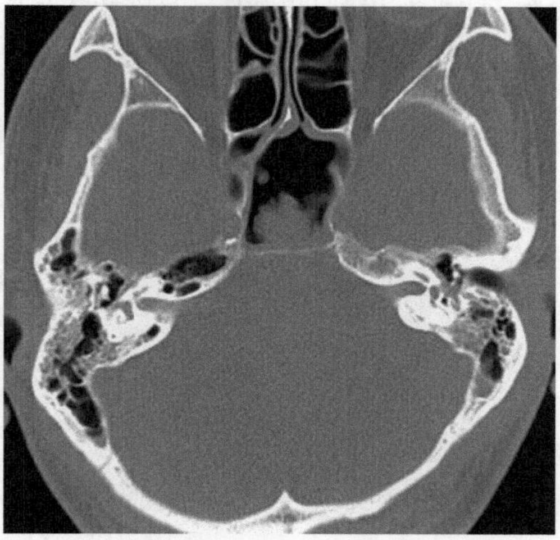

图 3-17 急性化脓性中耳乳突炎 CT 表现

HRCT 显示双侧乳突气房、上鼓室及乳突窦内密度增高

（二）慢性化脓性中耳乳突炎

慢性化脓性中耳炎为中耳黏膜的慢性化脓性炎症，多源于未吸收消散的急性或亚急性中耳炎，中耳持续地渗液导致一系列异常改变；少数无急性感染病史者，可由低毒性感染而致。常与慢性乳突炎合并存在。

【病理与临床】 慢性化脓性中耳乳突炎病理上分为三型：①单纯型：最常见，致病菌多经咽鼓管反复进入鼓室，导致鼓室、鼓室窦和乳突小房慢性化脓性感染。②肉芽肿型：又称坏死型或骨疡型，多见于气化差的板障型或硬化型乳突；此型组织破坏较广泛，炎症可侵入骨质深部，造成听骨链及乳突窦周围骨质坏死，但范围一般较局限，同时可有肉芽组织或息肉形成。③胆脂瘤型：详见下一疾病。

单纯型临床有间歇性外耳道流脓，呈黏液性或黏液脓性，脓量多少不一，一般无臭；鼓膜穿孔为中央性，周围常有残存鼓膜。肉芽肿型临床多有持续性流脓，并有臭味，偶带血丝；鼓膜紧张部可有较大穿孔，此处无残存鼓膜；鼓室内可见肉芽组织和黏稠的脓液，其他症状同单纯型。

【影像学表现】

1. CT 表现

（1）单纯型：可显示听小骨骨质吸收、破坏，鼓室黏膜增厚，乳突窦或较大气房的黏膜增厚；气房间隔及周围骨质增生，表现为气房间隔增粗，密度增高，无骨质破坏。

（2）肉芽肿型：听小骨破坏，严重者可见听骨链中断、破碎，上鼓室、乳突窦入口和乳突窦可见骨壁破坏、模糊，密度增高，其中的肉芽组织显示为软组织密度影（图 3-18）。增强扫描因肉芽组织血管丰富，可有强化。

2. MRI 表现 炎性肉芽组织在 T_1WI 多为等信号或稍高信号，T_2WI 多为高信号；增强扫描可见强化。

【诊断与鉴别诊断】 CT 检查显示鼓室、鼓室窦和乳突窦气房密度增高，结合临床病史及体征，可诊断为慢性单纯型中耳乳突炎；若发现窦内软组织密度影，骨壁模糊、破坏，可考虑为慢性肉芽肿型中耳乳突炎。肉芽肿型中耳乳突炎需与胆脂瘤型中耳乳突炎及中耳癌鉴别：①胆脂瘤骨质破坏较肉芽肿型严重，上鼓室、乳突窦入口及乳突窦明显扩大；但早期胆脂瘤乳突窦腔尚无明显扩大时，与肉芽肿型中耳乳突炎不易区别。②中耳癌好发于中年以上患者，骨破坏边缘呈虫蚀样，且临床常有耳流血，同侧面瘫；但早期难与本病鉴别。

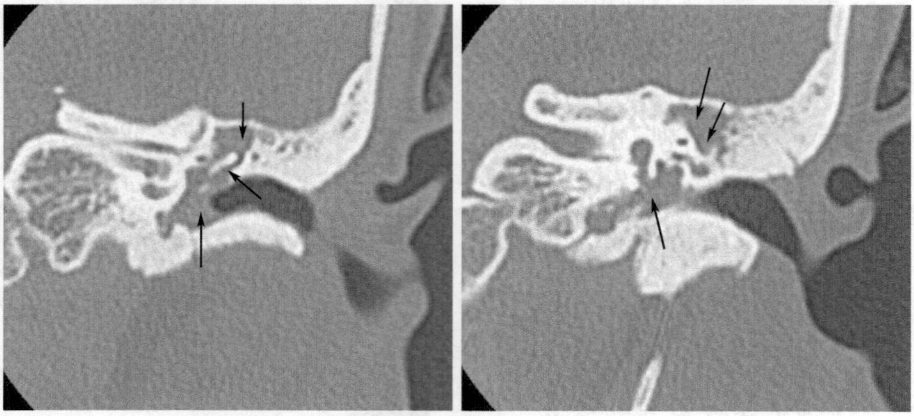

图 3-18　慢性中耳乳突炎 CT 表现

HRCT 冠状面显示左侧乳突呈板障型，鼓室及乳突窦内可见软组织密度影（↑），并包埋听小骨（↑）

五、胆　脂　瘤

胆脂瘤（cholesteatoma）并非真性肿瘤，而是在长期慢性中耳炎的基础上发展而来，属慢性中耳炎的类型之一。

【病理与临床】　外耳道上皮经鼓膜穿孔处移行长入鼓窦，上皮脱落、角化物及胆固醇结晶堆积，被鳞状上皮囊包裹而形成胆脂瘤。肉眼观病灶呈白色牙膏样或豆腐渣样，由角化上皮和胆固醇结晶混合组成，典型表现为上皮呈葱皮样层状堆积。

临床上多见于儿童及青壮年，表现为长期持续性耳流脓，脓量多少不等，但有特殊恶臭；多数为混合性耳聋，听力丧失较重。检查可见鼓膜松弛部或紧张部后上方有边缘性穿孔，从穿孔处可见鼓室内有灰白色鳞屑状或豆渣样无定型物质。

【影像学表现】

1. CT 表现　①骨质破坏：上鼓室、乳突窦入口及乳突窦内软组织密度肿块影，并有骨质破坏，乳突窦入口、鼓室腔扩大，边缘光滑并有骨质增生、硬化。②胆脂瘤形成：根据 CT 值不能与肉芽肿鉴别，增强扫描胆脂瘤本身无强化，其周围炎性肉芽组织强化。③其他征象：听骨链、鼓室盾板破坏，严重者可破坏乙状窦壁、鼓室乳突窦盖、半规管及面神经管等结构（图 3-19）。

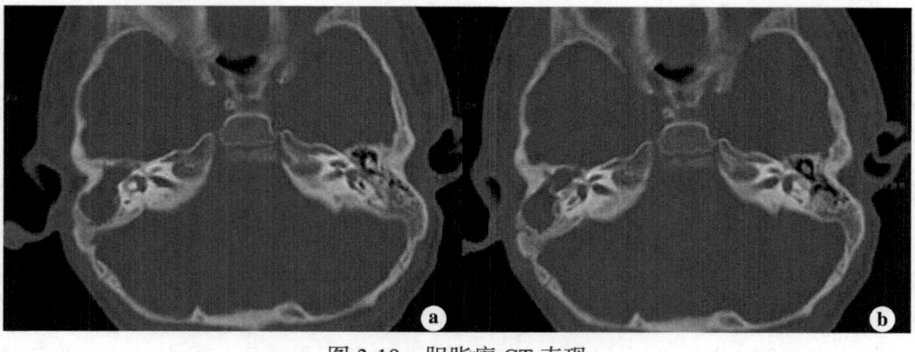

图 3-19　胆脂瘤 CT 表现

a、b. HRCT 显示右侧上鼓室、乳突窦扩大，其内填充软组织密度影，周围骨质硬化，听小骨骨质吸收破坏

2. MRI表现 胆脂瘤在T_1WI上信号与肌肉相似而低于脑组织，信号不均匀者为多；T_2WI上为高信号。增强后胆脂瘤本身不强化，但其周围的肉芽组织可强化。

【诊断与鉴别诊断】 横断面结合冠状面HRCT检查可显示胆脂瘤从上鼓室、乳突窦入口至乳突窦的发展顺序，可明确有无并发症；MRI对胆脂瘤的显示不如CT敏感，但对颅内并发症，如硬膜外脓肿、乙状窦血栓性静脉炎和脑脓肿等，MRI检查较为敏感。

本病需与下列疾病鉴别：①胆固醇性肉芽肿和炎性肉芽肿：胆脂瘤T_1WI呈中等信号，T_2WI为高信号，增强扫描不强化；胆固醇性肉芽肿T_1WI及T_2WI均可出现高信号，增强扫描无强化；而炎性肉芽肿有强化。肉芽肿型中耳炎虽有上鼓室和乳突窦骨质破坏，但无窦腔膨大。②中耳癌：好发于中老年患者，其骨质破坏以中耳腔为中心向周围发展，骨质破坏呈虫蚀样且强化明显；而胆脂瘤破坏腔边缘光滑锐利，增强扫描无强化。

（耿云平）

第四节 咽 喉 部

一、影像学检查技术

（一）X线检查

已很少应用。

（二）CT检查

多采用横断面扫描，选用软组织窗；颅底部则选用骨窗进行观察。螺旋CT容积扫描可进行多平面重组，发现病变时应行增强检查。

（三）MRI检查

常规采用SE或FSE序列，获取矢状面、横断面和冠状面的T_1WI和T_2WI。对可疑血管性病变、肿瘤侵入颅内或需确定肿瘤形态、大小及邻近组织的浸润范围时，应行增强扫描。

二、正常影像学表现

（一）正常CT表现

1. 咽部平扫 鼻咽腔在不同层面中形态各异，咽鼓管圆枕层面是较典型的横断面（图3-20）。

2. 喉部平扫 CT横断面扫描可观察会厌、喉前庭、杓会厌皱襞、梨状隐窝、假声带、真声带、声门下区的形态结构；骨窗可显示舌骨、甲状软骨、杓状软骨、环状软骨的位置、形态及其关系；喉旁间隙的形态与密度；喉外肌肉、血管、间隙等结构。增强扫描喉黏膜

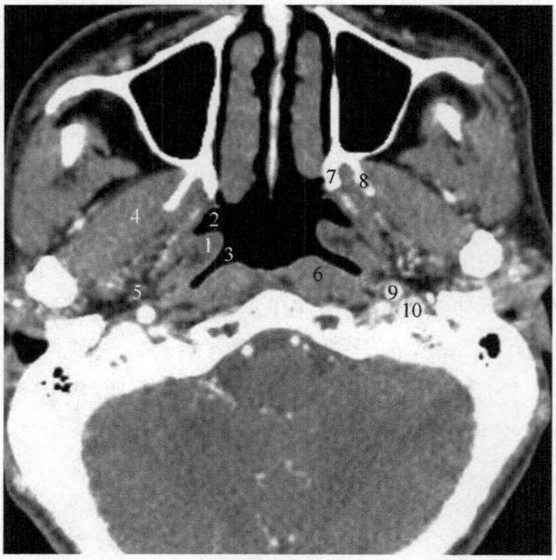

图 3-20　鼻咽部正常 CT 表现（咽鼓管圆枕层面）

1. 咽鼓管圆枕；2. 咽鼓管咽口；3. 咽隐窝；4. 翼外肌；5. 咽旁间隙；6. 头长肌；7.翼内板；8. 翼外板；9. 颈内动脉；10. 颈内静脉

明显强化。

（二）正常 MRI 表现

MRI 所见与 CT 相似，组织分辨力明显优于 CT。MRI 能直接显示黏膜、肌肉、间隙、血管、神经等结构。T_1WI 上黏膜、肌肉为等信号，筋膜为低信号，脂肪为高信号；T_2WI 上黏膜、脂肪为高信号，肌肉为较低信号。

MRI 横断面可见两侧咽隐窝对称，鼻咽圆枕和咽鼓管咽口清楚，鼻咽黏膜、黏膜下层外肌群形态及咽旁间隙组织显示良好，如颈内动脉、颈静脉等结构。

MRI 可直接显示喉部矢状面、横断面和冠状面的影像，喉软骨在未钙化前在 T_1WI、T_2WI 呈中等信号，钙化后呈不均匀低信号；喉肌在 T_1WI 和 T_2WI 呈偏低信号；喉黏膜在 T_1WI 呈中等信号，T_2WI 呈明显高信号；喉旁间隙在 T_1WI 和 T_2WI 均呈高信号影；喉前庭、喉室和声门下区均呈极低信号。

三、异常影像学表现

1. 咽腔改变　咽腔狭窄或闭塞，常见于肿瘤、异物和外伤等。

2. 咽壁改变　咽壁增厚或不对称，可见于炎症、肿瘤；炎症常见表现为弥漫性软组织增厚，肿瘤表现为局限性软组织增厚。

3. 咽喉旁间隙改变　正常咽喉旁间隙两侧对称，其位置和形态的改变有助于肿瘤定位，如来源于鼻咽部肿瘤，咽旁间隙向外移位；咀嚼肌间隙或腮腺深叶的占位性病变，咽旁间隙向内或前内移位。

4. 颅底骨质改变　常见于鼻咽部恶性肿瘤，少数病变可见颅底骨质增生。

5. 喉软骨的破坏　是诊断喉部肿瘤的重要征象，提示肿瘤已广泛浸润。CT 表现为骨质破坏或消失；MRI 表现为 T_1WI 上喉软骨出现异常信号或高信号影，骨髓中出现中、低信号。

6. 增强改变　脓肿壁强化而中心液化区不强化；肿瘤可有不同程度强化。

四、鼻咽血管纤维瘤

鼻咽血管纤维瘤（angiofibroma of nasopharynx）又称为青少年出血性纤维瘤，为鼻咽部最常见的良性肿瘤。发病原因不明，多见于 10—25 岁男性。

【病理与临床】　瘤内血管丰富，易出血，由增生的血管和纤维结缔组织组成，组织学上虽属良性，但其具有侵袭性，可沿颅底自然孔道或骨缝延伸、扩展至周围器官，甚至破坏颅底造成严重后果。

临床症状以进行性鼻塞和反复顽固性鼻出血为主；肿瘤较大时，可压迫周围组织而出现鼻、鼻窦、耳、眼等相应症状。鼻咽检查可见突向鼻咽腔粉红色肿块，易出血。

【影像学表现】

1. CT 表现 CT 能准确显示肿瘤的部位、形态、大小及临近结构受侵情况。平扫可见鼻咽顶部密度较均匀的软组织肿块影，与肌肉分界不清；鼻咽腔变形，可经后鼻孔长入同侧鼻腔；蝶腭孔扩大，肿瘤长入翼腭窝、颞下窝，向上可破坏颅底骨质，侵入蝶窦或海绵窦。增强扫描肿瘤强化显著，其 CT 值可超过 100HU。

2. MRI 表现 肿瘤在 T_1WI 呈中等或稍高信号，T_2WI 呈明显高信号，内部可掺杂低信号。瘤内血管因流空效应而呈低信号条状或点状影，称为“椒盐征”，此征象对诊断鼻咽部纤维血管瘤具有特征性。增强扫描肿瘤明显强化。

【诊断与鉴别诊断】 鼻咽血管纤维瘤主要影像学检查为 CT 和 MRI 扫描，MRI 为首选检查方法，增强扫描有助于诊断。本病主要与鼻咽癌、腺样体增生鉴别。

五、鼻 咽 癌

鼻咽癌（nasopharyngeal carcinoma）是我国鼻咽部最常见的恶性肿瘤，发病因素包括种族、遗传、环境及 EB 病毒感染等。好发于鼻咽隐窝和顶壁，男性多见。

【病理与临床】 鼻咽癌多数起源于呼吸道柱状上皮，分为鳞癌、腺癌、泡状细胞癌和未分化癌。

临床表现主要有血涕、鼻出血、耳鸣、听力减退、鼻塞、头痛等。部分患者以颈部淋巴结肿大为首发症状。晚期可引起视力障碍、视野缺损、突眼、复视、眼球活动受限；可侵犯颅神经，以三叉神经、外展神经、舌咽神经及舌下神经损害多见。

【影像学表现】

1. CT 表现 依肿瘤大小及其侵及范围而异（图 3-21）。

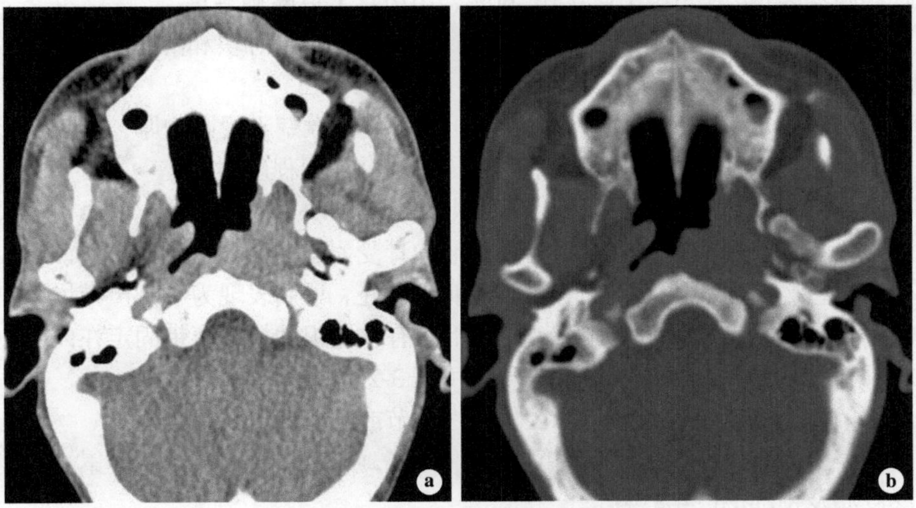

图 3-21 鼻咽癌 CT 表现

a. 平扫示鼻咽左侧壁增厚，左侧咽隐窝变浅、消失；b. 骨窗示左侧翼内板骨质破坏

（1）咽隐窝变浅、消失：鼻咽癌最好发于咽隐窝，肿瘤向黏膜下浸润生长致黏膜增厚，引起咽隐窝变浅、消失。

（2）鼻咽腔内软组织肿块：中、晚期鼻咽腔内可见明显软组织肿块，肿块常突入鼻咽腔，使鼻咽腔呈不对称性狭窄或闭塞；肿块平扫多为等密度，与颈部肌肉密度大致相仿；呈浸润性生长，与周围组织分界不清。

（3）咽周软组织及间隙改变：肿瘤向周围蔓延，容易侵入周围软组织及其间隙。

（4）颅底骨质破坏：鼻咽癌可沿神经、血管周围间隙蔓延，使颅底骨性孔或管道扩大或破坏，好发于卵圆孔、破裂孔、颈动脉管、蝶骨大翼等；向后发展可破坏颈静脉孔，向顶部发展可破坏斜坡、蝶骨等。

（5）增强扫描：肿块多为轻至中度强化，强化密度不均匀。

（6）淋巴结转移：早期即可有淋巴结转移，多见于颈上深淋巴结及颈外侧区淋巴结等，增强扫描呈轻至中度强化。

2. MRI 表现　肿瘤 T_1WI 呈中低信号，T_2WI 呈中高信号；增强扫描呈轻至中度强化。MRI 检查有利于显示病灶范围、侵犯程度及与周围组织结构的关系等。

【诊断与鉴别诊断】

MRI 可作为鼻咽癌的首选检查方法，由于其组织分辨力高，显示肿瘤侵犯范围及病变沿神经和软组织的延伸情况优于 CT。鼻咽癌需与鼻咽部纤维血管瘤鉴别。

六、喉　　癌

喉癌（laryngeal carcinoma）是常见的恶性肿瘤之一，90%以上为鳞癌。多发生于声门区，声门上区次之，声门下区最少。常见于 40 岁以上男性。

【病理与临床】　根据肿瘤发生的解剖部位分为：①声门上型：发生于会厌、室带、喉室及杓会厌皱壁等处；②声门型：发生于声带的喉室层面；③声门下型：发生于声带下缘至环状软骨下缘之间；④贯声门型（混合型）：主要侵犯喉旁间隙，并跨越两个喉解剖区，为喉癌晚期表现。其中声门型约占 60%，组织学上以鳞癌多见。

临床表现为喉部异物感、喉痛、声嘶、呼吸困难、喉部肿块和淋巴结肿大等。

【影像学表现】

1. CT 表现　共性表现为喉部不规则软组织肿块或喉壁不规则增厚；喉腔变形和功能异常；喉旁间隙水肿及软组织浸润；增强扫描肿块有不同程度强化。

（1）声门上型癌：表现为声门上区不规则软组织肿块，喉腔变形、狭窄。会厌前间隙和喉旁间隙受侵，表现为脂肪密度影消失；喉软骨受累表现为不规则骨破坏。

（2）声门型癌：多数位于声带前部邻近前联合处。早期表现为一侧声带增厚，外形不规则；喉癌较明显时表现为声带显著增厚变形，有软组织肿块，声带固定在内收位，并可见杓状软骨移位和周围软组织及喉软骨破坏（图 3-22）。

（3）声门下型癌：表现为声门下区偏心性结节或肿块。

（4）贯声门型癌：肿瘤累及声门区及声门上区，声带和室带多同时受累；常伴周围软组织广泛浸润及颈部淋巴结转移。

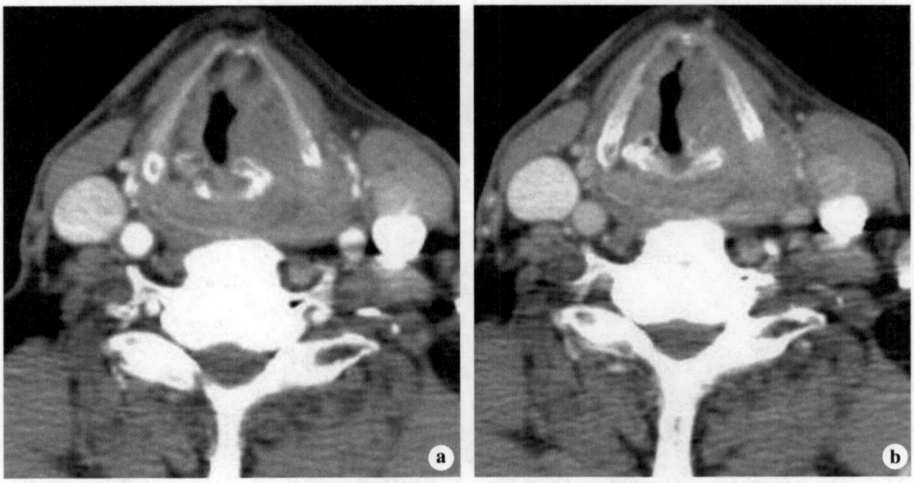

图 3-22　声门型喉癌 CT 表现

a、b. CT 增强示左侧声带呈不规则软组织肿块增大，左侧喉旁间隙脂肪影消失

2. MRI 表现　肿瘤 T_1WI 呈中等信号，T_2WI 呈高信号；肿瘤强化明显。MRI 检查对显示肿瘤累及的范围和淋巴结转移更加准确。

【诊断与鉴别诊断】　本病多见于中老年男性，临床上有声音嘶哑、呼吸困难及咽喉痛；临床上依据喉镜和活检，对喉癌的定性诊断不难。鉴别诊断包括喉息肉、乳头状瘤、喉水肿、声带息肉等。

（耿云平）

第五节　口腔颌面部

一、影像学检查技术

（一）X 线检查

X 线检查简捷、快速和经济，在口腔颌面部检查中仍具有一定作用。目前较常用的口腔颌面部 X 线检查技术有口内齿科 X 线摄影、咬合片摄影、下颌骨侧位摄影、下颌骨后前位摄影、颞颌关节张闭口位摄影、上下颌骨曲面体层摄影和涎腺导管造影等。

（二）CT 检查

1. 锥形束 CT　锥形束 CT 的特点是硬组织空间分辨力高，X 射线剂量少，但软组织分辨力低。目前主要用于齿科结构及其病变的检查和评价，如牙种植前的颌骨状况评估，牙和颌骨畸形矫治前后的评估、颞下颌关节骨质异常的显示，牙体和牙周组织病变的检查和诊断，也可评估上呼吸道和面部血管钙化状况。

2. 螺旋 CT　螺旋 CT 广泛应用于颌面部病变的检查和诊断，颌面部 CT 影像需要软组织窗和骨窗显示；CT 增强检查多用于明确病变的范围和性质，并有助于区别颌面部病变与血管。

（三）MRI 检查

采用 SE 或 FSE 序列获取 T_1WI 和 T_2WI 像，常规矢状面、横断面和冠状面观察；脂肪抑制序列可降低脂肪的高信号，有利于部分病灶的观察。平扫发现病变后可作 T_1WI 增强扫描。

二、正常影像学表现

口腔颌面部包括牙、上颌骨、下颌骨、舌、唾液腺等结构。

（一）正常 X 线表现

1. 牙 牙由牙釉质、牙本质、牙骨质、牙髓组成，可分为切牙、尖牙和磨牙；包括牙冠和牙根两部分，牙冠的外层是牙釉质，牙周膜和牙槽骨包绕牙根。

牙片或口腔全景 X 线片上，可清晰显示牙髓腔的形态、大小和骨质（图 3-23），其中牙釉质显示为致密影，牙本质密度稍低，牙骨质呈高密度线状影，牙髓呈边缘光整、轮廓清晰的低密度影；牙周膜呈低密度线状影，牙槽骨、牙周骨板呈高密度，松质骨显示为网格状。

2. 上颌骨 上颌骨由体部和四个突起构成。体部主要由上颌窦组成，上面为眶面，外缘至眶下裂；前面为颜面，有眶下孔；外面为颧突；后面为颞面，与蝶骨翼突形成蝶颌裂向上连翼腭窝；内面为鼻面。突起分为额突、颧突、齿槽突和腭突，双侧腭突与腭骨水平板组成硬腭。

在上颌骨正位 X 线片上，上颌骨和颈椎的影像互相重叠（图 3-23）。

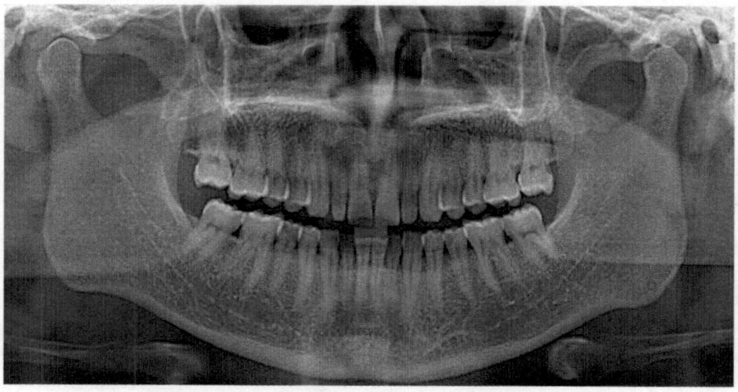

图 3-23 正常口腔全景 X 线表现

显示下颌骨、颞颌关节、牙结构清晰，骨质完整

3. 下颌骨 下颌骨由体部和升支构成，二者交界处为下颌角。下颌骨体部上缘为齿槽骨，下缘皮质厚 2～3mm，体部内有宽约 3mm 的下颌管。下颌骨升支包括喙突和髁状突，喙突和髁状突间称下颌切迹；升支中部舌侧面有下颌孔。

在下颌骨侧位或后前位 X 线片上，下颌骨皮质呈致密条状影，松质骨内可见网格状骨小梁结构，下颌管呈线条状低密度影；髁状突皮质呈光滑致密影，喙突密度显示相对较稍低。口腔全景 X 线片，能将弓形的上、下颌骨展开，避免重叠，可显示下颌骨全貌（图

3-23）。颞颌关节侧斜位 X 线片，能清晰显示颞骨和下颌骨髁状突骨质影，关节间隙显示为低密度影，宽度大于 2mm，双侧等宽。

（二）正常 CT 表现

CT 检查可观察正常颌骨、颞颌关节、腮腺及颌下腺等解剖结构，利用 CT 图像后处理技术观察颌面骨及颞颌关节的某些病变有重要价值。

1. 牙及颌骨　HRCT 可以清楚显示牙及颌骨的骨质结构，特别是可清晰地显示牙根与牙槽骨、牙根与上颌窦的关系。通过颌骨曲面重组技术可以整体观察颌骨和牙的结构和相互间的关系（图 3-24）。

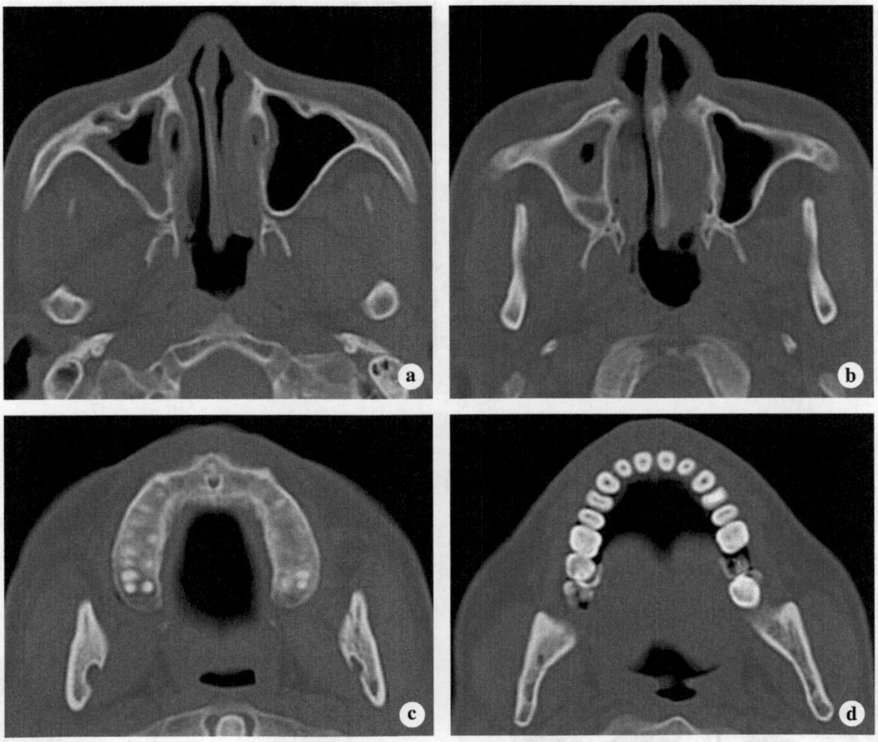

图 3-24　正常颌骨 CT 表现

a. 上颌骨额突层面；b. 上颌骨颧突层面；c. 上颌骨牙槽突层面；d. 下颌弓层面

2. 颞颌关节　颞颌关节是由颞骨的关节凹与下颌骨的髁状突构成（图 3-25）。在横断面 CT 上，可清楚地显示双侧关节的骨性结构及其周围组织，包括髁状突、关节结节、关节后结节及关节前、后间隙；CT 三维重组图像可直观显示颞颌关节的空间关系，并可对其形态进行线性和体积测量。

3. 腮腺　腮腺是颌面部中最大的一对腺体，两侧基本对称，位于下颌骨后方，胸锁乳突肌前方。上起自乳突尖和颞颌关节间之间，下至下颌角，是茎突前咽旁间隙内的重要器官。腮腺富含脂肪组织，其形状不规则。

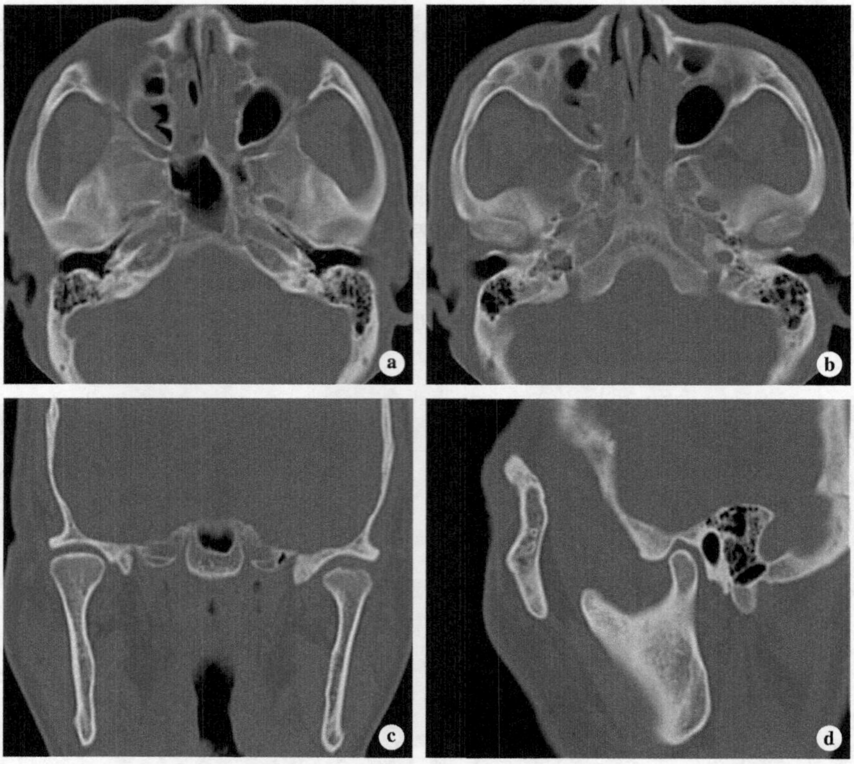

图 3-25　正常颞颌关节 CT 表现

a、b. 横断面；c. 冠状面；d. 斜矢状面

在横断面 CT 图像上，腮腺呈近似三角形低密度影，低于周围肌肉密度，但高于皮下、颞下窝及咽旁间隙内的脂肪；CT 值为−25～−10HU（图 3-26）。腮腺实质内的血管可清晰显示，尤其是在增强扫描时显示更为清楚；腮腺导管在 CT 平扫时不能分辨，但腮腺导管造影后行 CT 扫描，可清楚地显示导管的解剖结构。

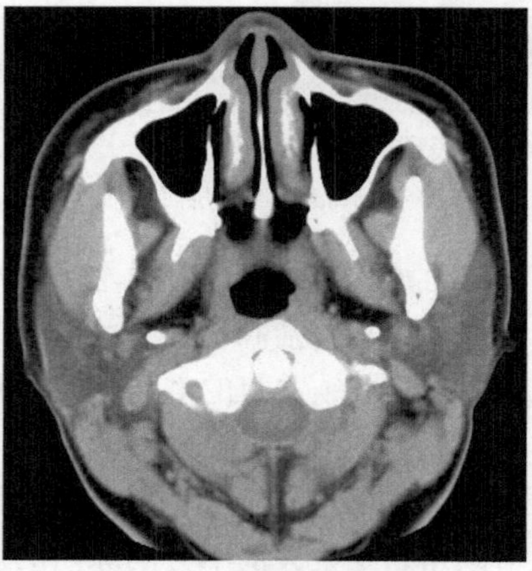

图 3-26　正常腮腺 CT 表现

双侧腮腺位于下颌骨和咬肌的后外方，略呈三角形，其密度低于邻近肌肉

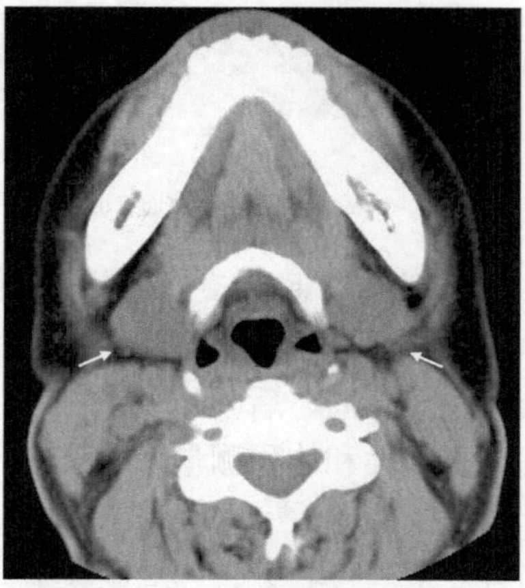

图 3-27　正常颌下腺 CT 表现

颌下腺位于下颌角的内下方（↑），呈圆形，其密度稍低于邻近肌肉

4. 颌下腺　颌下腺位于舌骨的外上，颌下三角的下颌骨体与舌骨舌肌之间，颌下腺的

位置可随颜面部的伸屈而上下移动。在横断面 CT 图像上，颌下腺显示为圆形或卵圆形，与邻近肌肉密度相似或略低，高于腮腺密度，位于下颌角的前方（图 3-27）。

（三）正常 MRI 表现

腮腺因富含脂肪成分，在 T_1WI 上呈高信号，在 T_2WI 上呈略高信号，其内后静脉及颈外动脉呈圆点状无信号区，面神经则呈相对低信号，周围肌肉组织则呈略低信号；颌下腺一般不含脂肪，信号与肌肉相近；咽旁间隙脂肪呈高信号；下颌骨骨皮质呈低信号，髓腔部分呈高信号。

三、异常影像学表现

（一）异常 X 线表现

1. 牙与牙周组织改变 表现为牙萌出的时间、形态和结构异常。牙周病变可见牙根与牙槽骨间隙，牙槽骨增生、吸收或破坏。

2. 下颌骨骨质结构改变 牙根炎症或颌骨肿瘤可见骨质结构模糊、破坏。

3. 颞颌关节改变 颞颌关节脱位与功能紊乱表现为颞颌关节间隙异常增宽，髁状突与下颌关节窝相对关系发生改变。颞颌关节功能紊乱与关节强直在张、闭口位摄片均可见关节活动度受限。

（二）异常 CT 表现

1. 涎腺腺体改变 据此可评判病变的部位及蔓延范围，鉴别良、恶性肿瘤，以及评价肿瘤的侵犯情况。良性肿瘤多呈类圆形，边界清楚，密度均匀；恶性肿瘤形态多不规则，边界不清，密度不均，内部常有出血坏死或囊变，常侵犯周围结构及淋巴结转移。

2. 颞颌关节改变 外伤骨折可见骨质连续性中断；颞颌关节形态改变，常见于下颌及颅面骨发育异常；骨质破坏，常见于肿瘤、化脓性炎症及类风湿关节病变。

（三）异常 MRI 表现

1. 涎腺腺体改变 包括腺体形态、大小、信号改变及其周围结构的位置与信号的改变。

2. 颞颌关节改变 包括关节盘的移位及其信号改变，髁状突及关节面下骨质信号改变，关节腔内积液造成的信号改变等。

四、牙源性囊肿

牙源性囊肿（odontogenic cyst）发生于颌骨内，与成牙组织或牙有关。好发于青壮年，男性多见。

【病理与临床】 根据其来源和发生部位不同，可分为根尖囊肿、含牙囊肿和角化囊肿三种类型，以根尖囊肿多见。①根尖囊肿：是由于根尖慢性炎症组织坏死而形成的囊肿。

②含牙囊肿：是发生于牙冠或牙根形成之后，牙冠尚未长出之前，在残余釉上皮与牙冠面之间出现液体渗出而形成含牙囊肿。③角化囊肿：来源于原始牙胚或压板残余，也称始基囊肿。

初期临床上多无症状，增大后局部肿胀膨隆，可形成面部畸形；较大囊肿因骨板极薄，压之可有手握乒乓球感觉。

【影像学表现】

（一）根尖囊肿

多见于前牙区，囊中内有根尖存在为其特点。

1. X 线表现 病变呈圆形或类圆形低密度区，多为单房，边界清楚，其内常可见病源牙根端，囊肿周边可见骨质硬化带。

2. CT 表现 颌骨内囊状膨胀性低密度区，轮廓清晰，边缘光整，围绕于病源牙的根尖周围，其内包含牙根（图 3-28），囊肿周围皮质呈薄层高密度带；增强扫描病变无强化。冠状位扫描及螺旋 CT 多层面重组可显示囊肿与根尖的关系。

3. MRI 表现 T_1WI 呈中低信号，T_2WI 呈高信号，其内可见低信号的根尖。

（二）含牙囊肿

多发生在上颌尖牙或下颌后磨牙区。

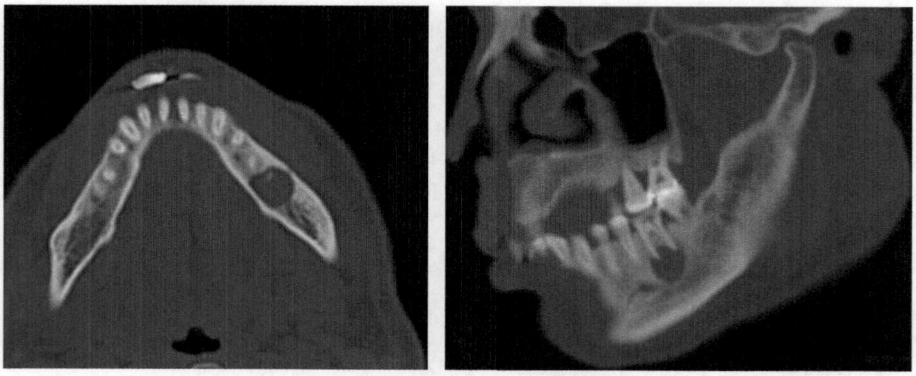

图 3-28 上颌骨根尖囊肿 CT 表现

1. X 线表现 病变呈围绕尚未萌出的牙冠或部分牙根的类圆形或不规则形低密度区，囊壁连于牙冠、根交界处，边界清楚，单房或多房，周边可见骨质硬化带。

2. CT 表现 病变呈囊状膨胀性低密度影，边缘光滑锐利，包裹牙冠，并附着于其牙龈交界处（图 3-29）；增强扫描囊壁可呈环状强化。

3. MRI 表现 囊液在 MRI 上 T_1WI 呈中低信号、T_2WI 呈高信号；囊壁在 T_2WI 呈中等信号，但不如鼻窦黏膜信号高，增强扫描呈厚度均匀环状强化。

（三）角化囊肿

多见于下颌后磨牙区及下颌支。

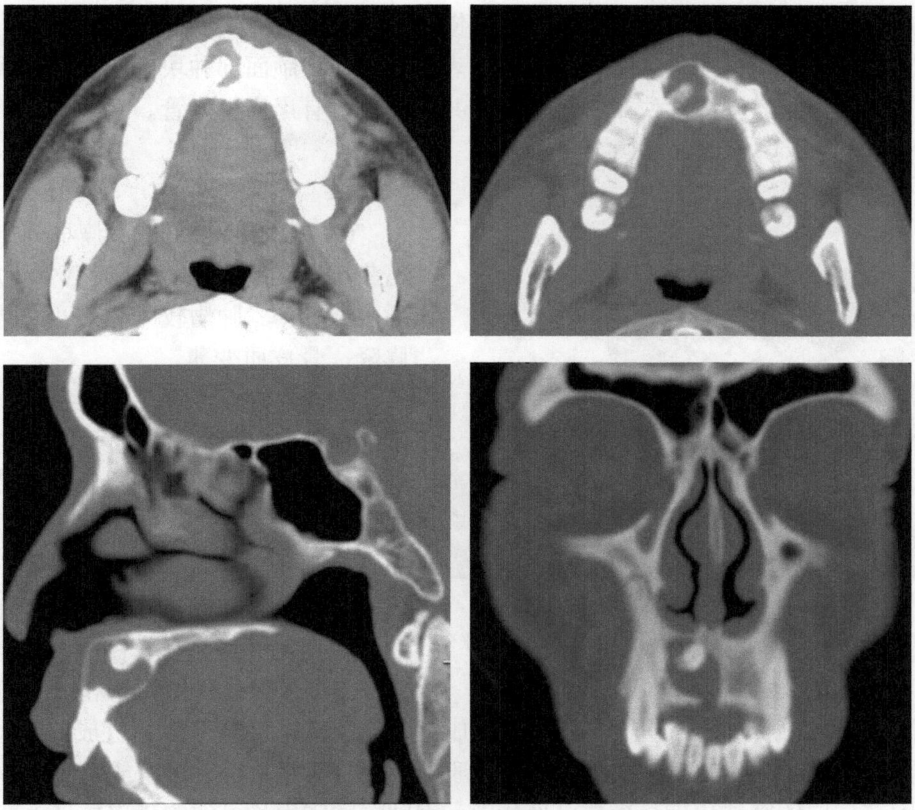

图 3-29　上颌骨含牙囊肿 CT 表现

1. X 线表现　病变呈膨胀性低密度区，25%～40%的囊肿内可含牙。小的病灶常为单房，大的病灶常为多房。突入上颌窦内的小病灶类似于黏液潴留囊肿，大病灶可致窦腔明显膨大，边缘呈蛋壳状。

2. CT 表现　颌骨内囊状膨胀性低密度区，单房或多房，密度均匀或不均，边界光整，周围常有骨性包壳；常伴上颌窦骨壁的吸收变薄；囊肿可有沿颌骨长轴发展而累及多个牙齿的趋势。增强扫描囊壁和分隔一般无强化。

3. MRI 表现　囊液在 T_1WI 呈中低信号、T_2WI 呈高信号；囊壁和分隔在 T_2WI 呈稍低信号，囊内牙为低信号。

【诊断与鉴别要点】　结合病史、临床及影像学表现，一般可明确诊断牙源性囊肿。

本病应与成釉细胞瘤鉴别，成釉细胞瘤以囊实性多见，增强扫描实质成分可强化，多房者分房常不规则，大小不一，间隔较厚；而牙源性囊肿一般无实质成分，多房者分房规则，间隔较薄。

五、成釉细胞瘤

成釉细胞瘤（ameloblastoma）又称为造釉细胞瘤，为最常见的上皮性牙源性颌骨肿瘤，约占牙源性肿瘤的63%。多见于30—40 岁的青壮年。80%发生于下颌骨，多见于升支远端和磨牙区。

【病理与临床】　肿瘤主要来源于牙板和造釉器的残余上皮，亦可来源于含齿囊肿和牙源性角化囊肿上皮或口腔黏膜上皮。病理上分为实质性和囊性两种类型，以囊性多见，边缘常有骨质硬化。肿瘤多为良性，生长缓慢，可达数年或更长。

早期临床上无明显症状，肿瘤长大后可表现为疼痛和颌面部肿块，触诊有乒乓球感；可有面部畸形，牙松动、移位或脱落等。合并感染时可有疼痛及瘘管。

【影像学表现】

1. X 线表现

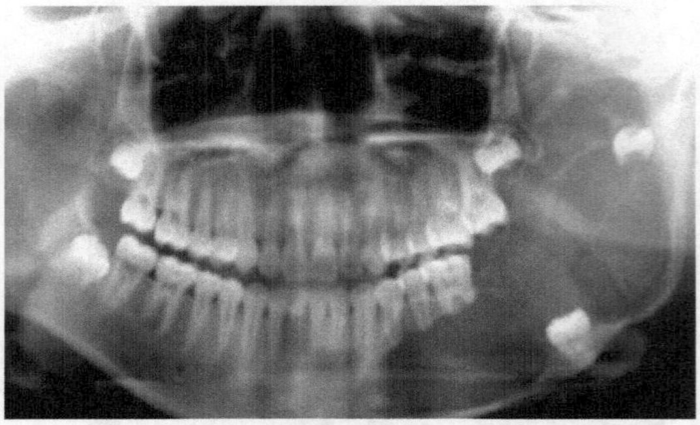

图 3-30　成釉细胞瘤 X 线表现

全景 X 线片显示左下颌骨巨大囊状骨质破坏区，骨皮质膨胀变薄，边界清楚，其内见高密度牙齿影

（1）实性：多见于肿瘤早期，表现为密集细小的蜂窝状骨质破坏区，边缘骨皮质吸收变薄；肿瘤较大时，可见局部骨质膨隆、骨皮质变薄。

（2）囊性：多囊者表现为大小不等的多囊状或皂泡状骨质破坏区，其内可见骨性分隔及钙化，边缘有明显硬化带；骨皮质膨胀变薄，病变与正常组织分界清楚。单囊者显示为单个囊状骨质破坏区，边缘可有分叶，囊壁边缘有硬化带。有时囊性病变内可见牙或钙化（图 3-30）。

若颌骨内见不规则低密度骨质破坏区，边界不清，颌骨轮廓消失，周围软组织肿块形成，则考虑为成釉细胞癌或恶性成釉细胞瘤。

2. CT 表现　平扫表现为颌骨内囊状骨质破坏区，可为单房、多房或蜂窝状，边界清楚，周围有一层致密硬化带，少数可见牙影；因肿瘤膨胀生长可致颌骨皮质显著变薄，严重者呈线样高密度影甚至消失（图 3-31）。增强扫描病灶强化不明显。若肿瘤向外呈浸润性生长，可穿破骨皮质形成骨外软组织肿块，CT 可清晰显示病变浸润的范围，增强扫描软组织肿块强化。

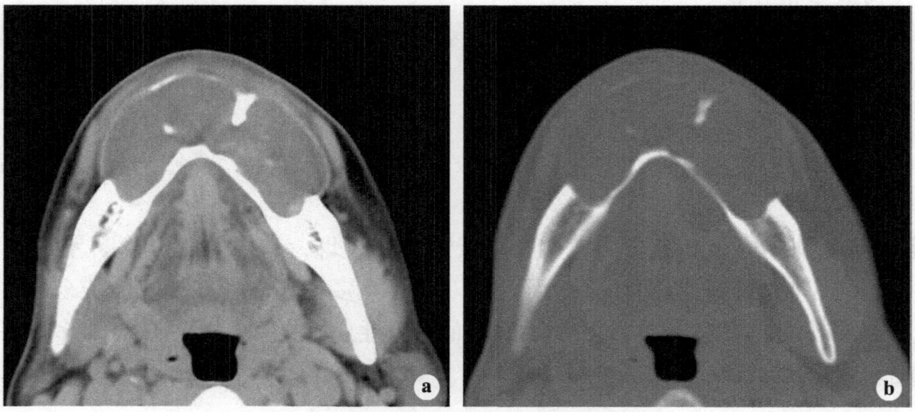

图 3-31　成釉细胞瘤 CT 表现

a、b. 下颌骨体部囊性骨质破坏，骨皮质膨胀变薄

3. MRI 表现　在 T_1WI 上，囊性成分呈低信号，实质成分呈等或低信号；在 T_2WI 上，囊性成分呈高信号，实质成分和囊壁及其间隔呈等信号。增强检查，实质成分、囊壁和间隔可强化。

【诊断与鉴别要点】　根据临床症状及体征，结合影像表现为颌骨内囊状骨质破坏区，呈单房或多房，骨皮质膨胀变薄，边缘光整；发生于下颌磨牙和升支，偏向唇颊侧；邻牙牙根常被侵蚀吸收，一般可诊断成釉细胞瘤。

鉴别诊断：①含牙的成釉细胞瘤需与牙源性囊肿鉴别，牙源性囊肿表现为圆形、边缘光滑的低密度区，周边可见完整均匀硬化环。②蜂窝状的成釉细胞瘤需与骨巨细胞瘤鉴别，巨细胞瘤多房者多显示为皂泡状，边缘无分叶、切迹和硬化。

六、涎 腺 肿 瘤

多形性腺瘤（pleomorphic adenoma）又称混合瘤，起源于黏膜腺的腺上皮和肌上皮细胞，是涎腺肿瘤中最常见的良性肿瘤，约占 70%。

【病理与临床】 多形性腺瘤最好发于腮腺，约占 80%，其次为下颌下腺。多形性腺瘤多呈圆形或椭圆形，包膜较完整，可为分叶状，边界清楚，肿瘤增大后可发生钙化和出血。肿瘤虽为良性，但易复发且具有恶性变的危险性。

肿瘤生长缓慢，常体检时发现腮腺或下颌下腺内无痛性肿块。

【影像学表现】

1. CT 表现 平扫表现为腮腺内呈圆形或椭圆形软组织密度肿块，其密度一般高于正常腮腺组织，密度较均匀或不均匀，边缘光滑，与正常低密度的腺体分界清楚（图 3-32a）；较大的肿瘤内可见出血、坏死、囊变和钙化。增强扫描时较小的肿块无明显强化或均匀强化；而较大的肿块可呈不均匀强化（图 3-32b）。若肿瘤轮廓不规则或呈分叶状，边界不清，密度不均匀，伴有颈部淋巴结肿大，提示恶性肿瘤。

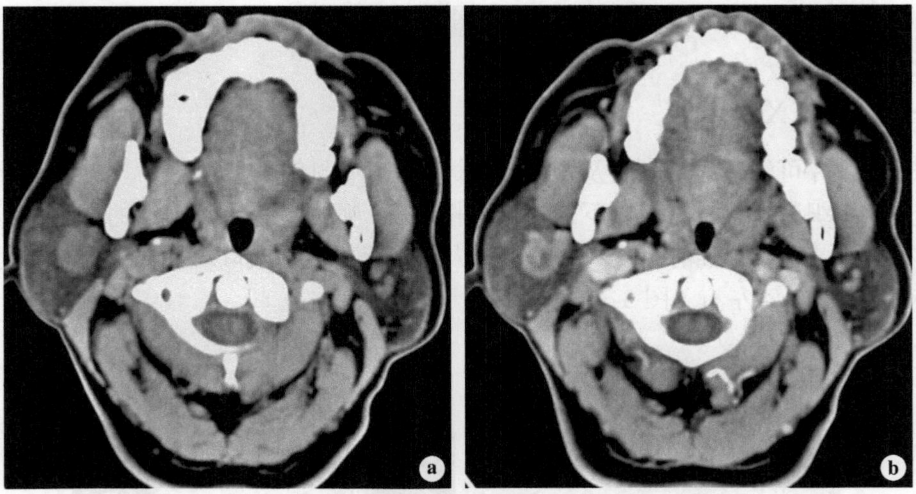

图 3-32 腮腺混合瘤 CT 表现

a. 平扫示右侧腮腺内一类圆形软组织肿块；b. 增强示肿块不均匀性强化

2. MRI 表现 在 T_1WI 上多呈均匀低信号，在 T_2WI 上可呈中等信号或不均匀高信号；增强扫描病变呈不均匀强化。

【诊断与鉴别要点】 根据腮腺内无痛性肿块，CT 显示腮腺内软组织密度肿块，分界较清楚；增强扫描有强化，一般可诊断腮腺混合瘤。

（张振勇）

第六节　颈　　部

一、影像学检查技术

（一）X 线检查

颈部解剖结构复杂，传统的 X 线检查已不能提供足够的诊断信息。目前 X 线平片多用于观察颈椎病变，还可以观察气管有无狭窄、移位和软组织内有无钙化等。

（二）CT 检查

颈部 CT 检查主要用于观察颈部肿瘤、甲状腺肿大、喉部肿瘤和各种原因引起的颈部淋巴结肿大等；通常采用横断面 CT 扫描。

（三）MRI 检查

MRI 检查具有多平面成像、软组织分辨力高、无骨质伪影等特点，能很好地显示颈部解剖形态；可区分血管与淋巴结；对纤维瘢痕与肿瘤复发等可提供多方面信息。因此，颈部 MRI 检查应用越来越广泛。

二、正常影像学表现

（一）正常 X 线表现

颈部侧位片可清晰显示颅底及颈椎骨结构。在咽喉与气管影衬托下，可见软组织轮廓；颈椎前方软组织与上方枕骨斜坡下的软组织相延续；咽后壁为上下连续的直线，无局部隆起；寰椎至第 2～4 颈椎前缘的软组织厚度大致相等；食管入口以下软组织的厚度，为相应椎体前后径的 3/4 左右（图 3-33）。

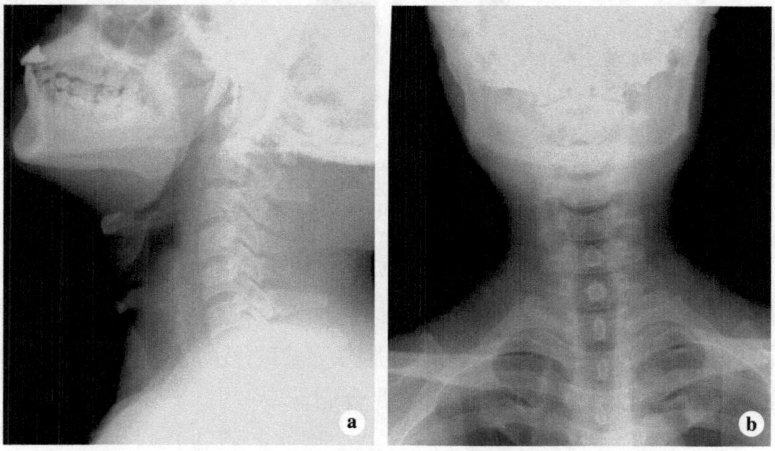

图 3-33　颈部正侧位 X 线表现

a. 正位；b. 侧位

（二）正常CT表现

颈部解剖结构复杂，CT 检查对颈椎、食管、喉部及气管、甲状腺及甲状旁腺、颈筋膜间隙、淋巴结等病变均可提供重要的诊断信息。在此，简单介绍颈部几个典型横断层面的正常 CT 表现（图 3-34）。

1. 舌骨平面 舌骨呈半环形，颌下腺位于舌骨前外侧；舌骨后方可显示会厌豁、舌根、会厌软骨和梨状窝上部；舌骨的后外侧是颈血管鞘内血管，增强扫描颈内动脉及颈内静脉显示更清晰。甲状软骨上角是成对的钙化结构，位于颈血管鞘内侧；含气的梨状窝位于甲状软骨上角和喉前庭之间，最前面的是舌骨下带状肌（图 3-34a）。

2. 甲状软骨板平面 甲状软骨呈弓形或三角形高密度影，其后外侧为颈血管鞘；两侧甲状软骨板之间的透亮腔隙是喉前庭；两侧甲状软骨体后内侧的低密度区是梨状窝（图 3-34b）。

3. 环状软骨平面 是颈部唯一能完整显示环状软骨结构的层面，后方为软骨板，软骨弓在前；环状软骨板的后外侧是甲状软骨下角，甲状腺上极也出现于这一水平。甲状腺内侧是环状软骨，外侧和后外侧是颈内静脉和颈内动脉（图 3-34c）。

4. 甲状腺体部平面 甲状腺位于环状软骨以下，气管前方两旁，由左右两叶及其间的峡部组成，呈蝴蝶形；因甲状腺富含碘，甲状腺密度明显高于肌肉组织，密度均匀，境界清楚。增强扫描呈显著均匀性强化（图 3-34d）。

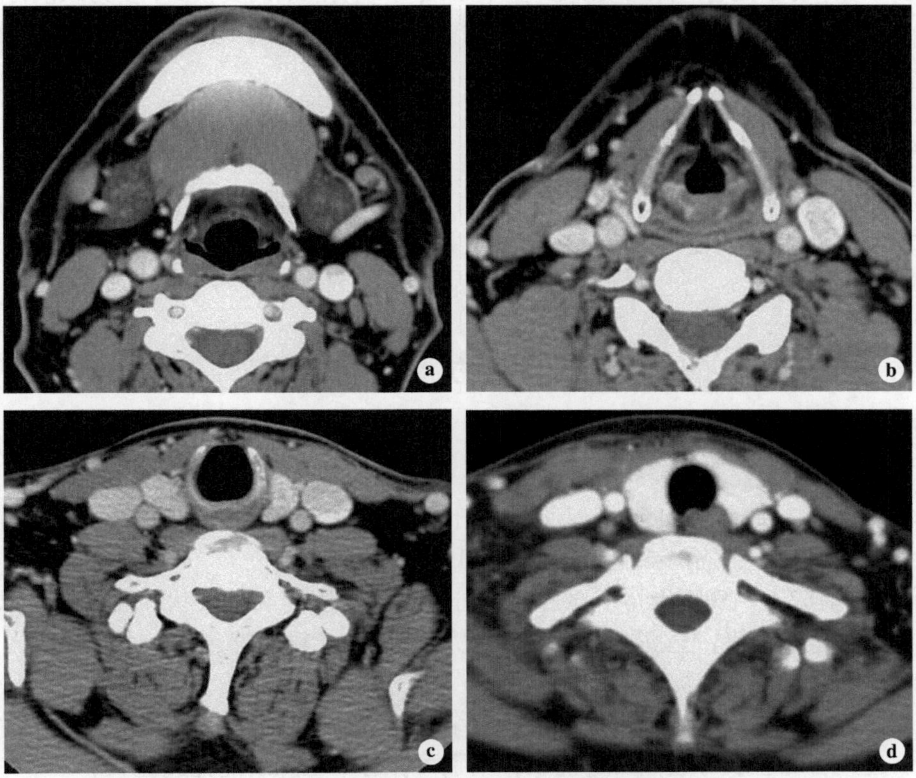

图 3-34 正常颈部横断面 CT 表现（增强扫描）

a. 舌骨平面；b. 甲状软骨平面；c. 环状软骨平面；d. 甲状腺体部平面

5. 甲状腺下平面 两侧颈静脉常不对称，一侧（常为右侧）可显著增粗。胸锁乳突肌向中央斜行。甲状旁腺在常规 CT 扫描一般不能显示，增强扫描时甲状腺下动脉和下静脉显示，则可提示下甲状旁腺的位置。

（三）正常 MRI 表现

皮下脂肪在 T_1WI 和 T_2WI 均呈高信号。颈部肌肉、神经和淋巴结在 T_1WI 和 T_2WI 均呈中等信号。血管呈流空效应。甲状腺在 T_1WI 上较周围肌肉信号稍高，T_2WI 呈高信号。

三、异常影像学表现

（一）异常 X 线表现

1. 颈椎骨质与椎间隙改变 骨肿瘤、骨结核可见椎体破坏；颈椎退行性变可见椎体边缘骨质增生、椎间隙变窄。

2. 软组织改变 软组织炎症、肿瘤可见软组织增厚或肿块。

（二）异常 CT 表现

1. 病变部位 发生于颈前甲状腺区的病变，多来源于甲状腺或甲状旁腺；发生于颈外侧区的病变，多来源于血管、神经或淋巴组织；发生于颈后区的病变较少，多为颈椎骨质病变。

2. 病变密度 以此可区分囊性或实性病变。增强检查有利于区分血管性病变及了解病变的血供情况。

（三）异常 MRI 表现

1. 颈部结构形态和大小改变 颈部许多病变可引起组织器官形态、大小和信号的改变。

2. 颈部脂肪间隙改变 许多病变可造成相邻脂肪间隙受压、推移及信号改变，据此易于对病变的大小、形态与侵犯范围做出准确的评价。

四、甲状腺肿瘤

（一）甲状腺腺瘤

甲状腺腺瘤（thyroid adenoma）是起源于甲状腺滤泡细胞的良性肿瘤，是最常见的甲状腺肿瘤，占甲状腺肿瘤的 60%，多发于 20—40 岁女性。

【病理与临床】 病理上甲状腺腺瘤可分为滤泡性腺瘤和乳头状腺瘤两型，以滤泡性最常见。肿瘤生长缓慢，呈膨胀性生长，有完整包膜；当肿瘤较大时，可有出血、坏死、囊变和钙化。

临床一般无明显症状，常因发现甲状腺结节而就诊。结节质韧，境界清楚；肿瘤较大时，可引起声音嘶哑、呼吸困难等症状；个别可伴有甲状腺功能亢进症状。

【影像学表现】

1. CT 表现 平扫可见甲状腺内圆形或类圆形低密度肿块影，边界清楚，密度均匀，多为单发，大小多为 1～5cm；增强扫描病灶呈均匀性轻度强化，强化程度不如正常甲状腺组织显著（图 3-35）。较大的肿瘤内可有出血、坏死、囊变，少数可见斑点状钙化；增强扫描呈不均匀强化。

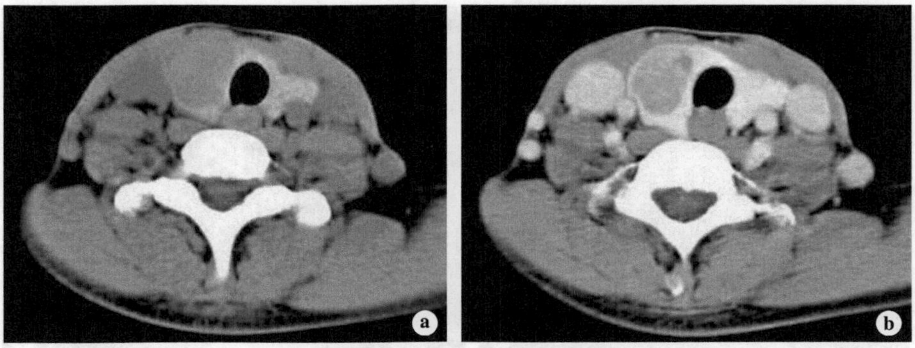

图 3-35 甲状腺腺瘤 CT 表现

a. 平扫示甲状腺右侧叶内见一类椭圆形略低密度肿块影，密度欠匀，边界清楚；b. 增强扫描示肿块部分轻度强化，正常甲状腺强化明显，使病灶显示更清楚

2. MRI 表现 甲状腺内可见边缘光滑、有包膜、大小 1～5cm 的肿块，肿块 T_1WI 为低或等信号，T_2WI 为高信号；亚急性出血时，T_1WI 呈高信号，T_2WI 为低信号。注射 Gd-DTPA 后肿瘤有轻度强化；肿瘤体积较大时，可出现囊变和坏死，囊变和坏死区不强化。部分有功能的甲状腺瘤在 T_1WI 和 T_2WI 上与正常组织信号相似。

【诊断与鉴别要点】 临床上有甲状腺结节或肿块，CT 显示甲状腺内有边界清楚的低密度肿块影，呈轻中度强化，应首先考虑甲状腺腺瘤。

本病需与甲状腺癌的鉴别，见下一疾病。

（二）甲状腺癌

甲状腺癌（thyroid carcinoma）是最常见的甲状腺恶性肿瘤，占全身恶性肿瘤的 2%～3%，占甲状腺肿瘤的 10%左右。多发于老年女性。

【病理与临床】 甲状腺癌病理上可分为乳头状癌、滤泡状癌、髓样癌等类型，以乳头状癌最多见。

临床主要表现为甲状腺肿块，质硬，边界不清，位置较固定；肿块较大可引起声音嘶哑、呼吸困难，约半数可出现颈部淋巴结肿大。

【影像学表现】

1. CT 表现 平扫表现为甲状腺内低密度结节或团块，形态不规则，边界不清，密度不均，可有更低密度的坏死、囊变区；30%～50%可见钙化；常伴有转移的颈部淋巴结肿大。增强扫描肿块呈不均匀明显强化，但不如正常甲状腺组织强化明显；转移淋巴结呈环形强化。

对较大肿瘤 CT 可以显示甲状腺癌是否侵犯喉、气管和食管，发现有无气管或食管旁淋巴结转移，判断喉返神经是否受累；也可显示颈部或上纵隔有无淋巴结转移。

2. MRI 表现 肿瘤轮廓不规则，边界不清楚；肿瘤信号多不均匀，T_1WI 呈略低信号，T_2WI 呈高信号。囊变坏死时，在 T_1WI 上为更低信号，T_2WI 为更高信号；并有出血时，

T_1WI 和 T_2WI 均为高信号（图 3-36）。增强扫描肿瘤多为明显不均匀强化；坏死、出血区不强化。肿瘤可压迫周围结构，特别是以气管受压移位或变窄常见。可见颈部淋巴结转移征像。

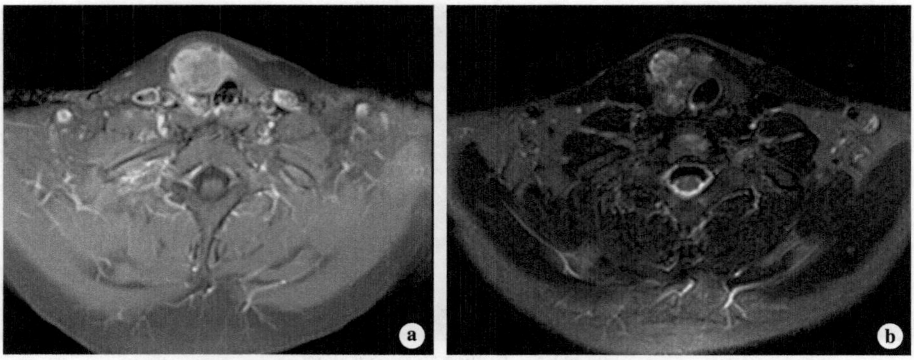

图 3-36　甲状腺腺癌 MRI 表现

a. T_1WI 示甲状腺右侧叶高低混杂信号团块，边界不清，内有出血灶；b. T_2WI 示肿块信号不均匀

【诊断与鉴别要点】 临床上查体有甲状腺肿块，边界不清，伴颈部淋巴结肿大；CT 表现为甲状腺内不规则低密度肿块，密度不均，呈不均匀性强化，并侵犯周围组织结构，应考虑甲状腺癌。

本病主要与甲状腺腺瘤、弥漫性甲状腺肿大鉴别（见前述）。

五、颈部淋巴结病变

颈部淋巴结呈软组织密度，为类圆形或卵圆形，正常时短径小于 5mm。分为七区（图 3-37）：Ⅰ区，颏下及颌下淋巴结；Ⅱ区，颈内静脉链上组；Ⅲ区，颈内静脉链中组；Ⅳ

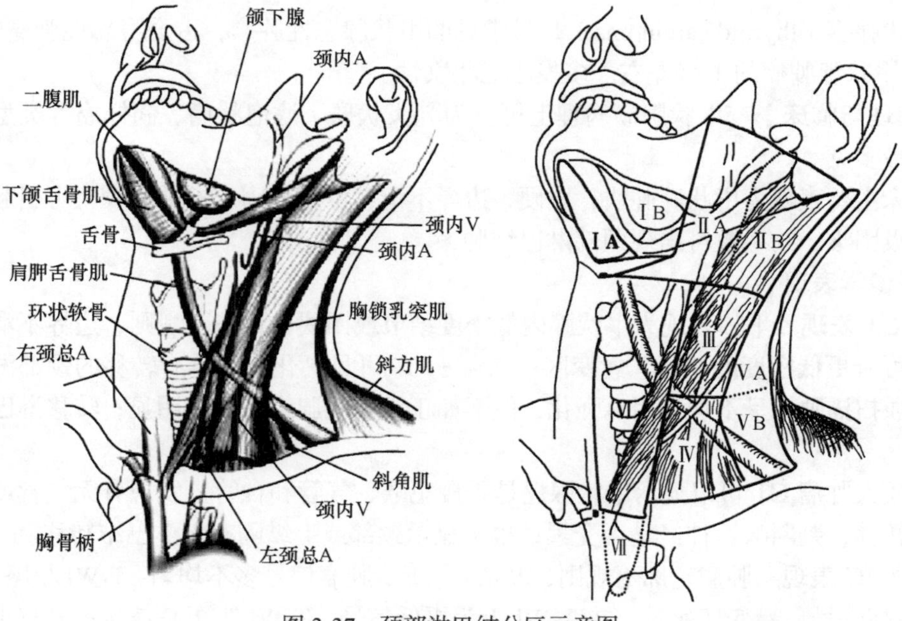

图 3-37　颈部淋巴结分区示意图

区，颈内静脉链下组；Ⅴ区，颈后三角区淋巴结，即胸锁乳突肌后缘、斜方肌前缘及锁骨构成的三角区内的淋巴结；Ⅵ区，中央区淋巴结，包括喉前、气管前和气管旁淋巴结；Ⅶ区，上纵隔淋巴结。其他淋巴结，包括咽后组、颊组、腮腺内、耳前、耳后、枕下组淋巴结，不包括在上述七分区内。

（一）颈淋巴结转移瘤

颈部恶性肿瘤中约20%为原发性肿瘤，80%为转移性。头颈部、胸腹部肿瘤均易发生颈部淋巴结转移。

【临床与病理】 颈部淋巴结转移瘤的80%来源于头颈部恶性肿瘤，淋巴结转移主要分布于颈内静脉区、胸锁乳突肌周围淋巴结。多为鳞状细胞癌，主要来源于口腔、鼻窦、喉及咽等处的恶性肿瘤；腺癌则多来源于甲状腺癌及涎腺、鼻腔肿瘤。20%来源于胸、腹部恶性肿瘤，淋巴结转移以腺癌居多，多来自乳腺、胃、肠道等恶性肿瘤，常为锁骨上区淋巴结。

临床上以中老年多见，主要表现为颈部结节或肿块，可单发或多发，质硬、固定，边界不清，症状多不明显；少数可伴有局部疼痛或（和）压痛。

【影像学表现】

1. CT表现 平扫表现为乳突下区、颌下区、颈动脉间隙内多发大小不一的类圆形软组织肿块，边缘清晰或模糊，可融合，直径可达3～4cm。增强扫描病灶呈轻度强化；中央坏死时呈环形强化，环壁厚且不规则；无坏死者强化均匀（图3-38）。可侵犯颈静脉引起癌栓或侵犯其他结构。

2. MRI表现 在T_1WI上呈等或略低信号，T_2WI呈等或高信号；增强扫描未坏死的淋巴结呈均匀中等强化；坏死囊变者呈不规则环形强化（图3-39）。

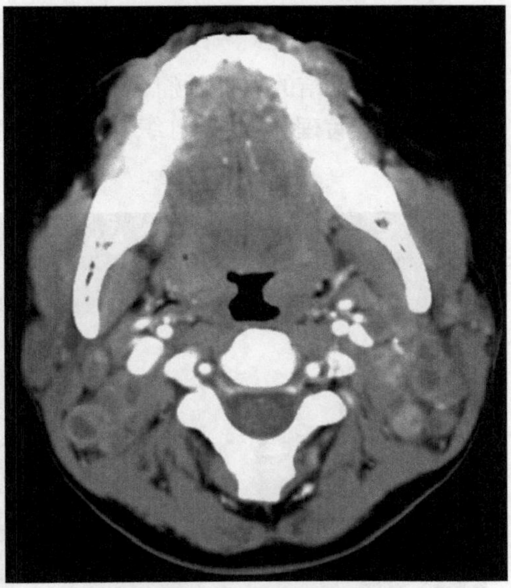

图3-38 双侧颈部淋巴转移瘤CT表现

增强CT横断面示双侧颈部双侧Ⅱa、Ⅱb区多发淋巴结肿大，边界不清，并向结外扩展，淋巴结呈环形强化，内部见低密度坏死区

【诊断与鉴别要点】 中老年患者，单侧或双侧结节及肿块，边缘规则或不规则，质硬、固定，结合原发肿瘤病史，一般不难诊断。主要与下列疾病鉴别。

1. 颈部淋巴结结核 青少年多见，多数边界不清，可浸润周围脂肪组织，淋巴结可融合；特征性改变为肿大淋巴结呈不规则环形强化，内有多个分隔及低密度区，呈“花环状”改变；严重者可有窦道或“冷脓肿”。

2. 淋巴瘤 淋巴结受侵范围较广泛，主要为咽后组、颈静脉链周围及颈后三角区淋巴结，常为双侧侵犯；淋巴结边缘常较清楚，密度均匀，增强检查常无明显强化。

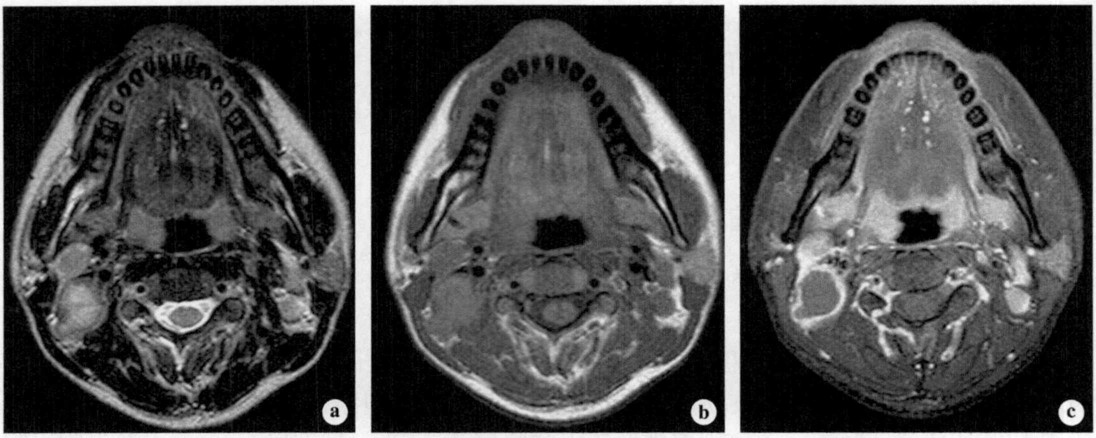

图 3-39　双侧颈部淋巴转移瘤 MRI

a、b. 双侧Ⅱa、Ⅱb 区淋巴结肿大，T2WI 呈等或高信号，T1WI 上呈等或略低信号；c.增强扫描示左颈部淋巴结呈均匀中等强化，右颈部淋巴结坏死囊变，呈不规则环形强化

（二）颈部淋巴瘤

原发于淋巴结的恶性肿瘤，为青壮年颈部淋巴结肿大的常见原因之一。

【临床与病理】 按组织病理学改变，淋巴瘤分为霍奇金与非霍奇金淋巴瘤两大类。

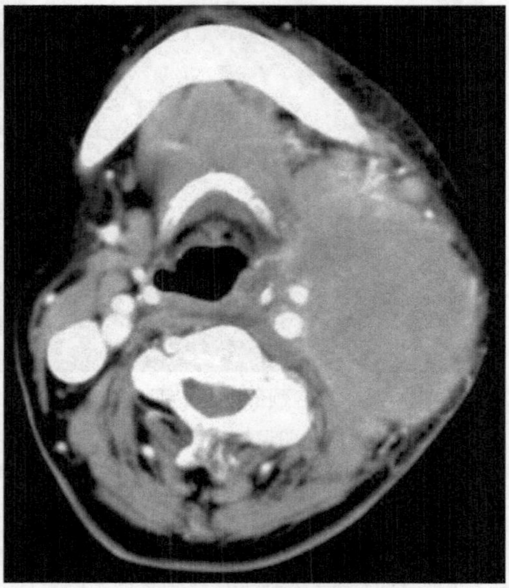

图 3-40　淋巴瘤 CT

增强 CT 横断面示左侧颈部多发淋巴结肿大并融合成团块，轻度强化，内部密度较均匀

临床上主要为无痛性进行性淋巴结肿大和局部肿块，可有不规则发热、消瘦等症状；还可有其他部位淋巴结肿大和肝脾大等。

【影像学表现】 颈部双或单侧多发淋巴结肿大，常为双侧侵犯，可融合成团块，主要为咽后组、颈静脉链周围及颈后三角区淋巴结；有时可侵及颌下和腮腺内淋巴结（图 3-40）。肿大淋巴结边缘常较清楚，CT 表现为稍低密度，在 MRI 上 T_1WI 为等或略低信号，T_2WI 为高信号；较小的病灶密度均匀，较大的病灶可有不规则坏死，但较少见。增强检查常无明显强化或呈轻度强化。

【诊断与鉴别要点】 本病诊断主要靠穿刺活检或手术病理，CT 和 MRI 可提示诊断并可显示肿大淋巴结的数目及范围。本病需与淋巴结结核和淋巴结转移瘤等病鉴别。

（张振勇）

目 标 检 测

一、病 例 分 析

病例一

男，14 岁，双侧鼻塞、间断性流脓涕 5 年。查体示双侧鼻黏膜略充血，双侧下鼻甲肥大，鼻中隔不规则偏曲，各鼻窦区压痛明显（图 3-41）。

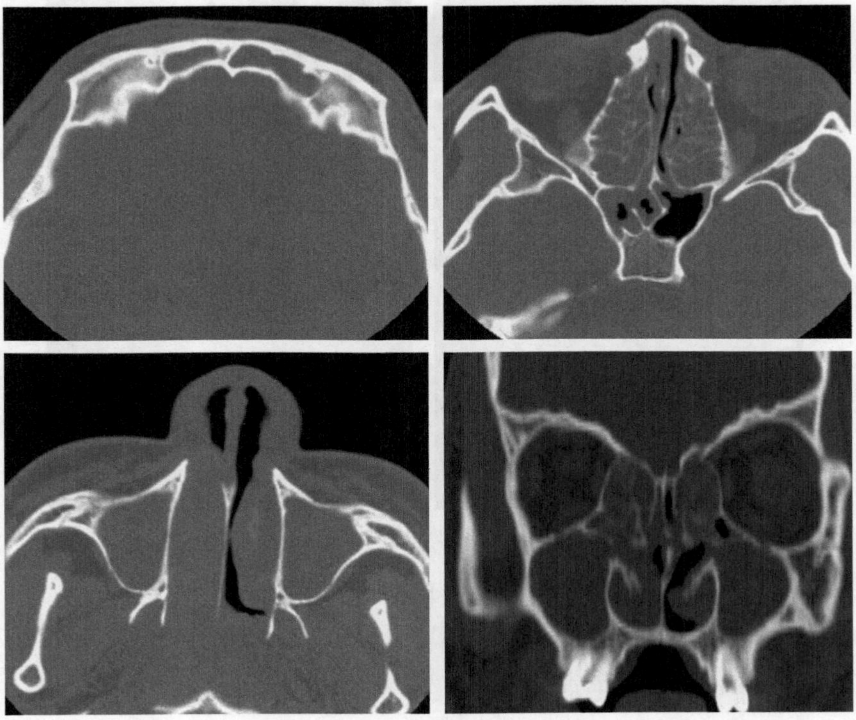

图 3-41 病例一

【问题及讨论】

（1）指出病变发生部位。

（2）初步诊断是什么疾病？请说出诊断依据。

（3）应与何种疾病鉴别？简要说明鉴别要点。

（4）完成该病例 CT 诊断报告书写。

病例二

女，71 岁，患鼻咽癌 3 年。近 2 个月发现右颈部及下颌部多发结节及肿块，质硬，固定，无明显压痛（图 3-42）。

【问题及讨论】

（1）指出病变发生部位。

（2）请进行病灶的形态分析。

（3）试解释病灶形态的病理基础。

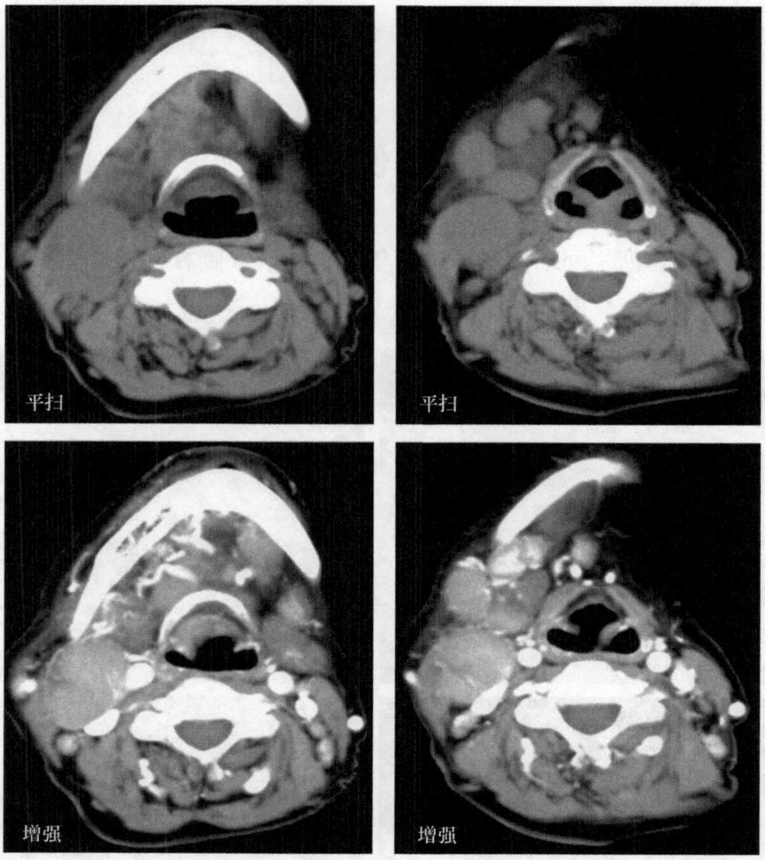

图 3-42　病例二

（4）初步诊断什么疾病？请说出诊断依据。
（5）应与何种疾病鉴别？简要说明鉴别要点。
（6）完成该病例 CT 诊断报告书写。

二、复习思考题

1. 简述眼眶炎性假瘤的分型及 CT 表现。
2. 简述慢性中耳乳突炎的 CT 表现。
3. 简述鼻窦炎与鼻窦癌的 CT 鉴别诊断。
4. 简述鼻咽癌的影像学表现。
5. 简述喉癌的分型及 CT 表现。
6. 简述颈部淋巴结分区及主要标志。
7. 简述造釉细胞瘤的影像学表现。

第四章　呼 吸 系 统

学习目标

1. 掌握呼吸系统正常影像学表现；掌握呼吸系统常见疾病的影像诊断与鉴别诊断。
2. 熟悉呼吸系统影像学检查技术；熟悉呼吸系统异常影像学表现；熟悉呼吸系统常见疾病的病理及临床表现。
3. 了解呼吸系统 CT 检查技术的新进展。

第一节　影像学检查技术

胸部有着良好的天然对比，影像检查可以充分显示胸部正常结构及各种疾病的病理改变。目前胸部影像检查技术包括常规 X 线、CT、MRI、超声和 PET 等，而 X 线平片和 CT 是呼吸系统疾病的主要影像学检查方法。

一、X 线 检 查

（一）胸部透视

胸部透视具有经济、简便、实时成像等优点；但其存在影像模糊、辐射较大、影像无法保存等缺点，目前已很少应用，仅作为胸部摄影的补充检查。

（二）胸部平片

胸部平片是胸部疾病的首选检查方法，该方法简单易行，经济方便，图像清晰，且便于复查对比和会诊，为目前最常用的胸部疾病检查手段。常规胸部平片检查应摄取正位及侧位，对于两肺弥漫性病变一般摄正位胸片即可。

二、CT 检 查

胸部 CT 检查具有良好的密度分辨力，能发现许多在常规胸片上发现不到的影像信息；近年来国内外开展了低剂量胸部 CT 扫描来进行肿瘤的筛查。目前，CT 已成为胸部疾病鉴别诊断的首选方法，是胸片的重要补充检查手段。

胸部 CT 图像通常需要用肺窗和纵隔窗两种窗技术来显示。肺窗的窗宽为 1000～2000HU，窗位为–450～–600HU；纵隔窗的窗宽为 250～350HU，窗位为 30～50HU。

MSCT 图像后处理技术在呼吸系统疾病中的应用较为广泛，常用的包括多平面重组（MPR）、最大密度投影（MIP）、容积再现（VR）等，常用于肺部、胸膜及纵隔病变的定位诊断。

三、MRI 检 查

MRI 检查具有良好的软组织对比和信噪比，在对胸壁结构和病变的显示、胸部肿瘤的胸壁侵犯范围及骨髓破坏程度有重要的诊断价值。MRI 可利用血管的流空效应及纵隔内脂肪的高信号衬托，对纵隔或肺门及气管病变的诊断具有较高的敏感度；但肺部富含空气，所以 MRI 检查对肺实质性病变的显示效果不如 X 线平片及 CT 检查，肺癌伴纵隔转移或合并肺不张时，MRI 检查可有帮助。

MRI 检查序列一般采用二维扰相梯度回波序列 T_1WI，快速自旋回波序列 T_2WI。对于肺门及纵隔病变往往需加用梯度回波序列（TFE、FFE）以区别是否为血管病变。

（王海波）

第二节　正常影像学表现

一、正常 X 线表现

胸部 X 线平片是胸部各种组织结构和器官的重叠影像。由于胸部有着良好的天然对比，在正常胸部正、侧位片上能较好地显示胸廓、肺部、纵隔（心脏及大血管）、膈肌等解剖结构。

（一）胸廓

在胸部正片上可以观察构成胸廓的骨骼和部分软组织影像。

1. 骨骼

（1）肋骨：共 12 对，肋骨后段呈水平由内向外走行，密度较高，显影清晰；前段由外上方斜向内下方走行，密度稍淡。第 1～10 肋骨的前端有肋软骨与胸骨相连，在肋软骨未钙化前不显影，所以在胸片上肋骨前端呈游离状态。在 25—30 岁开始出现肋软骨钙化，首先是第 1 肋软骨钙化，然后从第 12 肋软骨开始自下往上顺序钙化；肋软骨钙化表现为条状、斑点状、片块状高密度影。肋骨常见的先天变异有颈肋、叉状肋、肋骨联合，注意与肺内病变鉴别。相邻肋骨之间的区域称为肋间隙，肋骨和肋间隙常作为肺部病变的定位标志。

（2）锁骨：锁骨左右对称呈横 S 形位于双肺上野，外端与肩峰形成肩锁关节，内端与第 1 肋骨前端相重叠。在正位胸片上锁骨内端与胸骨柄形成胸锁关节；正常情况下，双侧锁骨内端与胸部中线距离相等，此可作为摄片时投照体位是否端正的标志。

（3）肩胛骨：标准胸片上，肩胛骨应位于肺野之外。有时肩胛骨内缘重叠于双上肺野外带呈带状致密影，需要仔细辨认，易误认为为病变。

（4）胸椎：正位片上胸椎与纵隔影重叠，若投照条件适当则上部四个胸椎清晰可见。

（5）胸骨：由胸骨柄、胸骨体、剑突三部分构成。柄、体交界处略向前突形成胸骨角，与第 2 肋骨前端在同一平面上。正位片上胸骨大多与纵隔重叠而显影不清；在侧位胸片上可以显示胸骨。

2. 软组织

（1）胸锁乳突肌：自颈部两侧纵行向下延伸的带状软组织影，外缘清晰；下端到达肺尖后附着于锁骨内侧端，左右对称。

（2）锁骨上皮肤褶皱：为锁骨上皮肤和皮下组织的投影，表现为平行于锁骨上缘的2～3mm厚的线状影，内缘与胸锁乳突肌相连略成直角。

（3）胸大肌：位于两肺中野外侧，呈倒“八”字或扇形软组织影，外下缘清晰，逐渐向上斜行延伸至腋缘处。

（4）乳房与乳头：成年女性的乳房在两肺下野，呈半圆形左右对称的密度增高影，下缘清晰，向外上逐渐延伸到腋缘（图4-1）。乳房大小、形态、密度与年龄、发育、体型等因素相关，两侧可不对称。乳头呈小圆形致密影，边缘清晰，通常在第5前肋间，易误认为肺内结节性病灶。

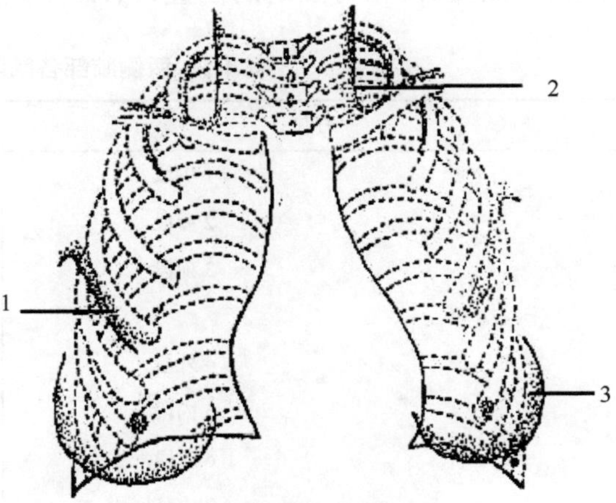

图4-1 胸廓软组织影

1. 胸大肌；2. 胸锁乳突肌；3. 乳房

（二）气管和支气管

1. 气管 气管起自喉部环状软骨下缘，在正中线上呈柱状密度减低影，在第5～6胸椎水平分出左、右主支气管，其分叉处称气管隆突。气管分叉角度为60°～85°，一般不超过90°。

2. 支气管及其分支

（1）主支气管：正位胸片上，左、右主支气管隐约可见。右主支气管粗而短，长度1～4cm，走行较陡直，与体轴中线成20°～30°角；左主支气管细而长，长度4～7cm，走行较水平，与中线成45°～55°角。

（2）叶支气管及其分支：两侧主支气管进一步分出肺叶支气管、肺段支气管、肺亚段支气管等，各级支气管分支形成树状；称为支气管树。

（三）肺

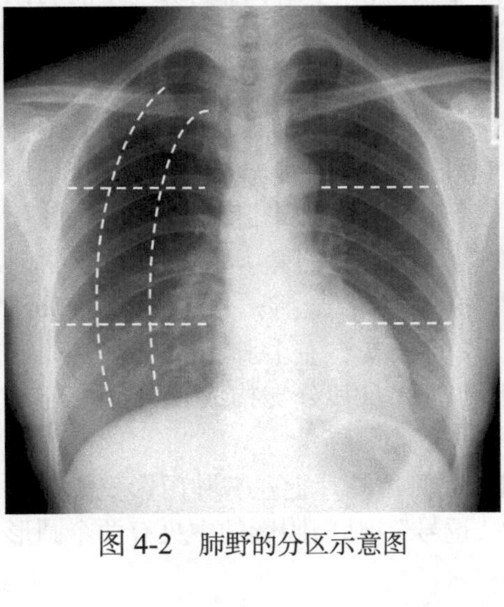
图4-2 肺野的分区示意图

1. 肺野 在X线胸片上充满气体的肺组织表现为纵隔两旁密度均匀一致的透亮区域，称之为肺野。为了便于描述病变的位置，通常将两侧肺野分别划分为上、中、下野及内、中、外带（图4-2）。①肺野的划分：通过两侧第2、4肋骨前端下缘分别划两条水平线，将肺野划分为上、中、下野。②肺野的分带：用两条平行于胸廓的弧线将每侧肺野纵行等分为内、中、外三带。

此外，习惯上将第1肋骨圈以内的部分称为肺尖区，锁骨以下至第2肋骨圈以内的部分称为锁骨下区。

2. 肺叶 肺叶是由叶间胸膜分隔而成。右肺由水平裂和斜裂分为上、中、下三叶，左肺由斜裂分为上、下两叶。肺叶为解剖单位，与肺野是两个不同的概念。在正位胸片上，上叶下部与下叶上部重叠，中叶（舌叶段）与下叶下部重叠，因而不能清楚显示各肺叶的边界。在侧位胸片上，由于水平裂和斜裂的显示，可以清楚地显示各个肺叶的形态、分布和范围，彼此不重叠。

肺副叶属于肺分叶的先天变异，是由副裂深入肺叶内而形成，常见的有奇叶、下副叶（心后叶）等。

3. 肺段 每个肺叶由 2～5 个肺段组成。每个肺段支气管所属的肺组织构成一个肺段，每个肺段有其单独的段支气管。肺段多呈圆锥形，尖端指向肺门，底部朝向肺的外围。各个肺叶、肺段与相应的支气管同名（表 4-1）。通常肺段之间无明确的边界。熟悉各个肺叶、肺段相对固定的位置，有助于判断病变发生的解剖位置（图 4-3）。

表 4-1 两侧肺部各肺叶和肺段的名称及序号

右肺		左肺	
右上叶	1 尖段	左上叶	上部
	2 后段		1+2 尖后段
	3 前段		3 前段
右中叶		舌部	
	4 外段		4 上段
	5 内段		5 下段
右下叶	6 背段	左下叶	6 背段
	7 内基底段		7+8 前内基底段
	8 前基底段		9 外基底段
	9 外基底段		10 后基底段
	10 后基底段		

4. 肺门 肺门是由肺根部的肺动脉、肺静脉、支气管和淋巴组织等构成，其中肺动脉为肺门影的主要成分，肺静脉次之。

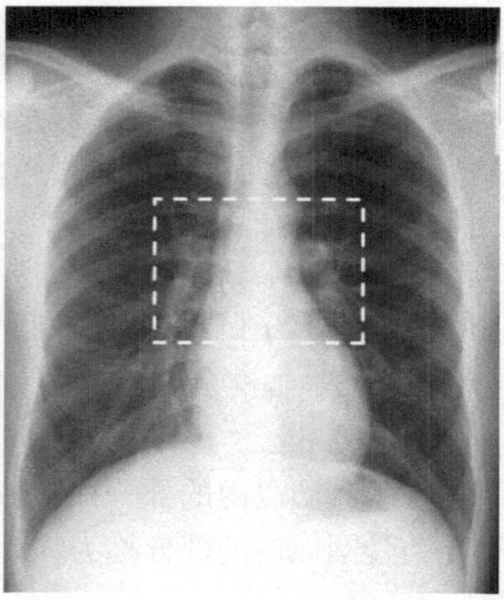

图 4-3 正位胸片肺门结构

（1）正位肺门：位于两肺中野内带第 2～4 前肋间区域内，左侧肺门通常比右侧高 1～2cm。肺门附近的血管断面呈边缘光滑的圆点状致密影，并有环状的支气管断面伴随（图 4-3）。①右侧肺门：分上、下两部分。上部由右上肺静脉干、右上肺动脉及右下肺动脉的后回归支构成；下部由右下肺动脉干构成。右肺门上下部之间形成的夹角称为肺门角。肺门角顶正常时可圆钝，但不应消失。②左侧肺门：分上、下两部分。上部由左肺动脉弓及其分支、左上肺静脉干及其分支构成。下部由左下肺动脉及其分支构成，大部分与心影重叠而掩盖。

（2）侧位肺门：在侧位胸片上左右肺门影重叠，表现为一尾巴拖长的“逗号”，肺门阴影的中央有两个圆形透亮影，为左、右上叶支气管的轴面，肺门阴影的下方呈树枝状，向后下走行的是双下肺动脉。

5. 肺纹理　肺纹理是由肺动脉、肺静脉及支气管、淋巴管等组成，X 线表现为自肺门向外周呈放射状分布的树枝状影，主要由肺动脉、肺静脉及其分支组成。正常情况下，肺纹理主要分布在肺野的内中带，向外延伸，并逐渐变细，至肺野外带不能辨认；两下肺野肺纹理比上肺野多而粗，右下肺野纹理比左下肺野多而粗。

6. 肺实质与肺间质　①肺实质是指具有气体交换功能的含气间隙及结构，包括呼吸性细支气管、肺泡管、肺泡囊、肺泡及肺泡壁。②肺间质是指连接、支撑和营养肺实质的组织结构，包括支气管、血管、淋巴管及其周围的结缔组织。

（四）胸膜

正常胸膜菲薄，一般情况下在 X 线片上不显影。胸膜分脏、壁两层，脏层胸膜包绕在肺的表面，并伸入到肺叶之间，称叶间裂。叶间裂是肺叶分界的标志。

1. 斜裂　在侧位片上，右侧斜裂的上端起自第 4～5 胸椎水平，向前下方斜行，下端止于膈面距前肋膈角后方 2～3cm 处（图 4-4）。左侧斜裂的上端起自第 3～4 胸椎水平，向前下方斜行，止于膈面前肋膈角处。

2. 横裂　又称水平裂，位于右肺上叶与中叶之间，在正位片上大约在肺门角水平走向肺的外缘，侧位片上大约从斜裂中部水平走向肺的前缘（图 4-4）。

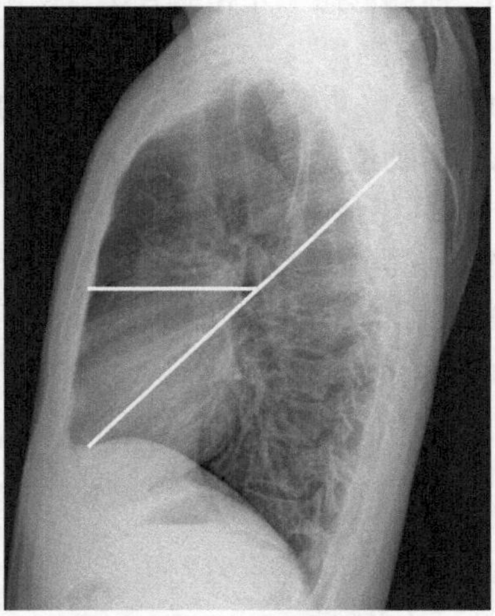

图 4-4　右肺叶间裂示意图

（五）纵隔

纵隔位于两肺之间，其内主要包括心脏及大血管、气管及主支气管、食管及淋巴、胸腺、神经、结缔组织等结构。在正位胸片上，纵隔位于两侧肺野之间，因各种结构前后重叠而呈致密阴影，仅能显示纵隔与肺组织相邻的边缘轮廓。纵隔上部中央可显示柱状低密度气管影。

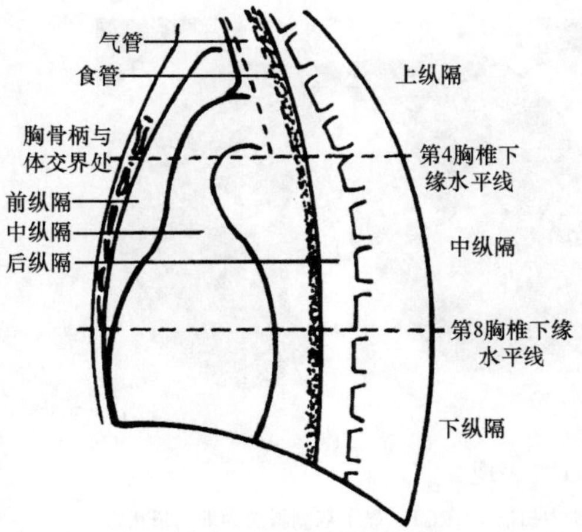

图 4-5　纵隔分区示意图

1. 纵隔分区　纵隔的分区在纵隔占位性病变的诊断中具有非常重要的意义。纵膈分区的方法曾有多种，包括三分区法、六分区法和九分区法等，均在侧位胸片上进行划分（图 4-5）。

三分区法是将纵膈纵向划分为前、中、后纵膈三部分，在胸骨之后，心脏、升主动脉和气管之前的狭长三角形低密度区域为前纵隔；

食管前缘及之后的胸椎旁区域为后纵隔；前后纵隔之间的区域为中纵隔。六分区法是在三分区法基础上，从胸骨角至第 4 胸椎体下缘划一水平线，将其分为上、下纵隔，共为六个区域。九分区法则在六分区法的基础上，再通过肺门下缘至第 8 胸椎体下缘划一条水平线，将纵隔分为上、中、下三个部分，共为九个区域。

2. 胸腺 胸腺位于胸骨后方、纵隔的上部。正常胸腺形态、大小在不同年龄存在着较大的差异。婴幼儿胸腺较大时，正位片上表现为一侧或两侧纵隔影增宽，边缘清晰，呈“船帆”或“僧帽”的形状；至青少年逐渐萎缩变小。成年人胸片上常看不到胸腺的影像。

（六）横膈

1. 横膈形态 正位胸片上，两侧膈肌轮廓光滑呈圆顶状，内侧高外侧低；膈肌内侧与心影形成心膈角，其外侧与胸壁形成肋膈角。侧位片上，横膈圆顶靠前，其后侧下方与胸壁形成后肋膈角。双侧肋膈角和后肋膈角均清晰、锐利。

2. 横膈位置 正位胸片上，膈肌圆顶一般位于第 9～10 后肋骨水平。通常右侧较左侧高 1～2cm。

3. 横膈的先天变异 当膈肌局部发育较薄弱或张力不均时，常在膈穹窿上缘出现一半圆形的凸起，称为局限性膈膨升；多发生在前内侧，右侧较常见。有时膈肌出现 3～4 个弧形凸起，边缘相互重叠，称为波浪膈。

二、正常 CT 表现

（一）胸膜

壁胸膜包括胸壁侧及纵隔侧胸膜，由于胸膜很薄，而且胸壁、纵隔间缺乏良好对比，常规 CT 无法区分胸膜。

脏胸膜覆盖肺叶表面，两肺叶间脏胸膜组成叶间裂，是 CT 图像上肺叶分界的重要标志。叶间裂分为斜裂和水平裂，斜裂从后上向前下斜行，左斜裂起于气管隆突上方水平，比右斜裂略高。在常规 CT 扫描图像上，双侧斜裂形态相似，表现为低密度的乏血管带；在 HRCT 上，斜裂多呈一纤细线条状影（图 4-6）。

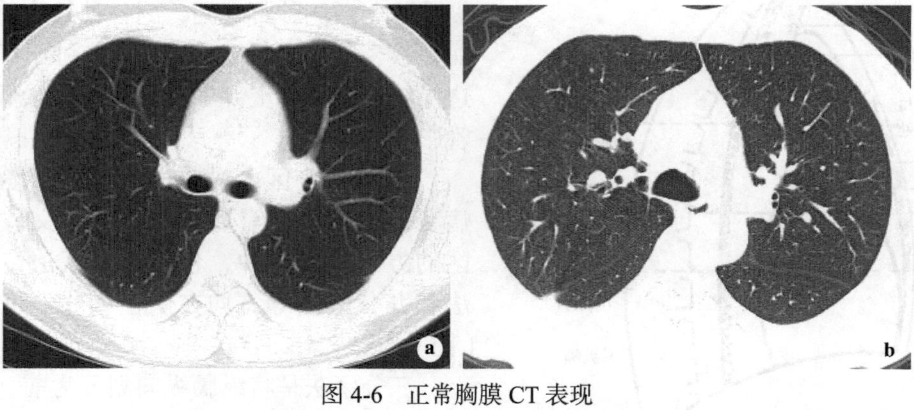

图 4-6 正常胸膜 CT 表现

a. 常规 CT 扫描显示双侧斜裂为带状无血管区；b. 高分辨力扫描（HRCT）显示双侧斜裂为细线条状影

（二）支气管

右侧主支气管较左侧短而粗，多平面重组或三维重组可显示主支气管的长轴形态。叶、段支气管在横断面 CT 扫描肺窗上的表现与其管径大小、走行方向有关，可表现为圆形、椭圆形或长管状影。常规扫描能显示肺叶、段支气管，薄层扫描可显示亚段支气管（图 4-7）。

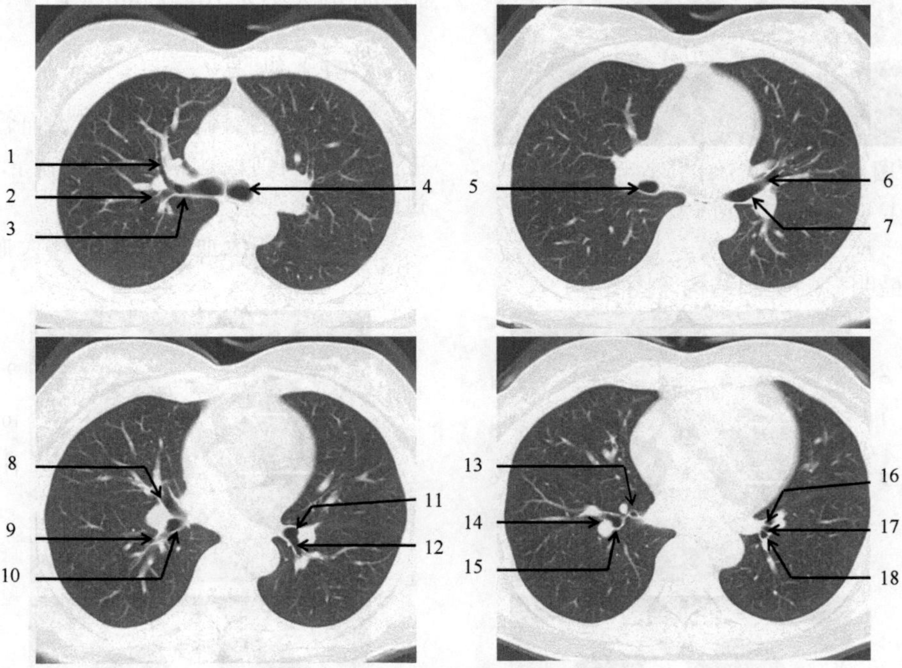

图 4-7　肺部典型层面支气管结构

1. 右上叶前段支气管；2. 右上叶后段支气管；3. 右上叶支气管；4. 左主支气管；5. 中间支气管；6. 左上叶舌段支气管；7. 左上叶支气管；8. 右中叶支气管；9. 右下叶背段支气管；10. 右下叶支气管；11. 左下叶支气管；12. 左下叶背段支气管；13. 右下叶内段支气管；14. 右下叶前段支气管；15. 右下叶支气管；16. 左下叶内前段支气管；17. 左下叶外段支气管；18. 左下叶后段支气管

（三）肺

1. 肺门　肺门是肺动脉、肺静脉、支气管、淋巴及神经组织进出纵隔形成的影像。肺动脉分支与相应的支气管总是伴随走行，而肺静脉多不与支气管伴行。通常左肺门略高于右肺门，血管位置变异较大。

2. 肺叶和肺段　在 CT 横断面图像上，各肺叶的位置主要是依据叶间裂，即两肺斜裂和右肺水平裂的位置关系来确定的。两侧斜裂的后方为下叶，右侧斜裂前方从上至下分别为上叶和中叶，而水平裂将右肺中、下叶分隔，左侧斜裂前方为上叶和舌叶。各肺段之间没有明确边界，在 CT 上只能依据叶间裂、肺段支气管、肺段动静脉的分支走行来判定。

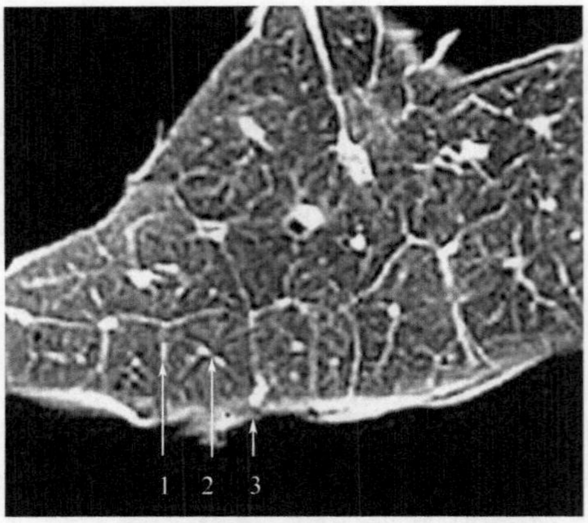

图 4-8　肺离体标本肺小叶示意图

1. 小叶间隔；2. 小叶中心动脉；3. 胸膜

3. 肺小叶　肺小叶由小叶间隔、小叶核心和肺小叶实质组成。常规 CT 扫描时，一般不能显示肺小叶；在 HRCT 上，正常小叶间隔呈薄而直的线状影。肺小叶多呈多边形或锥体形，底部朝向胸膜，尖部指向肺门；大多数完整的肺小叶分布于肺的周边，每个肺小叶的大小为 10～25mm（图 4-8）。

（四）纵隔

纵隔解剖结构包括心脏、大血管、气管、主支气管、食管、胸腺和淋巴结等，主要通过纵隔窗来观察。

1. 心脏和大血管　心脏和大血管为纵隔显示最明显的解剖结构（图 4-9）。

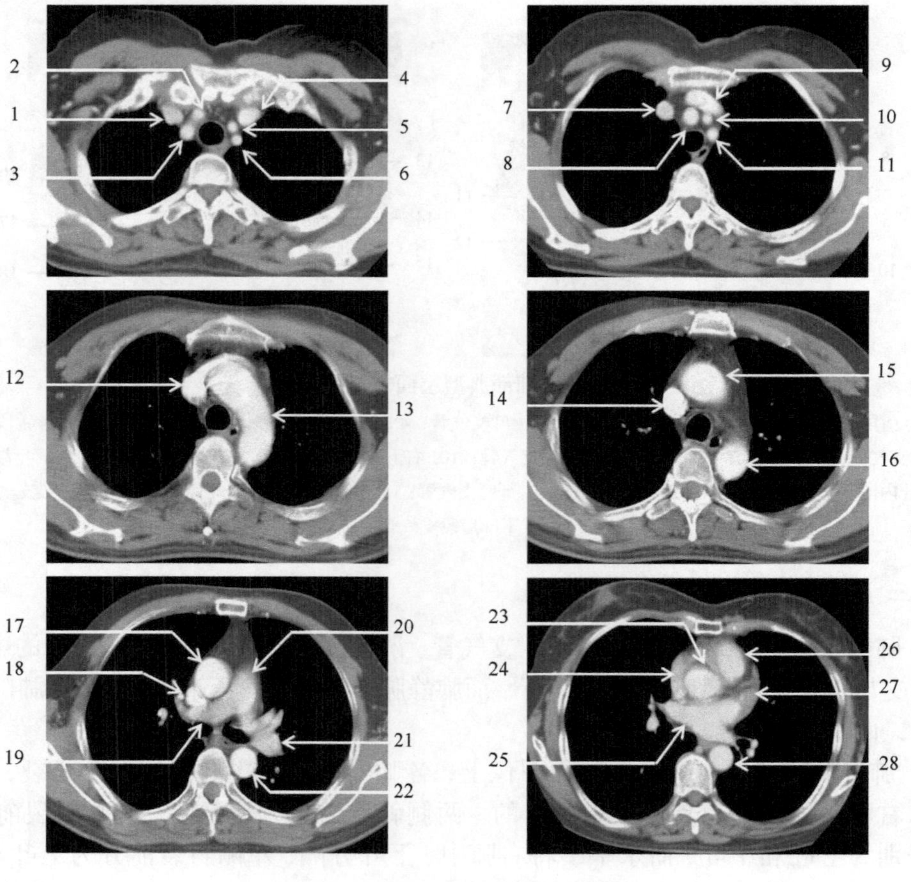

图 4-9　纵隔典型层面大血管结构

1. 右头臂静脉；2. 右颈总动脉；3. 右锁骨下动脉；4. 左头臂静脉；5. 左颈总动脉；6. 左锁骨下动脉；7. 右头臂静脉；8. 头臂干；9. 左头臂静脉；10. 左颈总动脉；11. 左锁骨下动脉；12. 上腔静脉；13. 主动脉弓；14. 上腔静脉；15. 升主动脉；16. 胸主动脉；17. 升主动脉；18. 右肺上静脉；19. 右肺动脉干；20. 肺动脉主干；21. 左肺动脉干；22. 胸主动脉；23. 升主动脉；24.右心房；25. 左心房；26. 右肺动脉干；27. 左心耳；28. 胸主动脉

2. 胸腺 胸腺位于前上纵隔的血管前间隙，似三角形，尖端指向胸骨。胸腺大小、形态、密度随年龄增大而变化。幼儿期胸腺较大，外缘轮廓常隆起，以后逐渐增大，至青春期最大，呈软组织密度影（图 4-10a）；以后开始缓慢萎缩，自 30—40 岁胸腺密度逐渐下降（图 4-10b）；60 岁以上胸腺几乎全部为脂肪替代。

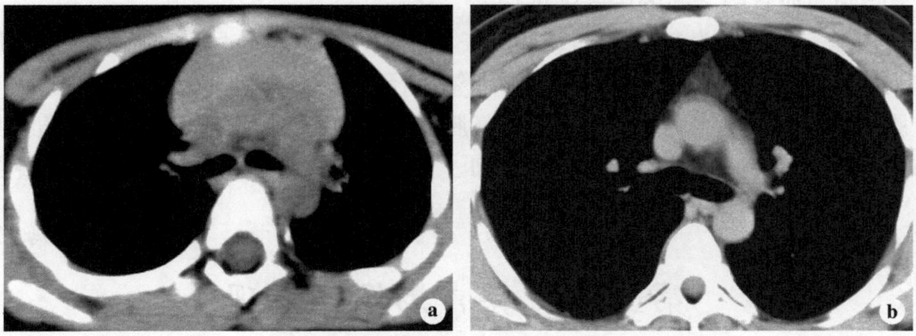

图 4-10 正常胸腺 CT 表现

a. 1 岁小儿胸腺；b. 30 岁中年人胸腺

3. 淋巴结 纵隔是胸部淋巴结循环集中点，CT 在判断淋巴结所在位置及大小上有重要作用。通常正常淋巴结的直径多小于 10mm，将直径大于或等于 15mm 的淋巴结视为病理性，直径大于或等于 20mm 的淋巴结多为恶性或转移性。增强扫描有利于区别纵膈淋巴结和肺门血管结构。

三、正常 MRI 表现

（一）胸壁

胸壁肌肉呈等 T_1 短 T_2，即在 T_1WI 和 T_2WI 上均呈较低信号，T_1WI 上因有高信号脂肪衬托下显示清晰；肌肉间可见线状的脂肪影及流空的血管影。胸骨、胸椎、锁骨和肋骨的周边骨皮质在 T_1WI 和 T_2WI 上因质子密度低而均显示为低信号，中心部的海绵骨髓含有脂肪，显示为较高信号。肋软骨信号高于骨皮质信号，低于骨松质信号（图 4-11）。

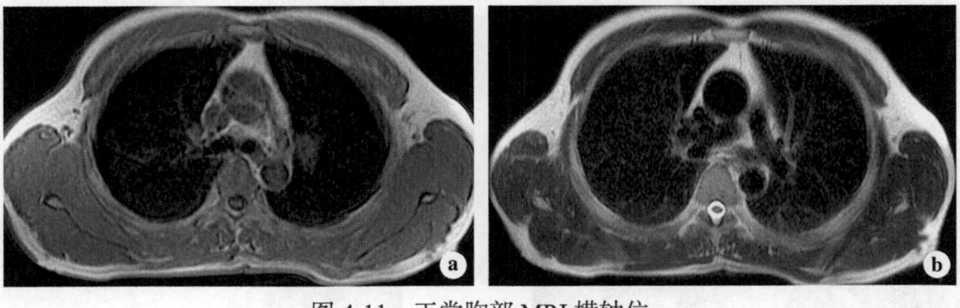

图 4-11 正常胸部 MRI 横轴位

a. T_1WI；b. T_2WI

（二）支气管和肺部

因为肺泡内质子密度较低，故肺实质产生的 MRI 信号非常弱。由于肺血管的流空效应，肺动、静脉均呈管状的无信号影，而肺门部的支气管也呈无信号影，所以两者只能根据其解剖学关系进行分辨，但应用快速梯度回波序列，肺动、静脉均呈高信号，则可鉴别。

（三）纵隔

1. 血管 纵隔血管腔因血流的流空效应呈无信号，与纵隔高信号脂肪对比鲜明，血管壁为介于脂肪与血管腔之间的中等强度信号。

2. 淋巴结 纵隔内淋巴结T_1值较脂肪长，在T_1WI上呈等信号均质圆形或椭圆形结构，在高信号的脂肪衬托下显示清晰。正常淋巴结横径参考CT标准应小于10mm。

3. 胸腺 呈均质的信号影。儿童期的胸腺在T_1WI上信号强度低于脂肪，随年龄增长，尤其在30岁以后，这种差别缩小；在T_2WI上信号强度与脂肪相似，且不随年龄而变化。

（王海波）

第三节 异常影像学表现

一、异常X线表现

（一）支气管病变

X线显示支气管的异常主要是管腔的狭窄和阻塞。由于支气管阻塞程度不同可引起不同后果，不完全性阻塞可形成肺气肿，完全性阻塞可形成肺不张。

1. 阻塞性肺气肿 支气管不完全性阻塞时，由于支气管活瓣作用导致狭窄支气管所属肺泡过度充气、体积增大。阻塞性肺气肿可分为局限性阻塞性和弥漫性阻塞性肺气肿。

（1）局限性阻塞性肺气肿：是由于一个较大的支气管发生部分阻塞所致，常见于支气管异物、支气管内肿瘤及支气管的慢性炎性狭窄等。X线表现为一侧肺、肺叶或肺段的透亮度增加，肺纹理稀疏（图4-12）；严重者可见膈肌下移、纵隔向对侧移位。

（2）弥漫性阻塞性肺气肿：是两肺末梢细支气管由于炎症和（或）痉挛发生活瓣性狭窄，产生两肺阻塞性肺气肿；常见于慢性支气管炎、支气管哮喘等疾病。X线表现：①胸廓呈桶状，肋骨走行变平，肋间隙增宽；②两肺野透亮度增加，肺纹理分布稀疏、变细；③横膈低平，活动度明显减弱；④心影狭长呈垂位型心（图4-13）。

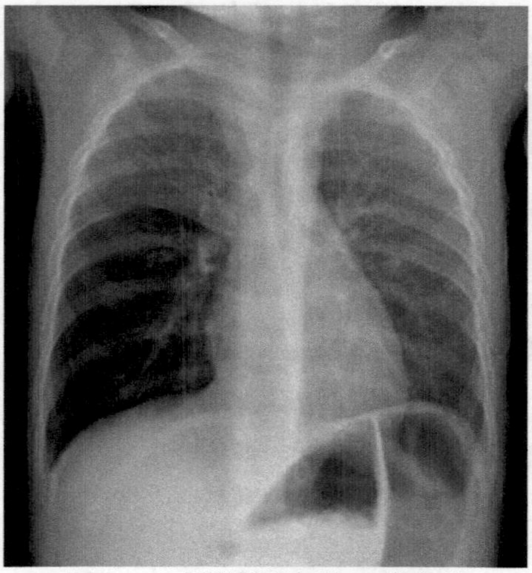

图4-12 局限性肺气肿X线表现

右中下肺野透亮度增高，肺纹理稀疏，右膈肌下移

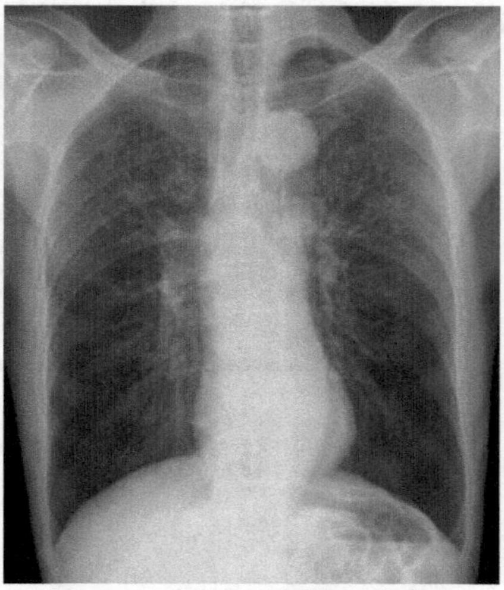

图4-13 弥漫性肺气肿X线表现

双侧肺野透亮度增加，膈肌低平，心脏呈垂位心

2. 阻塞性肺不张 指支气管完全阻塞导致所属肺完全无气、不能膨胀而体积缩小。

（1）一侧肺不张：为一侧主支气管完全性阻塞所致，表现为患侧肺野呈均匀一致性密度增高影，胸廓塌陷，肋间隙变窄，纵隔向患侧移位，患侧横膈升高，心缘及横膈影显示均不清楚，健侧肺呈代偿性肺气肿表现（图 4-14）。

（2）肺叶不张：为肺叶支气管完全性阻塞所致。由于肺叶形态、位置的不同，不同肺叶不张有不同的 X 线表现：①肺叶呈均匀密度增高影；②肺叶体积缩小，表现为相邻的叶间裂向病变区移位；③肺门及纵隔不同程度向患处移位；④邻近肺叶可出现代偿性肺气肿（图 4-15）。

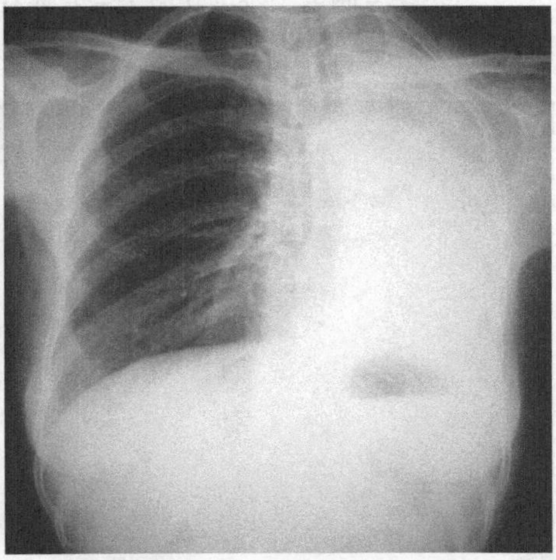

图 4-14 左侧肺不张 X 线表现

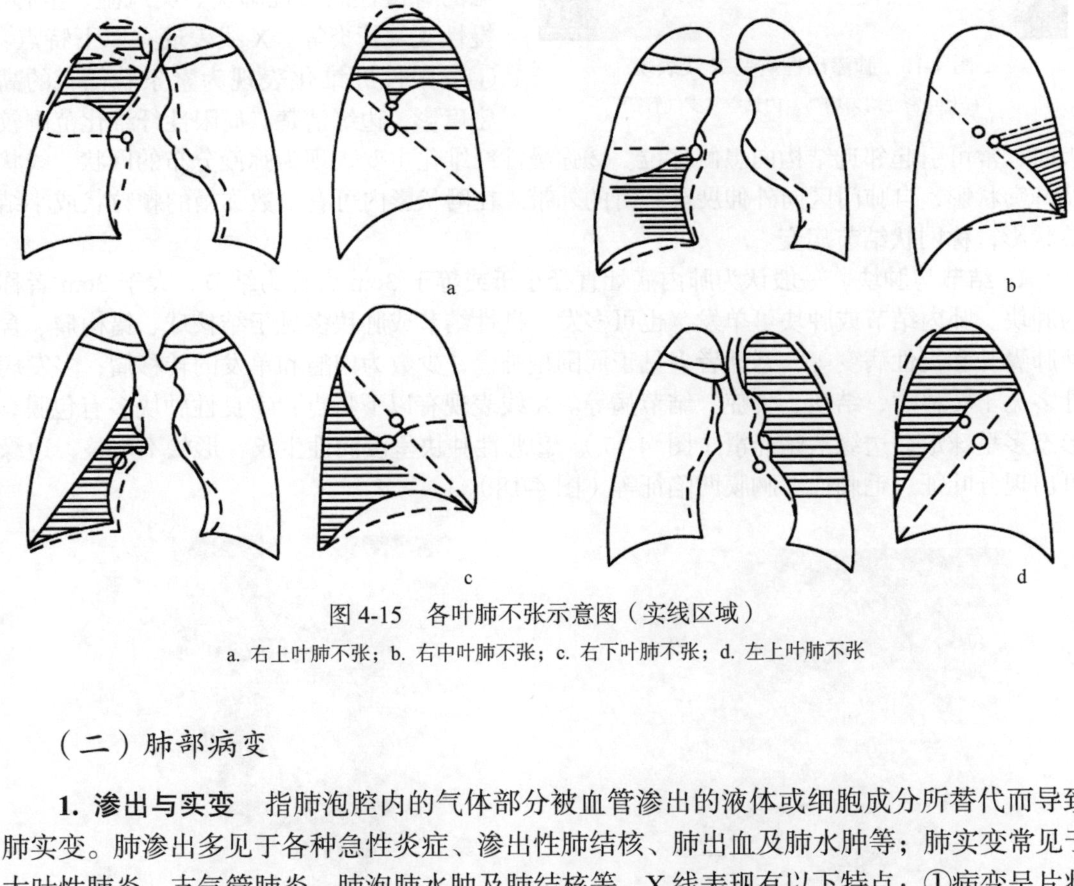

图 4-15 各叶肺不张示意图（实线区域）

a. 右上叶肺不张；b. 右中叶肺不张；c. 右下叶肺不张；d. 左上叶肺不张

（二）肺部病变

1. 渗出与实变 指肺泡腔内的气体部分被血管渗出的液体或细胞成分所替代而导致肺实变。肺渗出多见于各种急性炎症、渗出性肺结核、肺出血及肺水肿等；肺实变常见于大叶性肺炎、支气管肺炎、肺泡肺水肿及肺结核等。X 线表现有以下特点：①病变呈片状较高密度影，密度均匀，边缘模糊不清（图 4-16）；当病变邻近肺叶、肺段边界时，可清楚显示叶间胸膜的边缘。②当范围较大的渗出性病变位于肺门附近时，实变病灶中常可见含气的支气管影，此征象称为空气支气管征。

2. 增殖性病变 为肺的慢性炎症在肺组织内形成的肉芽组织，其主要病理特点是以成纤维细胞、血管内皮细胞和组织细胞增生为主，可见于各种慢性肺炎、炎性假瘤、肺结核、矽肺等。X 线表现有以下特点：①病变可表现为结节状或肿块状密度增高影；肉芽肿性病变多呈小结节状，炎性假瘤多呈球状或肿块状。②病变密度较高，边缘较清楚。

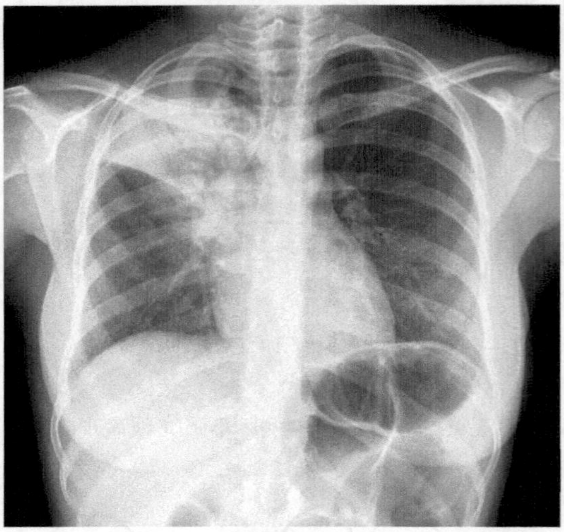

图 4-16 肺渗出性病变 X 线表现

右上叶密度均匀增高，内见空气支气管征

3. 纤维性病变 肺部的慢性炎症或增殖性病变在修复愈合过程中，纤维成分可逐渐代替细胞成分而形成瘢痕，又称为纤维化，可分为局限性和弥漫性两类。局限性纤维化常是慢性肺炎及肺结核的愈合表现；弥漫性纤维化的原因很多，常见的有慢性间质性肺炎、类风湿、尘肺、慢性支气管炎等。X 线表现有以下特点：①局限性纤维化表现为索条状僵直的高密度影，边缘清楚。局限性纤维化范围较大时，常可引起邻近结构向患侧移位。②弥漫性纤维化主要表现为弥漫分布的网状、线状及蜂窝状影，自肺门区向外伸展至肺野的外带。在网状影内可有多数弥漫的颗粒状或小结节状影，称网状结节病变。

4. 结节与肿块 一般认为肺内病灶直径小于或等于 3cm 者称为结节，大于 3cm 者称为肿块。肺内结节或肿块可单发，也可多发。良性结节或肿块多见于结核球、错构瘤、含液肺囊肿和炎性病变等；恶性者多见于周围型肺癌，少数为肉瘤和单发的转移瘤；多发病灶多见于转移瘤、结核、炎症、结节病等。X 线表现有以下特点：①良性肿块多有包膜，形态多呈球形，边缘清楚光滑（图 4-17）。②恶性肿块呈浸润性生长，形状不规整，边缘可出现分叶征、毛刺征、胸膜凹陷征等（图 4-18）。

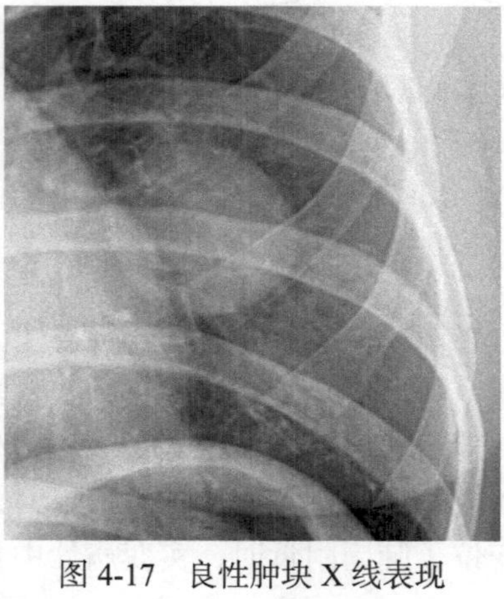

图 4-17 良性肿块 X 线表现

肺内圆形肿块，边缘光滑

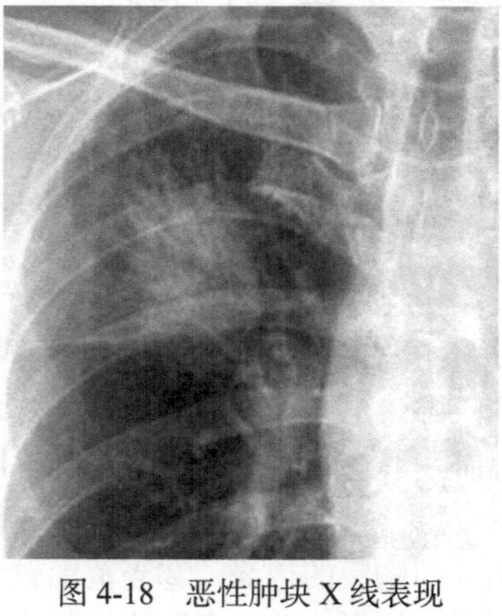

图 4-18 恶性肿块 X 线表现

肺内不规则肿块，边缘见毛刺

5. 空洞与空腔

（1）空洞：为肺内病变组织发生坏死后经引流支气管排出并吸入气体后形成。洞壁可为坏死组织、肉芽组织、纤维组织、肿瘤组织所形成，见于结核、肺脓肿、肺癌及真菌病等；其中以结核、肺脓肿与肺癌比较多见。空洞内坏死组织液化可形成液平面，多见于肺脓肿。空洞的X线表现有三种：①虫蚀样空洞：又称无壁空洞，为大片坏死组织内形成的空洞，洞壁为坏死组织；在大片密度增高影内可见多发性边缘不规则虫蚀状透亮区，最常见于干酪性肺炎。②薄壁空洞：洞壁厚度在3mm以下，呈圆形、椭圆形或不规则的环形（图4-19a）；多见于肺结核、肺脓肿，肺转移瘤也可呈薄壁空洞。③厚壁空洞：洞壁厚度超过3mm。空洞周围有高密度实变区，内壁光滑或凹凸不平（图4-19b），可见于肺脓肿、肺结核及周围型肺癌。

（2）空腔：是肺内生理性腔隙的病理性扩大，如肺大疱、含气肺囊肿及肺气囊等。X线表现为壁菲薄的无结构透亮区，腔内一般无液体，囊壁周围肺野无实变。

6. 钙化病变 钙化病理上属于变质性病变，一般发生在退行性变或坏死组织内，多见于干酪样结核病灶的愈合阶段，某些肺内肿瘤组织内或囊肿壁也可发生钙化。X线表现有如下特点：①病灶的密度很高，边缘清楚锐利。②大小和形状各有不同，肺结核或淋巴结结核钙化多呈斑点状；错构瘤的钙化呈爆米花样；矽肺淋巴结钙化呈蛋壳样。

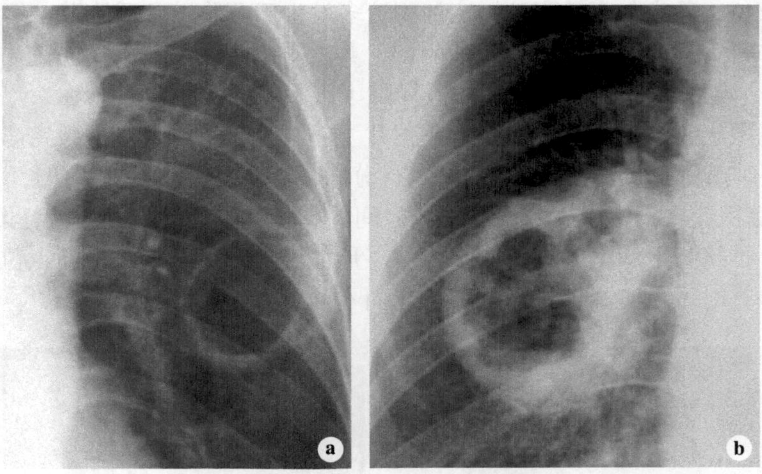

图4-19 肺部空洞X线表现

a. 薄壁空洞；b. 厚壁空洞

（三）胸膜病变

1. 胸腔积液 不同的病因可产生不同性质的胸腔积液，如乳糜液、渗出液、漏出液、脓液、血液或混合液。各种积液密度近似，故X线检查不能鉴别积液的性质。液体在胸腔内可呈游离状态，也可能局限于胸腔某处。

（1）游离性胸腔积液：①少量积液：液体上缘在第4肋前端以下。液体最先积聚于位置最低的后肋膈角。液量达250ml左右时，于站立后前位检查仅见肋膈角变钝。随液量增加可依次封闭外侧肋膈角，掩盖膈顶。②中量积液：积液上缘在第4肋前端以上，第2肋前端以下。由于胸腔的负压、液体的重力、肺组织的弹力及液体表面张力等多种因素相互作用，在立位胸片上，液体上缘呈外高内低的边缘模糊的弧线状，称为渗液曲线，为胸腔积液的典型 X 线表现（图 4-20）。③大量积液：积液上缘达第 2 肋前端以上。患侧肺野呈均匀致密阴影，有时仅见肺尖部透亮，并显示肋间隙增宽，横隔下降，纵隔向健侧移位（图 4-21）。

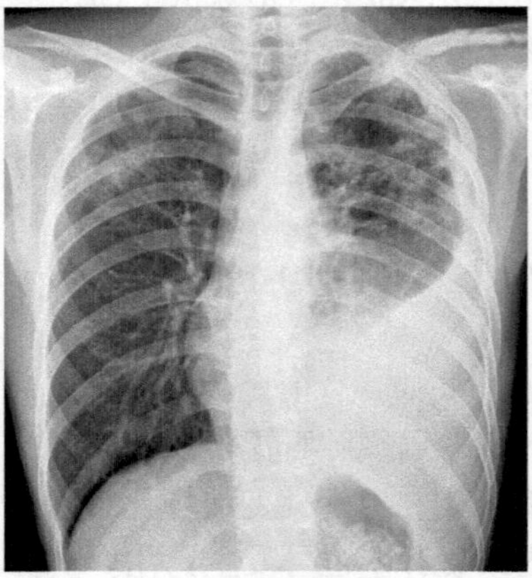

图 4-20　左侧中量胸腔积液 X 线表现

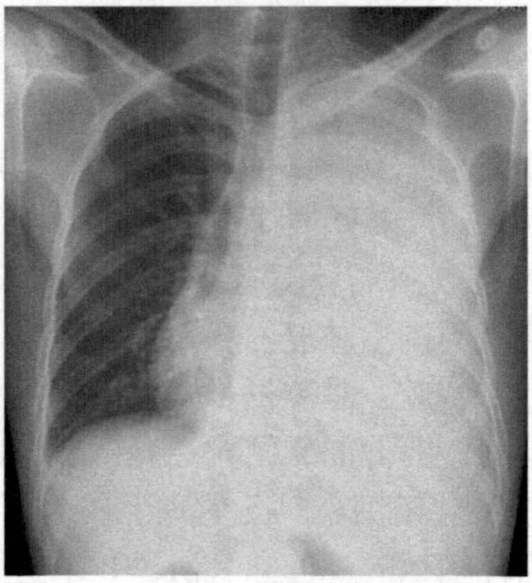

图 4-21　左侧大量胸腔积液 X 线表现

（2）局限性胸腔积液：①包裹性积液：如果脏、壁层胸膜发生粘连可使积液局限于胸膜腔的某一部位，称为包裹性积液。这种积液多发生于侧胸壁和后胸壁，切线位片上表现为自胸壁向肺野突出之半圆形或扁丘状阴影，其上下缘与胸壁的夹角呈钝角，密度均匀，边缘清楚（图 4-22）。②叶间积液：积液局限于水平裂或斜裂内时，称为叶间积液。发生于斜裂者可局限于斜裂的上部或下部，正位片上呈大片状边缘模糊的致密影，不易诊断；侧位胸片上的典型表现是沿叶间裂方向走行分布的梭形阴影，密度均匀，边缘清楚（图 4-23）。③肺底积液：积液位于肺底与横隔之间的胸膜腔时称为肺底积液，以右侧较多见。肺底积液向上推挤肺下缘呈圆顶状向上移位，形似横隔升高，圆顶最高点位于外 1/3 处；当取仰卧位检查时可见游离性积液的征象，而不同于真正的膈升高。

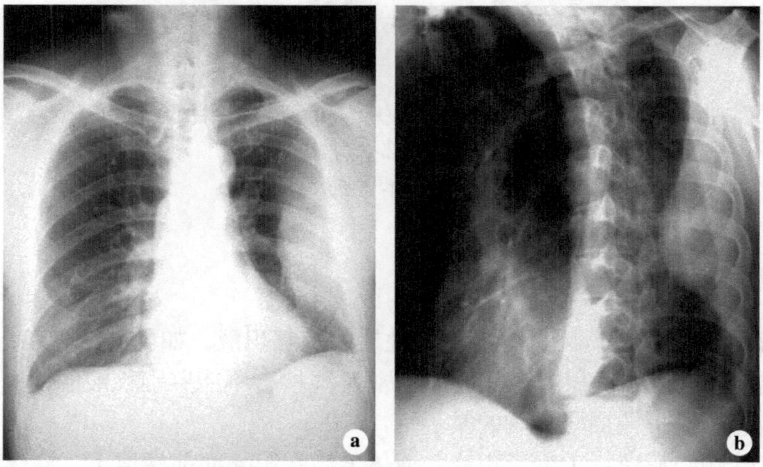

图 4-22　包裹性积液 X 线表现

a. 正位左侧胸壁见突向肺野的梭形致密阴影；b. 切线位阴影呈丘状，边缘清楚，密度均匀，上下缘与胸壁的夹角呈钝角

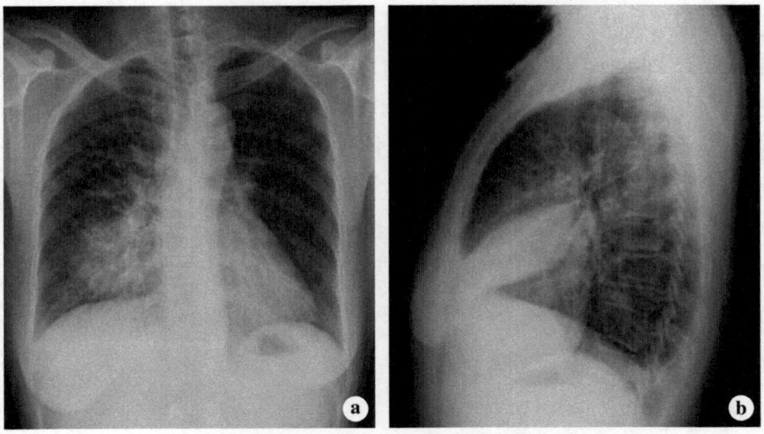

图 4-23 叶间积液 X 线表现

a. 正位右下肺野大片状模糊影；b. 侧位斜裂前下部梭形致密影

2. 气胸与液气胸

（1）气胸：空气进入胸膜腔内称为气胸，其原因是壁层或脏层胸膜破裂。壁层胸膜破裂为直接损伤所致，体外空气进入胸腔，如胸壁穿通伤、胸部手术及胸腔穿刺。脏层胸膜破裂多在胸膜下肺部病变的基础上发生，肺内空气进入胸腔，称自发性气胸，见于严重肺气肿、胸膜下肺大疱等。

因空气进入胸腔的量不同，X 线表现也不相同。气胸时肺自外围向肺门方向压缩，气胸区无肺纹理。少量气胸时，气胸区位于肺野外带呈新月状或带状，同时可见被压缩肺的边缘。大量气胸时，气胸区可占据肺野的中外带，内带为压缩的肺，呈密度均匀软组织影（图 4-24）；同侧肋间隙增宽，横膈下降，纵隔向健侧移位。

（2）液气胸：胸膜腔内液体与气体同时存在时，称为液气胸。外伤、手术后及胸腔穿刺后均可产生液气胸；严重的液气胸，立位 X 线检查可见气胸区内有横贯一侧胸腔的气-液面（图 4-25）。如脏、壁层胸膜粘连，可形成局限性或多房性液气胸。

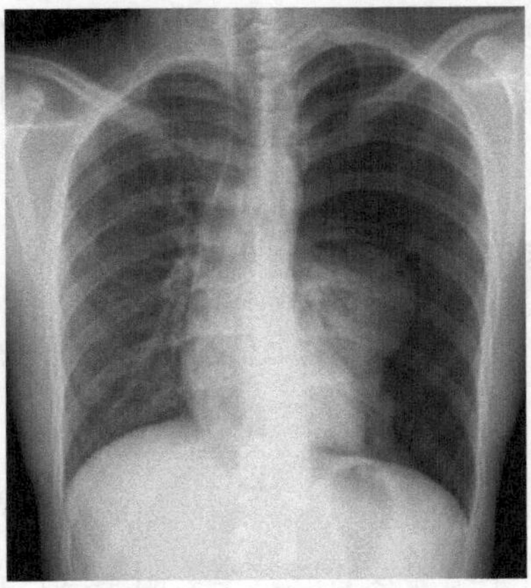

图 4-24 气胸 X 线表现

左侧肺野外中带呈无肺纹理的特别透亮区，左肺被压缩至肺门、密度增高，边界清楚

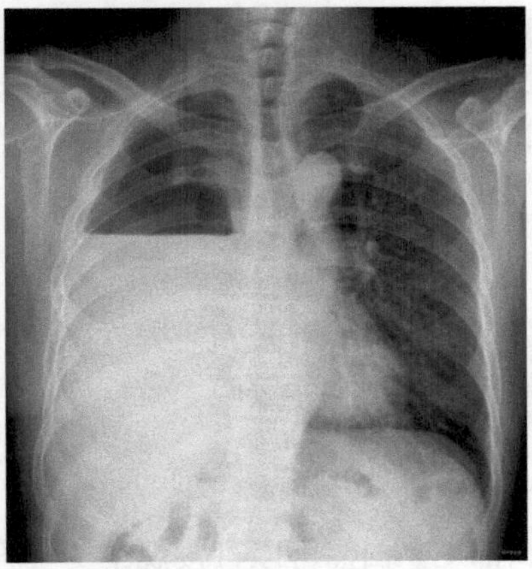

图 4-25 液气胸 X 线表现

右侧大量气胸区下方见一液平面，气管及纵隔左移

3. 胸膜增厚、粘连与钙化 由于胸膜炎或胸腔积液引起纤维蛋白沉着于胸膜表面或有肉芽组织增生，可致胸膜增厚。两层胸膜粘在一起称为胸膜粘连，胸膜增厚与粘连常同时

存在。胸膜钙化多见于结核性胸膜炎、脓胸、出血机化、尘肺。X 线表现有如下特点：①轻度局限性胸膜增厚粘连多发生在肋膈角区，表现为肋膈角变浅、变平，膈运动轻度受限；②广泛胸膜增厚粘连时，可见患侧胸廓塌陷，肋间隙变窄，肺野密度增高，沿肺野外侧及后缘可见带状密度增高阴影；肋膈角近似直角或闭锁，膈升高且顶部变平，纵隔可向患侧移位；③胸膜钙化时表现为肺野边缘呈片状、不规则点状或条状高密度影。

4. 胸膜肿块 胸膜肿块可为间皮瘤、纤维瘤、脂肪瘤及转移瘤等，以间皮瘤最常见。胸膜间皮瘤分局限型和弥漫型。①局限型：表现为以胸壁为基底的局限类圆形肿块，肿块与胸壁间夹角呈钝角，边缘光滑。②弥漫型：表现为沿胸壁及纵隔面、膈面分布的结节状软组织影，常伴胸腔积液。

（四）纵隔改变

1. 形态改变 最常见的是纵隔增宽。引起纵隔增宽的病变可以是炎症、出血、肿瘤或血管性病变，其中以纵隔肿瘤最常见。

2. 密度改变 气管、支气管损伤等发生的纵隔气肿，于纵隔内可见低密度的气带影，常与气胸及皮下气肿并存；腹腔空腔脏器疝入纵隔时，可见其内有不规则的低密度空气影；畸胎瘤所含的牙、动脉瘤壁钙化、淋巴结结核钙化等均表现为纵隔内高密度影。

3. 位置改变 胸腔、肺内及纵隔病变均可使纵隔位置改变。肺不张、肺硬变及广泛胸膜增厚等引起肺容积缩小的病变可牵拉纵隔向患侧移位；一侧肺气肿、气胸、液气胸或胸腔积液时，纵隔向健侧移位。

（五）横膈改变

1. 形态改变 结核或炎症引起的膈胸膜粘连时，膈面上可见幕状阴影。严重肺气肿及膈胸膜增厚粘连可使膈肌平直，且常伴膈角变钝或闭锁。

2. 位置改变 膈上病变如肺不张、肺叶切除后、膈神经麻痹，膈下病变如腹部肿瘤、膈下脓肿，均可使患侧膈升高；两侧膈升高多见于腹水及腹腔巨大肿瘤；肺气肿可使膈下降。

3. 运动改变 胸膜粘连、膈膨升、膈麻痹均可使膈运动减弱甚至消失。肿瘤、外伤或炎症等引起的膈麻痹，呼吸时患侧膈运动与健侧相反，即患侧膈吸气时升高、呼气时下降，称为膈矛盾运动。

二、异常 CT 表现

CT 具有高的密度分辨力，可从横断面显示病变，以及多层螺旋 CT 的后处理功能，比 X 线能更清楚地显示呼吸系统病变。

（一）支气管病变

胸部 CT 扫描可以直接观察支气管管腔结节、管壁增厚及管腔狭窄、阻塞或扩张。支气管狭窄常见于良恶性肿瘤，还可见于支气管内膜结核等支气管病变。支气管狭窄和阻塞可引起阻塞性肺气肿、阻塞性肺不张及阻塞性炎症。

1. 阻塞性肺气肿 基本表现类似 X 线胸片所见（图 4-26），但显示各种征象更敏感。

CT 可分辨出不同病理类型的肺气肿。①小叶中心型肺气肿：表现为小圆形低密度区，位于小叶中央（图 4-27）。②全小叶型肺气肿：为广泛密度减低区，肺血管影变细、稀疏

（图 4-28）。③间隔旁型肺气肿：为胸膜下局限性低密度区，一般为 1cm 以下（图 4-29）。肺大疱为较大的含气空腔，为小叶中心型及全小叶型肺气肿融合所致。④瘢痕旁型肺气肿：为肺纤维化及瘢痕病变周围的异常扩张的含气腔隙。

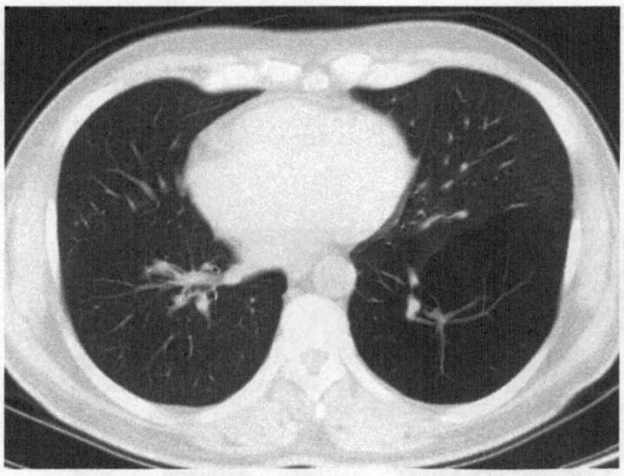

图 4-26 左下肺局限性肺气肿 CT 表现

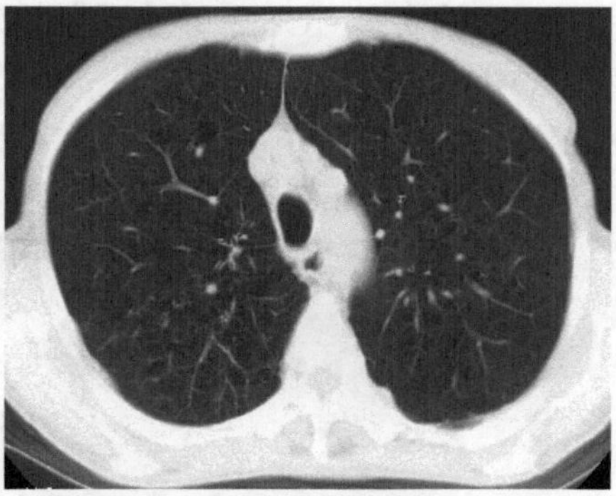

图 4-27 小叶中心型肺气肿 CT 表现

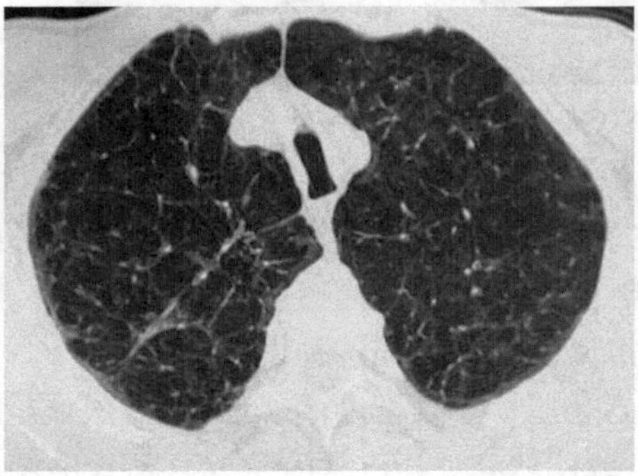

图 4-28 全小叶型肺气肿 CT 表现

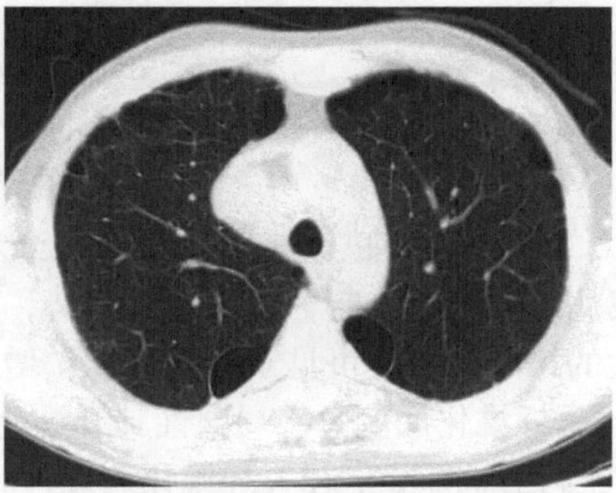

图 4-29 间隔旁型肺气肿 CT 表现

2. 阻塞性肺不张 CT 可充分显示肺不张的基本征象（肺体积缩小、密度增高、邻近结构移位），可见到 X 线平片上所不能见到的征象，如叶间裂移位、血管和支气管聚集等。

（1）肺叶不张：CT 表现与 X 线所见相仿（图 4-30）。

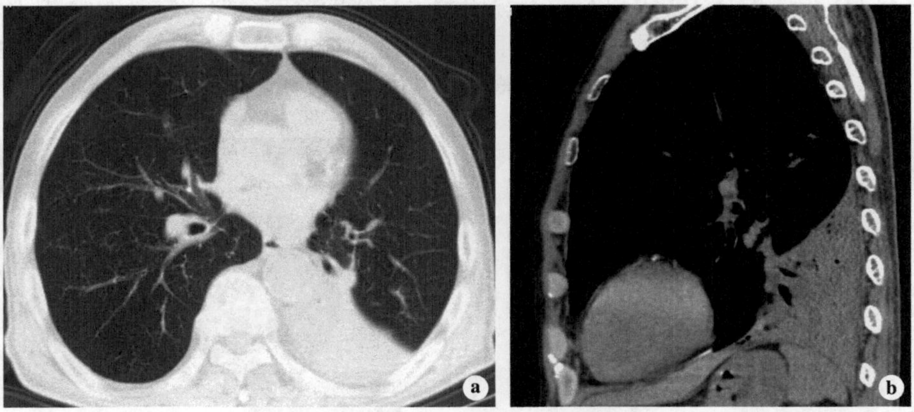

图 4-30 左下叶肺不张 CT 表现

a. 轴位肺窗示左下肺呈楔形高密度阴影、向内侧脊柱靠拢；b. 同一病例，矢状位 MPR 纵隔窗示左肺下叶缩小呈楔形软组织密度影，靠近后胸壁，上叶代偿性增大，膈肌升高

（2）一侧全肺不张：CT 表现为一侧肺完全实变呈软组织密度影，肺体积缩小，主支

气管影消失；纵隔、心脏向患侧移位，健侧肺代偿性肺气肿并疝入患侧胸腔。

（二）肺部病变

1. 渗出性病变 CT 表现为片状均匀的密度增高影或磨玻璃密度影，病灶边缘模糊，肺实变影中常可见空气支气管征；肺窗和纵隔窗观察，病变密度、范围有明显差异，病变在纵隔窗上甚至不显示（图 4-31）。渗出性病变常见于各种急性炎症、渗出性肺结核、肺出血、肺水肿、急性呼吸窘迫综合征等。

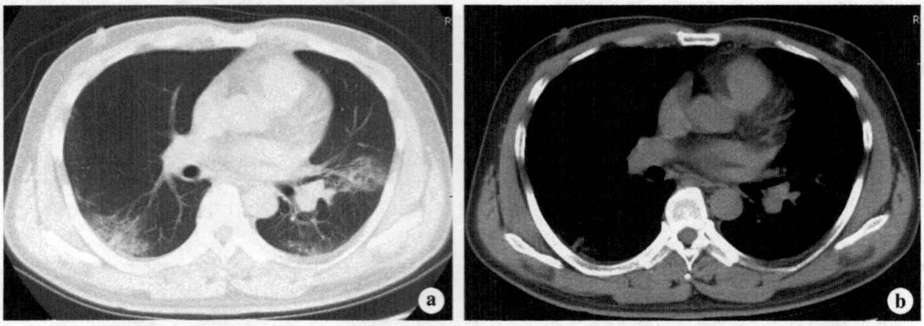

图 4-31 渗出性病变 CT 表现

a. 肺窗显示两肺多发片状磨玻璃密度影，边缘模糊；b. 纵隔窗显示两肺病灶大部分不显示

2. 增殖性病变 CT 表现多为数毫米至 1cm 的小结节灶，密度较高，边缘清楚，即使多发病灶聚积在一起，也无融合趋势；肺窗和纵隔窗观察，病变区密度、范围相差不大。较大的结节及肿块可见于炎性假瘤；增殖性病变常见于肺结核和各种慢性肺炎。

3. 纤维化病变 ①局限性肺纤维化：表现为索条状影，其密度高、走行僵直、边界清楚，走行方向不定；较大纤维化病灶可收缩呈结节或团块状，其边缘清楚或有粗长毛刺影，常伴有纵隔、气管和肺门不同程度向患侧移位。②弥漫性肺纤维化：表现为弥漫性分布的网状、线状及蜂窝状影，以肺外周胸膜下区分布较多；其中可见弥漫分布的小结节影，称网状-结节病变（图 4-32）。

4. 钙化病变 CT 显示钙化病灶十分敏感，表现为边缘清楚锐利、形态不一的高密度阴影。钙化 CT 值一般在 100HU 以上，在纵隔窗上钙化的密度类似于骨骼的密度（图 4-33）。肺结核钙化为病变愈合的表现，肿瘤也可发生钙化。肺内斑片状钙化以肺结核多见；肺孤立结节内的多发斑点状、同心圆状、爆米花样钙化，为良性病变的表现。

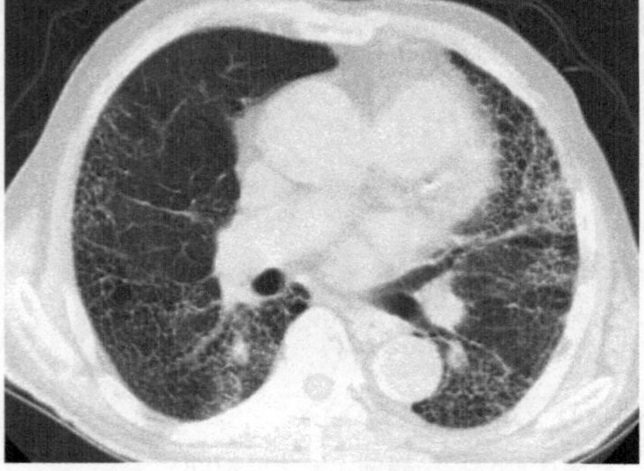

图 4-32 弥漫性肺纤维化 CT 表现

两肺弥漫性分布网状、蜂窝状高密度影

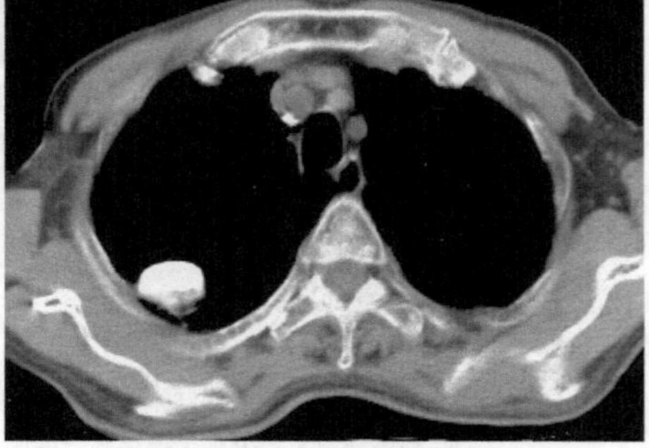

图 4-33 右上肺钙化灶 CT 表现

5. 空洞与空腔

（1）空洞：CT 观察空洞应当注意以下内容。①空洞的壁：薄壁空洞多呈圆形、边缘清楚，壁厚薄一致，常见于肺结核；厚壁空洞可形态不一，常见于肺脓肿、肺结核和肺癌（图 4-34）。癌性空洞常呈偏心性，内壁多凹凸不平，外壁不规则或呈分叶状。②空洞的内部：急性肺脓肿空洞内常见较明显的气液平面；结核空洞内和癌性空洞通常无或仅有少量液平。③空洞的周围：结核性空洞周围多可见纤维条索影、结节状或斑片状卫星病灶（图 4-35）；脓肿空洞周围可有斑片状渗出性病变；癌性空洞有时可见支气管狭窄或阻塞等征象。④虫蚀样空洞：又称无壁空洞，表现为大片实变影中多发边缘不规则的虫蚀状透亮区，无洞壁；常见于干酪性肺炎（图 4-36）。

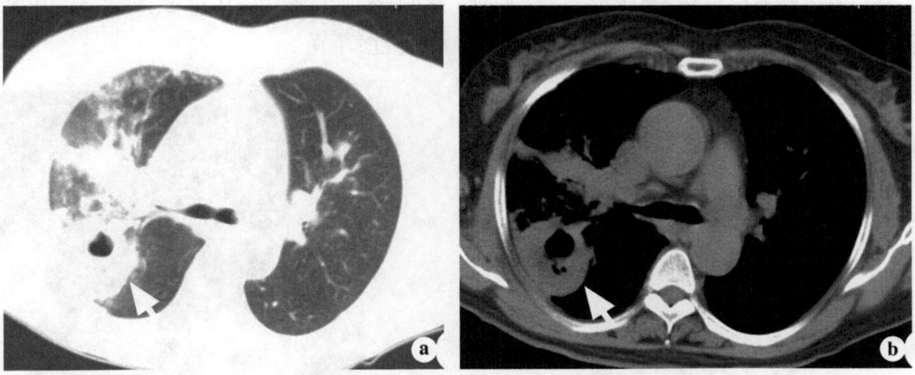

图 4-34 肺脓肿空洞 CT 表现

a、b. 肺窗及纵隔窗示右肺厚壁空洞，内见少量液平，空洞周围见大量斑片状渗出

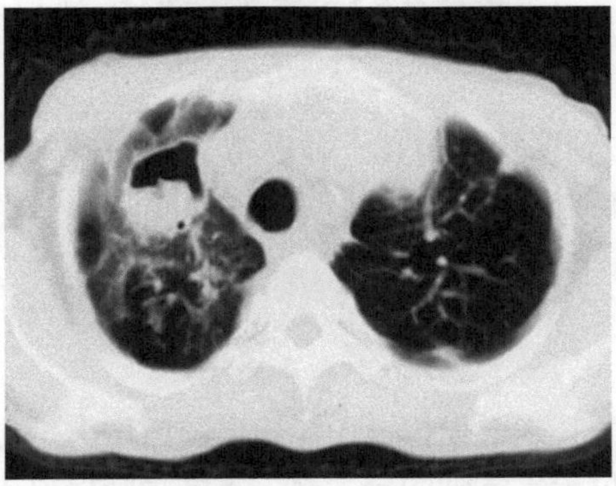

图 4-35 结核性空洞 CT 表现

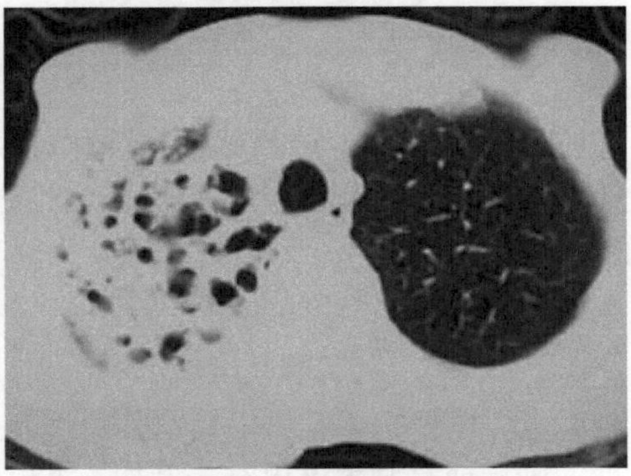

图 4-36 虫蚀样空洞 CT 表现

（2）空腔：表现为局限性的边缘清楚的圆形、椭圆形透亮区，壁薄常在 1mm 以下，一般腔内无液体，周围肺野干净（图 4-37）。

6. 结节与肿块 CT 对肺结节与肿块的显示明显优于 X 线检查。

（1）结节与肿块的密度：肺结节密度可分为实性结节、磨玻璃样密度结节和混合密度结节；大多数肿块密度较均匀。结节或肿块密度不均匀可有以下几种征象。①空泡征：病灶内有时可见 5mm 以下的小泡状空气样低密度影（图 4-38），多见于早期周围型肺癌。②空洞：病灶坏死液化可出现空洞；偏心空洞、内壁凹凸不平或呈结节状为癌性空洞的特点。

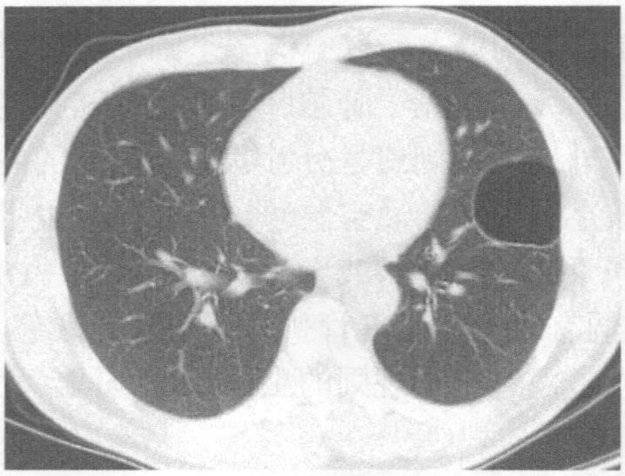

图 4-37　左上肺含气囊肿 CT 表现

③钙化：钙化的形态有斑点状、斑片状或环形；钙化多见于结核、错构瘤。

（2）结节与肿块的边缘：病灶边缘可以光滑锐利、清楚或毛糙不整齐，也可以规则、分叶或有棘状突起。多数肺良性病变边缘光滑，而肺癌肿块边缘可有分叶和毛刺。

（3）结节与肿块的邻近结构：结核性病变周围常有小结节和条索状病灶，称为卫星病灶，常可见引流支气管。周围型肺癌常牵拉胸膜形成胸膜凹陷征（图 4-39），此征象也可见于肺结核球及炎性结节。

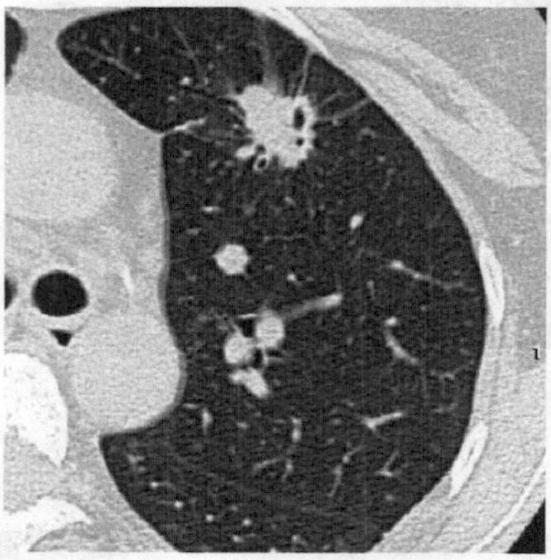

图 4-38　空泡征 CT 表现

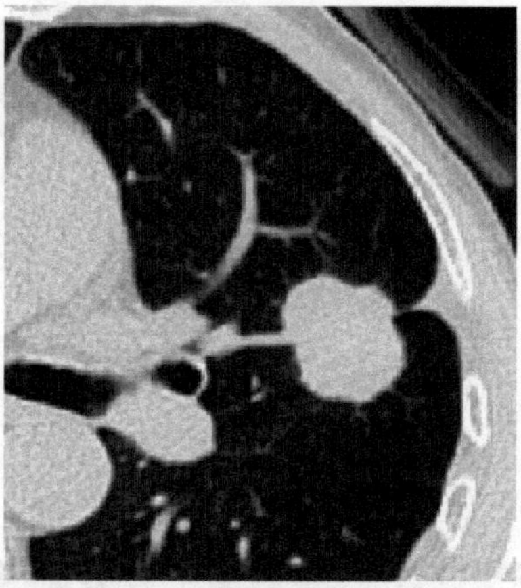

图 4-39　胸膜凹陷征 CT 表现

（4）增强扫描：结核球常无强化或仅见周边轻度环形强化；肺癌常为较明显均匀强化；炎性假瘤可环形强化或轻度均匀性强化；血管性肿块其强化的程度和时间多与供血动脉一致。

（三）肺门病变

1. 肺门增大　CT 可以显示肺门形态异常，尤其是增强扫描还能确定肺门增大是血管病变、肿瘤或是肿大淋巴结。例如：淋巴结肿大位于支气管的分叉部，支气管肺癌位于支气管周围，并引起支气管狭窄或阻塞；支气管肺癌肿块为单侧性肺门肿块，结核及转移性淋巴结肿大一般为单侧性，结节病淋巴结肿大多为双侧性。

2. 肺门移位　肺不张及肺内严重纤维化病变可牵拉肺门使之移位。

（四）胸膜病变

1. 胸腔积液　胸腔积液分游离性积液、包裹性积液和叶间积液。

（1）游离性积液：①少量积液：表现为后胸壁内缘与胸壁平行一致的弧形窄带状液性密度影，边缘光滑整齐。②中等量积液：表现为胸壁内缘新月形的液性密度影，密度均匀，边缘整齐，局部肺组织轻度受压（图 4-40）。③大量积液：整侧胸腔为液性密度影占据，肺被压缩至肺门呈软组织肿块影，纵隔向对侧移位。

（2）包裹性积液：表现为自胸壁向肺野突出的凸形液性密度影，基底宽而紧贴胸壁，与胸壁的夹角多呈钝角，边缘光滑；邻近胸膜多有增厚，局部肺组织可受压（图 4-41）。

（3）叶间积液：为叶间裂位置的梭形液性密度影。积液量大时可呈肿块状，其两端的叶间胸膜常有增厚。矢状位或冠状位 MPR 重组图像易于明确诊断。

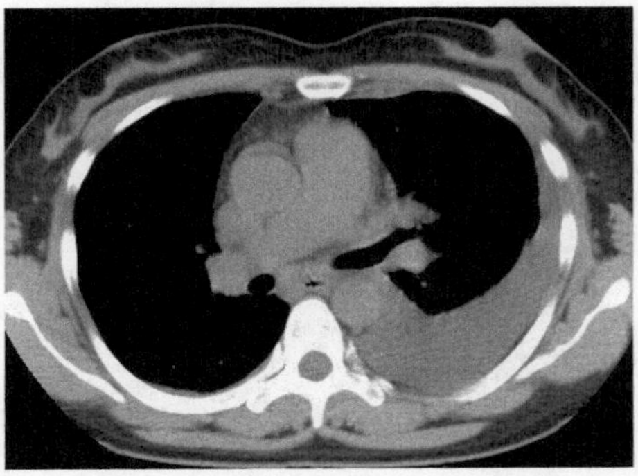

图 4-40　游离性胸腔积液 CT 表现

左侧后胸腔内缘见新月形液性密度影积聚

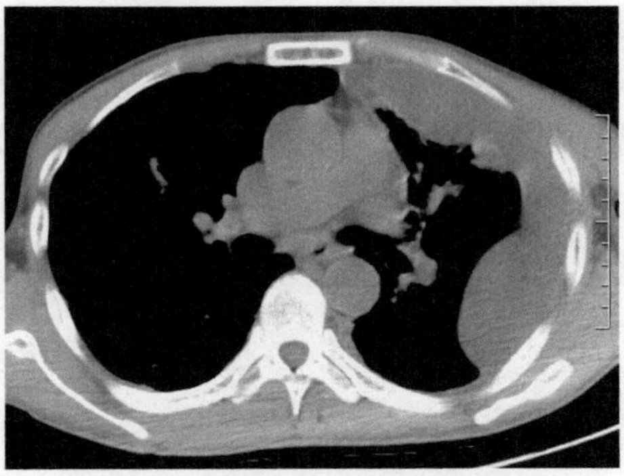

图 4-41　包裹性胸腔积液 CT 表现

左侧前外侧胸壁内缘突向肺野的液性密度影，边缘光滑

2. 气胸与液气胸　在肺窗上表现为肺外侧带状无肺纹理的特别透亮区，内为气体，其内侧可见与胸壁平行的弧形脏层胸膜呈细线状影。肺组织有不同程度的受压萎缩，严重时整个肺被压缩至肺门呈团块状（图 4-42）。液气胸可见气胸区内的气-液平面及受压萎缩的肺边缘（图 4-43）。

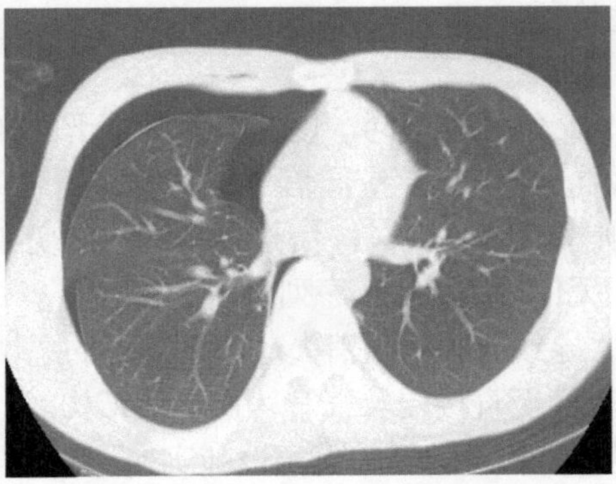

图 4-42　气胸 CT 表现

右侧胸腔肺外侧呈新月状气体区，其内侧为细线状的脏层胸膜

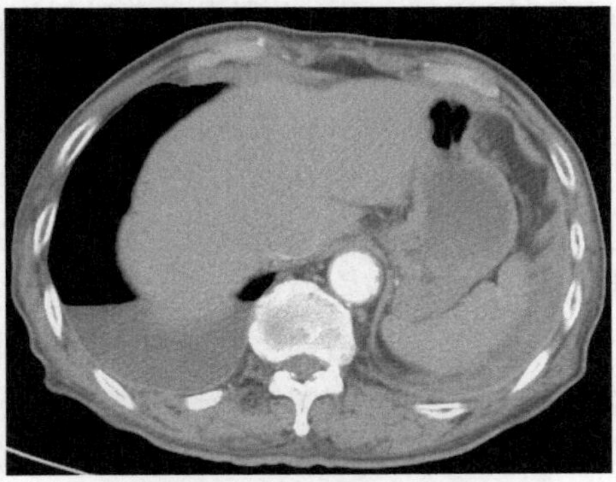

图 4-43　液气胸 CT 表现

右侧胸腔内见液气平面，上方为气体，下方为液体

3. 胸膜增厚、粘连与钙化　①胸膜增厚：表现为沿胸壁的条带状软组织密度影，厚薄均匀。胸膜粘连常与胸膜增厚同时发生，广泛的粘连可导致胸廓塌陷或肺被牵拉。②胸膜钙化：多呈点状、带状或块状的高密度影，CT 值接近骨骼。钙化多见于结核性胸膜炎，也可见于脓胸及胸腔出血后机化。

4. 胸膜肿块　CT 表现为广基与胸壁相连并向肺野突出的软组织肿块，密度均匀，与肺交界面光滑清楚，与胸壁的夹角呈钝角，有时可见胸膜尾征。弥漫性胸膜间皮瘤多为广泛性胸膜增厚，表面高低不平，呈结节状或波浪状；范围较广者可累及一侧胸膜。

（五）纵隔病变

1. 位置改变 胸腔内巨大占位性病变、气胸、大量胸腔积液等可压迫纵隔使之变形并向对侧移位；肺不张、广泛纤维化、肺叶切除后及胸膜肥厚、粘连等导致纵隔向患侧移位。

2. 形态改变 纵隔内占位较大的占位性病变及心脏大血管的异常扩张均可导致纵隔变形，常表现为纵隔增宽。

3. 密度改变 CT 值可较敏感地反映纵隔病灶的密度，如脂肪密度、液性密度、软组织密度及钙化等，有利于病变的定性诊断。

4. 邻近结构改变 良性病变邻近结构无侵犯；恶性病变多侵犯邻近结构，表现为病变与其周围邻近结构界限模糊不清。

三、异常 MRI 表现

（一）肺部病变

1. 渗出性病变 肺内渗出性病变在 T_1WI 上表现为边缘模糊的片状稍高信号影，T_2WI 上表现为较高信号。根据病变所含蛋白质量的多少，所表现的 MRI 信号不同。肺泡蛋白沉积症以蛋白质和脂质沉积于肺泡为特征，MRI 显示脂肪信号特点。

2. 增殖性病变和纤维化病变 增殖性病变和纤维化病变在 T_1WI 和 T_2WI 上均显示为中等信号；增殖性病变只要有一定大小在 MRI 上就能显示，其边缘清楚；而弥漫性纤维化病变在 MRI 上显示不理想，有时仅作出提示性诊断。

3. 结节与肿块

（1）病变信号：肿块内组织成分不同，其 MRI 信号也不同。慢性肉芽肿、干酪样结核、错构瘤等由于其内含有较多的纤维组织与钙质，T_2WI 上呈低信号；恶性肿瘤 T_2WI 上呈高信号；病变内出现坏死、液化及囊性病变则呈长 T_1、长 T_2 信号；血管性病变如动静脉瘘，由于其流空效应，SE 序列呈流空信号（无信号），GRE 序列呈显著高信号。

（2）病变邻近结构：病变浸润胸壁及纵隔时，导致脂肪界面消失。邻近纵隔的恶性肿瘤常直接侵犯纵隔或向纵隔扩展，侵及纵隔脂肪，甚至直接侵及气管、血管等结构。

（3）病变的继发改变：MRI 可以区分中央型肺癌和其远侧的阻塞性肺实变，T_1WI 上阻塞性肺炎或肺不张的信号强度类似或稍低于肿瘤信号，两者难以区分；但 T_2WI 上由于肺炎或肺不张的含水量高于肿瘤组织，故其信号显著高于肿瘤的信号。

4. 空洞与空腔 空洞内气体在 T_1WI 和 T_2WI 上均呈低信号；空洞壁的信号强度依病变的性质、病程的长短及洞壁的厚薄而不同。如结核性空洞形成早期，洞壁厚且内壁不光整，洞壁在 T_1WI 和 T_2WI 上均呈中等或中等偏高信号，洞壁变薄且较光整时，洞壁在 T_1WI 和 T_2WI 上均呈中等偏低信号。空腔在 MRI 上难以显示。

（二）胸膜病变

1. 胸腔积液 一般非出血性积液在 T_1WI 上多呈低信号；结核性胸膜炎及外伤所致的积液，由于其内含有较高的蛋白质和细胞成分，在 T_1WI 上可呈中～高信号；在 T_2WI 上无论积液性质如何均呈高信号。

2. 胸膜肿瘤 肿瘤在 T_1WI 上呈中等信号，T_2WI 上呈稍高信号，与胸腔积液信号有明显区别。

3. 胸膜增厚、粘连与钙化 MRI 显示胸膜增厚、粘连与钙化不如 X 线和 CT。

（三）纵隔病变

MRI 在纵隔病变的定位、定性方面与 CT 相似，但显示钙化方面不如 CT。因其不用对比剂即可血管成像，故在诊断纵隔血管性病变方面及累及椎管的后纵隔神经源性肿瘤和胸廓入口区肿瘤方面较 CT 具有一定优势。

1. 实性肿块 肿瘤在 T_1WI 上信号强度略高于正常肌肉组织，在 T_2WI 上信号强度多有所增高；如肿瘤内发生变性坏死，其内的信号可不均匀，坏死区在 T_1WI 上呈低信号，在 T_2WI 上呈明显高信号。畸胎瘤内成分复杂，含脂肪、钙化及骨骼等，在 T_1WI 和 T_2WI 上肿瘤信号多样化。纵隔肿大的淋巴结在 T_1WI 上信号略高于肌肉，T_2WI 上信号明显高于肌肉。

2. 囊性肿块 MRI 诊断纵隔囊性肿块的特异性较高。囊性肿块 T_2WI 上均呈高信号，在 T_1WI 上依据囊肿内所含成分、蛋白含量及有无出血等不同而表现不同的信号，单纯浆液性囊肿表现为 T_1WI 低信号，黏液性囊肿、含蛋白丰富或胆固醇结晶囊肿及囊肿内出血时 T_1WI 上表现为高信号（图 4-44）。

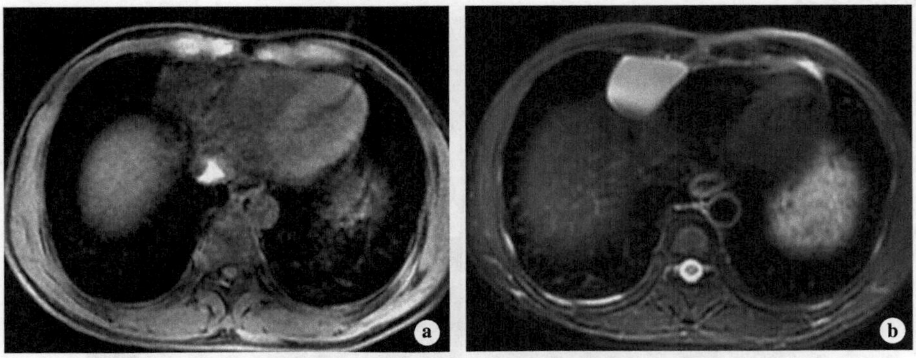

图 4-44 心包囊肿 MRI 表现

a. T_1WI 示右心缘旁一稍低信号肿块，边界光整；b.T_2WI 呈高信号

3. 脂肪性肿块 在 T_1WI 和 T_2WI 上均呈高信号，脂肪抑制序列时脂肪性肿块、信号降低。

4. 血管性病变 动脉瘤的瘤壁弹性差，血流在该处流速减慢或形成涡流，可产生一定的磁共振信号。流速很慢的血液在 T_1WI 上呈中等信号，T_2WI 上呈高信号；而流速很快的血液在 T_1WI 和 T_2WI 上均不产生信号；涡流产生的信号多不均匀。动脉瘤内附壁血栓的信号依其形成的时间不同而异，新鲜附壁血栓在 T_1WI 和 T_2WI 上均呈较高信号；亚急性或慢性期血栓在 T_1WI 上呈中等信号，在 T_2WI 上呈中等偏低信号；血栓机化在 T_1WI 和 T_2WI 上均呈低信号。主动脉夹层其真假腔内血流速度不同，容易分辨；通常假腔大于真腔，血流较缓慢，信号较高，且常有附壁血栓形成，而真腔血流快呈无信号。

（王海波）

第四节　支气管疾病

一、先天性支气管囊肿

先天性支气管囊肿（congenital bronchial cysts）是一种由胚胎时期支气管发育异常引起的先天性疾病，是呼吸系统最常见的先天性病变。本病多发生在肺内，称为肺囊肿；少数发生在纵隔内，称为支气管囊肿。多在青少年时期发病，男性多于女性。

【病理与临床】 先天性支气管肺囊肿是由于胚胎时期支气管发育异常所致。支气管的发育是从实心的索条状组织逐渐演变为中空的管状结构，如果胚胎发育发生障碍，索条状组织不能演变为贯通的管状结构，则其远侧支气管分泌的黏液不能排出，从而逐渐积聚膨胀，形成囊肿。囊肿壁一般菲薄，其组织结构与同级支气管管壁类似，囊内充满黏液或血液；通常情况下其不与支气管相通，但感染后囊肿可与支气管相通，囊内液体可经支气管排出，气体也可由此进入囊内，从而形成含气囊肿或液气囊肿。

本病可无任何症状，囊肿较大时压迫邻近肺组织或纵隔可引起不同程度的呼吸困难、发绀等症状；合并感染时可有发热、胸痛、咳嗽、咳痰和咯血等症状。

【影像学表现】

1. X 线表现

（1）孤立性支气管肺囊肿：①含液囊肿呈圆形或椭圆形，密度均匀，边缘光滑锐利；有时可见囊壁弧形钙化，周围肺组织清晰，邻近胸膜无改变。②含气囊肿为薄壁环状透亮影，囊壁内外缘光滑且厚度均匀一致；与支气管相通时如形成活瓣性阻塞，则形成张力性含气囊肿，邻近肺纹理受压聚拢；液气囊肿内可见液平面（图 4-45）。

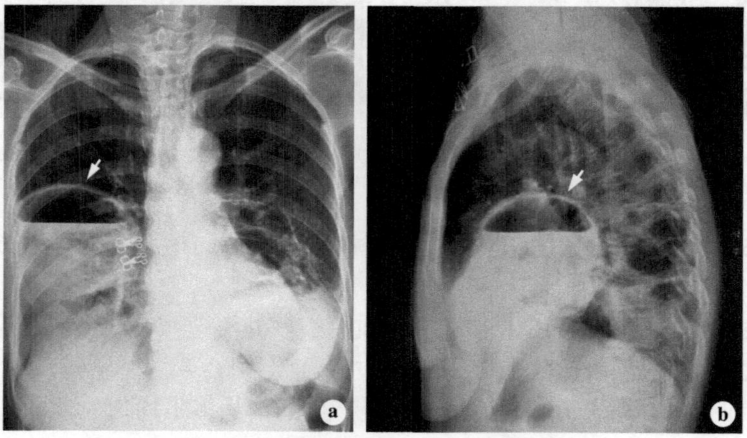

图 4-45　右肺先天性支气管囊肿 X 线表现

a、b. 正侧位胸片示右肺见一类圆形壁薄囊性肿块，内见一宽大气-液平面

继发感染后囊壁增厚，周围可见斑片状渗出影；邻近胸膜的肺囊肿感染时，可见局部叶间胸膜增厚。

（2）多发性支气管肺囊肿：肺囊肿多发生于一侧肺或双下肺，多为含气囊肿，大小不等；密集者形如蜂窝状，占据整侧肺时称为蜂窝肺或囊性肺。

2. CT 表现

（1）孤立性支气管肺囊肿：①含液囊肿：表现为圆形或椭圆形水样密度影，CT 值为 0～20HU，密度均匀，囊壁菲薄，边缘清楚、光滑；增强扫描无强化（图 4-46）。合并出血或感染时，其 CT 值可达 30HU 以上，易与肺实性肿瘤混淆；增强扫描无强化为其主要鉴别依据。②含气囊肿：为薄壁空腔影（图 4-47）；液气囊肿内可见液气平面。③囊肿合并感染：囊壁增厚，边缘模糊，周围可见片状渗出影。

（2）多发性支气管肺囊肿：多数为含气囊肿，囊壁薄，表现为一个肺叶、肺段，也可以是一侧或双侧肺内局限或弥漫分布的多发环形透亮影，病灶相互重叠呈蜂窝状或粗网格状；合并感染时囊内可见液平，反复感染后囊肿周围可见条索状和斑片状病灶，相应肺组织体积缩小（图 4-48）。

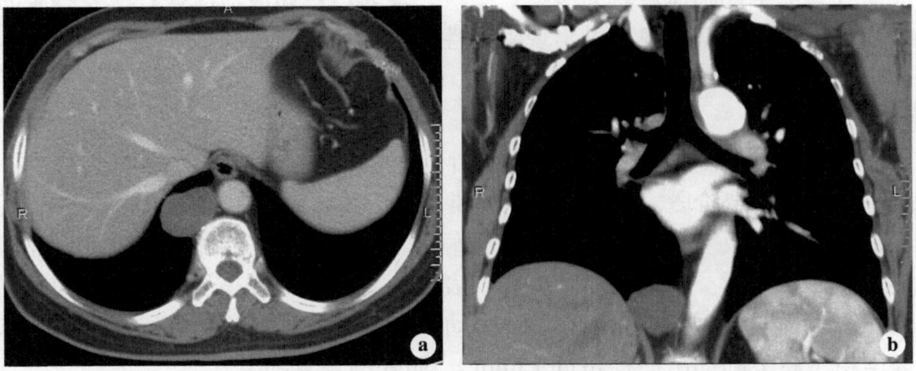

图 4-46 右肺含液支气管肺囊肿 CT 表现

a、b. 轴位及冠状位 MPR 重组示右下肺纵隔旁一类椭圆形肿块，内为均匀液性密度，增强无强化

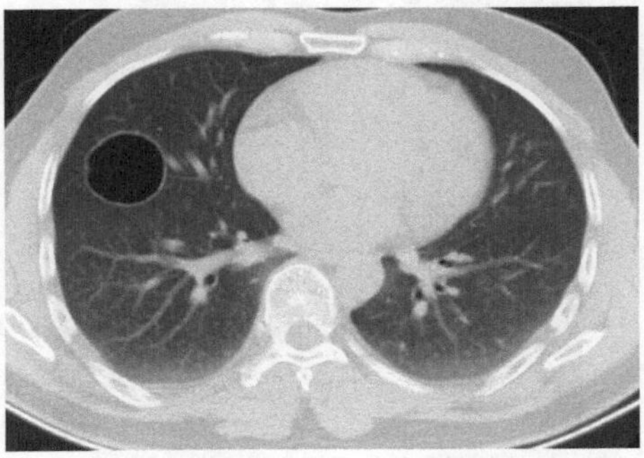

图 4-47 孤立性支气管肺囊肿 CT 表现

右肺类圆形薄壁透亮区，边界清楚

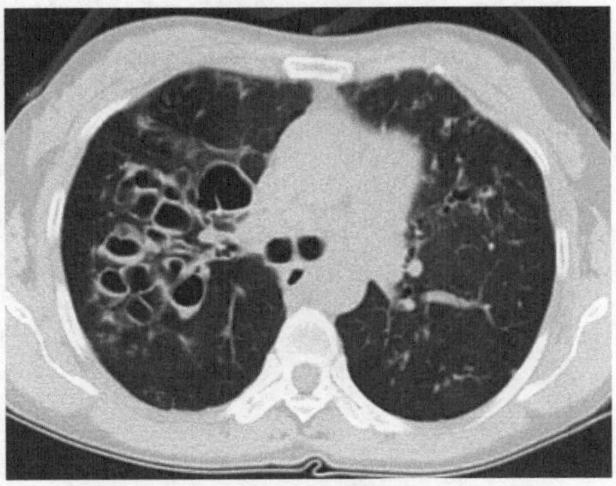

图 4-48 右肺多发支气管囊肿 CT 表现

右肺多发含气囊状影，部分囊腔内见气-液平面，周围可见斑片状影

3. MRI 表现 囊肿信号取决于囊内成分，如囊内为浆液，则具有水样信号特点，即 T_1WI 上为低信号，T_2WI 上为高信号；如囊内蛋白含量高，则 T_1WI 上呈高信号。

【诊断与鉴别要点】 平片发现单个或多发薄壁囊性透亮区，可考虑先天性支气管囊肿，但 X 线不能明确含液囊肿的诊断；CT 和 MRI 容易分辨液性密度或信号，是含液支气管肺囊肿的主要诊断依据。支气管肺囊肿需与肺大疱、肺结核空洞及肺脓肿等疾病鉴别。

二、慢性支气管炎

慢性支气管炎（chronic bronchitis）是指气管、支气管黏膜及其周围组织的慢性非特异性炎症，为一种多病因的呼吸道常见病，多见于老年人。

【病理与临床】 支气管炎的基本病理改变：①黏膜炎性改变：支气管黏膜充血、水肿、糜烂甚或溃疡；黏膜腺体增生、肥大，分泌亢进。②不完全性阻塞：支气管黏膜肉芽组织及纤维组织增生，导致管壁增厚及管腔狭窄，从而产生支气管不完全性阻塞。③肺纤维化改变：慢性炎症引起纤维结缔组织增生，支气管周围间质纤维化可引起小血管的扭曲、变形；肺泡壁纤维化可形成纤维小结节。

慢性支气管炎早期临床表现为咳嗽、咳痰，多为白色黏液泡沫痰；继发感染时可出现黄色脓痰，多在冬季发病。晚期可出现阻塞性肺气肿和（或）肺源性心脏病，临床上表现为气急、呼吸困难、心悸等症状。

【影像学表现】

1. X 线表现 慢性支气管炎的发展是一个缓慢的渐变过程，在其早期可无异常 X 线征象；当病变发展到一定阶段，可出现以下异常 X 线征象：①肺纹理改变：主要表现为肺纹理增多、紊乱、扭曲及变形，以两肺中下野显著（图 4-49）；合并肺实质性炎症时，表现为两肺多发斑片状阴影。②弥漫性肺气肿：表现为双侧肺野透亮度增加，肋间隙增宽，心脏呈垂位型心，膈肌低平（图 4-50）。③肺动脉高压：表现为肺动脉段膨出，近肺门处肺血管纹理增粗（右下肺动脉横径超过 15mm），而外围分支细少。

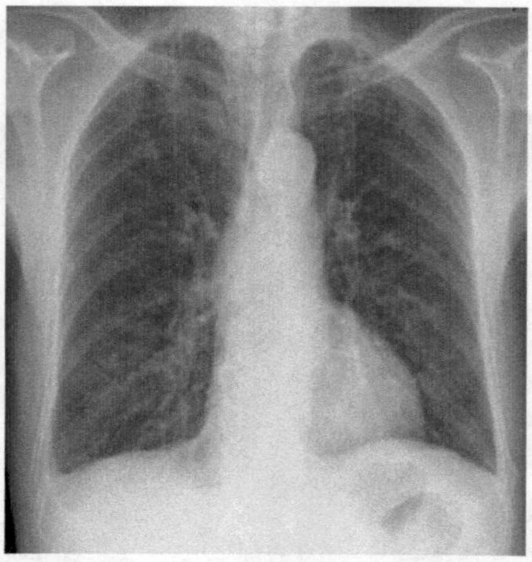

图 4-49 慢性支气管炎 X 线表现

双侧肺纹理增多、紊乱，以双下肺明显

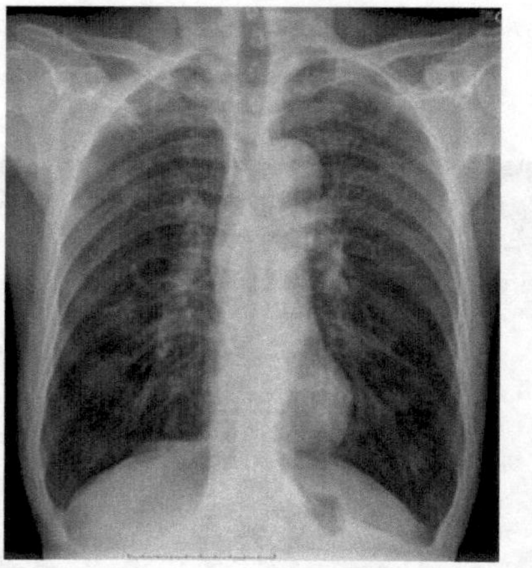

图 4-50 慢性支气管炎并肺气肿 X 线表现

双侧肺纹理增多，双膈面低平，心脏呈垂位心

2. CT 表现 ①支气管改变：支气管管壁增厚，管腔不同程度的狭窄或扩张，（图 4-51）。②肺气肿改变：表现为肺透亮度增高，小血管影稀疏、细小（图 4-51）。③肺泡炎性改变：合并感染时肺内可见散在斑片状阴影。④间质纤维化改变：肺纹理增多、紊乱，可呈网格状，以肺外周明显。⑤肺动脉高压：中心肺动脉明显扩张，但周围小动脉纤细减少，呈残根状。

【诊断与鉴别要点】 慢性支气管炎 X 线表现无特征性，但结合临床病史、症状，一般不难作出提示性诊断。引起肺纹理改变及产生肺气肿的疾病较多，慢性支气管炎需与间质性肺炎、结缔组织疾病、尘肺、细支气管炎等鉴别。

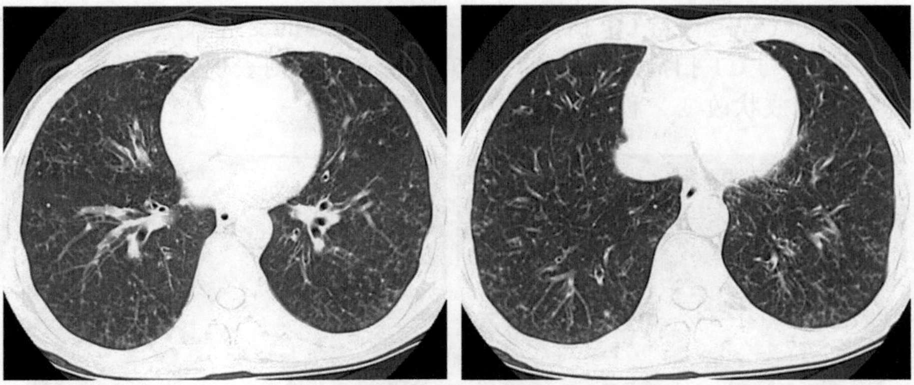

图 4-51　慢性支气管炎

CT 平扫示双肺纹理增多、紊乱，支气管管壁增厚，管腔轻度扩张

三、支气管扩张

支气管扩张（bronchiectasis）是指支气管内径的异常增宽，为较常见的一种慢性支气管疾病，少数为先天性，多数为后天获得；以青少年发病为多。近年来随着急、慢性呼吸道感染的恰当治疗，其发病率呈减少趋势。

【病理与临床】　先天性支气管扩张的病理改变为管壁平滑肌、腺体和软骨减少或缺如。后天性支气管扩张的主要病理机制：①慢性感染引起支气管壁组织破坏；②支气管内分泌物淤积及长期剧烈咳嗽，引起支气管内压增高；③肺不张及肺纤维化对支气管产生的外在性牵引。

根据支气管扩张的形态可分为三型。①柱状支气管扩张：扩张支气管的远端与近端宽度相似；②囊状支气管扩张：扩张支气管的远端呈球囊状改变；③静脉曲张型支气管扩张：支气管扩张的程度略大于柱状，支气管形态不规则，形似曲张的静脉。三种类型可同时混合存在或以其中一种为主。

临床上三大主要症状为咳嗽、咳痰和咯血，有的患者以咯血为首发症状；合并感染时可有发热、胸痛。反复感染后，常咳大量带腥臭味的脓痰；如病变广泛，可有胸闷、气促、呼吸困难、发绀及杵状指等。

【影像学表现】

1. X 线表现　支气管扩张早期 X 线平片可无异常发现；较严重的支气管扩张可有以下改变。①肺纹理改变：病变区肺纹理增多、增粗、排列紊乱。如扩张支气管内充满分泌液则呈不规则杵状致密影。②囊状或蜂窝状影：表现为多个圆形或卵圆形薄壁透亮区，直径多为 0.5～3cm，其内可有液平面，常提示支气管囊状扩张（图 4-52）。

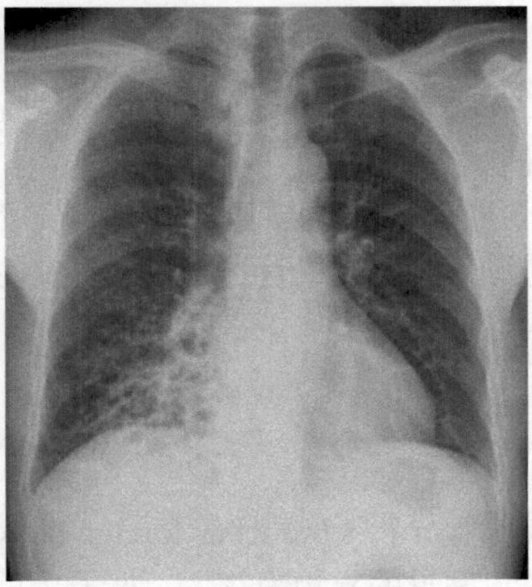

图 4-52　支气管扩张 X 线表现

右下肺多发薄壁小囊状透光区，聚集成蜂窝状

2. CT 表现　目前 CT 是支气管扩张的主要检查方法。

（1）柱状支气管扩张：支气管管腔增宽，直径大于与其伴行的肺动脉，管壁增厚。当扩张的支气管走行与 CT 扫描层面平行时，增厚的支气管壁 CT 表现似轨道状，称为“轨道征”；与 CT 扫描层面垂直时，扩张的支气管则表现为圆形透亮影，与伴行的肺动脉构成印戒状改变，称为“印戒征”（图 4-53）。

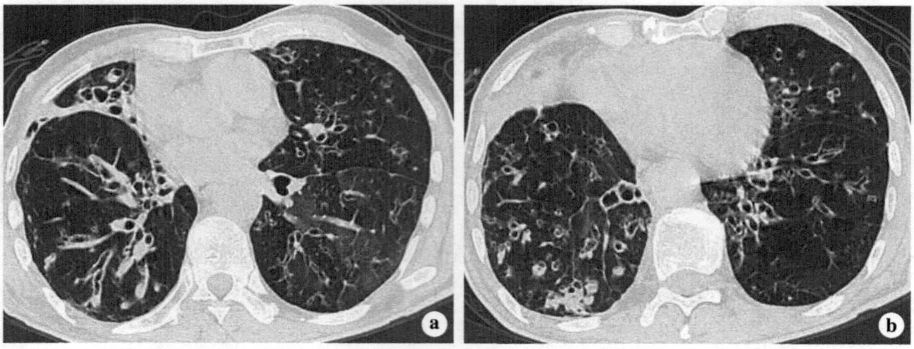

图 4-53　柱状支气管扩张 CT 表现

a. HRCT 示右下肺柱状支气管扩张呈“轨道征”；b. 同一病例，双下肺柱状支气管扩张呈“印戒征”

（2）囊状支气管扩张：多数分布集中，支气管远端呈球囊状膨大，多发囊腔阴影呈蜂窝状或葡萄串状改变；合并感染时囊壁增厚，囊内可见气液平面（图 4-54）。

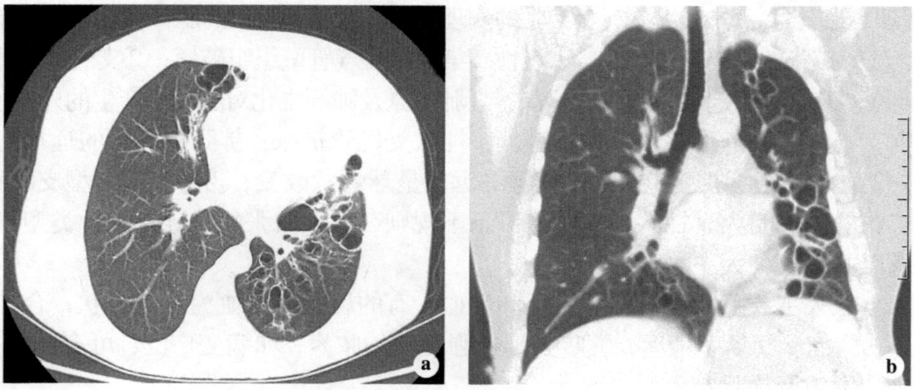

图 4-54　囊状支气管扩张 CT 表现

a、b. 左肺及右中肺叶见多发大小不等囊状改变，呈葡萄串样，部分囊内有气液平面

（3）静脉曲张型支气管扩张：表现为增粗的支气管管径粗细不均，管腔形态不规则，呈串珠状。

【诊断与鉴别要点】　CT 是支气管扩张的主要检查方法，能清晰显示病变的程度、类型及范围。囊状支气管扩张需与多发性肺囊肿相鉴别，多发性肺囊肿的囊腔相对较大，囊壁相对较薄，较少有液平面，且周围肺野多无感染征象。

四、支气管异物

支气管异物（bronchus foreign body）指外来物体经气管进入并停留于支气管内；多见于儿童，常见的异物为花生、瓜子、豆粒等植物性异物和义齿、金属制品等。

【病理与临床】　支气管异物引起的病理改变主要为机械性阻塞和异物的损伤刺激与继发感染等。由于异物的刺激，可引起支气管黏膜充血、水肿或肉芽组织增生；还可引起阻塞性肺气肿、阻塞性肺不张和阻塞性肺炎改变。

支气管异物在吸入瞬间可引起剧烈的呛咳症状，异物进入支气管后可出现一段无症状期，可被忽视而拖延诊治；并发肺部感染时可出现发热、咳嗽、咳痰等症状。

【影像学表现】

1. X 线表现 X 线检查仍为支气管异物最基本的检查方法，可分别摄深吸气相和深呼气相加以对比观察。支气管异物的 X 线表现主要有以下几点。

（1）直接征象：不透 X 线的金属等异物在透视及胸片上可直接显示其形态、大小与位置。

（2）间接征象：是诊断支气管内可透 X 线异物的重要征象。支气管阻塞的间接征象包括：①阻塞性肺气肿：表现为相应部位肺野透亮度明显增高，肺纹理稀少；呼气时表现明显。②纵隔摆动：当一侧支气管发生不完全性阻塞时，呼气、吸气时两侧胸腔内压力失去平衡，使纵隔发生两侧摆动。纵隔摆动一般在透视下即可观察到，也可分别摄深吸气和深呼气相对比观察。③阻塞性肺不张：支气管被异物完全阻塞可引起所属的一侧肺、肺叶或肺段的不张，表现为一侧肺或某个肺叶、肺段的透亮度减低，密度增高及肺叶体积缩小，纵隔向患侧移位。④阻塞性肺炎：若异物在支气管内阻塞存留时间较长，则可发生相应肺叶或肺段的炎症，表现为相应肺叶或肺段呈密度不均匀的片状影，边缘模糊。

2. CT 表现 CT 对显示异物的直接征象、间接征象及其并发症的敏感性和特异性均较高，明显优于胸部透视或 X 线平片，比较适合儿童支气管异物的急诊检查。MSCT 结合多种图像后处理能更直观地显示支气管异物（图 4-55）。

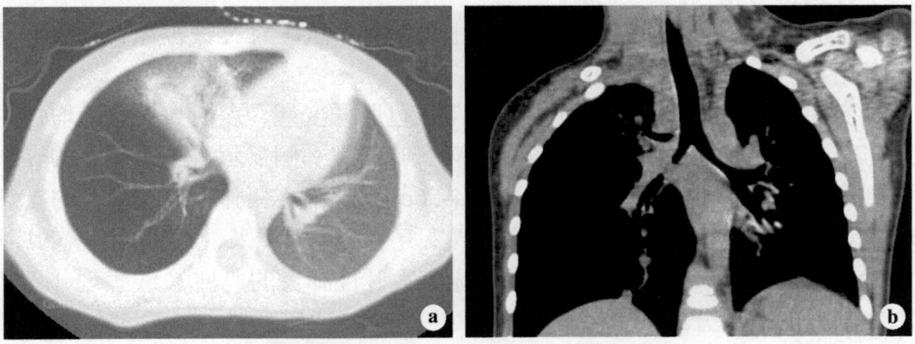

图 4-55 右中间支气管异物 CT 表现

a. 轴位肺窗显示右肺中叶阻塞性炎症，右下叶阻塞性肺气肿，纵隔向健侧移位；b. 冠状面 MPR 纵隔窗显示右侧中间支气管阻塞

【诊断与鉴别要点】 X 线检查可明确诊断不透 X 线的支气管异物；对可透 X 线的支气管异物可通过间接征象推测其停留的位置及继发性改变；对于部分无异常 X 线表现的支气管异物患者则应做进一步 CT 检查。CT 能直接显示异物的大小、形状及在气管、支气管内的准确位置。

（王海波）

第五节 肺部炎症

肺炎（pneumonia）是常见的肺部疾病。按病因及解剖部位可分为感染性、理化性、免疫与变态反应性，其中感染性最常见。实际上单从影像学观察来判断肺炎为何种病原体所致多有困难，但 X 线检查可以发现病变、确定病变部位，为观察疗效提供重要诊断信息。

临床上通常根据病变的部位分为大叶性肺炎、小叶性肺炎及间质性肺炎。

一、大叶性肺炎

大叶性肺炎（lobar pneumonia）为细菌引起的急性肺部炎症，是细菌性肺炎中最常见的一种，致病菌多为肺炎链球菌。炎症可累及一个或多个肺叶，也可呈肺段分布。本病常见于青壮年，在冬、春季节发病较多。

【病理与临床】 大叶性肺炎的炎性渗出主要在肺泡，而支气管及间质很少有改变。其病理改变可分为四期。①充血期：发病后 1～2 天，此时肺部毛细血管扩张、充血，肺泡内少量浆液渗出。②红色肝样变期：发病后 3～4 天，肺泡内充满大量纤维蛋白及红细胞等渗出物，肺组织切面呈红色肝样改变。③灰色肝样变期：发病后 5～6 天，肺泡内红细胞减少而代之以大量的白细胞，肺组织切面为灰色肝样改变。④消散期：发病 1 周后，肺泡内的纤维性渗出物开始溶解而被吸收、消散，肺泡重新充气。

临床上多以起病急，突发高热、寒战、胸痛、咳嗽、咳铁锈色痰为特征。不同病变期间可出现不同的阳性体征，如叩诊浊音、语颤增强、呼吸音减低及肺部湿啰音等。实验室检查示白细胞总数及中性粒细胞明显增高。

【影像学表现】

1. X 线表现 大叶性肺炎的基本 X 线表现为不同形状及范围的渗出与实变，其 X 线表现与病理分期密切相关。

（1）充血期：由于很多肺泡依然充气，往往无明显异常的 X 线征象，或仅可见病变区局部肺纹理增粗。

（2）实变期：包括病理的红色肝样变期与灰色肝样变期，表现为大片状均匀的致密阴影，形态与某一肺叶或肺段的轮廓相符合；病变叶间裂一侧显示有鲜明平直的界限，而在其余边缘则表现为模糊不清（图 4-56a，图 4-56b）。由于实变肺组织和含气的支气管相衬托，其内有时可显示透亮的支气管影，称空气支气管征。近年来，由于抗生素的广泛应用，往往使大叶性肺炎的发展被抑制。因此，临床上大叶性肺炎的典型 X 线表现并不多见，病变多局限在肺叶的一部分或某一肺段。

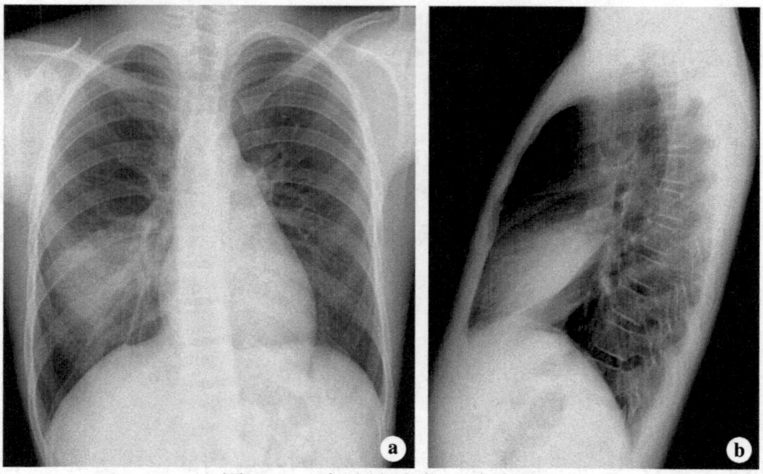

图 4-56 大叶性肺炎 X 线表现

a. 胸部后前位：显示右肺下野大片状均匀高密度影，边缘模糊；b. 胸部侧位：病变形态与右肺中叶相符

（3）消散期：实变区密度逐渐减低，由于病变的吸收不均，表现为大小不等、分布不规则的斑片状阴影。炎症最终可完全吸收或只留少量索条状阴影，少数病例可因长期不吸收而演变为机化性肺炎。

2. CT表现 由于CT密度分辨力高，在充血期即可发现病变区呈磨玻璃样阴影，边缘模糊，其内血管隐约可见。实变期呈大叶或肺段分布的致密阴影，CT较X线胸片在显示空气支气管征方面更清晰（图4-57）；消散期随着病变的吸收，实变阴影密度减低，呈散在大小不等的斑片状阴影。

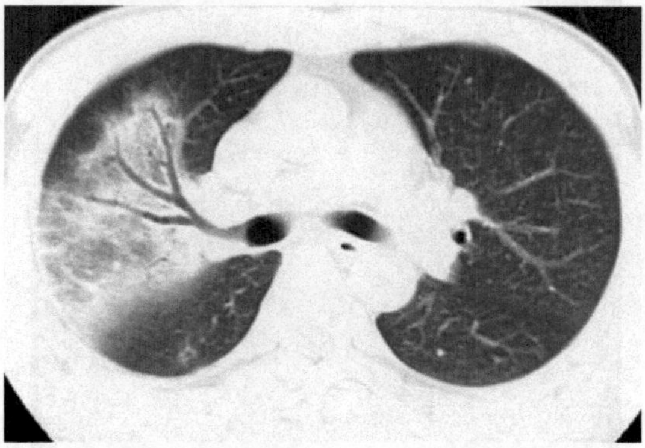

图4-57 空气支气管征CT表现

CT肺窗，见实变影中“空气支气管征”

【诊断与鉴别要点】 大叶性肺炎实变期的影像学表现较具特征，呈某一肺叶或肺段的大片状实变，临床症状亦较典型，一般不难诊断，有时需与肺结核、肺不张等疾病进行鉴别。

1. 消散期肺炎与继发型肺结核鉴别 肺炎密度较均匀，一般在2周内病变有吸收，多在1个月内完全吸收；肺结核的病灶动态变化比较缓慢。

2. 肺炎与肺叶不张鉴别 不张的肺叶体积缩小，叶间裂凹陷，邻近组织器官向患叶移位，而肺炎体积基本不变。

二、支气管肺炎

支气管肺炎（bronchopneumonia）亦称之为小叶性肺炎，常见于婴幼儿、老年人及免疫功能损害的患者，或为手术后及长期卧床患者。

【病理与临床】 病理变化是支气管周围肺实质的炎症，以小叶支气管为中心、经过终末细支气管波及肺泡，在支气管及肺泡中产生炎性渗出物。病变的范围呈小叶性，为两侧散在性分布，但是可以融合形成大片状。因细支气管炎性充血、水肿，容易导致细支气管呈现不同程度的阻塞，可以出现小叶性肺气肿或者肺不张。

临床上以发热为主要症状，常伴咳嗽、咳泡沫黏液性痰，并可有呼吸困难、发绀及胸痛等。

【影像学表现】

1. X线表现 ①病变部位：多在两肺中下野的内、中带，且沿肺纹理分布。②小叶实质炎性渗出：表现为病灶呈多发斑片状影，大小不一，多数直径6～20mm，边缘模糊，密度不均，密集的病灶可融合成较大的片状影，此为典型表现（图4-58）。③支气管周围炎：表现为肺纹理增多、增粗且模糊。④空洞形成：病灶液化坏死可形成小空洞，表现为斑片影中可见环形透亮影；有时因引流支气管活瓣作用致空洞内气体增多形成肺气囊。⑤细支气管阻塞：可出现小叶性肺气肿，表现为病灶邻近肺野透亮度增高；也可出现小叶性肺不张，但不张的小叶形态不易与小叶渗出斑片影鉴别。

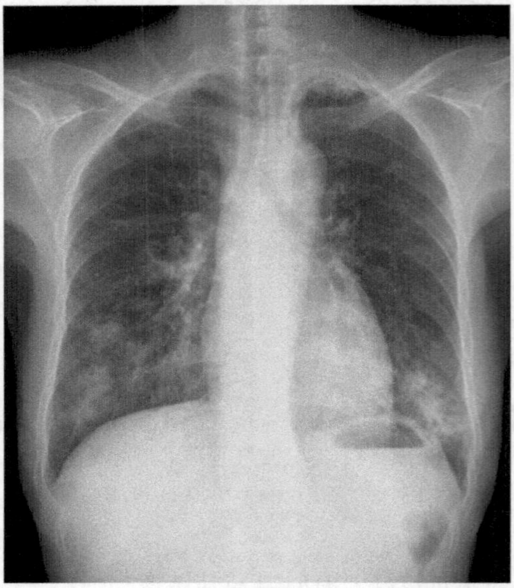

图 4-58　支气管肺炎 X 线表现

双侧中下肺野可见散在的小片状实变影，部分病灶融合成较大片状

2. CT 表现　病灶呈弥漫散在斑片影，或可融合成大片状，边缘模糊；常见两肺下叶支气管血管束增粗。若病变液化坏死，CT 易于显示病灶中的小空洞或肺气囊。治疗后病灶可完全吸收，也可残留少许纤维索条影。

【诊断与鉴别要点】　支气管肺炎具有明显的临床表现，典型病例通过 X 线平片即可作出诊断；通常不需进行 CT 检查。对于迁延或反复发作者，CT 检查可了解是否并发支气管扩张。

三、间质性肺炎

间质性肺炎（interstitial pneumonia）是以肺间质为主的炎症，可由细菌或病毒感染所致，以病毒感染较多见。主要见于小儿，通常继发于百日咳、麻疹或者流行性感冒等急性传染病。

【病理与临床】　间质性肺炎的主要病理变化为细支气管管壁及肺泡壁的浆液渗出及炎性细胞浸润，肺泡腔内可有轻度渗出；慢性者多伴有增殖性及纤维性病变；小支气管管壁的炎症、充血及水肿可引起管腔部分性或完全性阻塞；炎症可沿淋巴管扩展引起淋巴管炎和淋巴结炎。

临床上除具有原发急性传染病的症状之外，还常常同时出现发热、咳嗽、气促、发绀等，而体征较少。

【影像学表现】

1. X 线表现　病变分布较广泛，以肺门区附近及中、下肺野为著。病变累及支气管、血管周围间质时，表现为肺纹理增多、紊乱和僵直；累及终末细支气管以下肺间质时，显示为短条状、相互交织成网状的密度增高影，其内可见间质增厚所构成的小结节影（图 4-59a）。因细支气管部分阻塞，有时可伴弥漫性肺气肿。肺门周围的间质内炎性浸润，可造成肺门影增大，密度增高，轮廓模糊。

间质性肺炎吸收消散较肺泡炎症缓慢，少数患者可迁延致慢性肺间质纤维化，甚至并发肺大泡或支气管扩张等。

2. CT 表现　CT 检查尤其是 HRCT 可很好地显示间质性肺炎的影像学特点：①病变早期出现肺内磨玻璃样密度片状阴影，并可见小叶内间质增厚及小叶间隔增厚（图 4-59b）。②病变进一步发展，表现为小叶间隔及支气管血管束增粗且不规则。③严重者肺间质纤维化呈广泛网状或蜂窝状阴影，常合并牵拉性支气管扩张或肺大疱。④肺门及纵隔淋巴结可有增大。⑤较重者可伴小叶性实变，表现为小斑片状影。

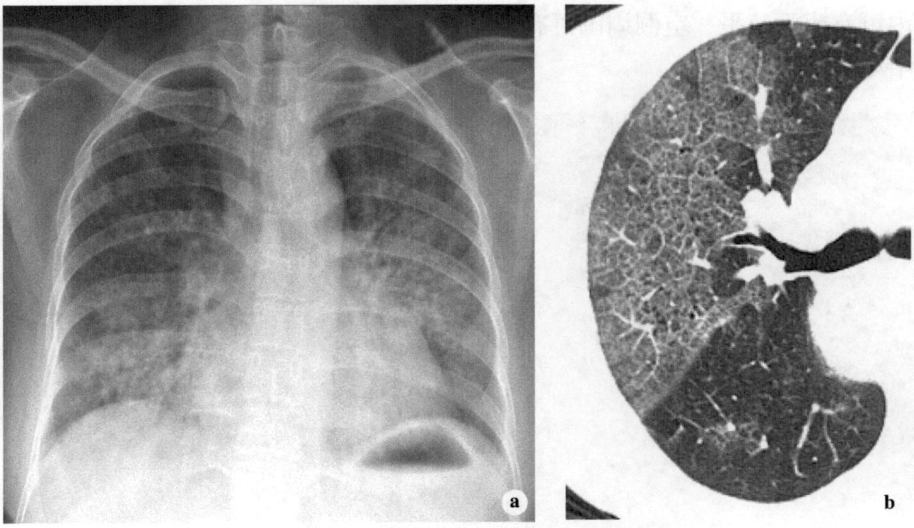

图 4-59 间质性肺炎 X 线及 CT 表现

a. 胸部正位片示双肺纹理增多、紊乱，可见条带状、短条状密度增高影交织形成网状，其内可见小结节状密度增高影，分布不均匀，双侧肺门不清；b. CT 高分辨力扫描示肺内磨玻璃样密度片状影，其内见网格状改变（小叶间隔增厚）

【诊断与鉴别要点】 引起间质性炎症改变的病因较多，其与结缔组织疾病、尘肺、组织细胞增生症、结节病、细支气管炎等影像学表现相似，需结合临床及实验室检查，以资鉴别。

四、肺 脓 肿

肺脓肿（lung abscess）是由多种病原菌导致的肺部化脓性感染，早期为脓性肺炎，随后发生坏死、液化及脓肿形成。

【病理与临床】 病理变化为化脓性肺炎引起的细支气管阻塞、小血管炎性栓塞、肺组织坏死而后液化并经支气管咳出后形成脓腔；部分肺脓肿发展迅速，脓液破溃入胸腔后可形成脓气胸与支气管胸膜瘘。如果治疗不彻底，脓肿的周围纤维组织增生，脓肿壁不断变厚而转变为慢性肺脓肿。

急性肺脓肿临床表现可有咳嗽、咳痰、高热、寒战、胸痛及全身中毒症状较明显等；发病 1 周后可有大量脓臭痰咳出；实验室检查示白细胞总数明显增高。慢性肺脓肿临床上以咳嗽、咳脓痰或脓血痰、胸痛为主要症状，可伴有不规则发热、贫血及消瘦等。

【影像学表现】

1. X 线表现

（1）急性化脓炎症阶段：多位于上叶后段及下叶背段，表现与大叶性肺炎相似，呈较大片状致密影，占据一个或多个肺段，其边缘模糊，密度较均匀。

（2）排脓阶段：病变发生液化坏死后，坏死物经支气管排出后形成空洞。空洞的壁较厚，空洞内常可见液气平面，洞壁内缘光滑或不规则；急性期因脓肿壁外周炎性渗出，致空洞壁外缘模糊（图 4-60）。急性肺脓肿可伴邻近胸膜增厚或少量胸腔积液，也可因脓肿破入胸腔引起局限性脓胸或脓气胸。

（3）慢性期：空洞周围的炎性浸润大部分吸收，纤维结缔组织增生，空洞壁外缘变清晰，洞内可有或无液平，空洞周围可有紊乱索条状或斑片状影（图 4-61），邻近胸膜常有局限性增厚和粘连。

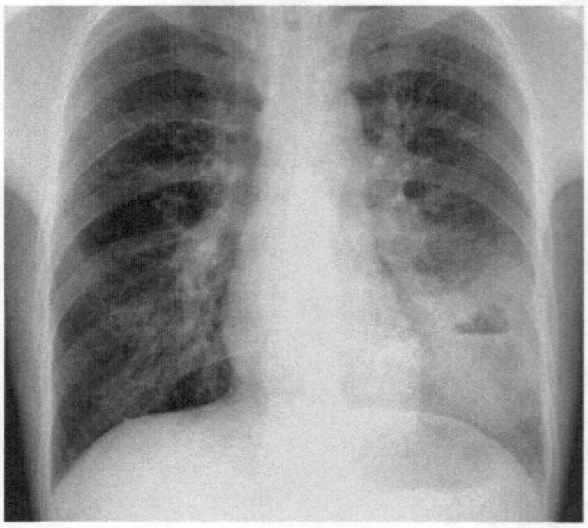

图 4-60　急性肺脓肿 X 线表现

左下肺野见大片状致密影，边缘模糊，其内见一空洞，有气液平面

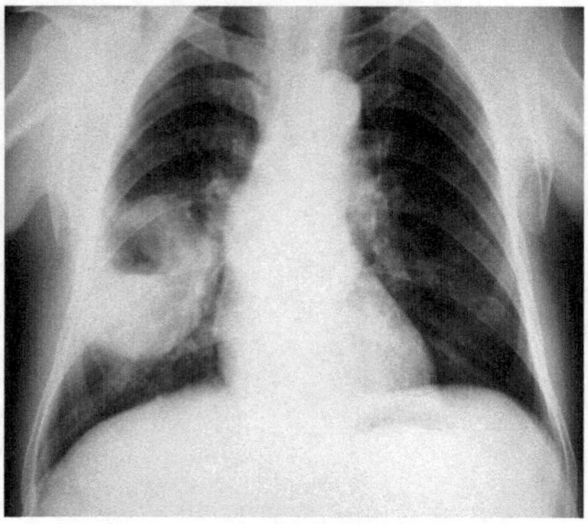

图 4-61　慢性肺脓肿 X 线表现

右肺野见一类圆形空洞，空洞内壁不光整，其内可见液平面，其外缘较清晰

2. CT 表现　CT 扫描容易显示实变阴影中早期坏死液化灶，从而可以早期明确肺脓肿的诊断。CT 对于脓肿壁的显示也较胸部 X 线平片清楚（图 4-62），易于判断脓腔的周围情况，鉴别脓肿是位于肺内还是胸膜腔内，是否存在少量的胸腔积液，脓肿处是否存在局部胸膜增厚；也可正确判断肺脓肿是否已经破入胸腔而导致局限性脓胸或脓气胸等。

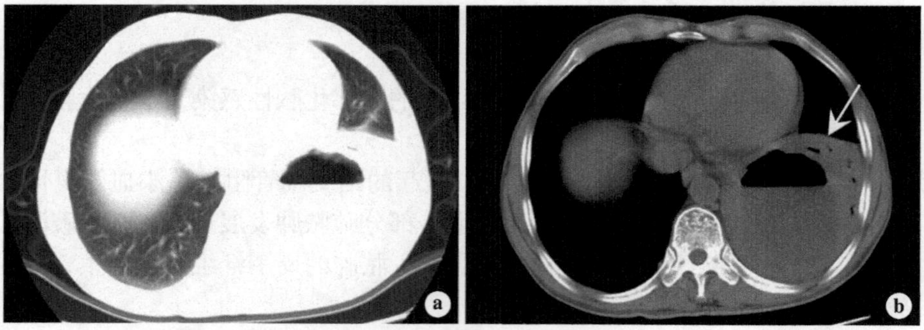

图 4-62　肺脓肿 CT 表现

a、b. CT 平扫肺窗与纵隔窗显示左肺下叶厚壁空洞，可见液平面，其内壁不光整，周围炎性改变（↑）

【诊断与鉴别要点】　肺脓肿空洞主要和肺结核空洞及肺癌空洞鉴别，结核空洞好发于上叶尖后段及下叶背段，内中多无液平，周围常有卫星病灶，同侧和（或）对侧肺野伴有结核灶；肺癌空洞呈偏心性，内壁凹凸不平，外缘呈分叶状及有毛刺等征象可资鉴别。

五、肺炎性假瘤

肺炎性假瘤（pulmonary inflammatory pseudotumor）为增生性炎症，是由多种细胞组成并有纤维化、增生组织形成肿的瘤样团块。

【病理与临床】　肺炎性假瘤肉眼观察呈肿瘤样的增生性炎症，为慢性炎症的一种特殊形态。根据组织成分肺炎性假瘤分为组织细胞增生型、乳头状增生型、硬化血管瘤型、淋巴细胞型、浆细胞型。肺炎性假瘤大体呈圆形或椭圆形，有假包膜形成者与肺组织分界清楚。

临床上一般无症状，常体检发现。

【影像学表现】

1. X 线表现　肺炎性假瘤可发生于两肺的任何部位，多位于肺的表浅部位。可为圆形、椭圆形、类圆形或不规则形等不同形态，多数密度均匀，直径多小于 5cm，有假性包膜者边界清楚；部分炎性假瘤边缘可有与周围型肺癌边缘毛刺相类似的表现。位于肺周围部的炎性假瘤，其邻近胸膜可表现为局限性增厚粘连。随访观察假瘤在数年之内可无明显增大。

2. CT 表现　常表现为肺内单发圆形或类圆形软组织密度肿块（图 4-63）。肿块密度较均匀，部分可出现不规则钙化、小空洞或空气支气管征。多数肿块边缘清楚且光滑，少数毛糙或呈毛刺样改变。肿块胸膜缘可出现尖角样粘连带，尖角指向胸膜，较宽的基底贴近肿块。周围肺血管纹理可受压移位，有时可见不规则索条状影。增强检查时，假瘤的强化程度取决于瘤体的成分，特别是血管成分的多少，可表现为无强化、周边强化或均匀强化。

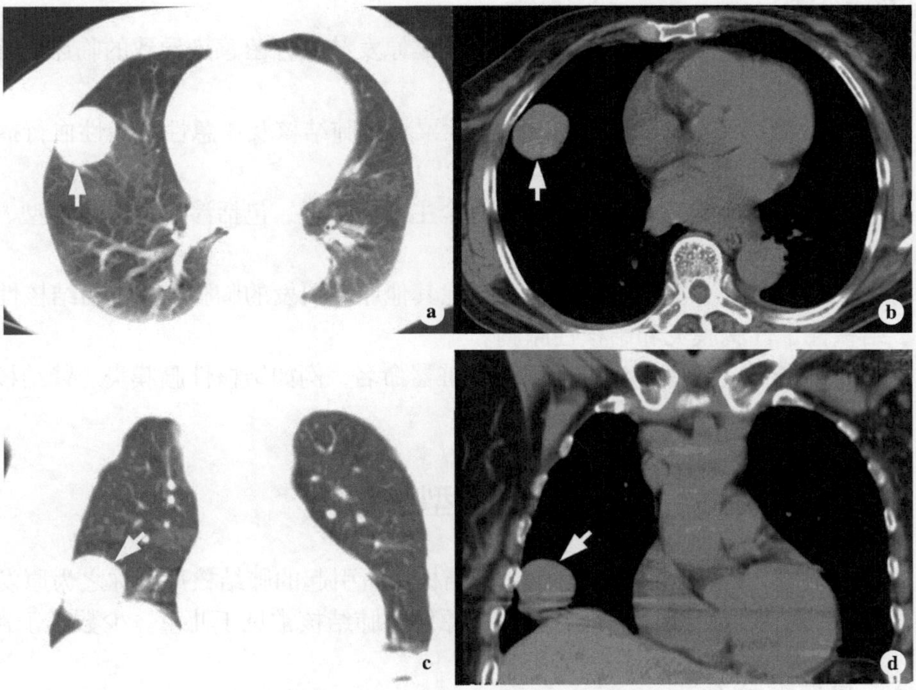

图 4-63　肺炎性假瘤 CT 表现

a、b. CT 平扫；c、d. 冠状面重组示右下肺一类圆形高密度病灶（↑），其密度较均匀，内可见点状钙化，边缘光整

【诊断与鉴别要点】　肺炎性假瘤的影像表现缺乏特征性，常位于肺表浅部位，轮廓光整，周围结构受压移位，其胸膜缘可出现尖角状粘连，动态观察长时间无变化。本病需与结核球、周围型肺癌鉴别。

（林志艳）

第六节 肺 结 核

肺结核（pulmonary tuberculosis）是由结核分枝杆菌在肺内引起的一种常见慢性传染性疾病。

【病理与临床】 基本病理变化为渗出、增殖及变质。①渗出性病变：为渗出性肺泡炎。②增殖性病变：为结核结节肉芽肿增生，增殖性病灶须经纤维化才能愈合。③变质性病变：渗出性病灶可以融合扩大，干酪化溶解，形成空洞，并沿支气管播散，也可经过血行发生肺内及全身性的播散。渗出、增殖及变质病变常同时存在于同一病灶内，而以其中某一种病变为主。

临床上有的肺结核患者可无明显症状，有的可有咳嗽、咯血及胸痛等；出现全身症状时可表现为低热、盗汗、乏力、食欲减退和消瘦等。肺结核主要通过临床症状、影像学表现及痰菌培养为依据进行综合诊断。

【结核病分类】

1. 原发型肺结核（Ⅰ型） 原发型肺结核是原发结核杆菌感染导致的临床病症，包括原发综合征及胸内淋巴结结核。

2. 血行播散型肺结核（Ⅱ型） 包括急性粟粒型肺结核及亚急性或慢性血行播散型肺结核。

3. 继发型肺结核（Ⅲ型） 肺结核中一个主要的类型，包括渗出浸润为主型、干酪为主型和空洞为主型肺结核。

4. 结核性胸膜炎（Ⅳ型） 临床上已排除其他原因引发的胸膜炎，包括结核性渗出性胸膜炎、结核性干性胸膜炎和结核性脓胸。

5. 其他肺外结核（Ⅴ型） 根据部位及脏器命名，例如结核性脑膜炎、肾结核、骨关节结核、肠结核等。

一、原发型肺结核

原发型肺结核（Ⅰ型）为机体首次感染结核菌所引起的肺结核病，称之为原发型肺结核，仅有约10%发展成临床活动性结核病。原发型肺结核常见于儿童，少数见于青年。

（一）原发综合征

结核分枝杆菌经过呼吸道吸入后，在肺实质内产生急性渗出性炎症性变化，这种局限性炎性实变称为原发病灶。原发病灶中的结核杆菌很快经淋巴管向局部淋巴结蔓延，引起结核性淋巴管炎及结核性淋巴结炎。肺部的原发病灶、局部淋巴管炎及所属淋巴结炎三者合称为原发综合征，但此型临床上并不多见。

【影像学表现】

1. X线表现 典型者表现为原发病灶、淋巴管炎与肿大的肺门淋巴结连接在一起形成的“哑铃状”征象（图 4-64）。①原发病灶表现为肺内局限性的斑片状阴影，边缘模糊。②淋巴管炎为自原发病灶向肺门处走行的不规则条索状阴影。③肺门和（或）纵隔淋巴结肿大表现为向同侧肺野突出的致密影。部分患者原发病灶范围较大，可掩盖淋巴管炎与淋巴结炎。

2. CT 表现 CT 能清晰地显示原发病灶、引流淋巴管炎与肺门肿大淋巴结，也易于显示因肿大淋巴结压迫支气管等引起的肺叶或肺段不张。CT 并且可以敏感显示原发病灶邻近的胸膜变化。

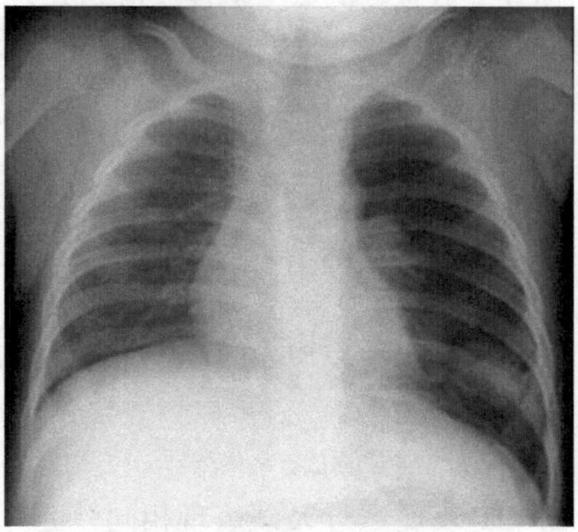

图 4-64 原发综合征 X 线表现

左下肺斑片状原发病灶，左肺门淋巴结肿大，原发病灶与肺门之间见细线状影

（二）胸内淋巴结结核

原发病灶经过治疗以后易于吸收，但是淋巴结炎通常伴有不同程度的干酪样坏死，愈合较慢，且愈合后可以残留钙化。若原发病灶吸收后，原发性肺结核主要表现为胸内或者纵隔内淋巴结肿大，此为胸内淋巴结结核。淋巴结内部的干酪灶可以破溃至血管及支气管产生血行或者支气管播散。肿大淋巴结多伴有周围组织渗出性炎性浸润，称为炎症型。淋巴结周围炎吸收后，于淋巴结周围有一层结缔组织包绕，称之为结节型。

【影像学表现】

1. X 线表现

（1）炎症型：自肺门向外扩展的高密度影，略呈结节状，边缘模糊不清，与周围肺组织分界不清。若累及气管旁淋巴结，可发现上纵隔影一侧或两侧呈弧形增宽，边缘轮廓不清。

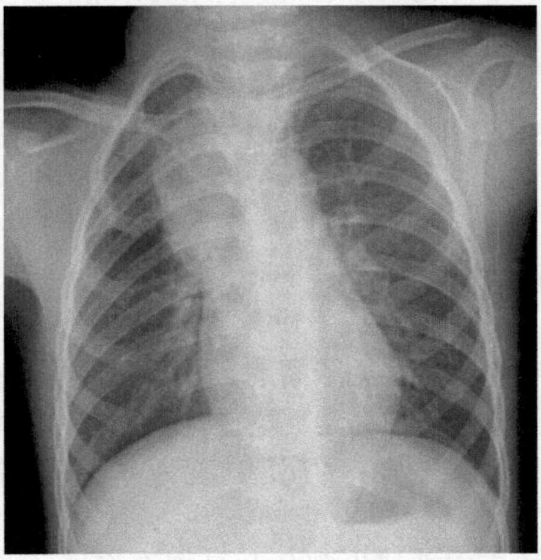

图 4-65 胸内淋巴结结核 X 线表现

右上纵隔局限性肿块向肺野突出

（2）结节型：为肺门区突出的圆形、卵圆形边界清晰的高密度影，以右侧肺门较常见（图 4-65）。

2. CT 表现 CT 检查可以更清楚地发现肺门及纵隔淋巴结肿大，显示其大小、形态、边缘轮廓及密度等；X 线片不易显示隆突下的淋巴结增大，但 CT 则可以清晰地显示。同时 CT 可以早期发现原发病灶内的干酪样坏死，表现为病灶中心相对的低密度区；增强扫描时，中心坏死区不强化，而周边呈现为环状强化。

3. MRI 表现 易于显示纵隔内及肺门结核性淋巴结肿大，增殖性病灶呈中等信号结节影，边缘清晰。

二、血行播散型肺结核

血行播散型肺结核（Ⅱ型）由结核杆菌进入血液循环所致。根据结核杆菌侵入血液循环的途径、数量、次数与机体反应，分为急性粟粒型肺结核与亚急性或慢性血行播散型肺结核。

（一）急性粟粒型肺结核

急性粟粒型肺结核为大量结核分枝杆菌一次或短时间内数次侵入血液循环所引起，常见于儿童和原发型肺结核阶段。

【影像学表现】

1. X 线表现 病变初期，X 线仅见肺纹理增多，约 2 周后两肺出现广泛粟粒样（直径 1～3mm）密度增高影，边界较清楚。粟粒样病灶的特点为分布均匀、大小均匀、密度均匀，即所谓“三均匀”。

2. CT 表现 与 X 线表现相同，更易于显示粟粒样结节，特别是高分辨力 CT 能够清晰地显示弥漫性粟粒性病灶。

（二）亚急性或慢性血行播散型肺结核

亚急性或慢性血行播散型肺结核为较少量的结核杆菌在较长时间内多次侵入血液循环所致。

【影像学表现】

1. X 线表现 病灶形态大小不一，从粟粒样至 1cm 左右不等，病灶可以融合，甚至可以发生干酪坏死形成空洞透亮区；病灶分布不一，以两侧中、上肺野为多，旧的硬结病灶、大的病灶位于上肺野，新的病灶位于下肺野。由此所见病灶大小不一、分布不均、密度不等即所谓“三不均匀”。

2. CT 表现 CT 表现和 X 线平片所见相似，CT 可更敏感地显示病灶的分布、密度及大小，并能显示结节融合的情况。通常表现为大小不一的多发结节影，以两上肺结节影多，并且大于下肺的结节影。同时可以对部分病灶内的小空洞或钙化灶显示得更清楚。

3. MRI 表现 表现为两中上肺可见小结节影，信号存在差异，以中等信号居多。一般不用于本病检查。

三、继发型肺结核

继发型肺结核（Ⅲ型）为肺结核中最常见的类型，主要见于成人。多为肺部再次感染结核杆菌，由于机体已有特异免疫力，结核菌不再向淋巴道蔓延，故肺门淋巴结一般不增大。病理上通常为多种病理性质病变同时存在，而以其中某一种病理改变为主。病变常发生在肺尖、锁骨下区与下叶背段。

【影像学表现】 继发型肺结核重要特点是病变有好发部位和呈现多形性，前者是指肺结核病变多易发生在肺上叶尖段、后段、下叶背段，常常是多肺段受累；后者是指肺结核病灶内可出现渗出、增殖、纤维化、干酪坏死、钙化、空洞及其他肺野播散病灶等。

1. X 线表现

（1）渗出浸润为主型：表现为多发大小不等的斑片状、小结节状及条索状病灶阴影共存，其中斑片状影边缘模糊；有时可见其内的空洞影，可呈薄壁或厚壁空洞（图 4-66）。

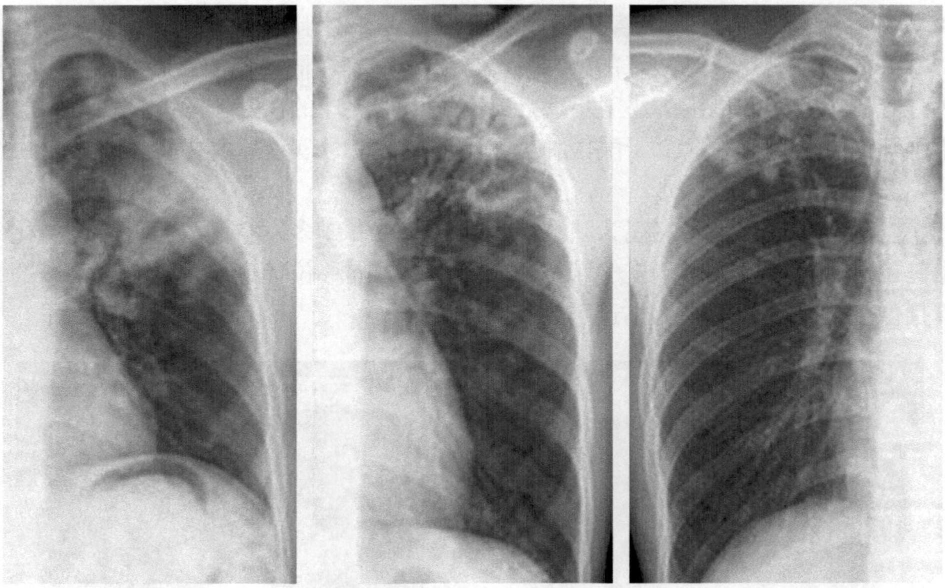

图 4-66 浸润性肺结核 X 线表现

3 名不同患者，均显示上肺野多发小片状影，伴小结节状及条索状影，其内可见空洞

（2）干酪为主型：此型主要包括结核球与干酪性肺炎。①结核球：是指干酪性病变被纤维组织包围形成的球形病灶；常为单发，大小多为 2～3cm，边缘轮廓光整，偶见分叶；密度较高，内部可见斑点、层状或环状钙化灶。结核球周围多见散在的纤维增殖性病灶，称之为"卫星病灶"。②干酪性肺炎：因大量结核杆菌侵入肺组织后迅速引起的干酪样坏死性肺炎，表现为一个肺段或者肺叶呈大片状实变，其内密度不均匀，隐约可见散在多量虫蚀样空洞；肺叶的体积多由于肺组织广泛破坏而缩小；在同侧或对侧肺野有时可见经支气管播散的斑点或斑片状病灶。

（3）空洞为主型：主要表现为由纤维厚壁空洞、广泛纤维条索病变和支气管播散构成病变的主体。因上肺广泛的纤维收缩，多使同侧肺门上提，肺纹理垂直向下而呈垂柳状；未被累及的肺野表现为代偿性肺气肿。两上病灶邻近的胸膜常有增厚。广泛的肺纤维化及胸膜增厚引起同侧胸廓塌陷，纵隔受牵拉而向患侧移位（图 4-67）。

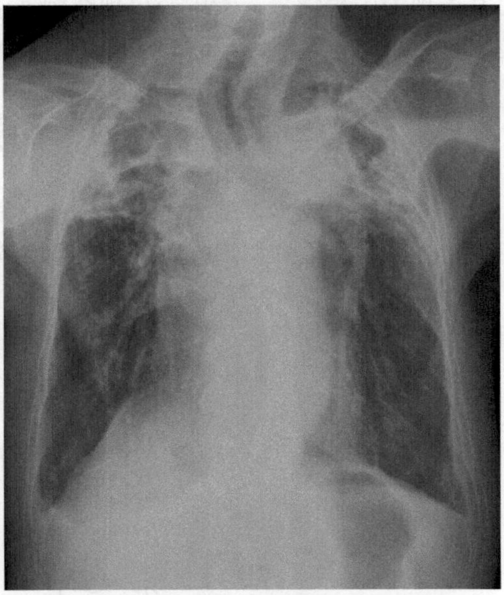

图 4-67 纤维空洞性肺结核 X 线表现

双上肺野可见不规则的空洞，周围有大量条索状纤维性改变，双肺门上提，肺纹理呈垂柳状，膈面升高

2. CT 表现

（1）渗透出浸润为主型：病灶表现为多发小结节状、斑片状及条索状影共存。其中斑片影边缘较模糊，部分病灶中可出现小空洞，有时可见同侧肺门的引流支气管影。增殖性病灶密度较高且边缘清楚，病灶内或其周围可有不规则钙化灶。浸润性病灶多

与纤维化并存，可有邻近支气管扩张，也可出现局限性肺气肿表现。

（2）干酪为主型：①结核球的 CT 表现与 X 线基本相同，但 CT 更容易显示结核球内的小钙化灶、小空洞和周围的小卫星病灶，有助于结核球的诊断（图 4-68）；增强检查时，病灶不强化或仅轻度强化。②干酪性肺炎呈上叶的大叶性实变，其中可发现多个虫蚀样小空洞。

（3）空洞为主型：主要表现为肺结核病变区的单发或多发空洞，明显的纤维化条索病灶及由其引起的肺纹理紊乱、支气管扩张与肺门、纵隔移位等；还可见新旧不一的结节状支气管播散病灶及胸膜肥厚、粘连与钙化等改变。

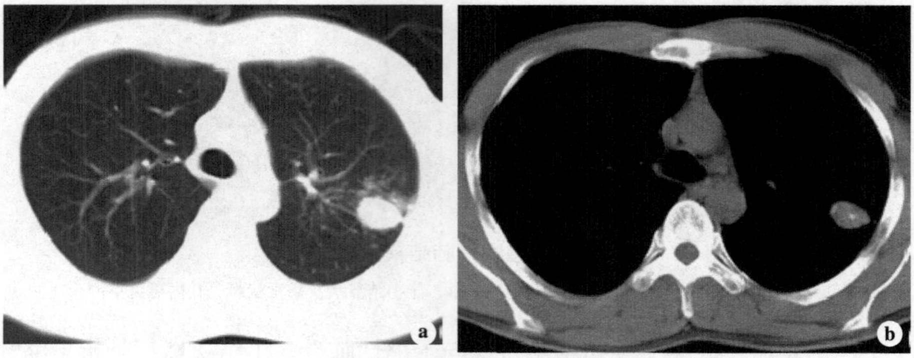

图 4-68　结核球 CT 表现

a. CT 平扫肺窗可见左肺内类圆形高密度影，周围可见卫星病灶；

b. CT 平扫纵隔窗可见轮廓较光滑的类圆形病灶，其内可见钙化

3. MRI 表现　渗出及干酪性病变通常呈较高信号，增殖病灶可显示中等信号，纤维化病灶表现为低信号，钙化表现为更低信号，斑点状钙化不能显示。结核球在 T_1WI 与 T_2WI 上常表现为中等信号，若中心出现空洞，中心信号很低。空洞为主型病变，由于肺组织发生大量纤维化，T_1WI 与 T_2WI 均表现为较低信号或低信号，空洞内气体为极低信号。

四、结核性胸膜炎

结核性胸膜炎（Ⅳ型）是结核杆菌及其代谢产物进入高敏状态的胸膜腔所引起的胸膜炎症，可分为干性和渗出性结核性胸膜炎两种，前者不产生明显渗液；后者是由于机体对结核杆菌高过敏性反应，形成胸腔内渗液，多为单侧，液体一般为浆液性或血性，可呈游离状态，也可被局限于胸腔某一部位，即包裹性胸腔积液。

【影像学表现】　干性结核性胸膜炎影像学上呈阴性表现；渗出性结核性胸膜炎表现为胸腔积液征象。

（林志艳）

第七节　肺　肿　瘤

肺肿瘤分为原发性和继发性两大类。原发性肺肿瘤又分为良性与恶性，其中良性肺肿瘤较少见，而恶性肺肿瘤中大多数为原发性支气管肺癌。

一、支气管肺癌

支气管肺癌（primary bronchogenic carcinoma）为肺内最常见的肿瘤。多见于中老年人，部分患者有长期吸烟史或家族史。近年来发病率逐渐增高，严重危害人类健康。

【病理与临床】 肺癌起源于支气管上皮、细支气管或腺体及肺泡上皮。在组织学类型上，肺癌分为小细胞肺癌及非小细胞肺癌两类，后者主要包括腺癌、鳞癌、腺鳞癌与大细胞癌等。

影像学上通常按肺癌所发生的部位分为三型。①中央型：是指肿瘤发生在肺段及段以上的支气管；②周围型：是指肿瘤发生在肺段以下的支气管；③弥漫型：是指肿瘤发生在细支气管或者肺泡，弥漫性分布于两肺。

肺癌的临床症状与体征取决于原发肿瘤的大小、发生部位、对周围结构的侵犯及转移情况等，最常见的有咳嗽、胸痛和咯血等。早期一般无症状，在体检中偶然发现。

【影像学表现】

（一）中央型肺癌

1. X 线表现

（1）直接征象：即癌灶瘤体征象。癌灶较小时 X 线胸片可无异常发现；肿瘤增大后可显示肺门影增大、密度增高，进而形成肺门肿块，边缘常较清楚。

（2）间接征象：肺癌组织引起支气管的阻塞征象，包括阻塞性肺气肿、阻塞性肺炎及阻塞性肺不张。①阻塞性肺气肿：早期由于支气管不完全阻塞产生活瓣作用而出现阻塞性肺气肿，表现为相应肺体积增大，透亮度增高，叶间裂、纵隔及横隔受压移位。②阻塞性肺炎：表现为病变支气管支配的相应肺组织呈局部斑片状或肺段、肺叶实变影。病变不易吸收，或吸收后在同一部位反复发作。③阻塞性肺不张：当支气管完全阻塞时则出现肺不张，相应肺体积缩小，密度增高，周围结构向病变处移位。右肺上叶的中央型肺癌有时可出现典型的横 S 征，即右肺上叶肺不张时其凹面向下的下缘与肺门区肿块向下隆起的下缘相连形成横置的 S 状（图 4-69）。

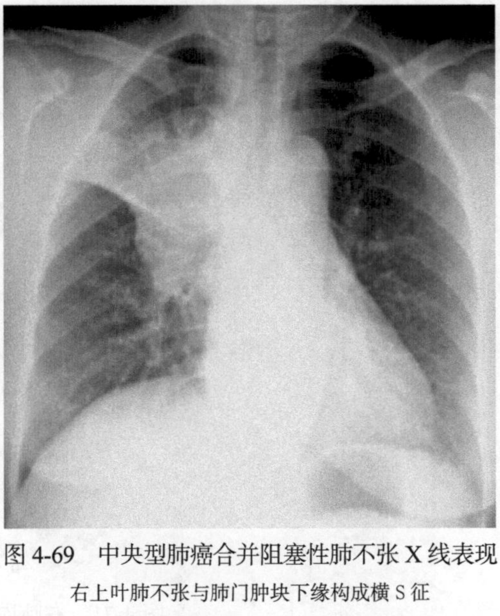

图 4-69 中央型肺癌合并阻塞性肺不张 X 线表现

右上叶肺不张与肺门肿块下缘构成横 S 征

2. CT 表现

（1）直接征象：可表现为肺门区分叶状肿块影或病变支气管管腔内的结节及息肉样阴影（图 4-70），还可显示支气管壁不规则增厚、管腔狭窄与截断。

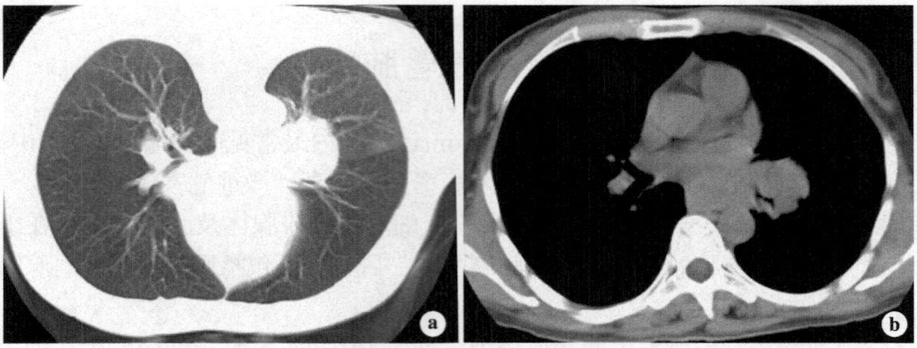

图 4-70　中央型肺癌 CT 表现

a、b. CT 平扫显示左侧肺门肿块，左下支气管狭窄，而右肺门下叶支气管及分支清晰可见

（2）间接征象：CT 可清晰显示病变支气管狭窄引起的阻塞性肺气肿、阻塞性肺炎与阻塞性肺不张，当阻塞远端的支气管发生扩张并充满黏液时可出现“V”形或“Y”形阴影，称黏液支气管征。CT 增强扫描有助于区分肺门区的肿块和远端的阻塞性肺不张，表现为肿块的强化程度低于肺不张。

（3）转移征象：主要表现为肺门和纵隔的淋巴结肿大，常见于气管隆突下、主肺动脉窗、上腔静脉后、气管旁及两肺门等处，增强检查显示更明显。

3. MRI 表现　MRI 可显示肿块形态、大小、信号及支气管狭窄等征象，也可显示肿块对邻近支气管与血管的侵袭、纵隔淋巴结肿大等，有利于临床对肺癌进行分期。

（二）周围型肺癌

1. X 线表现

（1）形态与密度：小肺癌（≤2cm）多为结节状影，也可为小片状磨玻璃样密度影。较大的肿瘤多呈分叶状，一般密度较均匀；但也可形成空洞，多为厚壁，且厚薄不均，内壁不规则（图 4-71）。

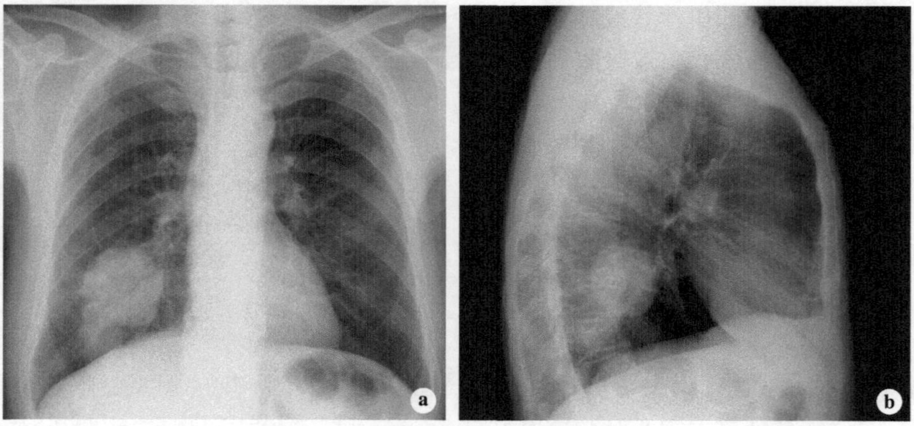

图 4-71　右肺周围型肺癌 X 线表现

a、b. 胸部正、侧位片显示右肺下叶占位，病灶形态不规则，呈分叶状

（2）边缘与邻近结构：包括毛刺征、胸膜凹陷征、血管集束征、小叶阻塞性肺炎等。毛刺征表现为肿瘤边缘较短细而僵直的细线影；胸膜凹陷征表现为肿瘤与胸膜间的线形或

幕状影；肿瘤侵犯支气管引起阻塞性肺炎，表现为肿瘤周围的斑片状阴影。

（3）转移征象：可表现为肺内多发结节转移灶或胸腔积液、胸膜结节状增厚及肋骨破坏等。

2. CT 表现

（1）形态与密度：肿瘤分叶征较常见。周围型肺癌病灶分为肿块、实性结节、磨玻璃样密度结节和混合密度结节（图 4-72a，图 4-72b）。若结节内见直径小于 5mm 的小透亮区或支气管气像，为空泡征，多见于体积小的细支气管肺泡癌和腺癌。肺癌增强后的 CT 值比平扫增加 15～80HU，呈均匀或不均匀强化；动态增强的时间-密度曲线呈逐渐上升的形态。

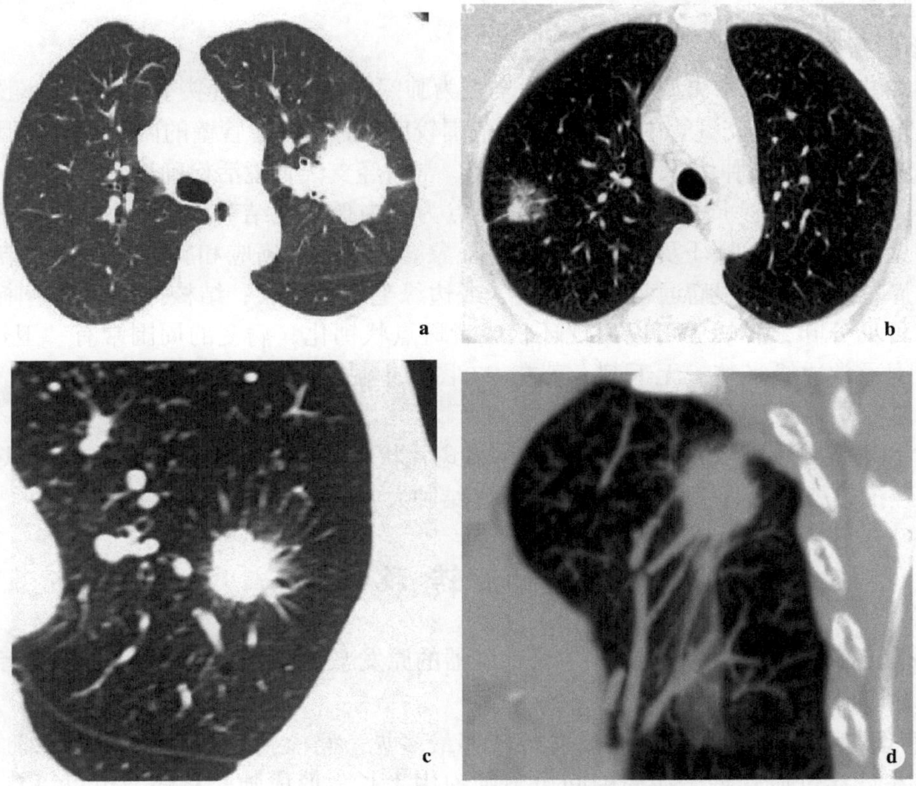

图 4-72　周围型肺癌各种 CT 征象

a. 分叶状肿块；b. 混合密度结节；c. 边缘毛刺征；d. 血管集束征

（2）边缘与邻近结构：CT 可更清晰地显示肿瘤边缘的毛刺征（图 4-72c）、胸膜凹陷征、小叶阻塞性肺炎等征象；有时可见较粗大血管向肿瘤集中，称血管集束征（图 4-72d）。

（3）转移征象：肺尖癌易引起邻近胸椎及肋骨破坏；肿瘤在肺内血行转移可形成多发结节或粟粒状；肿瘤侵犯淋巴道形成癌性淋巴管炎，表现为支气管血管束增粗，有小结节及不规则细线、网状影；转移到胸内淋巴结引起肺门及纵隔淋巴结肿大；胸膜转移表现为胸膜结节和胸腔积液。

3. MRI 表现　MRI 显示肺结节与肿块的征象不如 CT，但 MRI 的三维成像技术有助于肿块的准确定位，尤其是肺尖和靠近纵隔的病灶；也有利于显示肿瘤侵犯胸壁、脊椎、心脏与大血管和纵隔淋巴结转移的情况。在 T_1WI 上肺肿瘤多呈略低或中等信号，T_2WI 呈不均匀高信号。

（三）弥漫型肺癌

1. X 线表现　表现为两肺多发弥漫结节或斑片状影，或多发肺叶、肺段的实变影。结节呈粟粒大小至 1cm 不等，以两肺中、下部较多。

2. CT 表现　可有两种表现：①两肺弥漫分布大小不等的小结节或小斑片影。②呈肺段、肺叶分布的多发肺实变影，其中可见空气支气管征，特点是支气管不规则狭窄，管壁扭曲、僵硬，呈枯树枝状；还可出现蜂窝征；增强扫描可在肺实变的病灶中出现强化血管影，称血管造影征。

【诊断与鉴别要点】

1. 中央型肺癌　中央型肺癌的诊断要点为肺门肿块及支气管狭窄或闭塞。一般应和支气管内膜结核鉴别。支气管内膜结核病变范围较广泛，支气管管壁的内缘不规则但其外缘光滑，多不形成管壁肿块，管壁增厚也较轻。常需经支气管镜活检确诊。

2. 周围型肺癌　周围型肺癌的诊断要点为肺内孤立性结节或者肿块，形态不规则，边缘多见毛刺征、分叶征及胸膜凹陷征等征象。周围型肺癌应和肺炎性假瘤、结核球及肺错构瘤鉴别。炎性假瘤通常边缘光整，或边缘毛刺较粗长；结核球的边缘清晰，无毛刺，偶可见分叶，肿块中可以出现环状或者斑点状钙化，病变的周围常有“卫星灶”；肺错构瘤通常边缘光整，无毛刺，若在 CT 图像上见到爆米花样钙化或脂肪影，则可以明确诊断。

3. 弥漫型肺癌　当肿瘤表现为两肺多发斑片状影及肺叶、肺段实变时，与肺炎鉴别较困难。经抗感染治疗后病变不吸收且有淋巴结肿大者，有利于和肺炎鉴别。

二、肺转移瘤

肺是转移瘤最好发的脏器之一。其他脏器的原发恶性肿瘤可经血行、淋巴或者直接蔓延等多种途径转移到肺部。

【病理与临床】　肺转移瘤以血行转移最多见。癌栓到达肺小动脉与毛细血管后，可浸润并且穿过血管壁，在周围间质与肺泡中生长，形成肺转移瘤。也可以自肺门及纵隔淋巴结的转移逆行播散到肺内淋巴管。纵隔、胸壁的恶性肿瘤可以直接蔓延浸润肺部。

肺转移瘤的临床表现多样，早期可无症状；其后可出现咳嗽、呼吸困难、胸痛、咯血等，大多数患者以原发肿瘤症状为主，多伴有恶病质。部分患者可无呼吸道症状而仅在查体时发现，也有的肺转移瘤患者未发现原发病灶。

【影像学表现】

1. X 线表现　①血行性转移：多数表现为两肺内多发的棉球样结节，其大小不一，密度均匀，轮廓清晰；以两侧中、下肺野较多，也可以局限于一侧肺野（图 4-73）。血供丰富的原发肿瘤可发生粟粒状的转移灶，多分布在两侧中、下肺野。②淋巴道转移：可表现为两侧肺门和（或）纵隔淋巴结肿大，并可见自肺门向外呈放射状分布的条索状影，沿着条索状影可见串珠样小点影。

2. CT表现 CT图像对于发现肺部的转移灶比X线平片更加敏感。血行性转移表现为两肺内可见弥漫性结节或者多发球形病灶，其密度均匀，边缘光整，以两侧中、下肺野及胸膜下区分布较多。部分转移瘤内可以发生空洞及出现钙化或者骨化。CT对淋巴道转移的诊断独具优势，更容易发现肺门及纵隔淋巴结肿大，还可以显示小叶间隔增厚、支气管血管束增粗，并沿支气管血管束、小叶间隔可见多量细小结节影。

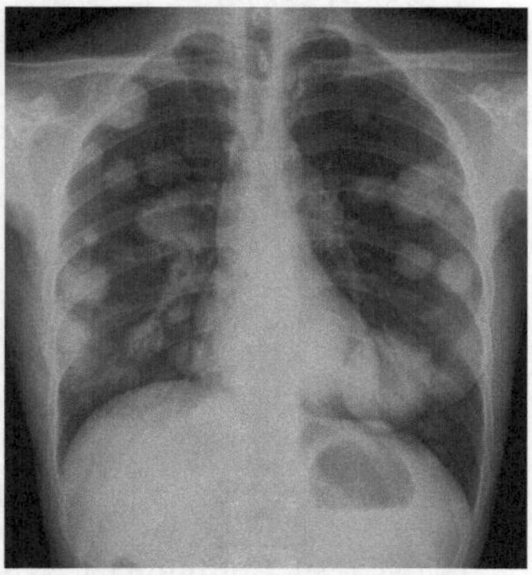
图 4-73 双肺转移瘤X线表现

【诊断与鉴别要点】 根据原发肿瘤的病史及典型影像学表现，诊断肺转移瘤不难。结节状肺转移瘤需与肺炎、肺结核、尘肺、结节病等鉴别；淋巴道转移的支气管血管束均匀增粗应和间质性肺水肿鉴别；支气管血管束与小叶间隔结节状增粗应和结节病、尘肺鉴别。

三、肺 错 构 瘤

错构瘤（hamartoma）是内胚层与间胚层发育异常而形成。

【病理与临床】 依据发生部位，错构瘤可分为中央型与周围型。位于肺段及肺段以上支气管内者称为中央型错构瘤。发生于肺段以下支气管及肺内的错构瘤称为周围型错构瘤，此型多见，在肺内形成结节与肿块；本型主要由软骨组织构成，并混有平滑肌、纤维结缔组织、脂肪等组织。中央型错构瘤阻塞支气管可引起阻塞性肺炎与肺不张，此型瘤内脂肪组织较多。

错构瘤较小时无任何症状，多为体检时偶然发现。较大的周围型错构瘤可出现咳痰、咯血，可引起气短等压迫症状；较大的中央型错构瘤，临床表现主要为阻塞性肺炎引起的咳嗽、咳痰、胸痛、发热。

【影像学表现】

1. X线表现 周围型错构瘤主要表现为肺内孤立结节影，直径常在2.5cm以下；病灶边缘清楚，可有浅弧状表现，但无明显分叶；部分病灶内可有钙化，典型者呈爆米花样。中央型错构瘤引起的阻塞性肺炎呈斑片状模糊影；阻塞性肺不张表现为肺叶、肺段实变，体积缩小。

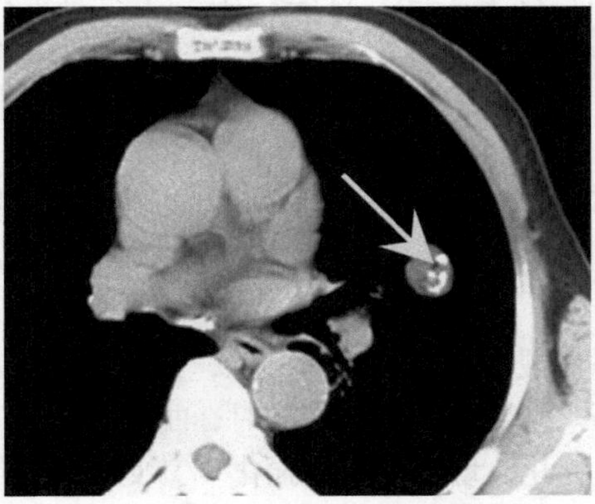
图 4-74 肺错构瘤CT表现
CT纵隔窗可见边缘光整、形态规则的结节影，密度不均匀，其中可见钙化影（↑）

2. CT 表现 瘤体内可见斑点状或爆米花样钙化，部分病灶具有脂肪密度，CT值为–90～–40HU。病灶边缘多清楚、光滑，也可呈轻度凹凸不平或不规则的肿块影（图4-74）。增强检查时，多数病灶无明显强化。中央型错构瘤可显示主支气管或叶支气管管腔内结节状病灶，边缘光整；发生在段支气管的错构瘤呈支气管截断。

【诊断与鉴别要点】 周围型错构瘤边缘光整，内有钙化与脂肪影，与周围型肺癌可资鉴别，特别是脂肪密度具有重要的诊断意义。中央型错构瘤应和中央型肺癌进行鉴别，错构瘤不引起支气管管壁增厚，肺门无肿块与淋巴结转移，可与之鉴别。

（林志艳）

第八节 其他肺部疾病

一、肺曲菌病

肺曲菌病（pulmonary aspergillosis）是肺部最常见的真菌病，致病菌主要为烟曲菌，常在慢性病患者免疫功能低下时侵入肺部而引起的肺部疾病，可分为局限型与侵袭型。

【病理与临床】 局限型多继发于支气管囊肿、结核空洞等肺组织内的空洞或空腔，在曲菌繁殖的过程中，菌丝、细胞碎屑、纤维素及黏液相互混合形成曲菌球；发生于支气管者是由于过敏反应，支气管分泌物增多，曲菌菌丝使黏液变稠不易排出，滞留在支气管中形成支气管黏液嵌塞。侵袭型是曲菌引起的肺部炎症、化脓与肉芽肿性病变，病变的范围可较广泛。

临床症状与吸入曲菌量有关，也和机体对曲菌发生的变态反应相关。部分患者无临床症状；部分起病急，可出现发热、咳嗽、咳痰和咯血等症状，与急性肺炎的症状相似；部分起病缓慢，可出现盗汗、咳嗽、咳带血脓痰，病情时好时坏，与肺结核症状相似。

【影像学表现】

1. X 线表现

（1）局限型：①曲菌球：为肺曲菌病最具特征性的表现，表现为位于肺部空洞或空腔内圆形或类圆形的致密影，密度较均匀，边缘较光滑；曲菌球位置可随体位的改变而变动，总是处于近地侧。因曲菌球不侵及空洞（腔）壁，且体积小于空洞（腔）的内腔，在曲菌球与空洞（腔）壁之间可出现新月形空隙，称之为空气半月征。因曲菌球易继发于肺结核空洞中，故而两上肺尖后段常见，且洞壁较薄。②支气管黏液嵌塞：常见于两肺上叶，呈柱状致密影，沿肺段或亚段支气管分布；也可引起远侧肺组织实变与不张。

（2）侵袭型：呈一侧或两侧肺野内单发或多发斑片状影，也可呈肺叶或肺段实变影；病灶坏死可形成脓肿，少数可形成空洞。

2. CT 表现

（1）局限型：①曲菌球：主要表现为薄壁空洞或空腔中孤立球形灶，边缘光滑锐利，直径自数毫米至数厘米不等，多可见空气半月征。仰卧与俯卧位扫描时，曲菌球总处于近地侧（图 4-75）。曲菌球为软组织密度影，可有钙化，增强检查无强化。②支气管黏液嵌塞：呈柱状致密影。

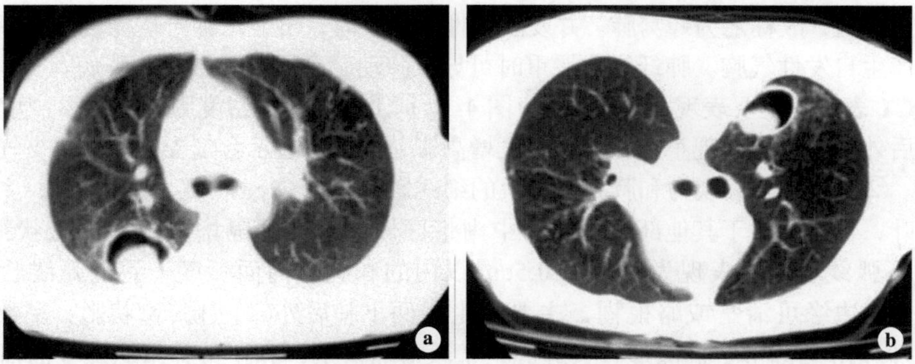

图 4-75　肺曲菌病 CT 表现

CT 肺窗显示左肺空洞内孤立球形病灶；图 a 为仰卧位，图 b 为俯卧位，球形病灶总处于近地侧

（2）侵袭型：早期，部分患者肺部出现结节或肿块状实变影，周围可出现晕轮征，即在结节或肿块状病灶周围出现环绕的磨玻璃样密度区域，密度介于结节（肿块）和正常肺组织之间，形似晕轮，是由周围出血所致。其他表现包括小叶实变或小叶融合影，多发球形病灶伴空洞形成及肺门淋巴结肿大。

【诊断与鉴别要点】　诊断要点主要为形态规则、密度较均匀、边缘光整的曲菌球，呈孤立性并具有活动性，周围可见空气半月征；结节（肿块）的晕轮征对侵袭型肺曲菌病的诊断同样具有重要意义。支气管黏液嵌塞常见于两肺上叶，多发生于近侧支气管，有时其远侧表现为肺不张。多发球形病灶应和血源性肺脓肿鉴别；慢性曲菌感染可出现纤维结节性病变，且可形成空洞，应和肺结核进行鉴别；表现为两肺多发斑片影时应和支气管肺炎鉴别。

二、特发性肺间质纤维化

特发性肺间质纤维化（idiopathic pulmonary fibrosis，IPF）为原因不明的弥漫性纤维性肺泡炎，是肺泡壁损害引起的非感染性炎性反应。近年来认为是免疫性疾病，可能与遗传相关。

【病理与临床】　急性期肺泡内充满脱落的上皮细胞，肺间质水肿，肺泡壁增厚，胶原纤维扭曲、紊乱而机化。病变发展后，肺纤维化不断加重。晚期广泛纤维化而使肺组织结构严重破坏，肺泡壁、小叶间隔、胸膜下等部位的广泛纤维化使得肺体积缩小、变硬。

【影像学表现】

1. X 线表现　早期可无变化或仅见两肺中下野细小网织影。病变发展后可表现为不对称性、弥漫性网状、条索状与结节状影，可扩展至上肺野（图 4-76）。晚期患者，结节影增大且伴有广泛厚壁囊状

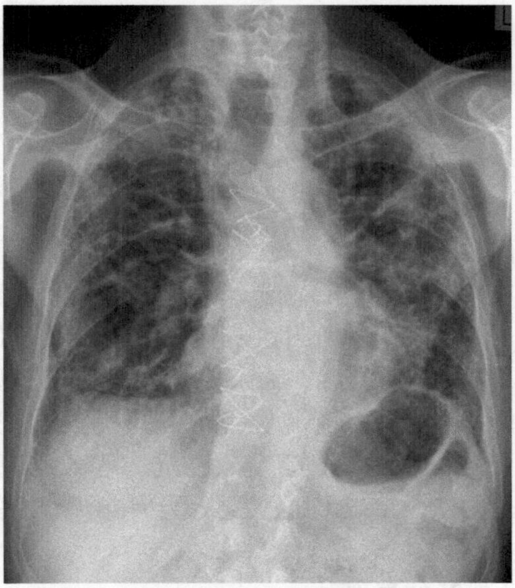

图 4-76　特发性肺间质纤维化 X 线表现

双侧肺野弥漫性条索状、网状及小结节影

影，状如蜂窝，故称之为蜂窝肺。并发阻塞性肺气肿时，可显示肺野透亮度增高。囊肿破裂后可产生自发性气胸。肺纤维化严重时可导致肺动脉高压与肺源性心脏病。

2. CT 表现 主要表现为以下征象（图 4-77）：①磨玻璃样密度影与实变影：病变早期，两下肺后外基底段可出现小叶状轻度密度增高影，其内可显示含气支气管影，支气管血管束增粗。②线状影：表现为和胸膜面垂直的细线影，长 1～2cm，宽 1mm 左右，主要见于两肺下叶，也可发生于其他部位。两肺中内带区域的小叶间隔增厚时呈分支状细线影。③胸膜下弧线状影：表现为胸膜下 0.5cm 以内的和胸壁内面弧度一致的弧线状影，长 5～10cm，边缘可清楚或略模糊，主要发生于两下肺后外部。④蜂窝状影：呈数毫米至 2cm 大小不等的圆形、椭圆形含气囊腔，壁较薄而清楚，和正常肺组织交界面清晰；多分布于两肺基底部胸膜下区。⑤小结节影：在网、线、蜂窝影基础上，可显示少数小结节影，边缘较清晰。⑥肺气肿：小叶中心型肺气肿呈散在的、直径 2～4mm 圆形低密度含气区，边缘不明确，主要见于肺外围部。有时胸膜下可发现直径 1～2cm 圆形或类圆形肺气囊。⑦支气管扩张：多为中小支气管扩张，常为柱状扩张，可伴有支气管扭曲、并拢。

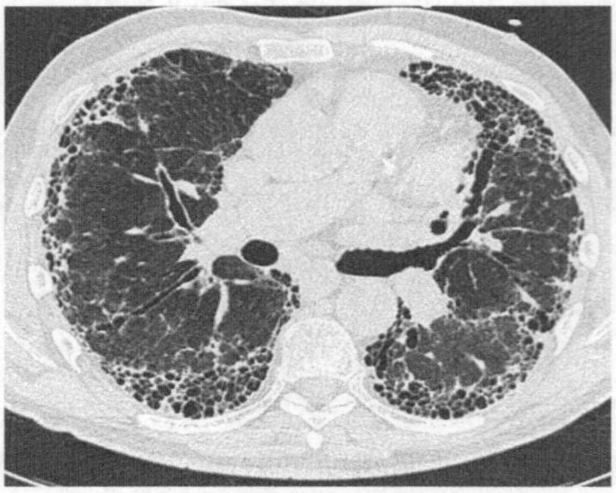

图 4-77 特发性肺间质纤维化 CT 表现
高分辨力 CT 示双肺中内带细线影，外带呈蜂窝状影，并可见扩张支气管

【诊断与鉴别要点】 特发性肺间质纤维化早期缺少特征性的表现，中晚期的影像学表现则有一定的特征性，结合临床，多能作出诊断。本病需要与类风湿病、硬皮病等引起的肺部改变鉴别。

三、结 节 病

结节病（sarcoidosis）是原因不明的多系统肉芽肿性疾病，可累及淋巴结、肺、皮肤、眼、肝、脾与腮腺等器官，以呼吸道受累为著。本病可发生于任何年龄，常见于 20—40 岁女性。

【病理与临床】 病理上为多个器官的非干酪性肉芽肿。淋巴结受累肿大，一般不相互间融合。两肺门淋巴结最易受累，气管旁与主动脉弓旁淋巴结次之。肺内肉芽肿较小，多在 0.4mm 以内，主要分布在间质，以胸膜下肺间质密集，小肉芽肿病灶可以融合为大结节。急性发病者肉芽肿经治疗后多消退或自行消退；慢性发病者多导致进行性肺纤维化。

病程进展缓慢，临床症状和影像学表现多不相称，肺部变化明显而临床症状较轻是本病的特点之一。轻者无症状，进展后可出现咳嗽、低热、乏力、纳差、盗汗与胸闷等。其他可见肝脾大、关节疼痛、皮肤结节、腮腺肿大、外周淋巴结肿大等症状。实验室 Kveim 试验阳性，ACE（血管紧张素转化酶）升高，血、尿钙值升高。

【影像学表现】

1. X 线表现

（1）淋巴结肿大：两侧肺门、纵隔对称性淋巴结肿大，状如土豆（图 4-78），为本病典型的影像表现，也可以是本病的唯一异常表现。

（2）肺部改变：常分布于上中肺野，为两肺弥漫性网状结节影，其大小不一，直径多为 1～3mm，轮廓清晰；也可呈较大结节，大小为 1.0～1.5cm，边缘较清楚，密度均匀。

（3）其他表现：可出现节段性或小叶性浸润，与肺部炎性病变类似；少数可呈单纯粟粒状，与急性粟粒型肺结核相似；以纤维性病变为主时，和其他原因所致肺纤维化不易区别。

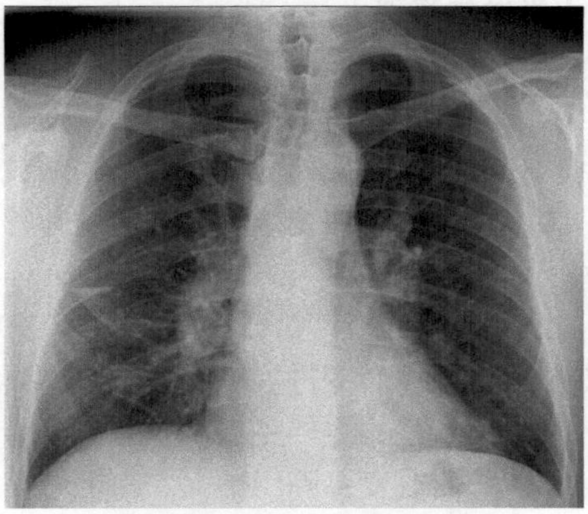

图 4-78 结节病 X 线表现
两侧肺门对称性淋巴结肿大

2. CT 表现

（1）淋巴结肿大：纵隔、肺门淋巴结肿大直径多在 1～3cm，表现为均匀的软组织密度影，其边缘清晰，周围脂肪界面存在；增强检查时，肿大淋巴结表现为均匀性强化。

（2）肺部改变：可发现结节或肿块影。部分晚期病例可显示支气管血管束扭曲、变性或聚拢，叶间裂与血管、支气管移位，支气管扩张及不同程度的肺气肿表现。HRCT 可发现支气管血管束增粗，边缘不规则或呈结节状，周围可出现大小不等的结节状影；于胸膜下区可见小叶间隔增厚与细小蜂窝影；亦可见少量胸腔积液与胸膜增厚。

3. MRI 表现 肿大淋巴结在 T_1WI 上表现为中等或略低信号，T_2WI 上表现为中等或略高信号，信号较均匀。

【诊断与鉴别要点】 结节病典型表现为两侧肺门淋巴结对称性肿大，多伴有纵隔淋巴结肿大，肺门淋巴结肿大更显著。肺内病变通常分布于上中肺野与胸膜下区。主要见于 20—40 岁女性，病程进展较慢，轻者无症状，且临床症状与影像学表现不相称，实验室 Kveim 试验阳性。本病应和肺门结核、淋巴瘤等疾病鉴别；病变发展至纤维化后应和癌性淋巴管炎、间质性肺炎等疾病鉴别。

四、矽　肺

矽肺是尘肺病的最常见类型，是指长期吸入一定浓度含有游离二氧化硅粉尘引发的肺部弥漫性纤维化的尘肺，为尘肺中最常见且危害最大的一种类型。主要见于采矿、玻璃、耐火材料、陶瓷、石英制粉及机械制造业的工人。

【病理与临床】 基本病理变化为慢性进行性肺间质纤维化与矽结节形成。多个小结节可相互融合形成大结节或团块，融合团块周围可发现肺气肿，这是典型矽肺晚期最多见的病理变化。接触含硅的混合粉尘引起混合性矽肺，以间质纤维化常见。一般粉尘中游离二氧化硅含量越高，肺内改变则以结节为主，矽结节更加致密清楚；游离的二氧化硅含量越低，则间质纤维化改变明显。

早期矽肺可无任何症状或因伴有气管与支气管炎而引发咳嗽；晚期可出现呼吸困难，甚至发绀、咯血等症状与体征。

【影像学表现】

1. X 线表现

（1）肺纹理改变：病变早期肺纹理增多增粗，延长至肺野外带，其分支相互交叉，形成网状；在网格交叉处可发现极小的颗粒而使肺野透亮度减低呈磨玻璃样改变。病变进展后，肺纹理发生扭曲变形、紊乱或中断等现象。病变晚期因矽结节增多、肺气肿加剧，肺纹理反而减少。

（2）矽结节及其融合：矽结节典型表现为直径约为 3mm，轮廓清晰且致密孤立的结节影（图 4-79a）。病变进展后，矽结节不断增大增多，融合成致密均匀的团块，即为大结节影，其轮廓清楚，主要见于两上肺野外带。典型者呈翼状两肺对称，也可单侧出现。

（3）肺门改变：肺门增大、密度增高。晚期肺门上提或外移；也可因肺气肿加重，周围肺纹理减少呈残根状表现。肺门淋巴结可呈蛋壳样钙化。

（4）肺气肿：呈弥漫性或局限性肺气肿。

（5）胸膜改变：肋膈角变钝、消失，晚期可见胸膜增厚。

（6）矽肺合并结核：合并的结核病灶主要位于肺尖或锁骨上下区。

2. CT 表现 显示矽结节、网状或线状影、肺门淋巴结钙化、肺气肿、胸膜改变等均优于 X 线胸片（图 4-79b，图 4-79c）。

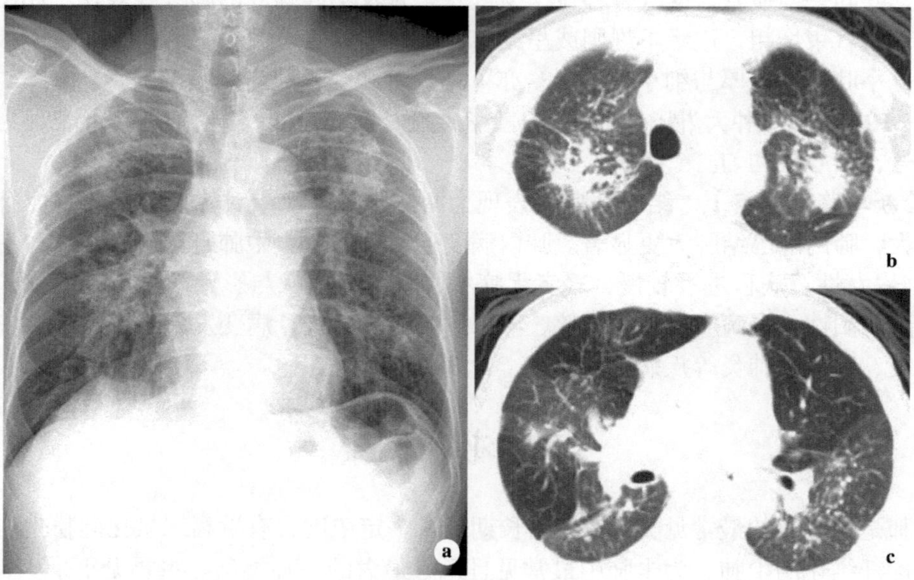

图 4-79 Ⅲ期矽肺 X 线及 CT 表现

a. 双侧肺内中带见多量小结节状高密度影，上肺野见部分结节融合为团块状；b、c. CT 显示更清楚

【诊断与鉴别要点】 对于诊断矽肺非常重要的是职业病史；肺部已显示弥漫性病变而临床症状相对较轻，也是矽肺的特征。本病应与粟粒性肺结核、结节病鉴别。

五、严重急性呼吸综合征

严重急性呼吸综合征（severe acute respiratory syndrome，SARS）又称为传染性非典型肺炎，是由 SARS 冠状病毒引起，主要通过近距离空气飞沫与密切接触传播的一种急性呼吸道传染病。本病是一种新型传染病，传染性强，病死率高，已被列为我国法定传染病管理范畴。

【病理与临床】 SARS引起肺部的急性损伤机制较复杂。病理上可有水肿、炎细胞浸润等非特异性炎症改变，但主要是肺泡上皮大量脱落，肺泡间隔明显增宽与破坏，肺泡腔内渗出物显著机化；同时可见透明膜形成、间质单核细胞浸润，肺毛细血管高度扩张、充血及通透性显著增加。肺泡间隔炎性细胞浸润、肺泡腔广泛水肿液，易于引发临床上急性呼吸窘迫综合征（ARDS）。

临床首发症状常为发热，可伴有头痛、胸痛与全身关节、肌肉酸痛；常有咳嗽，表现为干咳少痰，偶有血丝痰，肺部体征不明显。

【影像学表现】

1. X线表现

（1）早期：常为局灶性小片状或较大的片状磨玻璃样密度影，可单侧也可双侧；病灶多为单发，也可呈多发（图4-80a）。

（2）进展期：病变不断加重，由早期的小片状影演变为大片状、多发或弥漫性；病变由单侧肺发展至双侧，由一个肺野发展至多个肺野，病灶形态与肺叶或肺段形态相符（图4-80b）。病灶多变多发，不同形态的病变可同时存在。

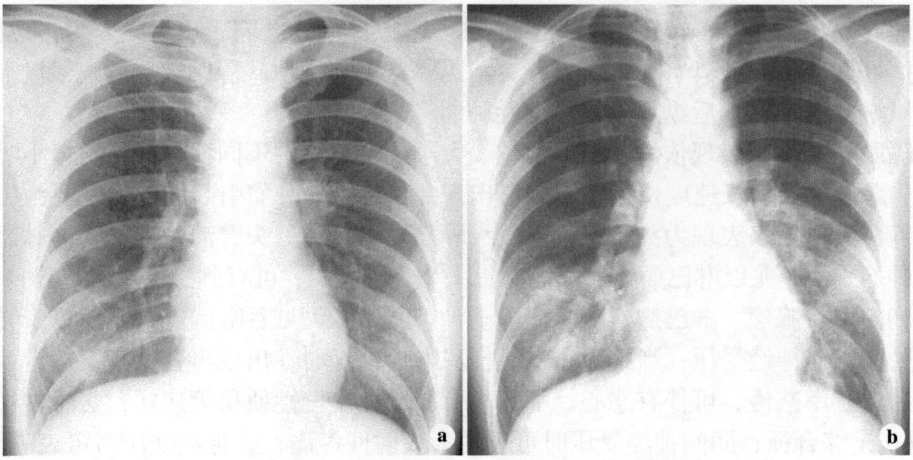

图4-80 严重急性呼吸综合征X线表现

a. 双下肺野淡薄密度增高影，边缘模糊不清；b. 同一病例1天后显示病灶进展迅速，两侧中下肺野多发斑片状密度增高影

（3）恢复期：通常在发病2～3周后，病变吸收缩小，密度不断减低，直至消失。肺内病灶吸收过程中可合并肺间质增生，部分发展后呈肺间质纤维化。成人本病肺部病灶变化较快，并且新老病灶可交替与反复。

2. CT表现 CT较X线检查能更加清晰显示磨玻璃样密度影内的较细肺血管分支，并且可以显示磨玻璃样密度影中的小叶间隔与小叶内间质增厚，呈胸膜下细线影与网状结构；磨玻璃样密度影中若出现较广泛的网状影则形成“碎石路征”。密度较高的磨玻璃样密度影中仅能显示或隐约可见较大的血管分支与明显增厚的小叶间隔（图4-81）。少数患者可显示病变内空气支气管征或小支气管扩张表现。

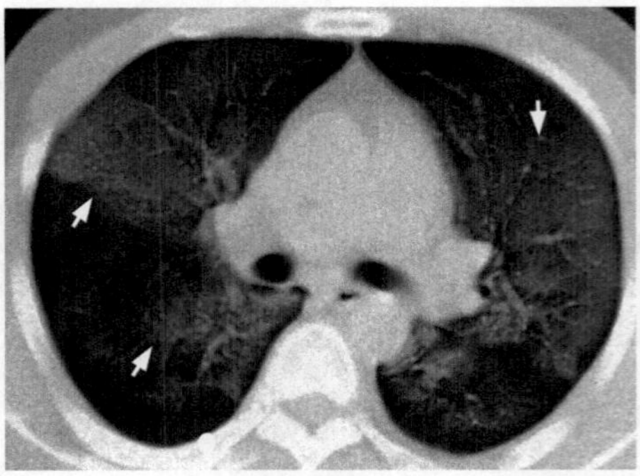

图 4-81　严重急性呼吸综合征 CT 表现

CT 平扫肺窗显示两侧肺野内大片状磨玻璃样密度增高影（↑），边缘不清，其中可见较细的血管分支，胸膜下见细线影与网状结构

【诊断与鉴别要点】　SARS 呈肺野外带小片状磨玻璃密度影，早期常单发，迅速进展为多叶或双侧肺叶内弥漫性磨玻璃密度影或实变影及磨玻璃密度影，与临床中高热、病情重、进展快及实验室检查白细胞总数不增高或偏低相结合，并具有与 SRAS 患者密切接触史，结合血清学与病原学检查，一般可以诊断。因 SARS 影像学表现和肺部其他炎性病变表现相似，还需与细菌性肺炎、其他病毒性肺炎、支原体肺炎及衣原体肺炎、军团菌肺炎及卡氏肺孢子虫肺炎等进行鉴别。

（林志艳）

第九节　纵 隔 肿 瘤

纵隔肿瘤（mediastinal tumor）是指原发于纵隔的肿瘤，共同表现为纵隔内占位性改变。纵隔肿瘤好发部位一般具有一定的规律，前纵隔常见胸内甲状腺肿、胸腺瘤及畸胎瘤等，中纵隔以淋巴瘤常见，后纵隔以神经源性肿瘤多见。

纵隔肿瘤的临床表现依据肿瘤的部位、大小及良恶性的不同而异。病灶较小时常无明显症状；恶性肿瘤生长速度快且短期内可出现症状。纵隔肿瘤引起的症状主要为压迫症状①上腔静脉受压：多表现为头、颈、上肢水肿与发绀，可见头臂静脉与脐周静脉怒张，常为恶性肿瘤引发，尤以淋巴瘤与转移瘤常见。②气管受压：可有刺激性咳嗽、喘鸣、窒息，常见于胸内甲状腺瘤、淋巴瘤、胸腺瘤。③食管受压：可见吞咽困难，主要见于转移瘤与后纵隔肿瘤。④神经受压：当肿瘤压迫或侵犯喉返神经时，出现声音嘶哑；迷走神经受压或侵犯后致心率减慢，可伴有恶心、呕吐、胃酸增加及慢性便秘等症状；交感神经受压后出现 Horner 综合征；肋间神经受压时可表现为放射性疼痛；膈神经受压后可表现为呃逆、膈麻痹与矛盾运动等。

一、胸内甲状腺肿

胸内甲状腺肿（intrathoracic goiter）分为两类，一类为胸骨后甲状腺肿，较常见，多为颈部甲状腺向胸骨后延伸，和颈部甲状腺直接相连或以纤维索条相连续；另一类是迷走甲状腺肿，和颈部甲状腺无任何关联，较少见。

【病理与临床】　病理上为甲状腺增生肿大，可伴有甲状腺囊肿与甲状腺瘤等，常为良性，少数恶性。

临床上可无任何症状，较大时可有邻近结构受压症状。体格检查可触及颈部肿物随吞咽运动而上下移动。

【影像学表现】

1. X 线表现 胸片检查可显示上纵隔增宽，并可见软组织影向两侧或一侧突出，严重时可显示食管受压移位（图 4-82）；侧位胸片可显示胸骨后方软组织影。

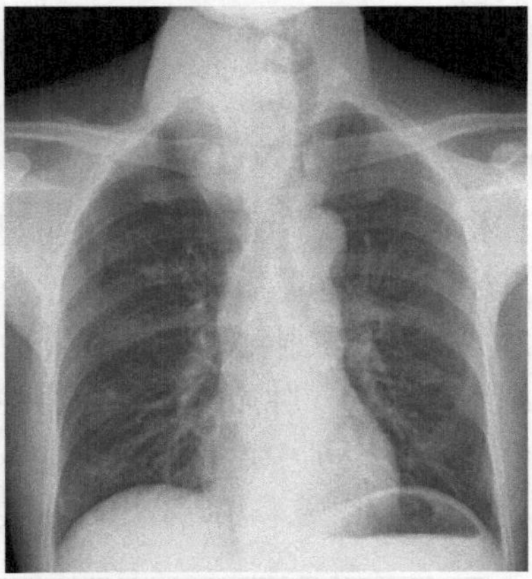

图 4-82 胸内甲状腺肿 X 线表现

上纵隔影增宽，肿块与颈部相连，压迫气管向左移

2. CT 表现 肿瘤常位于气管前方与侧方，邻近结构受压移位；肿瘤密度稍高于周围软组织密度，多可见囊变、出血与钙化等；增强检查肿瘤实质呈明显强化，且持续强化时间较长（图 4-83）；冠状面、矢状面 MPR 重组可清晰显示病灶与颈部甲状腺组织直接或间接相连。

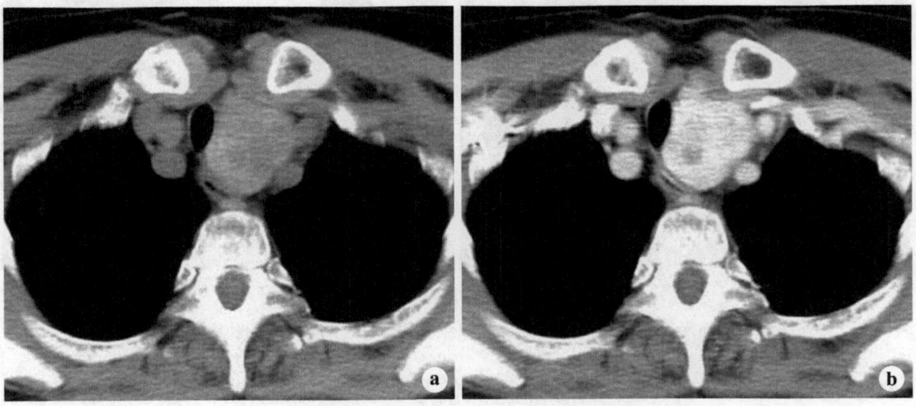

图 4-83 胸内甲状腺肿 CT 表现

a. CT 平扫示前上纵隔气管左旁一软组织肿块，密度高于周围软组织，气管受压；b. CT 增强示肿块明显强化，内见少量坏死灶

3. MRI 表现 肿块呈长 T_1 与长 T_2 不均匀信号影，增强后明显强化，囊变及钙化区无强化。

【诊断与鉴别要点】 胸内甲状腺肿一般位于气管前方或侧方，常与颈部甲状腺相连；CT 与 MRI 增强检查时，病变实质部分表现为持续性明显强化，大部分病灶可以随吞咽运动而上下移动，通常不难诊断。诊断时应注意并存的囊性变、甲状腺腺瘤，尤其是甲状腺癌的可能。

二、胸 腺 瘤

胸腺瘤（thymoma）被认为是起源于未退化的胸腺组织，为前纵隔最常见的肿瘤，成年人居多。

【病理与临床】 组织学上胸腺瘤分为淋巴细胞型、上皮细胞型与混合型，也可分为侵袭性和非侵袭性。胸腺瘤表现为良性特征（非侵袭性）时包膜光整；表现为恶性特征（侵袭性）时包膜不完整，向邻近的结构侵犯，若侵及胸膜可引发胸腔积液，侵及心包可引发心包积液。

临床表现除纵隔肿瘤一般表现外，胸腺瘤还具有典型的临床表现，即本病与重症肌无力关系显著，30%～50%患者可有重症肌无力，而重症肌无力患者中约15%患有胸腺瘤。

【影像学表现】

1. X线表现 后前位胸片上可显示中纵隔局部增宽向肺野突出，侧位上见肿块位于前纵隔升主动脉前方。

2. CT表现 肿瘤位于前纵隔大血管前方，可呈圆形、卵圆形或分叶状，多数为均匀软组织密度肿块，肿瘤较大或侵袭性胸腺瘤可出现囊变坏死；增强检查时，非侵袭性胸腺瘤实性部分呈轻至中度均匀性强化，侵袭性胸腺瘤强化较明显（图4-84）。侵袭性胸腺瘤表现为浸润性生长，边缘不规整，侵犯胸膜后可显示胸膜结节与胸腔积液。

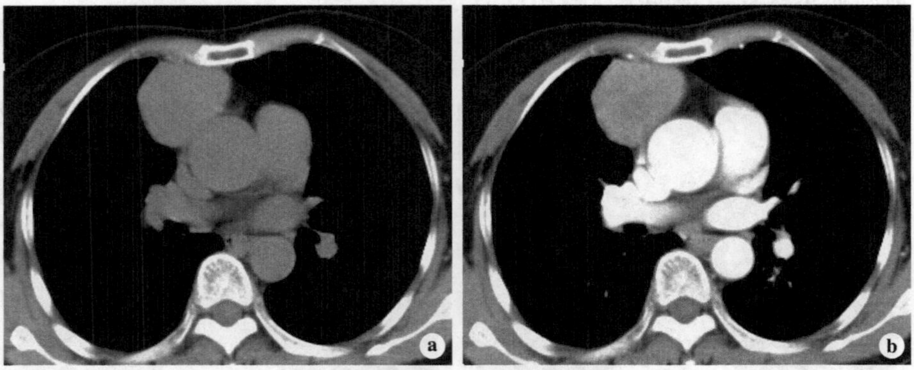

图4-84 胸腺瘤CT表现

a. CT平扫显示升主动脉前方类圆形软组织肿块；b. CT增强显示肿块呈轻度强化

3. MRI表现 通常T_1WI上胸腺瘤呈低信号，而T_2WI上为高信号。增强检查时肿瘤实性部分均匀性强化。

【诊断与鉴别要点】 本病需与胸腺增生鉴别，胸腺增生时胸腺增大，但仍然保持正常形态。

三、畸胎类肿瘤

畸胎瘤（teratoma）来源于原始生殖细胞，是前纵隔常见的肿瘤，通常认为是因胚胎时期第3、4对鳃弓发育异常，多为部分潜能组织与细胞迷走脱落，并且随心血管发育而进入纵隔所致。

【病理与临床】 病理上畸胎瘤分为两种类型：一类为囊性畸胎瘤，即皮样囊肿，含外胚层及中胚层组织，常为单房囊状，壁的内层为复层鳞状上皮与脂肪、毛发、汗腺、毛囊肌肉组织，也可含牙、钙化与骨骼；壁的外层为纤维组织。另一类是实性畸胎瘤，组织学上含有三个胚层，其结构复杂，可包含人体各种不同部位的组织结构。

较小的肿瘤常无任何症状，多为偶然发现；肿瘤较大时可有相应的压迫症状；并发支气管瘘时可表现为咳嗽、咯血，典型者可咳出毛发与钙化物等。

【影像学表现】

1. X 线表现 肿瘤常位于前纵隔，尤其是心脏及大血管交界的前、中纵隔处，左侧较右侧常见。肿瘤多表现为类圆形，大小不一，可有轻度分叶；如发现骨骼或牙高密度影则对本病的诊断具有重要意义。

2. CT 表现 主要表现：①囊性畸胎瘤（图 4-85）通常为厚壁囊肿，CT 检查可明确显示壁的厚度。②肿瘤内脂肪成分的 CT 值一般为−50～−25HU。③病灶中的骨骼与钙化成分的 CT 值＞100HU。④可明确显示肿瘤的囊实性成分及肿瘤与周围组织结构的关系，若为浸润性生长则提示为恶性。⑤增强 CT 检查，肿瘤表现为不均匀强化；病灶为一过性显著强化时多提示为恶性肿瘤。

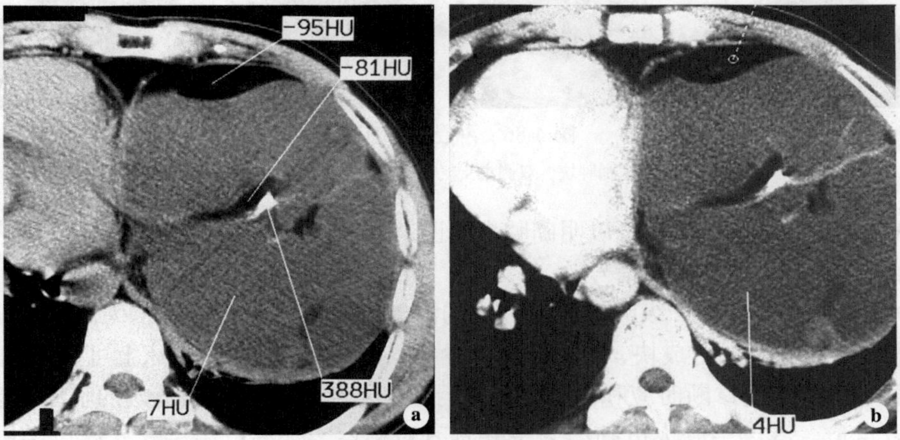

图 4-85 囊性畸胎瘤 CT 表现

a. CT 平扫示纵隔囊液性肿块突向左胸腔，其内见脂肪及钙化影；b. CT 增强示囊壁强化而囊内组织不强化

3. MRI 表现 肿瘤表现为混杂信号影，瘤中脂肪在 T_1WI 与 T_2WI 上均显示为高信号。

【诊断与鉴别要点】 畸胎瘤常位于前、中纵隔，密度不均，肿瘤内通常可见骨骼、钙化、牙与脂肪等多种不同组织成分，影像学具有典型的表现，故常可明确诊断。若肿瘤呈浸润性生长，增强扫描表现为一过性明显强化，则提示恶性肿瘤。

四、淋 巴 瘤

淋巴瘤（lymphoma）是起源于淋巴结或结外淋巴组织的恶性肿瘤。

【病理与临床】 病理上淋巴瘤分为霍奇金（Hodgkin disease，HD）与非霍奇金淋巴瘤（non-Hodgkin lymphoma，NHL）两类。霍奇金病以淋巴结受侵为主，结外少见，一般从颈部淋巴结开始，向邻近淋巴结扩散；非霍奇金淋巴瘤多为跳跃式，病变通常较为广泛，结外气管易于受累。

【影像学表现】

1. X 线表现 正位胸片主要表现为纵隔影增宽，以上纵隔为主，可为分叶状表现。侧位胸片显示肿块多与气管重叠，气管对比度下降。

2. CT 表现 纵隔内肿大淋巴结的分布主要为前纵隔与支气管旁组最常见，其次为气管及支气管组与隆突下组。肿大淋巴结可相互融合成块，也可分散存在。较大肿块中心可有坏死，但钙化较少见。增强检查可显示肿块轻度强化（图 4-86）。纵隔内结构可受压移位。肿瘤也可侵犯胸膜、肺组织与心包，表现为胸膜结节、胸腔积液、肺内浸润灶及心包积液等。

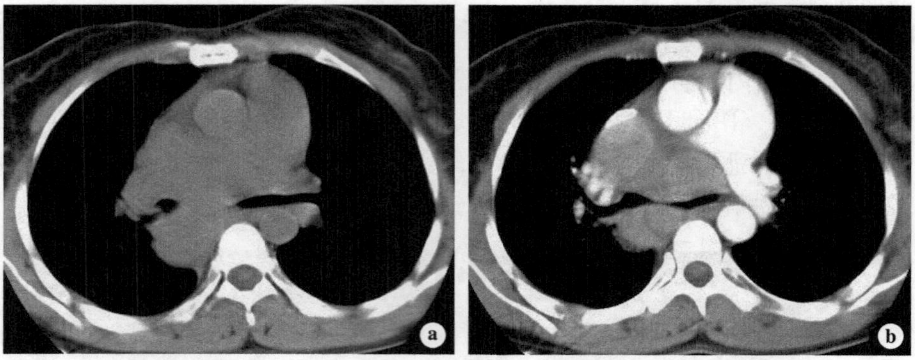

图 4-86　淋巴瘤 CT 表现

a. CT 平扫显示气管隆突旁不规则肿块，双侧主支气管受压变窄；b. CT 增强显示肿块呈中度均匀强化

3. MRI 表现　MRI 检查可以明确肿大淋巴结的分布，肿大淋巴结在 T_1WI 上表现为等信号影，T_2WI 上表现为中高信号。

【诊断与鉴别要点】　纵隔淋巴瘤肿大的淋巴结分布具有特征性，为前纵隔与支气管旁组最常见，可相互融合成块，主要见于青少年，其次为老年人。临床上可有发热等症状，诊断一般不难。本病诊断时应和以下疾病进行鉴别：①结节病：结节病的临床表现轻微，并且可以自愈。淋巴结肿大以肺门为主并具有对称性。②淋巴结结核：淋巴结肿大通常为一侧性，增强检查时表现为环形强化；肺内通常有结核病灶，临床上有结核中毒症状。③转移性淋巴结肿大：通常有原发病灶，常为一侧性，其引流情况和原发病灶相对应，主要见于老年。

五、神经源性肿瘤

神经源性肿瘤（neurogenic neoplasm）为常见的纵隔肿瘤，为全部纵隔肿瘤的 14%～25%，其中约有 90%位于后纵隔椎旁间隙。

【病理与临床】　后纵隔神经源性肿瘤一般分为交感神经源及周围神经源两类。其中，节细胞神经瘤为交感神经系统最常见肿瘤；节神经母细胞瘤与交感神经母细胞瘤为恶性，较为少见。周围神经源肿瘤中常见者有三种，分别为神经鞘瘤、神经纤维瘤及恶性神经鞘瘤。

【影像学表现】

1. X 线表现　X 线胸片可显示肿瘤常位于后纵隔脊柱旁，表现为类圆形或哑铃状，可显示椎间孔扩大，邻近骨质可出现破坏或吸收。

2. CT 表现　肿瘤常位于脊柱旁沟，为密度较均匀的类圆形肿块；因神经鞘瘤含有黏液基质，肿瘤密度稍低于肌肉（图 4-87）。良性肿瘤边缘光滑整齐，可压迫邻近骨质而造成骨质吸收，压迹光整；恶性肿瘤为浸润性生长，边界模糊，其内密度不均匀。病变侵及椎管内外时，CT 扫描可清晰地显示病灶呈哑铃状。

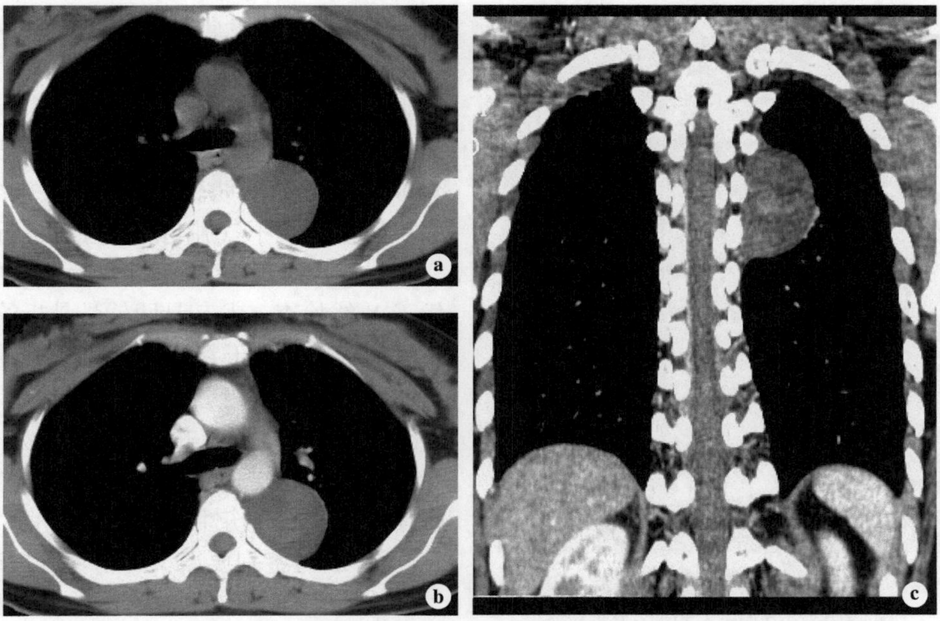

图 4-87 神经源性肿瘤 CT 表现

a. CT 平扫显示脊柱旁沟类圆形肿块，密度稍低于邻近软组织，边缘较光滑；b. CT 增强显示肿块呈轻度强化；c. CT 多平面重组显示病灶最大基底面位于脊柱旁沟，与神经根关系紧密

3. MRI 表现 后纵隔肿瘤表现为长 T_1、长 T_2 信号，瘤内囊变表现为更长 T_1、更长 T_2 信号；增强检查时瘤体强化明显。MRI 对于骨质破坏的显示不如 CT，但显示瘤体与椎管的关系以及脊髓受压等情况明显优于 CT。

【诊断与鉴别要点】 神经源性肿瘤主要位于后纵隔，可见椎间孔增大，邻近椎体骨质破坏等表现，诊断不难。常应与椎旁脓肿、脑脊膜膨出等疾病鉴别。①椎旁脓肿：通常为梭形，中心为液化低密度区，周围为纤维组织壁，与椎体结核的其他特征性表现相结合，不难鉴别。②脑脊膜膨出：患者有先天性脊椎畸形，结合病灶与脊柱的关系及其内部密度，不难鉴别。

（林志艳）

第十节 胸部创伤

胸部外伤较常见，分为急性外伤与慢性外伤。临床上急性外伤常见，如车祸、挫伤、挤压伤、火器伤、刀伤、爆炸伤等，其严重程度与外伤的程度和方式息息相关。可引起胸壁软组织、骨组织、肺、气管、支气管、纵隔与膈的损伤。

一、肋骨骨折

肋骨骨折（fracture of rib）较常见，单发或多发；也可为单一肋骨双骨折或单一肋骨多处骨折。

【病理与临床】 肋骨骨折可以发生在各个肋骨，多见于第 3～10 肋，一般以腋部和背部常见。骨折类型可以为完全骨折或不完全骨折，完全骨折可有明显移位，也可对合良

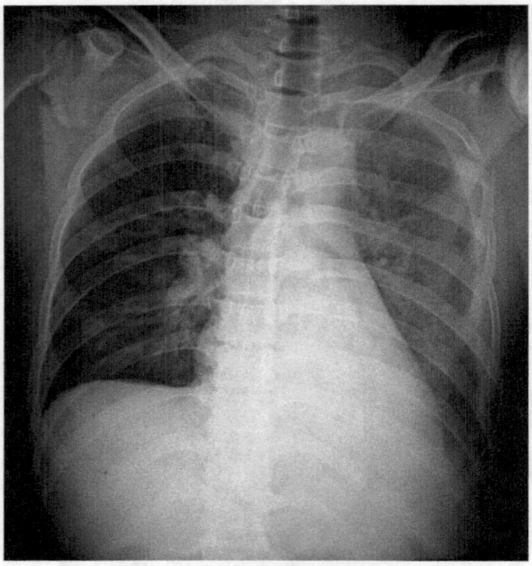

图 4-88 肋骨骨折 X 线表现

胸部平片显示左侧第 2～6 肋骨骨折

好。多根肋骨多处骨折后可导致胸廓塌陷。

【影像学表现】

1. X 线表现 X 线胸片可直观显示骨折线与形态，并且可以观察对位情况（图 4-88）；也能够对肋骨骨折的继发征象如气胸、液气胸、皮下气肿与纵隔气肿进行判断。

2. CT 表现 CT 对于肋骨骨折的显示优于 X 线检查，尤其是肋软骨骨折的显示。常规扫描有时难于判断肋骨骨折的部位，薄层 CT 肋骨三维重组技术可以清楚显示肋骨骨折甚至不全骨折，并且可以明确定位。对于邻近组织的改变可清晰显示，如软组织、胸膜腔与肺的外伤性改变。

【诊断与鉴别要点】 肋骨骨折时可见骨连续性中断，有或无移位，周围可伴有皮下气肿、纵隔气肿、胸腔积液等，且具有明确的外伤史，常可明确诊断。X 线胸片与常规 CT 对不完全骨折与无移位骨折容易漏诊，应进行薄层 CT 肋骨三维重组技术观察，避免漏诊。

二、肺　挫　伤

肺挫伤（contusion of lung）为肺部常见的外伤性改变，可因直接撞击伤或为高压气浪伤所致，见于外伤的着力部位或对冲部位。

【病理与临床】 病理改变为肺实质或肺间质中液体渗出，也可为血液，发生部位常见于肺外围。临床表现常于外伤后 4～6 小时出现，24～48 小时开始吸收，并于 3～4 天完全吸收；速度较慢者可于 1～2 周吸收。

因肺挫伤常为胸部复合伤的一部分，本病的症状常常被掩盖或忽视。轻微肺挫伤一般无症状，较重者可出现咳嗽等症状。

【影像学表现】

1. X 线表现 可表现为肺纹理边缘模糊不清，正常锐利的边界消失，并可显示非段性分布的斑片状或片状较淡薄的致密影，其边缘不清。

2. CT 表现 CT 较 X 线检查可更加敏感地发现肺挫伤，可以显示轻微的肺挫伤改变，呈边缘不清的磨玻璃样密度影，多为外围性非段性分布，并常邻近肋骨骨折与胸壁血肿处。CT 也能更好显示胸壁外伤性改变。

【诊断与鉴别要点】 肺挫伤常为胸部复合伤的一部分，见于外伤着力部位或为对冲部位，表现为形态不规则淡薄的致密影，其边缘不清，与外伤史相结合，常可明确诊断。有时需要和感染性病灶进行鉴别，动态观察肺挫伤吸收速度较快，有利于鉴别。

三、肺撕裂伤与肺血肿

肺撕裂伤与肺血肿（laceration and hematoma of lung）较肺挫伤严重，常由肺部钝性外伤引起，也可因震荡性外伤引起。

【病理与临床】　肺撕裂伤与肺血肿主要为肺组织的撕裂与血肿形成，主要见于重度胸部钝性损伤，多见于下肺，严重者可伴发支气管断裂与膈肌破裂。肺撕裂伤与肺血肿吸收速度较慢，部分患者可有纤维条索病灶残留。

肺撕裂伤与肺血肿形成表明胸部外伤的程度很严重，常伴有肋骨骨折，故临床症状明显，可出现胸痛、咳嗽、痰中带血等多种症状。

【影像学表现】

1. X 线表现　可显示撕裂部位呈不规则高密度影，若血肿形成，则表现为类圆形高密度影，病灶边缘模糊。部分患者可见外伤性肺气囊，为撕裂周围组织收缩及撕裂间隙充气所致，有时病灶中可见气液平面；较小的肺气囊可被渗出病变掩盖，直至渗出病变吸收后肺气囊才显影。

2. CT 表现　依据表现分为四种类型。①外围型含气或气-液囊腔（图 4-89）：此型多见；②肺底脊柱旁含气或气-液囊腔：是肺组织压向脊柱而引起的肺撕裂伤；③周围型含气囊腔或线样透亮影：多伴有肋骨骨折；④胸膜粘连后产生的肺撕裂伤：此型不易显示。

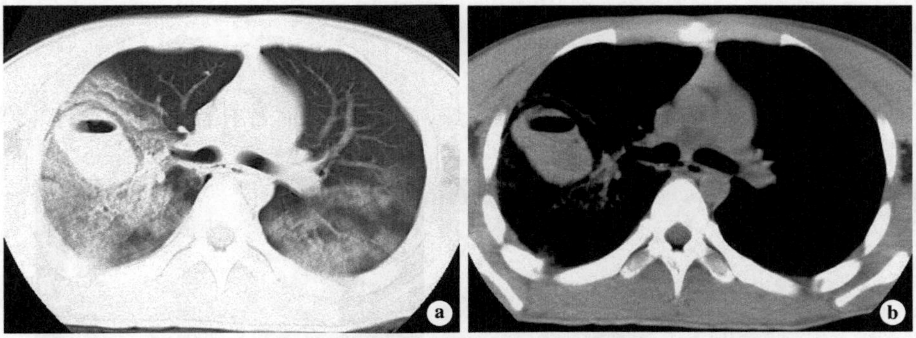

图 4-89　肺撕裂伤与肺血肿 CT 表现

a. CT 肺窗显示双肺大小不等的淡薄片状密度增高影，其中右肺片状影中见一椭圆形含气团块影；b. CT 肺窗显示椭圆形团块为含气液囊腔

【诊断与鉴别要点】　肺撕裂伤与肺血肿主要见于重度胸部钝性损伤，多见于下肺，呈不规则或类圆形含气、气液或高密度影；严重者可伴发支气管断裂与膈肌破裂等外伤性改变，诊断不难。

目 标 检 测

一、病 例 分 析

病例一

女，65 岁。咳嗽、咳痰 1 个月余，痰量大，咯血数次，无发热。查体：双肺可闻及湿啰音（图 4-90）。

【问题及讨论】

1. 指出病变发生部位。
2. 请进行病灶的形态分析。

3. 试解释病灶形态的病理基础。
4. 初步诊断是什么疾病？请说出诊断依据。
5. 应与何种疾病鉴别？简要说明鉴别要点。
6. 完成该病例 X 线诊断报告书写。

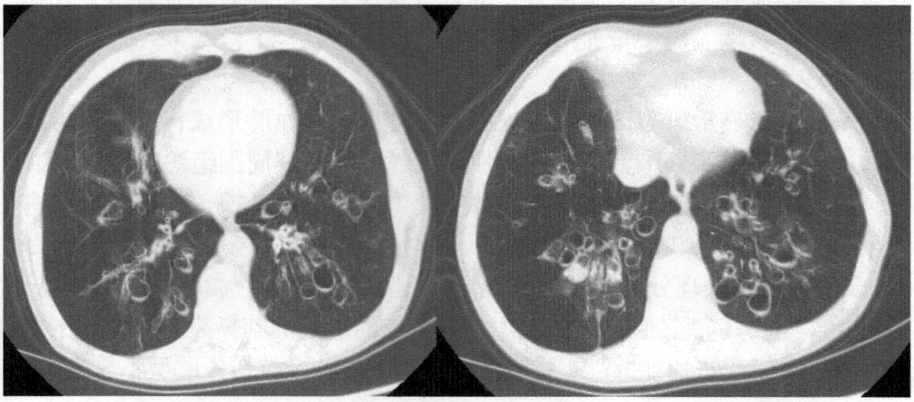

图 4-90　病例一

病例二

男，57 岁。咳嗽 1 个月余，痰少，无发热，右胸部时有针扎样疼痛。查体：双肺呼吸音清（图 4-91）。

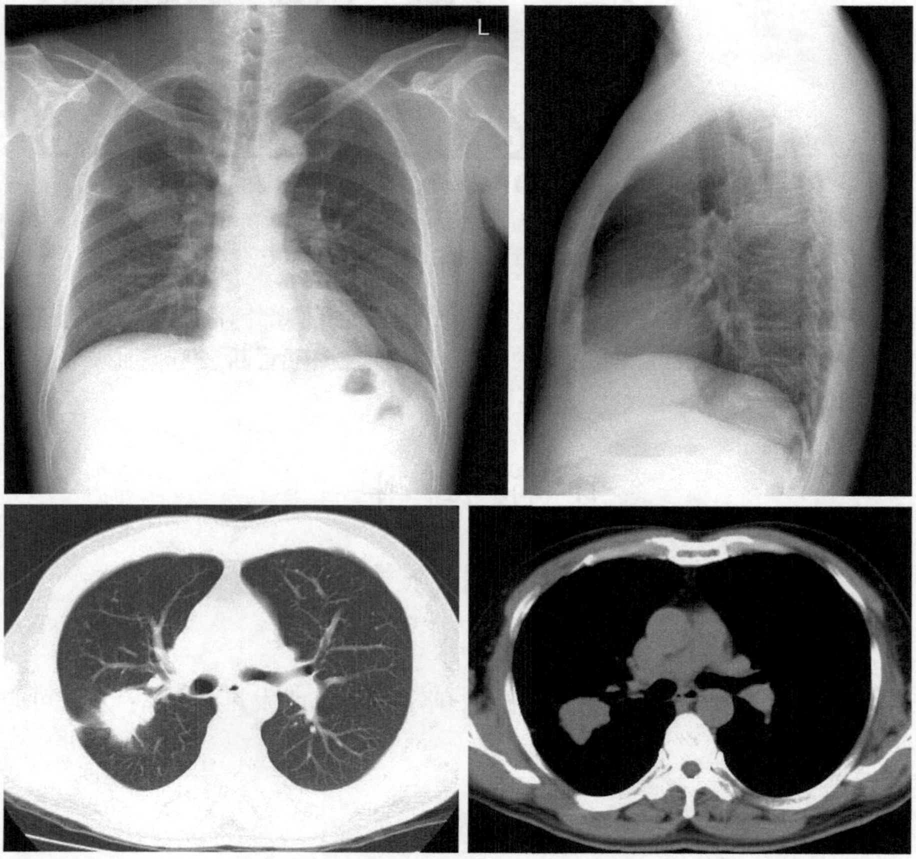

图 4-91　病例二

【问题及讨论】

1. 指出病变发生部位。
2. 请进行病灶的形态分析。
3. 试解释病灶形态的病理基础。
4. 初步诊断是什么疾病？请说出诊断依据。
5. 应与何种疾病鉴别？简要说明鉴别要点。
6. 完成该病例 X 线诊断报告书写。

病例三

男，21 岁。咳嗽 2 周，低热 6 天，伴有夜间盗汗（图 4-92）。

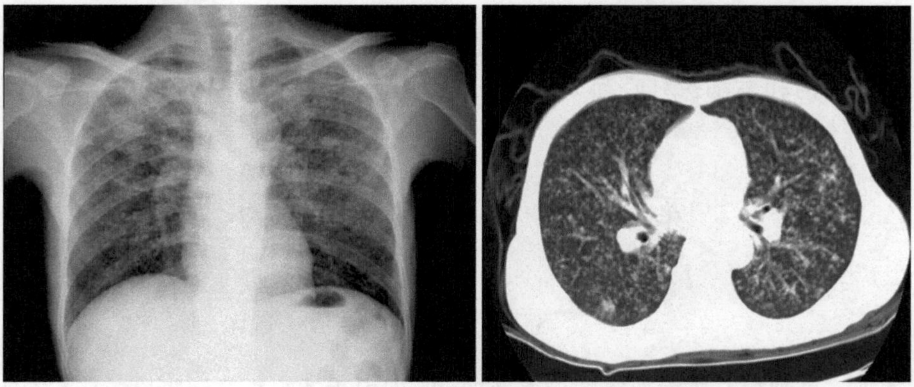

图 4-92 病例三

【问题及讨论】

1. 指出病变发生部位。
2. 请分析病变特点。
3. 试解释病灶形态的病理基础。
4. 初步诊断是什么疾病？请说出诊断依据。
5. 完成该病例 X 线诊断报告书写。

二、复习思考题

1. 列举胸部常用的影像检查方法。
2. 如何进行肺野及纵隔的分区？
3. 何为空气支气管征？见于什么疾病？
4. 大叶性肺炎病理上如何分期？请说明本病不同分期的 X 线表现。
5. 简述不同时期肺脓肿的影像学表现。
6. 结核病如何分型？简述各型肺结核的影像学表现。
7. 依据病变的发生部位如何将肺癌分型？简述各型肺癌的 CT 表现。
8. 简述结节病典型的影像学表现。
9. 纵隔分区与纵隔肿瘤发生部位的关系是什么？简述常见纵隔肿瘤的影像学表现。

第五章 循环系统

学习目标

1. 掌握循环系统正常影像学表现；掌握循环系统常见疾病的影像诊断与鉴别诊断。

2. 熟悉循环系统影像学检查技术；熟悉循环系统异常影像学表现；熟悉循环系统常见疾病的病理及临床表现。

3. 了解循环系统影像检查技术的新进展。

医学影像学检查不仅能显示心与大血管的外部轮廓，而且能显示心与大血管的壁及腔内解剖结构和运动。对心与大血管的血流情况，医学影像学也能提供有价值的诊断信息。

第一节 影像学检查技术

一、X 线 检 查

1. 透视 可观察心与大血管的形态及搏动，但由于透视影像清晰度差、不能留下永久记录等缺点，现已很少用于观察心与大血管病变。

2. 平片 主要用于观察心脏大血管的位置、形态及肺循环情况。常规投照体位为后前位、右前斜位、左前斜位和侧位。

3. 心血管造影 心血管造影是应用导管技术将对比剂快速注入心腔或大血管内，以显示腔内形态、大小等解剖结构及其动态变化，是一种有创伤性的检查，可分为主动脉造影、右心室造影、肺动脉造影、左心室造影和冠状动脉造影等。目前主要用于复杂先天性心脏病、冠状动脉检查和介入治疗。

二、CT 检 查

普通 CT 扫描由于时间分辨力较低，受心脏搏动的影响大，心肌与心脏内血液的密度接近，诊断价值有限。平扫只能显示心脏大血管的轮廓和钙化斑。

64 层以上的 MSCT 由于扫描速度快、成像时间短、辅助对比增强和心电门控技术的应用，可获得高质量轴位和三维重组图像。其 CTA（CT 血管造影）的影像质量已接近心血管造影水平，适用于心脏大血管形态、功能及血流动态的检查。

三、MRI 检 查

磁共振成像应用于心脏大血管检查的优势在于：①MRI 为无辐射、无创性检查。②在自旋回波序列，腔内血流因流空效应而呈无信号区；在梯度回波序列，流动的血液产生高信号；心肌和血管壁组织与血流的信号间存在良好的天然对比，故 MRI 能清楚地显示心内膜、瓣膜、心肌、心包及心包外脂肪。③MRI 为三维成像，可进行任意平面断层扫描并可从多方位显示心脏、大血管的解剖结构，并可定量测定心脏体积。④MRI 心脏电影可动态显示心脏收缩和舒张期的心脏瓣膜运动、血流动力学和心肌收缩率等，可测定收缩及舒张期容积、射血分数及每搏输出量等；磁共振血流定量技术可测定血流速度和血流量；心脏 ^{31}P 波谱分析，可研究心肌能量代谢、心肌缺血与梗死及其演变过程和细胞代谢水平的心功能等，对心脏病（含缺血性心脏病）的早期诊断和功能代谢研究都具有重要意义。

标准横轴位是心脏大血管 MRI 检查的常规成像方位，其他还包括左前斜位、冠状位、平行于室间隔的心脏长轴位、垂直于室间隔的心脏长轴位、垂直于室间隔的心脏短轴位等。

（夏正超）

第二节　正常影像学表现

一、正常 X 线表现

（一）心脏大血管正常投影

1. 后前位　正常心影约 2/3 位于胸骨中线左侧，1/3 位于右侧，心尖指向左下；心影分左、右两缘（图 5-1）。

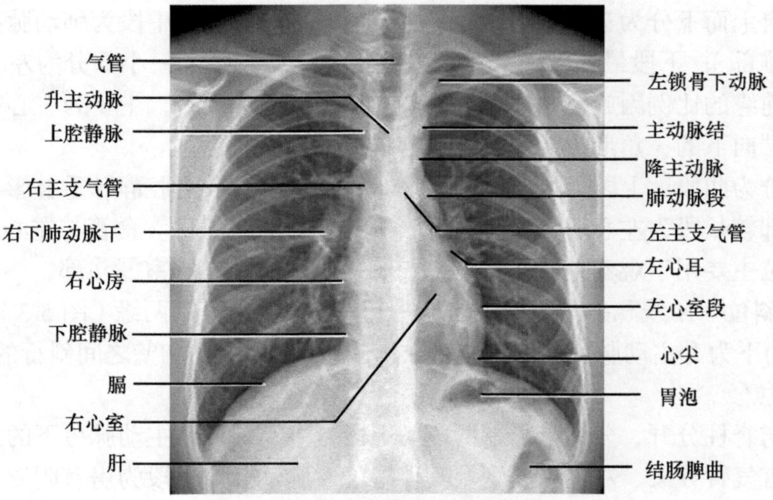

图 5-1　心脏后前位 X 线表现

右心缘分为上、下两段，两者之间有一浅切迹。上段较直为上腔静脉及升主动脉的复合影，在儿童及青少年主要为上腔静脉；而老年人，由于胸主动脉迂曲、延长、扩张，则主要为升主动脉影。下段弧度大、密度高，由右心房构成；右心缘与横膈相交成一锐角，称为右心膈角。

左心缘由三段组成，上段呈球形向左突出的弓状影，为主动脉结，老年人明显。中段由肺动脉主干外缘构成，称为肺动脉段或心腰；该段可平直、轻度凹陷或略有膨突。下段较长，明显向左膨突，由左心室构成；有时左心房耳部可投影在其上端，与左心室段不易区分。透视下，左心室段与肺动脉段的搏动方向相反，两者的交点称为相反搏动点，是判断左、右心室增大的依据之一。左心室的左下端为心尖部，中年以上者心尖外侧常可见三角形、密度浅淡的软组织影，称为心包脂肪垫。

后前位一般用于观察右心房、左心室和上下腔静脉、升主动脉、主动脉结、肺动脉主干等部分大血管的轮廓及心脏大血管的测量。

2. 右前斜位 心影分前、后两缘（图 5-2）。

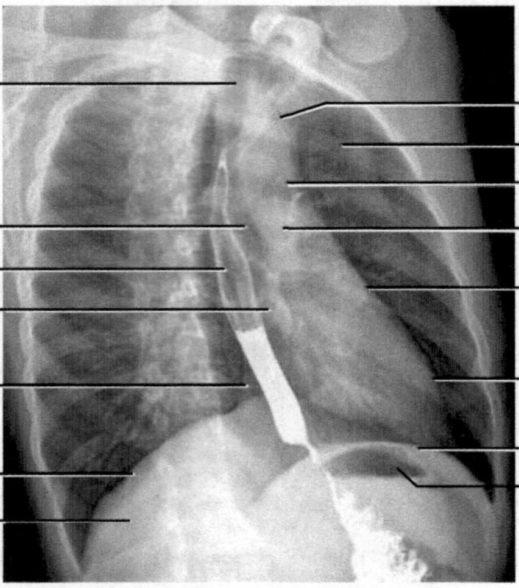

图 5-2 心脏右前斜位 X 线表现

心前缘自上而下分为三段：上段较平直，为升主动脉影；中段为肺动脉主干和右心室漏斗部（圆锥部）；下段最长，大部分由右心室构成，仅膈上一小部分为左心室心尖部。两室构成心前缘的比例因旋转角度而异，旋转角度大于 45°时，主要为右心室。心前缘与胸壁之间尖端向下的三角形透明区，称为心前间隙或胸骨后区。

心后缘分为两段：上段为升主动脉后缘、弓部、气管及上腔静脉重叠影。下段由心房构成，其上部较长段为左心房，略呈弧形；下部较短为右心房。食管与左心房后缘相邻。

右前斜位主要用于观察左右心房体部、肺动脉主干和右心室漏斗部。

3. 左前斜位 X 线几乎与室间隔走行平行，心影分前、后两缘（图 5-3）。心前缘分为三段，自上而下为升主动脉、右心房耳部、右心室。心前缘与胸壁之间斜行的长方形间隙，称为心前间隙。

心后缘与脊柱分开，分为上、下两段。上段是主动脉弓，主动脉弓下的透亮区称主动脉窗，窗内有气管分叉、左主支气管及其伴行的左肺动脉。下段为房室阴影，其上一小部分为左心房，其下大部分为向后膨突的左心室。左心室段的下端深吸气时可见一切迹即室间沟，为左、右心室分界的重要标志，垂位型心更易见到。心膈面后缘常可见一斜行带状阴影，为下腔静脉；胸主动脉自弓部向下垂直走行于心后间隙内或与脊柱重叠。

左前斜位主要用于观察左、右心室，右心房和胸主动脉全貌，了解左肺动脉、左心房与左主支气管的关系。

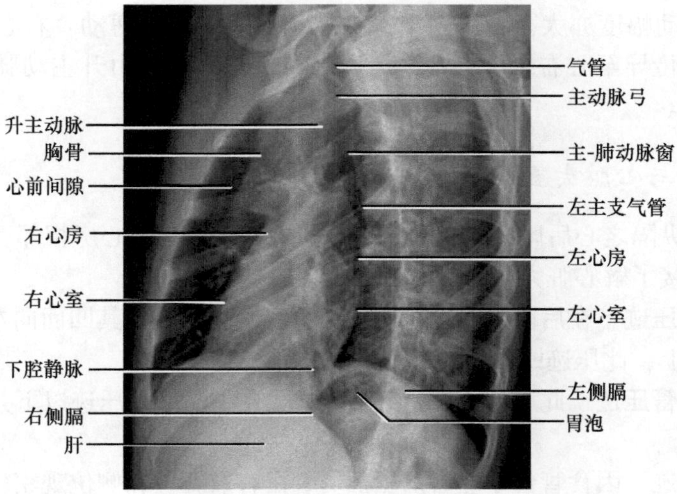

图 5-3 心脏左前斜位 X 线表现

4. 左侧位 心影呈椭圆形，分为前、后两缘（图 5-4）。心前缘与胸骨间的倒三角形透明区，称心前间隙。

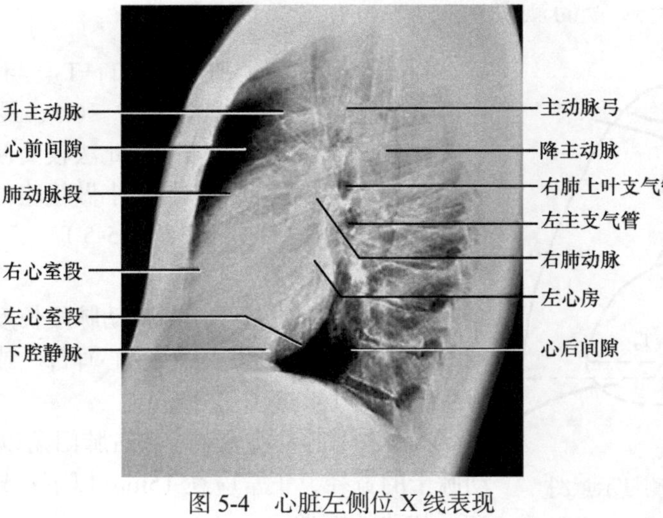

图 5-4 心脏左侧位 X 线表现

心前缘自上而下分升主动脉、右心室漏斗部与肺动脉主干及右心室三段。

心后缘上段一小部分为左心房，下段大部分为轻度后突的左心室构成，并转向前与膈肌以锐角相交，后心膈角处的三角形阴影为下腔静脉。心后缘、脊柱前缘与膈肌形成一狭长的心后间隙。

左侧位主要用于观察左心房、左心室，尤其是左心房；其次为右心室漏斗部。

（二）心脏大血管的搏动

心脏大血管的搏动一般以左心室搏动最强。左心缘的搏动主要代表左心室的搏动，收缩期左心缘急剧内收，舒张期逐渐向外扩张；透视下，左心室以上可见肺动脉搏动，搏动方向与左心室相反，两者交汇处称为相反搏动点。再往上为主动脉结搏动。当左心室收缩时，主动脉迅速向外扩张，舒张时缓慢内收。主动脉结搏动的幅度与脉压大小有关，脉压大，搏动幅度亦大。右心缘下部的搏动代表右心房搏动。右心室增大时，强有力的心室搏动可传导至心右缘。若右心房以上的右心缘主要由升主动脉构成，则其搏动为主动脉的搏动。

（三）食管与心脏大血管毗邻关系

食管位于后纵隔之心后区，与主动脉弓、左主支气管和左心房相邻。当食管充盈钡剂而显影时，可间接了解心脏大血管的改变。

1. 主动脉弓压迹 在后前位上，通常位于第4胸椎水平，其凹面向左，较深，呈半月形；在右前斜位上，此压迹凹面在左前方。

2. 左主支气管压迹 此压迹较浅，范围较小，在主动脉弓压迹以下并与之相连，右前斜位上较易观察。

3. 左心房压迹 因食管位于左心房正后方，在右前斜位和侧位观察较为适宜。左心房压迹为食管压迹中最长者，正常人该压迹很浅，无明确的上下界限，常受心脏形态、横膈位置和呼吸状态的影响。儿童和横膈位置较高的横位型心，其压迹相对较明显；狭长的胸廓和垂位型心压迹往往不明显；左心房压迹在呼气时较吸气时明显。

（四）心脏大血管的测量

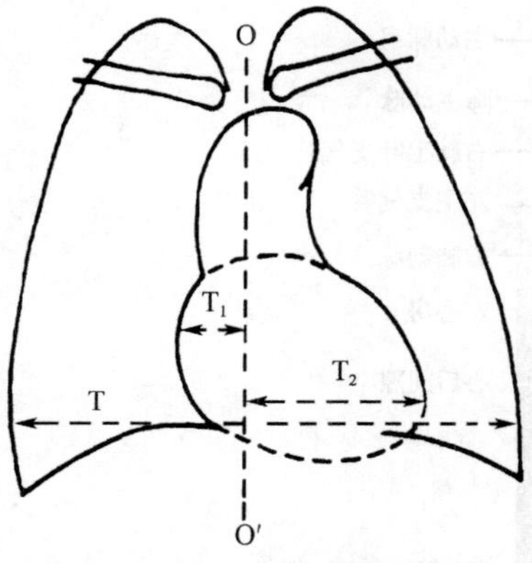

图5-5　心胸比率测量示意图

1. 心胸比率 心脏横径（T_1+T_2）与胸廓横径（T）之比即为心胸比率（CTR）。正常≤0.5，最大不超过0.52。大于此数值应认为心脏增大。此法较简便，但受体形及膈肌位置的影响，只能对心脏大小做粗略估计，不适用于横位型及垂位型心脏的测量（图5-5）。

2. 肺动脉测量

（1）肺动脉段基线：即肺动脉段长度，为主动脉结和肺动脉段交点与肺动脉段和左心耳部（或左心室）交点的连线，平均（4.88±0.72）cm。

（2）右下肺动脉宽径：自右肺门角以下2cm处右下肺动脉干的宽径，正常应在15mm以下；超过15mm，提示右下肺动脉扩张。

（五）影响心脏大血管的生理因素

正常心脏大血管的外形和大小受许多因素的影响，易将正常误认为病变。现将常见的因素叙述如下。

1. 生长发育及性别 新生儿和婴儿时期，心脏相对较大，心影多居中，呈球形，各弓分界不清；由于主动脉发育小和胸腺影的重叠，主动脉结多显示不清。3周岁以内心胸比率可达0.6，6—7岁后心胸比率接近成人；而老年人由于主动脉迂曲、延长，主动脉结突出较为明显。女性心脏大小比同龄男性约小5%。

2. 体形和胸廓类型

（1）垂位型心：多见于瘦长体形，胸廓狭长，膈肌位置低，心影狭长，呈垂位，心纵轴与水平面的夹角大于45°，心膈面小，心胸比率常小于0.5，肺动脉段轻度突出。

（2）横位型心：见于矮胖体形，胸廓短而宽，膈肌位置高；心纵轴与水平面的夹角小于 45°，心膈面大，心胸比率大于 0.5，主动脉结明显，心腰凹陷。

（3）斜位型心：也称中间型心脏，常见于胸廓及体形适中或健壮者，心影呈斜位；心纵轴与水平面的夹角约为 45°，心胸比率约为 0.5（图 5-6）。

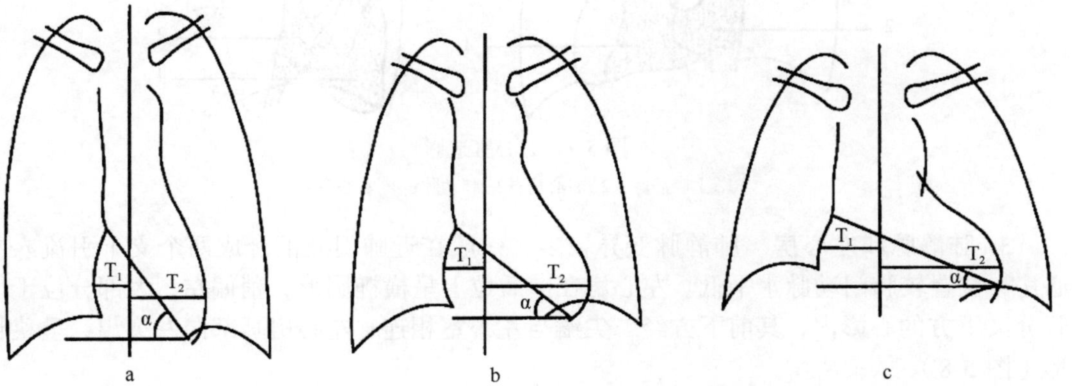

图 5-6　心型示意图

a. 垂位型心脏；b. 斜位型心脏；c. 横位型心脏

3. 呼吸　深吸气时，膈肌下降，心脏向下拉长，横径变小，趋向垂位型心；深呼气时，膈肌上升，心脏横径变大，趋向横位型心。

4. 心动周期和心率　最大收缩期和舒张期心脏横径可相差 3%～6%，心表面积约差 15%，心脏容积约差 20%。心率加快时舒张期心室充盈量减少，因而心影可稍缩小；相反，心率过缓时心室舒张期延长，过度充盈，心影可见增大。

5. 妊娠　妊娠期由于胎盘血液循环的建立，动、静脉直接连通，可引起类似动静脉瘘的改变；加之子宫膨大、膈肌上升，使心脏呈横位型，产后可恢复正常。

6. 体位　平卧时由于心脏上移，膈肌升高，体静脉回流增加，上腔静脉影增宽，心影增大；立位时心脏下垂，膈肌降低，心影变长；右侧卧位时心影向右侧偏移，右心房弧度加深；左侧卧位时心影向左偏移，右心房弧度变浅，下腔静脉可清楚显示。

（六）正常心脏大血管的造影表现

1. 上、下腔静脉和右心房　上腔静脉在后前位上位于上纵隔右侧，侧位位于气管前方，垂直向下与右心房自然相连；下腔静脉居右后心膈角处，较上腔静脉略宽，通过膈肌后立即汇入右心房；右心房正位像呈椭圆形，居脊柱右缘，侧位在中下方略偏后，位于右心室和左心房之间。右心房耳部突向左上前方，近似三角形，部分与右心室流出道和肺动脉根部重叠。三尖瓣居脊柱的右侧，为右心房、室的分界（图 5-7）。

2. 右心室和肺动脉　前后位右心室居脊柱左缘，略呈直立圆锥状，左缘为室间隔面，右缘为三尖瓣口，其内肌小梁较粗；侧位右心室居心影前下方，与右心房部分重叠。右心室顶端为流出道，呈锥状。肺动脉瓣向下至室上嵴一段称漏斗部，其内壁光滑。在前后位上主肺动脉干起自肺动脉瓣口部，向左上斜行位于升主动脉的左侧，于脊柱左缘分为左、右肺动脉；侧位肺动脉主干向后上斜行，位于升主动脉前方。

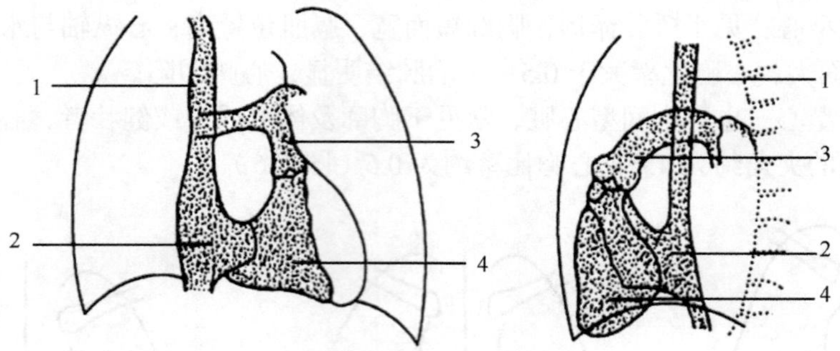

图 5-7　右心脏造影

1. 上腔静脉；2. 右心房；3. 肺动脉；4. 右心室

3. 肺静脉和左心房　肺静脉变异较多，一般在近肺门处汇合成两个支干引流入左心房，位置较肺门动脉水平低。左心房在前后位上呈横椭圆形，稍偏左，大部分位于气管分叉下方的心影内，其前下方经二尖瓣与左心室相连；左心房耳部向左突出，呈狭长形（图 5-8）。

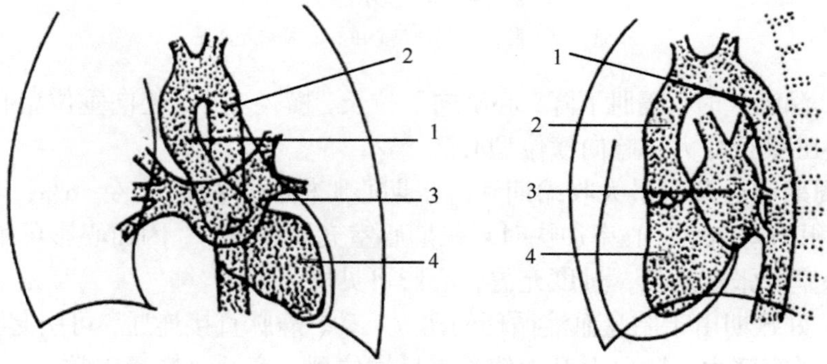

图 5-8　左心脏造影

1. 升主动脉；2. 降主动脉；3. 左心房；4. 左心室

4. 左心室和主动脉　左心室在前后位片上呈斜置的长椭圆形，侧位略呈三角形；其上端为主动脉瓣，流出道位于瓣下，呈圆筒状，边缘光滑；心腔前缘由室间隔构成，可于此位置作左心室造影以显示室间隔缺损。主动脉起自左心室流出道上端，根部位于肺动脉干右后稍下方；主动脉瓣膜上的主动脉壁有三个袋状膨隆，称为主动脉窦。侧位和左前斜位可观察主动脉全貌，自主动脉弓发出头臂干、左颈总动脉及左锁骨下动脉。

5. 冠状动脉

（1）左冠状动脉：起自左冠状窦，随即分为前降支及回旋支。前降支走行于前室间沟，下行至心尖，主要分支有对角支、前（室）间隔支；回旋支走行于左侧房室沟内，终止于心脏膈面，主要分支有钝缘支、左房旋支、房室结支（图 5-9a）。

（2）右冠状动脉：起自右冠状窦，走行于右侧房室沟，沿心脏右缘至心后缘（图 5-9b）；主要分支有圆锥支、窦房结支、后降支、后（室）间隔支。

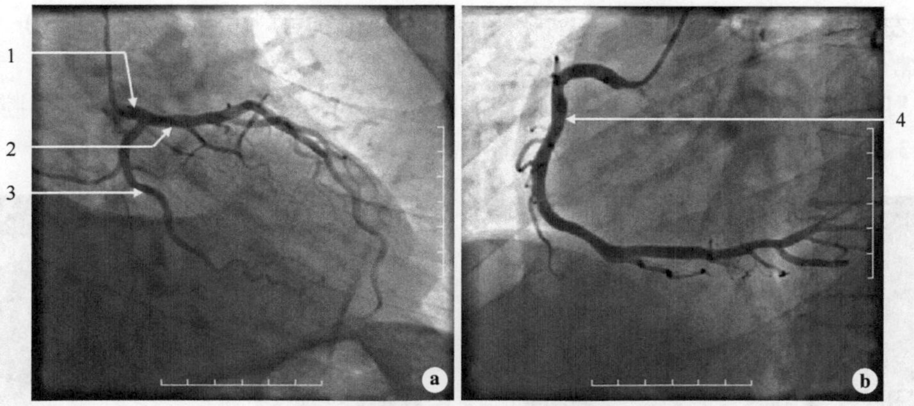

图 5-9 冠状动脉造影
1. 升主动脉；2. 降主动脉；3. 左心房；4. 左心室

二、正常 CT 表现

（一）心脏大血管

正常心脏大血管 CT 扫描代表性层面如下。

1. 主动脉弓上层面 左头臂静脉呈水平走行，横过左颈总动脉和头臂干的前方，与右头臂静脉汇合成上腔静脉。

2. 主动脉弓层面 气管前方为自右前斜向左的主动脉弓，其右前方为上腔静脉（图 5-10）。

3. 主-肺动脉窗层面 其上界为主动脉弓下缘，下界为左肺动脉；前方为升主动脉，后内方为气管。在此层面可同时观察升主动脉和胸主动脉；奇静脉弓大多位于此层面，自后向前越过右上叶支气管上缘汇入上腔静脉。

4. 主肺动脉及左、右肺动脉层面 主肺动脉与两侧肺动脉呈人字形排列（图 5-11）。主肺动脉向左、向后延伸为左肺动脉，而左上肺静脉位于左肺动脉外前方；主肺动脉向后、向右延伸为右肺动脉，于上腔静脉和中间段支气管之间走行，右上肺静脉位于右肺动脉外侧。正常主肺动脉直径不应超过 30mm。

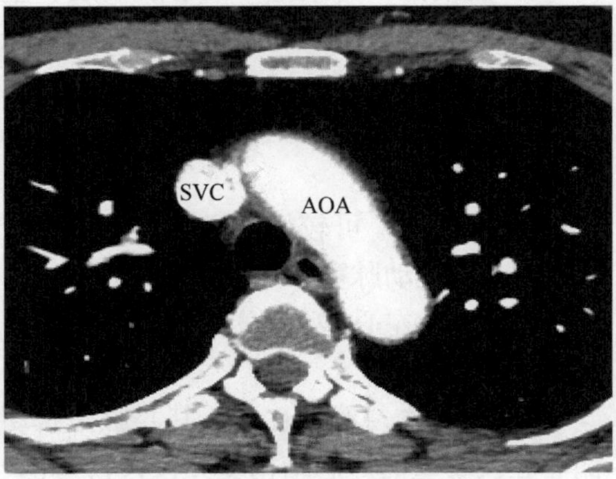

图 5-10 主动脉弓层面
AOA. 主动脉弓；SVC. 上腔静脉

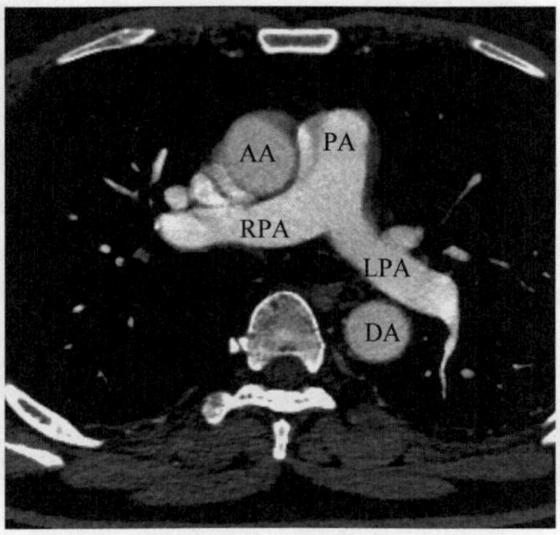

图 5-11 主肺动脉及左、右肺动脉层面
PA. 主肺动脉；RPA. 右肺动脉；LPA. 左肺动脉；AA. 升主动脉；DA. 降主动脉

5. 左心房层面 左心房位于主动脉根部,胸主动脉前方(图 5-12),前后径 30~45mm。此层面常同时显示食管奇静脉隐窝、冠状动脉主干及其主要分支的近段。

6.“四腔心”层面 需注射对比剂才能区分左、右心房和左、右心室,心腔和心壁(图 5-13)。

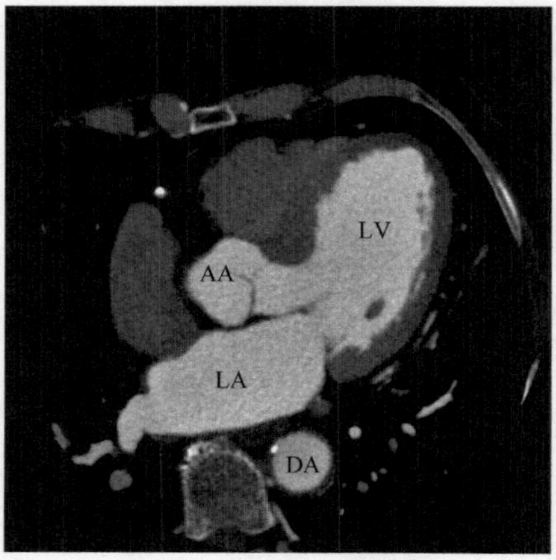

图 5-12 左心房层面

AA. 升主动脉;LA. 左心房;LV. 左心室;DA. 降主动脉

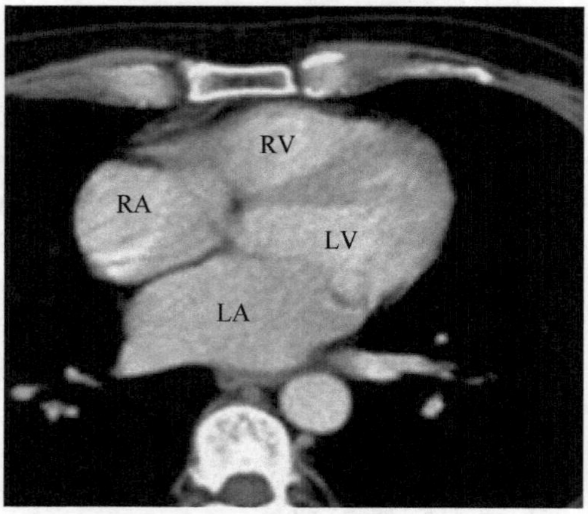

图 5-13 “四腔心”层面

RV. 右心室;RA. 右心房;LV. 左心室;LA. 左心房

7. 心室层面 增强扫描可见左、右心室及室间隔。

(二)心包

CT 扫描均能显示心包壁层,正常厚度为 1~4mm;心包脏层较薄,CT 常难以显示。

三、正常 MRI 表现

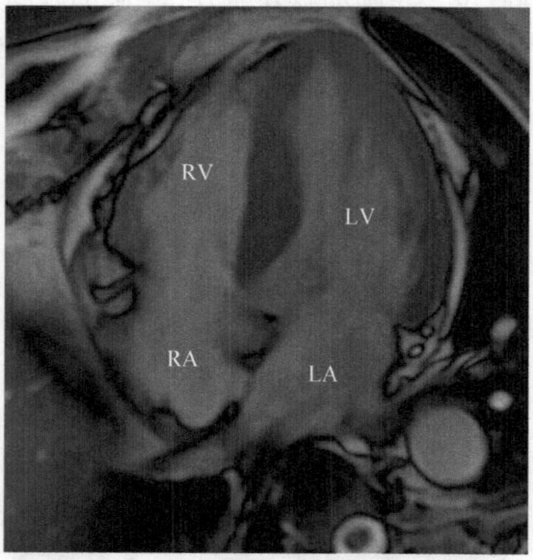

图 5-14 心脏正常 MRI 表现

RV. 右心室;RA. 右心房;LV. 左心室;LA. 左心房

(一)心脏

1. 横轴位 为最基本的心脏切层,呈不典型的“四腔心”断面。左心室平均直径为 45mm,室壁及室间隔厚度约 10mm;右心室平均直径为 35mm,室壁厚度约 5mm(图 5-14)。

2. 冠状位 可较好地显示左心室腔及其流出道、主动脉窦和升主动脉的形态、走行,并能显示左心房、右心房后部的上腔静脉入口形态。

3. 矢状位 不同心型,其心脏矢状切面心腔及心壁的形态结构变异较大;因此矢状位主要用于心脏 MRI 扫描定位。

（二）心包

心包因其壁层纤维组织的质子密度低，T_1 值长、T_2 值短，故 T_1WI 和 T_2WI 均为低信号。正常心包厚度为 1～4mm，于右心室前面显示较清楚，而左心室后外侧等处常显示不清。

（三）血管

磁共振血管成像是基于血管内血液流动而产生 MR 信号，其强弱取决于血液流速。应用磁共振血管造影"亮血"技术，血流呈高信号；运用"黑血"技术，血流呈低信号。磁共振于不同扫描体位和层面并在心外脂肪衬托下，可显示冠状动脉及其主要分支。

（夏正超）

第三节　异常影像学表现

一、异常 X 线表现

（一）心脏外形改变

一般指在后前位上心脏和大血管大致形状的改变，这种改变并不代表具体心脏大血管疾病。习惯上分为以下几种类型（图 5-15）。

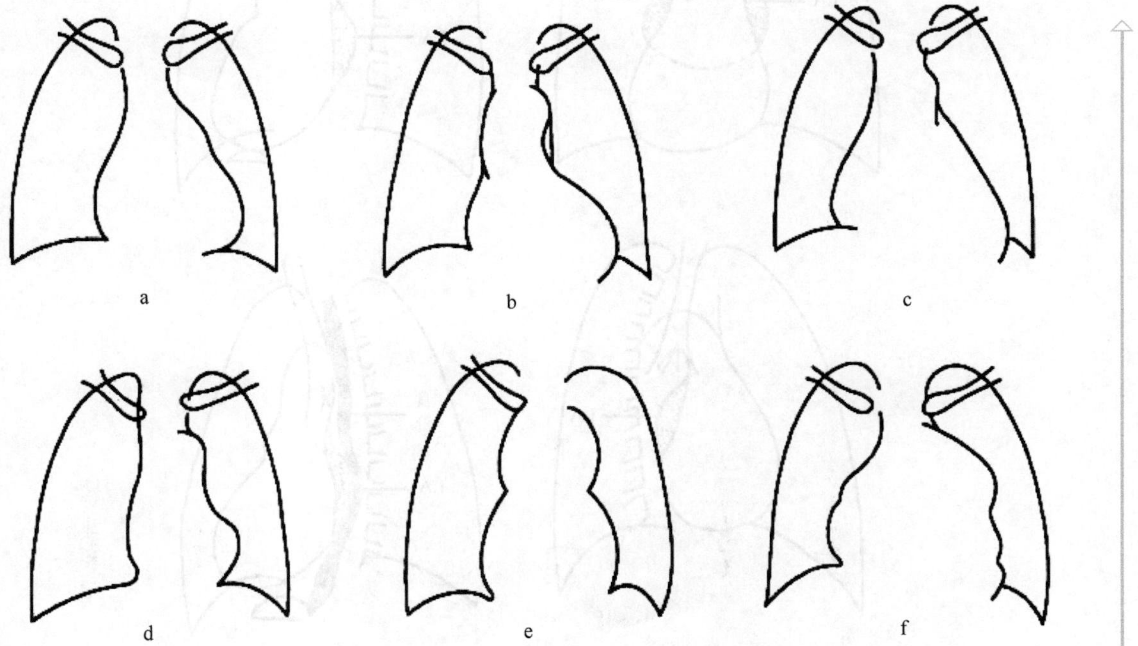

图 5-15　心脏外形异常

a. 二尖瓣型；b. 主动脉型；c. 普大型；d. 靴型；e. 8 字型；f. 怪异型

1. 二尖瓣型心 肺动脉段突出，心尖圆隆上翘，主动脉结缩小或正常，右和（或）左心缘不同程度向外膨突，形似梨形。通常反映右心增大为主的心脏变化。常见于二尖瓣疾患、房间隔缺损、肺动脉瓣狭窄、肺动脉高压和肺源性心脏病等。

2. 主动脉型心 肺动脉段凹陷，心尖下移，升主动脉右突，主动脉结多增宽，左心室段延长。通常反映左心增大为主的心脏变化。常见于主动脉瓣疾病、高血压、冠心病或心肌病等。

3. 普大型心 心脏均匀向两侧增大，肺动脉段平直，主动脉结多属正常。反映左、右心室增大的心脏变化，或因心包疾患等心外因素所致。常见于心包和心肌损害疾患。

4. 移行型心 如二尖瓣-主动脉型、二尖瓣-普大型等。

（二）心脏房室增大

影像学上有心影增大和心脏增大之分，心影增大包括心脏增大和心包腔扩大；心脏增大病理基础是心肌肥厚和心腔扩张。

1. 左心房增大 ①增大原因：前负荷增加，亦称充盈量增加，见于房室间隔缺损、动脉导管未闭、肺动脉狭窄等；后负荷增加，亦称排血受阻，见于各种原因引起的左心衰竭、二尖瓣狭窄、左心房黏液瘤等疾病。②增大方向：一般先向后、向右，继之向上、向左扩大膨突（图 5-16）。

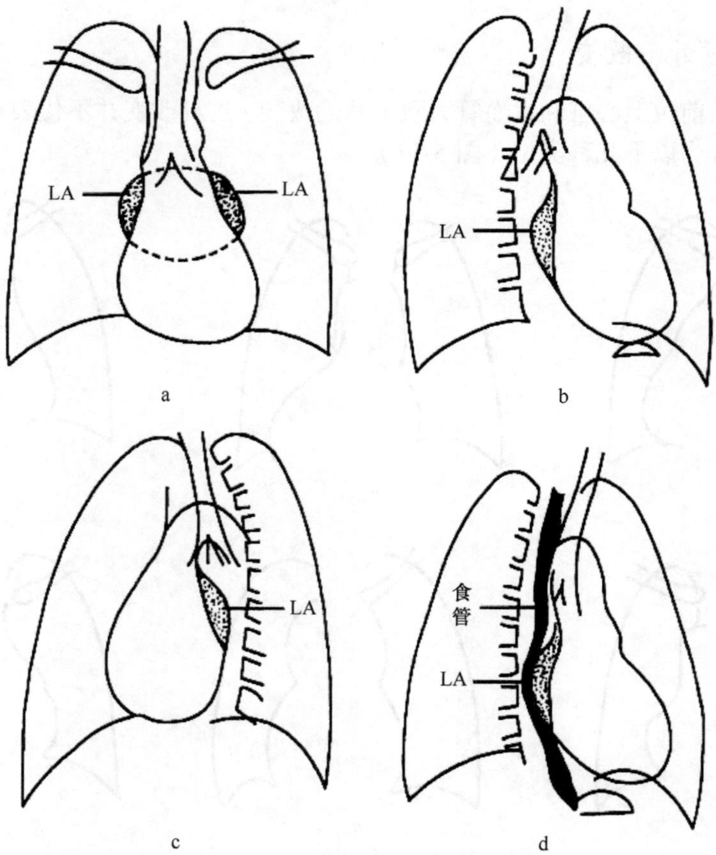

图 5-16 左房增大示意图

a. 后前位；b.右前斜位；c. 左前斜位；d. 吞钡右前斜位

（1）后前位片：左心房向右增大可形成右心缘的“双重密影”或“双边征”，是左心房增大的可靠征象。左心房耳部增大时，可见左心室于肺动脉段之间的左房耳部膨突，形成左心缘第三弓影。气管隆突角度增大。

（2）左前斜位：心后缘左房段隆突，与左主支气管间的透明带消失，显著者可向上后方推压左主支气管，使其受压移位或变窄。

（3）右前斜位或吞钡左侧位：食管中下段受压局限性向后移位，此征象是左心房增大分度的主要依据。有食管前缘压迹而无移位者为轻度增大；有压迹伴轻度移位并止于胸椎前缘者为中度增大；明显移位与胸椎重叠者为重度增大。

2. 右心房增大　①增大原因：前负荷增加，亦称充盈量增加，见于房间隔缺损、肺静脉畸形等疾病；后负荷增加，亦称排血受阻，见于三尖瓣狭窄、三尖瓣下移、右心室衰竭等疾病。②增大方向：一般先向右前方膨突，继之向后、向左增大（图 5-17）。

（1）后前位片：右心房段向右上膨突，右心房与心高比值＞0.5 为右心房增大常见且可靠的征象。上腔静脉或（和）下腔静脉扩张，为右心房增大间接征象。

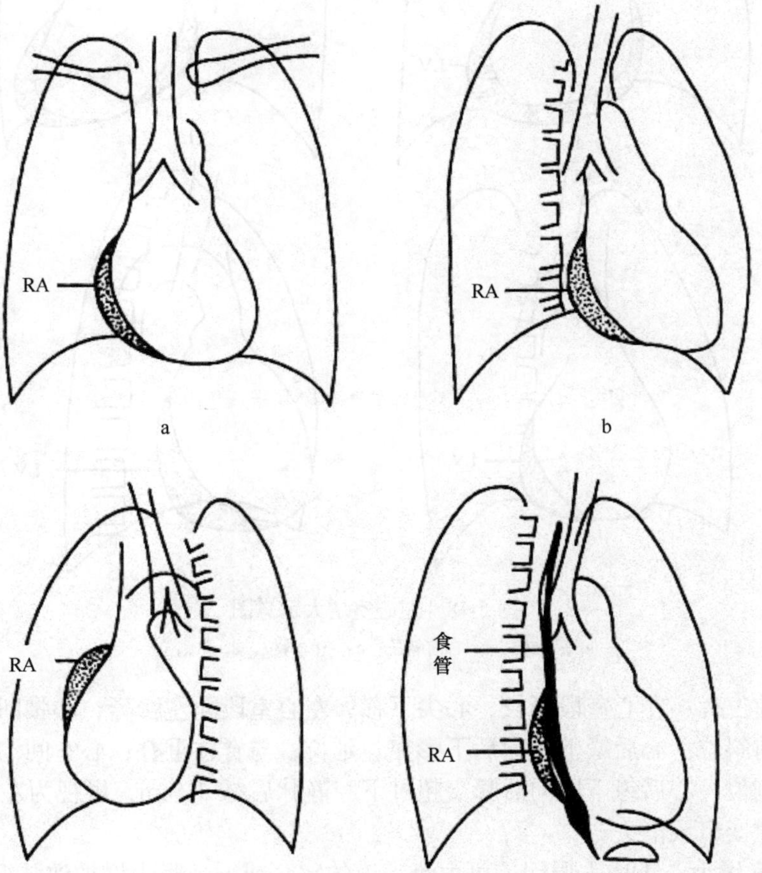

图 5-17　右房增大示意图

a. 后前位；b. 后前斜位；c. 左前斜位；d. 右前斜位

（2）左前斜位：心前缘上段向上或（和）向下膨突，此段延长；有时与其下方的右心室段构成“成角现象”。

（3）右前斜位：心后缘下段呈圆弧状膨突，为右心房体部增大的表现。

单发的右心房增大少见，常与右心室增大并存。

3. 左心室增大 ①增大原因：前负荷增加，亦称充盈量增加，见于二尖瓣关闭不全、主动脉瓣关闭不全、室间隔缺损等；后负荷增加，亦称排血受阻，见于主动脉瓣狭窄、主动脉缩窄、高血压心脏病等。②增大方向：一般先向左下，继之向后上膨突（图 5-18）。

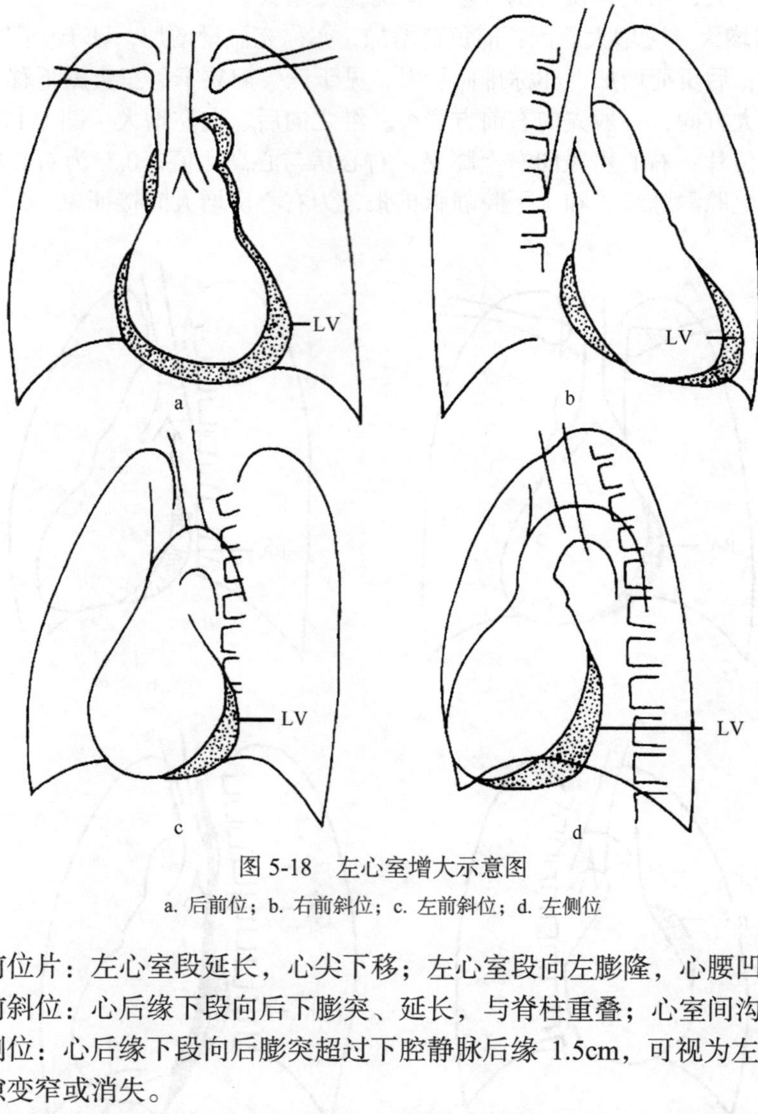

图 5-18 左心室增大示意图

a. 后前位；b. 右前斜位；c. 左前斜位；d. 左侧位

（1）后前位片：左心室段延长，心尖下移；左心室段向左膨隆，心腰凹陷。

（2）左前斜位：心后缘下段向后下膨突、延长，与脊柱重叠；心室间沟向前下移位。

（3）左侧位：心后缘下段向后膨突超过下腔静脉后缘 1.5cm，可视为左心室增大；心后食管前间隙变窄或消失。

4. 右心室增大 ①增大原因：可由流出道的狭窄或循环阻力增加致肺循环障碍所致，见于肺动脉狭窄、肺动脉高压、二尖瓣狭窄等；或因血液过量充盈，如房、室间隔缺损等。②增大方向：一般先向前、向左扩大，之后向左上、向右扩大（图 5-19）。

（1）后前位片：心尖圆隆、上翘；肺动脉段饱满、突出，为右心室增大的间接征象。

（2）左前斜位：心前缘右心室段向前膨突；心膈面延长，心室间沟向后上移位。

（3）左前斜位：肺动脉段下方的圆锥部膨突，为右心室增大早期表现。

（4）左侧位：心前缘下段前突，与胸骨接触面增大。

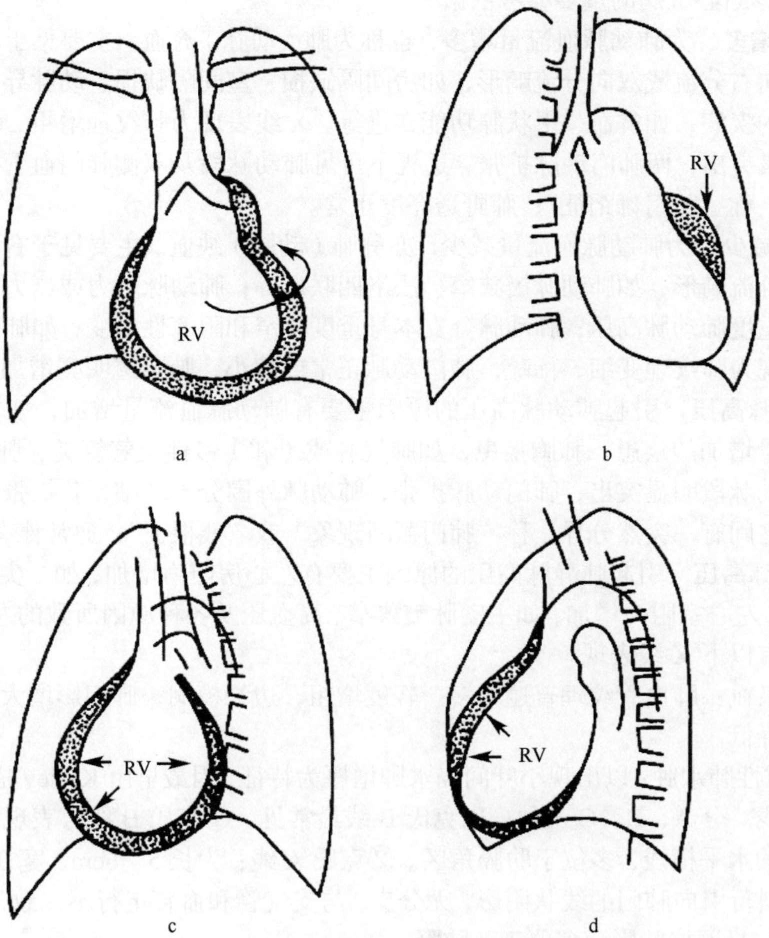

图 5-19　右心室增大示意图

a. 后前位；b. 后前斜位；c. 左前斜位；d. 左侧位

（三）主动脉改变

后前位结合左前斜位或左侧位，是显示胸主动脉形态、宽度和走行方向最佳体位。

1. 胸主动脉迂曲延长、扩张　原因主要包括主动脉粥样硬化、高血压、各种心脏和主动脉本身的病变或先天性畸形、正常解剖变异等。X 线表现：①后前位示升主动脉向右弯突，主动脉弓明显向左突出。②左侧位示主动脉窗增大，胸主动脉呈 S 状弯曲。

2. 动脉壁钙化　以主动脉弓或弓降部最常见，X 线表现为弧形线状密度增高影，常为主动脉本身粥样硬化的表现。

（四）肺循环异常

肺循环由肺动脉、肺毛细血管和肺静脉组成，通过肺循环沟通左、右心腔。正常肺循环的特点：管径相同的肺动、静脉相比，动脉密度较高；在肺野内带，肺动脉分支以纵向走行为主，而肺静脉分支以水平走行为主；肺动脉于第 7～8 后肋水平自肺门发出，肺静脉则大致于第 8～10 后肋水平引流入左心房。肺循环可反映心脏血流动力学及功能状态，是 X 线平片诊断心脏病的重要参考依据。

1. 肺血增多 为肺动脉血流量增多，也称为肺（动脉）充血。主要见于不合并右心排血受阻的左向右分流或双向分流畸形，如房间隔缺损、室间隔缺损、动脉导管未闭等；心排血量增加的疾病，如贫血、甲状腺功能亢进等。X 线表现为肺纹理增粗、增多，边缘清楚；肺动脉段突出，两肺门动脉扩张，透视下可见肺动脉段及双侧肺门血管搏动增强，呈扩张性搏动，称“肺门舞蹈征”；肺野透亮度正常。

2. 肺血减少 为肺动脉血流量减少，亦称肺（动脉）缺血。主要见于右心排血受阻或兼有右向左分流畸形，如肺动脉瓣狭窄、法洛四联症等；肺动脉阻力或压力升高，如原发性和继发性重度肺动脉高压；肺动脉分支本身重度狭窄和阻塞性病变，如肺动脉血栓栓塞等。X 线表现为肺纹理变细、稀疏，肺门动脉正常或缩小，肺野透明亮增加。

3. 肺动脉高压 引起肺动脉高压的原因主要有肺动脉血流量增加，如左向右分流畸形；心排血量增加的疾患；肺胸疾患，如肺气肿或（和）慢性支气管炎、肺纤维化等。X 线表现为肺动脉段明显突出；肺门动脉扩张，肺动脉外围分支纤细，若扩张的肺门动脉与外围肺动脉之间有一突然分界，称“肺门截断现象”或“残根征”；通常伴有右心室增大。

4. 肺静脉高压 引起肺静脉高压的原因主要有左心房阻力增加，如二尖瓣狭窄、左心房内肿瘤等；左心室阻力增加，如主动脉瓣狭窄、高血压及各种原因所致的左侧心力衰竭。肺静脉高压有以下 X 线表现。

（1）肺淤血：肺血管纹理普遍增多、轻度增粗，边缘模糊；肺门影增大，边缘模糊；肺野透亮度降低。

（2）间质性肺水肿：以出现小叶间隔水肿增厚为特征，因最早由 Kerley 描述间隔线影，故又称克氏线。分 A、B、C 三种，以克氏 B 线最常见。①克氏 B 线：表现为长 2～3cm、宽 1～3mm 的水平横线，多位于肋膈角区。②克氏 A 线：为长 5～6cm、宽 0.5～1.0mm 的自肺野外围斜行引向肺门的线状阴影，无分支，与支气管和血管走行不一致，多位于上叶。③克氏 C 线：呈网格状影，多位于下肺野。

（3）肺泡性肺水肿：分布于一侧或两侧肺的斑片状阴影，边缘模糊，常融合成片状；肺尖及肺野边缘部分很少受侵犯；有的以两肺门为中心，表现为蝴蝶状阴影。阴影在短期内变化较大，经恰当的治疗可在数小时或数日内吸收。

二、异常 CT 表现

（一）心脏异常

1. 心肌异常表现

（1）心肌厚薄改变：增强 CT 扫描可很好地显示心肌的厚度。肥厚型心肌病可有非对称性肌肥厚和肌小梁肥大征象。心肌梗死可见局部心肌变薄及室壁瘤形成。

（2）心肌密度改变：冠状动脉病变常致心肌血供改变，最终引起心肌缺血性损害，心肌纤维由结缔组织取代。增强扫描表现为局部心肌密度减低或无强化区；心肌原发或继发性肿瘤均表现为与正常心肌不同的强化表现，可高于或低于正常心肌。

（3）心肌运动异常：心电门控超高速 CT 可反映局部心肌缺血等病变所致的运动异常，如心肌梗死时局部心室壁反常运动；电影 CT 可反映心室容积变化，并测定射血分数，可定量测定由心肌运动异常所致的心排血量的变化。

2. 心腔异常表现

（1）心腔大小改变：CT 增强扫描可直观显示心腔内径变化，如心腔扩大（扩张型心肌病）、心腔狭小（肥厚型心肌病）；心肌梗死后左心室室壁瘤可见心室腔局部向外扩张。

（2）心腔内密度改变：心腔内肿块或心内血栓，增强 CT 表现为高密度的心腔血池内有低密度充盈缺损。

（二）心包异常

1. 心包渗出　正常心包腔含 10～20ml 液体，心包积液达 50ml 时 CT 即可检出。少量渗出液于仰卧检查时，常聚集在左心室与右心房的后外侧；大量渗出时则形成环绕心脏的水样密度带，使壁层心包与心脏距离加大，此时的心包积液在 200ml 以上（图 5-20）。

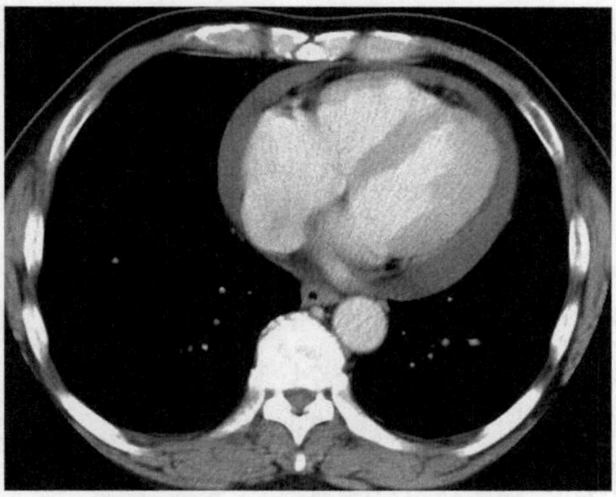

图 5-20　心包积液 CT 表现

2. 心包增厚和钙化　结核性或放射性心包炎常引起心包增厚，心包厚度 5～20mm，可束缚心脏的舒张；也可呈局限性增厚，引起两侧心室进行性舒张功能障碍。部分增厚的心包内可出现钙化，钙化常提示为炎症后期，CT 对钙化的检出最敏感，并能准确定位和显示其范围。

（三）血管异常

1. 位置异常　CT 平扫和增强扫描可直接显示大血管的位置异常，如右位主动脉弓，表现为主动脉弓位于气管右侧且常合并迷走的左锁骨下动脉。

2. 管径异常　CT 增强扫描可直接显示大血管管径异常，如扩张（主动脉瘤）、狭窄等。

3. 密度异常　血管壁的钙化，CT 表现为高密度影，CT 值可达 200HU 以上。主动脉夹层时，CT 增强扫描可区分真、假腔及内膜片；增强后表现为真、假腔之间的密度差异，假腔显影及排空均较真腔稍延迟，真腔常受压、变形或移位。

三、异常 MRI 表现

（一）心脏异常

1. 心肌异常

（1）信号改变：①信号强度改变：心肌缺血时，在急性缺血期 T_1WI、T_2WI 信号增强；当心肌纤维化时，局部心肌的信号在 T_1WI、T_2WI 均降低。原发性心肌病时，MRI 增强扫描心肌内见一个或多个异常信号区。②信号连续性中断：如 MRI 显示房、室间隔心肌信号连续性中断，提示房、室间隔缺损。SE 序列表现为心肌局部无信号区；GRE 序列 MRI

电影可见缺损部有异常高速血流信号影。

（2）厚薄改变：MRI可直接显示心壁的厚度，如在心肌的急性缺血区，可见局部心肌变薄；而在肥厚型心肌病时，可见心室壁增厚。

（3）运动异常：电影MRI可动态显示心壁运动情况。如心肌梗死时，局部室壁变薄，甚至形成室壁瘤，无运动或伴有反向运动。此外，还可应用心肌空间标记技术准确检测局部心肌的运动情况。

（4）占位性改变：心肌肿瘤在MRI上多呈以高信号为主的混杂信号灶。

2. 心腔异常

（1）大小改变：MRI在获取标准的心脏长、短轴位像后可准确测量心腔径线的改变，如扩张型心肌病表现为心腔内径普遍扩大。

（2）信号改变：心腔内异常信号主要见于左心房黏液瘤，SE序列 T_1WI上多呈均匀或不均匀中等信号，T_2WI 上为不均匀较高信号，其形态随心动周期而改变。此外，腔内异常信号还可见于心腔内血栓。

（二）心包异常

1. 渗出 多为渗出性心包炎所致。心包内液体异常增多，使心包脏、壁层间距增大；少量积液时主要位于右心房侧壁及左心室后侧壁的外方，SE序列 T_1WI上呈低信号，血性积液或心包积血在 T_1WI上呈中、高信号，T_2WI上呈均匀高信号。由于心包积液随心脏搏动而流动，心包积液的信号强度在心动周期内有所不同，收缩期信号偏低，舒张期偏高。

2. 增厚及钙化 增厚常见于缩窄性心包炎，MRI显示心包脏、壁层界限不清，心包腔闭塞，呈不规则增厚，以右心侧多见且增厚明显，其厚度大于4mm，甚至超过20mm；SE序列 T_1WI呈中等或低信号，心包钙化斑块为极低信号；少数呈高信号提示为肉芽组织。

（三）血管异常

1. 管径改变 表现为局限性管腔扩张（如主动脉瘤）或缩小（如冠心病）。

2. 腔内信号改变 血流信号改变的原因是血流速度改变，在大血管近瓣膜处的信号改变主要提示局部有反流；如主动脉夹层因真假腔内血流速度不同而出现信号差异，腔静脉内的瘤栓可致管腔内出现软组织异常信号。

（夏正超）

第四节 先天性心脏病

一、房间隔缺损

房间隔缺损（atril septal defect，ASD）是最常见的先天性心脏病之一，女性发病率较高，可单独存在或与其他心血管畸形并存。

【病理与临床】　按缺损部位可分为第一孔型（原发孔型）和第二孔型（继发孔型）缺损。第二孔型由原始房间隔自行吸收过多或继发房间隔生长不足所致，缺损位置位于房间隔中心，此型约占80%。

正常情况下左心房压力大于右心房，当存在房间隔缺损时左心房的血液可分流入右心房，从而加重右心系统的负荷，导致右心房扩张和右心室扩张、肥厚。长期肺血流量增加使肺血管发生改变，出现肺动脉高压，并逐渐导致右心房压力升高，分流量减少，甚至出现双向分流。

患者早期可无症状，随后可出现劳累后心悸、气促、乏力，咳嗽和咯血，呼吸道易感染；后期如出现右向左分流，可有发绀、晕厥等症状。听诊：胸骨左缘第 2～3 肋间可闻及收缩期杂音。

【影像学表现】

1. X 线表现　缺损较小时，X 线表现可正常；缺损较大时，表现为心影呈二尖瓣型，右心房、右心室增大；肺血增多，肺动脉段突出，肺门血管影扩张，周围肺纹理增多增粗，透视可见“肺门舞蹈征”；主动脉结缩小或正常（图 5-21）。

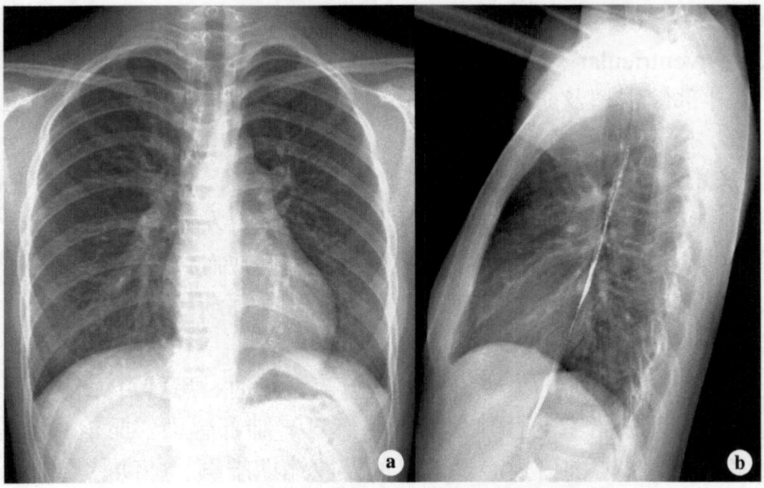

图 5-21　房间隔缺损 X 线表现

a.正位片示双肺血增多，肺动脉段突出，右心房、右心室增大，心脏呈二尖瓣型；b.侧位片示右心房、右心室增大

2. CT 表现　增强扫描横断位可见心房层面房间隔连续性中断；此外，可见右心房、右心室增大，肺动脉增宽等。

3. MRI 表现　可见房间隔信号连续性中断或消失；还可显示房间隔缺损产生的继发性改变，如右心房和右心室增大、肺动脉扩张等（图 5-22）。

【诊断与鉴别要点】　平片显示右心房、右心室增大，肺血增多，结合临床胸骨左缘第 2～3 肋间听到收缩期杂音，即可考虑房间隔缺损。需要与室间隔缺损相鉴别。室间隔缺损可有左心室增大，右心房不大，临床在胸骨左缘第 3～4 肋间可闻杂音。

CT 或 MRI 可直观显示房间隔连续性中断，能明确诊断房间隔缺损。

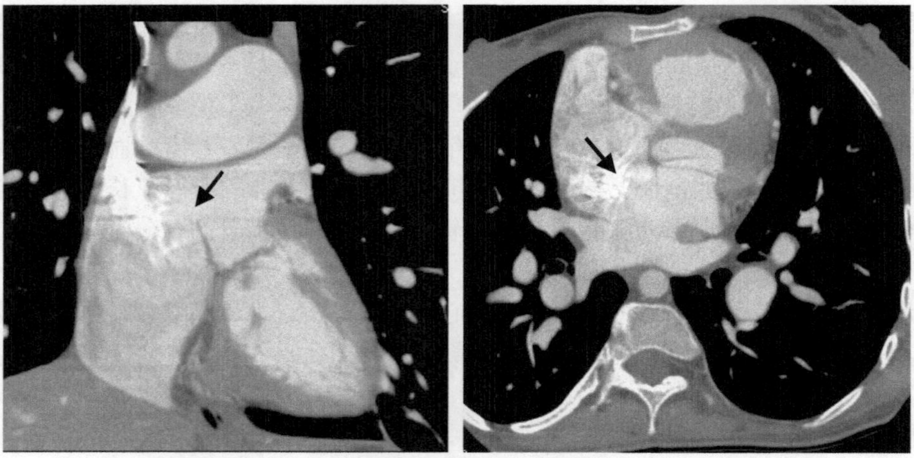

图 5-22　CTA 显示房间隔缺损（↑）

二、室间隔缺损

室间隔缺损（ventricular septal defect，VSD）简称室缺，根据缺损部位不同，可分为膜部缺损型、漏斗部缺损型及肌部缺损型。其中，膜部缺损型最常见，其位置较高，缺损面积较大。

【病理与临床】　正常情况下左心室压力大于右心室，由于室间隔存在缺损，使左心室的血液分流入右心室，分流血液经右心系统、肺循环、左心室，最终又回到右心室，从而加重右心系统的负荷，致右心室扩张、肥厚。体循环缺血致左心室代偿性肥厚。长期肺血流量的增加使肺血管发生改变，出现肺动脉高压，并逐渐导致右心室压力升高，分流量减少，甚至出现双向分流。

临床表现取决于缺损口径的大小，左向右分流量小时，患者可无任何症状；缺损较大时，可表现为发育较差，常有心悸、气短、易感冒、肺部感染。听诊：胸骨左缘第 3～4 肋间可闻及收缩期杂音，心前区及心底部可闻及收缩期震颤，肺动脉瓣第二心音亢进；患儿活动后口唇及指（趾）出现发绀。

【影像学表现】

1. X 线表现

（1）平片：缺损较小时，X 线表现可正常。缺损较大时，心影呈二尖瓣型；左、右心室增大，以左心室增大为主；肺动脉段突出，肺血增多，肺门血管扩张、增粗，透视可见“肺门舞蹈征”；主动脉结正常或缩小（图 5-23）。

（2）心血管造影：经股动脉选择左心室造影，左心室显影的同时右心室显影是其特点，并可显示室间隔缺损的部位及大小。

2. CT 表现　增强扫描可见室间隔连续性中断；还可见左、右心室增大，以左心室增大为主，肺动脉增宽等间接征象。

3. MRI 表现　可显示室间隔信号连续性中断、缺失。MRI 电影可显示左、右心室间的分流及心室收缩期肺动脉腔内异常的高信号血流。

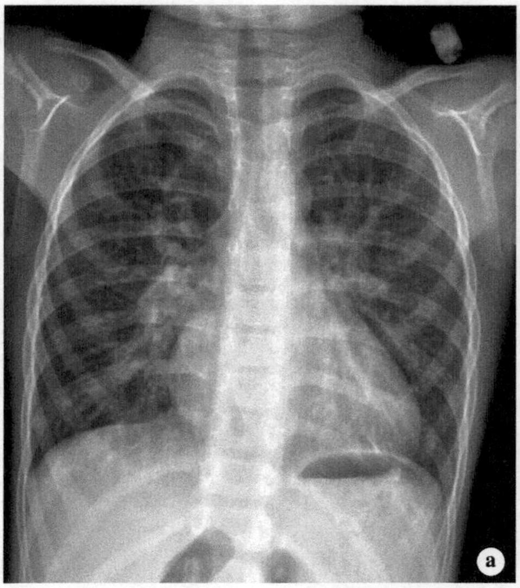

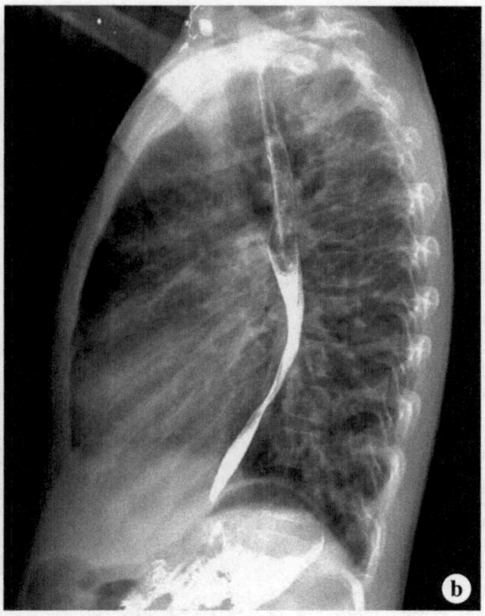

图 5-23 室间隔缺损 X 线表现

a. 正位片示双肺血增多，心脏呈二尖瓣型，左右心室增大，主动脉结缩小，肺动脉段突出；b. 侧位片示心脏左、右心室增大

【诊断与鉴别要点】 平片示肺血增多，左、右心室增大，以左心室增大为主；CT 或 MRI 显示室间隔连续性中断或消失；结合临床在胸骨左缘第 3～4 肋间听到收缩期杂音，即可考虑室间隔缺损，需与房间隔缺损相鉴别。房间隔缺损有右心房增大，不伴左心室增大，临床杂音位置在胸骨左缘第 2～3 肋间。

三、动脉导管未闭

动脉导管位于主动脉峡部和肺动脉根部之间，出生后不久即闭合，若 1 岁内未闭合，称动脉导管未闭（patent ductus arterlosus，PDA）。未闭导管长 6～20mm，宽 2～10mm，按其形态分为圆柱型、漏斗型和窗型。

【病理与临床】 主动脉与肺动脉间存在压力差，主动脉内的血液经未闭的动脉导管分流入肺动脉。导管口越小，管越长则阻力越大，分流量少；导管口越大则阻力越低，分流量大。分流的血液经肺循环后经左心房回到左心室，故左心的容量和压力负荷均增大。右心射血阻力增加，右心负荷也大，但左心较右心严重。导管口更大时，主动脉压直接传至肺动脉，造成肺动脉高压及右心压力超负荷。当肺血管阻力高于体循环时，出现右向左为主的双向分流。

临床表现与分流量的多少有关，分流量少，患者可无症状；分流量较大时，出现活动后心悸、气短、反复呼吸道感染；大量分流时，早期可发生左侧心力衰竭。听诊：胸骨左缘第 2～3 肋间可闻及连续性杂音，伴震颤，可有周围血管征。

【影像学表现】

1. X 线表现 平片可见左心室增大，肺血增多，肺动脉增粗，肺动脉段突出；部分患者可见主动脉结增宽和漏斗征（正位胸片主动脉弓降部外突和下方的胸主动脉与肺动脉相交处突然内收所致）；伴肺动脉高压时，可出现左、右心室增大（图 5-24）。

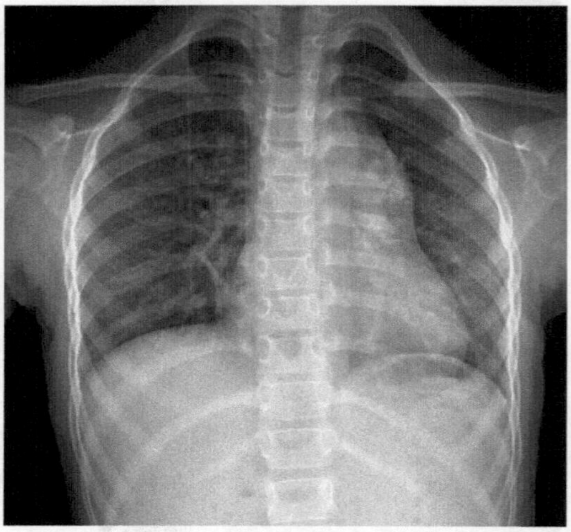

图 5-24　动脉导管未闭 X 线表现

2. CT 表现　增强扫描可见左肺动脉根部与胸主动脉之间有一管道相通。CTA 可清晰显示 PDA 全貌。

3. MRI 表现　可见主动脉弓降部内下壁与左肺动脉起始段上外侧壁直接连接，呈低信号或无信号影。

【诊断与鉴别要点】　平片显示左心室增大，主动脉结增大，主动脉结下漏斗征，肺血增多；结合临床胸骨左缘第 2～3 肋间闻及连续性杂音，即可考虑为动脉导管未闭。注意与房间隔缺损、室间隔缺损鉴别，鉴别要点如下。

1. 房间隔缺损　右心房、右心室增大，主动脉结缩小或正常；听诊胸骨左缘第 2～3 肋间闻及收缩期杂音。

2. 室间隔缺损　左、右心室增大，以左心室增大为主；主动脉结缩小或正常；听诊胸骨左缘第 3～4 肋间闻及收缩期杂音。

四、法洛四联症

法洛四联症（tetralogy of fallot，TOF）是最常见的先天性发绀型心脏病，由肺动脉狭窄、室间隔缺损、主动脉骑跨和右心室肥厚四种畸形构成。

【病理与临床】　法洛四联症中，主要病理生理改变为肺动脉狭窄和室间隔缺损。肺动脉狭窄使右心室漏斗部肌肉肥厚；主动脉向前、向右移位，又因肺动脉狭窄和室间隔缺损，心脏收缩期大部分血液射向主动脉，使主动脉管径增粗，为肺动脉的 3～4 倍；右心室因流出道梗阻而肥厚，主动脉因接受右心室的静脉血而使患者出现发绀。

患者发育较迟缓，活动能力下降，常有发绀，多于出生后 4～6 个月内出现；可有杵状指（趾），易气短、喜蹲踞或缺氧性晕厥等。胸骨左缘第 2～4 肋间可闻及较响的收缩期杂音及震颤，肺动脉瓣第二心音减弱或消失。

【影像学表现】

1. X 线表现

（1）平片：正位片表现为肺血减少，肺动脉细小；心影呈靴形，主动脉升、弓部多有不同程度的增宽、突出，心腰凹陷，心尖圆隆、上翘；25%～30%的患者合并右位主动脉弓（图 5-25）。

（2）心血管造影：经静脉右心造影于收缩期左心室及主动脉早期显影，并见心室水平的双向分流；主动脉骑跨在室间隔之上，升主动脉扩张、增粗；右心室漏斗部狭窄、细长，呈管状。

2. CT 表现　可见右心室流出道狭窄、主动脉转位、室间隔缺损及右心室肥厚。

3. MRI 表现　可见右心室壁明显肥厚，达到或超过左心室壁厚度；升主动脉扩张、前移，并骑跨于室间隔之上。

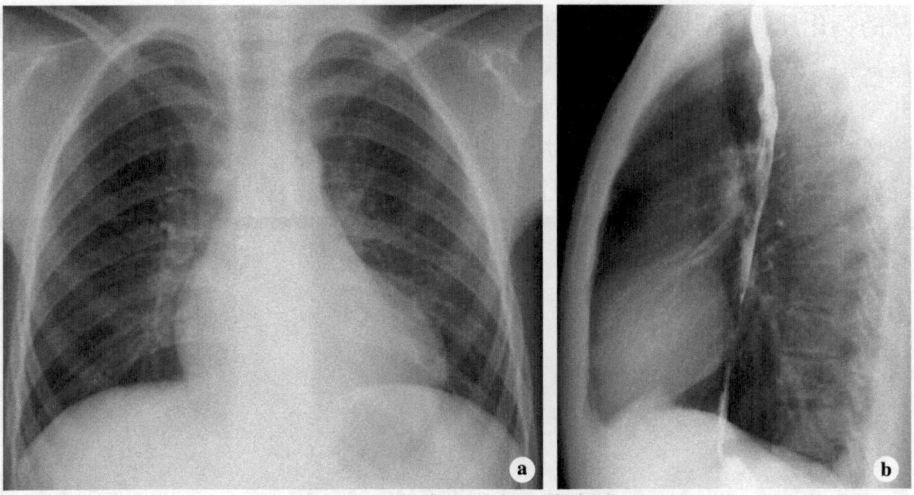

图 5-25　法洛四联症 X 线表现
a. 正位片；b. 侧位片

【诊断与鉴别要点】　平片显示肺血减少，右心室增大，心腰凹陷，呈靴形心影，结合临床患者发绀和听诊，可考虑法洛四联症；右心造影可直观显示见左心室、主动脉、右心室同时显影及肺动脉狭窄情况。CT 或 MRI 检查发现右心室流出道和肺动脉狭窄、主动脉转位、室间隔缺损及右心室肥厚可明确诊断。

（夏正超）

第五节　后天性心脏病

一、冠状动脉粥样硬化性心脏病

冠状动脉粥样硬化性心脏病（coronary heart disease，CHD），简称冠心病，是由于冠状动脉粥样硬化使血管腔狭窄、阻塞，导致心肌缺血、缺氧而引起的心脏病。

【病理与临床】　冠心病的基本病理改变为动脉粥样硬化斑块造成冠状动脉狭窄或闭塞。病变主要分布在心外膜下的大动脉，以左前降支最为常见，其次为左回旋支、右冠状动脉及左冠状动脉主干。当冠状动脉主干或其重要分支狭窄＞50%时，部分患者于运动时可致心肌缺血；冠状动脉完全闭塞时，可致心肌梗死。若缺血或梗死面积较大且累及乳头肌或室间隔时，可引起乳头肌断裂、室间隔穿孔、室壁瘤和心室破裂。

临床主要症状和体征为心绞痛、心律失常。

【影像学表现】

1. X 线表现

（1）平片：多无异常征象；少数可表现为心脏不同程度增大，以左心室增大为主。左心衰竭时，伴肺淤血及肺水肿；继发室壁瘤时，表现为左心缘局限性膨突，左室缘搏动减弱或出现反向搏动，左室壁钙化。

（2）冠状动脉造影：为冠心病诊断的金标准，可显示冠脉管腔内的充盈缺损、不同程度的偏心性狭窄及完全阻塞（图 5-26）。

2. CT 表现　CT 平扫可发现沿冠状动脉走行的斑点状、条索状、不规则轨道形或整条冠状动脉的钙化灶，根据钙化面积的积分值可进行钙化的定量分析。CTA 可显示冠脉管腔内的充盈缺损（斑块）、不同程度的偏心性狭窄及完全阻塞（图 5-27）。利用血管分析软件可显示并测量血管狭窄程度，观察冠状动脉壁粥样硬化斑块的脂核。测量斑块的 CT 值可大致判断斑块类型，CT 值较低的斑块富含脂质为软斑块，易破裂栓塞远端的动脉分支；CT 值较高的斑块富含纤维；CT 值更高的有钙化斑块，是不易脱落的稳定斑块。

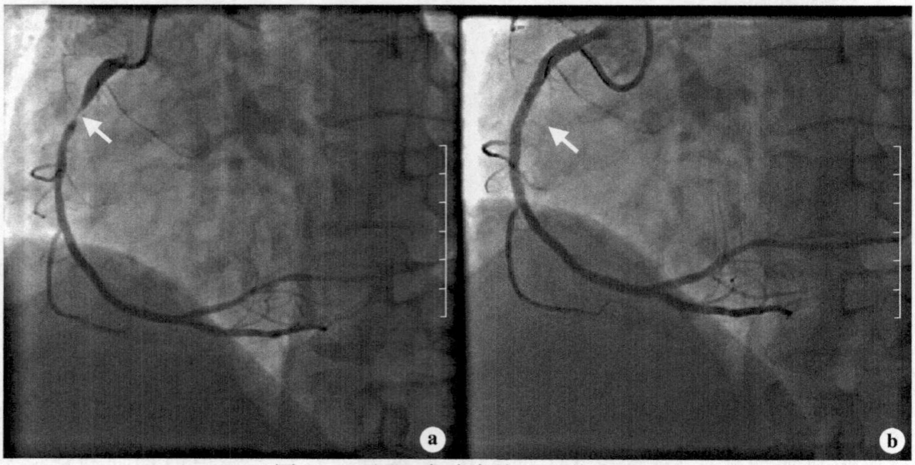

图 5-26　冠心病治疗前后 X 线表现

a. 右冠状动脉主干呈局限性狭窄（↑）；b. 腔内支架术后，右冠状动脉主干管腔基本正常（↑）

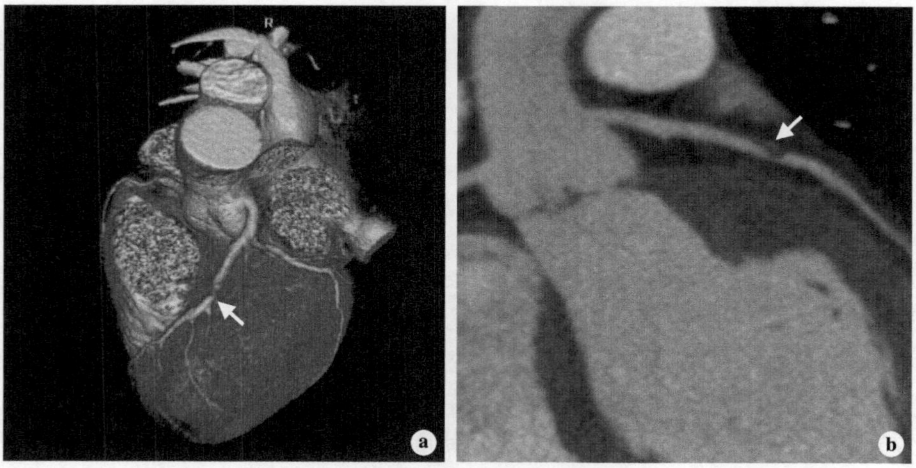

图 5-27　冠状动脉粥样硬化 CT 表现

CTA（VR 及 MIP）示左侧冠状动脉前降支软斑块并管腔狭窄（↑）

3. MRI 表现　急性心肌梗死时，梗死灶在 T_2WI 呈高信号，室壁变薄；增强扫描呈明显高信号。陈旧性心肌梗死时，梗死处心肌变薄，T_1WI 和 T_2WI 信号均减低，以 T_2WI 更明显；增强延迟扫描表现为高信号。左室室壁瘤时，左室壁心肌节段性变薄，范围较大，且局限性膨突；急性期室壁瘤在 T_2WI 呈高信号，陈旧性室壁瘤 T_1WI 和 T_2WI 均呈低信号；瘤内可见附壁血栓，T_1WI 呈较高信号，T_2WI 呈等或高信号。

MRI 电影可显示梗死室壁节段心肌运动减弱，室壁瘤局限性向外膨突，瘤壁呈节段性运动消失或反向运动。

【诊断与鉴别要点】　CTA 或冠状动脉造影显示冠状动脉狭窄或闭塞，结合临床心绞痛即可确诊为本病。MRI 可显示缺血心肌的情况。

二、高血压心脏病

高血压心脏病（hypertensive heart disease）是由于长期高血压而引起的左心室或以左心室为主的心脏增大，甚至心功能不全。

【病理与临床】 高血压按病因可分为原发性高血压和继发性高血压。原发性高血压基本病理基础为全身细小动脉广泛性痉挛，造成周围血管血流阻力增大，使动脉血压升高，可对动脉系统、心、脑、肾等器官造成损害。因外周血管阻力增加，长时间引起左心室肥厚并导致左心室扩张；进一步影响左心房致肺淤血；严重者可波及右心引起右心乃至全心衰竭。

临床主要表现为头痛、头晕、失眠、心悸、气短等高血压症状。左侧心力衰竭时，有呼吸困难、端坐呼吸、咯血和心绞痛等。

【影像学表现】

1. X 线表现 因高血压的程度和时间长短不同而表现各异。轻者心脏不大或左心室圆隆，肺血管纹理正常；重者左心室增大，主动脉迂曲、延长及扩张，心影呈主动脉型，并伴有不同程度的肺淤血及间质性肺水肿等（图 5-28）。

2. CT 表现 可显示左心室径线增大及升主动脉扩张。

3. MRI 表现 左心室腔相对缩小，左心室壁及室间隔弥漫性对称性肥厚，信号均匀。升主动脉扩张、壁增厚，但不累及主动脉窦。当左心室失代偿时，MRI 电影可见左心室壁收缩与舒张功能减弱。

【诊断与鉴别要点】 长期高血压患者，影像学上出现左心室增大、主动脉增宽，可诊断高血压心脏病。

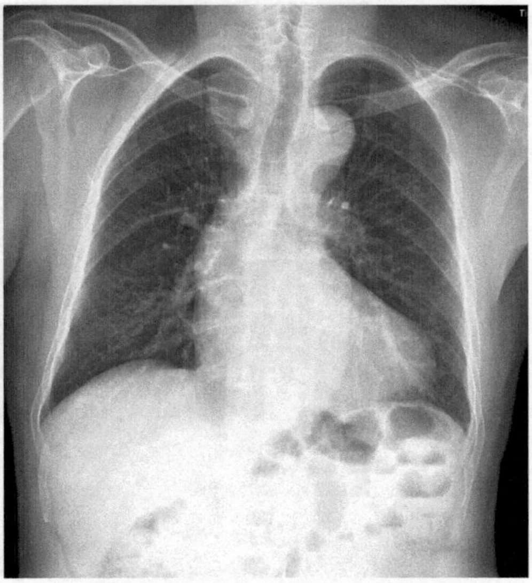

图 5-28　高血压心脏病 X 线表现

三、风湿性心脏病

风湿性心脏病（rheumatic heart disease，RHD）分为急性风湿性心肌炎与慢性风湿性心瓣膜病。前者是风湿热累及心脏，包括心包、心肌、心内膜，以心肌受累较重；后者是急性期后的慢性心脏瓣膜损害，导致瓣膜的开闭功能障碍。病变可累及任何瓣膜，以二尖瓣损害最常见，其次为主动脉瓣，可为联合瓣膜受累。

【病理与临床】 基本病理改变为瓣膜不同程度增厚、卷曲，可伴钙化；瓣膜交界粘连致开放受限，造成瓣口狭窄，瓣膜变形，乳头肌和腱索缩短、粘连，使瓣膜关闭不全。瓣膜狭窄常合并瓣膜开放不全。

二尖瓣狭窄使左心房压力增高，导致左心房扩大和肺循环阻力增加，最后产生肺循环高压。因右心负荷加重，使右心室肥厚、增大。二尖瓣关闭不全时，左心室收缩使部分血液向左心房反流，造成左心房压力升高、增大；如果累及肺循环，可引起肺循环高压。

瓣膜损害较轻或处于心功能代偿期，可无明显临床症状，或活动后仅有轻度心悸、气短。二尖瓣狭窄时，表现为易疲劳、劳力性呼吸困难等，心尖部可闻及隆隆样舒张期杂音；二尖瓣关闭不全时，表现为心悸、气短、左侧心力衰竭等，心尖部可闻及收缩期杂音。

【影像学表现】

1. X 线表现

（1）二尖瓣狭窄：心影呈二尖瓣型，肺动脉段突出，左心房及右心室增大，以左心房增大为主，心左缘出现第三弓影及心右缘双心房影；左心室及主动脉结缩小，支气管分叉角度增大；肺血增多，表现为肺淤血，严重时可出现间质性肺水肿或肺循环高压表现（图 5-29）。

（2）二尖瓣关闭不全：轻度二尖瓣关闭不全时，肺血可正常或轻度肺淤血，左心房、左心室可有不同程度增大；重度二尖瓣关闭不全时，左心房和左心室明显增大，常伴右心室增大。联合瓣膜损伤时，心脏呈重度增大，常仅显示受累较重瓣膜病变的征象。

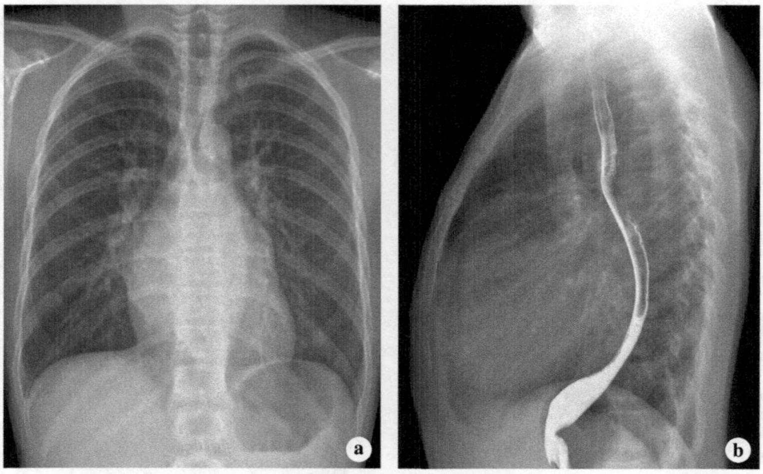

图 5-29　风湿性心脏病二尖瓣狭窄 X 线表现

a. 正位片示双肺淤血，主动脉结缩小，肺动脉段突出，左房、右室增大；b.侧位片示左房右室增大

2. CT 表现

（1）二尖瓣狭窄：常规 CT 检查可见二尖瓣瓣膜钙化及左心房增大、右心室肥厚；MSCT 心电门控电影扫描，可显示瓣口狭窄的情况（图 5-30）。

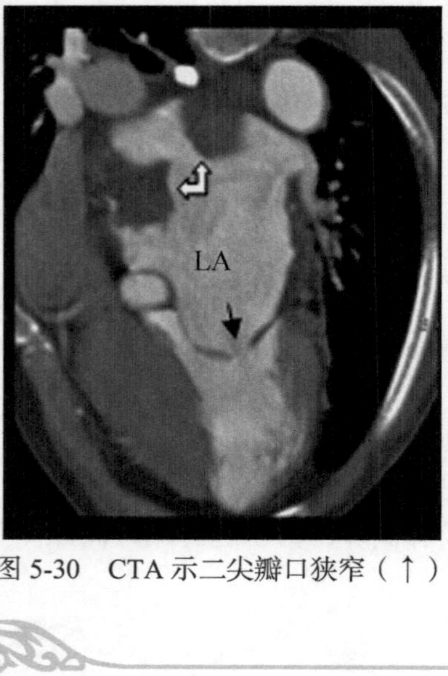

图 5-30　CTA 示二尖瓣口狭窄（↑）

（2）二尖瓣关闭不全：可见左心房、左心室增大，右心室不同程度增大。

3. MRI 表现

（1）二尖瓣狭窄：可显示左心房增大、右心室肥厚及左心房内血栓；MRI 电影可显示心室舒张期经狭窄的二尖瓣口后喷射的血流，呈流空的无信号影。

（2）二尖瓣关闭不全：可显示左心房和左心室增大；MRI 电影可显示心室收缩期左心房内经二尖瓣口血液反流所形成的低信号影。

【诊断与鉴别要点】　影像学上显示肺淤血，左心房、右心室增大，结合临床心尖部闻及隆隆样舒张期杂音，即可诊断风湿性心脏病（二尖瓣狭窄）；若影像学上显示肺淤血，左心房、左心室、右心室增大，结合临床心尖部闻及收缩期杂音，即可诊断风湿性心脏病（二尖瓣关闭不全）；若影像学上显示肺淤血，左心房、左心室、右心室增大，结合临床心尖部闻及收缩期和舒张期双期杂音，即可诊断风湿性心脏病（二尖瓣狭窄伴关闭不全）。

四、肺源性心脏病

肺源性心脏病（pulmonarg heart disease，PHD）简称肺心病，是由于慢性胸肺疾病、胸廓畸形、肺血管病变等，引起肺动脉压力增高，导致右心室肥厚、扩大及右心功能不全。

【病理与临床】　肺部慢性病变使肺通气功能减退或缺氧，逐渐引起阻塞性肺气肿，最后导致右心增大。

临床主要表现有咳嗽、咳痰、心悸等，部分患者可有咯血。合并心力衰竭时，可出现心慌、气急、呼吸困难、发绀、颈静脉怒张、肝大、腹水、下肢水肿等症状。

【影像学表现】

1. X 线表现

（1）慢性肺部疾病、胸廓畸形表现：如慢性支气管炎、广泛肺组织纤维化、肺气肿、胸膜肥厚及胸廓畸形等。

（2）肺动脉高压表现：可见肺动脉段突出，右下肺动脉增粗，横径大于 15mm，外围肺血管细小，形成“肺门残根征”。

（3）右心室增大（图 5-31）。

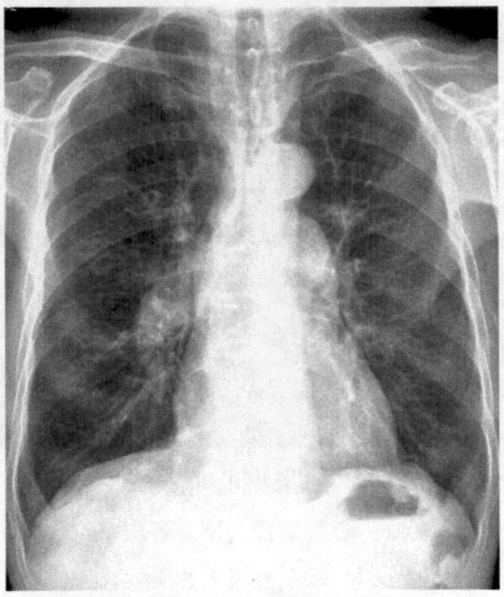

图 5-31　肺源性心脏病 X 线表现

桶状胸，肺野透亮度增高，两肺纹理增多；肺动脉段突出，右下肺动脉段扩张，形成“肺门残根征”；右心室增大

2. CT 表现　可显示肺气肿和肺部病变；增强扫描可见主动脉、左右肺动脉扩张，右心室及室间隔肥厚，肺动脉腔内充盈缺损、狭窄或阻塞。

3. MRI 表现　SE 序列 T_1WI 示肺动脉及其主干增粗，内可见血流高信号，提示肺动脉高压导致肺血淤滞；右心室壁及室间隔明显增厚，右心房可扩大，腔静脉扩张。GRE 序列电影 MRI 可见三尖瓣（收缩期）和肺动脉瓣（舒张期）反流，并可显示右心室的收缩和舒张功能。

【诊断与鉴别要点】　影像学上显示肺动脉高压、右心室增大，结合慢性胸肺疾病史及右心衰竭表现，即可诊断为本病。

五、心　肌　病

心肌病（cardionmyoathy）指主要侵犯心肌的病变，可分为原发性和继发性。原发性心肌病原因不明，继发性心肌病原因较多，有感染性、内分泌和代谢性、中毒、药物过敏、肉芽肿及其他。

【病理与临床】　原发性心肌病可分为扩张型、肥厚型和限制型。①扩张型：占原发性心肌病的 70%，主要侵犯左心室或双心室，以心腔扩大为主，通常肌壁不厚，心室收缩功能减弱。②肥厚型：占原发性心肌病的20%，心肌肥厚，心腔不扩张，且多缩小、变形，心室容量减少。③限制型：最少见，主要指心内膜心肌纤维化或嗜酸性粒细胞增多性心内膜心肌病，晚期可发生心腔闭塞。

继发性心肌病由于心肌及其间质炎性改变或退行性变，造成心肌收缩力下降、心腔内血量增多，从而使相应房室增大。

心肌病患者常有心悸、气促、胸痛、眩晕、心律失常及心力衰竭等，有时可有胸部压迫感、腹胀、咯血、肺部啰音及肝大、颈静脉怒张等；胸骨左缘可有杂音与震颤，具体表现取决于心肌病的类型，无特异性。

【影像学表现】

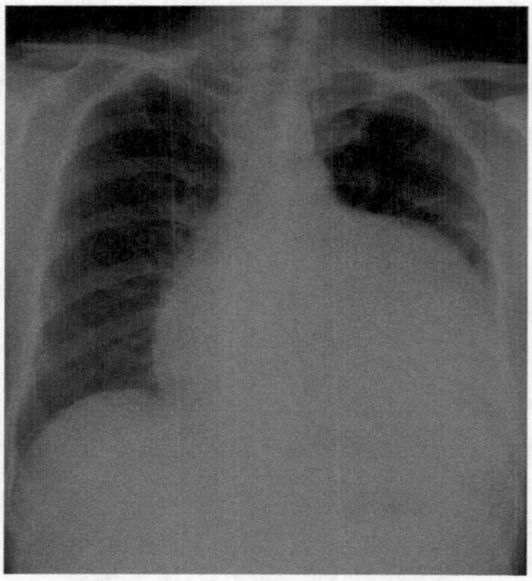

图 5-32　扩张型心肌病 X 线表现

双肺淤血，心脏呈普大型，各房室均增大，以左室增大为著

1. X 线表现

（1）扩张型心肌病：心脏呈中至重度增大，呈普大型或主动脉型，各房室均可增大，以左心室增大为主；两心缘搏动减弱；多伴有不同程度的肺淤血和间质性肺水肿（图 5-32）。

（2）肥厚型心肌病：心脏一般不增大或仅左室轻度增大，心脏搏动正常或增强，肺血管纹理多正常。

2. CT 表现

（1）扩张型心肌病：CT 增强扫描可见左、右心室腔均扩大，心室壁变薄。

（2）肥厚型心肌病：CT 增强扫描可见心室壁和室间隔增厚。

3. MRI 表现

（1）扩张型心肌病：可见左、右心室室腔扩大，室壁变薄（图 5-33）。

（2）肥厚型心肌病：MRI 扫描可显示异常肥厚的心肌，在 T_1WI 上多呈均匀中等信号（图 5-34），T_2WI 上可见心肌内点状高信号；增强扫描见肥厚室壁内局灶性异常增强区，左心室舒张功能受限，运动幅度增加。

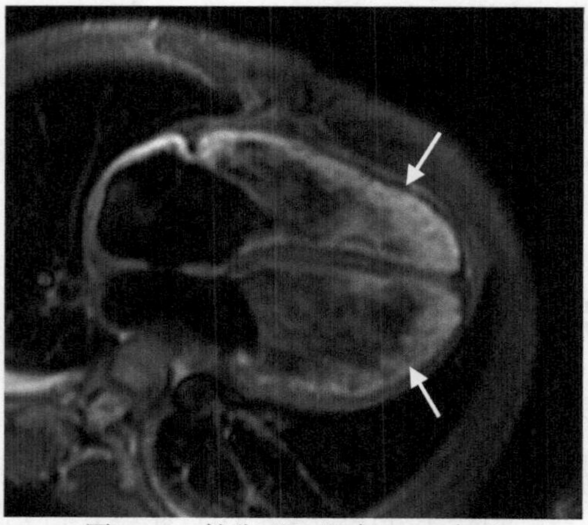

图 5-33　扩张型心肌病 MRI 表现

MRI 扫描示左、右心室室腔增大，室壁厚度偏薄（↑）

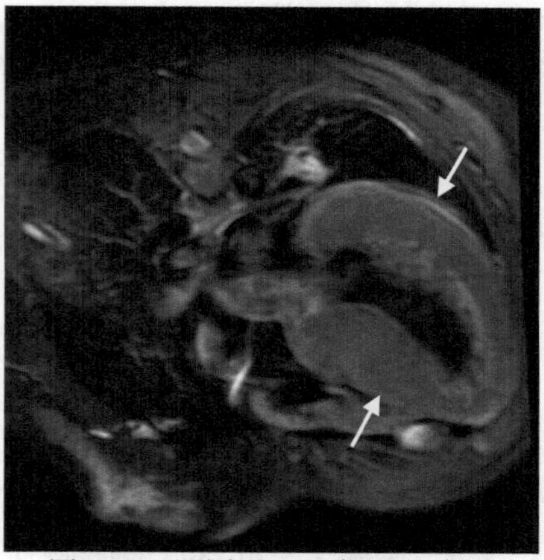

图 5-34　肥厚型心肌病 MRI 表现

MRI 扫描示左心室室壁及室间隔肥厚（↑）

【诊断与鉴别要点】 心肌病诊断较难，无典型临床特征。根据 X 线平片可大致反映心脏房室的增大情况；CT、MRI 反映心室腔大小、形态及肌壁厚度改变，排除继发因素所致的心腔扩大或心肌肥厚，可考虑为扩张型或肥厚型心肌病。

（夏正超）

第六节 心包疾病

一、心包积液

【病理与临床】 正常心包腔内含液体量为 10～20ml，当心包腔内液体量超过 50ml 时，称为心包积液（pericardial effusion，PE）。少于 100ml 者为少量积液，100～500ml 为中等量积液，500ml 以上者为大量积液。

引起心包积液病因很多，有结核性、化脓性、病毒性、风湿性等，以结核性最多。积液性质可为血性、脓性、纤维蛋白等。积液使心包腔内压力升高，达到一定程度时可导致心室舒张功能受限，使心房和体、肺静脉回流受阻，从而使心房和静脉压力升高，心脏收缩期排血量减少，甚至可出现心脏压塞。

少量积液时，患者可无临床症状；大量积液时，表现为乏力、发热、心前区压痛；急性者可有心包压塞症状，如呼吸困难、面色苍白、发绀、端坐呼吸等。体检：心音遥远、颈静脉怒张、心包摩擦音、血压及脉压均降低、肝大和腹水等。

【影像学表现】

1. X 线表现 心包积液在 300ml 以下者，X 线可无明显改变；中等量以上心包积液典型 X 线征象为心影向两侧扩大呈普大型或烧瓶样，心腰及心缘各弓的正常分界消失，心膈角变钝，心脏搏动普遍减弱甚至消失，上腔静脉不同程度扩张，主动脉搏动可正常，数日至 1 周内心影大小可有明显变化，肺纹理多正常（图 5-35）。

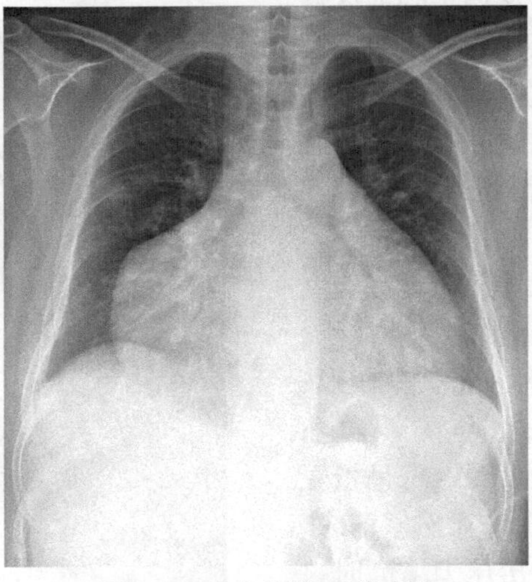

图 5-35 心包积液 X 线表现

心脏呈普大型，心腰部及心缘各弧段正常分界消失

2. CT 表现 CT 平扫可见心包增厚（厚度大于 4mm），密度随积液的性质而异，多为水样密度，也可为较高液性密度。CT 增强扫描时，壁层心包强化，使心包内的积液显示更清楚。仰卧位 CT 扫描时，少量心包积液常聚集在左心室和右心房的后外侧，大量积液则形成包绕心脏的水样密度带。局部粘连可致包裹性积液，好发于右前外侧和背侧。

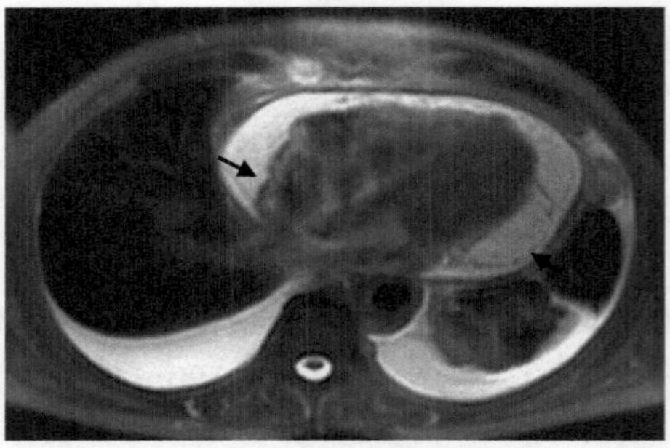

图 5-36 心包积液 MRI 表现

T_2WI 显示心包积液呈高信号（↑），同时伴双侧胸腔积液

3. MRI 表现 MRI 对发现心包积液更为敏感，且具有一定的定性功能，信号强度根据积液性质而异。浆液性积液 T_1WI 多呈均匀低信号；炎性积液且蛋白含量高者则多呈不均匀高信号；血性积液多呈高信号，肿瘤所致积液呈不均匀的混杂信号，其内可见中等信号结节影；积液在 T_2WI 上均呈高信号（图 5-36）。

【诊断与鉴别要点】 平片显示心影呈烧瓶样向两侧扩大，心腰及心缘各弓的正常分界消失，结合临床表现可考虑心包积液的可能；注意与其他呈普大型改变的心脏病鉴别，若短期内随访心影明显增大或缩小，则可明确诊断。CT 或 MRI 见心包内液体密度或信号影，即可确诊。

二、缩窄性心包炎

【病理与临床】 缩窄性心包炎（constrictive pericarditis，CP）主要为心包积液吸收不彻底，引起心包脏、壁层肥厚、粘连、钙化，逐渐发展而成。一般以心室面增厚、粘连为著，右心包膜较左心包膜增厚更明显，而大血管根部较轻。心包异常增厚，首先限制心脏的舒张功能，使体、肺静脉压力升高，静脉回心血量下降，心排血量降低；继而可限制心脏收缩功能，导致心力衰竭。

患者多表现为乏力、发热、心前区疼痛；严重者出现呼吸困难和心脏压塞的其他症状，如面色苍白或发绀、腹胀、水肿或端坐呼吸。体检可发现颈静脉怒张、腹水、奇脉、心音低钝和静脉压升高等。

【影像学表现】

1. X 线表现 心脏大小多正常或轻度增大，少数中度增大；两侧或一侧心缘僵直，各弓分界不清，心外形常近似三角形；心脏搏动减弱，甚至消失；上纵隔影增宽；心包钙化是本病的特征性表现，可呈蛋壳样、带状、斑片状等，多分布于右室前缘、右心房和房室沟区；左心房压力增高时，可出现肺淤血征象；可伴胸腔积液和胸膜改变（图 5-37）。

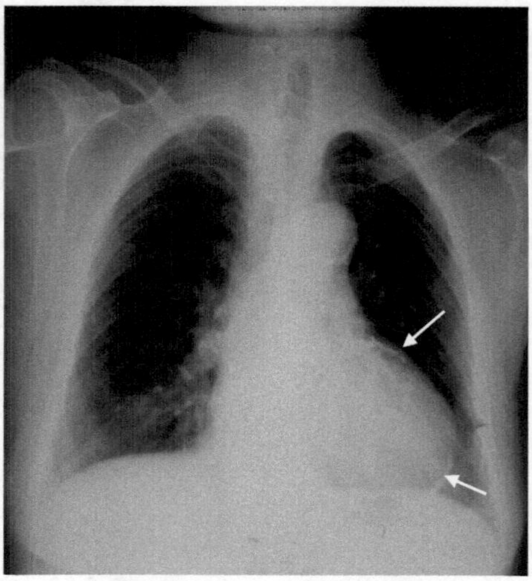

图 5-37 缩窄性心包炎 X 线表现

心脏呈主动脉型增大，左心尖部呈蛋壳样钙化（↑）

2. CT 表现 可见心包增厚（厚度大于 4mm），有时可见高密度钙化影。

3. MRI 表现 可见心包增厚，在 SE 序列 T_1WI 和 T_2WI 上多呈中等信号，其内可见极低信号钙化影。

【诊断与鉴别要点】 平片显示心脏外形不整，有钙化影包绕，可提示本病；CT 或 MRI 上见心包异常增厚、钙化，即可诊断为本病。

（夏正超）

第七节 大血管疾病

一、主动脉瘤

【病理与临床】 主动脉瘤（aorticaneurysm）为主动脉局部病理性扩张（扩张主动脉内径大于邻近正常管径的 1.5 倍以上）。按病理解剖和组织结构可分为真性和假性动脉瘤。前者由动脉壁的三层组织构成；后者为动脉壁破裂形成血肿，血肿与周围包绕的结缔组织构成。

主动脉瘤按病因可分为粥样硬化、感染、创伤、先天性、大动脉炎、梅毒、白塞综合征与马方综合征等；依表现又可分为囊状、梭形和混合型等。各种动脉瘤均可不断增大，直至破裂而导致死亡。

临床症状和体征主要来自瘤体对周围组织器官的压迫侵蚀，主要症状为疼痛、气短、咳嗽、声音嘶哑、吞咽困难或咯血等。体检可有胸壁静脉怒张，腹部搏动性肿块等，听诊可有杂音与震颤。

【影像学表现】

1. X 线表现

（1）平片：纵隔影增宽或形成与主动脉某部相连的局限性肿块影，肿块可见扩张性搏动，瘤壁钙化；瘤体压迫、侵蚀周围器官可引起邻近气管或食管的移位及狭窄，或与瘤体阴影相适应的脊柱或胸骨的侵蚀性骨质缺损。

（2）血管造影：病灶与主动脉同时显影，瘤囊内有对比剂充盈；瘤周如有对比剂外渗，则为主动脉瘤外穿。

2. CT 表现 CT 平扫与增强扫描可显示血管局部扩张形成的动脉瘤，并可显示瘤体的大小、形态、部位及与周围结构的关系；MSCT 三维重组图像可从不同解剖角度直观显示动脉瘤的主要征象及累及范围（图 5-38）。

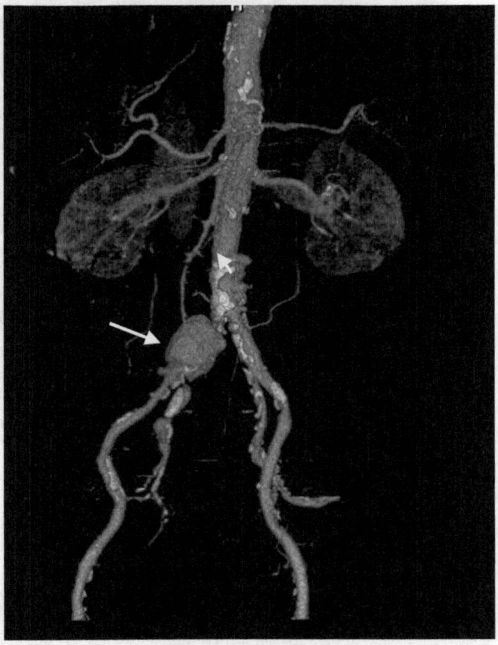

图 5-38 右髂总动脉动脉瘤（↑）CT 表现

3. MRI 表现 SE 和 GRE 快速成像 MRI 电影，无需对比剂，即可从不同方位显示动脉瘤的形态、大小、类型、范围、瘤壁情况、附壁血栓及瘤体与主动脉分支、周围组织结构的关系等，并且可观察其形态和血流动态变化。

【诊断与鉴别要点】 影像学上显示主动脉局部异常扩张（扩张主动脉内径大于邻近正常管径的 1.5 倍以上），即可诊断为主动脉瘤。

二、主动脉夹层

【病理与临床】 主动脉夹层（aortic dissection，AD）病因不明，为主动脉内膜和部分中层撕裂，血流经破裂口灌入，使主动脉壁中层分离形成壁内血肿或“双腔主动脉”，即真腔和假腔。DeBakey 将此病分为三型（图 5-38）。Ⅰ型：内膜撕裂口在升主动脉近端，夹层延伸至主动脉弓及胸主动脉；Ⅱ型：夹层起源升主动脉，终止于头臂干水平；Ⅲ型：夹层发生于胸主动脉降部，向下延伸可达腹主动脉。

临床主要症状为胸背痛，如撕裂样、刀割样疼痛，可向颈及腹部放射。

【影像学表现】

1. X 线表现

（1）平片：可见上纵隔或主动脉影增宽，主动脉（内膜）钙化内移，心影增大；连续短期复查，上述征象多呈进行性加重。

（2）主动脉造影：对比剂在真腔内通过内膜破裂口时发生喷射、外溢或壁龛样突出；当对比剂进入假腔后，在真、假腔之间可见线条状透亮影，为撕裂的内膜片，有时可见充盈缺损，为附壁血栓。

2. CT 表现 平扫显示主动脉壁钙化内移。增强扫描可见主动脉形成真、假双腔，双腔之间的条状影为撕裂的内膜片；通常真腔较小，受压变形，而假腔较大，内可有附壁血栓（图 5-39）。行 MSCTA 三维重组更有利于显示病变。

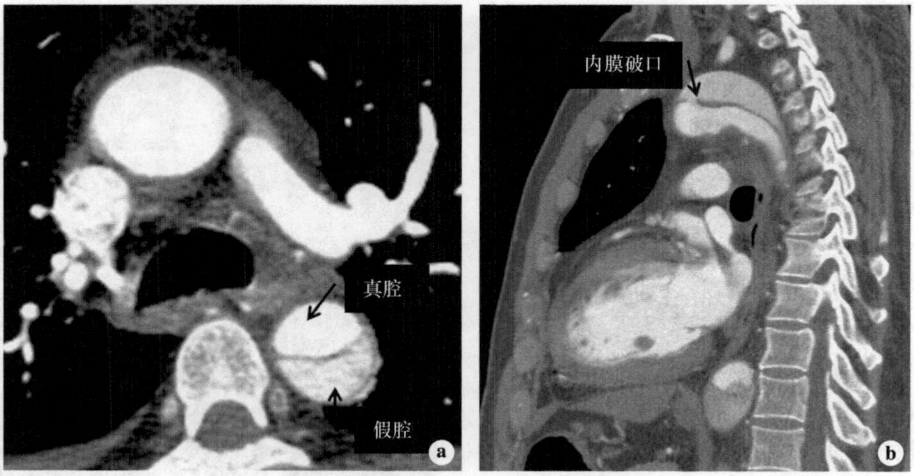

图 5-39 主动脉夹层 CTA 表现

a. 胸主动脉内膜内移并呈线状的低密度影，真腔呈高密度，假腔密度稍低（↑）；

b. 矢状面 MPR 直接显示内膜破口（↑）

3. MRI 表现 可显示真腔与假腔，两者的血流速度不同，真腔内血流速度快，一般显示无信号；假腔内血流速度慢，常可出现稍高信号，内可有附壁血栓，呈中高信号；内膜片位于真假腔之间，呈等信号或低信号。

【诊断与鉴别要点】 平片见主动脉钙化内移，结合撕裂样胸背痛，可考虑本病；CT、MRI 或血管造影显示主动脉形成真、假腔及分离的内膜片，即可确诊主动脉夹层。

三、周围血管疾病

【病理与临床】 周围血管病变（peripheral vessels disease，PVD）是指主动脉分叉以远的周围血管的病变，尤指外周动脉病变。以下肢动脉粥样硬化引起的动脉狭窄最为常见，其他病变有血管炎、动脉瘤、动静脉畸形等。以下仅叙述下肢动脉粥样硬化所致的管腔狭窄和闭塞。

临床可无症状，也可有间歇性跛行；少数有缺血性疼痛，极少数有溃疡或坏疽。常与糖尿病、高胆固醇血症等疾病有关。

【影像学表现】

1. X 线表现 平片检查无诊断价值。

2. 血管造影表现 可显示受累血管管腔狭窄或闭塞，并明确病变的范围和程度，为介入手术作引导，还可评估介入手术的效果。

3. CT 表现 平扫可见动脉壁钙化，MSCTA 重组可见受累血管狭窄、闭塞，钙化斑块形成，并显示病变的范围和受累程度（图 5-40）。下肢远端的动脉管径非常细小，对扫描技术要求高，同时需采用高分辨力成像，以获得更佳的诊断准确性。

4. MRI 表现 主要采用 2D-TOF 和 3D-CE-MRA 两种方法显示周围血管。前者无需对比剂，但扫描时间长，图像伪影大，现已少用；后者经肘静脉注药后可快速、大范围地完成下肢血管的检查，由于成像速度快、空间分辨率力高和对比度好，对下肢动脉闭塞性疾病有较高的诊断价值。

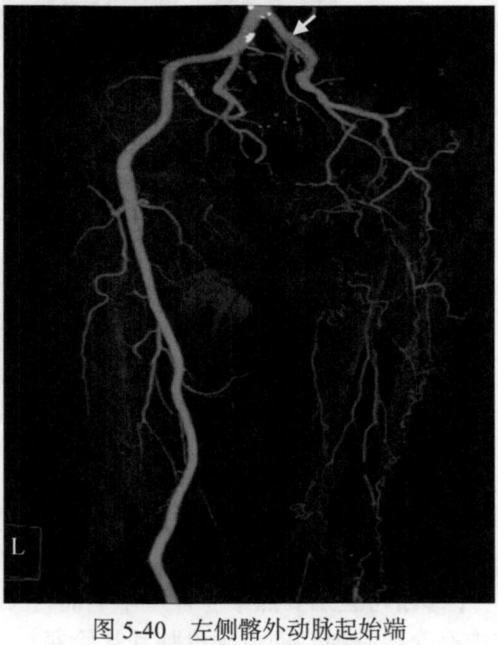

图 5-40 左侧髂外动脉起始端闭塞（↑）CT 表现

【诊断与鉴别要点】 血管超声、CT、MRI 和 X 线血管造影均能直接显示周围血管病变，无论是动脉粥样硬化引起的血管狭窄，还是血管炎、动脉瘤、动静脉畸形所致均可显示。

四、肺动脉栓塞

【病理与临床】 肺动脉栓塞（pulmonary embolism，PE）是内源性血栓或外源性栓子栓塞肺动脉或其分支所引起的呼吸系统和循环系统功能障碍综合征，发病率和死亡率均较高。栓子包括血栓、脂肪、空气、羊水等，其中下肢深静脉血栓脱落后随血液循环进入肺动脉导致栓塞是主要病因。肺栓塞如并发肺出血或坏死者，称为肺梗死。

临床表现主要取决于栓塞的部位和受累范围，可无明显临床症状或仅有轻微不适，部分患者可有呼吸困难、胸痛、咯血等。化验：血浆 D-二聚体（交联纤维蛋白降解物）浓度增高。

【影像学表现】

1. X 线表现

（1）平片：可见区域性肺纹理稀疏、纤细，肺野透亮度增高或肺叶、肺段不张；还可有肺动脉高压，心影增大，主要是右心室增大。

（2）肺动脉造影：见肺动脉中断或充盈缺损。

2. CT 表现 CTA 是诊断肺栓塞的较常用和可靠的方法，直接征象为肺动脉腔内的充盈缺损（表现为肺动脉及其分支腔内偏心性或类圆形充盈缺损）或闭塞（肺动脉分支内无对比剂充盈）（图 5-41）；间接征象包括主肺动脉影增宽、局限性肺动脉分支减少、血管影稀疏、肺段楔形实变及胸腔积液等。

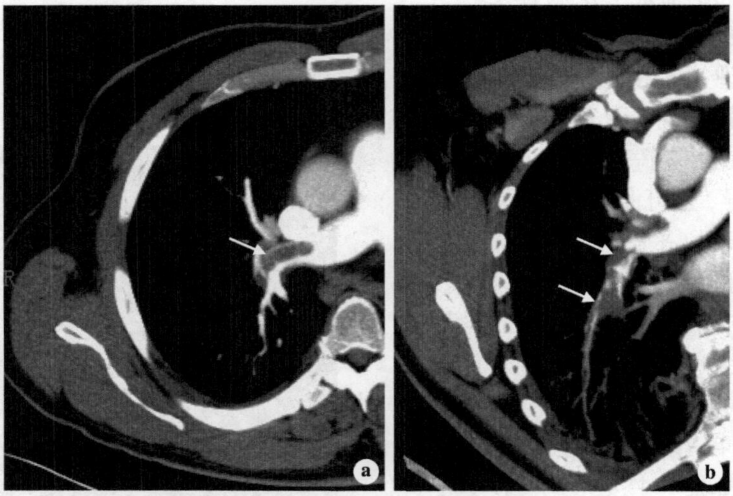

图 5-41 肺动脉栓塞 CT 表现

CTA 右肺动脉干及右下肺动脉多发血栓（↑）

3. MRI 表现 肺动脉栓塞在 SE 序列上呈中等或高信号影。由于肺动脉通常呈无信号，靠近肺门较大血管内的栓子因有信号显示而被检出；远离肺门的小栓子虽有信号，但难以与其他疾病相鉴别。应用 Gd-DTPA 进行增强扫描时，可显示栓子部位为非血流区。

【诊断与鉴别要点】 怀疑本病需行 CT 增强扫描，CTA 显示肺动脉及其分支闭塞或腔内有充盈缺损，即可确诊肺动脉栓塞。

（夏正超）

目 标 检 测

一、病 例 分 析

病例一

女，20 岁。心悸、气急，劳动后加重。听诊：心尖区舒张期 4 级杂音。摄取心脏正侧位片（图 5-42）。

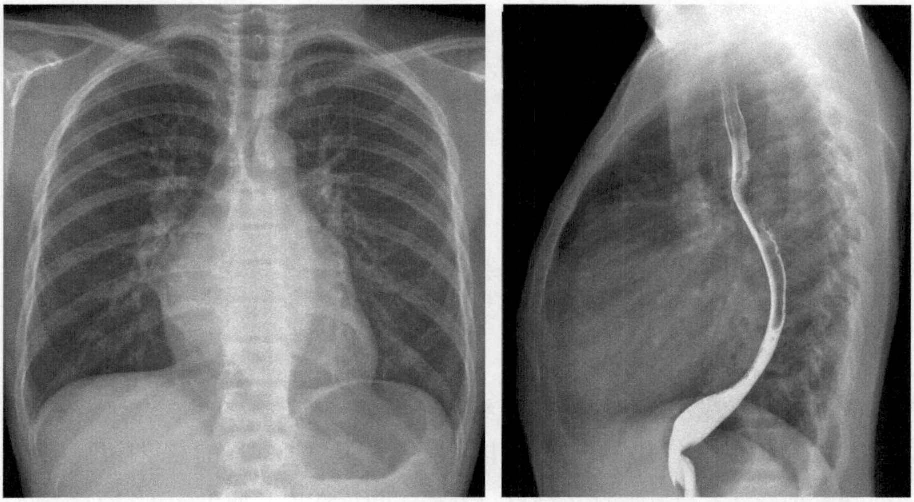

图 5-42 病例一

【问题及讨论】

1. 肺血有何改变？是肺充血还是肺淤血？

2. 心脏轻（ ）中（ ）重（ ）增大，呈（ ）形。

3. 有哪些房室增大？其征象是什么？

4. 应首先考虑为何种疾病？应与哪些疾病相鉴别？

病例二

男，75 岁。“慢支肺气肿”10 年，近日气喘、心悸加重。摄取心脏后前位片（图 5-43）。

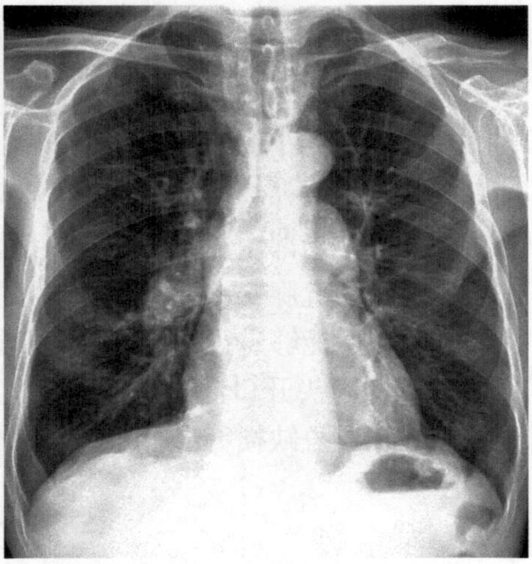

图 5-43 病例二

【问题及讨论】

1. 请指出胸部有哪些基本病变？

2. 心脏有无增大？呈何种病理形态？

3. 应首先考虑为何种疾病？应与哪些疾病相鉴别？

二、复习思考题

1. 名词解释　主-肺动脉窗、相反博动点、肺门舞蹈征、肺门残根征。

2. 简述各心脏房室增大的病理基础及增大方向，并用图绘述。

3. 试述肺充血与肺淤血病理及 X 线表现异同点。

4. 简述房间隔与室间隔缺损的血动学及影像学表现。

5. 简述风湿性心脏病二尖瓣狭窄血动学及影像学表现。其应与哪些疾病鉴别？

6. 肺心病病理及影像学的三大要点是什么？

7. 主动脉夹层用哪种检查方法最佳?其影像学表现是什么?

第六章　乳　　腺

学习目标

1. 掌握乳腺正常影像学表现；掌握乳腺常见疾病的影像诊断与鉴别诊断。

2. 熟悉乳腺影像学检查技术；熟悉乳腺异常影像学表现；熟悉乳腺常见疾病的病理及临床表现。

乳腺疾病的影像检查技术主要以乳腺 X 线钼靶摄影、超声检查为主，MRI 检查也具有一定优势，是 X 线和超声检查的重要补充手段。乳腺影像检查的目的在于检出病变，并对病变进行诊断和鉴别诊断；对肿瘤性疾病进行分期；间接评估肿瘤生物学行为、预后和治疗过程中随访。

第一节　影像学检查技术

一、X 线 检 查

乳腺 X 线检查包括乳腺 X 线钼靶摄影和乳腺导管造影检查，前者主要用于显示乳管结构、微小钙化及皮肤改变等，后者适用于乳头溢液患者乳腺导管的检查。乳腺腺体组织是随月经周期变化而变化，所以 X 线检查的最佳时间是在月经后 1～2 周。乳腺 X 线钼靶摄影通常采用内外斜位和头尾位，必要时辅以侧位、上外-下内斜位、外内斜位、局部放大摄影及全乳或局部压迫放大摄影。摄影时应包括双侧乳腺，以利于观察对比。目前临床多采用的数字化乳腺 X 线摄影，可以根据乳腺组织的大小、压迫的厚度及致密程度自动调节摄影剂量，并能够进行图像后处理，提高了成像质量，减少辐射剂量。乳腺导管造影是经乳腺导管的乳头开口注入对比剂使乳腺导管显影的一种检查方法，主要了解导管有无扩张、截断和充盈缺损等导管内的形态学变化。

二、CT 检查

CT 检查辐射剂量较 X 线摄影高，而乳腺组织对射线较为敏感，检查费用也相对较高，因此 CT 通常不作为乳腺疾病常规检查手段。但对乳腺癌治疗前分期和治疗后评估有临床意义，并对癌肿造成的腋窝、纵隔淋巴结转移及肺、肝、骨等部位转移优于 X 线摄影检查。

三、MRI 检查

乳腺 MRI 检查主要用于常规 X 线检查或超声检查发现但不能确诊的疾病、疑为致密型或乳房成形术后乳腺内病变，以及已确诊乳腺癌的术前分期。

乳腺 MRI 检查时间同 X 线摄影检查。常用俯卧位，双乳自然悬垂，常规轴位、矢状位扫描。扫描范围包括双侧乳腺及腋窝区。成像序列多采用 SE T_1WI 及 T_2WI、STIR；常规增强扫描采用对比剂为 Gd-DTPA，通常行快速成像序列为 T_1WI 动态增强检查，有利于平扫检查难以确定病变的检出，通过观察病变在不同时相强化方式、程度及变化特点，有助于病变定性诊断。DWI 检查亦常用，能够反映乳腺良、恶性病变组织内水分子受限程度的差异，具有较高的鉴别诊断价值。MRS 是检测活体组织内代谢和生化成分的一种无创技术，能够显示良、恶性肿瘤之间的代谢物差异。动态增强 MRI 结合 DWI 和 ^1H-MRS 检查可明显提高乳腺良、恶性肿瘤诊断的准确性。

（蒋　蕾）

第二节　正常影像学表现

一、正常 X 线表现

观察乳腺 X 线片时，以左侧乳腺为例，时钟 12～3 点之间为外上象限；3～6 点之间为下象限；6～9 点之间为内下象限；9～12 点之间为内上象限；乳头及乳晕区称中央区，右侧乳腺与左侧对称。正常乳腺各结构 X 线表现如下。

1. 乳头　位于锥形乳腺的中央。大小随年龄，乳房发育及经产情况而异。在 X 线片上可能成勃起状态、扁平形或稍有内陷。在顶端因有乳腺导管开口，可能显示轮廓不整齐，有小的切迹。大小不一，两侧多对称。

2. 乳晕　乳晕成盘状，位于乳头四周，大小随乳房发育及生产情况而异。正位时，乳头内外侧乳晕与乳头应是等距的；侧位时，乳头上下的乳晕应是等距的。X 线片上，乳晕区的皮肤厚度为 0.1～0.5cm，比乳房其他部分的皮肤稍厚，与乳房下方反折处的皮肤厚度大致相同或者略厚。

3. 皮肤　老年人因皮肤随年龄而渐萎缩，故亦显示较薄。确定皮肤有无病理性增厚或者萎缩，最好是以同侧乳晕或乳房下方反折处为准；或与对侧同部位作比较。

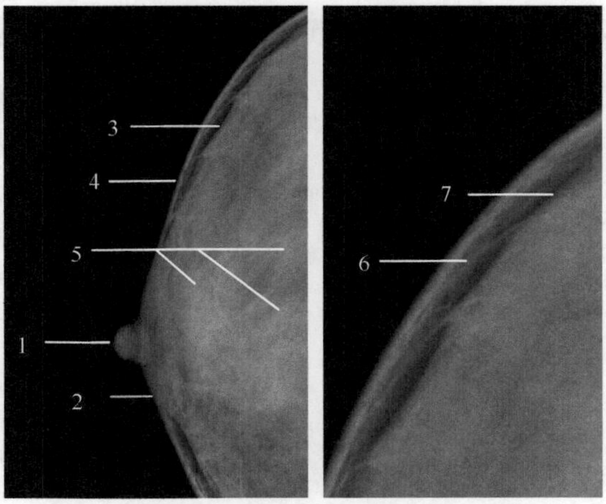

图 6-1　正常乳腺 X 线平片表现

1. 乳头；2. 乳晕；3. 皮肤；4. 皮下脂肪；5. 腺体；6. 悬吊韧带；7. 浅筋膜浅层

4. 皮下脂肪层　介于皮肤与皮下浅筋膜层之间，X 线表现为高度透亮阴影，其中可见少许纤细而密度较淡的线样影，交织成网状，此为脂肪层间的纤维间隔和小血管影。乳房的皮下浅静脉亦可投影在此层中。乳房的上半部的皮下脂肪层中，绝大多数能见到静脉阴影。在此层中尚可见到或粗或细的悬吊韧带阴影（图 6-1）。

5. 悬吊韧带　发育差者，X 线上见不到悬吊韧带阴影，或皮下脂肪层内见到纤细的尖端指向乳头方向的线条状阴影。发育良好者，表现为狭长的三角形阴影，尖指向乳头方向。

6. 浅筋膜浅层　整个乳腺包裹在浅筋膜浅层和深层间。X 线上难以显示，在部分病例中，于皮下脂肪层与乳腺组织之间可见到一连续而纤细的线样阴影，即为浅筋膜浅层。此线样阴影有时成锯齿状，齿尖部即为悬吊韧带附着处。

7. 乳导管 正常有15～20支乳导管，开口于乳头，呈放射状排列，向乳腺深部走行，止于腺泡。在X线平片上多能见到大导管。

8. 腺体组织 X线平片上腺体影像，实质上是由许多小叶及其周围纤维组织间质融合而成的片状阴影，其边缘多较模糊。

9. 血管 X线平片上在乳腺上部的皮下脂肪层多能见到静脉阴影，一般左右两侧大致等粗。

10. 淋巴结 乳腺内淋巴结多不显影，偶尔显示，呈直径小于1cm的圆形结节影。腋窝或腋前淋巴结，呈类圆形软组织密度影，大小不一，边缘光滑。淋巴结一侧凹陷部称为门，表现为低密度区，此处有较疏松的结缔组织、血管、神经和淋巴管由此进出淋巴结。

二、正常CT表现

正常乳腺的CT平扫表现与乳腺X线表现类似，可以较X线更清晰地显示乳头、皮肤、皮下脂肪层和悬吊韧带等结构。增强扫描可以了解乳腺的血供情况。乳腺脂肪组织在CT图像上表现为低密度影，CT值为–110～–80HU，对乳腺后方脂肪组织的显示优于X线平片；腺体组织在CT上表现为片状致密影，其内可见分布不一的斑点或斑片状低密度脂肪岛，腺体组织的CT值随年龄和生理变化而不同，为10～30HU。大的乳导管在CT表现为乳头下呈扇形分布的致密影，分支乳导管多不能清晰显示（图6-2）。

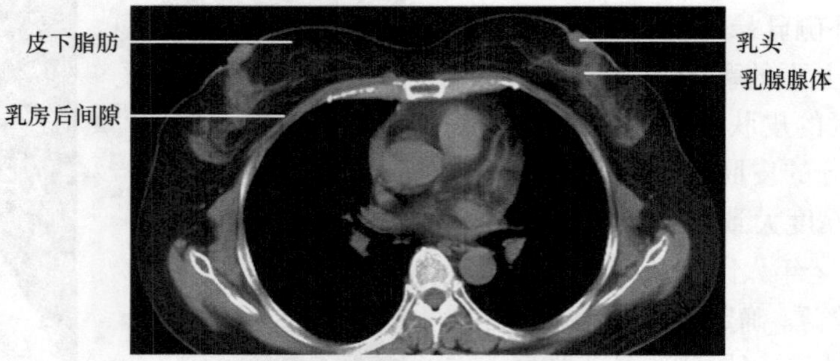

图6-2 正常乳腺CT表现

三、正常MRI表现

乳腺MRI表现因所用脉冲序列和乳腺类型不同而有所差别。

在自旋回波序列T_1WI上，乳腺脂肪组织呈高信号，T_2WI上呈中高信号；在脂肪抑制序列上均为低信号；增强无强化。纤维腺体组织在自旋回波序列T_1WI上呈低或中等信号，T_2WI上呈中等信号；在脂肪抑制序列T_2WI上呈中等或较高信号；增强扫描有强化。乳导管以矢状位显示最佳（图6-3）。

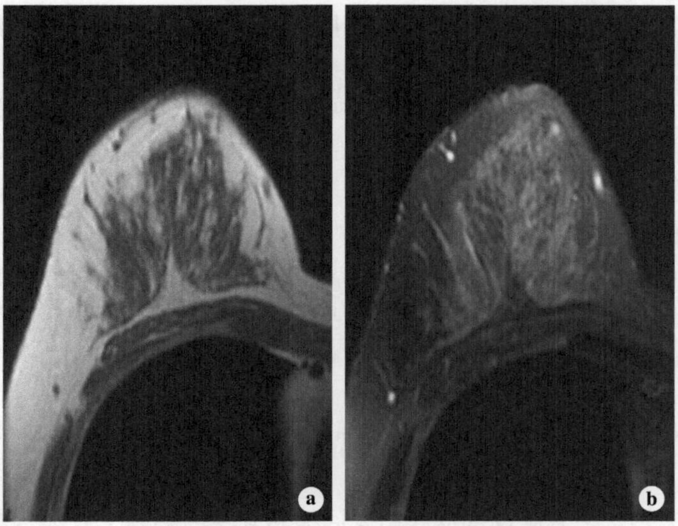

图 6-3 正常乳腺 MRI 表现

a. 右侧乳腺横断面 T_1WI；b. 横断面脂肪抵制 T_2WI

（蒋 蕾）

第三节 异常影像学表现

一、异常 X 线表现

1. 肿块 乳腺内肿块可见于多种乳腺良、恶性病变。良性肿块多呈圆形或类圆形，密度均匀，边界清楚、光整，周围可见透明晕环征；恶性肿块多呈分叶状或地图样，密度较高，边缘不清，伴有长短不一的毛刺，周围可见不规则水肿带（图 6-4）。

2. 钙化 乳腺良、性疾病均可出现钙化。良性病变的钙化多较粗大，呈蛋壳样、颗粒样、新月形或环状，密度较高，分布分散；恶性病变的钙化多呈碎屑样、线状，大小不一，浓淡不均，密集成簇或线性、段性走行，钙化可单独存在或位于肿块内（图 6-5）。

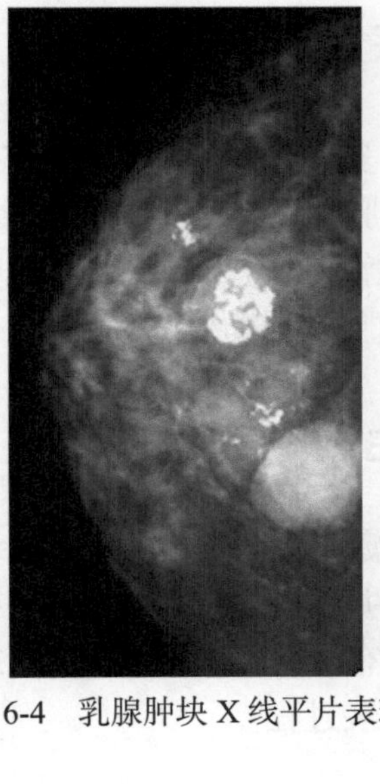

图 6-4 乳腺肿块 X 线平片表现

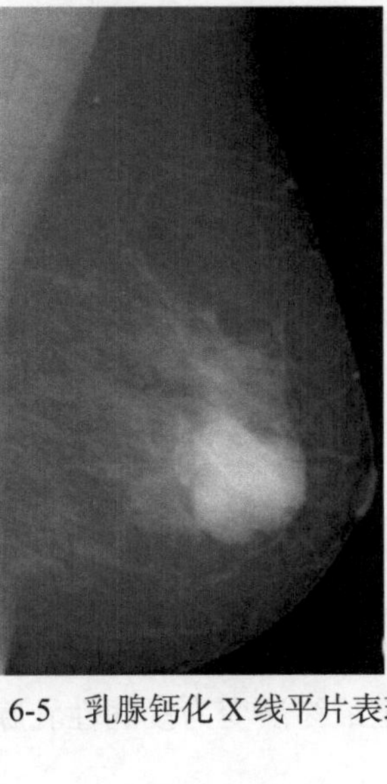

图 6-5 乳腺钙化 X 线平片表现

3. 皮下脂肪层异常 局部皮下脂肪出现网状略高密度影，可由癌肿淋巴结浸润引起；局部皮下脂肪中出现边界不清的片状略高密度影，多见于炎症病变。

4. 局部皮肤增厚、回缩、乳头内陷 多见于恶性肿瘤，局限性皮肤增厚是肿瘤经皮下脂肪层直接侵犯皮肤所致；广泛性皮肤增厚是由于血供障碍、静脉淤血及淋巴管回流障碍所致。乳头后方的癌灶与乳头间有浸润时，乳头出现回缩、内陷称漏斗征。此征象也可见于先天性乳头发育不良。

5. 血管增粗、迂曲 多见于恶性肿瘤患者，由于血供增加，病灶周围血管增粗、迂曲。

6. 乳腺导管改变 乳腺导管造影可显示导管形态异常，包括导管扩张、截断、充盈缺损、受压移位、走行紊乱和僵直等。

二、异常 CT 表现

乳腺内肿块、钙化、乳腺局部皮肤增厚回缩和乳头内陷等 CT 表现与 X 线相似。CT 检查可发现乳腺后间隙消失，伴有软组织密度与胸壁肌肉相连，多见于恶性肿瘤侵犯胸壁；还可以发现腋窝、内乳区和纵膈肿大的淋巴结。若腋窝区发现直径大于 2cm 的淋巴结多提示恶性肿瘤的转移或乳腺炎症。CT 检查可对囊肿、肿块内出血、坏死及脂肪进行判别。增强扫描良性肿块多呈延迟强化，强化程度多≤20HU；恶性肿块强化明显，强化程度多≥50HU，以早期强化为主。

三、异常 MRI 表现

乳腺局部皮肤增厚回缩、乳头内陷等形态学 MRI 表现与 X 线相似。在自旋回波序列 T_1WI 上乳腺内肿块多呈中低信号，T_2WI 肿块内纤维成分多者呈中低信号，细胞及含水量多者呈高信号；一般良性肿块信号多均匀，恶性肿块信号多混杂。恶性肿瘤在 DWI 上呈高信号，ADC 值较低；良性病变 DWI 信号多较低，ADC 值较高。

（蒋　蕾）

第四节　乳腺疾病

乳腺疾病是妇女的常见、多发病。乳腺疾病种类较多，如乳腺炎、乳腺增生、乳腺纤维瘤和乳腺癌等。其中乳腺肿瘤性疾病较为常见。良性肿瘤中乳腺纤维腺瘤多见，恶性肿瘤中乳腺癌多见；其他多见的良性疾病为乳腺增生。乳腺影像检查主要以 X 线钼靶摄影及超声检查为主，是乳腺疾病检查的最佳组合。MRI 是重要的辅助检查手段。

一、乳腺增生

乳腺增生（hyperplasia of breast）是乳腺组织在雌孕激素周期性作用下发生增生与退化的结果。是女性乳腺多见的一类临床症候群。乳腺增生并非炎症性或肿瘤性疾病，不属于真正的病变，多数为乳腺组织对激素的生理性反应，仅有少数出现非典型增生或发展为原位癌，甚至最终演变为浸润性乳腺癌，但并非为必然发展过程。

【病理与临床】 乳腺增生病理上可分为腺性、囊性和纤维小叶性增生。腺性增生表现为小叶增大、数目增多；纤维性增生表现为小叶内纤维组织增多；囊性增生可见乳腺导管扩张，腺泡扩大形成囊腔。

临床上乳腺增生多发生在 20—40 岁，患者表现为乳房内多发肿块和乳房胀痛，症状与月经周期有关，经前期尤为明显。体检双侧或一侧乳房局部可扪及大小不一的结节，质韧，与周围组织无粘连。

【影像学表现】

1. X 线表现 双侧乳腺实质内可见局限性或弥漫性不规则片状、云絮状大小不一的结节样或磨玻璃样密度增高影（图 6-6），边缘不清，钙化少见，偶可见散在的粗颗粒状或条块样钙化。

2. CT 表现 平扫可见片状或团块状多发致密影，密度略高于周围腺体；增强扫描表现为乳腺组织轻度强化；伴有纤维囊变者，可表现为高密度增生组织中出现圆形或类圆形水样均匀密度影，无强化。

3. MRI 在脂肪组织衬托下，增生的腺体导管组织在 T_1WI 上显示为多发小片状低信号区，T_2WI 表现为稍高信号；增强扫描表现为弥漫性中等强化。动态增强扫描增生组织多表现为多发或弥漫性斑片状或斑点状轻至中度渐进性强化，强化程度与增生严重程度成正比。

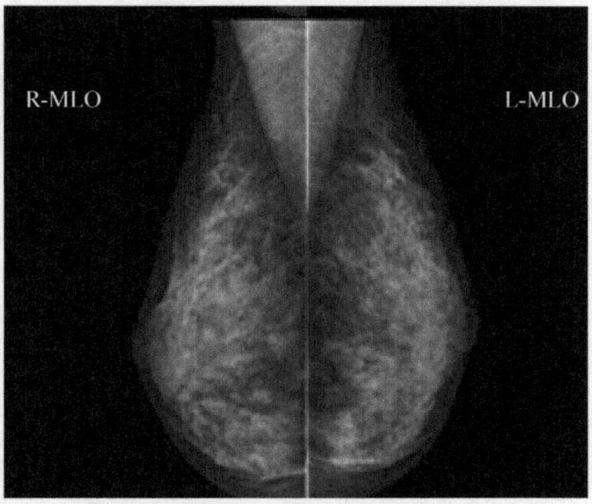

图 6-6 双侧乳腺增生 X 线平片表现

双侧乳腺密度增高，腺体内见大片状、结节样不均匀密度增高影

【诊断与鉴别要点】 乳腺增生的临床症状与月经周期有关，20—40 岁患者多见，一般为两侧发病，增生的腺体组织影像学表现为弥漫的小片或棉絮样或大小不等结节影，一般诊断不难。有时该病需与不典型乳腺癌、纤维腺瘤等疾病鉴别。

1. 局限性乳腺增生与不典型乳腺癌鉴别 前者多无血供增加、浸润和皮肤增厚等恶性征象，钙化较分散，增强扫描强化程度和范围呈逐渐增强和扩大；而后者强化多表现为速升速降且钙化体积小多成簇密集样分布。

2. 囊性增生与纤维腺瘤鉴别 前者多双侧发病，囊肿体积大且多发，孤立性囊肿密度较腺瘤低，囊肿壁出现蛋壳样钙化为其特征性表现；后者多单发，钙化多呈颗粒状或条状，位于瘤体内。超声或 MRI 检查有助于两者的鉴别诊断。

二、乳腺纤维腺瘤

【病理与临床】 乳腺纤维腺瘤（fibroadenoma of breast）是最常见的良性肿瘤。雌激素水平过高与纤维腺瘤的发生直接相关；瘤体主要由增生的乳腺纤维组织和腺管构成，其中多数以纤维组织为主要成分，也可见以腺上皮为主的腺瘤；瘤体直径多小于 5cm。

临床上患者多见于 40 岁以下青年女性，可单发或双侧同时发生，一般无自觉症状，多为偶然发现。触诊乳房外上象限圆形或类圆形肿块，表面光滑，质地实韧，边界清楚，活动度大，与周围组织无粘连。

【影像学表现】

1. X 线表现 乳腺内圆形或椭圆形中等密度影，密度接近或略高于周围腺体密度，边缘光整锐利，肿块为单个或多个，其周围脂肪组织被挤压后可见一层薄的透亮环，即晕圈征。钙化少见，偶尔可见钙化多位于瘤体边缘或中心区域，体积大，多为块状、粗颗粒样或树枝样，可融合或发生骨化，而占据肿瘤的大部或全部。

2. CT 表现 平扫表现与 X 线相似。增强扫描时，可见腺瘤呈轻或中度均匀强化，强化后病灶 CT 值增加不超过 50HU。

3. MRI 表现 T_1WI 腺瘤呈低信号或中等信号，可有分叶；T_2WI 因腺瘤组织学的不同表现各异，以胶原纤维为主表现为低信号或中等信号，如以腺管增生为主则呈高信号，发生钙化时信号欠均匀。增强扫描，多数呈缓慢渐进性均匀强化或由中心向四周扩散的离心样强化。DWI 检查，纤维腺瘤的 ADC 值较高。

【诊断与鉴别要点】 乳腺纤维腺瘤多见于 40 岁以下青年女性，常无自觉症状。影像学表现为乳腺内单发或多发类圆形肿块，边缘光滑锐利，通常表现密度均匀，可有粗大钙化，一般诊断不难。需与乳腺癌和乳腺增生等疾病鉴别。

1. 与乳腺增生鉴别 病变通常多发，双侧对称，症状与月经周期有关。影像学检查发现弥漫性小片状或结节状影。

2. 与乳腺癌鉴别 患者年龄多在 40 岁以上，病变常单发，影像学检查显示肿块边缘不光滑，周边有毛刺，钙化多密集成簇分布，呈细砂样；增强扫描强化显著。

三、乳 腺 癌

【病理与临床】 乳腺癌是乳腺最常见的恶性肿瘤，多数起源于乳腺导管上皮，少数来自乳腺小叶导管。单发多见，病理学上通常将乳腺癌分为非浸润型癌、浸润型癌和乳头 Paget 病。肿瘤病理形态因组织学类型不同而异，其切面多呈灰白色，可有出血点、坏死和囊腔形成，边界不规则，质地坚硬。

临床多见于经期前后的 40—60 岁妇女，好发于外上象限，其次为乳腺中央区和内上象限。早期临床无明显症状，乳腺肿块常为首发症状，质硬，表面不光滑，活动度欠佳。晚期可引起乳腺外形的改变：乳头内陷、局部皮肤橘皮样改变、乳头溢液和乳房疼痛等。

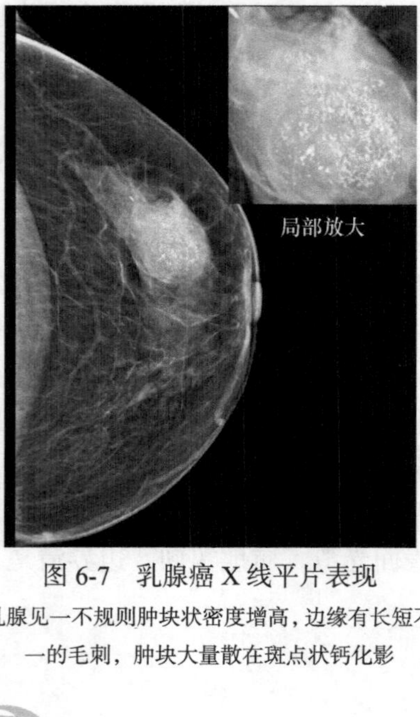

图 6-7 乳腺癌 X 线平片表现

乳腺见一不规则肿块状密度增高，边缘有长短不一的毛刺，肿块大量散在斑点状钙化影

【影像学表现】

1. X 线表现

（1）直接征象：①肿块或结节影是乳腺癌最常见、最基本的 X 线征象。肿块多位于外上象限，肿块密度高于乳腺实质或乳头。肿块可呈分叶状、团块状、不规则形或星形，边缘不光整，多有长短不一的毛刺，X 线显示的肿块常小于触诊扪及。②钙化是乳腺癌常见的 X 线表现，可达 30%～40%，可以单独存在或位于肿块内或肿块外。钙化表现为数量多、分布密集、密度不均、浓淡不一，常较细小，大小不等（图 6-7）。

（2）间接征象：①皮肤局部增厚，多因癌肿浸润所致。②肿块附近皮下脂肪层中出现网状高密度影，由于癌肿向皮下的浅层淋巴浸润。③血管增粗、迂曲。④皮肤、乳头凹陷，为肿瘤纤维化或肿瘤侵及导管牵拉所致。⑤病灶后或上方逐渐变细的狭长三角形致密影，为肿瘤侵犯或牵拉乳腺实质所致，即“彗星尾征”。⑥肿块周围可见宽窄不一的透明水肿带。

2. CT 表现　平扫与 X 线表现相似，增强扫描病变明显强化，可发现局部皮肤增厚、粘连、回缩及乳头内陷，并可显示胸壁肌肉受侵、乳后间隙消失及腋窝淋巴结转移灶。

3. MRI 表现　T_1WI 乳腺癌肿块表现为低信号，T_2WI 呈混杂不均匀信号，增强扫描肿块可呈不同程度强化，内部信号不均，呈星芒状或蟹足状；动态增强扫描，癌肿信号呈速升速降型强化，强化不均匀或呈边缘强化，强化方式多由周围向中心发展呈向心样强化；非肿块性乳腺癌呈导管或段性分布强化。在 DWI 上，乳腺癌呈高信号影，ADC 值偏低。在 ^1H-MRS 上，部分乳腺癌在 3.2ppm 处可见胆碱峰。

【诊断与鉴别要点】　40—60 岁妇女多见，查体有乳房肿块，乳房疼痛，乳头溢液、溢血，乳腺增大。影像学检查发现乳房内结节状肿块，边缘不规则，可见放射样毛刺，肿块内有砂粒样钙化；CT 和 MRI 增强扫描，肿块常有明显强化，表现典型，一般诊断不难。乳腺癌需与乳腺纤维腺瘤鉴别。

（蒋　蕾）

目 标 检 测

一、病 例 分 析

病例

女，58 岁。发现左乳包块 1 个月。查体：左乳外上象限扪及大小约 2.5×2cm 的肿块，质硬，边缘不清，无明显压痛（图 6-8）。

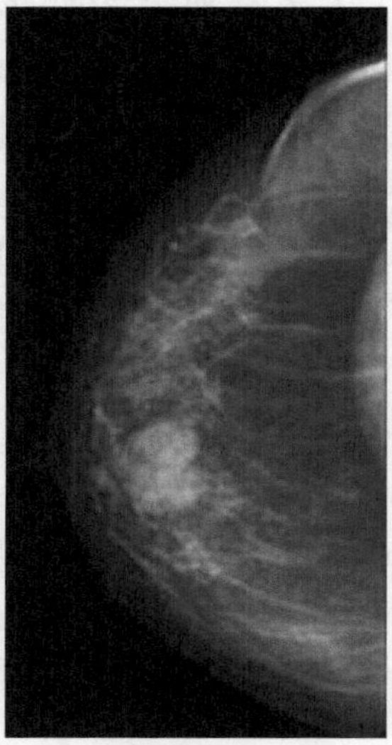

图 6-8　病例

【问题及讨论】

1. 请进行病灶的形态分析。
2. 试解释病灶形态的病理基础。
3. 初步诊断是什么疾病？请说出诊断依据。
4. 应与何种疾病鉴别？简要说明鉴别要点。
5. 完成该病例 X 线诊断报告书写。

二、复习思考题

1. 简述乳腺增生 X 线表现。
2. 简述乳腺纤维腺瘤与乳腺癌的影像鉴别要点。
3. 乳腺癌钼靶 X 线主要征象和次要征象有哪些？
4. 试述乳腺良性病变及恶性病变钙化的区别。

第七章 消化系统

学习目标

1. 掌握胃肠道钡剂造影的正常X线表现；肝胆胰脾的正常CT和MRI表现；掌握消化系统常见疾病的影像诊断及鉴别诊断。

2. 熟悉胃肠道的影像学检查方法；上腹部的CT和MRI检查技术；熟悉胃肠道CT与MRI的正常表现；熟悉消化系统异常影像学表现；熟悉消化系统常见疾病的病理及临床表现。

3. 了解胃肠道常见疾病的CT与MRI表现。

消化系统包括胃肠道和胆道系统等中空器官及肝、胰腺等实质性器官。脾属于网织内皮系统器官，但因其位于左上腹，与消化器官关系密切，故将脾的影像学检查纳入本章。消化系统除了食管大部分位于胸腔，其余均在腹腔内。由于胃肠道与肝、胆、胰、脾的影像检查方法差异较大，故将胃肠道与肝、胆、胰、脾分别讲述。

第一节 胃 肠 道

一、影像学检查技术

（一）普通X线检查

普通X线检查包括腹部平片和透视，是诊断急腹症最常用和最基本的检查方法。胃肠道和肝、胆、胰、脾等器官均为软组织密度，缺乏天然对比，普通X线检查诊断价值有限。

1. 透视 一般采用胸腹部联合透视，主要用于观察膈肌运动、胃肠蠕动、不透X线异物、胃肠道穿孔和肠梗阻等。目前已较少应用。

2. 腹部平片 常用摄影体位包括仰卧前后位，仰卧水平侧位，站立正、侧位，倒立正、侧位等。

（1）仰卧前后位：是基本摄影体位，可显示膨胀、扩张的胃肠管腔和腹内异常致密影如结石、钙化及异物等。

（2）站立位：有利于观察膈下游离气体和肠腔内有无异常气液平面形成。对于不能站立的危重患者可采用侧卧位水平投照。

（3）倒立正、侧位：常用于观察婴儿先天性直肠肛管闭锁的范围和部位。

（二）钡剂造影

常用的钡剂造影检查方法有钡餐和钡灌肠，是消化道疾病首选的影像学检查方法。钡餐检查包括食管钡餐、上消化道钡餐和小肠钡餐。钡剂造影检查的注意要点：①胃肠道钡餐造影检查必须在空腹状态下进行，结肠检查尚需进行肠道清洁准备。②直接把对比剂引入到消化道内。③检查过程中要多角度观察胃肠道黏膜相和充盈相，透视与摄片结合，形态与功能并重。④适当加压了解不同充盈状态的改变和胃肠壁的柔软度。

近年来，食管和胃肠道的X线造影检查多采用低张气钡双对比造影检查，此法能够清晰显示胃肠道黏膜的微细结构，对胃肠道肿瘤的早期诊断具有重要意义。

1. 食管造影 吞服钡剂过程中从不同的角度观察食管全程，如采用连续少量吞钡和吞气的方法可得到气钡双对比造影像，透视过程中根据需要辅以摄片。

2. 上消化道造影 方法是先立位吞服1～2口钡剂，依次观察食管、贲门和胃黏膜；然后吞服全量钡剂，在立位、仰卧位和俯卧位的不同角度观察胃和十二指肠。胃低张双对比造影的方法是检查前10～15分钟肌内注射盐酸山莨菪碱（654-2），剂量10～20mg，先用10～15ml的水吞服产气粉（主要成分$NaHCO_3$）使胃充气扩张；然后吞服适量钡剂，取卧位，嘱患者分别顺时针和逆时针360°翻身3～4圈，使钡剂均匀涂布在胃黏膜面。低张双对比造影对胃微小病变显示的效果更佳，检查过程中及时摄片。

3. 小肠造影 小肠钡餐的方法是在上消化道钡餐检查胃和十二指肠后，让患者再服一次钡剂，保证有足量的钡剂充盈小肠，服钡剂后每隔15～30分钟复查一次，直至钡剂到达回盲部。小肠低张双对比造影的方法是经鼻腔或口腔将十二指肠导管插入到十二指肠，经导管缓慢注入钡剂混悬液500～800ml，透视下观察小肠全部充盈、钡剂到达回盲部为止；随即静脉注射654-2，剂量10～20mg，再经导管缓慢注入气体，使小肠充分扩张。检查过程中观察各组小肠并及时摄片。

4. 结肠造影 钡灌肠的方法是由肛门插管逆行注入钡剂，透视下观察结肠的充盈情况，钡剂到达回盲部即停止灌钡，分别摄结肠各段的充盈相和排空后的黏膜相。结肠低张双对比造影的方法是检查前10分钟先肌内注射654-2，剂量10～20mg，然后经肛管注入钡剂250～300ml，再注入气体，注气量以盲肠充分扩张或患者感腹胀为宜，拔出肛管后嘱患者顺时针和逆时针360°翻身3～4圈，使钡剂均匀涂布在结肠黏膜面，随即对结肠各段进行摄片。

（三）CT检查技术

近年来，随着CT设备的不断发展，多层螺旋CT及先进的后处理技术已普遍用于胃肠道检查。CT扫描可以清晰显示消化道管壁本身的改变、管外的异常及周围器官结构的继发性改变，特别是肿瘤性病变侵犯的范围、病变与周围器官或组织间的关系、淋巴结转移及远隔器官转移等情况，有助于肿瘤的分期，为制定治疗方案和预后提供依据。CT仿真内镜检查可以清晰地显示胃肠道内腔的改变，如消化道黏膜面上的息肉状病变。

1. 食管CT检查 检查前不需特殊准备，扫描范围自食管入口至贲门。食管CT检查主要用于评估食管病变造成的管壁增厚、肿块和有无局部淋巴结转移等，但对微小病变显示困难。

2. 胃部CT检查 应禁食4～8小时，检查前一周不做胃肠钡剂造影，不服含金属的药物。目前有两种常用CT检查技术。①水充盈法：检查前30分钟嘱患者口服清水500～8000ml，检查前10分钟再服200ml，以充分充盈胃腔；选定恰当的CT扫描参数后，行胃部CT平扫和增强扫描。②空气充盈法：胃肠检查前10～15分钟肌内注射654-2，剂量10～

20mg，检查时经胃管注入气体约 500ml 充分充盈胃腔；选定恰当的 CT 扫描参数后，根据定位像行胃部 CT 平扫和增强扫描，扫描结束后，进行各种 CT 图像后处理技术以显示胃部形态或病变，包括多平面重组（MPR）、容积再现技术（VR）、透明法成像（raysum）和 CT 仿真内镜（CTVE）等。

3. 小肠 CT 检查 应禁食 4～8 小时，检查前一周不做胃肠钡剂造影，不服含金属的药物。检查前常规口服 2.5%等渗甘露醇溶液充盈胃肠道，检查前 60 分钟口服 300ml，检查前 30 分钟和 10 分钟再各服 200～300ml；选定恰当的 CT 扫描参数后，行全腹部 CT 平扫和增强扫描。小肠 CT 检查对小肠疾病的检出和诊断有较高的价值。

4. 结肠 CT 检查 检查前需做清洁结肠准备，经肛门注入气体约 800ml，使结肠充分扩张；根据定位像扫描全程结肠，然后通过 CT 图像后处理技术，获取结肠仿真内镜图像。结肠 CTVE 可以清晰显示消化道黏膜面上的息肉状病变，其敏感性及准确性已接近内镜检查，目前在结直肠病变的早期筛查方面得到较多应用。

（四）MRI 检查

目前临床上应用 MRI 检查胃肠道疾病还不及 CT，但由于 MRI 具有软组织分辨力高、无辐射损伤及能够直接多方位成像等优势，因此在胃肠道检查应用中也越来越受到重视。

做胃部和小肠 MRI 检查前通常口服等渗甘露醇溶液或 0.5mmol/L 的 Gd-DTPA 溶液使胃肠道充盈，以增加对比，服用方案与 CT 相同。常用的 MRI 成像序列包括 T_2WI、T_1WI 平扫及使用 Gd-DTPA 作为对比剂的 T_1WI 增强扫描，在横断面成像的基础上加冠、矢状位成像。

二、正常影像学表现

（一）正常 X 线表现

1. 食管 食管是连接下咽部与胃之间的肌性管道，入口平环状软骨下缘（相当于第 6 颈椎水平），于第 10～11 胸椎水平与贲门相连。分为颈、胸、腹三段。

（1）食管充盈像：食管吞钡充盈后，轮廓光滑整齐，宽度可达 2～3cm。正位观察食管位于中线偏左，管壁柔软，伸缩自如。右前斜位是观察食管的常用检查体位，在其前缘可见三个压迹，从上至下为主动脉弓压迹、左主支气管压迹和左心房压迹（图 7-1a）。主动脉弓压迹与左主支气管压迹之间的食管显示稍膨出，不要误认为憩室。

（2）食管黏膜：食管黏膜皱襞表现为数条纵行、相互平行的纤细条纹状透亮影，通过裂孔时聚拢，经贲门与胃小弯的黏膜皱襞相连续（图 7-1b）。在双对比造影中，食管腔扩大，黏膜皱襞展平，充气管腔的边缘表现为宽约 1mm 的光滑而连续的线条状致密影（图 7-1c）。

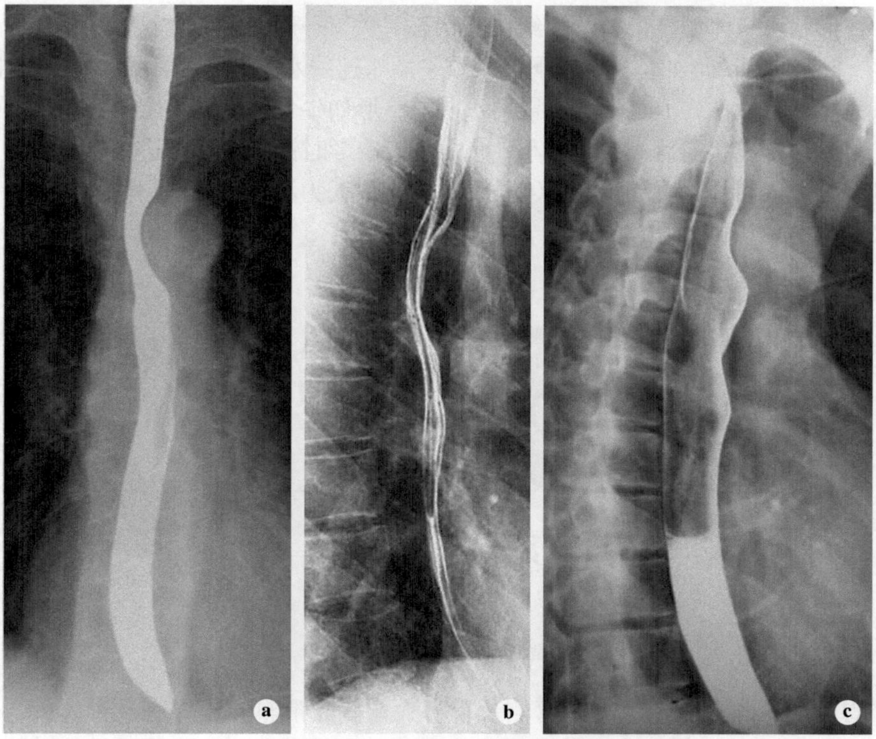

图 7-1 正常食管 X 线表现

a. 充盈像；b. 黏膜像；c. 双对比像

（3）食管蠕动：正常食管有三种蠕动：第一种蠕动为原发性蠕动，由下咽动作激发，使钡剂迅速下行，数秒钟内进入胃内；第二种蠕动又称继发蠕动波，由食物团对食管壁的压力所引起，始于主动脉弓水平，向下推进；第三蠕动波是食管环状肌的局限性不规则收缩运动，形成波浪状或锯齿状边缘，出现突然，消失迅速，多发生于食管下段；常见于老年人和食管贲门失弛缓症者。

（4）食管前庭段：贲门上方 3～4cm 长的一段食管，是从食管过渡到胃的区域。食管前庭段具有特殊的神经支配和功能，此段经常处于收缩状态，管腔内压高于上方的食管内压，有防止胃内容物反流的重要作用。它的左侧壁与胃底形成一个锐角切迹，称为食管胃角或贲门切迹。深吸气时膈下降，食管裂孔收缩，常使钡剂于膈上方停顿，形成膈上 4～5cm 长的一段食管的一过性扩张，呼气时消失，属正常表现，称为膈壶腹。

2. 胃 胃分为胃底、胃体、胃窦及胃大弯和胃小弯。胃底为位于贲门入口水平线以上的胃腔，立位胃底含气又称胃泡。胃体为位于贲门与胃角之间的胃腔。胃窦位于胃角与幽门管之间的胃腔。幽门管长约 5mm，为连接胃和十二指肠的短管，宽度随括约肌收缩而异。幽门管近侧约 3cm 范围的胃窦称幽门前区。由贲门至幽门的右上缘为胃小弯，其外下缘称胃大弯；胃小弯弯曲处为角切迹（图 7-2）。

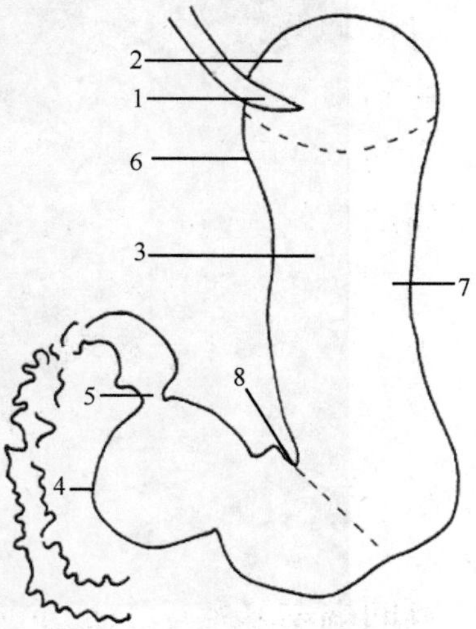

图 7-2 胃各部名称

1.贲门；2.胃底；3.胃体；4.胃窦；5.幽门管；6.胃小弯；7.胃大弯；8.角切迹

（1）胃形状：与体型、张力及神经功能状态有关，一般分四种类型。①钩型胃：位置与张力中等，胃角明显，形如鱼钩，胃下极大致平髂嵴连线水平，为最常见类型。②牛角型胃：位置与张力高，呈横位，上宽下窄，胃角不明显，形如牛角，多见于肥胖体型者。③瀑布型胃：胃底宽大呈囊袋状向后倾，胃体小、张力高，造影时钡剂由贲门进入后倾的胃底，待充满相当量后再溢入胃体，犹如瀑布。④长型胃：又称无力型胃，位置与张力均低，胃腔上窄下宽如水袋状，角切迹明显，胃下极常在髂嵴平面以下，常见于瘦长体型（图 7-3）。

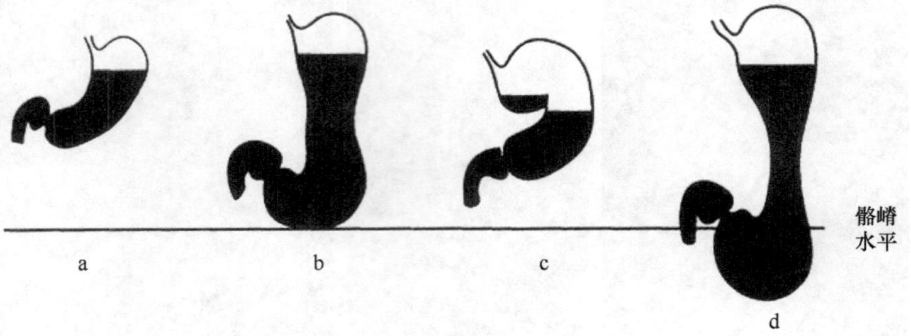

图 7-3　胃的分型

a. 牛角型；b. 钩型；c. 瀑布型；d. 长型

（2）胃轮廓：充盈像上，胃小弯侧及胃窦大弯侧光滑整齐，胃底及胃体大弯侧则呈锯齿状边缘，为横行、斜行的黏膜皱襞所致（图 7-4a）。

（3）胃黏膜：黏膜像上，皱襞显示为条纹状透亮影，皱襞间沟含钡剂呈致密的条纹状影。胃体小弯侧的皱襞与小弯平行走行，一般 3～5 条；胃体大弯侧的皱襞为斜行、横行而呈现不规则之锯齿状。胃底皱襞排列不规则，相互交错呈网状。胃窦皱襞可为纵行、斜行及横行，收缩时为纵行，舒张时以横行为主，排列不规则（图 7-4b）。

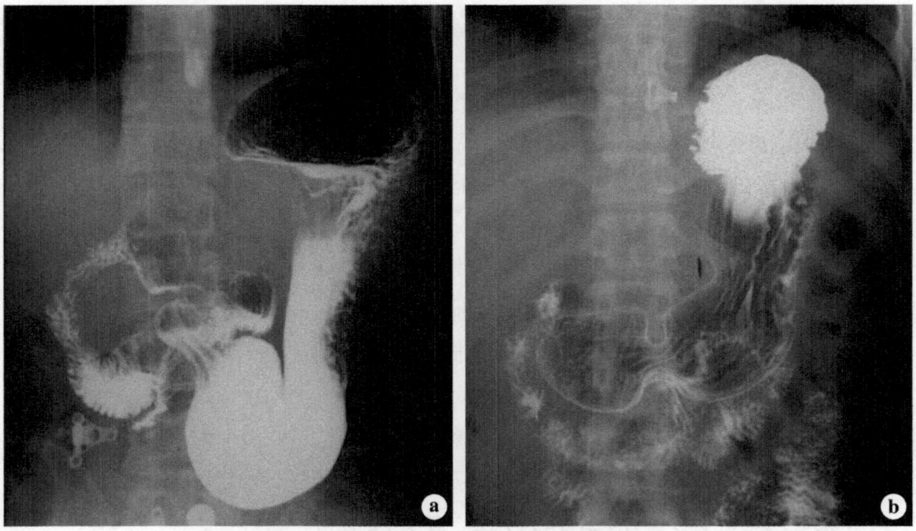

图 7-4　正常胃钡餐造影表现

a. 充盈像；b. 黏膜像

（4）胃双对比造影：可显示胃黏膜面上的微皱襞——胃小沟和胃小区。正常胃小区呈大小为 1～3mm 的网格状结构，胃小沟呈粗细和密度均匀的细线，宽约 1mm，多出现在胃窦区（图 7-5）。

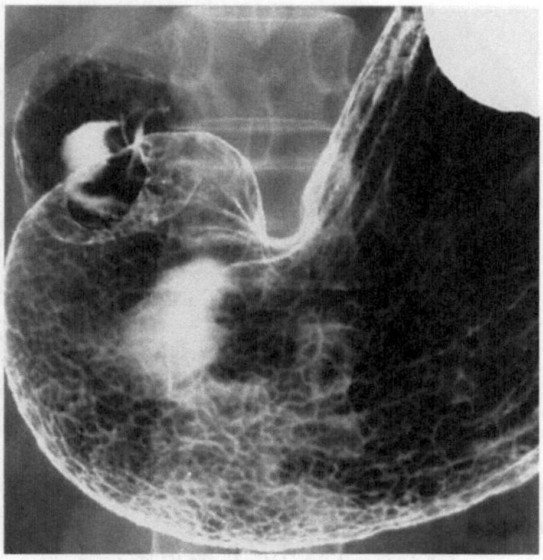

图 7-5 胃双对比造影显示胃小区

（5）胃的蠕动：蠕动波由胃体上部开始，有节律地向幽门方向推进，波形逐渐加深，一般同时可见到 2～3 个蠕动波。胃的排空时间与胃张力、蠕动、幽门功能和精神因素等有关，一般为 2～4 小时。

3. 十二指肠 十二指肠全程呈 C 形，称为十二指肠曲，胰头被包绕其中。十二指肠上与幽门连接，下与空肠连接，一般分为球部、降部、水平部和升部。球部呈锥形，尖部指向右后上方，基底部两侧为对称的穹隆，幽门开口于底部中央，约在第 1 腰椎水平，急转向下成为降部；降部位于第 1～3 腰椎的右缘，前方有横结肠通过，在第 3 腰椎高度向左横行为水平部；水平部穿行于肠系膜上动脉和腹主动脉的夹角内，继而向左上行走延续为升部；升部至第 1 或第 2 腰椎左侧，急转弯向前下方形成十二指肠空肠曲（图 7-6）。

球部轮廓光滑整齐，黏膜皱襞为纵行、彼此平行的纤细条纹。降部以下与空肠黏膜皱襞相似，呈羽毛状。球部为整体性收缩，可一次性将钡剂排入降部，降部及升部蠕动，将钡剂呈波浪状推入空肠，有时可见逆蠕动。

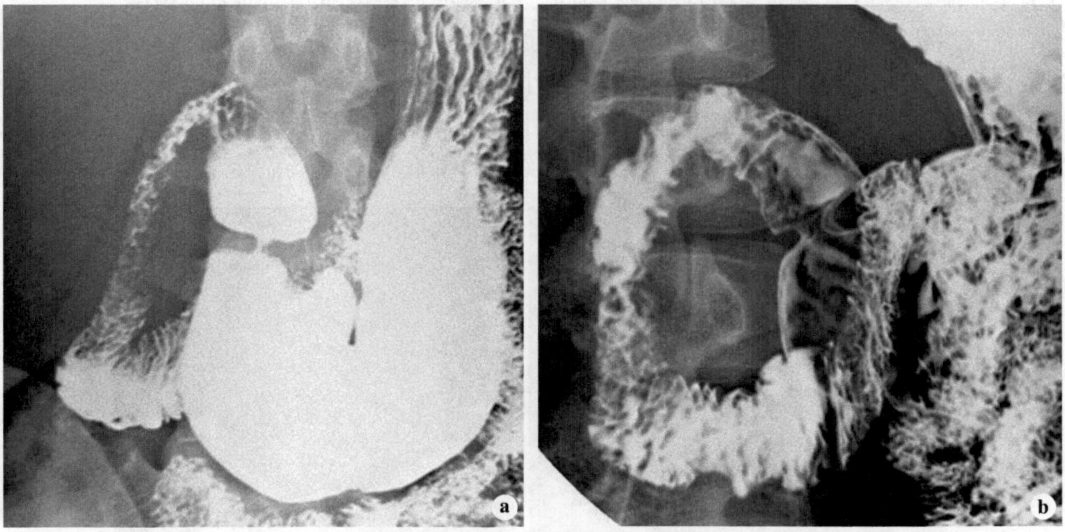

图 7-6 正常十二指肠钡餐造影表现

a. 充盈像；b. 黏膜像

低张双对比造影时，肠腔增宽，黏膜皱襞呈环状和龟背状花纹。降部中段内侧壁的局限性肩样突起，称为岬部，为乳头所在处，表现为圆形或椭圆形透亮区，边缘光滑，直径一般不超过 1.5cm。

4. 空回肠 空回肠之间没有明确的分界，空肠位于左中上腹，蠕动活跃，黏膜皱襞多为密集环状，呈羽毛状，钡剂少时呈雪花状。回肠位于右中下腹及盆腔，肠腔略小于空肠，

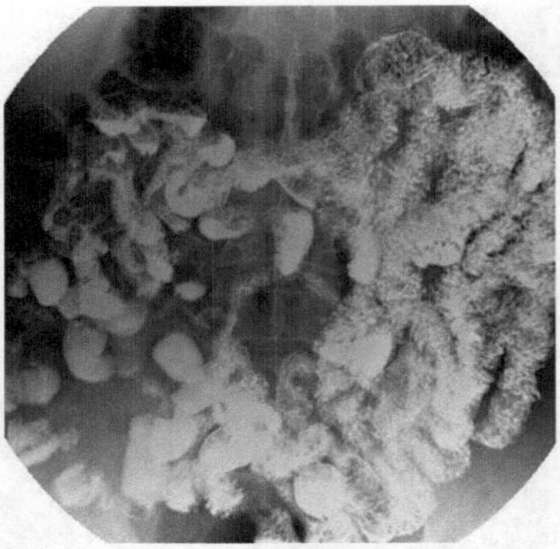

图 7-7　正常小肠钡餐造影表现

蠕动不活跃，皱襞少而浅，在肠腔扩张时无明显黏膜皱襞（图 7-7）。末端回肠在右髂窝处与盲肠相接，称为回盲部。回盲瓣的上下缘呈唇状突起，在盲肠充盈相上呈透亮影。

充钡的小肠呈连续性排列，钡剂运行自然，各部分肠管粗细均匀，边缘光整，加压时肠管柔软且活动良好。小肠蠕动呈推进性运动，空肠蠕动迅速有力，回肠蠕动慢而弱。服钡后 2～6 小时钡首可达盲肠，7～9 小时小肠排空。

5. 大肠　大肠分盲肠、升结肠、横结肠、降结肠、乙状结肠和直肠，绕行于腹部四周。升、横结肠交界处为结肠右曲，又称结肠肝曲；横、降结肠交界处为结肠左曲，又称结肠脾曲。盲肠、横结肠、乙状结肠位置和长度变化较大，降结肠和直肠位置较为固定。结肠宽度变化也较大，以直肠壶腹部最宽，其次为盲肠，以后依次逐渐变细。乙状结肠与直肠交界处是结肠最狭窄部，长度为 1～1.5cm，应与病理性狭窄相鉴别。

大肠充钡后，X 线主要特征为结肠袋，表现为对称的袋状突出；它们之间由半月襞形成不完全的间隔。结肠袋的数目、大小和深浅因人因时而异，横结肠以上较明显，降结肠以下逐渐变浅，至乙状结肠接近消失，直肠则没有结肠袋（图 7-8a）。排钡后结肠的黏膜皱襞呈纵、横、斜三种方向交错的不规则纹理，盲肠，升、横结肠皱襞密集，以斜行和横行为主；降结肠以下皱襞渐稀且以纵行为主，皱襞的形态可随蠕动而发生改变。

在双对比造影中，结肠轮廓清晰，充气肠腔的边缘表现为宽约 1mm 的光滑而连续的线条状致密影（图 7-8b）。黏膜面上可见细小网状的微皱襞影像，即结肠的无名沟和无名区。无名沟表现为与肠管横径平行的无数微小浅沟，它们相互平行或交叉形成网状结构，为无名区；与胃小区相似，是肉眼可见的 X 线最小单位，为结肠病变早期诊断的基础。

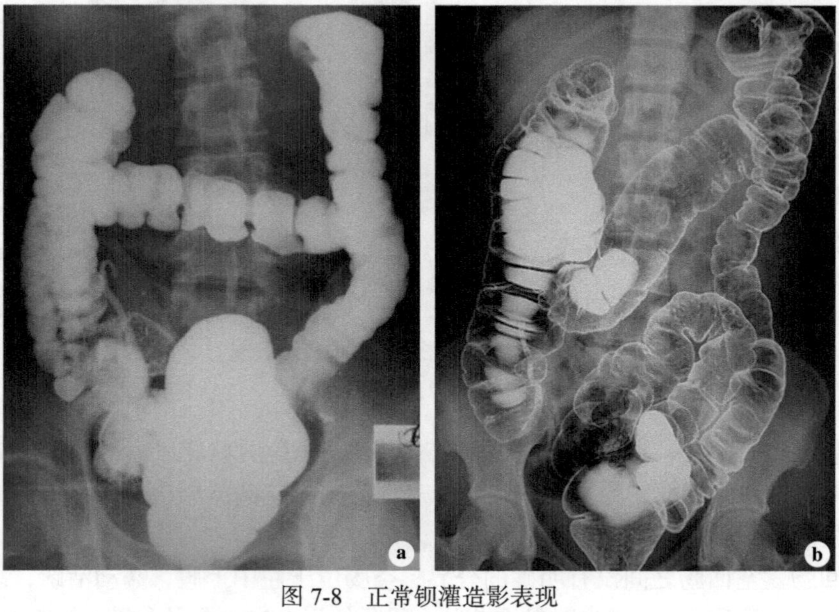

图 7-8　正常钡灌造影表现

a. 常规钡灌肠；b. 双对比灌肠

大肠的蠕动主要为总蠕动，起于右半结肠，强烈的蠕动波将钡剂迅速推向左半结肠，直至直肠，引起排便感。结肠的充盈和排空时间差异较大，一般口服钡剂后 6 小时可达肝曲，12 小时可达脾曲，24～48 小时排空。

6. 阑尾 在服钡或钡灌肠时均可能显影，特别是结肠气钡双对比造影时，阑尾显示率高，表现为位于盲肠内下方的长条状充钡影，粗细均匀，边缘光滑，易推动。阑尾不显影、充盈不均匀或其中有粪石造成的充盈缺损不一定是病理改变。阑尾排空时间与盲肠基本相同，但有时可延迟达 72 小时。

（二）正常 CT 表现

1. 食管 在胸部 CT 横断面图像上呈圆形软组织影，位于胸椎及胸主动脉前方，穿过横膈食管裂孔转向左进入胃贲门。其内如有气体或对比剂时则可显示食管壁，因扩张的程度不同，食管壁的厚薄也不同，一般壁厚度约为 3mm。胃食管连接部表现为管壁局限性增厚，不要误为病变。

2. 胃 胃适度扩张后，可以观察胃壁的厚度，胃壁的厚度因扩张程度而异，胃充分扩张时胃壁厚度多为 2～5mm，且整个胃壁均匀一致（图 7-9）。当充盈不足时，胃壁厚度可超过 10mm。增强扫描常显示胃壁三层结构：内层（黏膜层）呈高密度，中间层（黏膜下层）呈低密度，外层（肌层、浆膜层）呈高密度。

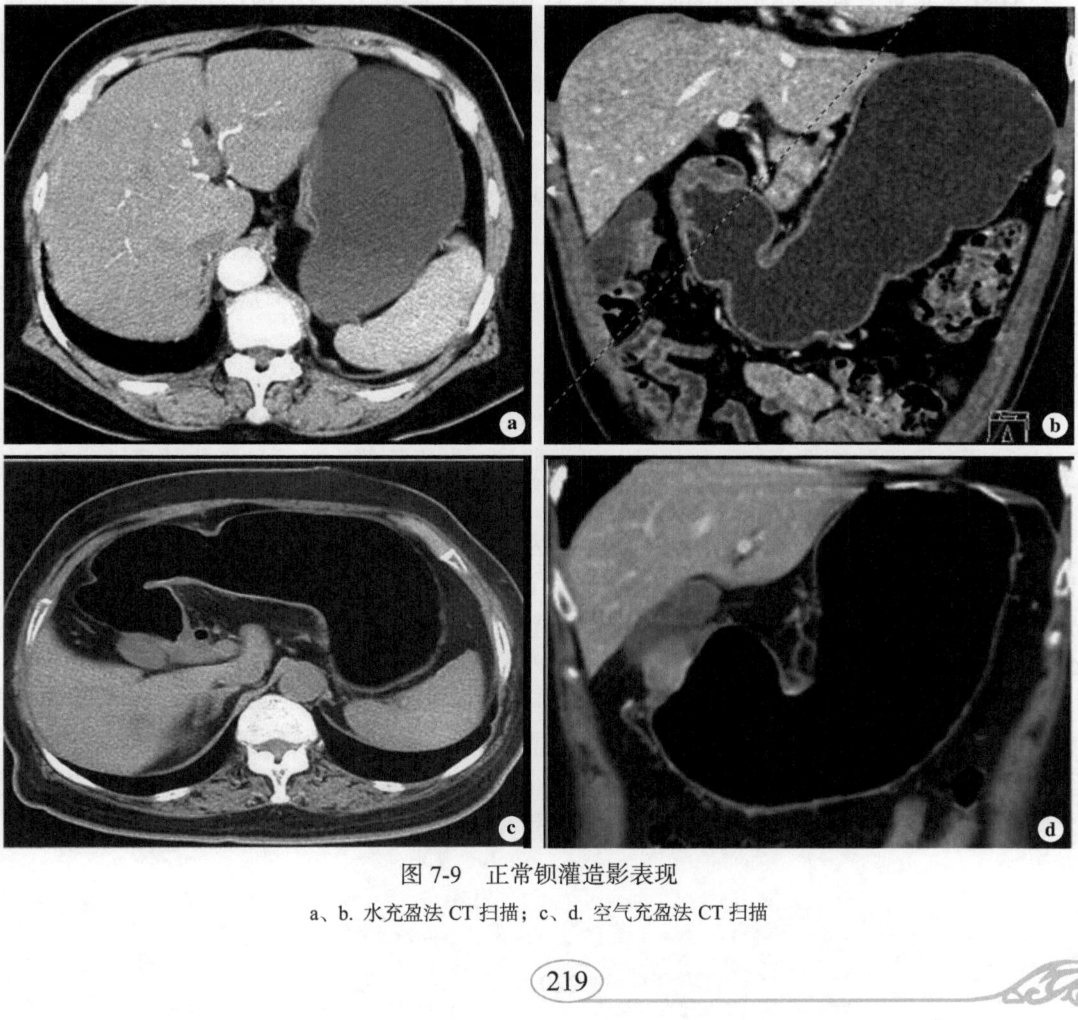

图 7-9 正常钡灌造影表现

a、b. 水充盈法 CT 扫描；c、d. 空气充盈法 CT 扫描

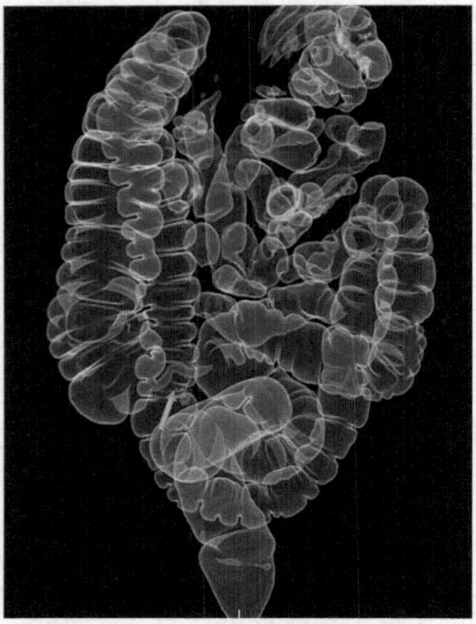

图 7-10　CT 结肠透明成像

3. 十二指肠　肠壁厚度与小肠相似，十二指肠全段与周围结构的解剖关系能得到充分的显示。十二指肠的各分部位置固定，较容易辨认。

4. 空回肠　充盈良好的小肠壁厚约 3mm，回肠末端肠壁厚可达 5mm。增强 CT 能较好地显示小肠肠腔外的结构，特别是小肠系膜、腹膜和网膜等。

5. 大肠　大肠壁外脂肪层较厚，CT 图像显示清晰，轮廓光滑，边缘锐利。正常结肠壁厚度为 3～5mm，肠内常含有气体及粪便。结肠内均含有气体，结肠肝曲和脾曲的位置一般较固定；横结肠及乙状结肠的位置、弯曲度及长度变异较大。腹部 MPR 重组后的冠状图像可以全面、形象地反映结肠在腹腔的位置、分布及与结肠系膜、邻近器官的解剖关系。CT 仿真内镜技术可类似纤维内镜观察结肠腔内结构，也可获得气钡双对比造影的效果图像（图 7-10）。

（三）正常 MRI 表现

MRI 显示食管和胃肠道壁的厚度和黏膜情况与 CT 相似。胃壁内层（黏膜层）在 T_1WI 为较高信号，中间层（黏膜下层）为低信号，外层（肌层、浆膜层）为中等信号；内层和外层在 T_2WI 为高信号，中间层为低信号。增强扫描胃肠道壁强化，胃肠道壁与腹腔脂肪之间有良好的对比。

三、异常影像学表现

（一）异常 X 线表现

1. 轮廓改变　胃肠道壁发生病变，可使其轮廓发生改变。

（1）充盈缺损：是指胃肠道腔内的局部隆起性病变以致钡剂不能在该处充盈的影像（图 7-11a）。多见于肿瘤性病变，如癌肿、平滑肌瘤、淋巴瘤等；也可见于非肿瘤性病变，如炎性息肉、肉芽肿、异物等。

（2）龛影：是由于胃肠道壁发生溃烂，达到一定深度，造影时被钡剂填充，当 X 线呈切线位投影时，形成一突出腔外的钡斑影像（图 7-11b）。正面观察则呈致密钡点或钡斑与器官重叠；行压迫法检查时，局限性钡剂残留影像轮廓不改变。常见于胃肠道的溃疡性病变，如为肿瘤性病变的溃烂，龛影则位于腔内。

（3）憩室：是由于钡剂经过胃肠道管壁局部薄弱区向外膨出形成的囊袋状影像，或是由于管腔外邻近组织病变的粘连、牵拉造成管壁各层向外突出的囊袋状影像。与龛影不同，其内有正常的黏膜皱襞通过，可有收缩，大小及形态可变（图 7-11c）。憩室可发生于消化管任何部位，以食管、十二指肠降部、小肠和结肠多见。

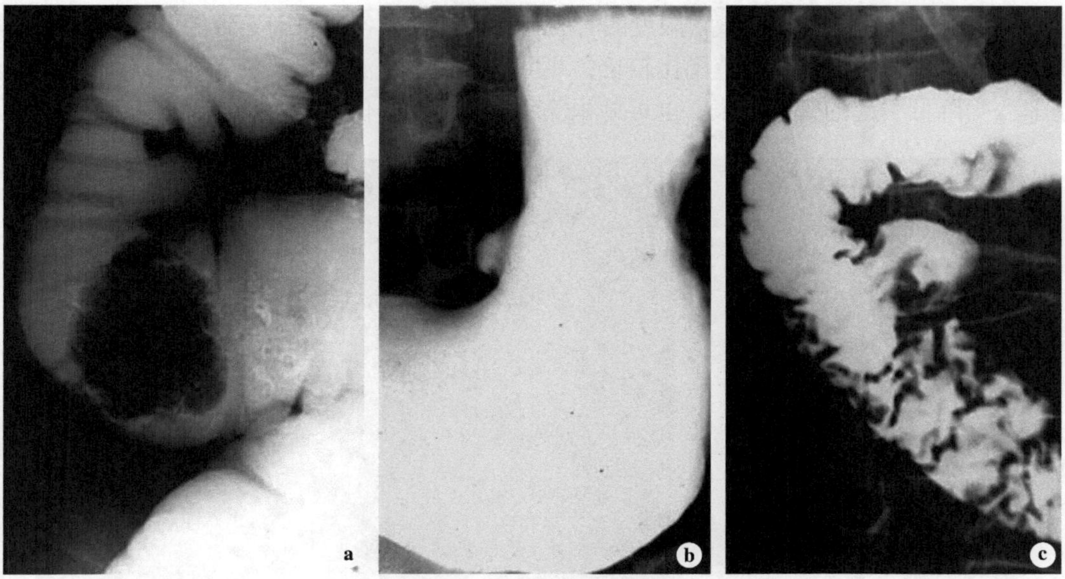

图 7-11 胃肠道轮廓改变

a. 结肠充盈缺损；b. 胃小弯龛影；c. 十二指肠憩室

2. 黏膜皱襞改变 黏膜皱襞的异常表现对发现早期病变及疾病鉴别诊断具有重要价值。

（1）黏膜破坏：表现为正常黏膜皱襞影像消失，形成杂乱不规则的钡影，与正常黏膜皱襞的连续性出现中断，与正常的黏膜皱襞有较明确分界（图 7-12a）。若双对比时表现为肿瘤处局部胃小沟和胃小区破坏、消失；多数为恶性肿瘤侵蚀所致。

（2）黏膜皱襞平坦：表现为皱襞的条纹状影变得平坦而不明显（图 7-12b），严重时甚至可完全消失，系黏膜及黏膜下层被肿瘤浸润或炎性水肿所致。恶性肿瘤引起的黏膜皱襞平坦表现为形态固定而僵硬，与正常黏膜皱襞有明显分界；炎性水肿所致的黏膜皱襞平坦与正常黏膜皱襞无明显分界而逐渐移行，多见于溃疡龛影的周围。

（3）黏膜皱襞增宽和迂曲：亦称黏膜皱襞肥厚，表现为透明条纹状影增宽，常伴有迂曲、紊乱（图 7-12c），多见于慢性胃炎和食管-胃底静脉曲张。系黏膜和黏膜下层的炎性肿胀、结缔组织增生及静脉曲张所致。

（4）黏膜纠集：表现为黏膜皱襞从四周向病变区集中，呈放射状或车辐状（图 7-12d）。常因慢性溃疡产生的纤维结缔组织增生、瘢痕收缩所致，有时浸润型癌也可产生类似改变，但其黏膜僵硬而且不规则，并有中断现象。

3. 管腔大小改变 胃肠道管腔的狭窄和扩张是常见的征象，可为功能性或器质性、腔内或腔外病变及炎性或肿瘤等。

（1）管腔狭窄：指超过正常限度的管腔持久性缩小。病变性质不同引起管腔狭窄的形态、范围亦不相同。①炎性狭窄：狭窄范围较广泛，有时呈分段性，边缘较光整，与正常胃肠道无明显分界。②肿瘤性狭窄：狭窄范围较局限，管壁僵硬，边缘不规则，病变区与正常区分界较明显，局部可触及包块。③外压性狭窄：多位于管腔一侧，可见整齐的压迹，常伴有管腔移位。④痉挛性狭窄：形状可以改变，痉挛解除后即恢复正常。⑤先天性狭窄：管腔边缘多光滑而局限。⑥肠粘连引起的狭窄：形状不规则，肠管移动受限或肠管互相聚拢。

（2）管腔扩张：指超过正常限度的管腔持续性增大。各种原因导致的胃肠道梗阻均可产生近端胃肠道扩张，累及范围比较长，并可见积气和积液征象，肠管蠕动增强；因胃肠道紧张力降低引起的管腔扩张，也可见积气和积液征象，但肠管蠕动减弱。

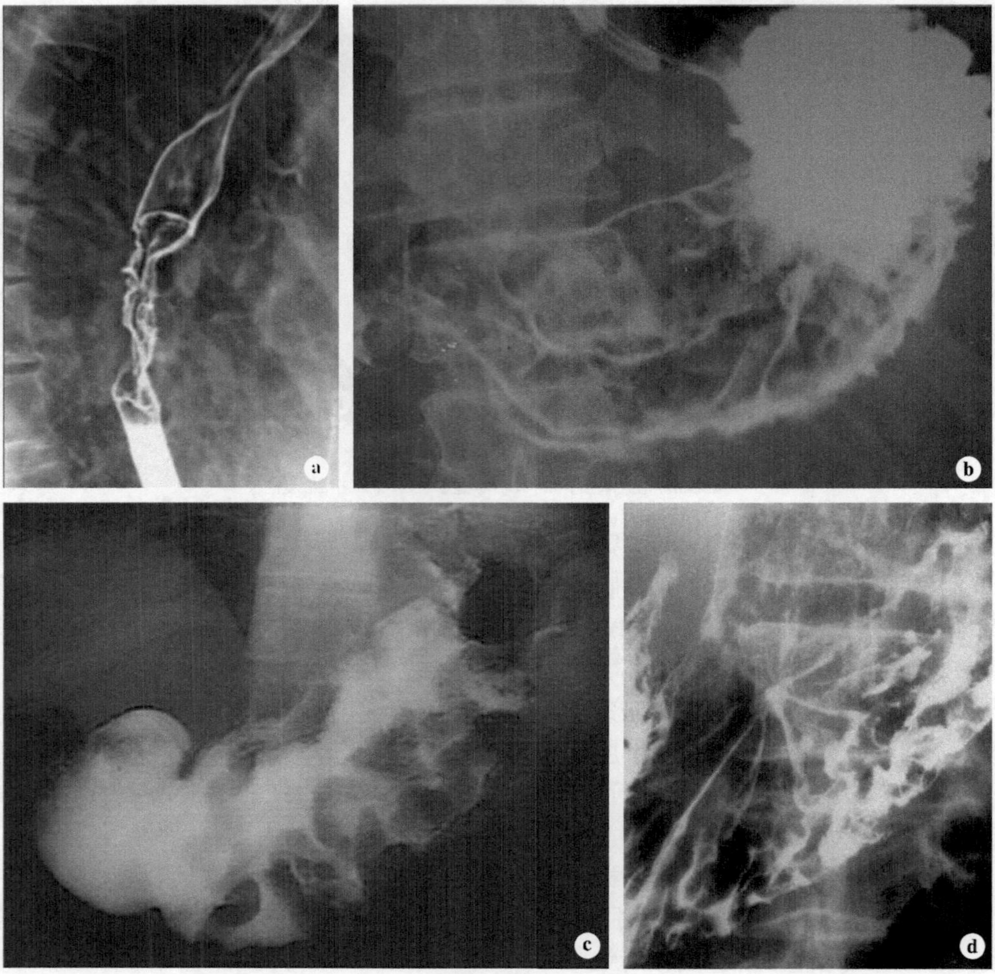

图 7-12　胃肠道轮廓改变

a. 黏膜破坏；b. 黏膜平坦；c. 黏膜增宽和迂曲；d. 黏膜纠集

4. 位置及移动度改变　胃肠道的位置比较固定，能引起胃肠道位置改变的原因可分为先天性和后天性两类。前者多为胚胎发育异常所致，包括全内脏异位、部分内脏异位和部分内脏旋转不良等。后者多为胃肠道腔外肿瘤或炎性肿块的推压，如肝左叶肿块可使胃底向下移位，胰头癌常使十二指肠曲扩大、固定及肠管浸润等；邻近器官病变的牵拉，如肠管粘连、瘢痕收缩也可导致胃肠道位置改变，移动性受限。另外，腹水可导致小肠位置、分布异常，肠管活动度增大。

5. 功能改变　胃肠道器质性病变常有功能性改变，包括张力、蠕动、运动力和分泌功能等改变。

（1）张力改变：胃肠道有一定的张力，由神经系统调节和平衡，以保持管腔的正常大小。张力增高时使管腔缩小，如胃肠道溃疡的局部刺激可引起管腔变窄；痉挛为暂时性局部性张力增高。张力低时使管腔扩大并常伴运动减弱，如麻痹性肠梗阻常使肠管张力下降，管腔扩张。

（2）蠕动改变：表现为蠕动波多少、深浅、运动速度及运动方向的改变。蠕动增强表现为蠕动波增多、加深和运行加快；蠕动减弱则反之。逆蠕动表现为与正常运行方向相反的蠕动，常见于胃肠道梗阻部位的上方。蠕动消失，表现为肿瘤浸润造成局部蠕动消失及胃肠道麻痹造成的广泛性蠕动消失。

（3）运动力改变：运动力即胃肠道运送食物的能力，具体表现为钡剂排空的时间与胃肠道的张力及蠕动等有密切关系。胃的正常排空时间一般不超过 4 小时，小肠排空时间一般不超过 9 小时，超过上述时间而仍有钡潴留则称为排空延迟。胃肠运动力增强则表现为排空时间缩短，如服钡后 2 小时内即抵达盲肠则意味着运动力增强。

（4）分泌功能改变：某些疾病可以引起分泌功能的改变。胃分泌增加，使胃液增多，立位可见胃内气液平面，为空腹潴留液，服钡后钡剂不能均匀地涂布在胃壁上而成絮状，微细结构显示不清；小肠分泌增加，使黏膜皱襞显示不清或钡剂凝成片絮状；大肠分泌增加时，钡剂吸附不良，肠管轮廓和黏膜皱襞显示不清。

（二）异常CT和MRI表现

1. 管壁增厚 CT 和 MRI 断面图像能清晰地显示出胃肠道管壁增厚征象。通常认为胃肠道壁增厚的标准：食管壁超过 5mm，胃壁超过 10mm，小肠壁超过 5mm，大肠壁超过 5mm。一般炎症性增厚的范围较广泛，而肿瘤性增厚的范围较局限、固定和僵硬，不随胃肠管腔的充盈而变化。

2. 软组织肿块 CT 和 MRI 可显示位于胃肠道的腔内或腔外肿块。良性肿块如食管平滑肌瘤常呈半椭圆形偏心性，表面光滑；而恶性肿块多为不规则形，向外浸润并形成腔内外肿块，有时还可见其表面有不规则溃疡。

3. 周围脂肪层改变 CT 和 MRI 观察胃肠道周围脂肪层存在与否是判断病变有无向浆膜外浸润的重要指征。一般认为脂肪层清晰是良性病变征象，而恶性肿瘤浸润和炎性病变都可引起周围脂肪层显示模糊、消失。

4. 邻近脏器浸润 CT 和 MRI 可显示胃肠道肿瘤侵及邻近组织及脏器情况，如胃体上部肿瘤多向腹主动脉周围及脾门浸润，而胃角及幽门部肿瘤易浸润肝门及胰腺。

5. 淋巴结转移 CT 和 MRI 可显示胃肠道恶性肿瘤淋巴结转移征象。因肿瘤部位不同可表现不同部位淋巴结转移征象，如食管癌、胃癌常转移到纵隔淋巴结、脾门淋巴结、肝门淋巴结和主动脉旁淋巴结等。一般认为淋巴结直径超过 15mm 者有诊断意义。

6. 远隔脏器转移 CT 和 MRI 可显示胃肠道恶性肿瘤远隔脏器转移征象，如胃癌、结肠癌的肝转移等。因此，CT 和 MRI 对胃肠道肿瘤的临床分期有重要指导意义。

四、食管疾病

（一）贲门失弛缓症

贲门失弛缓症（achalasia of cardia）病因仍不十分清楚，多数认为是原发于食管远端肌肉失去正常神经支配而引起的一种动力障碍性疾病。多见于 20—40 岁，女性略多于男性。

【病理与临床】 食管中下段管壁平滑肌运动受奥厄巴赫（Auerbach）神经丛支配，当奥厄巴赫神经节细胞发生变性或缺如时，中下段食管及贲门痉挛狭窄伴发食管上段扩张，食管缺乏蠕动和吞咽动作时弛缓不良。主要病理改变为奥厄巴赫神经节细胞变性、萎缩消失，贲门部肌肉常萎缩，黏膜及黏膜下层的慢性炎症。

主要症状为吞咽困难、胸骨后不适感和食物反流，梗阻严重者可有呕吐。多数发病缓慢，病程长，症状时轻时重，发病常与精神因素有关。常继发吸入性肺炎、食管炎和食管憩室。

【影像学表现】

1. X 线表现

（1）平片：轻度贲门失弛缓症可无明显异常；重度者可见食管高度扩张并延长，纵隔影增宽，立位可见气液平面（图 7-13a）。因气体不能进入胃内，胃泡多不明显或消失。

（2）钡餐造影：是该病的首选检查方法，表现为：①食管下端自上而下逐渐狭窄呈漏斗状或鸟嘴状（图 7-13b），狭窄段边缘光滑，管壁柔软，黏膜皱襞正常，呈光滑的细条影状。②钡剂通过贲门受阻，呈间歇性流入胃内，呼气时比吸气时容易进入胃内。③狭窄段以上食管不同程度扩张，扩张程度与贲门狭窄程度相关；严重者食管极度扩张，其内存留大量液体，钡剂似雪花样分散于液体中或可见气、液、钡分层现象。④食管蠕动减弱或消失，有时出现第三蠕动波。⑤并发炎症及溃疡时，则黏膜皱襞紊乱，出现溃疡龛影。

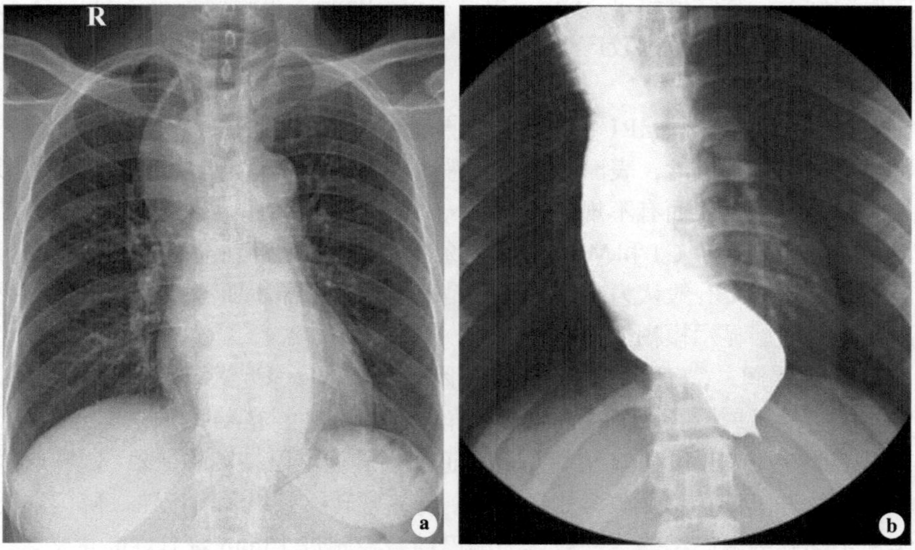

图 7-13 贲门失弛缓症 X 线表现

a. 平片示上纵隔向右侧增宽；b. 钡餐造影示食管下端呈鸟嘴状狭窄

2. CT 表现 ①食管明显普遍性扩张，局部管壁变薄，腔内可见液气平面，有时可见食物残渣。②食管下段入胃段呈移行性狭窄，局部管壁对称性增厚，食管外脂肪层完整。

3. MRI 表现 ①中上段食管扩张，壁变薄，腔内含水，在 T_1WI 上呈低信号，T_2WI 上呈高信号。②食管下端呈漏斗状狭窄，狭窄段呈对称性肥厚，信号与肌肉相似，食管腔外脂肪层完整。

【诊断与鉴别诊断】 钡餐造影显示食管扩张，食管下端呈鸟嘴状，结合临床长期吞咽不适或吞咽困难，多可明确诊断本病。本病常需与食管下端浸润型癌鉴别，后者的主要特点为癌灶近端与正常分界截然，狭窄段僵硬，边缘不规则，黏膜皱襞破坏；而前者食管下端狭窄呈移行状，边缘光滑，黏膜正常，口服解痉药后，狭窄段有所扩张。

（二）食管异物

食管异物（foreign body of esophagus）指某种物质嵌留于食管内不能通过。异物分为可透 X 线异物和不透 X 线异物。前者多为不慎咽入食物中的鱼骨、禽骨、大的肉块或果核等；后者多见于儿童误吞硬币和小玩具等，也可见于老年人脱落的义齿等。

【病理与临床】 食管异物多停留在食管的生理狭窄处，以第一狭窄即食管入口处最常见，其次为主动脉弓压迹处。异物可损伤食管壁，引起局部食管壁充血、水肿甚至溃疡形成；尖锐异物可穿破食管壁引发食管周围炎、纵隔炎症甚至脓肿形成。

一般均有明确的异物吞咽史，主要症状为异物感、作呕或因异物刺激出现的频繁吞咽动作；可伴有刺痛感或吞咽困难。若损伤食管引起出血、穿孔或者感染时，可产生更复杂的症状和体征，如继发感染时，可有发热和血白细胞升高等。

【影像学表现】

1. X 线表现

（1）不透 X 线异物：多为金属异物。透视与摄片即可明确异物的位置、大小和形状，异物多呈特定形态的高密度影。食管内不透 X 线的扁平样异物如硬币，由于食管的横径大于前后径，常呈冠状位，与滞留于气管内呈矢状位不同（图 7-14）。

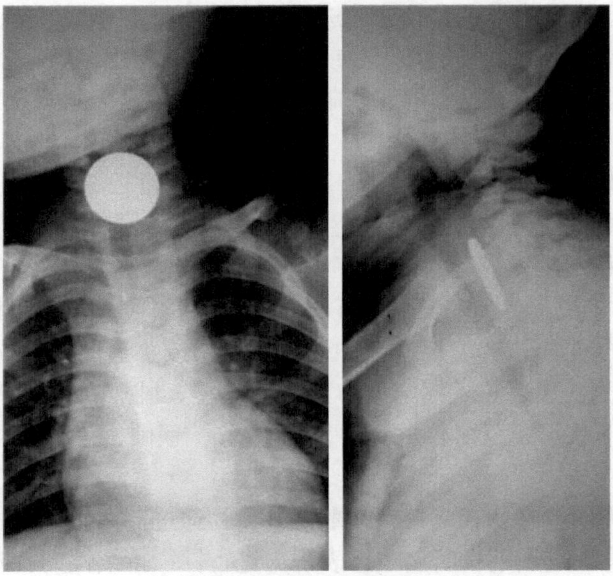

图 7-14 食管金属异物

（2）可透 X 线异物：普通透视与摄片时常不能显示，需行食管钡餐或钡棉检查。较大嵌顿异物，显示钡剂或钡棉通过受阻；异物较小时产生部分性梗阻，可见钡剂偏向一侧或绕过异物分流而下，少量钡剂涂抹于异物表面可勾画出异物的形状；刺入食管壁的尖刺状异物如鱼骨等，可见钡棉勾挂征象，经反复吞咽或多次饮水后仍不能冲去，可间接提示异物的存在。

（3）并发症：异物在食管内停留时间过长，可继发感染，引起局部管壁痉挛或蠕动减弱。尖锐异物可造成食管穿孔，出现气液平面或钡剂外溢等征象。若异物停留于主动脉弓附近，检查时需慎重，吞服大块含钡棉团可导致食管穿孔甚至损伤大血管而发生大出血，危及生命。

2. CT 和 MRI 表现 一般用于了解食管壁损伤、穿孔及周围情况。

（1）食管壁损伤：CT 显示局部食管壁肿胀、增厚，严重者管腔狭窄；MRI 显示增厚的管壁呈条状或梭形，T_1WI 为低信号，T_2WI 为高信号。

（2）食管穿孔：CT 和 MRI 显示邻近纵隔内边缘模糊的肿块，食管周围脂肪间隙消失。如出现气体则提示纵隔脓肿形成，增强脓肿壁明显强化。如穿孔合并出血时纵隔内可出现密度较高的血肿；MRI 可显示各期血肿的不同信号。

（三）食管癌

食管癌（esophageal carclnoma）为我国最常见的恶性肿瘤之一，也是食管最常见的疾病。食管癌的病因尚无定论，一般认为与过量饮酒、吸烟、食入过热或粗糙食物、亚硝胺、霉菌毒素及食管炎、遗传因素等有关。其发病率北方高于南方，山西、河南为高发区；男性多于女性，以 50—70 岁者居多。

【病理与临床】 食管癌是起源于食管黏膜的恶性肿瘤，多生长于食管中段，下段次之，上段少见。组织学上以鳞状细胞癌最为多见，腺癌和腺鳞癌等少见。因食管组织无浆膜层，癌组织易穿透肌层侵及邻近器官，转移途径多为淋巴道与血行。根据病理变化，结合临床表现，将食管癌分为早期食管癌和进展期食管癌。

早期食管癌是指癌浸润仅限于黏膜层或黏膜下层，无淋巴结转移，临床上无明显症状，病变较局限，多为原位癌或黏膜内癌。肉眼类型按大体病理特征可分为隐伏型、糜烂型、斑块型和乳头状型。

进展期食管癌是指癌肿已深达肌层，有局部或远处淋巴结转移。大体病理可分为四型。①髓质型：此型多见，肿瘤向腔内外生长，管壁明显增厚，多累及周径大部或全部；肿瘤在腔内呈伏坡状不规则隆起，表面有深浅不等的溃疡形成。②蕈伞型：肿瘤呈蕈伞状或菜花状突入腔内，边界清，表面多有浅表性溃疡，伴坏死或炎性渗出物覆盖，管壁周径一部分或大部分受累。③溃疡型：肿瘤累及肌层或穿透肌层呈深大溃疡，边缘不规则并隆起，管腔狭窄不显著。④缩窄型：又称硬化型，肿瘤在食管壁内浸润，常累及食管全周，管腔呈环形狭窄，范围较短，常为 3～5cm，壁硬，狭窄近端食管显著扩张。各型均可混合存在。

早期食管癌常无明显症状，或仅有间歇性的食物通过滞留感或异物感等，症状时隐时现，常不易引起注意。进展期食管癌主要表现为进行性、持续性的吞咽困难，晚期出现贫血、消瘦及恶病质等。

【影像学表现】

1. X 线表现 食管造影检查表现因分期和肿瘤大体病理类型而异。

（1）早期食管癌：①黏膜皱襞的改变：黏膜皱襞增粗、迂曲，部分黏膜中断，边缘毛糙。②小溃疡：增粗的黏膜面上可出现大小不等的小龛影，一般直径小于 0.5cm。③小充盈缺损：为向腔内隆起的小结节，直径 0.5cm 左右，最大不超过 2.0cm，边缘毛糙不规则，局部黏膜紊乱。④管壁局限性僵硬，舒张度减低，蠕动减弱。

（2）进展期食管癌：共性表现为食管局部黏膜破坏，腔内充盈缺损，管壁僵硬，蠕动消失，钡剂通过受阻等。各种大体病理类型还具有以下影像改变（图 7-15）。

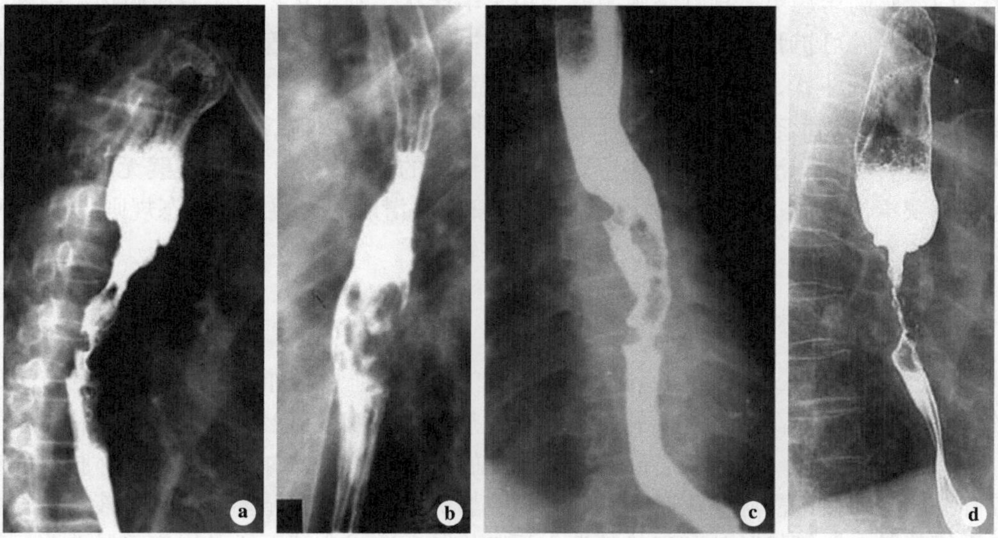

图 7-15 进展期食管癌 X 线表现

a. 髓质型；b. 蕈伞型；c. 溃疡型；d. 硬化型

1）髓质型：范围较长的不规则充盈缺损，表面伴有大小不等的龛影，管腔变窄，病灶上下缘与正常食管分界欠清晰，呈移行性，病变处有软组织致密影。

2）蕈伞型：管腔内偏心性的菜花状或蘑菇状充盈缺损，边缘光滑，表面可有小溃疡形成；与正常食管分界清晰，近端食管轻或中度扩张。

3）溃疡型：较大不规则的长形龛影，其长径与食管的纵轴一致，龛影位于食管轮廓内，其周围癌组织增生可形成不规则的充盈缺损，管腔有轻或中度狭窄。

4）硬化型：管腔呈环形对称性狭窄，病变较局限，长为 3～5cm，边界较光整，与正常区分界清楚；钡餐通过受阻，其上方食管显著扩张。

2. CT 表现 CT 可见食管壁局部环形增厚或不规则增厚，腔内有时可见软组织肿块，相应平面管腔狭窄；增强扫描增厚的管壁和肿块明显强化（图 7-16）。CT 可判断肿瘤与周围组织、器官的关系，若食管周围脂肪层模糊、消失，则提示食管癌外侵。

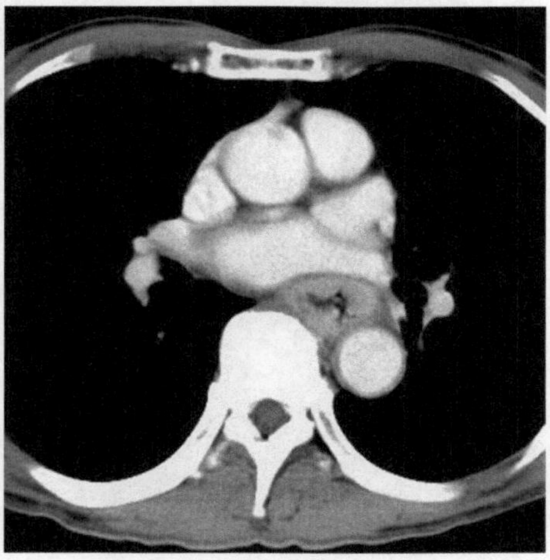

图 7-16 食管癌 CT 表现

食管壁呈环形增厚

3. MRI 表现 在食管周围脂肪信号的衬托下，MRI 可显示食管壁增厚或肿块，肿瘤在 T_1WI 呈中等信号，T_2WI 呈不均匀等高信号；增强扫描肿瘤呈明显强化。MRI 还能清晰地显示食管癌对周围组织、器官的侵犯情况及淋巴结转移等。

【诊断与鉴别诊断】 进展期食管癌依据局限性黏膜中断、充盈缺损、管腔变窄和管壁僵硬等钡剂造影表现，结合临床上有进行性吞咽困难，诊断相对容易；而早期食管癌的诊断则有一定难度，需做气钡双对比造影检查，并结合内镜活检才能做出诊断。

食管癌常需与以下疾病鉴别：①食管静脉曲张：与食管下段髓质型癌鉴别。前者有肝硬化、门静脉高压病史，食管黏膜皱襞增粗呈串珠状、蚯蚓状，但无明显破坏、中断，管壁仍柔软，管腔可扩张，无梗阻征象。②贲门失弛缓症：与食管下端贲门癌鉴别。前者食管下端狭窄呈漏斗状、鸟嘴状，边缘光滑，管壁柔软，钡剂通过狭窄段显示黏膜皱襞正常；而食管癌充盈缺损形态不规则，可有龛影，管腔狭窄，壁增厚，黏膜皱襞可见破坏、中断。③消化性食管炎：与溃疡型食管癌鉴别。前者形成的溃疡较小，黏膜皱襞无破坏、中断，管腔虽有狭窄但尚能扩张。④食管平滑肌瘤：食管平滑肌瘤充盈缺损形态规则，可见环征，黏膜皱襞展平、消失，但无破坏、中断，壁柔软。

（四）食管静脉曲张

食管静脉曲张（esophageal varices）是由食管静脉血量增加和（或）静脉回流障碍所致的疾病，为门静脉高压的重要并发症，其发病率为80%～90%，常见于肝硬化患者。

【病理与临床】 正常情况下，门静脉的血液均入肝经肝内循环，由肝静脉出肝注入下腔静脉。当发生门静脉高压时，门静脉与腔静脉之间的侧支循环开放，血液经胃冠状静脉、胃短静脉、食管静脉丛和奇静脉汇入下腔静脉，造成食管下段及胃底静脉曲张。静脉曲张起始于食管下段，并从下段逐渐向上蔓延，晚期可累及上段。

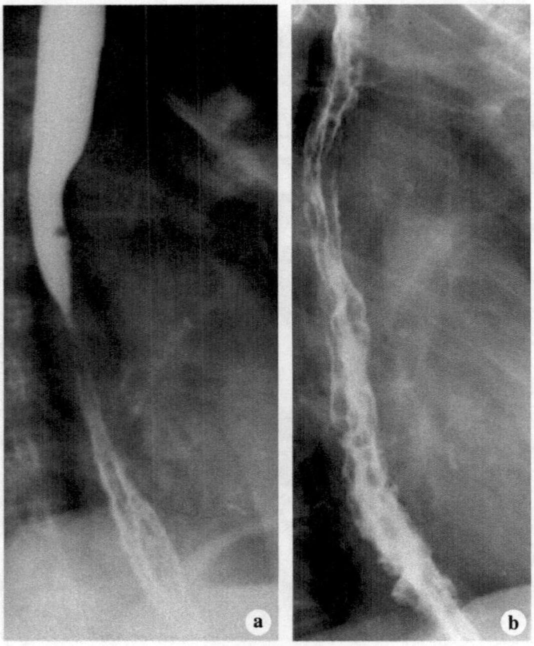

图7-17 食管静脉曲张X线表现

a. 轻度静脉曲张；b. 重度静脉曲张

食管静脉曲张可无明显症状。但食管黏膜由于静脉曲张，管壁变薄，缺乏弹性，易被粗糙食物损伤或因溃疡糜烂导致血管破裂，引起急性大出血，导致呕血或柏油样大便，严重者出现休克甚至死亡。常合并脾大、脾功能亢进、腹水及肝功能异常等门静脉高压表现。

【影像学表现】

1. X线表现 钡剂造影是食管静脉曲张的首选检查方法，可以明确食管静脉曲张的有无及程度。

（1）早期：食管下段黏膜皱襞增粗或稍显迂曲（图7-17a），管壁柔软，边缘不光整，略呈锯齿状，钡剂通过良好。

（2）进展期：随着曲张静脉数目的增加和程度加重，食管黏膜皱襞明显增粗、迂曲，呈串珠状或蚯蚓状充盈缺损，管壁边缘凹凸不平呈锯齿状；收缩不佳，排空延迟，可波及食管中段。

（3）后期：重度食管静脉曲张病变可累及食管全长，腔内出现大小不一的圆形或环状充盈缺损，并可相互衔接呈曲链状。透视下食管蠕动及收缩明显减弱，钡剂排空延迟，管腔增宽，但管壁仍柔软，无局部的狭窄和阻塞（图 7-17b）。

（4）胃底静脉曲张：表现为胃底贲门附近黏膜皱襞呈多发息肉状，即圆形、卵圆形或弧形充盈缺损，偶可呈团块状。

2. CT 表现 平扫可见食管壁及胃底壁增厚，食管、贲门或胃底周围区出现蚯蚓状或团块状软组织影；增强扫描静脉期可显示明显强化的食管周围和胃底迂曲的血管团，并可显示肝脏原发病变情况。增强 CT 行 MIP 三维重组可显示曲张的食管静脉网，其效果近似血管造影（图 7-18）。

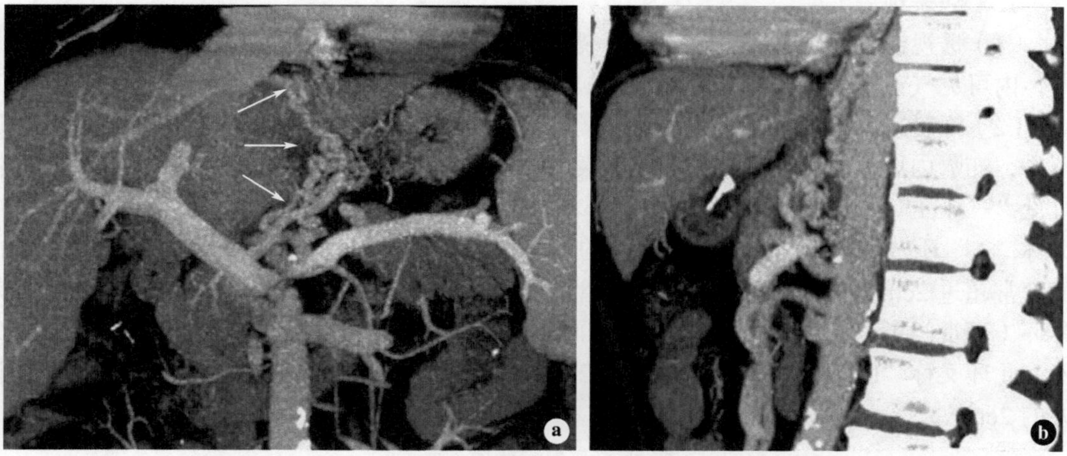

图 7-18 食管静脉曲张 CT 三维重组

a. 冠状面示胃左静脉及食管下段静脉增宽与迂曲；b. 矢状面示迂曲血管沿脊柱前方上行

3. MRI 表现 由于曲张静脉的血流速度慢，流空效应不明显，增强扫描可见曲张的静脉明显强化。

【诊断与鉴别诊断】 有明确肝硬化病史及典型的钡剂食管造影表现者，较易明确诊断。本病应与以下情况鉴别。①气泡影像：气泡影像为检查过程中吞入气体、唾沫所致，形成圆形透光区，可随钡剂下移进入胃内而消失。②食管裂孔疝：食管裂孔疝的膈上疝囊出现粗大迂曲或颗粒状胃黏膜皱襞应与食管静脉曲张鉴别，前者当胃内充盈钡剂后显示出裂孔疝特征性表现则较易区别；后者食管吞钡显示黏膜增粗、迂曲，呈串珠状，临床上有肝硬化门静脉高压病史、呕血症状。③食管下段癌：食管癌临床上有进行性吞咽困难，食管吞钡可见环形狭窄、腔内龛影或充盈缺损，黏膜破坏，管壁僵硬，管腔狭窄不能扩张等特征与静脉曲张不难鉴别。

（五）食管裂孔疝

食管裂孔疝（esophageal hiatus hernia）是指腹腔内脏器通过膈食管裂孔进入胸腔的疾病。疝入的脏器多为胃，是膈疝中最常见的一种。

【临床与病理】 食管裂孔疝的病因可为先天性或后天性，以后天性者多见。先天发育不全或后天性的外伤、手术及腹内压升高、高龄等均可致食管裂孔加大、膈食管膜与食管周围韧带松弛变性，致胃经裂孔向上疝入；其他因素如慢性食管炎、食管溃疡的瘢痕收缩、食管癌浸润均可使食管短缩而伴发本病。

根据疝囊是否可以回复分为可回复性和不可回复性两类。凡疝入脏器能上下滑动于食管裂孔者，称为可复性食管裂孔疝或滑动性食管裂孔疝，此型最常见；往往在卧位或腹内压增高时疝出，立位时恢复至正常位置。不可回复性食管裂孔疝又分为短食管型、食管旁型和混合型。

本病有胃食管反流，常合并消化性食管炎甚至形成溃疡。常见症状有胸骨后烧灼感、上腹部不适、泛酸、嗳气、呕吐等，多在饱食后发生，平卧、弯腰或咳嗽时加重；如并发疝囊扭转或嵌顿时可引起相应的严重症状。

【影像学表现】

1. X 线表现

（1）透视或胸腹部平片：轻型食管裂孔疝可无明显异常，严重者心影后方可见囊袋状影，内可见气液平面（图 7-19a），心膈角模糊甚至闭塞，以卧位或头低位时明显。

（2）钡餐造影：直接征象为膈上疝囊，表现为膈上一充钡的囊状影，边缘光整或毛糙不齐，疝囊内可见粗大而迂曲的黏膜皱襞与膈下胃黏膜皱襞相连（图 7-19b）。疝囊通常可见“三环征”：①下食管括约肌收缩环：为疝囊上界，系上升的食管下括约肌收缩所致，又称“A”环。②食管裂孔环：为疝囊的下界，系食管裂孔形成的环形缩窄，该缩窄区的宽度常超过 2cm。③食管胃环：当胃食管前庭段上升时，其鳞状上皮和柱状上皮形成的交界环（即贲门）也上升至膈上；当管腔舒张时，于疝囊的侧壁可见一对称性或单侧性的切迹，此环又称“B”环；切迹浅时仅 1～2mm，深时可达 0.5cm 左右，通常位于“A”环下方的 2cm 处。

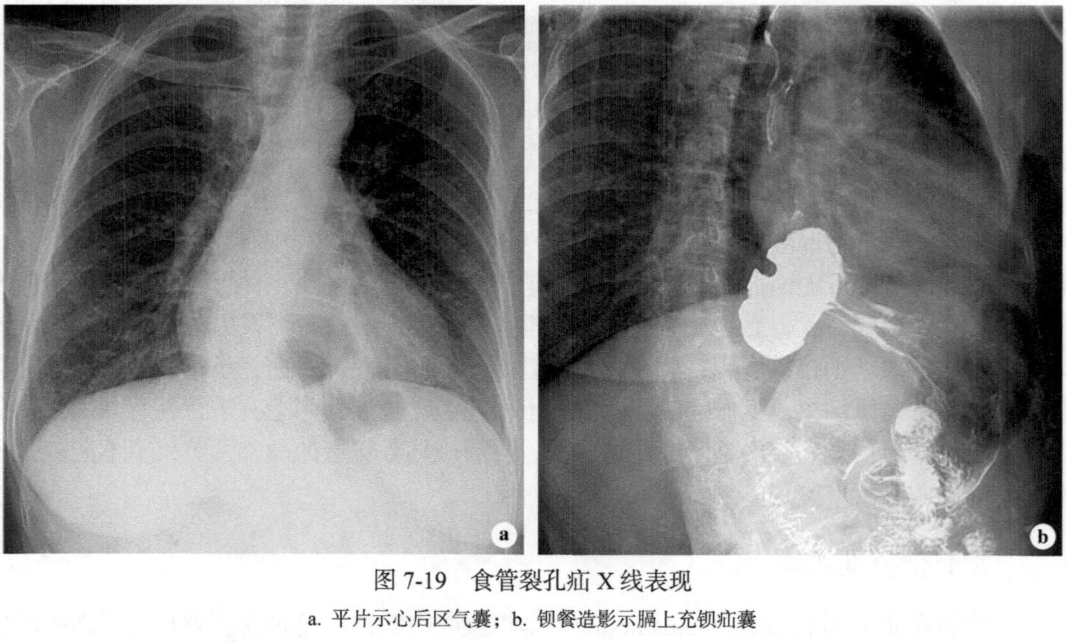

图 7-19　食管裂孔疝 X 线表现

a. 平片示心后区气囊；b. 钡餐造影示膈上充钡疝囊

不同类型的食管裂孔疝呈不同的 X 线表现。①滑动型：膈上疝囊多为胃食管前庭段和部分胃底构成，于卧位、头低位时出现，立位时消失。②短食管型：显示为较短的食管下方接一扩大的膈上疝囊，疝囊一般位于左膈上。③食管旁型：贲门仍位于膈下，部分胃底经食管裂孔向上疝至食管左前方。④混合型：贲门位于膈上，钡剂可同时进入膈下之胃腔和膈上疝囊内，疝囊常较大，可压迫食管形成压迹。

另外，食管裂孔疝还有食管反流、食管胃角变钝、食管下段迂曲增宽及消化性食管炎等间接征象。

2. CT 和 MRI 表现 CT 和 MRI 可显示疝入胸腔的疝囊，内含气体或液气影；冠状面 MPR 可直观显示疝囊与膈肌及膈下胃的关系。

【诊断与鉴别诊断】 食管裂孔疝典型的特征为膈上疝囊、疝囊中可见胃黏膜，结合胸骨后烧灼感、泛酸、嗳气等临床表现多可明确诊断。本病应与以下情况鉴别：①食管膈壶腹：食管膈壶腹为正常的生理现象，为膈上 4～5cm 长的一段食管，管腔扩大呈椭圆形，边缘光滑，随其上方的食管蠕动到达而收缩变小，显出纤细平行的食管黏膜皱襞，其上方直接与食管相连无收缩环存在；而食管裂孔疝疝囊收缩与食管蠕动无关，加之胃黏膜及 A 环与 B 环的出现，均可与前者区别。②食管下段憩室：食管憩室与胃之间常有一段正常食管相隔，且与食管有一狭颈形成，其内有正常的黏膜皱襞凸入。

五、胃部疾病

（一）慢性胃炎

慢性胃炎（chronic gastritis）是由各种不同致病因素持续反复作用于胃黏膜而引起的慢性非特异性炎症，一般认为与幽门螺旋杆菌感染、十二指肠液反流、药物、吸烟、饮酒及免疫反应等有关。

【病理与临床】 病理上可分为浅表性、肥厚性及萎缩性胃炎。①浅表性胃炎：病变仅限于黏膜表面，不累及腺管部分，表现为黏膜充血、水肿，可伴有点状出血或糜烂。②肥厚性胃炎：病变处黏膜及黏膜下层肥厚，腺管发生破坏、修复，最终导致纤维增生及囊性变。③萎缩性胃炎：炎症的范围扩大到黏膜全层，黏膜层明显变薄，腺体数目减少甚至消失。

临床上常缓慢起病，部分患者可无明显症状；部分有消化不良的表现，如食欲减退、上腹部饱胀不适与隐痛、泛酸、嗳气、呕吐等，但这些症状并无特异性。少数患者可有上消化道出血表现。

【影像学表现】

1. X 线表现 钡餐造影是慢性胃炎的常用检查方法，各病理类型有不同表现。

（1）慢性浅表性胃炎：病变轻时常无 X 线异常改变，中度以上才显示黏膜皱襞略粗、紊乱，胃壁软，局部可有压痛；低张双对比造影显示胃小区、胃小沟改变轻微。

（2）慢性肥厚性胃炎：由于胃黏膜上皮与腺体都出现肥厚，钡餐造影黏膜像表现为黏膜皱襞增粗、迂曲、紊乱，部分增粗的黏膜皱襞可呈息肉状或结节状改变，加压时增粗的黏膜皱襞形态可变（图 7-20）。双对比

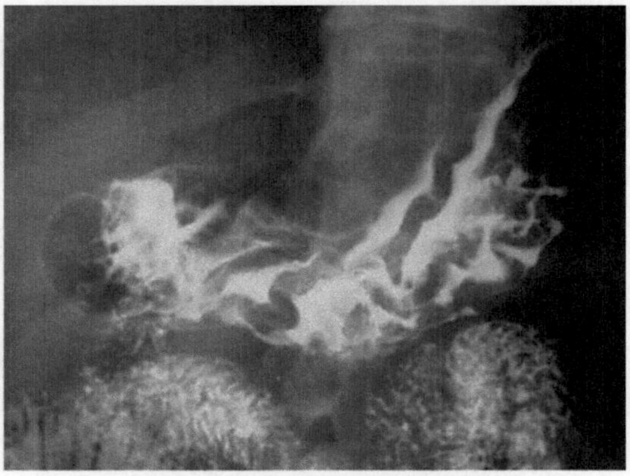

图 7-20 慢性胃炎 X 线表现

胃黏膜皱襞增粗、迂曲、紊乱

时，可表现胃小沟增宽，胃小区增大。

（3）慢性萎缩性胃炎：由于胃黏膜表层炎症同时伴有黏膜内腺体变少、变小甚至萎缩，钡餐造影黏膜像表现为黏膜皱襞变纤细、稀少甚至消失，轮廓较光滑；双对比时胃小沟浅而细，胃小区显示不清。

此外，慢性胃炎还可出现空腹胃液增多，胃蠕动亢进等非特异性 X 线征。胃炎也常与胃溃疡、十二指肠球部溃疡、胃黏膜脱垂症等并存，检查时应注意。

2. CT 和 MRI 表现 CT 和 MRI 检查对慢性胃炎诊断价值不大。

【诊断与鉴别诊断】 钡餐造影对于本病常难做出与病理分类一致的诊断，结合胃镜所见与活检，方能明确慢性胃炎的分类与程度。

（二）胃溃疡

胃溃疡（ulcer of stomach）是一种常见的胃肠道疾病，好发于 20—50 岁。发病机制较为复杂，与胃酸分泌异常、幽门螺旋杆菌感染等多种因素有关。

【病理与临床】 胃溃疡常单发，好发于小弯与胃角附近，其次为胃窦部；多为单发，呈圆形或椭圆形，直径多为 5～20mm，深为 5～l0mm。主要病理改变为从黏膜开始溃烂，并逐渐侵及黏膜下层，常深达肌层，形成局部胃壁缺损，又称壁龛。溃疡底部炎性细胞浸润、肉芽组织增生，溃疡口部周围黏膜呈炎性水肿。溃疡愈合后，常有不同程度的瘢痕形成，其结果可因瘢痕程度不同而引起不同程度的胃壁短缩，严重者胃壁卷曲或变形。

溃疡周围具有坚实的纤维结缔组织增生者，称为胼胝性溃疡；溃疡如深达浆膜层时，称穿透性溃疡；如浆膜层被穿破且穿入游离腹腔者为急性穿孔。

临床表现主要是上腹部疼痛，具有反复性、周期性与节律性的特点，多为餐后疼痛；此外尚有恶心、呕吐、嗳气与泛酸等症状；若有出血则有呕血或黑便，严重者可有幽门梗阻。胃溃疡也可恶性变。

【影像学表现】

1. X 线表现 钡餐造影是发现和诊断胃溃疡的最常用检查方法，胃溃疡的 X 线造影表现可分为两类：直接征象，代表溃疡本身的改变；间接征象，则为溃疡所致的功能性与瘢痕性改变。

（1）直接征象：龛影是胃溃疡的直接征象，是钡剂充填胃壁缺损处的直接投影，多见于小弯侧。切线位观察，龛影凸出于胃轮廓以外，呈乳头状、锥状或其他形状，其边缘多光滑整齐，底部平整或略不平。正面观察，龛影呈圆形或椭圆形钡斑，其边缘光滑整齐（图 7-21）。

不同时期的溃疡其龛影周围有不同的形态特点。溃疡早期因四周黏膜炎性水肿，龛影口部常有一圈透明带，这种黏膜水肿带为良性溃疡的特征，依其范围不同表现如下：①黏膜线：为龛影口部一条宽 1～2mm 的光滑整齐的透明线。②项圈征：龛影口部的透明带，宽 0.5～1cm，犹如一项圈。③狭颈征：龛影口部明显狭小，使龛影犹如具有一个狭长的颈。另外，慢性溃疡周围由于瘢痕收缩，龛影周围可见黏膜皱襞均匀性纠集，呈车轮状向龛影口部集中，且直达龛影口部，又称黏膜集中现象（图 7-22）。

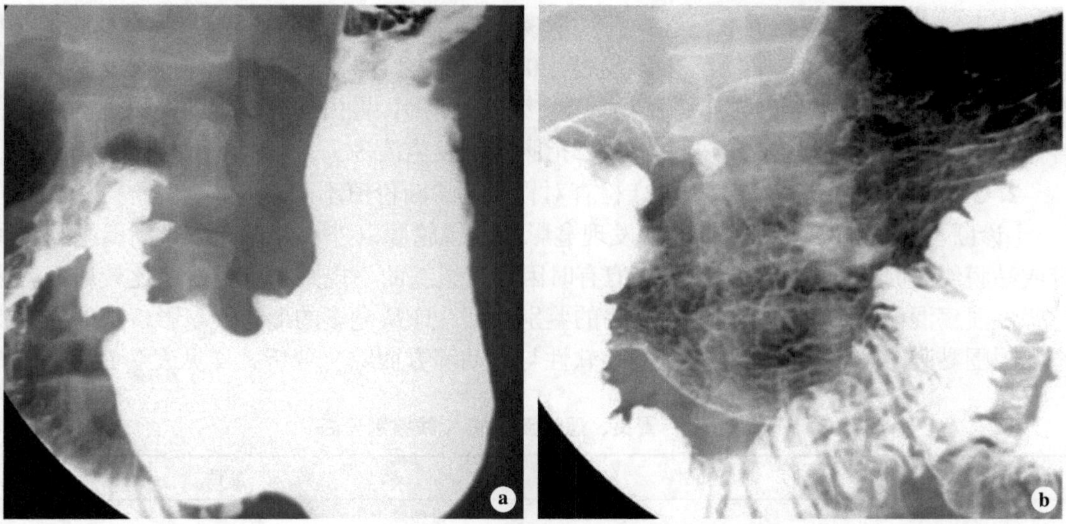

图 7-21 胃小弯溃疡 X 线表现

a. 切线位像；b. 正面观

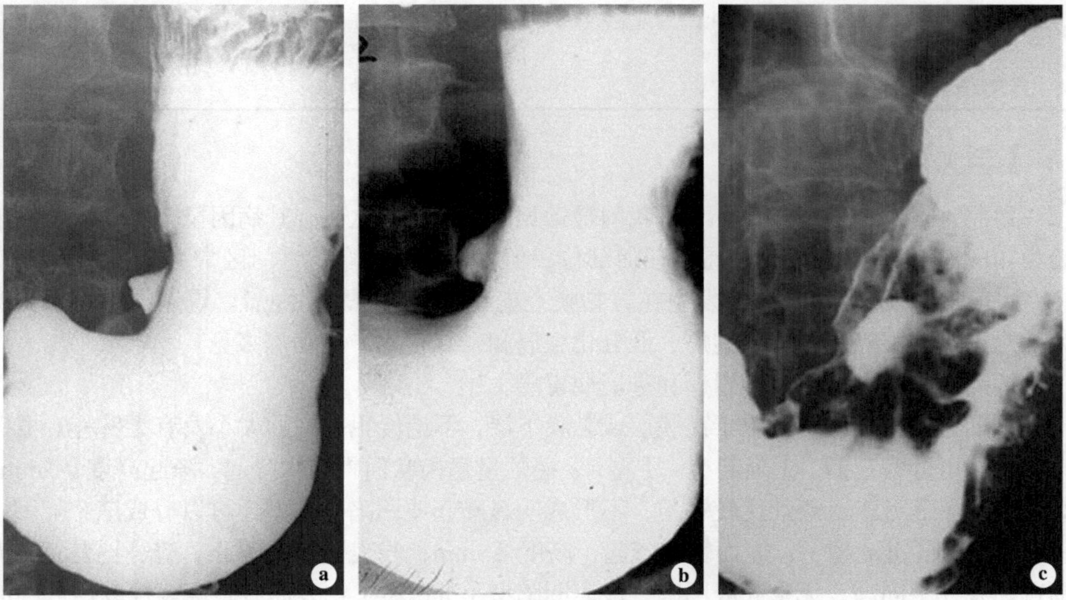

图 7-22 胃小弯溃疡口部特征

a. 黏膜线；b. 项圈征；c. 黏膜纠集

（2）间接征象：胃溃疡引起的功能性与瘢痕性改变可有如下表现：①胃大弯侧切迹形成：为胃小弯溃疡在大弯壁上相对应处出现一切迹，使胃腔呈 B 形。②胃液分泌增多：空腹可见大量潴留液，使钡剂不易附着于胃壁而难以显示黏膜皱襞。③蠕动的改变：胃的蠕动大多增强，排空加快；但发生在幽门管的溃疡，早期蠕动可增强，引起幽门梗阻后，可使蠕动减弱，并伴有胃扩张。④胃变形：胃小弯侧的溃疡因瘢痕收缩，可使小弯缩短，形成“蜗牛胃”。

（3）胃溃疡的特殊类型：①穿透性溃疡：龛影深而大，其深度与大小均超过 1.0cm，形如囊袋，狭窄征显著。②穿孔性溃疡：龛影大，呈囊袋状，可出现气钡分层或气、液、钡分层现象，但这种现象并非慢性穿孔性溃疡所特有。③胼胝性溃疡：龛影较大，直径可达 1.5～2.0cm，但深度较浅，一般不超过 1.0cm，龛影口部相当完整，有一圈较宽的透明带，边界清楚且整齐，常伴有黏膜纠集。④多发性溃疡：胃内同时发生两个以上的溃疡，胃体部多见。⑤复合性溃疡：指胃及十二指肠同时发生溃疡。

2. CT 和 MRI 表现　CT 和 MRI 检查对胃溃疡诊断价值不大。

【诊断与鉴别诊断】　钡剂造影发现龛影凸出胃轮廓以外，并伴有龛影周围黏膜水肿带或黏膜纠集时，即可诊断为本病。但有时因瘢痕组织的不规则增生或溃疡比较扁平者易与恶性溃疡混淆。良性溃疡与恶性溃疡的鉴别诊断，应从龛影的形状、龛影口部的充钡状态及周围黏膜皱襞情况、邻近胃壁的柔软性与蠕动等方面综合分析，详见表 7-1。

表 7-1　胃良、恶性溃疡的 X 线鉴别诊断

	良性	恶性
龛影位置	胃轮廓之外	胃轮廓之内
龛影形状	直径多约 1.0cm，圆形或椭圆形，边缘光滑整齐	直径多大于 2.0cm，不规则，呈扁平状、半月形
龛影口部	可见黏膜线、项圈征及狭颈征等	可见指压迹征和裂隙征
龛影周围	黏膜皱襞呈均匀性纠集，越近龛影越细，可直达龛影口部	可见环堤征，黏膜皱襞呈不均匀性纠集，可见破坏、中断现象
邻近胃壁	柔软，有蠕动波	僵硬，蠕动消失

（三）胃癌

胃癌（gastric of carcinoma）是我国最常见的恶性肿瘤之一。其病因至今不明，好发年龄为 40—60 岁，可以发生在胃的任何部位，但以胃窦、小弯与贲门区常见。

【病理与临床】　胃癌是发生在胃黏膜上皮和腺上皮的恶性肿瘤。胃癌的组织学类型为腺癌、黏液腺癌、印戒细胞癌、低分化腺癌和未分化癌，以腺癌多见。

按病变程度可分为早期胃癌和进展期胃癌。

早期胃癌指癌组织只限于黏膜层或黏膜下层，不论侵犯范围的大小及有无转移。根据肉眼形态可分为三型。①隆起型（Ⅰ型）：癌灶呈息肉状向胃腔内隆起，隆起高度＞5mm。②浅表型（Ⅱ型）：癌灶比较平坦，不形成明显隆起或凹陷。本型还可以分成三个亚型：浅表隆起型（Ⅱa 型）：表面轻度隆起，高度≤5mm；浅表平坦型（Ⅱb 型）：表面与周围胃黏膜几乎同高，无隆起或凹陷；浅表凹陷型（Ⅱc 型）：表面有轻度癌性糜烂或浅的凹陷，其深度≤5mm。③凹陷型（Ⅲ型）：癌灶深度＞5mm，形成溃疡，瘤组织不越过黏膜下层。

进展期胃癌是指癌组织越过黏膜下层已侵及肌层甚至浆膜，常有近处的癌细胞浸润或远处转移。目前国际上采用 Borrmann 分型法把胃癌分为四型。①Borrmann Ⅰ型：亦称增生型或蕈伞型。肿块向胃腔内生长，基底较宽，表面呈菜花状或息肉状，可有溃疡形成，外形不整，生长慢，转移晚。②Borrmann Ⅱ型：亦称溃疡型。癌肿向壁内生长，中心形成大溃疡，溃疡呈火山口样，溃疡底部不平，边缘隆起，质硬，呈环堤状或结节状，与正常邻近胃壁境界清楚，附近胃壁浸润较少。③Borrmann Ⅲ型：亦称浸润溃疡型。与Ⅱ型类似，也有较大的溃疡，形状不整，环堤较低，或欠完整，宽窄不一，与邻近胃壁境界不清，肿瘤呈浸润性生长。④Borrmann Ⅳ型：亦称浸润型。癌组织沿胃壁浸润性生长，使胃壁增厚、僵硬，胃腔变窄。病变可累及胃的一部分或全部，累及全胃时，则整个胃壁僵硬，形成“皮革胃”（图 7-23）。

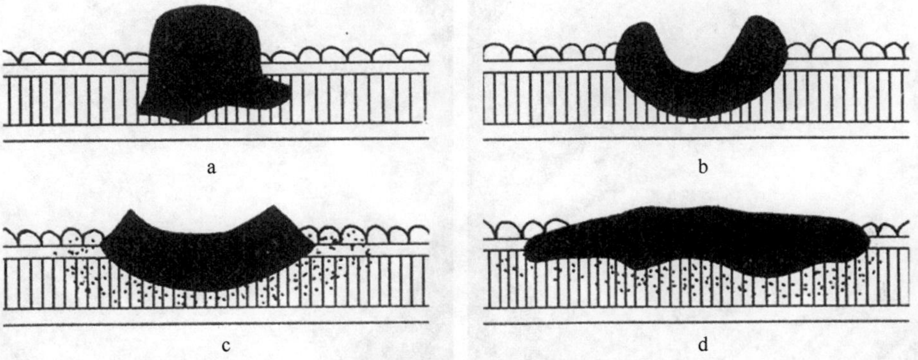

图 7-23　进展期胃癌分型

a. Borrmann Ⅰ型；b. Borrmann Ⅱ型；c. Borrmann Ⅲ型；d. Borrmann Ⅳ型

早期胃癌临床症状轻微，多与胃炎与溃疡类似，亦可无任何自觉症状。随病变进展可出现上腹部不适、进食后饱胀、疼痛、食欲缺乏、消瘦等，疼痛多无节律性，进食多不能缓解；部分患者有恶心、呕吐症状。癌组织破坏血管后可引起呕咖啡样物或黑便等消化道出血症状。位于贲门、幽门部位的癌肿可引起消化道梗阻症状，晚期可出现恶病质及转移后的相应症状与体征。

【影像学表现】

1. X 线表现　胃癌的影像学检查多以钡餐造影检查为主。双重对比造影可显示黏膜面的细微结构的改变，对早期胃癌的发现和诊断具有重要价值。

（1）早期胃癌 X 线造影表现：①隆起型（Ⅰ型）：肿瘤呈类圆形突向胃腔的充盈缺损，高度超过 5mm，边界锐利、基底宽、表面粗糙。②表浅型（Ⅱ型）：肿瘤表浅或平坦，隆起与凹陷均不超过 5mm；在良好的双对比或加压法时，胃小沟、胃小区破坏呈不规则颗粒状杂乱影，可有轻微凹陷与僵直，界限尚清楚。③凹陷型（Ⅲ型）：肿瘤形成明显凹陷，深度超过 5mm，形状不规则，可见黏膜皱襞中断、杵状或融合等，较难与溃疡的龛影区别。值得注意的是，早期胃癌的诊断需要密切结合内镜与活检结果方能明确。

（2）进展期胃癌 X 线造影表现：①Borrmann Ⅰ型：局限性的充盈缺损，形态不规则可呈蕈伞状、巨块状、息肉状或结节状，基底较宽，表面不光滑可有小的糜烂和溃疡，与邻近胃壁界限清楚（图 7-24）。②Borrmann Ⅱ型：主要表现为癌性龛影，切线位上龛影位于胃轮廓之内，多呈不规则的盘状或半月形，外缘平直，内缘不整，可见指压迹征和裂隙征；龛影周围绕以宽窄不一的透亮带即环堤征。龛影周围可有黏膜纠集，但至环堤边缘呈杵状增粗或中断。腔内半月形龛影及其周围透亮的环堤，统称为半月综合征。③Borrmann Ⅲ型：与 Borrmann Ⅱ型相似，但其环堤外缘呈斜坡状，宽窄不均且有破坏，与正常胃壁无明确界限，故环堤外缘多不清楚。④Borrmann Ⅳ型：分局限型和弥漫型，主要表现为胃壁增厚、僵硬，边缘不整，胃腔狭窄，蠕动消失，形态固定。全周性浸润可引起局限或弥漫性胃腔狭窄、变形。弥漫型者呈典型的“皮革胃”，黏膜皱襞增宽、平直或呈结节状，加压检查无变化，正常胃壁间无明确界限之分。

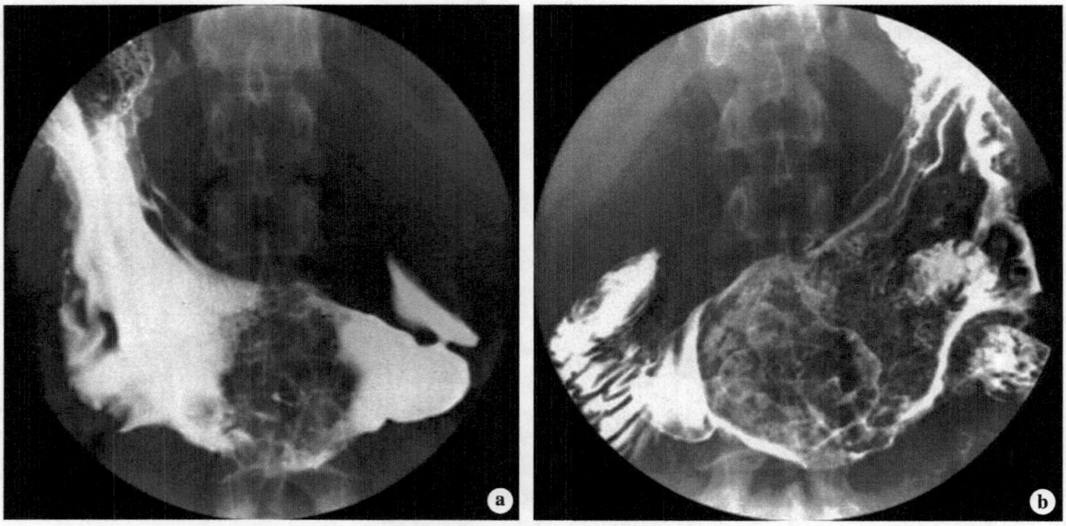

图 7-24　胃窦部增生型胃癌 X 线表现

a. 充盈像示胃窦部菜花状充盈缺损；b. 黏膜像示胃窦部黏膜破坏

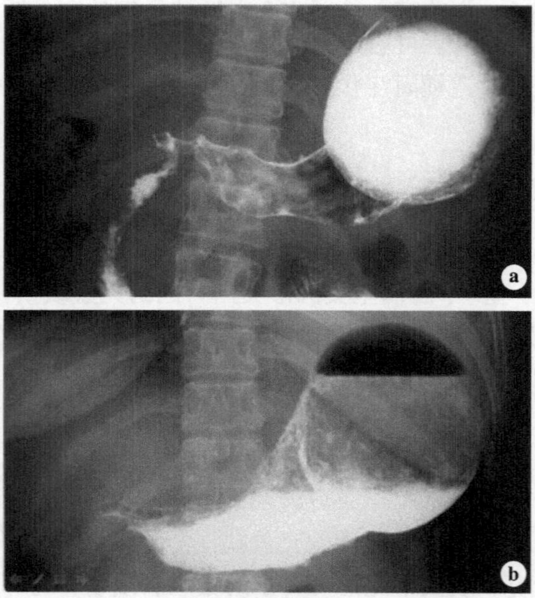

图 7-25　胃窦部浸润型胃癌 X 线表现

胃窦部呈环形漏斗状变窄

（3）特殊部位胃癌 X 线造影表现：因其部位不同，除具有上述胃癌的共同表现外，尚有某些特点。①贲门胃底癌：贲门区软组织肿块，呈结节状、分叶状或半球形充盈缺损，常易累及胃底与胃体上部。当累及食管下端时，管腔变窄，边缘多不规则可呈虫蚀样；透视下可见因肿块阻挡而形成的钡剂分流或转向征象。②胃窦癌：胃窦狭窄段多呈漏斗状，严重者呈长条形或线形，狭窄的边缘不规则，胃壁僵硬，蠕动消失，狭窄近端与正常胃交界处分明（图 7-25），可出现“肩胛征”或“袖口征”。前者指狭窄的胃窦与其近端舒张的胃壁相连处呈肩胛状，后者则表现为狭窄近端随蠕动推进套在僵硬段上呈袖口状。

2. CT 表现　①胃壁增厚和胃腔狭窄：可表现为局限性或弥漫性，形态不规则，表面凹凸不平。增厚的胃壁局限于胃壁的一侧时，胃腔呈偏心性狭窄；胃壁弥漫性环形增厚时，胃腔呈向心性狭窄；胃壁增厚并胃腔向心性狭窄是BorrmannⅣ型胃癌的典型 CT 表面（图 7-26）。②胃壁软组织肿块，多见于 BorrmannⅠ型。肿瘤向腔内外生长均可形成软组织肿块，肿块基底部增宽，与胃壁紧密相连，肿块可为孤立性，也可在胃壁广泛增厚的基础上局部形成肿块，肿块表面光滑或凹凸不平呈分叶状（图 7-27）。③溃疡形成：多见于 BorrmannⅡ型与 BorrmannⅢ型胃癌，在增厚胃壁或肿块的基础上，肿瘤表现有较明显的凹陷，形态不规则，底部多不平整。④增强扫描肿块或增厚的胃壁呈不同程度强化；若胃周围脂肪线消失则提示癌肿已突破胃壁，并可显示肝及腹腔、腹膜后淋巴结转移等征象。

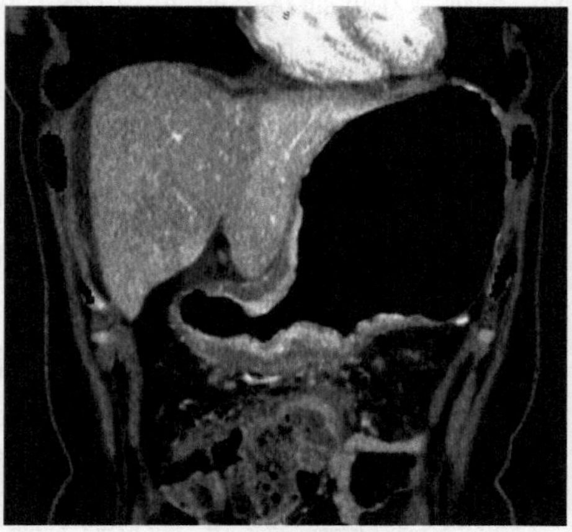

图 7-26 浸润型胃癌

胃窦部胃壁增厚

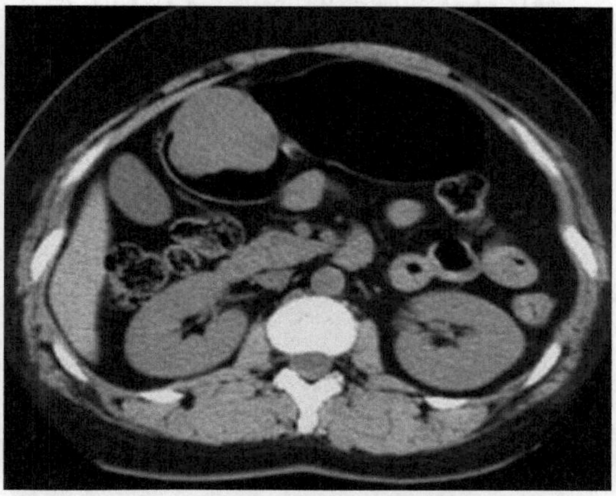

图 7-27 蕈伞型胃癌

胃窦部腔内肿块

3. MRI 表现 ①胃壁不规则增厚、胃腔变形和狭窄或软组织肿块。②肿瘤在 T_1WI 像上呈等或稍低信号，T_2WI 像上呈稍高信号。③增强扫描肿瘤呈明显强化。

【诊断与鉴别诊断】 X 线造影检查时，各类型进展期胃癌多有典型表现，一般较易诊断。需要指出的是，尽管 X 线造影、内镜是诊断胃癌的首选与重要的检查手段，但是 CT 和 MRI 在肿瘤的分期与指导临床制订治疗方案方面有着不可低估的实用价值。

BorrmannⅡ、Ⅲ型胃癌均有不规则形的扁平溃疡表现，主要应与良性溃疡鉴别（表 7-1）。BorrmannⅣ型胃癌，胃窦部的浸润型癌需与肥厚性胃窦炎区别（表 7-2）。

表 7-2 胃窦良、恶性狭窄的 X 线鉴别诊断

	良性狭窄	恶性狭窄
狭窄段形态	整齐，形态可变	不规则，漏斗状
腔内肿块	无	大多数有
与正常分界	无明显分界	分界明确
黏膜破坏	无	有
胃蠕动	柔软，蠕动良好	僵硬，蠕动消失

（四）胃间质瘤

胃间质瘤（gastrointestinal stromal tumors，GIST）是消化道最常见的间叶源性肿瘤，曾被认为是平滑肌和神经源性肿瘤。胃间质瘤是起源于胃肠道未定向分化的间质细胞，组织学上富含梭形和上皮样细胞的一类独立的肿瘤；免疫表型上表达 KIT 蛋白（CD117），其分子生物学特点是 c-kit 基因突变。GIST 可发生在消化道的任何部位，其中 60%～70% 发生在胃，20%～30%发生在小肠。多见于 50 岁以上中老年人，发病率男女相当。

【病理与临床】 GIST 可单发或多发，呈膨胀性向腔内外生长，以腔外生长多见，质地坚韧，境界清楚，表面可呈分叶状；瘤体较大时中心多发生坏死，并可有出血及囊性变，肿瘤表面易形成溃疡而与消化道穿通。大体病理可分为黏膜下型、肌壁间型和浆膜下型等。镜下主要由梭形细胞构成。CD117 免疫组化阳性是其与胃肠道其他间叶性肿瘤的主要鉴别点。GIST 为具有恶性潜能的肿瘤，肿瘤危险程度与肿瘤大小和核分裂计数相关。

临床症状与肿瘤的部位、大小和生长方式有关，瘤体较小时症状不明显，可有上腹部不适感；瘤体较大时可扪及腹部肿块。如肿瘤发生糜烂或溃疡时，可出现腹痛、呕血、黑便或贫血。

【影像学表现】

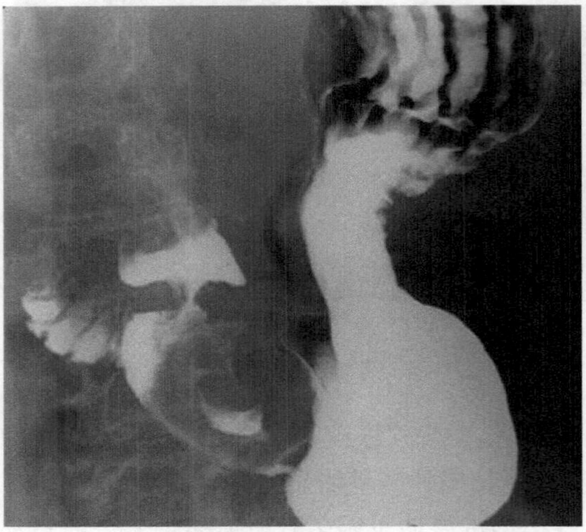

图 7-28　胃间质瘤 X 线表现

1. X 线表现　钡剂造影时黏膜下肿瘤主要表现为胃腔内圆形或椭圆形充盈缺损，边缘光滑，肿瘤区黏膜皱襞可展平消失，无黏膜僵硬、破坏，局部胃壁柔软；若肿瘤表面糜烂或溃疡者可见小龛影形成（图 7-28）。向腔外生长且肿瘤较大时，显示周围肠管受压。胃肠道造影检查难以显示肿瘤的全貌及评价肿瘤的良、恶性。

2. CT 表现　肿瘤可向腔内、腔外或同时向腔内外突出生长，呈圆形或类圆形，少数可为不规则或分叶状（图 7-29）。如有溃疡及窦道形成，可见胃内对比剂进入肿块内。增强扫描多呈中等或明显强化，肿块表面有时可见明显强化的黏膜面。肿瘤有良、恶性之分。①良性者：肿块直径多小于 5cm，其形态规则，密度均匀，与周围结构界限清楚，偶可见小点状钙化。②恶性者：肿块直径多大于 5cm，其形态欠规则，可呈分叶状，密度多不均匀，可出现液化、坏死低密度灶，病灶与周围结构分界欠清楚，有时可见邻近结构受侵及肝等实质脏器转移表现。

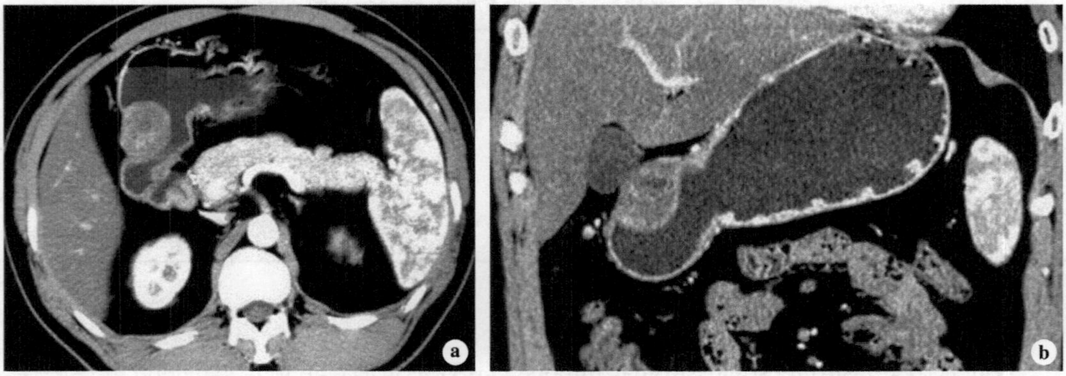

图 7-29　胃间质瘤 CT 表现

a. 胃窦部圆形软组织肿块，边缘光滑；b. 冠状面 MPR 更直观显示肿块

3. MRI 表现　与 CT 表现相似，肿瘤 T_1WI 像上呈稍低信号或等信号，T_2WI 像上呈中等高信号；增强扫描肿瘤强化明显。MRI 对显示肿瘤的坏死、囊变、出血及邻近结构的侵犯与转移等明显优于 CT。

【诊断与鉴别诊断】　X 线钡剂造影发现胃腔内局部类圆形充盈缺损，CT 和 MRI 显示胃壁黏膜下软组织肿块，有外生性倾向者，常提示为胃间质瘤；但确诊需病理免疫组化检查，KIT 蛋白（CD117）阳性表达是其确诊的指标。

胃间质瘤需与以下疾病鉴别：①胃部其他间叶性肿瘤：如平滑肌瘤、平滑肌肉瘤、神经鞘瘤、神经纤维瘤等，上述病变影像学表现与胃间质瘤相似，但发生率较低，病理免疫组织化学检查明显不同。②胃淋巴瘤：胃淋巴瘤表现为胃壁增厚广泛，常伴有其他部位淋巴结肿大，与胃间质瘤不同。③胃癌：胃癌主要向胃腔内生长，X 线造影上有黏膜破坏、恶性溃疡征象，胃壁僵硬；CT 和 MRI 显示胃腔肿块常呈菜花状，邻近的胃壁常受侵而增厚，胃腔变窄和幽门梗阻等。

（五）胃淋巴瘤

胃淋巴瘤（gastric lymphoma）占胃恶性肿瘤的 3%～5%，胃是胃肠道中发生淋巴瘤最多的器官。可分为原发性与继发性两大类，前者原发于胃淋巴组织，后者则继发于全身性的淋巴瘤。胃淋巴瘤以非霍奇金淋巴瘤多见。

【病理与临床】 胃淋巴瘤起自胃黏膜下的淋巴组织，可单发亦可多发。其向内可侵及黏膜层，向外达肌层，病变既可呈息肉样肿块将覆盖在其上方的黏膜顶起，也可在黏膜下弥漫浸润生长，难以确定其边界；还可在浸润性肿块的中心部有较大的溃疡形成。根据分化程度的不同淋巴瘤肉眼所见也不同，高度恶性者常为弥漫浸润，呈多发性肿块，并伴有广泛性溃疡，且有淋巴结受累；低度恶性者病变常局限于黏膜和黏膜下层，生长缓慢。

本病发病年龄多在 40—50 岁，症状以上腹痛为主，其次为食欲缺乏、消瘦、恶心、呕吐、黑便及弛张热等，可伴有肿块，表浅淋巴结肿大及肝脾大。

【影像学表现】

1. X 线表现 钡剂造影常见的表现为胃壁局限或广泛浸润性病变。局限浸润者黏膜皱襞不规则、粗大而平坦，胃壁柔软度减低；位于胃窦时形成漏斗状狭窄，形如胃窦浸润癌。广泛浸润者黏膜皱襞巨大，排列紊乱，胃腔缩窄或变形，形如皮革状胃，但其缩窄与变形程度不及浸润型胃癌；也可有腔内不规则龛影，类似溃疡型胃癌；还可表现为不规则充盈缺损，类似于蕈伞型胃癌。

2. CT 表现 以胃壁呈广泛性或节段性增厚为特征，增厚程度平均可达 4～5cm，但胃壁尚具有一定的柔软性，肿瘤较少侵犯胃周脂肪间隙；肿瘤有时表现为局部肿块，伴或不伴有溃疡。增强扫描肿瘤呈轻至中度均匀强化。继发性胃淋巴瘤还可显示胃周及腹膜后淋巴结肿大，肝脾大等改变。

3. MRI 表现 表现为胃内巨大肿块或胃壁弥漫性增厚，肿瘤 T_1WI 呈稍低或等信号，T_2WI 呈中等或稍高信号；增强扫描肿瘤中度强化。

【诊断与鉴别诊断】 胃淋巴瘤的 X 线表现缺乏特征性，通常不易与胃癌及其他肿瘤鉴别。当有下列特征时，可提示本病：病变虽然广泛，但胃蠕动与收缩仍然存在；胃部病灶明显但临床症状较轻；胃黏膜广泛增粗且形态比较固定；胃内多发或广泛肿块伴有溃疡；临床有其他部位淋巴瘤的表现。CT 表现较具特征，显示胃壁增厚程度重，且与柔软度改变不一致，胃周脂肪层仍存在，胃腔缩窄程度低；增厚胃壁强化程度低，常有腹腔内较大淋巴结等。

六、十二指肠疾病

（一）十二指肠溃疡

十二指肠溃疡（duodenal ulcer）为常见病，较胃溃疡更为常见。多见于青壮年，好发于十二指肠球部，少数发生于球后部及降部。

【病理与临床】 十二指肠溃疡多发生在球部后壁或前壁，常呈圆形或椭圆形，直径多在 10mm 以内，溃疡周围有炎性浸润、水肿及纤维组织增生。溃疡可多发，呈 2～3 个小溃疡分布于前壁或后壁；若与胃溃疡同时存在则称为复合溃疡。十二指肠溃疡愈合时，溃疡变浅、变小；若溃疡灶浅小，黏膜可恢复正常；若溃疡灶较深大时可遗留瘢痕，肠壁增厚或球部变形。

主要症状为周期性、节律性上腹部疼痛，多在进食后 3～4 小时发生，持续到下次进餐后可缓解；常伴有泛酸、嗳气。若并发急性大出血时可呕吐咖啡样物和排黑便；如发生穿孔时可出现急性腹膜炎的症状与体征。

【影像学表现】

1. X 线表现

（1）直接征象：龛影是十二指肠溃疡的直接征象，在充盈像使用加压法可见圆形或类圆形钡斑，边缘光整，周围常有一圈光滑整齐的透亮带，或见放射状黏膜皱襞纠集（图 7-30）。切线位时龛影呈突出于腔外的小锥形或乳头状。

（2）间接征象：①球部变形：是诊断球部溃疡的常见而重要的间接征象，可呈“山”字形、三叶状、花瓣状、管状变形、假性憩室形成或不规则变形等；多数球部溃疡不易显示龛影，但若球部变形恒定存在，也可作出溃疡的诊断（图 7-31）。②激惹征：表现为钡剂到达球部后在球部不易停留而迅速排出的现象，系由于炎症刺激引起。此外，还可有球部固定的压痛、幽门痉挛或梗阻及胃分泌增多等表现。

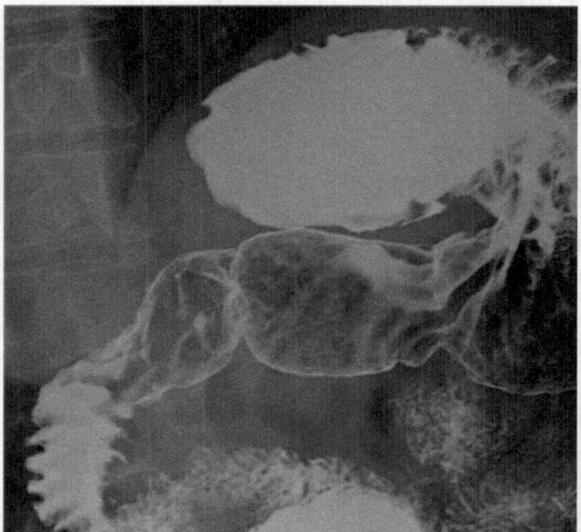

图 7-30 十二指肠球部龛影

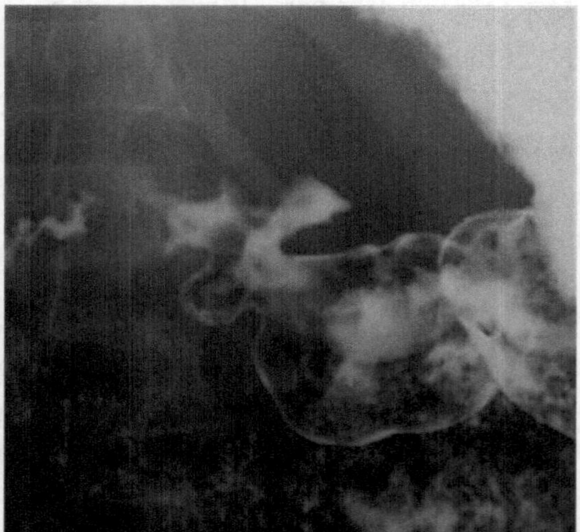

图 7-31 十二指肠球部变形 X 线表现

2. CT 和 MRI 表现 CT 和 MRI 检查对十二指肠溃疡诊断价值不大。

【诊断与鉴别诊断】 依据球部龛影与恒定的球部变形，诊断十二指肠溃疡并不困难。但发现十二指肠球部变形时需要与以下情况鉴别：①活动性溃疡与瘢痕愈合性溃疡鉴别，后者无龛影形成，无局部压痛，若显示纠集之黏膜相互交叉、聚拢，结合临床症状消失等可资鉴别。②与十二指肠炎鉴别：十二指肠炎可有球部的痉挛与激惹征，但无龛影也无变形为其特征。

（二）十二指肠憩室

十二指肠憩室（duodenal diverticulum）为肠壁局部向外膨出的囊袋状病变，十分常见。十二指肠是胃肠道憩室发病率最高的部位，多发生在十二指肠降部的内后壁，其次为十二指肠与空肠曲交界处，可单发或多发。多见于中年以上患者。

【病理与临床】 十二指肠憩室是肠管向肠腔外突出而形成的囊袋状结构，当肠腔内压力增加或肠管收缩不协调时，肠壁薄弱处就会向外突出形成憩室。早期憩室壁含有肠壁的各层结构；后期憩室壁仅由黏膜、黏膜下层和浆膜层组成，没有或几乎没有肌层。由于憩室颈部狭窄，肠内容物一旦进入就不易排出，容易导致潴留，可继发炎症、脓肿、溃疡、出血甚至穿孔等并发症。

临床上多无明显症状，常在上消化道造影检查中偶然发现。憩室并发炎症时，可有上腹疼痛、进食后饱胀、嗳气、恶心、呕吐等症状。

【影像学表现】

1. X 线表现 X 线造影时仰卧或右前斜位可较好显示十二指肠环，从而容易发现憩室。典型的十二指肠憩室表现为突出于肠腔外的圆形或卵圆形囊袋状影，大小不一，可从数毫米至数厘米不等，边缘光滑整齐，也可见一窄颈与肠腔相连，加压像或黏膜像可见正常肠壁黏膜皱襞与憩室内黏膜皱襞相连（图 7-32）。较大憩室立位检查可见其内有气-液-钡分层现象。合并憩室炎时，可见其周围黏膜皱襞增粗、紊乱，轮廓不整齐，局部肠管有激惹征。

2. CT 表现 CT 可显示较大憩室，表现为十二指肠邻近的囊状影，囊内可含气、含液或液气并存；合并憩室炎时囊襞增厚。

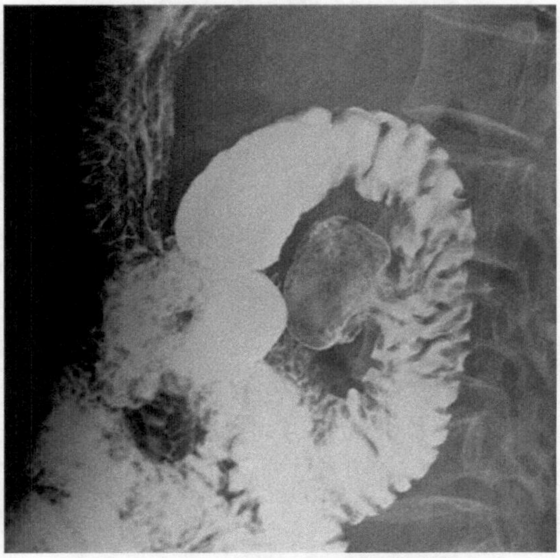

图 7-32 十二指肠降部憩室 X 线表现

【诊断与鉴别诊断】 钡餐造影表现为突出于肠腔外的囊袋状影，内有黏膜皱襞与肠腔相连，即可诊断为十二指肠憩室。检查时应注意利用特定体位显示十二指肠环，避免胃远端与十二指肠重叠，以利明确显示病灶。

（三）肠系膜上动脉压迫综合征

肠系膜上动脉压迫综合征（superior mesenteric artery syndrome）是由于肠系膜上动脉位置异常，压迫十二指肠水平段引起的十二指肠淤积扩张。

【病理与临床】 正常情况下，肠系膜上动脉在第 1 腰椎水平由腹主动脉分出后，向前进入肠系膜根部并向下斜行，与腹主动脉形成一夹角，一般超过 45°；十二指肠水平段在腹膜后位置比较固定，于第 3 腰椎水平行走于腹主动脉与肠系膜上动脉之间。若肠系膜上动脉开口过低、小肠系膜与后腹壁固定过紧或系膜松弛内脏下垂，均可引起肠系膜上动脉与腹主动脉形成的夹角变小，从而压迫十二指肠升段，导致十二指肠淤积扩张。

患者的症状轻重不一，病程一般较长，多见于瘦长体型，女性多于男性。主要症状为进食后胀痛、恶心、呕吐，患者采取俯卧位或左侧卧位时，症状可缓解。

【影像学表现】

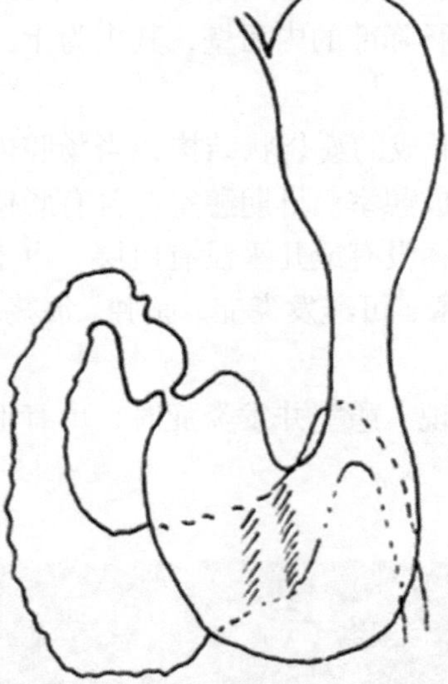

图 7-33　肠系膜上动脉压迫综合征十二指肠水平段“笔杆样压迹”

1. X 线表现　钡餐造影表现为十二指肠水平段钡剂通过受阻，梗阻处呈光滑整齐的纵行压迹，状如笔杆，称“笔杆压迹”或“笔杆征”；受阻近端肠管扩张，狭窄处黏膜皱襞完整、无破坏；透视下可见近端十二指肠蠕动增强，并可见频繁的逆蠕动。上述表现以立位或仰卧位时明显，俯卧位或左侧卧位时减轻或消失（图 7-33）。

2. CT 表现　CT 平扫可显示十二指肠降段扩张，位于肠系膜上动脉与腹主动脉之间的水平段窄小；增强扫描可清晰地显示肠系膜上动脉和腹主动脉，两者之间的间隙较小。CT 三维成像可直观显示肠系膜上动脉和腹主动脉夹角变小，十二指肠水平段受压。

【诊断与鉴别诊断】　根据十二指肠近端扩张与水平段的笔杆样压迹，诊断本症并不困难。但若只见肠管扩张，未见压迹时则需考虑其他原因所致，例如十二指肠器质性病变如肿瘤、结核等因素引起的十二指肠梗阻应与之鉴别，CT 检查有助于鉴别诊断。

七、小肠疾病

（一）小肠克罗恩病

克罗恩病（Crohn disease）是一种胃肠道慢性非特异性节段性肉芽肿性炎性病变。病因迄今未明，多数认为与自身免疫、感染及遗传等有关。本病可发生于胃肠道任何部位，但以末端回肠最多见，常累及邻近结肠。

【病理与临床】　病理形态特点：病变肠管炎性肉芽组织增生致肠壁增厚，黏膜表面可有结节状隆起，呈铺路石样改变；黏膜可有溃疡形成，早期为微小溃疡，继而有纵行线状溃疡，好发于肠的系膜缘；病变可局限于肠管一处或多处，呈节段性或跳跃性。肉芽肿性炎症扩散至浆膜时导致肠粘连，溃疡穿破肠壁可形成腹腔内脓肿或与邻近脏器、腹壁形成内、外瘘；晚期纤维化导致肠壁增厚，管腔狭窄。

多数患者起病缓慢，病程长，常反复发作。主要症状为腹痛与腹泻，腹痛多位于右下腹或脐周；少数伴腹部包块、肠瘘及周围脓肿，严重时可有不完全性肠梗阻。全身症状有发热、贫血、消瘦等。此外，可有关节炎、杵状指、口腔黏膜溃疡、虹膜炎等表现。

【影像学表现】

1. X 线表现　X 线钡餐造影是本病的主要检查方法，尤其是小肠双对比造影检查。根据病程的进展及受累部位不同，可有不同的 X 线表现。

（1）早期：表现为病变肠管黏膜皱襞增粗、变平或消失，钡剂涂布不良；肠壁边缘不规则，病变段黏膜面形成裂隙状溃疡，呈尖刺状影，局部有激惹及痉挛性狭窄。

（2）进展期：①裂隙状溃疡进一步发展形成深而长的纵行线状溃疡，与肠纵轴一致，多位于肠管的系膜侧，常合并横行的溃疡。②黏膜及黏膜下水肿与肉芽肿形成，表现为息肉样充盈缺损，又称“卵石征”。③病变肠段与正常肠曲相间，呈节段性或跳跃性分布，称为“跳跃征”（图 7-34）。

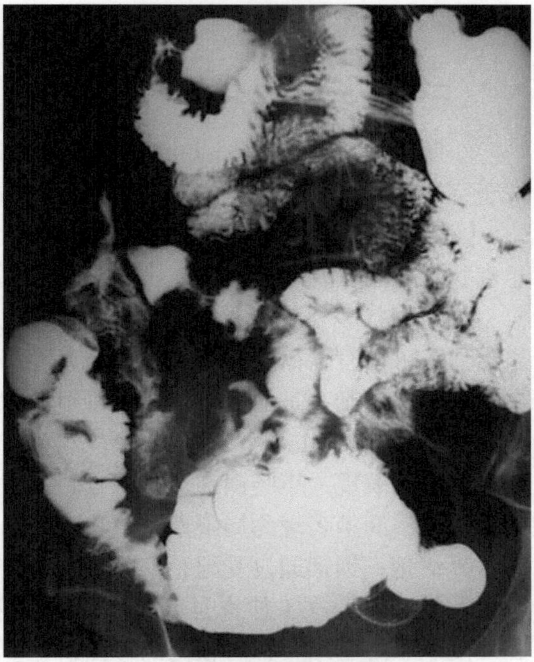

图 7-34 小肠克罗恩病 X 线表现
小肠多发跳跃式、节段性肠管狭窄

（3）晚期：①因肠壁大量纤维组织增生，病变段肠管狭窄，肠壁僵硬，钡剂通过时呈不规则的细长线条状影，称为“线样征”。②因溃疡多发生于肠系膜侧，对侧肠壁因痉挛收缩形成假憩室样征象，致病变肠管轮廓不对称。

（4）并发症：可见瘘管或窦道形成的钡影，可有肠间瘘管、肠壁瘘管或通向腹腔或腹膜外的窦道形成的钡剂分流表现。

2. CT 表现 ①CT 典型表现为节段性肠壁增厚，肠腔变狭窄（图 7-35）。②急性期：肠壁呈分层状增厚，病变肠管的横切面表现为“靶征”或“双晕征”，低密度环为黏膜下组织水肿所致；增强扫描显示炎症活动期的黏膜和浆膜呈明显强化。③慢性期：随纤维化程度加重，肠壁呈均匀增厚；增强扫描时呈均匀性强化，可见肠腔狭窄。④肠系膜脂肪常因炎性浸润而密度增高。⑤CT 对窦道、腹腔脓肿等并发症的形态、大小、范围及其与肠壁的关系诊断更加明确。

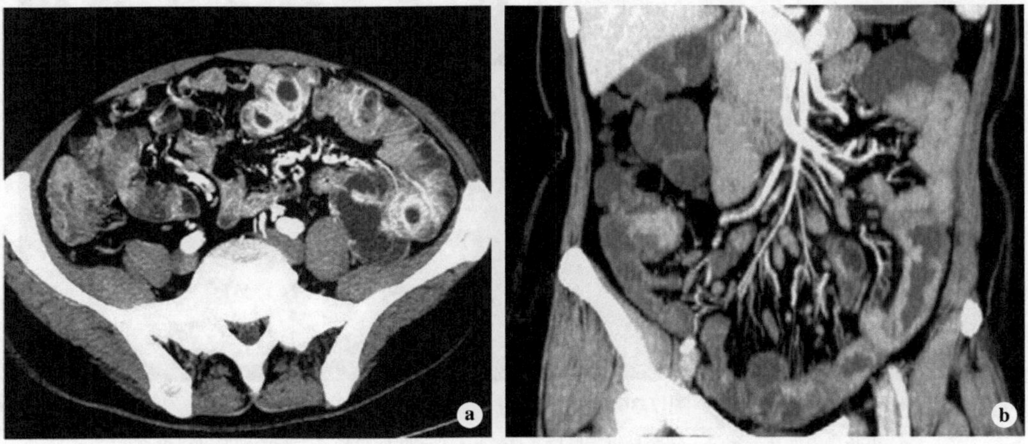

图 7-35 小肠克罗恩病 CT 表现
a. 小肠多发节段性肠壁增厚；b. 冠状面重组图像更清楚显示肠管增厚

【诊断与鉴别诊断】 X 线钡剂造影显示肠管节段性、跳跃性狭窄，出现“卵石征”和纵行溃疡，可提示克罗恩病。本病需与肠结核鉴别：肠结核痉挛更明显，为连续性、全周性管壁侵犯，少有纵行溃疡，易引起回盲部受累，瘘管及窦道较少见；结合有无结核病史也有一定的鉴别意义。

（二）小肠腺癌

小肠腺癌（adenocarcinoma of the small intestine）较常见，占小肠恶性肿瘤的25%，好发于空肠近端与回肠远端。病因与克罗恩病、慢性炎症、乳糜泻等疾病有一定的关系。

【病理与临床】 小肠腺癌按大体病理分为肿块型和浸润型，前者常呈结节状隆起或息肉状突入肠腔；后者多见，常沿肠壁浸润生长形成环形狭窄。

临床症状多与肿瘤所在部位有关，缺乏特异性，多因肠梗阻而就诊。常有腹痛、消化道出血，可伴有食欲缺乏、消瘦、乏力等；消化道出血较常见，多为慢性失血，以黑便为主，病程长者则有贫血表现。腹部可触及包块。

【影像学表现】

1. X线表现 小肠钡剂造影检查，肿块型表现为肠腔内不规则充盈缺损，可伴有不规则龛影。浸润型表现为局限性肠管狭窄，肠壁僵硬，黏膜皱襞破坏，边缘不整，与周围肠管分界清楚；钡剂通过受阻，病变近端管腔扩张或出现肠套叠征象（图7-36a）。

2. CT表现 CT检查对了解小肠肿瘤的大小、范围、形态及其与肠壁的关系，有无肠腔外浸润和淋巴结转移有较高的诊断价值。主要表现为局部小肠壁的增厚或肿块形成；增强扫描病变呈中等程度及以上的强化，多伴有病变近侧肠管不同程度的扩张和积液（图7-36b）；同时可显示肠腔外浸润和淋巴结转移征象。

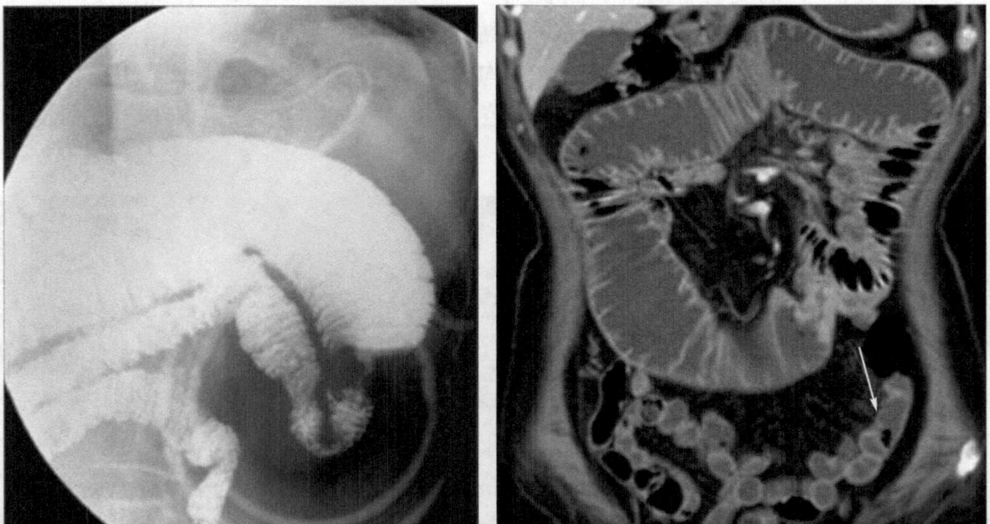

图7-36 小肠腺癌X线与CT表现

a. 小肠局限性环形狭窄，狭窄处近端肠管扩张；b. CT冠状面清楚显示肠管狭窄及管壁增厚

【诊断与鉴别诊断】 发生于空肠近端或回肠远端，呈单发、边界清楚、形态不规则的管腔狭窄，并黏膜破坏或呈不规则充盈缺损，是本病的诊断依据。本病需与小肠淋巴瘤鉴别，小肠淋巴瘤好发于回肠且可多发，病变范围较广，呈单发或多发息肉样充盈缺损，黏膜破坏及狭窄程度均轻于腺癌。

（三）小肠淋巴瘤

小肠淋巴瘤（lymphoma of the small intestine）是最常见的小肠恶性肿瘤，多为非霍奇金淋巴瘤，可见于小肠的任何部位，以淋巴组织丰富的末端回肠最多见。

【病理与临床】 病理上肿瘤起源于肠壁黏膜下淋巴组织，管壁呈浸润性增厚，管腔狭窄；另一方面，管壁浸润可致管壁弹性消失，肠管呈"动脉瘤样"扩张。病变向外可侵犯浆膜、肠系膜及淋巴结，向内侵犯黏膜，可发生溃疡及结节状肿块。病变范围较广泛，无明确界限。

临床上常见症状为腹痛，为持续性钝痛，伴不规则发热、腹泻或腹泻与便秘交替等症状。

【影像学表现】

1. X 线表现 X 线钡餐造影是常用的检查方法。X 线表现可多种多样，常见表现：①广泛浸润为主者表现为肠壁增厚、僵硬，肠腔不规则狭窄，也可狭窄与扩张相间存在，病变段黏膜皱襞变平或消失（图 7-37）。②肠腔多发大小不等的结节状充盈缺损，可伴有溃疡；黏膜皱襞紊乱或不规则增厚。③肠腔张力低下扩张而无明显的充盈缺损，范围较长，为黏膜下神经丛或肌层受累所致。④病变向肠腔外侵犯时，可有小肠外压性移位及肠壁浸润表现。

2. CT 表现 小肠淋巴瘤具有一定的 CT 特征性表现：①肠壁增厚：程度多较明显，范围较长，可伴有腹膜后淋巴结肿大（图 7-38）。②肠腔呈动脉瘤样扩张：管壁增厚的肠段不狭窄反而出现明显的增宽。③肿块：腔内肿块多呈息肉状，可并有溃疡，不易引起肠梗阻；亦可形成突出于肠壁外的肿块。④增强扫描时强化相对较轻。

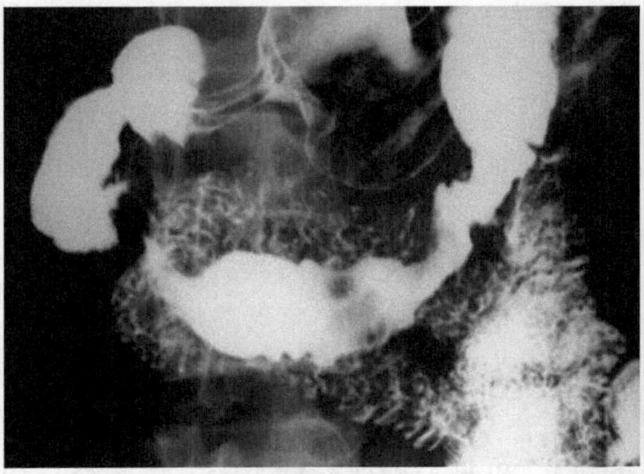

图 7-37 小肠淋巴瘤 X 线表现

小肠多发局限性不规则狭窄，狭窄与扩张并存

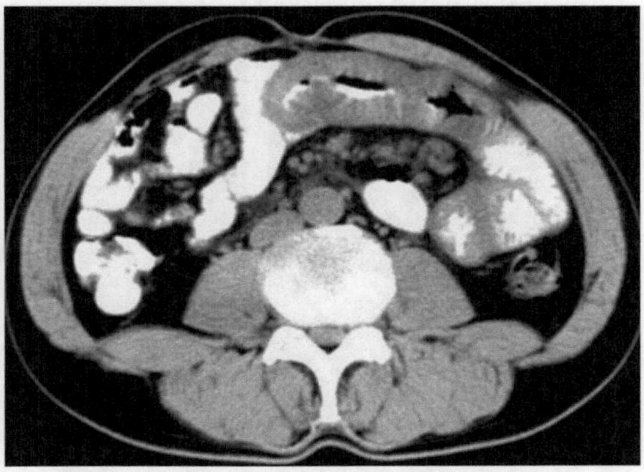

图 7-38 小肠淋巴瘤 CT 表现

CT 示小肠局部肠管增厚

【诊断与鉴别诊断】 本病的特征为病变范围相对较长，多发结节或息肉状充盈缺损，受累肠管肠壁增厚、张力低及扩张等。本病需与克罗恩病鉴别，后者管腔狭窄呈偏心性，有假憩室形成，病变呈节段性，与正常肠管境界清楚，可有"卵石征"、纵行溃疡等特征性表现，结合临床可与淋巴瘤区别。

八、大肠疾病

（一）溃疡性结肠炎

溃疡性结肠炎（ulcerative colitis）是一种非特异性的、以溃疡为主的慢性结肠炎症。病因不明，多数认为与免疫异常、感染、遗传等因素有关，常发生于青壮年。发病部位以直肠和左半结肠为主，可累及整个结肠及回肠末端。

【病理与临床】 病变早期主要为黏膜充血水肿，黏膜下淋巴细胞浸润，形成无数小脓肿，融合溃破后形成许多小的溃疡；若溃疡进一步发展可融合成较大溃疡，破入肌层，致肠壁的弹力减低，甚者可穿孔或形成瘘管；溃疡之间黏膜面呈颗粒状，易出血，可增生形成炎性息肉。后期病变肠壁大量纤维组织增生及瘢痕收缩，使肠壁增厚、变硬，肠腔狭窄，肠管缩短；严重者，炎症可侵犯肠壁深层，引起中毒性巨结肠。

临床上多起病缓慢。主要症状为腹泻、大便带血或黏液血便，常伴阵发性腹痛及里急后重，常缓解与发作交替出现；病程长者可伴低热、贫血、消瘦等全身症状；少数可伴发自身免疫症状，如出现关节炎、皮肤黏膜结节红斑、口腔黏膜溃疡等。

【影像学表现】

1. X 线表现 气钡双对比结肠灌肠造影是本病的主要影像学检查方法。其 X 线表现依其病理发展变化而异。

（1）早期病变局限于左半结肠，尤其是直肠或乙状结肠。主要表现为病变段结肠常有刺激性痉挛收缩，肠腔变窄，结肠袋变浅甚至消失，肠管蠕动增强，钡剂排空加快，有时钡剂呈散在分节状；黏膜皱襞粗细不均、紊乱甚至消失。

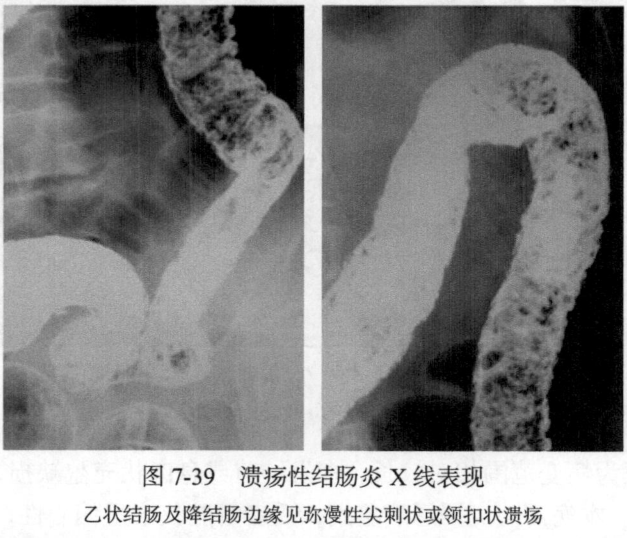

图 7-39 溃疡性结肠炎 X 线表现

乙状结肠及降结肠边缘见弥漫性尖刺状或领扣状溃疡

（2）溃疡形成：多发的浅小溃疡在结肠充盈像上显示肠壁外缘呈锯齿状改变，排空像可见许多小尖刺形成。若较大的溃疡则形成结肠外缘不规则锯齿状，有时向外突出呈领扣状或 T 字形溃疡（图 7-39），为溃疡穿至肠壁深层所致。

（3）炎性息肉形成：肠管外缘可见毛糙或高低不平、浅深不一的小圆形充盈缺损，黏膜相示黏膜皱襞粗乱，腔内有大小不等的颗粒样或息肉样充盈缺损。

（4）晚期由于肠壁广泛纤维化导致肠腔狭窄，肠管缩短，结肠袋消失，边缘僵直或浅弧形，肝曲与脾曲圆钝下移，横结肠平直或盲肠上移等。严重者肠管丧失舒张与收缩功能，病变处狭窄肠管多光滑僵硬，形如水管状。

2. CT 表现 进展期病变段肠壁呈连续、对称和均匀轻度增厚，肠腔黏膜面因溃疡和炎性息肉而呈凹凸不平的边缘；因结肠黏膜下水肿，增厚的肠壁出现分层现象，形成“靶征”；肠系膜和直肠周围间隙可出现脂肪浸润及纤维化，导致间隙增宽。

【诊断与鉴别诊断】 溃疡性结肠炎进展期以广泛性溃疡、息肉形成为特点；后期肠管狭窄短缩，结肠袋消失，表现典型，结合临床多能诊断。本病需与结肠克罗恩病鉴别，后者病变主要发生于右半结肠，直肠一般不受累；克罗恩病病变呈节段性、跳跃性，分布不对称，溃疡多为纵行，黏膜增生呈“卵石征”表现，晚期可有瘘道形成。而溃疡性结肠炎好发于直肠和乙状结肠，病变呈连续性。

（二）结肠癌

结肠癌（colorectal carcinoma）是常见的胃肠道恶性肿瘤，发病率仅低于胃癌与食管癌，近年来有上升的趋势，多见于老年人。结肠癌多发生于乙状结肠与直肠，占70%左右。

【病理与临床】 大多数的结肠、直肠癌在病理上为腺癌，其次为黏液癌、胶样癌、乳头状腺癌、类癌和腺鳞癌等。按大体病理表现分为三型。①增生型：肿瘤呈菜花状向腔内生长，表面可有浅溃疡，基底宽，肠壁增厚。②浸润型：癌肿主要沿肠壁浸润致肠壁增厚，病变常绕肠壁呈环形生长，致肠腔向心性狭窄。③溃疡型：癌肿由黏膜向肠腔生长且浸润肠壁各层，中央部分坏死形成巨大溃疡，形态不一，深而不规则。

患者早期多无症状，确诊时多为晚期。结肠癌的临床症状取决于病变的发生部位，右侧结肠癌以腹部包块、腹痛及贫血为主；左侧结肠癌则以便血、便秘和腹痛多见，易发生肠梗阻；直肠癌主要为便血、粪便变细与里急后重感。

【影像学表现】

1. X线表现 钡剂灌肠、气钡双重造影是常用的X线检查方法，各种类型结肠癌的X线表现各异。

（1）增生型：主要表现为腔内出现不规则的充盈缺损，轮廓不整，病变多发生于肠壁的一侧，表面黏膜皱襞破坏中断或消失，局部肠壁僵硬平直，结肠袋消失；肿瘤较大时可使钡剂通过受阻，病变区可触及肿块。

（2）浸润型：病变段肠管呈向心性或偏心性狭窄，累及范围短，其轮廓可光滑整齐或呈不规则状，肠壁僵硬，黏膜破坏、消失，病变区界限清晰；本型常可引起梗阻，甚至钡剂完全不能通过，病变区亦可触及肿块（图7-40）。

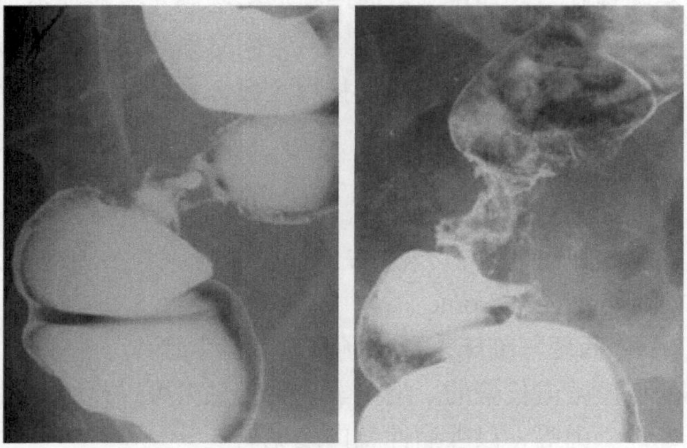

图7-40 浸润型结肠癌X线表现

（3）溃疡型：表现为肠腔内较大的龛影，形状多不规则，边界多不光整；龛影周围有不同程度的充盈缺损与狭窄，与胃癌的“半月综合征”类似，黏膜破坏中断，肠壁僵硬，结肠袋消失。

2. CT表现 近年来，结肠CT检查越来越普遍。中晚期结肠癌CT主要表现为病变区肠壁增厚、腔内肿块、溃疡龛影和肠腔狭窄等（图7-41）；还可显示癌肿与周围组织的关系，有无局部淋巴结转移，对结肠癌的术前分期有重要价值。CT仿真内镜技术可观察结肠癌梗阻的肠腔内情况。

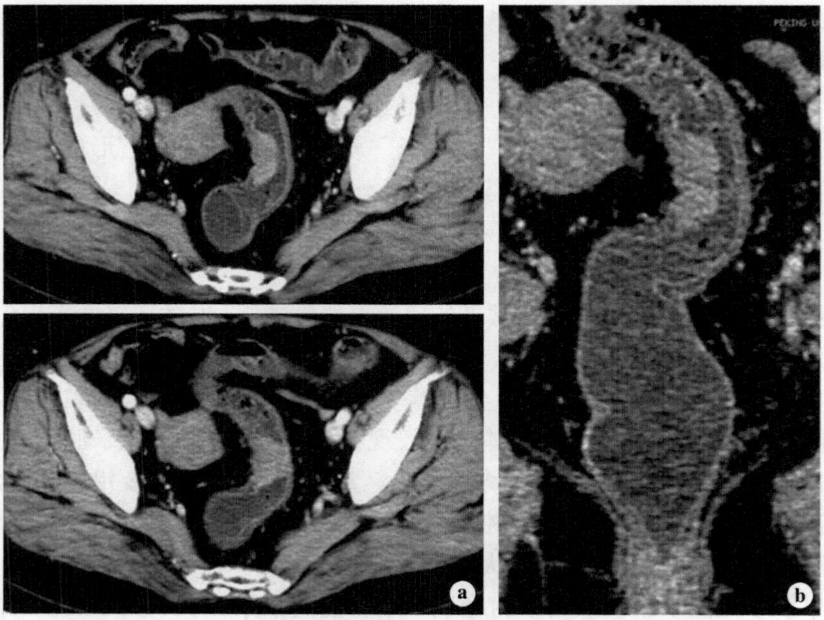

图 7-41 增生型乙状结肠癌 CT 表现

a. CT 轴面显示肠壁肿块突入腔内；b. 曲面重组图像更清楚显示肠管壁肿块

3. MRI 表现 MRI 可从不同方位检查盆腔，对直肠癌的显示非常理想。可观察直肠壁的形态、厚度异常和肠腔内软组织肿块，T_1WI 癌肿信号低于直肠壁，T_2WI 呈较高信号。此外，DWI 检查还有助于进一步明确肿瘤范围及评估其分化程度。

【诊断与鉴别诊断】 根据 X 线造影显示结肠局限性不规则充盈缺损、不规则龛影或不规则狭窄，伴肠壁僵硬，黏膜皱襞中断、破坏等征象，结合临床不难做出结、直肠癌的诊断。本病主要与结肠息肉、肠结核鉴别。①结肠息肉：息肉形成的充盈缺损光滑整齐，黏膜规则，蠕动正常；而增生型结肠癌充盈缺损不规则，黏膜皱襞破坏、中断，且管壁僵硬。②增殖型肠结核：肠结核常同时累及回肠末段与盲肠，盲肠可有挛缩向上征象；狭窄段与正常肠壁间常呈逐渐移行过渡，无结肠癌那样分界明显。

（三）结肠息肉

结肠息肉（colonic polyp）为隆起于结肠黏膜上皮表面的局限性病变。好发于直肠和乙状结肠，也可广泛分布于整个结肠。若结肠内有为数甚多的息肉存在即称息肉综合征（polyposis syndrome）。

【病理与临床】 结肠息肉为隆起于结肠黏膜上皮表面的局限性病变，可以是广基底的、短蒂或长蒂的。组织学上结肠息肉可以是腺瘤性息肉、炎性息肉、错构瘤性息肉、增生性息肉等，以腺瘤性息肉多见。

患者主要症状为反复少量便血，常为无痛性鲜红血液覆盖于粪便表面。继发感染时，可有黏液或脓液便；也可因并发肠套叠而出现急腹症症状。息肉综合征常有家族病史。

【影像学表现】

1. X 线表现 双对比钡灌肠造影检查时，息肉多数表现为结肠腔内境界光滑锐利的圆形充盈缺损，有时可呈分叶状。双对比像息肉呈表面涂有钡剂的环形软组织影（图 7-42），有时亦可见长短不一的蒂，蒂长者息肉可有一定的活动性。

结肠息肉属于癌前病变，若出现以下表现应考虑恶变：①息肉直径大于 2.0cm 以上者恶变概率高。②息肉体积短期内迅速增大，外形不光滑或不规则。③带蒂的息肉顶端增大并致蒂变短形成一广基底肿块。④息肉基底部肠壁形成凹陷切迹，提示癌组织浸润致肠壁收缩。

2. CT 表现 表现为肠腔内局限性隆起性结节，表面光滑，有宽基底或窄蒂与肠壁相连。CT 结肠仿真内镜可以发现数毫米大小的息肉，已逐步作为筛选方法。

【诊断与鉴别诊断】 结肠息肉 X 线检查需耐心细致，多轴面观察与加压相结合方能显示。CT 检查则应充分清洁肠道。诊断中应注意与肠内气泡或粪块识别，前者为圆形，可移动；后者形态不规则，移动范围更大，加压可以分离。

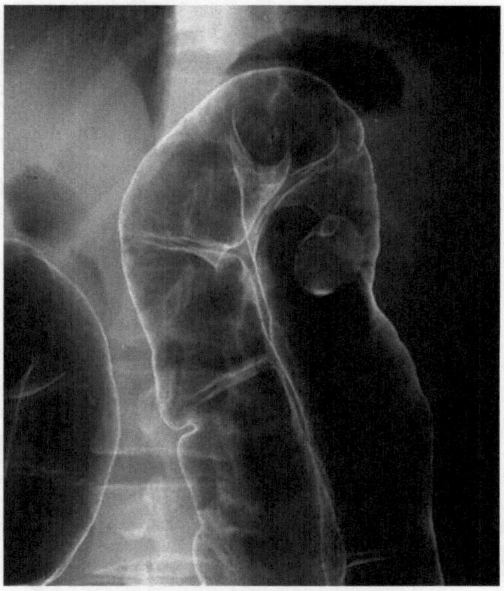

图 7-42 降结肠上段息肉 X 线表现

（廖伟雄）

第二节 肝 胆 胰 脾

一、影像学检查技术

肝、胰腺、脾属腹部实质性脏器，胆道系统属腹部空腔脏器，目前 CT 和 MRI 是主要的影像学检查方法，普通 X 线造影检查多应用于胆道系统。

（一）X 线检查

1. 经皮肝穿刺胆管造影 经皮肝穿刺胆管造影（percutaneous transhepatic cholangiography，PTC）为经皮经肝直接穿刺入肝内胆管内，注入对比剂，使肝内外胆管显影的一种检查方法，主要应用于梗阻性黄疸的诊断和鉴别诊断。

2. 经内镜逆行胰胆管造影 经内镜逆行胰胆管造影（endoscopic retrograde cholangio pancreatography，ERCP）是将带有侧视镜头的十二指肠纤维镜，经口腔送至十二指肠降段，再自十二指肠乳头插管注入对比剂，以显示胰管和胆管的检查方法。此方法不仅可以用于梗阻性黄疸的诊断，还可对胆管下段的小结石进行取石治疗。

3. "T"形管造影 是经胆系术后放置的 T 形引流管逆行注入对比剂以显示胆管，为胆系术后常规检查，主要用于了解胆道术后胆管内有无残留结石、胆道通畅情况及有无并发症。

（二）CT 检查

1. 肝 CT 检查 常用的肝 CT 检查方法包括平扫和增强两大类。CT 平扫能较好地显示肝内钙化和胆管结石，对引起肝密度改变的弥漫性病变如脂肪肝、糖原贮积病及肝硬化等有较高诊断价值。CT 增强扫描应为常规应用（有禁忌证除外），肝多期增强扫描可明显提高小病灶的检出率，可更清楚地显示病灶的轮廓、范围等，观察病灶的强化特征有利于定性并显示肝内血管结构，以及明确病灶有无邻近血管侵犯或癌栓形成。

CT 扫描前禁食 4 小时以上，禁服含有金属的药品或进行消化道钡餐检查。检查前 15～30 分钟口服清水 500ml，扫描前再服 300～500ml，以便使胃肠道充盈，可避免产生伪影，也易于区别胃肠道与其他相邻器官。增强扫描通常采用双期或多期扫描。动脉期，注入对比剂延时 25～30 秒对整个肝进行连续扫描，门静脉期延时为 60～70 秒，平衡期延时为 120 秒左右。若怀疑肝血管瘤，则延时至 5～8 分钟或更长，直至病灶内充满对比剂为止。对比剂总量一般为 80～100ml，儿童按 1.5～2.0ml/kg 计算，注射速率 3～5ml/s。

2. 胆道 CT 检查 胆道准备工作同肝 CT 检查，平扫为常规检查技术，可观察胆道结石及便于增强强化对比。对于平扫不能定性者，需行增强检查，方法基本同肝 CT。通常采用双期或多期扫描，且常需做薄层重建及图像后处理。

3. 胰腺 CT 检查 平扫及增强 CT 检查是胰腺疾病首选的影像学检查方法。检查前准备与肝 CT 相同。胰腺增强多进行双期扫描，其扫描时间与肝的动脉期和门静脉期相同，分别称为胰腺动脉期、胰腺实质期。同时，采用胰腺 CTA 可准确判断胰腺癌侵犯血管情况及做出能否手术切除的判断。

4. 脾脏 CT 检查 与肝常规 CT 检查基本相同。多期增强扫描有利于显示各种小病灶，可明确病变的大小和范围，并且结合临床资料推断病变性质。

（三）MRI 检查

1. 肝 MRI 检查 肝 MRI 检查强调多序列综合应用和联合分析，对于提高病变的检出率和定性诊断有重要意义。常规采用自旋回波（SE）T_1WI 和快速自旋回波（FSE）T_2WI 抑脂横轴位像，同时更强调梯度回波（GRE）T_1WI 抑脂的平扫加增强检查。增强一般使用 Gd-DTPA 作为对比剂，普通剂量按 0.1mmol/kg 计算，成人为 15ml 左右，注射速率 2～3ml/s。高场强机型能够在动脉早期、动脉晚期、门静脉期及延迟期完成全肝扫描，还可根据临床需要，做冠状位以显示肝血管为主的增强扫描。弥散加权成像（DWI）可以提高病灶检查的敏感性和鉴别诊断的能力。肝 MRI 对比剂除常规使用 Gd-DTPA 外，还有肝特异性对比剂，如静脉注射超顺磁性氧化铁（superpara magnetic iron oxide，SPIO）后扫描，对比剂被正常肝内 Kupffer 细胞摄取，使肝实质在 T_2WI 信号明显降低，而不含 Kupffer 细胞的病变组织则保持原来相对高信号，从而增加肿瘤的检出率。

2. 胆道 MRI 检查 胆道 MRI 检查需空腹，平扫及增强检查序列基本与肝相似。MRCP 是一种采用水成像原理的无创性胆道成像技术，可清晰显示含有液体的胆道及胰管全貌，是评价梗阻性黄疸的重要手段之一。

3. 胰腺 MRI 检查 平扫及增强检查是胰腺 MRI 的常规检查技术，扫描序列基本包括横轴位 SE 序列 T_1WI、FSE 序列 T_2WI、GRE 序列 T_1WI 及动态增强 GRE 序列 T_1WI。胰腺上下径和前后径都较小，应进行薄层扫描，层厚一般为 3～5mm，层间距 0～1mm。磁共振胰胆管成像（MRCP）是显示胰管的最佳检查方法，它能完整显示胰管的全程，主要用于观察胰管的形态及通畅情况。目前，MRCP 已逐渐取代 ERCP 的诊断作用。

4. 脾 MRI 检查 脾 MRI 检查方法同肝，常规采用横轴位及冠状位。应用增强扫描有助于观察病变强化特征，提高脾病变的诊断准确率。

二、正常影像学表现

（一）肝

1. 正常 CT 表现 肝的分叶是以胆囊窝与下腔静脉的连线为界分为肝左、右叶，以肝纵裂或肝圆韧带将肝左叶分为内、外侧段，门静脉与下腔静脉之间向内突出的肝组织为尾叶。临床上依据肝血管解剖将肝分为若干段，常用的是 Couinaud 分段法把肝分为八段：以肝中静脉划分肝为左、右叶；肝右叶以肝右静脉分成右前段和右后段，门静脉右主干及其水平投影面将肝右叶再分为右前下段（Ⅴ段）、右前上段（Ⅷ段）和右后下段（Ⅵ段）、右后上段（Ⅶ段）；肝左叶以肝左静脉和镰状韧带裂分为左叶内侧段（Ⅳ段）和外侧段，门静脉左外侧支将左叶外侧段再分为左外上段（Ⅱ段）和左外下段（Ⅲ段）；尾叶即Ⅰ段，由肝门区层面门静脉主干与下腔静脉的连线将其与肝右叶划分开（图 7-43，图 7-44）。

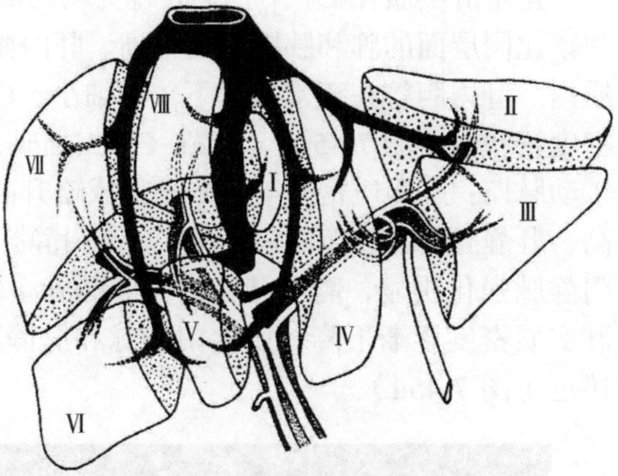

图 7-43 正常肝分段示意图

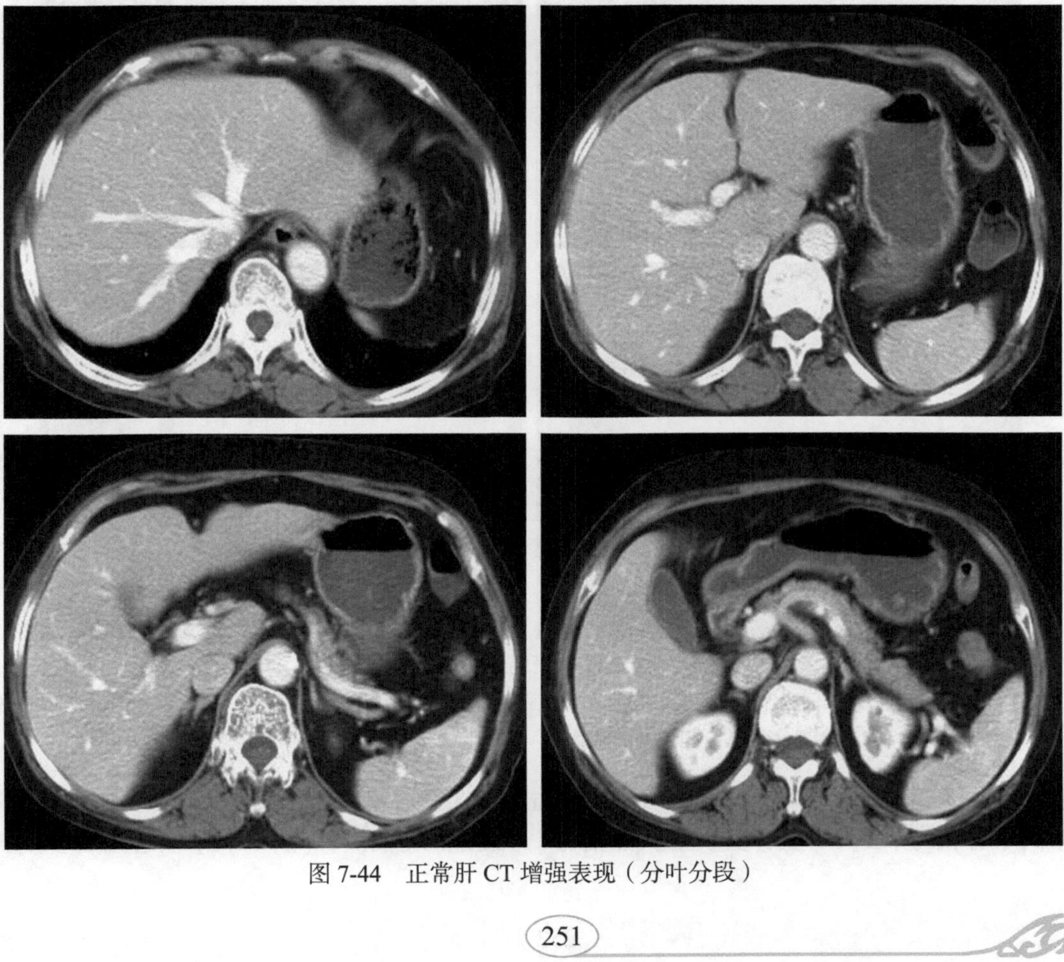
图 7-44 正常肝 CT 增强表现（分叶分段）

肝为双重供血器官，门静脉占肝血供的 70%～75%，肝动脉血供占 25%～30%。胆管系统与两套血管伴行，且均从肝门区进入肝。在 CT 扫描的横断面图像上，肝门区可见较粗大的门静脉断面位于偏后方，其右前方为肝总管断面，左前方为较细小的肝固有动脉断面影。门静脉由肠系膜上静脉和脾静脉汇合而成，门静脉肝内分支与肝段的分布相一致。肝静脉系统主要由肝右、肝中和肝左静脉组成，在肝顶部第二肝门处汇入下腔静脉。

正常肝实质在 CT 平扫上表现为均匀的软组织密度影，CT 值一般为 40～70HU，肉眼观察比同层面的脾和胰腺密度稍高。肝内血管密度低于正常肝实质，呈树枝状走行于肝实质内。肝内胆管在正常情况下较为细小，CT 平扫上常不能显影，于肝门区可见细小的低密度管状影（图 7-45a）。增强 CT 扫描时，肝实质和肝内血管在不同时相扫描表现不同。①动脉期：肝实质密度与平扫相似或略升高，肝动脉呈显著高密度影，门静脉可呈轻度升高，肝静脉无强化（图 7-45b）。②门静脉期：肝实质密度显著升高，明显高于动脉期；门静脉强化明显，高于肝实质；肝静脉呈较明显强化（图 7-45c）。③平衡期及延迟期：肝实质密度逐渐下降，肝内门静脉和肝静脉血管内对比剂逐渐廓清，与肝实质密度逐渐接近（图 7-45d）。

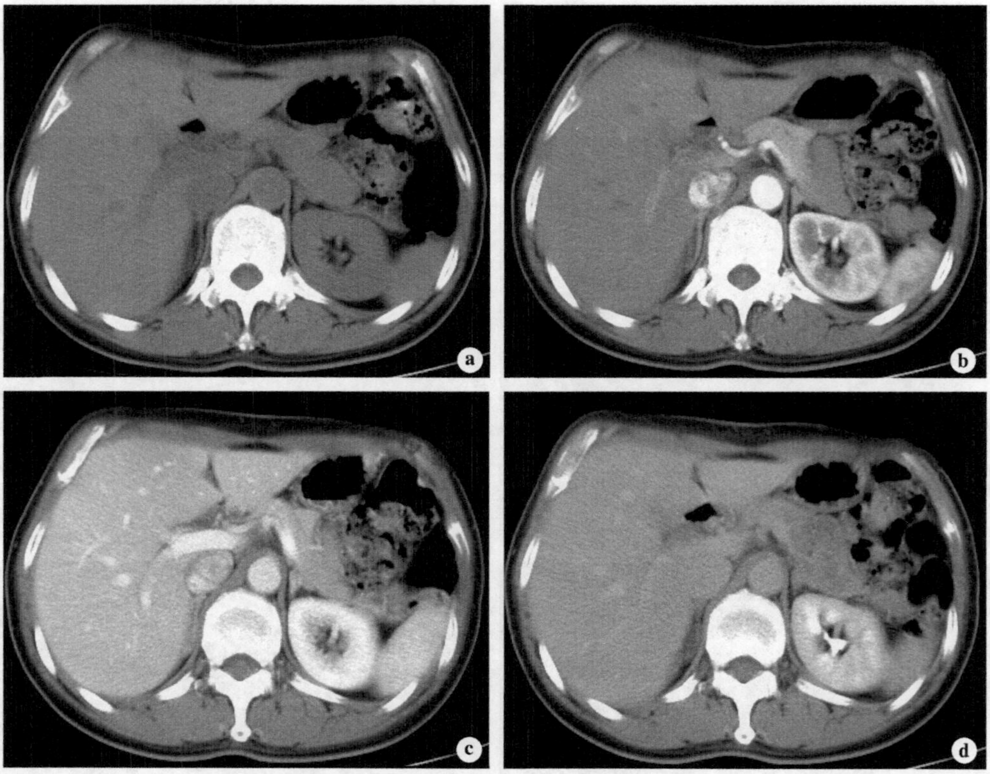

图 7-45　正常肝 CT 表现（平扫及增强多期）

a. 平扫：肝呈软组织密度，肝内血管呈相对略低密度；b. 增强扫描动脉期：肝动脉分支显影，肝实质强化不明显；c. 增强扫描门静脉期：门静脉分支和肝实质均明显强化；d. 增强扫描平衡期：肝实质和肝内血管强化程度下降

2. 正常 MRI 表现　平扫 T_1WI 肝实质呈灰白信号，与脊髓、胰腺的信号强度相仿，略高于脾信号；T_2WI 上肝实质呈灰黑信号，明显低于脾和肾（图 7-46）。增强后多期扫

描，动脉期肝实质信号增高不明显，门静脉期和平衡期肝实质强化表现同 CT 增强扫描。肝内血管平扫在 T_1WI 呈低信号，T_2WI 可呈高、等、低多种信号，以高信号为主，由多种因素所致（图 7-46）。增强后多期扫描，动脉期肝动脉表现为散在分布的线状、点状高信号影；门静脉期扫描肝实质强化明显，肝内静脉信号高于肝实质，门静脉及其左右分支显示清楚，边缘光滑，增强信号均匀；平衡期，肝实质强化明显，肝内静脉信号高于肝实质，于第二肝门层面可见左、中、右三支肝静脉回流入下腔静脉，为肝段划分的血管标志。

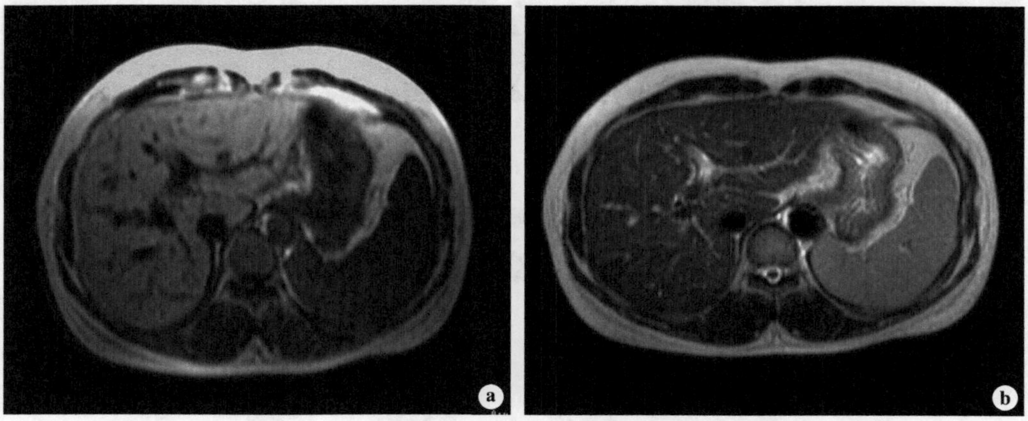

图 7-46 正常肝 MRI 表现

a. T_1WI；b. T_2WI

（二）胆道

1. 正常 X 线表现 造影显示的正常胆囊为卵圆形或梨形，轮廓光滑，大小为长 7～10cm、宽 3～5cm，分为底部、体部、颈部和胆囊管。正常肝内胆管呈树枝状分布，由细到粗分别形成左右肝管，再汇合成长 3～4cm、内径 0.4～0.6cm 的肝总管，与胆囊管汇合后向下延伸为胆总管，内径 0.6～0.8cm。

2. 正常 CT 表现 胆囊的位置、大小和外形变异很大，一般位于肝左内叶下外侧的胆囊窝内。胆囊边界清晰，壁菲薄，厚度 1～2mm，腔内胆汁密度接近水（图 7-47）。肝内胆管系统与门静脉相伴行，最终由左、右肝管于肝门区汇合成为肝总管，并向远端延续为胆总管。正常肝内胆管直径为 1～3mm，肝总管直径为 3～5mm。往下各层面肝总管逐渐向内走行，并与胆囊管汇合成胆总管，其远端与主胰管汇合。胰上段胆总管开始与肝动脉和门静脉伴行，随后与门静脉分开走行，并绕到十二指肠后内侧，称为胰内段。该段走行于胰腺实质内或沿胰腺后表面的沟走行，直至与主胰管在 Vater 壶腹区汇合。正常胆总管直径为 3～6mm，平均约 3.6mm，胆总管壁厚小于 1.5mm，胆总管长 6～9cm。若胆总管直径超过 10mm，则视为胆总管扩张。多层螺旋 CT 扫描，约 80%可见正常胆总管，在横断面上显示为自肝门至胰头之间的各连续层面的小圆形水样密度影或环形影，增强扫描时胆总管显示更为清楚（图 7-48）。

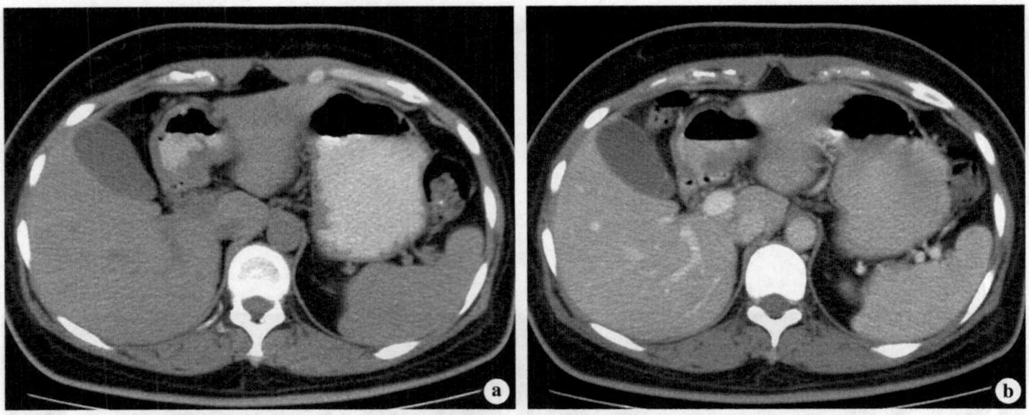

图 7-47　正常胆囊 CT 表现

a. 平扫；b. 增强

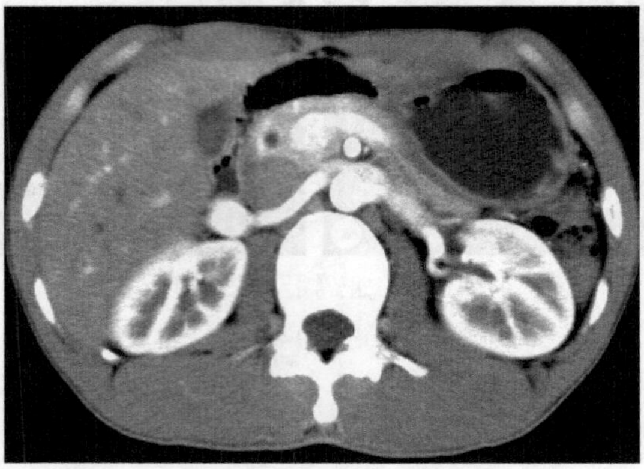

图 7-48　正常胆总管 CT 表现

增强扫描动脉期：在胰腺头部内显示一圆形低密度影为胆总管，边界清晰。

3. 正常 MRI 表现　胆囊壁 T_1WI 和 T_2WI 均呈中等信号，腔内胆汁 T_1WI 低信号，T_2WI 高信号（图 7-49），胆汁的信号取决于胆囊功能和胆汁浓缩程度，非浓缩胆汁呈长 T_1、长 T_2 信号，浓缩胆汁 T_1WI 信号增高可高于肝信号，有时可见胆汁分层现象。

胆管 T_1WI 呈低信号，T_2WI 高信号，MRCP 可显示生理状态下的胆道，与 ERCP 所见相仿，且具有无创伤性和多方位观察等优点，所见胆系结构影像清晰，优于 ERCP、CT 等检查，表现为边缘光滑整齐、均匀的高信号（图 7-50）。

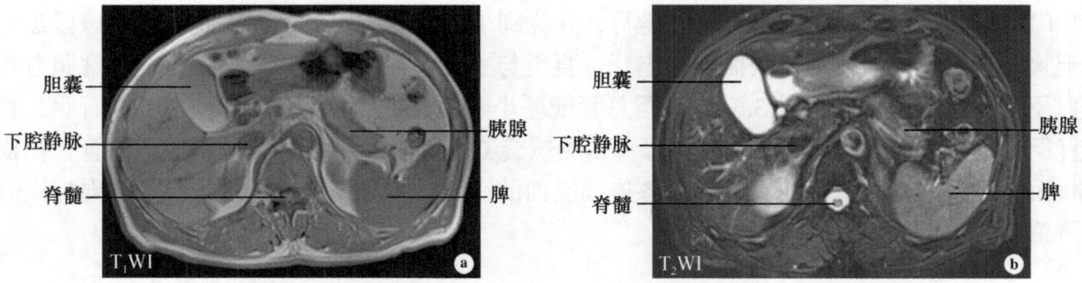

图 7-49　正常胆道 MRI 表现

a. T_1WI 胆囊壁呈中等信号，胆汁呈稍低信号，胆管呈低信号，正常胰腺信号强度与肝信号相似，胰腺周围脂肪为高信号，T_1WI 呈灰白信号；b. T_2WI 胆囊壁呈中等信号，胆汁呈高信号，胆管呈高信号，胰腺 T_2WI 呈灰黑信号

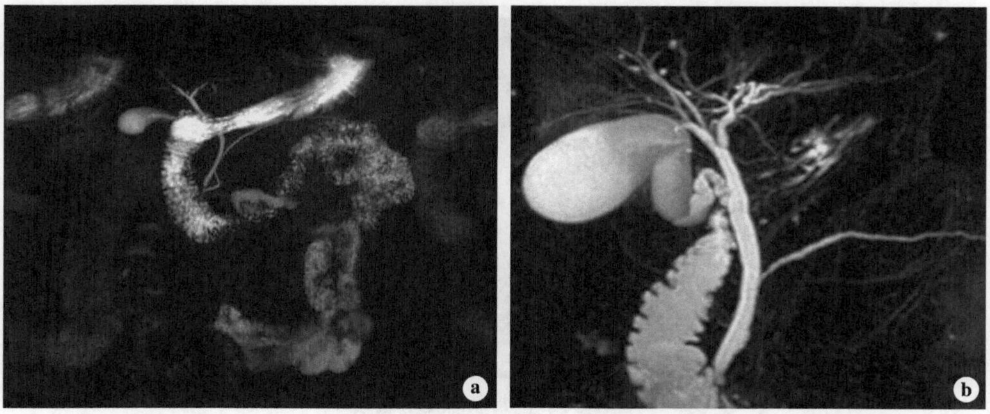

图 7-50 正常胆道 MRCP 表现

a. MRCP 上可见左、右肝管汇合成肝总管与胆囊管组成胆总管与主胰管一起进入十二指肠；b. 3DMRCP

（三）胰腺

胰腺位于上腹深部腹膜后间隙中，为网膜囊后壁的腹膜所覆盖，为一长带状腺体，横跨第 1～2 腰椎前方，从右向左可分为胰头、胰颈、胰体和胰尾四部分。胰腺由头至尾逐渐变细，其左端的胰尾靠近脾门，右端的胰头嵌在十二指肠曲中。

1. 正常 CT 表现 在横断面 CT 上，胰腺呈弓状条带形软组织密度，轮廓在周围脂肪的衬托下能清楚显示（图 7-51）。平扫正常胰腺实质显示为软组织密度，密度均匀，CT 值为 30～50HU，一般比肝密度低 10～15HU，与脾密度接近。增强扫描，动脉期胰腺实质明显均匀强化，门静脉期胰腺实质强化幅度降低。老年人或肥胖者，由于胰腺萎缩或脂肪组织含量增多，则密度减低且略不均匀，边缘可呈羽毛状或锯齿状改变。

在诊断胰腺大小异常时，以往常测量胰腺各部位的最大前、后径来判断，但个体差异大，判断结果并不十分准确，通常自胰头至胰尾逐渐变细。老年人因胰腺萎缩而较小（图 7-52）。正常胰管在常规 CT 扫描一般不易显示，采用薄层高分辨力 CT 扫描，50%以上可见纤细的低密度胰管影，正常主胰管直径多为 2～3mm。

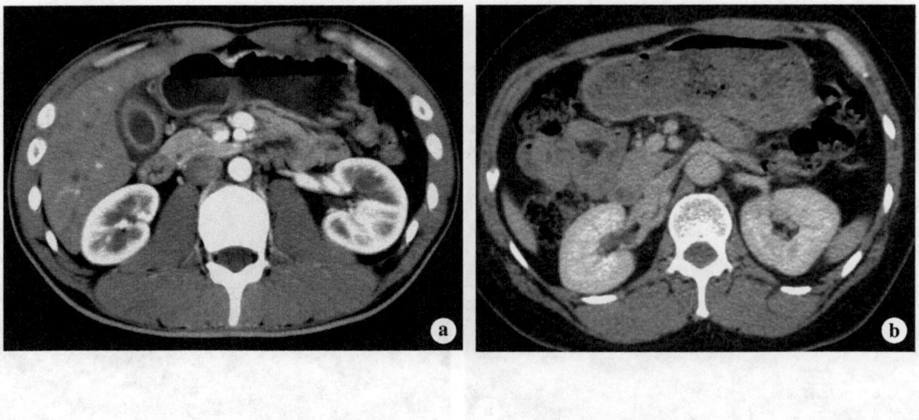

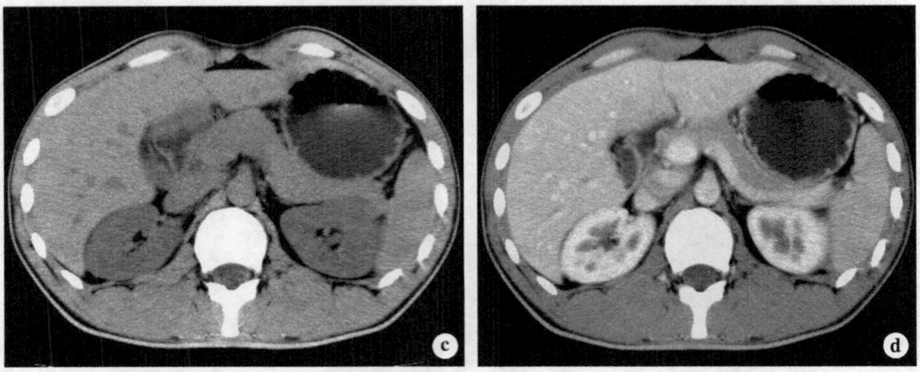

图 7-51　正常胰腺 CT 表现

a. 平扫显示正常胰腺头体尾各部形态大小、密度及毗邻结构；b. 增强动脉期显示胰实质均匀强化，邻近血管强化更显著；c. 增强动脉期；d. 增强门静脉期，显示胰头钩突部位的形态及毗邻血管强化

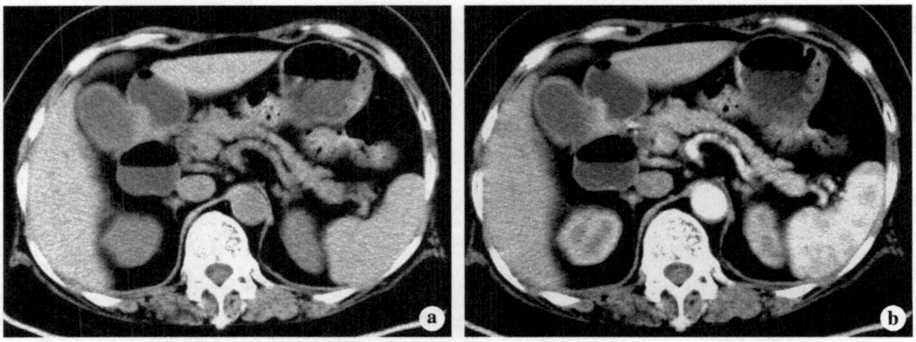

图 7-52　胰腺萎缩 CT 表现

a. 平扫；b. 增强

2. 正常 MRI 表现　正常胰腺信号强度与肝信号相似，T_1WI 呈灰白信号，T_2WI 上呈灰黑信号。胰腺周围脂肪呈高信号，衬托出胰腺的轮廓（图 7-53）。脾静脉和肠系膜上动脉是判断胰腺的重要解剖标志，在 SE 序列 T_1WI 和 T_2WI 均呈流空无信号或混杂信号，脾静脉紧邻胰腺背侧，与胰体尾伴行；肠系膜上动脉从腹主动脉发出起始部指向胰腺体部。MRCP 可清楚显示主胰管（图 7-53）。

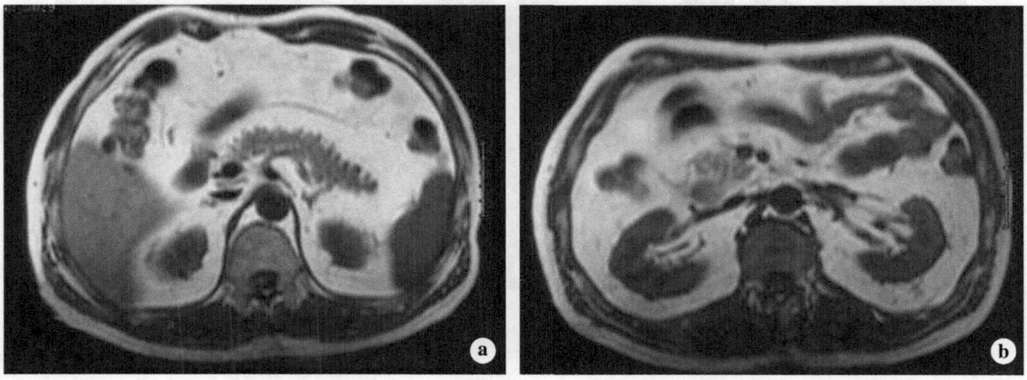

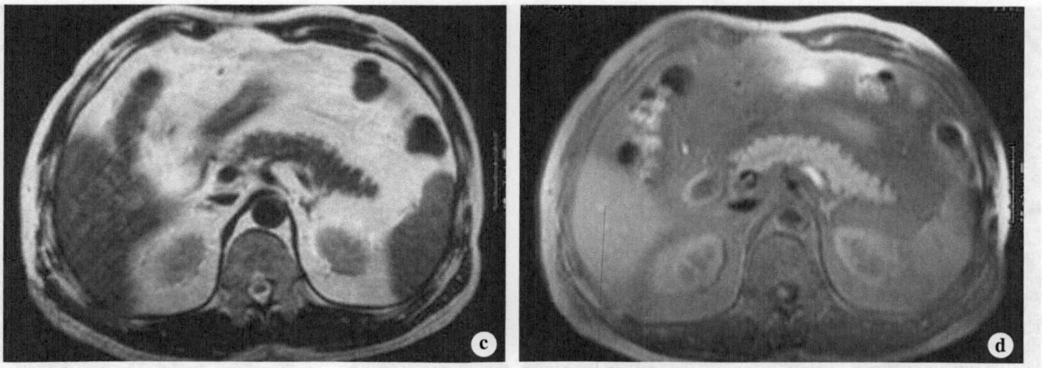

图 7-53 正常胰腺 MRI 表现

a. T_1WI 胰腺体尾部层面；b. T_1WI 胰腺钩突层面；c. T_2WI 胰腺体尾部层面；d. T_1WI 脂肪抑制

（四）脾

1. 正常 CT 表现 脾位于左上腹部，紧贴左侧膈肌下，脾外缘圆隆而光滑，内缘常因邻近胃、胰腺、肾等器官的压迹而呈现不同形状。在 CT 横断面上，正常脾的形态因层面不同而异，上部和下部多呈新月形，中部层面（脾门处）呈内缘凹陷的半圆形或椭圆形，外缘圆隆光滑（图 7-54）。脾大小个体差异较大，在一个层面上，脾前外缘长度若超过 5 个肋单元（与脾相邻的一个肋骨或肋间隙的宽度为 1 个肋单元），提示脾增大；在上下连续层面中观察，正常脾下缘不低于肝的最下缘。

平扫正常脾密度均匀一致，大多数低于正常肝密度。增强扫描动脉期，因脾血流丰富，皮质强化程度明显高于髓质，呈环状或不规则花斑状强化，密度不均匀，即“花斑脾”，特别在做快速团注时更为明显，不可误认为是病变；静脉期，皮质和髓质密度逐渐趋向均匀一致（图 7-55）。

2. 正常 MRI 表现 脾的 T_1、T_2 驰豫时间比肝的长，所以 T_1WI 呈低信号，低于肝信号，T_2WI 呈高信号，明显高于肝和胰腺信号，但稍低于肾。正常脾的信号均匀，其大小的判断同 CT。增强检查表现同 CT。

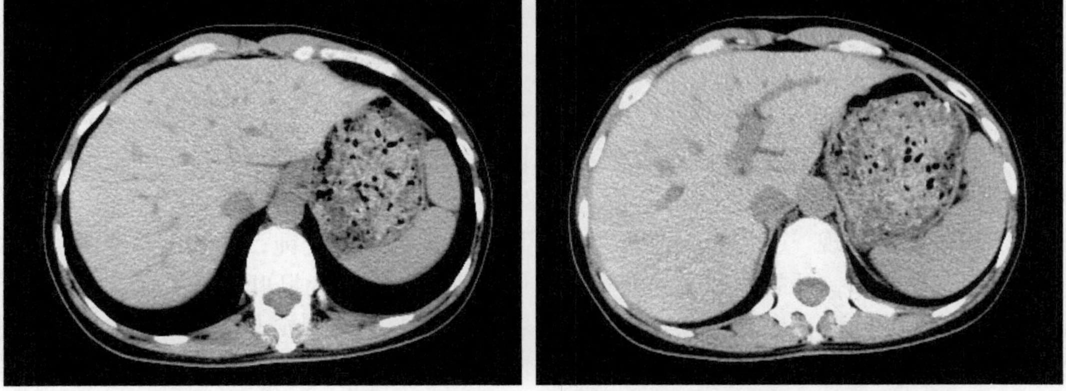

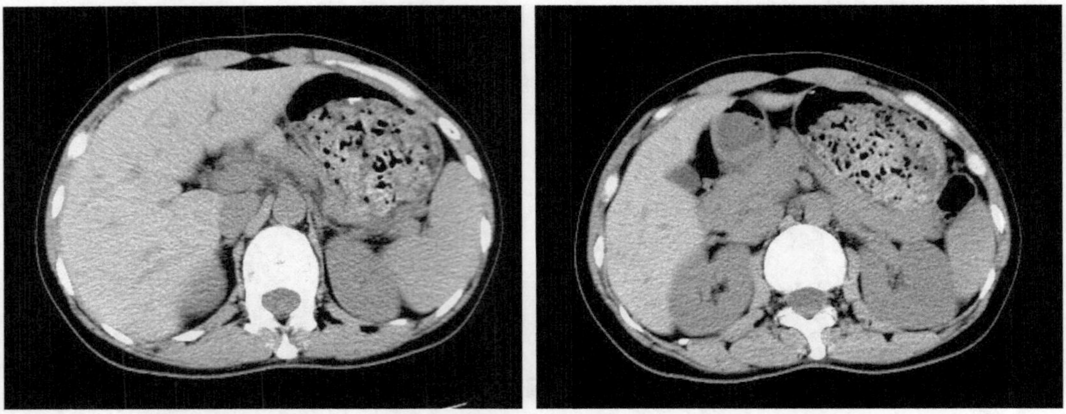

图 7-54　正常脾 CT 表现（平扫）

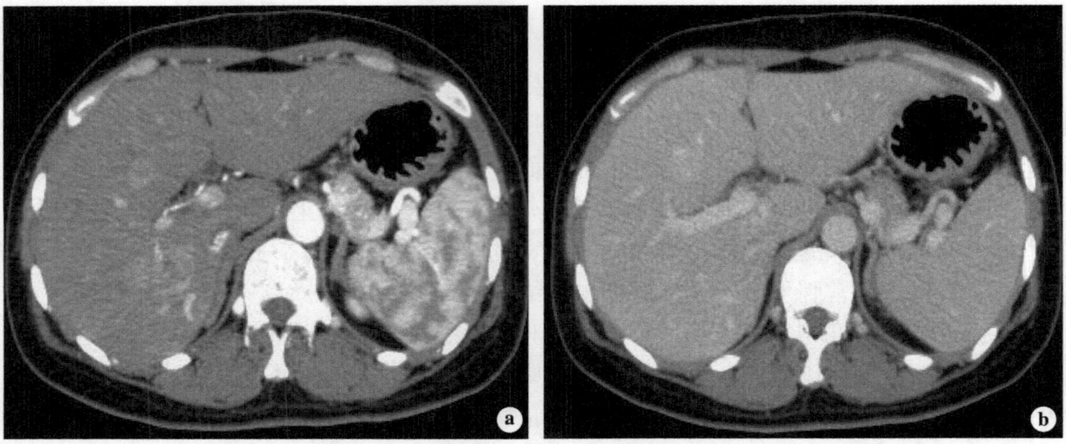

图 7-55　正常脾 CT 表现（增强扫描）

a. 动脉期：皮质强化明显高于髓质，密度不均，呈不规则花斑状强化即“花脾”；b. 门静脉期：脾皮质、髓质强化，密度趋向均匀一致

三、异常影像学表现

（一）肝

1. 异常 X 线表现　肝 X 线平片或透视不能直观反映肝病变，目前已少用。仅在肝体积明显增大时平片可见右侧膈顶升高，肝下角下移，肝内钙化性病灶可显示出高密度影。

2. 异常 CT 表现　①形态大小异常：肝增大表现为肝缘变钝，肝叶形态饱满，萎缩可见肝叶缩小变形，肝裂及胆囊窝增宽。肝硬化等病变表现为肝叶比例失调，一个肝叶增大而另一个肝叶缩小。②边缘及轮廓异常：肝硬化再生结节或占位性病变时肝轮廓凹凸不平，肝缘角变钝，失去正常的菱角而变圆，边缘呈锯齿状或波浪状。③肝的弥漫性病变：全肝或某一肝叶、肝段密度减低、增高或呈混杂密度。④肝的局灶性病变：常见肝囊肿、脓肿和各种肿瘤等，平扫多表现为单发或多发的圆形、类圆形或不规则形的低密度肿块，少数为高密度，增强后囊肿或乏血供病变表现为不强化或轻度强化，富血供病变依不同病变性质表现为各种不同强化方式。⑤肝血管异常：肝内血管可发生解剖学的变异和病理性异常，CTA 具有类似 DSA 的诊断效果，能很好地显示肝血管的解剖变异及肿瘤的供血动脉；也可显示肿瘤对血管的侵犯，表现为血管边缘不规则及受压移位；还可显示门静脉及肝静脉血栓或瘤栓，表现为充盈缺损；当有动静脉瘘时表现为动脉期出现门静脉或肝静脉显影。

3. 异常 MRI 表现 肝轮廓及形态大小的改变与 CT 相似。肝实性肿瘤多数具有细胞内水分增多的特征，T_1WI 为稍低信号，T_2WI 为稍高信号；T_1WI 上若病灶内见高信号，提示出血或含脂质成分；增强扫描不同病变强化方式不同。

（二）胆道

1. 异常 X 线表现 PTC 及 ERCP 为有创性检查，但均能很好地显示胆道的解剖结构。胆道异常主要表现为胆管扩张、狭窄、阻塞、管壁不规则和管腔内充盈缺损。一般情况下胆总管直径超过 1cm 为胆总管扩张。根据扩张胆管范围、形态及梗阻端表现，可能提示病变性质：①胆道狭窄或显影中断，其以上胆管扩张，狭窄处表现为由粗变细的移行性狭窄多为炎性病变所致。②胆道病变范围较广，病变区胆管呈粗细相间的节段性分布，常见于原发性硬化性胆管炎。③结石所致梗阻可见梗阻端呈倒杯口状表现，肝内胆管扩张呈枯树枝样。④肝内胆管呈软藤样扩张，扩张的胆管于梗阻处突然截断或呈锥状狭窄多为恶性梗阻的征象。

2. 异常 CT 表现 胆囊横断面直径超过 5cm 时可考虑胆囊增大，胆囊壁增厚可为均匀性或不均匀、结节状增厚，见于炎症性或肿瘤性。肝总管或胆总管在横断面上表现为连续的管状或类圆形低密度影，胆总管直径超过 1cm 则考虑扩张。胆系结石在 CT 上可分为高密度结石、等密度结石、低密度结石。高密度结石在周围低密度胆汁的衬托下呈现特征性的“靶征”及“新月征”，等密度结石 CT 不易发现。胆囊肿瘤常表现为胆囊内软组织肿块或胆囊壁不均匀增厚；胆总管肿瘤可见管壁增厚、局部软组织肿块或管腔突然截断。

3. 异常 MRI 表现 在 T_2WI 上胆管内胆汁呈高信号，结石在高信号胆汁的衬托下呈低信号，易于显示；在 T_1WI 上多数结石与胆汁信号近似呈低信号，部分结石信号高于胆汁；在 MRCP 上，结石亦呈低信号，若结石完全阻塞胆管，则 MRCP 可见扩张的胆总管下端有杯口状或半月状低信号充盈缺损。胆管癌表现为胆管局限性狭窄，呈截断征象，多方位成像及增强扫描更有助于观察肿瘤的部位及范围；壶腹区占位常引起胰胆管同时扩张，出现“双管征”。

（三）胰腺

1. 异常 X 线表现 ERCP 的异常表现有胰管阻塞、狭窄，边缘不规则，腔内充盈缺损，走行异常，分支僵硬、短缺或排列不整齐，也可粗细不均呈串珠状或囊状扩张。

2. 异常 CT 表现 ①形态大小异常：急性胰腺炎多表现为胰腺弥漫性增大，胰腺肿瘤多表现为胰腺局部增大，胰头癌往往伴随胰腺体尾部萎缩；胰腺萎缩及脂肪浸润则胰腺轮廓呈羽毛状改变。②主胰管扩张：表现为胰腺中央带状低密度影，增强扫描显示更清晰。慢性胰腺炎可见串珠状或囊状扩张。③密度异常：胰腺炎表现为胰腺实质密度不均匀，胰腺癌多为乏血供肿瘤，增强扫描往往强化程度低于正常胰腺实质而表现为低密度肿块，肿瘤中的液化坏死表现为更低密度影。④周围异常：炎症渗出及肿瘤浸润常常使胰腺周围脂肪间隙密度增高，胰腺边界模糊不清，渗出较多时胰腺周围可见条片状低密度积液影，肾前筋膜增厚则是胰腺炎周围组织异常的常见征象。

3. 异常 MRI 表现 胰腺形态大小异常的意义与 CT 相似。不同病变 MRI 有不同的信号变化：胰腺癌在 T_1WI 上常表现为低或等信号，在 T_2WI 上为高信号，肿瘤内有出血、液化坏死时呈混杂高信号；胰腺囊性病变 T_1WI 呈低信号，T_2WI 呈高信号；急性胰腺炎由于充血、水肿及胰液外渗，胰腺实质在 T_1WI 上信号减低，在 T_2WI 上信号增高；慢性胰腺炎 T_2WI 上可呈混杂信号，胰腺或胰管内钙化或结石为无信号，胰管扩张在 MRCP 上表现为条带状或串珠状改变。

（四）脾

1. 异常 CT 表现 ①大小异常：CT 横断面上脾外侧缘对应的肋单元超过 5 个应考虑脾增大，该指标反映脾前后径的大小；脾下缘低于正常肝下缘时亦应考虑脾增大，该指标反映脾上、下径的大小。②密度异常：脾原发或继发性肿瘤多表现为局限性低密度病灶，脾钙化表现为高密度，多见于结核或寄生虫感染。

2. 异常 MRI 表现 脾占位性病变多呈局限性异常信号，由于正常脾在 T_2WI 上为高信号，因此容易掩盖病变，增强扫描有助于识别病灶及病变的性质。

四、肝 疾 病

（一）肝囊肿

肝囊肿（hepatic cyst）是常见的肝疾病，通常所指的是先天性肝囊肿，不包括继发性肝囊肿。先天性肝囊肿病因不明，可分为单纯性肝囊肿和多囊肝，前者包括单发性或多发性肝囊肿，后者为常染色体遗传性病变，常合并多囊肾等其他疾病。

【病理与临床】 单纯性肝囊肿可单发或多发，圆形或椭圆形，直径可从 1cm 至 10cm 以上大小不等，边界清晰，囊内充满澄清液体，其内可有分隔。少数囊内可有出血、感染或胆瘘等。单纯性肝囊肿和多囊肝的囊肿病理学改变相同，无法区别。

临床上多无任何症状，常在体检中意外发现。巨大囊肿或多囊肝患者，可出现肝区胀痛、腹部膨隆及对邻近器官压迫等症状。囊肿破裂时可有腹部剧痛，囊肿合并感染时可出现发热、白细胞升高等。

【影像学表现】

1. CT 表现 典型肝囊肿 CT 表现为肝实质内单发或多发、圆形或类圆形、均匀性水样低密度灶，CT 值为 0～20HU，边缘锐利光滑，囊壁极薄不能显示。增强扫描肝囊肿内液体无强化，囊肿边界更锐利清晰（图 7-56）。若囊肿内出血或继发感染时，平扫囊肿密度较高，难以做出诊断；增强扫描囊内无强化，可资鉴别。若发现肝内有弥漫性分布、大小不等的囊肿时，应注意肾、胰腺内有无多发性囊肿的存在，以考虑为多囊肝（图 7-57）。

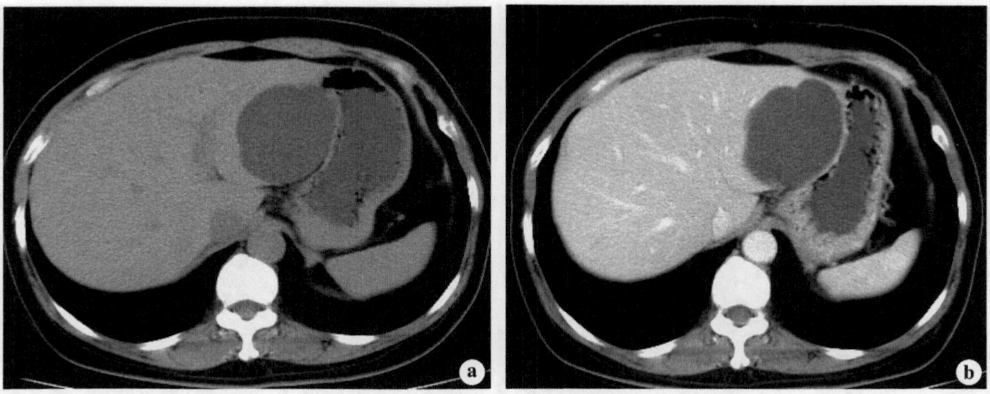

图 7-56 肝囊肿 CT 表现

a. 平扫见肝左叶外侧段类圆形低密度病变，边界清晰，呈均匀水样密度；b. 增强扫描门静脉期肝左叶囊性病灶无强化，边缘更加清晰

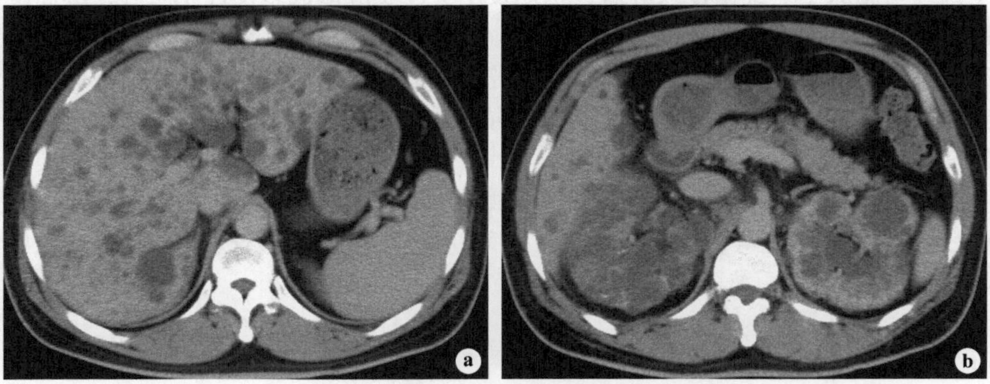

图 7-57 多囊肝合并多囊肾 CT 表现

a. 平扫肝各叶可见弥漫性分布的囊性低密度病变，多数边界清晰；b. 同一病例，可见双侧肾实质内多发性囊性病变，肾体积明显增大

2. MRI 表现 肝囊肿常为单发或多发圆形或椭圆形均匀信号区，边界清楚，壁薄。T_1WI 为低信号，T_2WI 为高信号，DWI 呈等信号。增强扫描肝囊肿不强化，其边界在周围正常肝实质的衬托下更清楚（图 7-58）。

【诊断与鉴别诊断】 典型肝囊肿的 CT 和 MRI 表现为肝实质内圆形或类圆形液性低密度灶，边缘光滑锐利，增强扫描病灶不强化，一般容易诊断。有时要与囊性转移瘤和肝脓肿鉴别，这两种病变囊壁均较厚，且厚薄不均，边缘不规则。巨大的肝囊肿需要与来自肝外的囊性病变如肾囊肿、腹腔内或腹膜后囊性病变鉴别；伴发出血、感染的肝囊肿需与肝脓肿、慢性血肿等病变鉴别。

（二）肝脓肿

肝脓肿（abscess of liver）是肝组织的局限性化脓性炎症。根据病原微生物的不同，肝脓肿可分为细菌性肝脓肿、阿米巴性肝脓肿、结核性肝脓肿、真菌性肝脓肿等，以细菌性肝脓肿最常见，致病菌多为大肠埃希菌、金黄色葡萄球菌等。

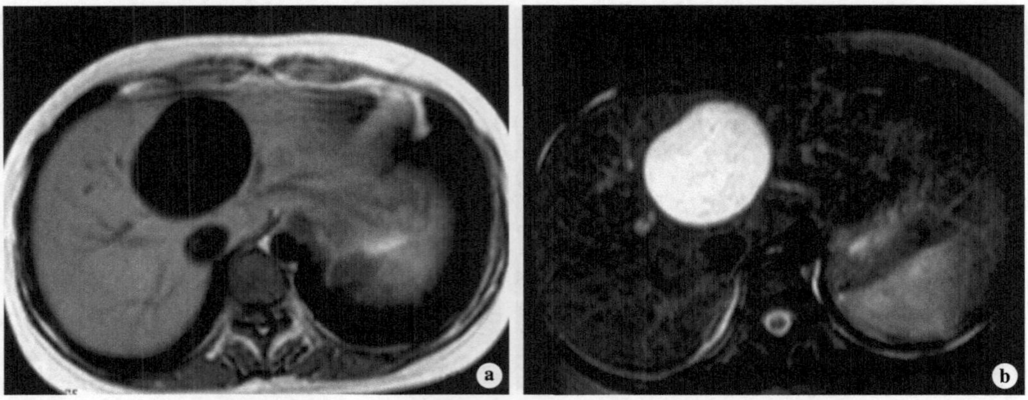

图 7-58 肝囊肿 MRI 表现

a. T_1WI 肝方叶见类圆形低信号，边界清楚；b. T_2WI 呈高信号

【病理与临床】 细菌侵入肝后，早期发生炎性反应形成多发性小脓肿，继而融合形成较大的脓肿，最后组织坏死液化形成脓腔。脓肿壁由炎症充血带和周围纤维肉芽组织增生形成，脓肿壁具有吸收脓液和限制炎症扩散的作用，周围肝组织可有水肿。脓肿常为单发，也可多发；多为单房，少数为多房，为脓肿内纤维肉芽组织或尚未坏死的肝组织分隔而成。

临床上起病急、症状重，主要表现为寒战、高热、肝区疼痛等急性感染症状，伴乏力、食欲缺乏、恶心、呕吐等；严重时可出现黄疸和腹水。实验室检查示白细胞总数及中性粒细胞增多。

【影像学表现】

1. CT 表现

（1）平扫：肝脓肿早期 CT 平扫仅表现为低密度灶，密度较均匀，边界不清晰，类似于软组织肿块，常难以诊断。典型 CT 表现为肝实质内圆形或类圆形低密度灶，中心为脓腔，密度均匀或不均匀，CT 值略高于水，有时可见气泡影或液平面。脓腔周围密度高于脓腔而低于肝的环形影为脓肿壁，边缘模糊或清晰（图 7-59a），部分脓肿壁外可见低密度环状水肿带。少数脓腔内可有分隔，形成多房状肝脓肿。

（2）增强扫描：动脉期表现为脓肿壁呈环状强化，密度高于周围正常肝实质，脓腔及脓肿壁周围的水肿带无强化。环形强化的脓肿壁和外周无强化的低密度水肿带构成了所谓“双环征”，约 90%可见（图 7-59b）。如果没有周围水肿带，则呈“单环征”。如果脓肿壁的内层有坏死组织则不强化，脓肿壁纤维肉芽组织则明显强化，周围低密度水肿带不强化，则可构成“三环征”。门静脉期及延迟期扫描，脓肿壁进一步强化，周围水肿带也逐渐强化。多房状肝脓肿增强扫描时可见脓肿壁及分隔明显强化，形成蜂窝状改变。

2. MRI 表现

（1）平扫：急性期肝脓肿 T_1WI 呈低或不均匀信号，T_2WI 脓腔呈极高信号，多房时可见低信号的间隔。脓肿壁 T_1WI 上信号高于脓腔而低于肝实质，呈厚 3～5mm 环状低信号带，T_2WI 表现中等信号。脓肿壁外的水肿带 T_1WI 呈低信号，T_2WI 呈明显高信号。

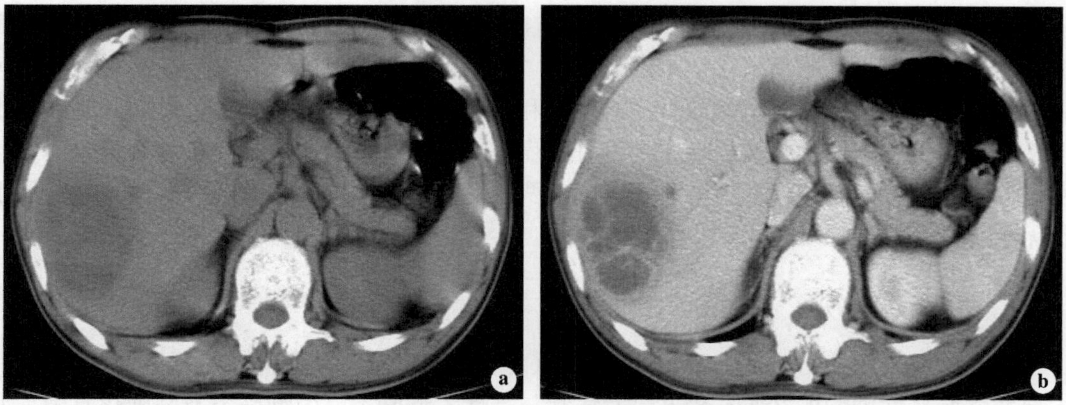

图 7-59 肝脓肿 CT 表现

a. 平扫显示肝右叶类圆形低密度病灶，密度不均匀，边界不清晰；b. 增强扫描显示病灶周边环形强化，外围为肝组织水肿带，呈“双环征”，病灶内呈多房状，其分隔有强化，脓肿内坏死液化组织无强化

（2）增强扫描：脓肿壁强化明显，脓腔无强化，脓肿所在肝实质部分由于充血出现短暂的明显强化，环形强化的脓肿壁与周围无强化的水肿带构成“双环征”（图 7-60）。慢性期肝脓肿脓腔信号趋向均匀，周围水肿减轻以至消失，脓肿壁边界较清楚呈同心环状，内层呈等 T_1、长 T_2 信号，代表肉芽组织；外层 T_1WI 和 T_2WI 均呈低信号，代表胶原增生。

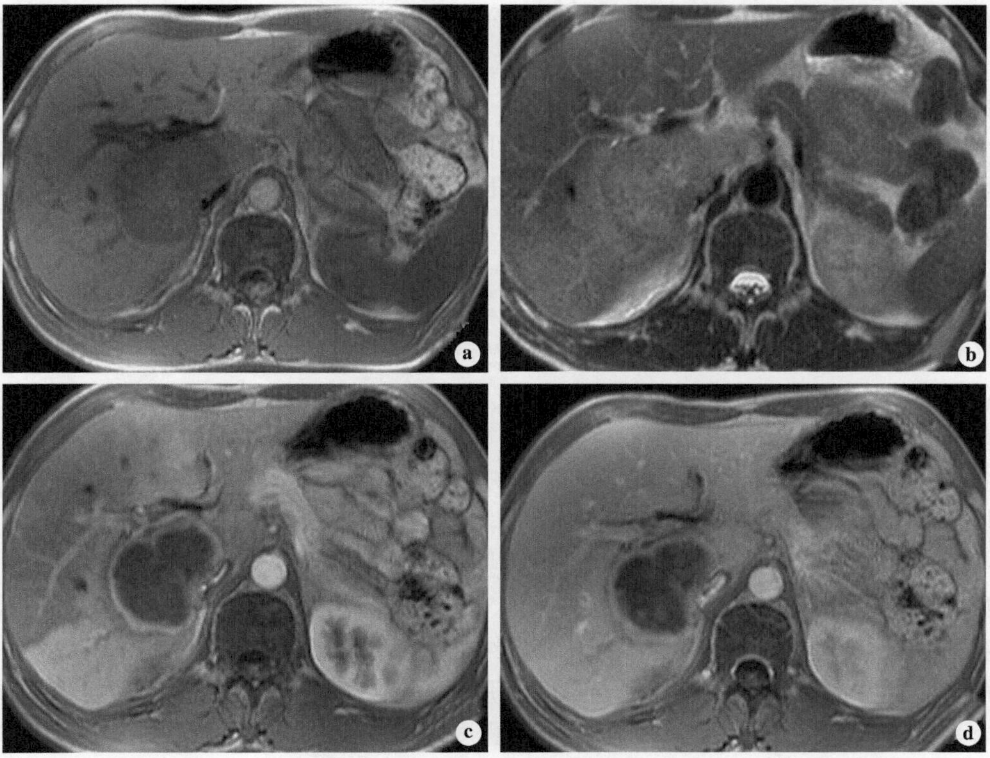

图 7-60 肝脓肿 MRI 表现

肝尾状叶占位，T_1WI（a）呈均匀低信号，T_2WI（b）呈稍高信号，边界清，边缘肝内尚可见炎性水肿区呈稍长 T_1、长 T_2 信号；增强扫描（c、d）病灶环状强化，囊壁光滑均匀，内部脓腔不强化；边缘炎性水肿带亦有强化

【诊断与鉴别诊断】 细菌性肝脓肿常有明显感染症状和局部体征，CT表现为肝实质的囊性病灶，壁厚且明显强化，特别是出现“环形征”和“气泡影”等特征性表现，常可做出诊断。MRI可反映其病理改变，对诊断和治疗效果观察有一定价值。早期肝脓肿未出现液化时需与肝癌鉴别，结合临床是否有炎症表现，或抗炎治疗后复查脓肿有吸收可资鉴别。多发性脓肿还需与囊性肝转移瘤鉴别，两者均可多发，但转移瘤壁厚薄多不均，周围常无水肿带，且有原发肿瘤病史。

（三）肝细胞癌

肝细胞癌（Hepatocellular carcinoma，HCC）简称肝癌，是最常见的肝原发恶性肿瘤，占原发性肝恶性肿瘤的75%～85%。发病常与慢性乙型肝炎、丙型肝炎及肝硬化有关。好发于中老年人，以男性多见。

【病理与临床】 肝癌的大体病理分三型。①巨块型：肿瘤直径≥5cm，常呈浸润性生长，分界不清，其内易发生坏死，此型最多见；②结节型：肿瘤直径＜5cm，境界清楚，可有纤维性被膜（称假包膜），可再分为单发结节、多发结节及结节融合型；③弥漫型：肝内弥漫性分布直径1cm左右的小结节，互不融合，呈浸润性生长，较少见。中国肝癌病理协作组的标准，将单个癌结节最大直径≤3cm或2个癌结节直径之和≤3cm，称为小肝癌。近年来有专家提出将直径＜2cm的单发癌灶定义为小癌型。

原发性肝癌主要由肝动脉供血，且90%的病例都为血供丰富的肿瘤。肝癌容易侵犯门静脉和肝静脉而形成癌栓，或肝内外血行转移；侵犯胆道引起阻塞性黄疸；淋巴转移可引起肝门及腹主动脉或下腔静脉旁淋巴结增大；晚期可发生肺、骨骼、肾上腺和肾等远处转移。

临床表现：早期多无明显症状，中晚期可出现右上腹痛、消瘦乏力、腹部包块及发热、腹泻等症状；而黄疸、腹水和肝性脑病则是肝失代偿的表现。实验室检查示AFP阳性率为60%～90%。

【影像学表现】

1. CT表现

（1）平扫：肿块多数为低密度病灶，少数可为等密度或高密度。巨块型和结节型肝癌表现为肝实质内单发或多发、圆形或类圆形、边界清楚或模糊的肿块，部分病灶周围见低密度带为肿瘤假包膜；弥漫型者小结节分布广泛，境界不清；小肝癌表现为3cm以下的类圆形结节；巨块型肝癌可发生中央坏死而出现更低密度区，合并出血或钙化则表现为高密度灶（图7-61a）；有时肿块周围可见小的结节，称为子灶。

（2）增强扫描：动脉期，主要由门静脉供血的正常肝实质还未出现明显强化，而主要由肝动脉供血的肝癌，则出现明显的斑片状、结节状强化，CT值迅速达到峰值；巨块型肝癌强化多不均匀，中心坏死区无强化，而结节型肝癌可出现均匀性强化（图7-61b）。门静脉期，门静脉和肝实质迅速明显强化，而肿瘤没有门静脉供血则强化程度迅速下降（图7-61c）。平衡期，肝实质继续保持较高强化程度，肝癌强化程度则继续下降呈相对低密度表现。总之，整个增强过程表现为对比剂“快进快出”的特征，肝癌强化的时间-密度曲线呈速升速降型曲线。肿瘤的假包膜强化一般比瘤体要晚，常在门静脉期或平衡期显示延迟强化（图7-62）。

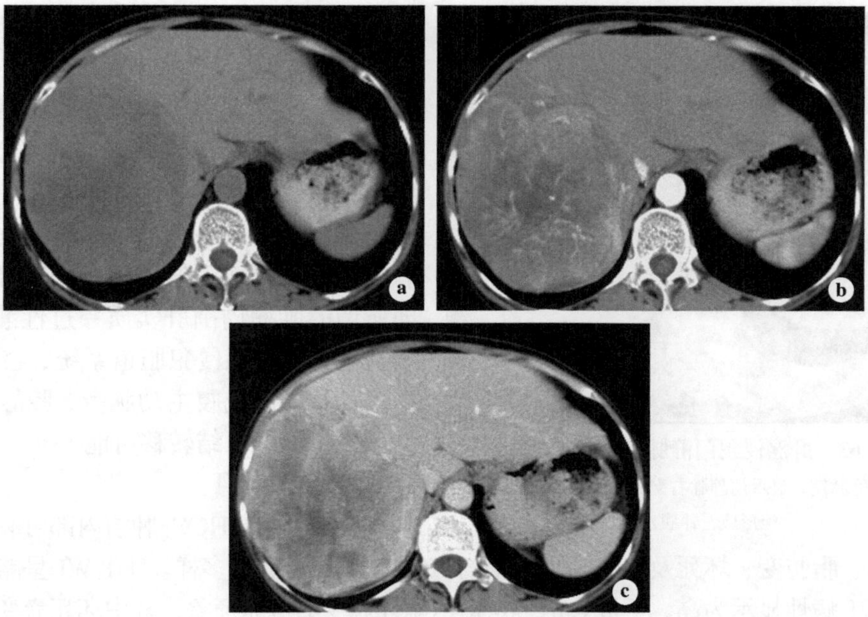

图 7-61 肝癌（巨块型）CT 表现

a. 平扫肝右叶见类圆形巨大低密度肿块，密度不均匀，边缘较模糊；b. 增强动脉期肿块不均匀明显强化，可见病理血管，正常肝实质未见强化；c. 增强门静脉期肿瘤强化程度迅速下降，边缘可见假包膜，正常肝实质明显强化

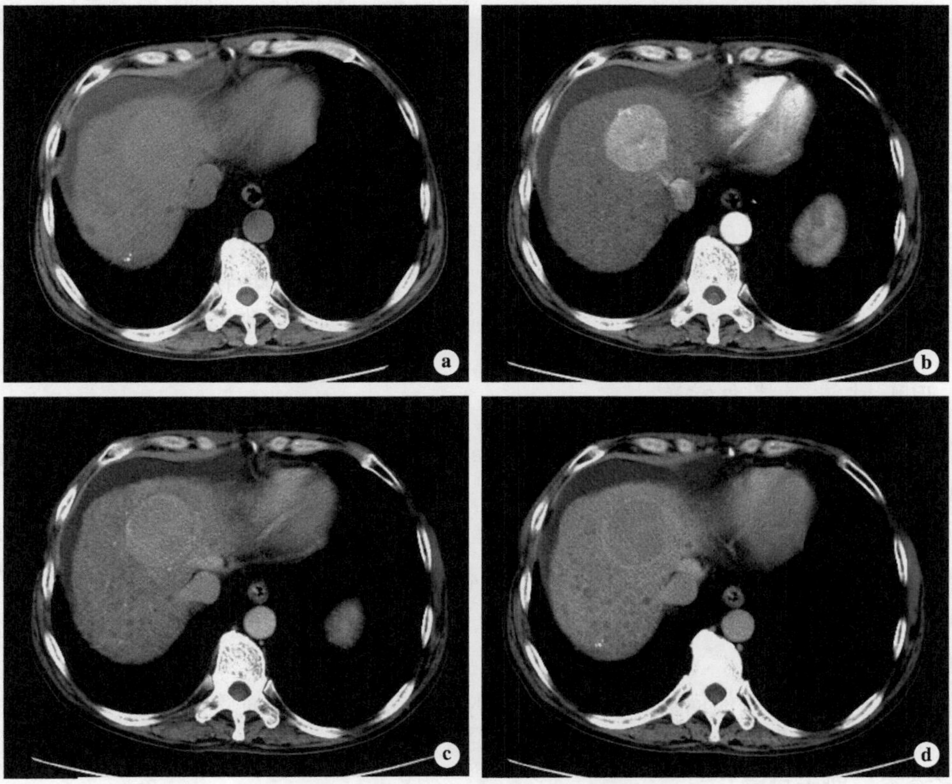

图 7-62 肝癌（结节型）CT 表现

a. 平扫肝左叶见一类圆形稍高密度肿块，密度均匀，边缘清楚，另肝内见多发小类圆形低密度灶，肝周见积液；b. 动脉期：肿块较均匀明显强化；c. 门静脉期：肿块强化程度明显降低，肿块边缘见假包膜强化；d. 静脉期：肿块强化程度继续降低，呈相对低密度，假包膜延迟强化，肝内多发小病灶轻度环形强化，为肝内转移灶

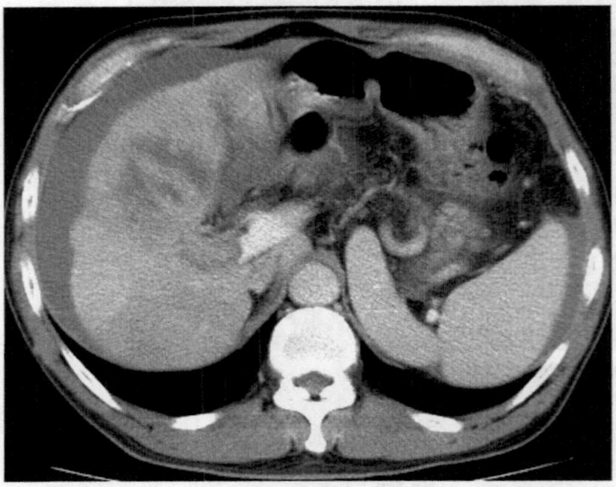

图 7-63　肝癌侵犯门静脉血管 CT 表现

增强扫描门静脉期，显示门静脉右支低密度充盈缺损，为瘤栓形成，伴腹水

（3）继发性改变：①当肿瘤侵犯邻近血管形成癌栓时，增强 CT 可显示门静脉、肝静脉或下腔静脉内的对比剂充盈缺损（图 7-63）；②肿瘤侵犯血管形成肝动脉-门静脉瘘时，增强 CT 表现为动脉期门静脉分支提早显影，增强程度与动脉相一致，且该门静脉分支所供血的肝脏叶段出现提早强化，即所谓的肿瘤周围肝实质一过性灌注异常；③其他：如肝癌侵犯胆道系统，会引起胆管扩张；肝门部或腹主动脉旁、腔静脉旁淋巴结增大提示淋巴结转移可能。

2. MRI 表现

（1）平扫：HCC 肿瘤内部可有不同程度的纤维化、脂肪变、坏死及出血等，T_1WI 和 T_2WI 上信号表现多样。①T_1WI 呈略低信号，其中 T_1WI 病灶显示为高、低混合信号是提示恶性病变的可靠征象，其中坏死囊变区呈低信号、出血或脂肪变性为高信号、肿瘤周围假包膜表现为低信号环。②T_2WI 呈略高信号。③门、肝静脉癌栓：T_1WI 上呈低信号，T_2WI 呈高信号。④瘤周水肿：T_1WI 低信号，T_2WI 高信号。

（2）增强扫描：在动脉期，肝癌出现明显的斑片状、结节状早期强化，包膜明显强化；在门静脉期，程度明显下降；平衡期，肝实质继续保持较高程度强化，肿瘤强化程度继续下降呈相对低信号表现（图 7-64）。全部过程肿瘤强化呈现“快进快出”现象，是 HCC 的典型表现之一。

【诊断与鉴别诊断】　CT 平扫表现为肝内单发或多发性圆形或类圆形低密度病灶，MRI 发现肝实质软组织肿块，肿瘤边缘有假包膜，增强扫描出现典型的对比剂“快进快出”的特征，并结合临床肝硬化、慢性乙型肝炎或丙型肝炎、酒精性肝病等病史及 AFP 升高，一般能明确肝癌诊断。肝癌仍常需与肝血管瘤、肝硬化结节、转移性肝癌、炎性假瘤、局灶性结节增生等鉴别。结合病史及其动态增强特点，有助于鉴别诊断。

（四）肝海绵状血管瘤

肝海绵状血管瘤（cavernous hemangioma of liver，CHL）是最常见的肝良性肿瘤，约占 84%。可发生于任何年龄，以 30—60 岁居多，女性为男性的 4.5～5 倍。

【病理与临床】　肝海绵状血管瘤多为单发，以肝右叶多见，肿瘤大小不等。肿瘤被覆结缔组织膜，与周围肝组织分界清楚，瘤体内由扩张的异常血窦组成，内衬单层血管内皮细胞，血窦间有纤维组织不完全间隔，形成海绵状结构。较大肿瘤内可有坏死、液化，偶有血栓形成和钙化。

临床表现：一般无任何症状，多为体检时偶然发现。巨大血管瘤可出现肝区持续性胀痛、腹部包块，或肿瘤压迫症状如上腹胀满、腹水及下肢水肿等。肿瘤偶可发生破裂出血。实验室检查一般无异常。

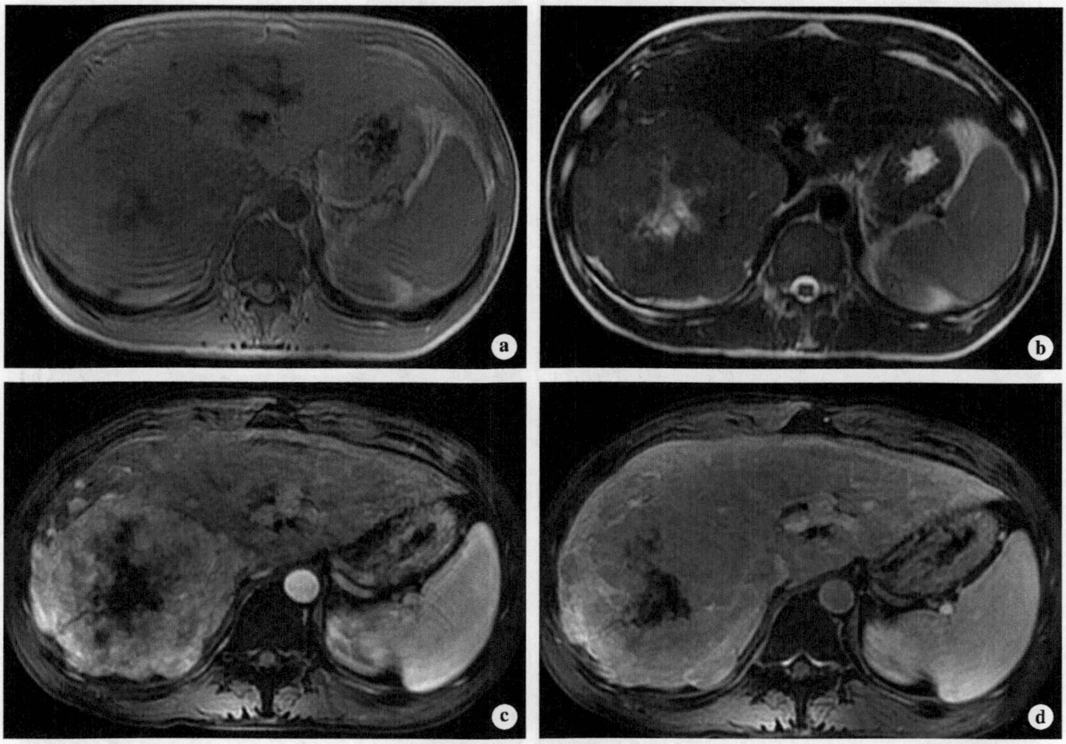

图 7-64　原发性肝癌 MRI 表现

肝右叶见一巨大占位性病变。T_1WI（a）呈等、低信号，边界欠清楚，形状略呈分叶状；T_2WI（b）呈稍高信号，信号不均匀，其内可见裂隙状液化坏死，呈长 T_1 及长 T_2 表现；增强扫描动脉期（c）病灶明显不均匀强化，静脉期（d）强化程度下降，邻近血管受压推移

【影像学表现】

1. CT 表现

（1）平扫：大多表现为肝实质内圆形或类圆形低密度病灶，边界清楚，密度均匀（图 7-65a）。较大肿块内可见不规则形更低密度区，为血栓形成或纤维组织机化所致。

（2）增强扫描：CT 多期增强扫描并延迟扫描是检查本病的关键。①动脉期：肿瘤边缘出现不连续的斑片状、结节状明显强化（又称周边型强化），密度高于正常肝而接近于同层强化的腹主动脉（图 7-65b）。②门静脉期和平衡期：可见散在的强化灶互相融合，并逐渐向肿瘤中心扩展，而密度逐渐下降，峰值持续时间较长，但密度仍高于正常肝（图 7-65c）。③延时扫描（3～10 分钟）：可见整个肿瘤呈均匀性强化，强化程度有所下降，但仍高于或等于正常肝实质密度（图 7-65d）。总之，整个增强过程表现为对比剂“快进慢出”的特征。

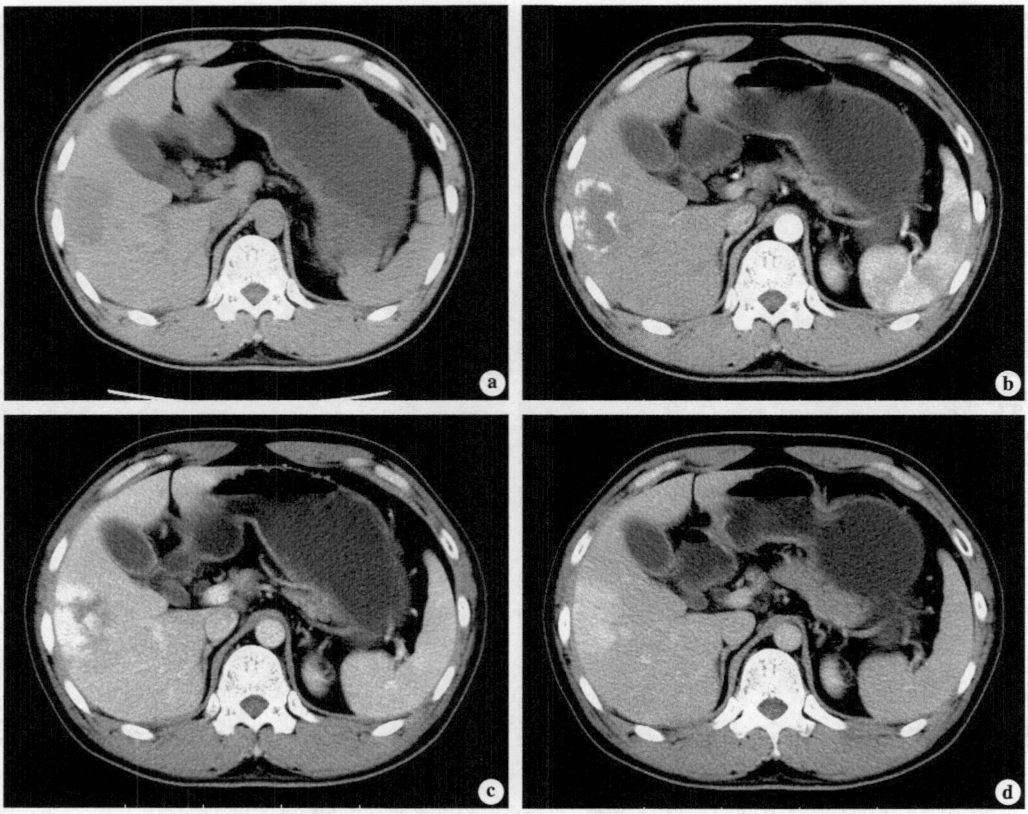

图 7-65　肝海绵状血管瘤 CT 表现

a. 平扫肝右叶低密度肿块，边界较清晰，密度均匀；b. 增强动脉期：肿块边缘结节状、斑片状显著强化；c. 门静脉期：强化范围向内部扩展，强化程度仍明显；d. 延迟期：整个病灶较均匀性强化，密度降低，仍为相对较高密度

2. MRI 表现

（1）平扫：T_1WI 多呈类圆形或边缘分叶的均匀低信号肿块影，如瘤内囊变时局部呈低信号；T_2WI 肿瘤表现为均匀的显著高信号，在肝实质低信号背景衬托下，肿瘤表现边缘锐利的明显高信号，随着回波时间延长，信号强度递增，至病灶呈亮白信号，称“灯泡”征；DWI 呈均匀高信号，此点有别于肝囊肿。

（2）增强扫描：注入对比剂后行 T_1WI 动态扫描，肿瘤亦从边缘增强，逐渐向中央扩展，延迟期扫描几乎充盈整个肿瘤，呈“快进慢出”型增强，而囊变区和纤维瘢痕不强化（图 7-66）。

【诊断与鉴别诊断】　典型的肝血管瘤 CT 平扫表现为境界清楚的低密度病灶，动态增强扫描强化从病灶边缘开始，逐渐向病灶中心扩展，延时扫描整个病灶被强化，并与周围肝实质呈等密度，整个强化过程呈“快进慢出”的特征。MRI 于 T_2WI 像出现典型“灯泡征”，配合多期增强扫描诊断不难。肝海绵状血管瘤常需与如多血供的肝癌、肝转移瘤等鉴别。后两种肿瘤也出现早期明显强化，但大多表现为整个病灶的不均匀性强化，且对比剂峰值持续时间短，多数在门静脉期即可出现明显消退，接近平扫密度。

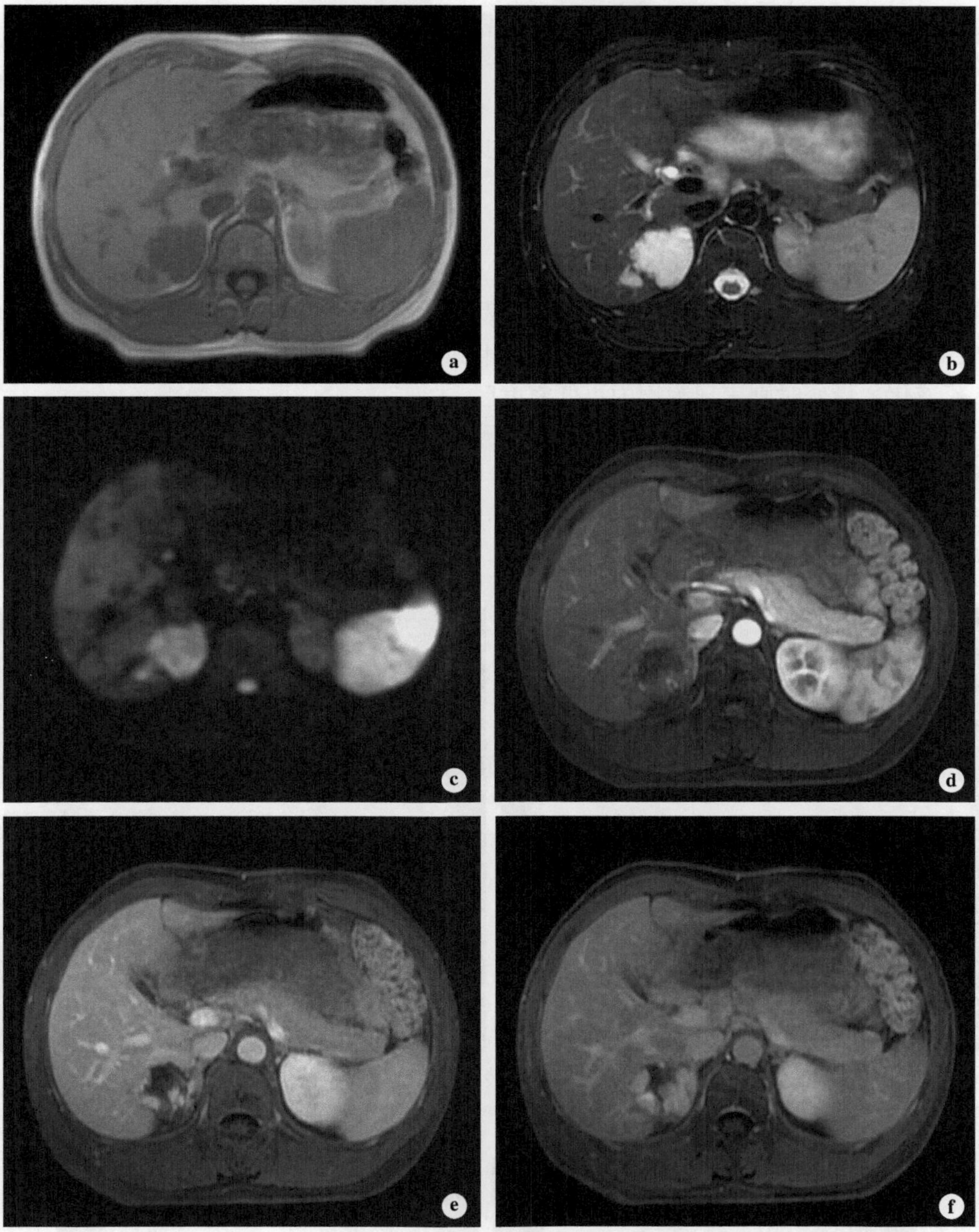

图 7-66 肝血管瘤 MRI 表现

a. 肝右叶血管瘤，T_1WI 呈低信号；b. T_2WI 呈高信号；c. DWI 呈高信号；d. 增强动脉期肿块周围强化；e、f. 门静脉期、延迟期强化逐渐向病灶中心扩展

（五）肝转移瘤

肝转移瘤（hepatic metastases）是肝最常见的恶性肿瘤之一。肝也是转移瘤的好发部位，人体各部位的恶性肿瘤通过肝动脉、门静脉和淋巴道转移到肝，少数可以是邻近器官肿瘤的直接侵犯，原发癌以消化道肿瘤、乳腺癌、肺癌、肾癌等较常见。

【病理与临床】 肝转移瘤的大小形态和数目不定，以多发结节较常见，也可融合成巨块状，少数为弥漫性小结节。肿瘤与周围肝组织分界清楚，其内可出现坏死、囊变、出血或钙化等。

临床上兼有原发癌及肝转移瘤的症状。一般早期无明显症状或有原发癌的症状，晚期出现右上腹痛、肝大、腹水、消瘦等表现。少数病例以肝转移瘤症状为主，原发癌症状不明显。

【影像学表现】

1. CT 表现

（1）平扫：肝转移瘤表现为肝实质内多发、大小不等的结节状低密度影，边界模糊或清晰，少数可为单发。肿块密度较均匀，发生钙化或出血时可见瘤内高密度灶，肿瘤内发生坏死液化、囊变时则表现为瘤内更低密度区。

（2）增强扫描：动脉期表现为病灶边缘强化，门静脉期可出现整个瘤灶均匀或不均匀性强化，平衡期强化程度降低（图 7-67，图 7-68）。少数转移瘤边缘环形强化呈高密度，中央坏死无强化呈低密度，而且瘤体外周有一稍低于肝密度的水肿带，形成所谓的“牛眼征”。

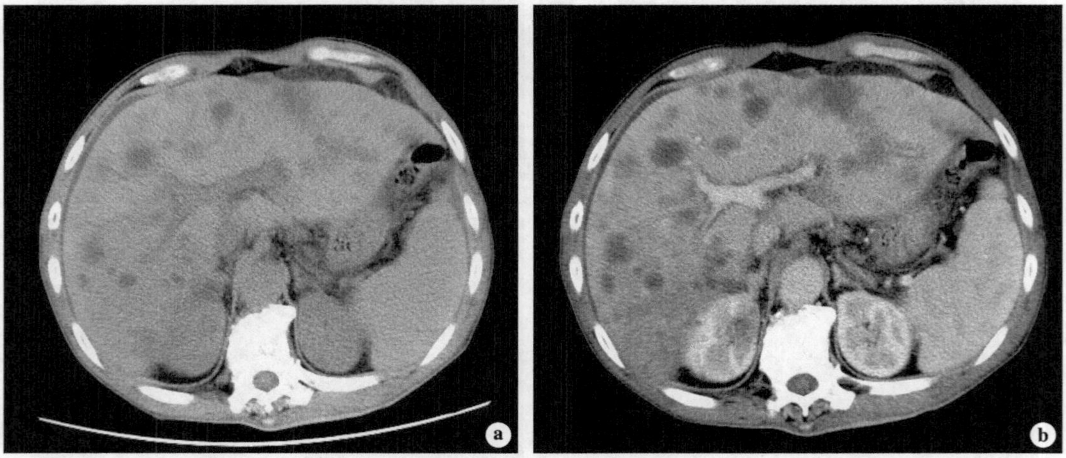

图 7-67　肝转移瘤 CT 表现

a. 平扫肝内多发性大小不等的低密度肿块，大部分边缘欠清楚；b. 增强门静脉期肿块边缘轻度强化，但低于正常肝实质

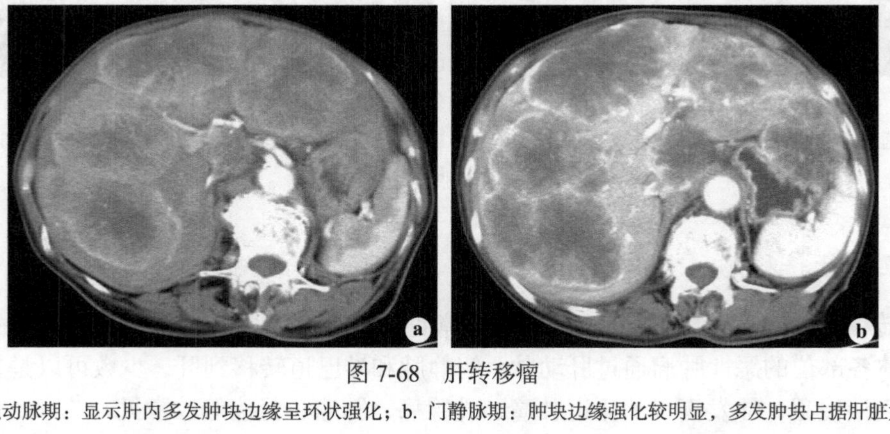

图 7-68　肝转移瘤

a. 增强动脉期：显示肝内多发肿块边缘呈环状强化；b. 门静脉期：肿块边缘强化较明显，多发肿块占据肝脏大部分

2. MRI 表现　肝内多发或单发、边界清楚的瘤灶，大多数 T_1WI 呈均匀的稍低信号，

T_2WI 呈稍高信号，肿瘤中央坏死信号强度更高，称之为“牛眼征”。增强示瘤体呈不均匀强化或环状强化，少数可为均匀强化（图 7-69）。

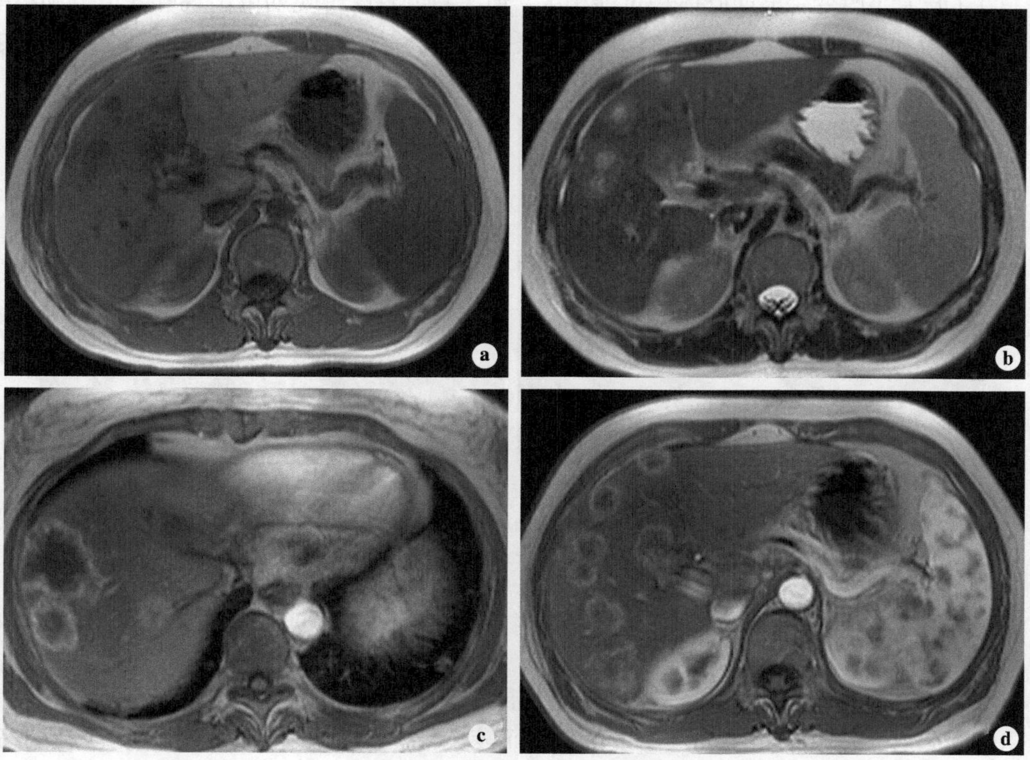

图 7-69　肝转移瘤 MRI 表现

a. 直肠癌肝内多发转移，T_1WI 见肝内多发类圆形不均匀低信号，边界不清；b. T_2WI 呈稍高信号；c、d. 增强扫描见肝实质内多发类圆形环形强化灶

【诊断与鉴别诊断】 肝转移瘤常有明确的原发肿瘤病史，CT 检查发现肝占位性病变，尤其是多发病灶，首先要考虑转移瘤的可能，再结合血清学肿瘤标记物化验检查，一般能够明确诊断。若无明确原发肿瘤，肝转移瘤则需与肝内多发性低密度病灶，如原发性肝癌、肝脓肿、不典型多发性肝囊肿和肝血管瘤等鉴别。单发肝转移瘤诊断困难，需与原发性肝癌、肝炎性假瘤等病变鉴别。

（六）肝硬化

肝硬化（hepatic cirrhosis）是一种进行性的肝实质损伤、肝纤维化及肝实质结节形成的肝弥漫性病变。其病因多种多样，最常见为乙型、丙型肝炎病毒感染和酒精中毒所致。

【病理与临床】 肝硬化的病理学特征包括肝细胞坏死、纤维化和再生，其中纤维化为最重要的特征，同时因肝实质纤维化造成的肝内血管结构的变化也很重要。纤维化将肝实质分为无数的结节，根据结节的大小，可以分为小结节、大结节和混合结节三种类型。小结节型肝硬化可以进展为大结节型肝硬化，而后者被认为是肝硬化的晚期表现。

临床上早期多无症状，在失代偿期可出现显著的肝功能异常和门静脉高压症状，如乏力、纳差、腹胀、疲劳感、体重下降、腹腔积液、消化道出血及肝性脑病的症状，如意识障碍、感觉和运动等精神、神经障碍。

【影像学表现】

1. CT 表现 肝硬化 CT 表现多种多样，包括肝本身改变、门静脉高压表现及继发改变。

（1）肝大小改变：早期肝体积可能稍大，但无特异性。中晚期可出现肝叶增大和萎缩，大多表现为肝右叶和肝左内叶萎缩，肝尾叶和肝左外叶增大，导致肝各叶段大小比例失调（图 7-70），此为肝硬化 CT 特征性表现之一。少数可表现全肝萎缩。

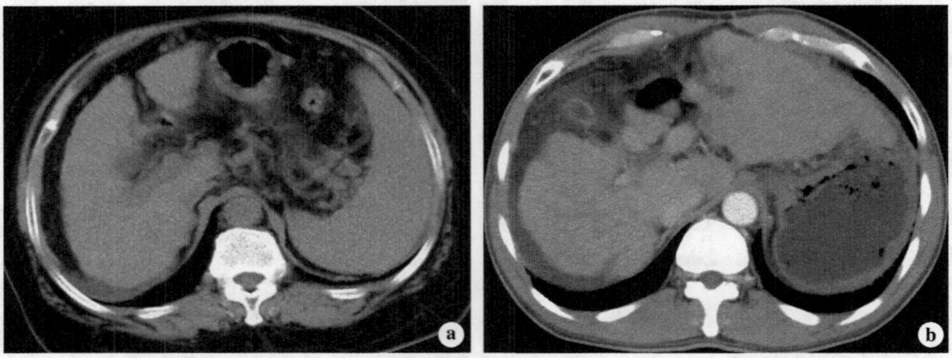

图 7-70 肝硬化 CT 表现

a. 平扫肝体积变小，肝裂增宽，脾增大，肝周积液；b. 增强扫描肝各叶比例失调，左内叶萎缩，轮廓不规则，边缘凹凸不平，呈结节状突起，肝实质轻度强化、密度不均匀

（2）肝形态轮廓改变：因肝结节再生及纤维化收缩，可见肝表面不光滑，边缘凹凸不平或呈波浪状。

（3）肝实质密度改变：因多种病理改变混杂，常致肝密度高低不均匀。脂肪变性、纤维化可引起肝弥漫性或不均匀性密度减低，而较大且多发的再生结节可表现为散在的略高密度结节。增强 CT 检查显示肝密度不均匀强化。

（4）肝裂改变：纤维组织增生和肝叶萎缩可导致肝裂和肝门增宽，胆囊也因此向外移位。

（5）门静脉高压表现及继发改变：①脾大：CT 横断面见脾外缘超过 5 个肋单位，或脾下缘低于肝下缘。②门静脉扩张及侧支循环形成：增强扫描表现为门静脉主干及左、右支增宽，脾门、胃底、食管下段及腰旁静脉血管增粗扭曲（图 7-71）。③腹水：是常见的肝硬化征象之一。

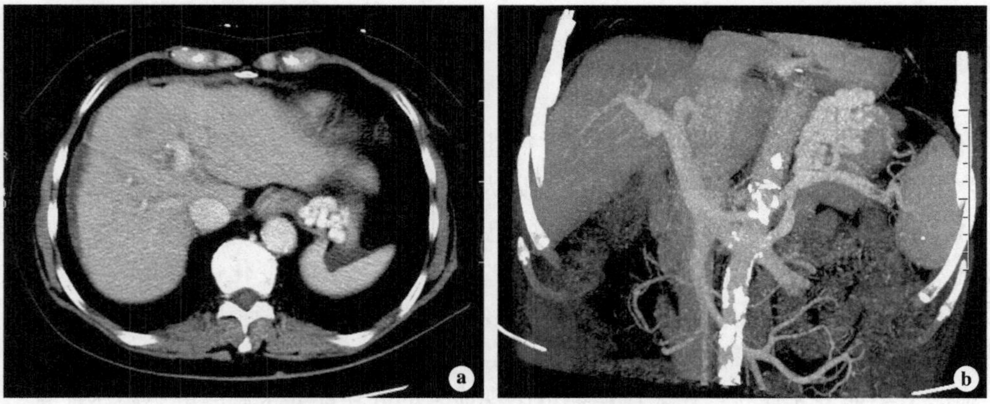

图 7-71 肝硬化并胃底静脉曲张 CT 表现

a. 增强门静脉期：显示胃底迂曲、增粗的血管影明显强化，并可见腹水；b. 门静脉期：三维重组 MIP 图像显示胃底周围明显静脉曲张成团状，与左肾静脉形成侧支循环

2. MRI 表现 肝大小、形态、门静脉高压等方面表现与 CT 相同。

（1）平扫：肝硬化结节在 T_1WI 上一般呈等信号，信号稍高于肝，T_2WI 上呈低信号，再生结节内含铁血黄素沉着，信号减低，当低信号结节内出现等信号或高信号时，提示再生结节有癌变可能，肝硬化结节无包膜。T_2WI 肝硬化变细的血管和炎性纤维组织表现为不规则网状高信号。

（2）增强扫描：动脉期、门脉期及延迟期，肝硬化结节强化与正常肝实质强化类似，纤维间隔在动脉期、门脉期无强化，而在延迟期明显强化（图 7-72）。

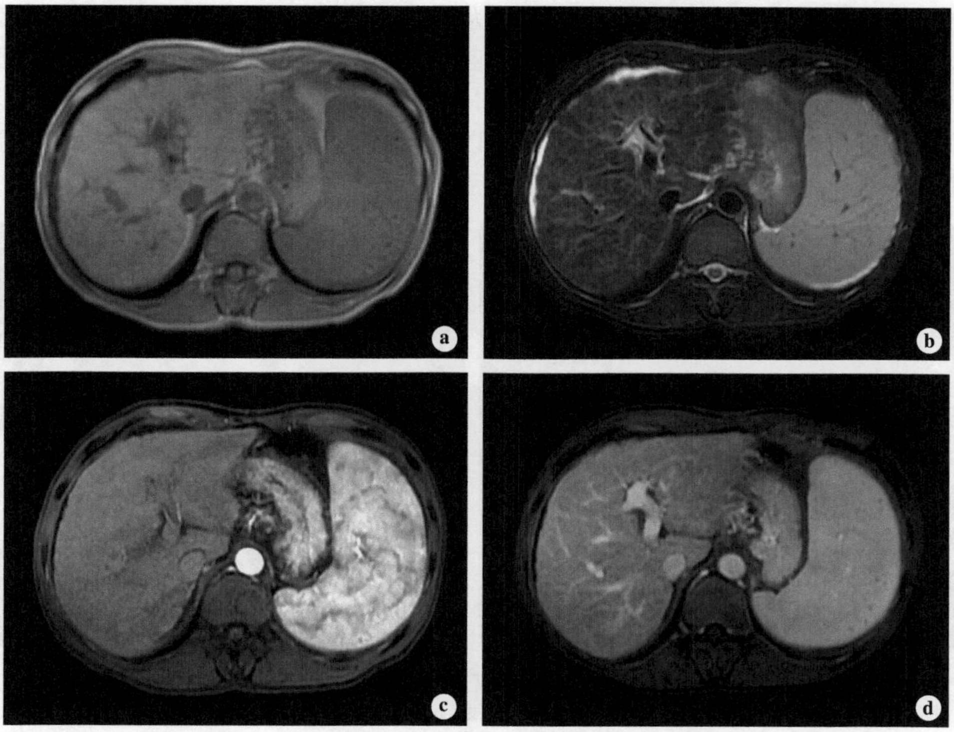

图 7-72 肝硬化 MRI 表现

a. T_1WI 示肝边缘呈波浪状，肝内弥漫性硬化结节呈等信号，肝周见少量低信号腹水，脾增大；b. T_2WI 肝内硬化结节呈低信号，并见高信号的细小网格影，腹水呈高信号；c、d. 增强动脉期、门静脉期硬化结节无明显强化，纤维间隔无强化

【诊断与鉴别诊断】 典型肝硬化出现肝形态改变、轮廓不规则、大小比例失调、密度不均匀，以及门静脉高压及继发表现，CT、MRI 均易于诊断。肝硬化结节应与肝局限性病灶鉴别，尤其是肝硬化易合并肝癌，因此要注意肝硬化的再生结节与早期小肝癌的鉴别。再生结节为门静脉供血，而肝癌为肝动脉供血，在螺旋 CT 多期扫描时再生结节没有明显强化，MRI 检查 T_2WI 呈低信号等表现可资鉴别。

（七）脂肪肝

脂肪肝（hepatic steatosis）是由于各种原因所致的三酰甘油过度沉积于肝细胞内的一种病理状况，是最常见的肝弥漫性病变之一。脂肪肝可以发生于任何年龄，它与临床上多种疾病密切相关，包括酒精性肝病、肥胖、糖尿病、营养不良、慢性疾病等。

【病理与临床】 根据脂肪浸润程度和范围，脂肪肝可分为弥漫性和局限性脂肪肝。肝脂肪变性时，大体病理可见肝大，呈淡黄色，质地略变软，触之有油腻感。镜下显示肝细胞内出现数量不等的脂肪空泡。

临床上通常无明显症状，部分较严重的病例可能出现乏力、食欲缺乏、恶心、右上腹隐痛，以及肝区压痛、肝大、肝功能异常等。肝功能实验室检查中以转氨酶升高较为常见。

【影像学表现】

1. CT 表现 CT 平扫是诊断脂肪肝最便捷、准确的方法，并能够通过 CT 值的测量提供较准确的定量诊断。CT 扫描中将脂肪肝分为弥漫均匀性脂肪肝、不均匀脂肪肝、局灶性脂肪肝和脂肪肝中正常“肝岛”等。

（1）弥漫均匀性脂肪肝：平扫主要表现为肝密度均匀一致性减低。通常将同层面脾密度作为衡量脂肪肝程度的参照标准，肝实质密度正常情况下高于脾密度，如果肝实质密度等于或稍低于脾密度，则为轻度脂肪肝，这时肝内血管影与肝实质密度接近而不能区分。当肝脂肪含量更高时，肝实质密度的下降可以使肝内血管影成为相对略高密度。增强 CT 检查肝实质强化程度略低，与增强的血管影密度对比更加显著（图 7-73）。

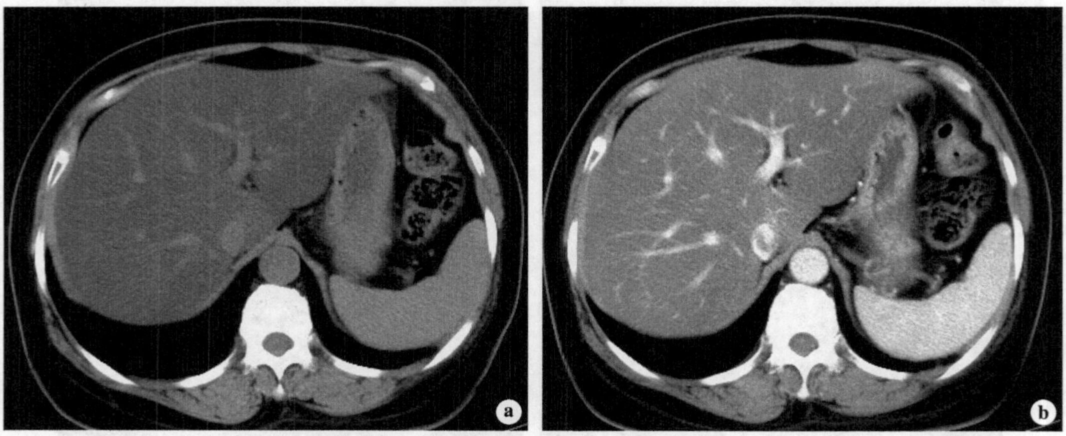

图 7-73　弥漫性脂肪肝 CT 表现

a. 平扫肝实质密度一致性显著减低，肝内血管呈相对略高密度；b. 增强门静脉期肝实质强化程度略低，肝内血管强化良好

（2）局灶性脂肪肝：平扫表现为单发或散发性、片状或不规则形低密度影，边界不清晰。病灶内血管可显示不清或呈相对高密度，但位置及走行正常。增强扫描显示病灶仍为相对低密度，强化的血管影位于病灶内，走行正常，无受压、移位及扭曲（图 7-74）。

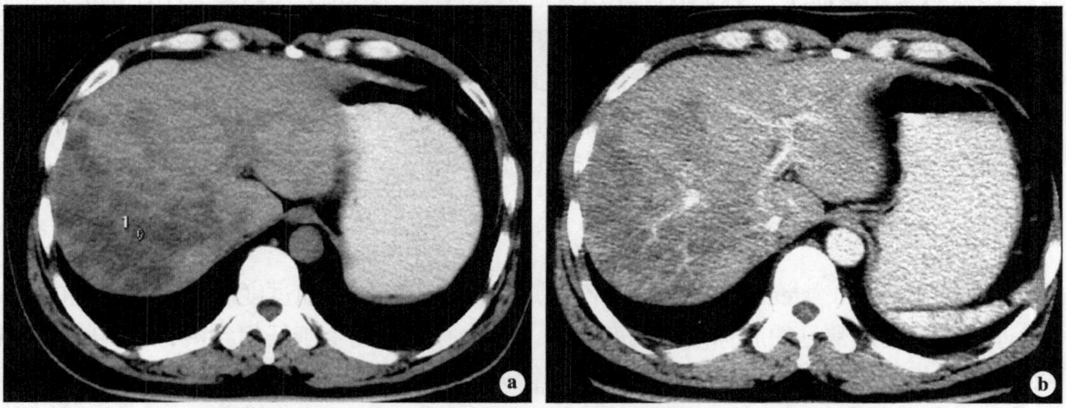

图 7-74　局灶性脂肪肝 CT 表现

a. 平扫肝实质密度不均匀性减低，明显低于正常肝实质；b. 增强扫描脂肪浸润区强化程度略低，病变内血管走行正常

（3）肝岛：肝岛是指位于弥漫性脂肪肝中的局部正常肝组织，最常见于肝左内叶和胆囊旁。CT 平扫上多表现为圆形或不规则形相对高密度影，胆囊旁“肝岛”常表现为环形或弧形影。在动态增强 CT 扫描的各期相中“肝岛”呈均匀的相对略高密度灶（图 7-75）。

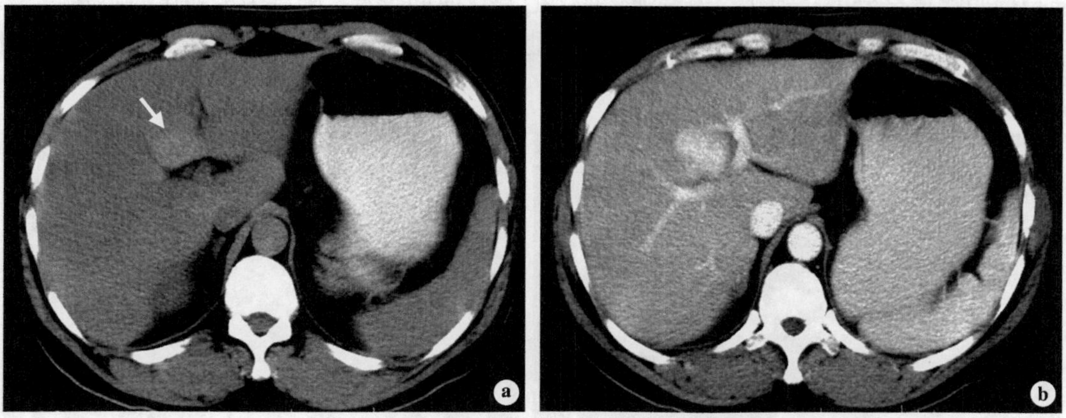

图 7-75 脂肪肝中正常“肝岛”CT 表现

a. 平扫脂肪肝背景中肝左叶内侧段后缘局限性略高密度灶（↑）；b. 增强扫描“肝岛”增强表现比周围脂肪浸润的肝组织更明显

2. MRI 表现 大部分病例表现正常，少数病例显示 T_1WI 和 T_2WI 呈稍高信号，STIR 序列上稍高信号消失。由于脂肪与水中的氢质子共振频率不同，进行化学位移成像的同相位（in-phase）和反相位（out-phase）成像，可以显示肝脂肪浸润。在反相位图像上，脂肪浸润的信号比同相位图像的信号强度明显下降，为其特征。

【诊断与鉴别诊断】 脂肪肝的影像学检查目前主要应用 CT，而常规 MRI 检查对脂肪肝的检出率不如 CT。CT 平扫显示肝实质密度均匀或不均匀性减低，无占位效应者，易于做出脂肪肝诊断，且多数不需要增强检查即可确诊。局灶性脂肪肝有时需与肝肿瘤等占位性病变鉴别，前者多表现为片状或楔形低密度区，增强扫描可见到病灶内血管分布正常，无占位效应。

五、胆道疾病

（一）急性胆囊炎

急性胆囊炎（acute cholecystitis）是最常见的急腹症之一，大多由于胆囊颈部、胆囊管及胆总管的结石引起胆道梗阻及细菌感染所致。常见致病菌是大肠埃希菌、产气杆菌及厌氧菌等。多见于中年人，男女比例约 1∶2。

【病理与临床】 病理上分为三型。①急性单纯性胆囊炎：表现为胆囊黏膜的炎症、充血和水肿。②急性化脓性胆囊炎：胆囊壁弥漫性白细胞浸润，胆囊壁增厚，胆囊内充满脓液，胆囊增大。③急性坏疽性胆囊炎：胆囊高度肿大，胆囊壁缺血坏死、穿孔，形成胆囊周围脓肿，甚至可见胆囊内或胆囊壁积气。

临床表现主要为突发性右上腹痛，为持续性胀痛并阵发性绞痛，可放射至右肩部。严重者伴有畏寒、发热、恶心、呕吐及黄疸等症状。触诊局部压痛、反跳痛明显，Murphy 征阳性，局部腹肌紧张。

【影像学表现】

1. CT 表现（图 7-76） ①胆囊增大：胆囊横径达 5cm 以上，但胆囊增大并无特异性。②胆囊壁增厚及水肿：是胆囊炎的重要诊断依据，表现为胆囊壁弥漫性增厚超过 3mm，增强扫描胆囊壁呈分层状强化，内层强化明显且持续时间较长，外层为无强化的胆囊壁组织水肿。③胆囊周围低密度环：为胆囊周围肝组织水肿所致。④合并胆囊结石：约 70%以上合并结石。

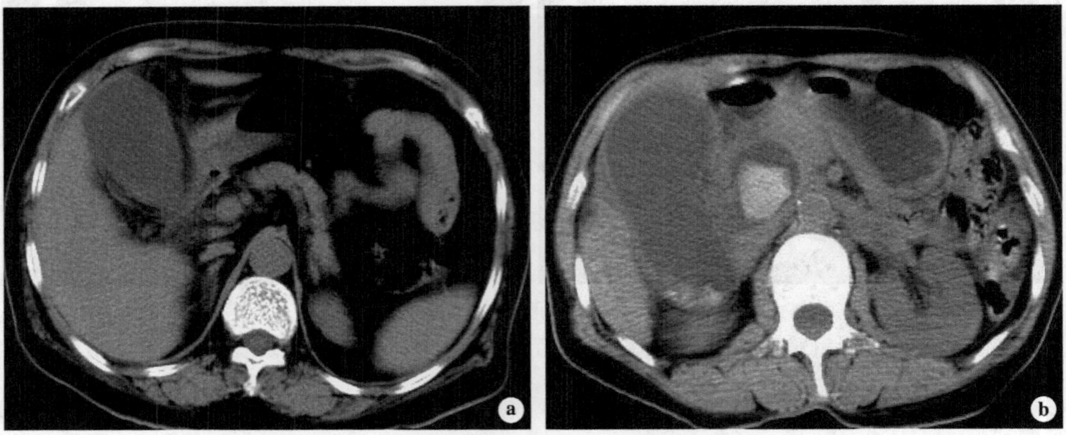

图 7-76　急性胆囊炎 CT 表现

a. 平扫胆囊稍增大，囊内密度增高，胆囊壁见低密度水肿环；b. 另一病例，平扫胆囊显著增大，胆囊壁均匀增厚，周围水肿，合并胆囊结石

2. MRI 表现　MRI 检查容易显示胆囊增大、胆囊壁增厚。增厚的胆囊壁因水肿而出现 T_1WI 低信号和 T_2WI 高信号。胆囊内的胆汁含水量增加，T_1WI 呈低信号、T_2WI 呈高信号。

【诊断与鉴别诊断】　急性胆囊炎的 CT 表现较典型，如出现胆囊增大，胆囊壁增厚及水肿，周围渗出性改变等表现，一般可作出诊断。有时需与胆囊壁弥漫性增厚的病变，如不典型的胆囊癌、胆囊腺肌增生症等鉴别。

（二）慢性胆囊炎

慢性胆囊炎（chronic cholecystitis）多源于急性胆囊炎反复发作所致。发病过程常与胆囊结石并存或互为因果关系。

【病理与临床】　由于反复细菌感染及化学性、机械性刺激，胆囊黏膜萎缩或破坏，粗糙不平；胆囊壁因纤维组织增生增厚，可出现钙化；胆囊体积常缩小，或因胆囊管阻塞引流不畅，导致胆囊积水而增大；胆囊收缩功能和胆汁浓缩能力减低。

临床常见症状为右上腹部隐痛、饱胀不适、厌油、消化不良等。体检右上腹局限性压痛，Murphy 征阳性。有时在大量脂餐后或过度疲劳时易诱发急性胆囊炎发作。

【影像学表现】

1. CT 表现　①胆囊壁普遍性增厚：可为均匀性或不均匀增厚，一般在胆囊充盈良好时胆囊壁厚度超过 3mm 有诊断意义，增强扫描胆囊壁均匀强化。②胆囊缩小或增大：多数胆囊因纤维化萎缩而变小，少数因胆囊积水而增大。③胆囊壁钙化：可呈弧形钙化，有时表现为环形钙化影，形成所谓“瓷胆囊”，钙化是慢性胆囊炎的特征性表现（图 7-77a）。④合并胆囊结石：多数可见高密度结石影（图 7-77b）。

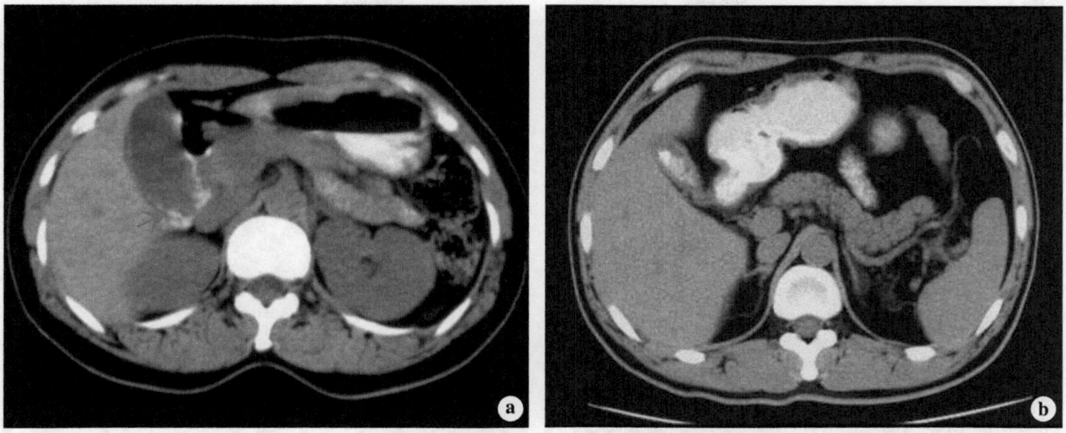

图 7-77 慢性胆囊炎 CT 表现

a. 胆囊体积增大，胆囊壁增厚，且可见蛋壳样高密度钙化（↑）；b. 胆囊体积缩小，壁均匀性增厚，且腔内见多发高密度结石

2. MRI 表现 同 CT 表现相似。

【诊断与鉴别诊断】 CT 检查发现胆囊体积较小，胆囊壁增厚、均匀性强化，伴有胆囊壁钙化或胆囊结石，是慢性胆囊炎的典型表现，可帮助诊断。慢性胆囊炎增厚的胆囊壁需与胆囊癌鉴别，后者胆囊壁的增厚更为显著，常超过 5mm 以上，且不规则，伴胆囊变形。

（三）胆系结石

胆系结石是胆道系统的常见疾病，可发生于胆囊内（称为胆囊结石）、肝内胆管或肝外胆管内（称为胆管结石），通常统称为胆结石症（cholelithiasis）。多见于中青年人，以女性多见，男女比例约 1∶2，肥胖患者更好发。

【病理与临床】 根据化学成分不同，胆结石可分为三类。①胆固醇类结石：胆固醇含量达 80%以上，含少量钙及胆红素，一般结石较大，常单发，圆形或类圆形；②胆色素类结石：主要成分是胆红素钙，胆固醇含量低于 25%，结石常多发，呈泥沙样或颗粒状；③混合性结石：包含以上两种成分，结石大小及数目不等，常呈多面体形。我国以胆红素为主的混合性结石较多见，常发生于胆囊或大胆管内。

临床表现与结石的位置、大小、胆道有无梗阻及并发症有关。一般表现为右上腹不适及消化不良等症状。急性发作时，可有突发性右上腹阵发性剧烈绞痛，并向右肩部放射，伴有呕吐、黄疸等症状。合并急性炎症时，出现发热等症状，疼痛不缓解。

【影像学表现】

1. CT 表现 按照结石化学成分及 CT 密度不同，胆色素类结石和混合性结石 CT 表现多为较高密度或混合密度影（称为阳性结石）；胆固醇类结石 CT 表现多为等密度或低密度影（称为阴性结石），平扫多不能显示。

（1）胆囊结石：平扫表现可为高密度、等密度、低密度或混合密度结石影。胆色素类结石和混合性结石显示为胆囊内单发或多发、圆形、多边形或环形较高密度影（图

7-78），部分呈泥沙样结石沉积于胆囊底部。胆固醇类结石在平扫上表现为等密度时难以发现，有时表现为低于胆汁密度的更低密度影。胆囊结石合并胆囊炎时，可见胆囊壁增厚。

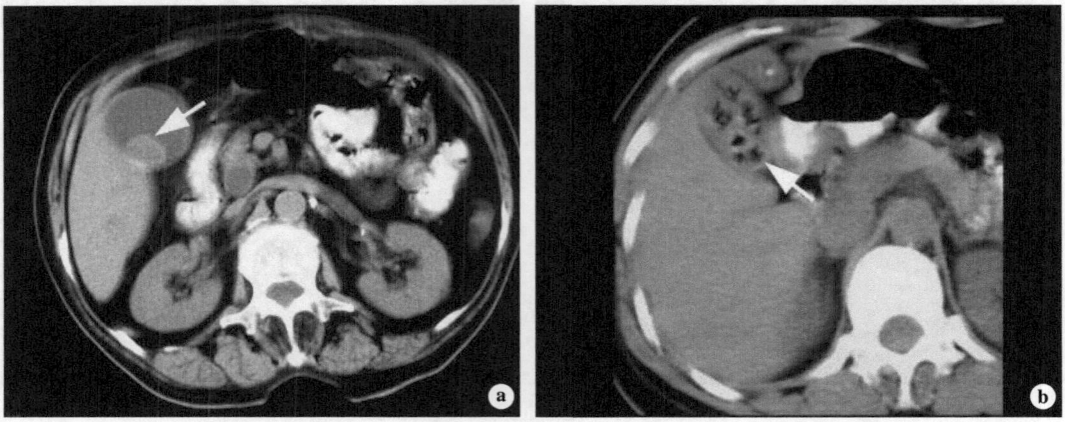

图 7-78　胆囊结石 CT 表现

a. 胆囊内见一类椭圆形稍高密度结石（↑）；b. 胆囊内多发含胆固醇低密度结石（↑）

（2）胆管结石：平扫表现多为高密度结石。肝内胆管结石呈与肝管走行方向一致的点状、结节状、条状或不规则状高密度影，伴有相应胆管扩张，尤以肝左叶胆管结石可较大，且易致胆管显著扩张（图 7-79）。肝外胆总管结石常嵌顿于胆总管内，形成胆道梗阻，导致上部胆总管扩张，结石部位的层面可见所谓的靶环征或新月征，即结石周围或上方为水样密度的胆汁环绕或嵌顿（图 7-80）；增强扫描可见胆总管壁增厚并强化。

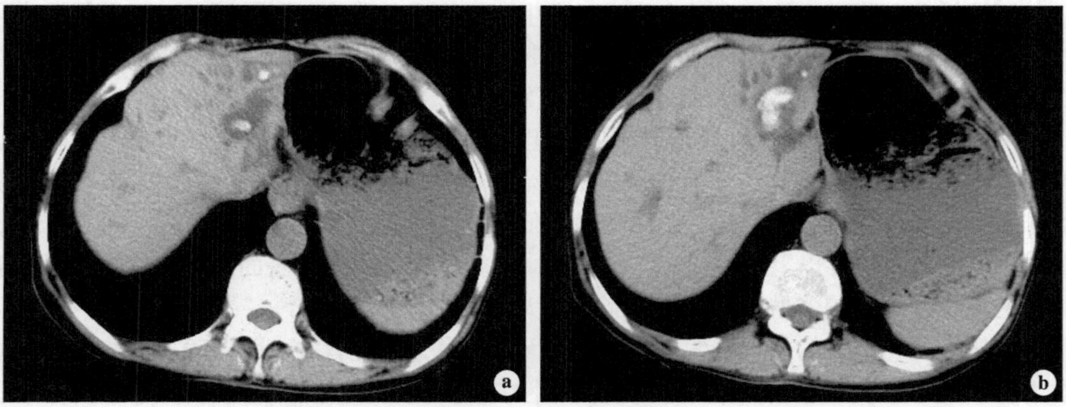

图 7-79　肝内胆管结石 CT 表现

a、b. 同一病例，肝左叶见多发点状、不规则形高密度结石，肝左叶胆管明显扩张

2. MRI 表现　结石在 T_1WI 和 T_2WI 上均呈单个或多个圆形低信号影，在 T_2WI 上与高信号的胆汁对比明显，形成胆囊腔内胆汁的“充盈缺损区”（图 7-81a）。MRCP 对胆囊结石更为敏感和直观。MRCP 可显示扩张胆总管下端呈“杯口”状充盈缺损，为胆总管结石典型表现（图 7-81b）。

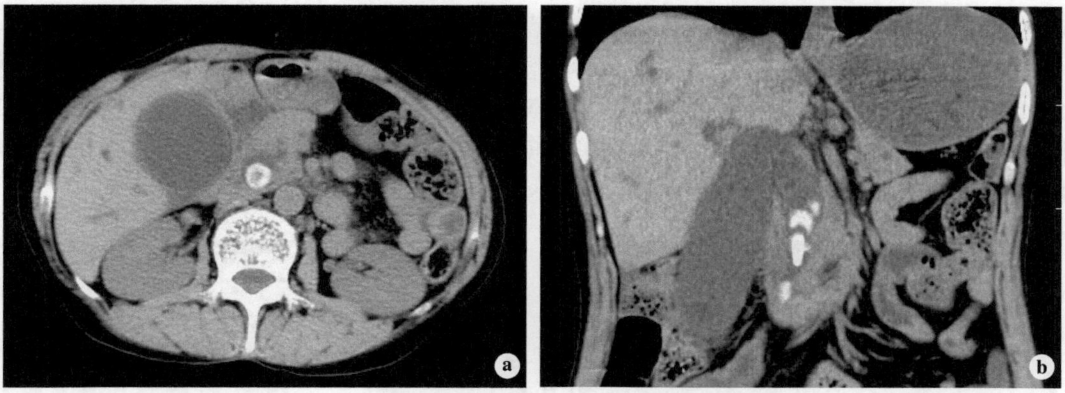

图 7-80 胆总管结石 CT 表现

a、b. 同一病例，示胆总管内多发不规则高密度结石，上段胆总管及肝内胆管扩张，胆总管管腔向下逐渐变窄，胆囊亦扩大

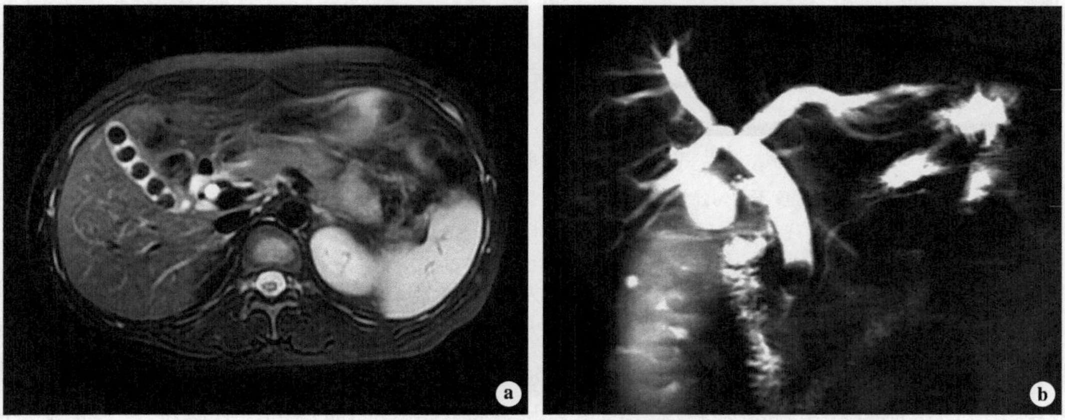

图 7-81 胆系结石 MRI 表现

a. 胆囊内多发结石呈类圆形低信号；b. 胆总管下段结石，呈“杯口”状充盈缺损

【诊断与鉴别诊断】 高密度或混合密度胆囊结石在 CT 上容易诊断，胆管结石多为较高密度影，常引起胆道梗阻，致近端胆管扩张，一般诊断不难。等密度或低密度的胆囊结石需与胆囊息肉鉴别。胆管结石引起胆道梗阻需与胆管肿瘤、胆管炎等病变鉴别。

（四）胆管癌

胆管癌（cholangiocarcinoma）是指起源于胆管上皮的恶性肿瘤，可发生于肝内胆管、左右肝管、肝总管及胆总管的任何部位。发病年龄多在 50—70 岁，男女比例为 2～2.5：1。

【病理与临床】 病理上，胆管癌 80%为腺癌，少数为鳞癌。按肿瘤生长方式和病理形态，可分为浸润型、结节型和乳头型。以浸润型最多见，肿瘤沿管壁环形生长，使胆管腔局部狭窄，甚至闭塞。乳头型和结节型以突入腔内的结节或肿块为主。按肿瘤发生部位，可分为肝内胆管癌、肝门区胆管癌和肝外胆管癌。

临床上起病隐匿，初期表现右上腹隐痛或胀痛，继而出现进行性加重的梗阻性黄疸；晚期出现消化不良、脂性腹泻等胆道梗阻症状。查体可扪及上腹部包块。

【影像学表现】

1. CT 表现 胆管癌的 CT 表现取决于肿瘤的部位和生长方式，但均有不同程度及不同范围的胆管扩张。根据胆管扩张的部位和范围，可以推测肿瘤的部位。

（1）肝内胆管癌：平扫对早期较小的肿瘤不能显示，或显示部分肝内胆管不对称性增宽。增强检查，根据胆管扩张的部位可追踪到胆管内异常强化的软组织影。较大的软组织肿块边界不清，密度不均匀，增强扫描早期见轻度强化，延迟扫描肿块有明显强化，是其典型特征，可伴有或无远端胆管扩张（图 7-82）。

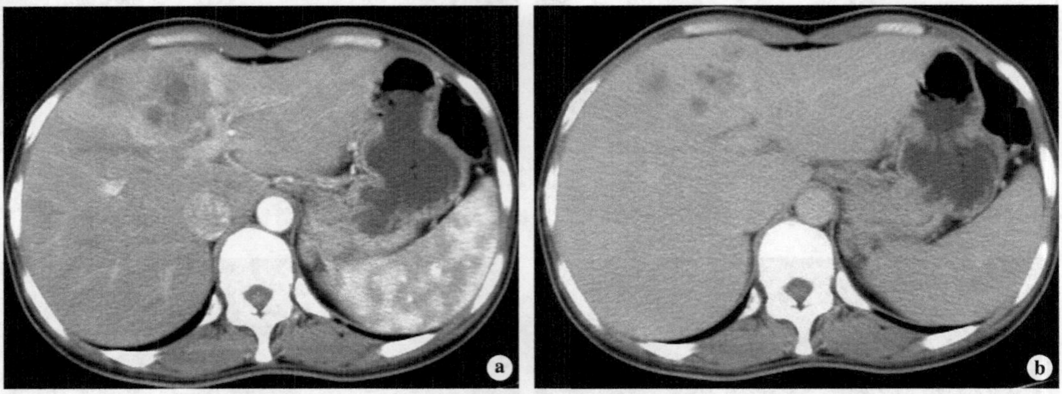

图 7-82　肝内胆管癌 CT 表现

a. 增强动脉期，肝左内叶肿块轻度不均匀强化，内有坏死区，境界不清晰；b. 平衡期，显示肿瘤有延迟强化表现，周围胆管无明显扩张

（2）肝门区胆管癌：早期癌肿较小表现为肝门区胆管壁环形增厚，管腔向心性或偏心性狭窄，增强扫描胆管壁有明显强化。病变发展后表现为肝门区软组织肿块，肝内胆管扩张，扩张的左、右肝管多不发生汇合，并有延迟强化表现（图 7-83）。肝内胆管扩张程度取决于肝门区胆管狭窄和闭塞程度，严重者呈囊性增宽，即所谓的“软藤征”。少数表现为肝门附近菜花状或不规则软组织肿块，密度较低，境界不清，并伴有胆管扩张。

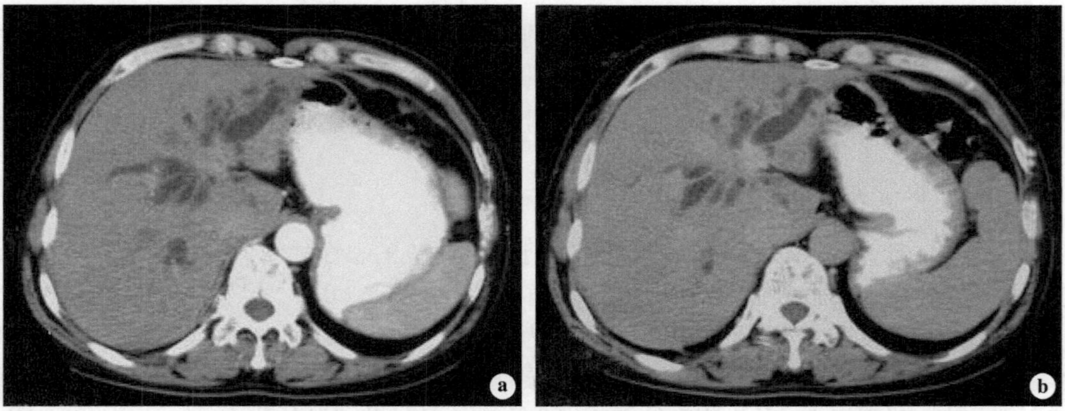

图 7-83　肝门区胆管癌 CT 表现

a. 增强动脉期：肝内胆管扩张，扩张的左、右肝管不汇合，肝门区见软组织肿块轻度强化；b. 延迟期：肿块强化更明显

（3）肝外胆管癌：多见于胆总管远端。主要表现为胆道梗阻和胆总管局部突然变小或中断，梗阻以上胆总管和肝内胆管扩张。胆管扩张突然变小或中断之处即肿瘤所在部位，显示为胆总管壁不规则增厚或腔内的软组织肿块，增强扫描肿瘤有明显强化（图 7-84）。

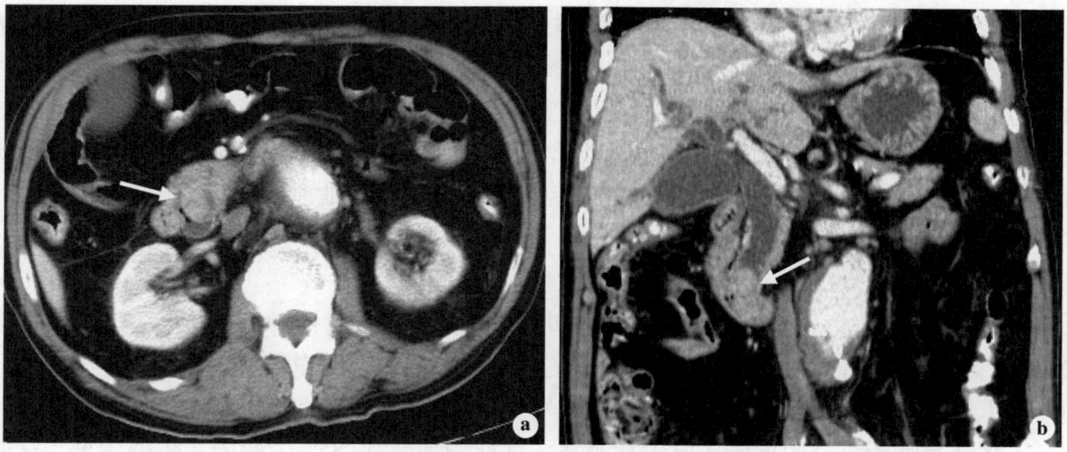

图 7-84 胆总管癌 CT 表现

a. 增强门静脉期：胆总管远端见中等强化的软组织结节（↑）；b. 增强门静脉期：冠状面，显示胆总管远端软组织结节（↑），近端胆管显著扩张，肝内胆管扩张

2. MRI 表现 胆管癌软组织肿块 T_1WI 呈低信号，T_2WI 呈不均匀高信号；增强扫描于增强早期强化不明显，延迟期明显强化（图 7-85）。中、下段胆管癌主要表现为胆管壁不规则增厚，胆管内充盈缺损及其近端胆系扩张。磁共振胆胰管造影（MRCP）对胆管扩张显示良好，扩张的胆管末端可见 T_1WI 低信号、T_2WI 不均匀高信号肿块。

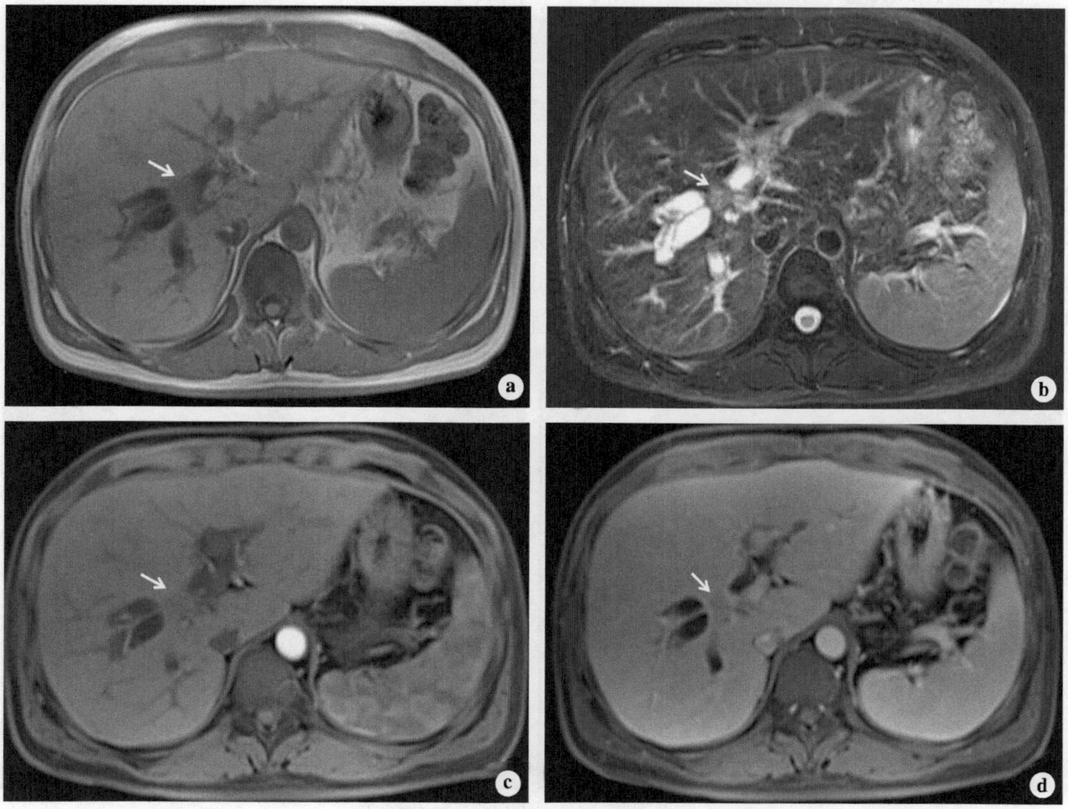

图 7-85 肝门区胆管癌 MRI 表现

a. 肝门区见 T_1WI 低信号肿块影（↑），肝内胆管扩张，且于肝门区中断；b. T_2WI 肿块呈高信号（↑）；c. 增强动脉期：肿块强化不明显（↑）；d. 肿块延迟期：明显强化（↑）

【诊断与鉴别诊断】 肝内胆管癌常表现为不均匀延迟强化的软组织肿物，结合血清学 CA199 等肿瘤标记物检查，多可作出诊断。肝门区胆管癌和肝外胆管癌常可沿扩张的胆管发现环形增厚的胆管壁或向腔内突入的结节，并有明显强化表现和肝门区、胰周的淋巴结增大，可以确认胆管癌诊断。肝内胆管癌造成远端胆管扩张时，需与肝内胆管结石所致梗阻鉴别。肝内胆管癌需与肝癌、肝内转移瘤、不典型肝血管瘤及炎性假瘤等鉴别。

（五）胆囊癌

胆囊癌（carcinoma of gallbladder）是胆道系统最常见的恶性肿瘤。病因不明，一般认为与胆囊结石和慢性胆囊炎的长期刺激有关，部分病例伴有胆囊结石。好发于中老年人，60 岁以上占 80%，男女比例为 1：3。

【病理与临床】 胆囊癌多发生在胆囊底部或颈部，约 85%为腺癌，鳞癌少见。腺癌可分为浸润型、黏液型和乳头型三种。以浸润型最常见，早期为胆囊壁局限性不规则增厚，晚期广泛性浸润增厚并形成肿块；乳头状腺癌常突入胆囊腔内，呈分叶状或菜花状，可形成较大肿块，易发生坏死；黏液型少见，多呈广泛性浸润性生长。胆囊癌易于扩散，常侵犯邻近肝、十二指肠、结肠肝曲等周围器官，也可转移到肝门附近淋巴结或发生远处转移。

临床上，早期以胆囊结石或慢性胆囊炎症状为主，进展期常出现右上腹持续性疼痛、黄疸、消瘦和上腹部包块等征象。黄疸是病变进入晚期的一个标志。

【影像学表现】

1. CT 表现

（1）胆囊癌的直接 CT 征象：分为三型。①浸润型：表现为胆囊壁局限性或广泛性不规则增厚，增强扫描胆囊壁强化较明显，持续时间延长。晚期胆囊壁消失，与正常肝组织分界不清，并侵犯邻近肝组织（图 7-86）。②肿块型：表现为胆囊内软组织肿块，可占据整个胆囊窝，致胆囊腔大部或完全消失，并累及肝组织，多为胆囊癌晚期。肿瘤内可出现坏死区，也可见钙化密度影，后者可能是肿瘤将胆囊结石包裹其中所致。③乳头型：表现为从胆囊壁向腔内突起的结节影，常单发，也可多发，与胆囊壁呈宽基底相连，局部胆囊壁常增厚，胆囊腔多存在。增强扫描肿瘤明显强化（图 7-87）。

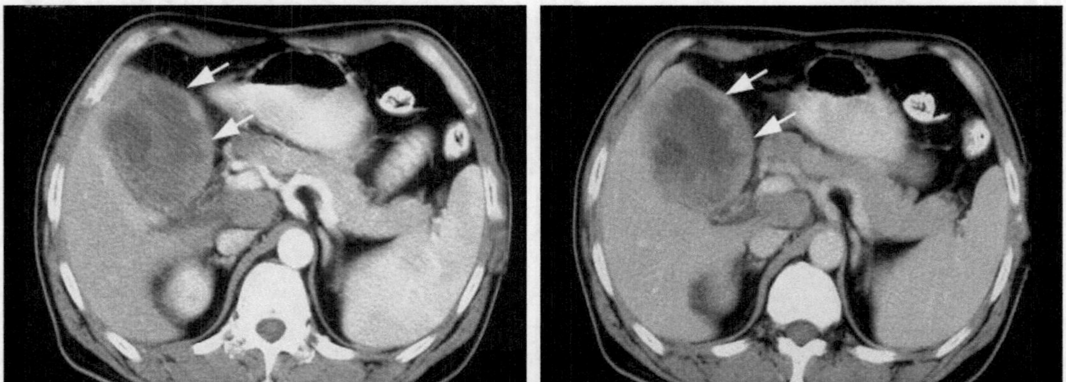

图 7-86 浸润型胆囊癌 CT 表现

a. 增强扫描动脉期：胆囊壁弥漫性不均匀增厚并较明显强化；b. 门脉期：增厚的胆囊壁仍强化

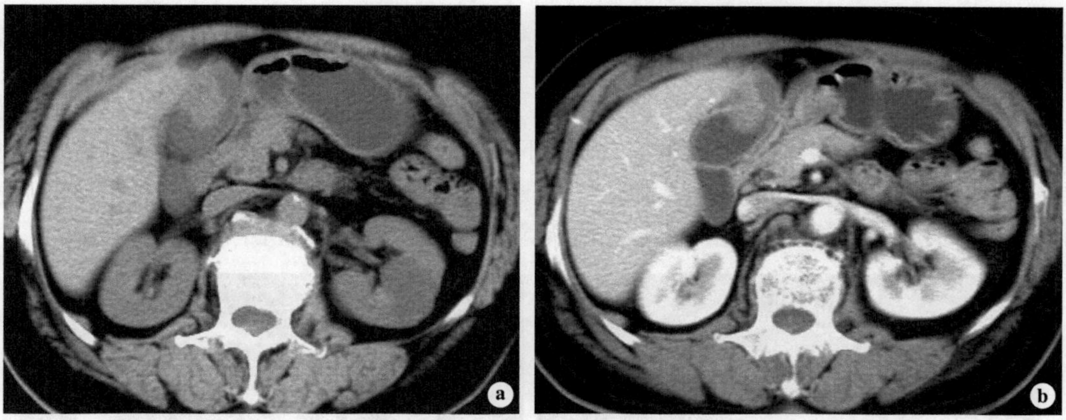

图 7-87 乳头型胆囊癌 CT 表现

a. 平扫：显示胆囊软组织结节突入腔内，呈宽基底与胆囊壁相连；b. 增强门静脉期：显示胆囊内软组织结节较明显强化

（2）胆囊癌的间接 CT 征象：①侵犯周围脏器：胆囊癌最常侵犯周围肝组织，并与原发肿瘤分界不清。②胆道梗阻：肿瘤侵犯肝门区胆管，可造成肝内胆管及肝门区胆管显著扩张。③肿瘤转移：以淋巴结转移常见，最常累及肝十二指肠韧带、胰头后淋巴结和腔静脉旁淋巴结，并可相互融合。

2. MRI 表现 与 CT 表现相似，表现为胆囊壁增厚，胆囊内见 T_1WI 低信号、T_2WI 稍高信号的实质性肿块。T_2WI 上肿块周围的肝实质可出现不规则高信号带，提示肿瘤侵犯肝。同时还可显示淋巴结转移和胆管扩张。

【诊断与鉴别诊断】 CT 表现为胆囊区巨大肿块侵犯邻近肝组织；或出现胆囊壁不规则增厚，有明显增强且延迟强化；或见突向胆囊腔内的异常强化结节，均应考虑胆囊癌的诊断。如发现周围淋巴结肿大更具提示意义。浸润型胆囊癌需与慢性胆囊炎相鉴别；肿块型胆囊癌累及邻近肝组织，常需与肝癌侵犯胆囊鉴别；乳头型胆囊癌需与胆囊息肉、局限性胆囊腺肌增生症鉴别。

六、胰腺疾病

（一）急性胰腺炎

急性胰腺炎（acute pancreatitis）是胰腺消化酶被激活后对本器官自身消化所引起的炎症性病变，是常见的急腹症之一。最常见的病因是胆道疾患及酒精中毒所引发，其发病机制复杂，既有胰腺本身病变，又有胰周其他器官病理改变所致。多见于成年人，发病多与饮食有关。

【病理与临床】 急性胰腺炎可分为两型。①急性间质性胰腺炎：又称为水肿性胰腺炎，是常见的类型，仅有胰腺水肿和细胞浸润，胰腺体积增大。②急性坏死性胰腺炎：是胰腺实质发生局限性或弥漫性坏死、出血、液化及胰周组织坏死、积液，肾周筋膜增厚等。

临床上起病急骤，主要症状为上腹部疼痛、腹胀、恶心、呕吐和发热等，通常为持续性剧痛，常放射到左侧腰部及肩背部。严重者可出现低血压、休克、腹膜炎体征，以及多器官功能衰竭和各种并发症状。实验室检查有血白细胞计数升高，血、尿淀粉酶及胰蛋白酶升高。

【影像学表现】

1. CT 表现

（1）急性水肿性胰腺炎：少数轻型患者，CT 可无阳性表现。多数病例平扫显示有不同程度的胰腺弥漫性肿胀，密度正常或轻度下降，密度均匀或不均匀，胰腺轮廓清楚或边缘模糊。增强扫描可见胰腺均匀性强化，但较正常胰腺为轻，无坏死区。此外，渗出明显者可见胰周积液，肾前筋膜增厚，是急性胰腺炎的重要 CT 表现（图 7-88）。

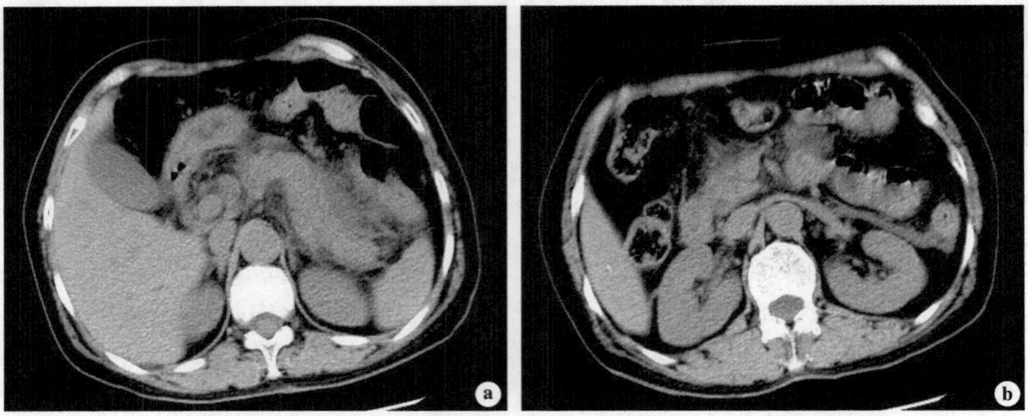

图 7-88　急性水肿性胰腺炎 CT 表现

a. 平扫胰腺弥漫性肿大，密度降低，轮廓模糊，周围见渗出液；b. 左侧肾前筋膜增厚

（2）急性坏死性胰腺炎：①胰腺体积明显增大：多为弥漫性肿大，且与病变严重程度一致。②胰腺密度改变：在胰腺水肿基础上发生坏死液化表现为密度更低的坏死区，增强扫描坏死区不强化而对比更明显（图 7-89）；如有胰腺内出血则呈高密度影。③胰腺周围改变：可见胰周脂肪间隙消失和胰周间隙积液，肾前筋膜明显增厚，严重者胰腺实质坏死液化和周围渗出积液融为一体，致使胰腺轮廓显示不清。④并发症：在病程转归过程中可形成胰腺脓肿或假性囊肿，胰腺脓肿增强扫描表现为胰腺内不规则低密度区中见到散在的小气泡影；假性囊肿表现为胰腺内或胰外的圆形或类圆形囊性病变，其内为液体密度，大小不等，单发或多发。

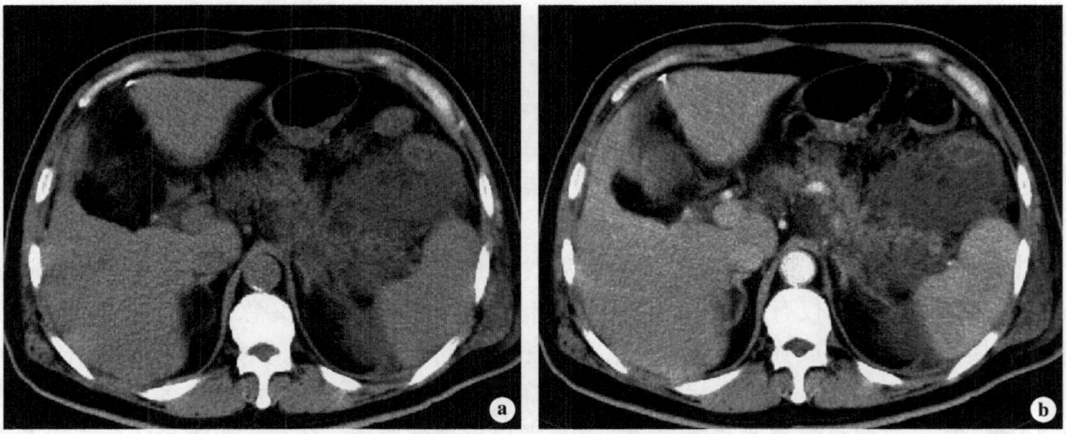

图 7-89　急性坏死型胰腺炎 CT 表现

a. 平扫胰腺弥漫性肿大，密度不均匀，有更低密度坏死区，轮廓模糊，周围有渗出液；b. 增强动脉期示胰腺部分组织不均匀轻度强化，坏死区无强化

2. MRI 表现 胰腺肿大、外形不规则，边缘模糊不清；胰腺内、外积液表现为 T_1WI 低信号、T_2WI 高信号区。假性囊肿形成表现为圆形、边界清楚、光滑锐利的病灶，呈 T_1WI 低信号、T_2WI 高信号。如果胰腺炎合并出血时，随着正铁血红蛋白的出现，T_1WI 和 T_2WI 均呈高信号。

【诊断与鉴别诊断】 根据影像学表现，结合临床症状及实验室检查结果，常可做出急性胰腺炎的准确诊断。但影像诊断应帮助确定病变的病理类型，腹膜后扩散范围及并发症。急性胰腺炎形成的假性囊肿需与胰腺实质内或胰外囊性病变鉴别。

（二）慢性胰腺炎

慢性胰腺炎（chronic pancreatitis）的发病原因很多，国外报道大多数病例与长期酗酒有关，而国内报道约半数患者是急性胰腺炎反复发作所致，其中有些显然与胆道结石及感染有关。

由于各种原因造成的胰腺实质节段性或弥漫性进展的炎症，其渐进性的病程最终会导致胰腺坏死、纤维化，并使胰腺功能和结构出现不可逆的损害。

【病理与临床】 慢性胰腺炎的病理改变特点是胰腺纤维化，质地变硬，体积缩小；晚期腺体完全萎缩，被纤维和脂肪组织取代。常伴有胰管不同程度的扩张、胰管结石和胰腺实质内钙化，部分病例可有大小不等的假性囊肿形成。

临床上轻者可无明显症状，主要表现为反复中上腹部疼痛，伴恶心、呕吐；饮酒和饱餐时可诱发疼痛或使疼痛加重。严重者可出现消化不良、脂肪泻、体重减轻和糖尿病等表现。

【影像学表现】

1. CT 表现 ①胰腺形态大小改变：胰腺体积萎缩变小，表面轮廓不规则。②胰管扩张：多数表现为扩张与狭窄交替出现，呈串珠状主胰管扩张，少数可为均匀性管状扩张。③胰管结石和胰腺实质钙化：较少见，表现为散在的斑点状、条状或结节状高密度影，此为慢性胰腺炎较可靠的 CT 征象（图 7-90）。④假性囊肿：部分病例可伴有假性囊肿形成，常位于胰腺实质内，可单发或多发，囊壁较厚，可见囊壁钙化（图 7-91）。

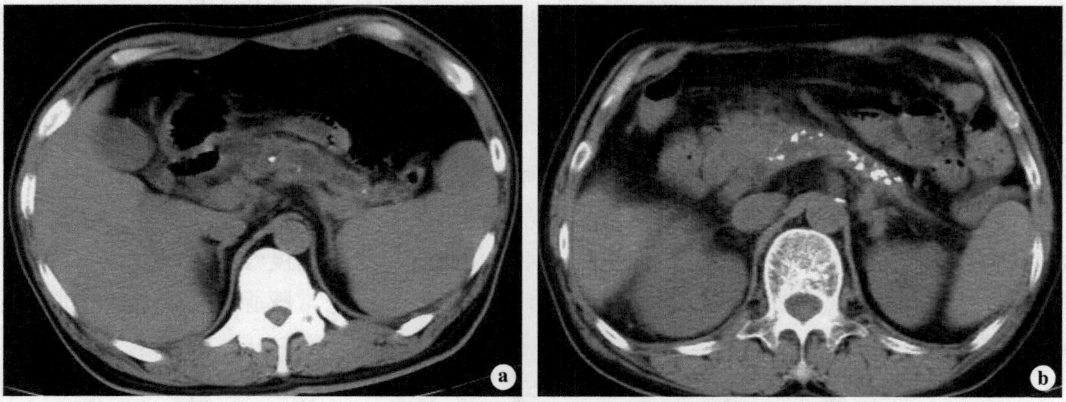

图 7-90 慢性胰腺炎 CT 表现

a. 平扫示胰腺萎缩，主胰管显著扩张，呈串珠状，胰管内少量钙化灶；b. 另一病例，胰腺体、尾部萎缩，其内多发钙化灶，胰管轻度扩张

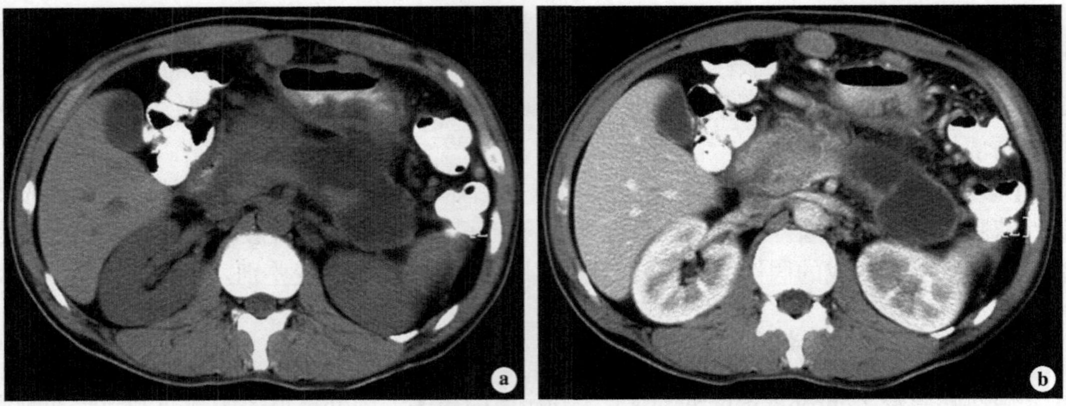

图 7-91 慢性胰腺炎合并假性囊肿 CT 表现

a. 平扫胰腺肿大，密度降低，轮廓不清晰，胰体、尾部见囊性病变；b. 增强胰头部明显强化，胰体、尾部假性囊肿无强化

2. MRI 表现 形态学表现与 CT 相同。

【诊断与鉴别诊断】 慢性胰腺炎典型 CT 表现为胰腺弥漫性萎缩，伴有胰管扩张或胰腺内钙化灶，易于诊断。

（三）胰腺癌

胰腺癌（pancreatic carcinoma）是胰腺最常见的恶性肿瘤，近年来发病率呈上升趋势，与饮食习惯、糖尿病、慢性胰腺炎及遗传等因素有着密切的关系。多发生于 40 岁以上中老年人，男女比例为（2～4）：1。

【病理与临床】 根据组织来源，胰腺癌分为胰导管细胞癌和腺泡细胞癌，其中 90%为腺癌。胰腺癌好发于胰头（钩突）部，约占 70%，体部次之，尾部最少。胰腺癌常直接侵犯胆总管、十二指肠降部及邻近血管，也可发生淋巴转移或血行转移至其他器官。

临床上胰头癌早期可出现梗阻性黄疸症状。胰体尾部癌出现症状较晚，常因肿块而就诊，多已属晚期。临床表现主要为腹痛和腹部不适、胃纳减退、消化不良、体重减轻、黄疸等。实验室检查示 CA199 升高。

【影像学表现】

1. CT 表现 CT 能直接显示肿瘤的大小、范围和密度改变，对肿瘤与周围结构关系、淋巴结转移和肝等远处转移等情况能作出准确的评估。

（1）胰腺局部增大或出现肿块：是胰腺癌的主要 CT 表现和直接征象。平扫时肿块多为等密度或稍低密度，边界不清，若发生坏死液化则可见更低密度灶。因胰腺癌多为少血管性（乏血供）肿瘤，增强扫描时肿瘤强化不明显，而周围正常胰腺强化明显，使肿瘤显示更清楚（图 7-92）。

（2）胆总管和胰管扩张：胰头癌常早期侵犯胆总管胰内段，引起胆道梗阻及近端的胆管不同程度扩张；肿瘤也可侵犯主胰管使之阻塞而产生扩张。若胆总管、主胰管同时扩张，即谓“双管征”。

（3）肿瘤侵犯周围血管及脏器：肿瘤常侵犯周围血管如肠系膜上动脉、肠系膜上静脉、脾静脉、门静脉及腹腔动脉等，表现为胰腺与血管间的脂肪间隙消失或血管被肿块包绕，血管形态不规则、变细等（图 7-93）。

（4）肿瘤转移：胰腺癌淋巴转移最常见于腹腔动脉干和肠系膜上动脉周围的淋巴结，其次是下腔静脉旁、腹主动脉旁、肝门区及脾门区淋巴结。胰腺癌血行转移最常见转移至肝。

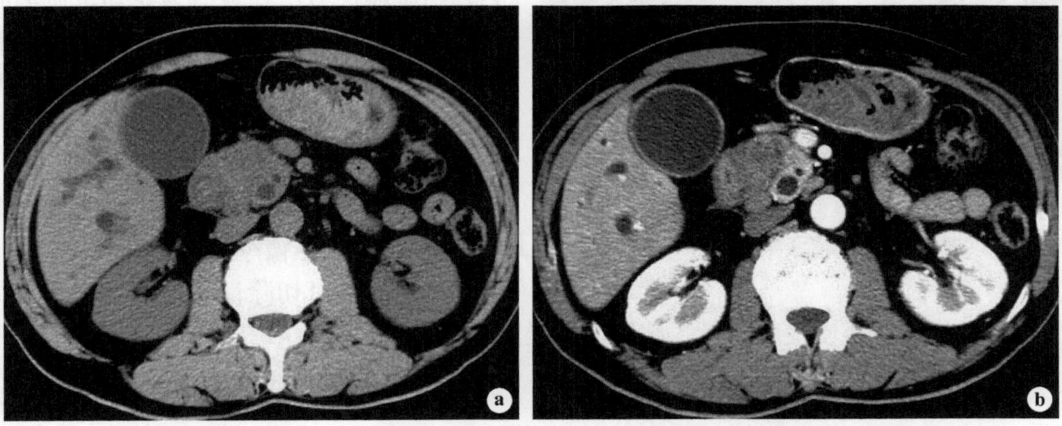

图 7-92 胰头癌 CT 表现

a. 平扫胰头增大膨隆，胆总管扩张（↑）；b. 增强动脉期：肿瘤呈较低密度，边界较清楚

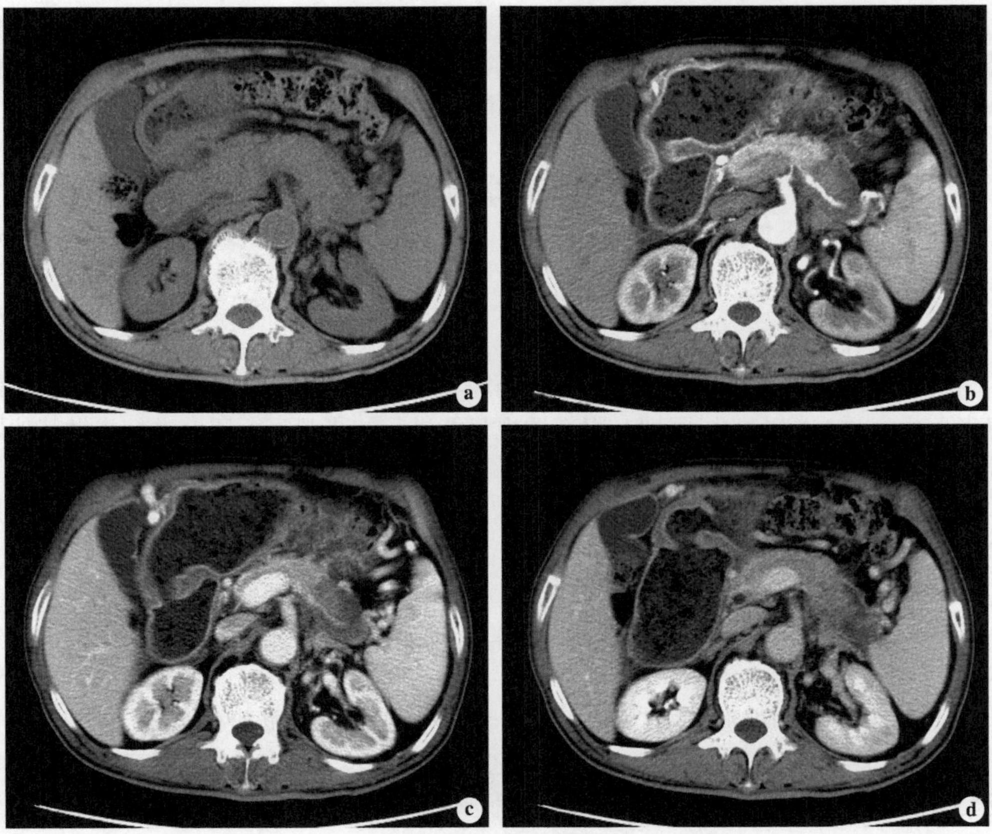

图 7-93 胰尾癌 CT 表现

a. 平扫胰尾部肿大，见稍低密度肿块影，边界不清；b～d. 增强动脉期、门静脉期及静脉期：肿块轻度强化，但始终低于正常胰腺强化程度，脾动脉被肿块包绕提示肿块侵犯脾动脉

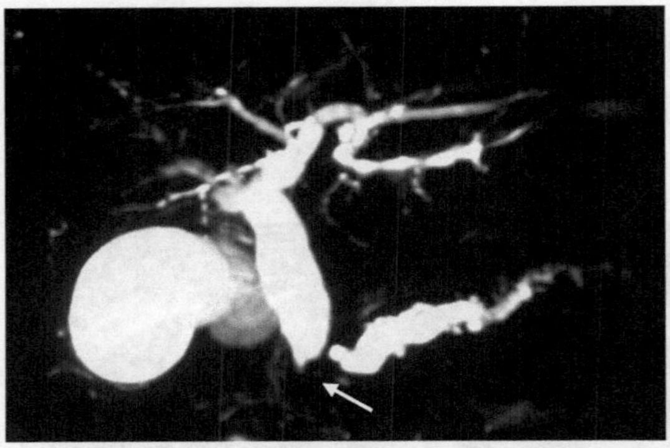

图 7-94　胰头癌 MRCP 表现

胰管及胆管均明显扩张，胆总管下端及胰管近端突然狭窄（↑），呈典型的“双管征”（手术证实为胰头癌）

2. MRI 表现

（1）平扫：肿块形状不规则，边缘清楚或模糊。T_1WI 常为低信号，少数为等信号；T_2WI 少数为高信号，多数为等或低信号；当肿瘤内发生坏死、液化和出血等改变时，T_2WI 呈混杂信号。MRCP 可清楚显示梗阻扩张的胰管和胆管，对诊断有帮助（图 7-94）。

（2）增强扫描：与 CT 表现相同。

【诊断与鉴别诊断】 多数胰腺癌多可根据典型的影像学表现做出诊断。此外，还可对其可切除性在术前做出评估。主要疾病鉴别包括慢性胰腺炎、胰腺其他类型肿瘤等。

（张振勇）

第三节　急　腹　症

急腹症（acute abdomen）是腹部急性疾患的总称，包括腹内炎症、急性肠梗阻、腹内脏器破裂、腹壁病变、妇科急腹症及小儿急腹症等，涉及消化、泌尿、生殖系统及血管性疾病。本节关于急腹症的叙述，只涉及胃肠道穿孔、肠梗阻和腹部外伤。

一、影像学检查技术

（一）X 线检查

1. 透视及平片检查

（1）腹部透视：主要用于观察气腹及肠腔异常扩张、积液征象，仅适用于能够站立的患者。由于透视检查的局限性，腹部透视只能进行初步观察，还应进一步做其他影像学检查。

（2）腹部平片：较腹部透视清晰度高，检查方法简便经济，目前仍是急腹症最常用的影像学检查方法。腹部平片最常用的投照体位是腹部站立前后位和仰卧前后位。①站立前后位可显示膈下游离气体、肠腔内液平面等。如果不能站立者，常以侧卧水平正位代替站立前后位。②仰卧前后位可显示腹内扩张肠管的排列位置、腹脂线、胆结石、泌尿系结石及下胸部病变等。

2. 肠管造影　利用钡剂或气体造影增加肠管对比，可观察肠管的黏膜、轮廓和通畅度情况。主要用于结肠梗阻、回结型肠套叠、乙状结肠扭转、先天性肠扭转不良等。对于部分肠套叠、乙状结肠扭转患者还可以进行灌肠整复。

（二）CT 检查

随着多层螺旋 CT 的发展和普及，CT 在急腹症诊断中的作用日趋重要，由于多层螺旋 CT 具有快速、简易、密度分辨力高等特点，一次屏气即可完成全腹部扫描，且可以明确大多数急腹症的病因，更有利于明确诊断。因此，CT 已逐渐成为急腹症的常规检查手段。

CT 平扫有利于发现腹腔内包裹性及游离气体、液体，有利于判断肠梗阻的部位和原因，对于腹部脏器的急性炎症、腹部外伤及肠坏死等均能提供丰富而精细的征象。扫描范围应视病情而定，对于肠梗阻、胃肠穿孔和腹部外伤等病变扫描范围通常应包括整个腹部及盆腔。当 CT 平扫不能明确诊断时，可视情况做 CT 增强扫描；对于腹部血管性病变可做 CTA 检查以明确病因。

（三）血管造影

急腹症时血管造影并非常规检查方法，仅用于某些血管源性急腹症进行诊断及治疗，如选择性腹腔动脉造影、肠系膜上动脉造影及肠系膜下动脉造影，可用于诊断消化道出血、消化道缺血等。

二、正常影像学表现

（一）正常 X 线表现

腹部 X 线平片应包括整个腹部，上界包括双侧膈顶，下界包括耻骨联合。腹部实质性脏器和胃肠道没有良好的密度对比，平片不易显示；但部分脏器有脂肪包绕，所以平片有时可以显影；若要确切了解脏器的病变必须依靠超声、CT 或 MRI 检查。

正常胃肠道根据内容物不同而有不同的 X 线表现：①胃内常有气体及液体，仰卧位时可大致显示胃的轮廓；在立位时表现为胃底及胃体上方的气液平面。②十二指肠球部有时含有少量气体，立位时可见小液平面，水平段及升段很少有气体出现。③小肠在正常情况下，成人很少有气体滞留，在检查过程中可能会出现一小段小肠内充以气体，但小肠内径正常；在腹部立位检查时，有时可见小液面形成，如短时间内可消失，为正常现象。3 岁以下婴幼儿在正常情况下，小肠内存在气体为正常现象。④大肠具有特征性，其内径宽，内可有气体及粪便。盲肠及升结肠位置较固定，靠近右侧腹壁，易于观察；横结肠和乙状结肠系膜较长，活动度大。大肠和小肠的区分在 X 线平片上很重要，大肠的结肠袋两侧壁之间距离较宽，形状呈长方形，结肠袋之间有切迹。空肠位于左中上腹部，黏膜皱襞丰富；回肠多位于右中下腹部及盆腔，环状皱襞逐渐减少。

条件良好的腹部平片，正常胁腹部可见两层脂肪透明线，分别是皮下脂肪层和腹膜外脂肪层；这两层脂肪较厚，易于观察。腹膜外脂肪层（通常称腹脂线）向上可达肝下缘，向下可达髂窝（图 7-95）。

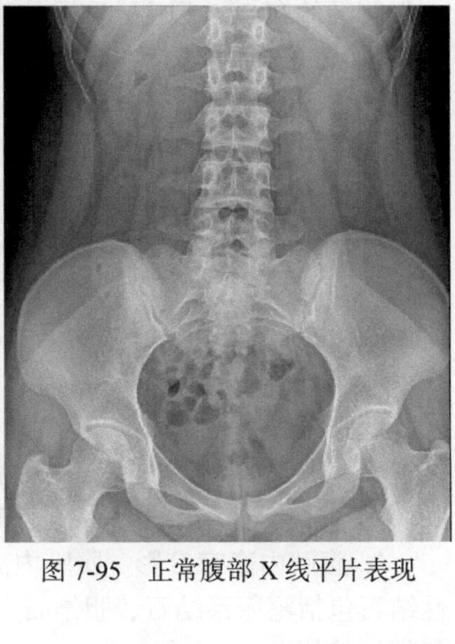

图 7-95　正常腹部 X 线平片表现

（二）正常CT表现

CT的密度分辨力高于X平片，CT扫描可清晰显示腹腔内脏器、胃肠道、脂肪等组织结构。其正常CT表现见本章第一、二节。

三、异常影像学表现

（一）异常X线表现

腹部平片能显示腹腔异常积气、积液、腹内肿块及异常钙化灶等征象，是X线平片诊断急腹症的重要依据。

1. 腹腔积气 腹腔积气又称气腹，常见于胃肠道穿孔。正常腹腔内没有气体存留，胃肠道穿孔后胃肠道内的气体进入腹膜腔而形成气腹；若积气随体位改变而游动，则称游离气腹。立位平片显示气体游离到膈下，在膈与肝或胃底之间，表现为新月形或镰刀状低密度气体影；侧卧水平正位片显示气体浮游到上方侧腹壁与腹内脏器之间；仰卧水平正位片显示气体浮游到腹腔前方。当腹腔内气体局限于某处，且不随体位改变而移动，则称局限性气腹。此外，气腹还可见于腹部手术后、产气细菌腹内感染等。

2. 腹腔积液 腹腔炎症或外伤等均可致腹腔积液。当腹腔内游离液体量较少时，仰卧位X线平片不易显示。当游离液体增多时，则肾和腰大肌阴影变得模糊，腹部密度明显增高。

3. 胃肠道积气、积液及管腔扩大 胃肠道积气、积液及管腔扩大常见于梗阻性病变，也可见于炎症性病变和外伤性改变等。

（1）十二指肠扩张：十二指肠降部梗阻时，胃和十二指肠球部表现为明显胀气扩大，在立位时可见“双泡征”，即胃和十二指肠各见一个较长的气液面。

（2）小肠与大肠扩张：当小肠与大肠充气扩大时，在气体的衬托下，可通过观察肠黏膜皱襞的形态将它们区分。①空肠胀气扩张时，呈连续管状，位于上腹部或上中腹部偏左，一般管径约在3cm以上。仰卧位腹部平片显示胀大的空肠呈平行或层层连续性排列，立位时呈拱状。肠黏膜皱襞在肠腔扩张不明显时呈弹簧样改变，在肠腔扩张明显时呈平行线状改变。②回肠胀气扩张时，肠管黏膜皱襞排列稀疏或皱襞消失，呈光滑管状，一般位于中下腹或中下腹偏右。③大肠胀气扩张时，管径明显大于小肠，左半结肠管径在5cm以上，右半结肠管径多在7cm以上，若极度扩张可达10cm以上。扩张结肠的边缘仰卧位呈花边状，立位呈波浪状，半月皱襞处的肠壁边缘内陷，肠腔内皱襞不横贯全径，胀大的结肠位于腹部周围。

（3）肠曲积气积液：立位腹部平片可显示肠曲内气液平面，该征象为肠梗阻的X线特征。气液平面的形态、宽窄、数目与肠梗阻的性质、发病时间的长短、肠内液气量的多少及肠壁张力等因素有关。

4. 腹腔内肿块影 腹腔内肿瘤在相邻充气肠曲衬托下可以显示，表现为均匀的软组织肿块阴影，有较清晰的边界，充气的肠曲受压移位。

5. 腹腔内高密度影 腹腔内高密度影主要为阳性结石、钙化和异物等。急腹症患者阳性结石包括泌尿系结石、胆结石、阑尾粪石等，平片可显示高密度影的数目、大小、形态和部位等信息。

6. 腹脂线 在局限性腹膜炎或腹部外伤时，患侧腹脂线常显示密度增高、变宽，边缘模糊或消失，为脂肪肿胀的表现。当全腹膜炎或大量腹水时，两侧腹脂线均不清或消失。

（二）异常CT表现

急腹症患者虽然多采用腹部X线平片检查，但由于CT具有很高的密度分辨力，能更加准确地判断急腹症的病因和病变程度，为临床提供更为重要、精确的信息。

1. 异常密度改变 CT平扫如腹腔内或腹内脏器有异常密度时，测量CT值能提供辨认病变性质的参考。如腹腔内病灶CT值为0～20HU时，可能是腹水，而游离在腹腔的不凝血液的平均CT值为45HU左右。

2. 腹腔脏器大小改变 胃肠道管腔的扩张增大，可能是由腔内肿瘤、腔外肿瘤侵及腔壁、炎症粘连、肠扭转等引起的肠梗阻所致；实质性脏器增大，依据CT值改变和增强表现，可推测其性质。

3. 形态、轮廓改变 病变的形态不规整，边缘显示模糊不清，结合病变其他表现可推测病变性质，如炎性肿块、脓肿、脏器破裂及出血等。

4. 相邻脏器位置改变 CT检查可为定位诊断提供可靠依据，可以确定异常肿块是在腹膜腔内还是腹膜腔外，是位于腹膜后间隙还是盆腔内；根据病变周围脏器受压移位情况，常有助于确定病变的起源部位。

四、胃肠道穿孔

胃肠道穿孔（gastro-intestinal perforation）是胃肠道溃疡、癌肿、炎症等疾病的严重并发症，在临床上尤以胃及十二指肠溃疡穿孔最为常见。此外其他疾病如缺血、创伤等也可引起空腔脏器穿孔。影像学检查对胃肠道穿孔的诊断具有重要作用。

【病理与临床】 胃肠道穿孔常继发于溃疡、创伤及肿瘤等。胃、十二指肠溃疡穿孔为最常见病因；肿瘤穿孔是因为肿瘤坏死导致穿孔，以及肿瘤引起的肠梗阻所致；创伤性穿孔多合并其他脏器损伤。胃、十二指肠溃疡穿孔多发生在前壁，穿孔后胃及十二指肠内的气体和内容物流入腹腔，造成气腹和急性腹膜炎。

临床起病急骤，常为突发性持续性上腹剧痛，呈烧灼样，可延及全腹；查体有全腹压痛、反跳痛，腹肌呈板样强直等；可伴恶心、呕吐，甚至出现休克症状。发病数小时后可出现发热、白细胞升高。

【影像学表现】

1. X线表现 胃肠道穿孔穿入腹腔内时，主要X线表现为气腹、腹液、腹脂线异常和麻痹性肠胀气等征象。①气腹征象：站立位检查时可见膈下游离气体，表现为双侧膈下弧形或新月形透亮影（图7-96），具有重要诊断意义。若患者不能站立，可采取左侧卧位水平正位投照，在侧腹壁与肝之间可见弧线状透亮带。需要注意的是，少数患者未显示气腹征象，也不能排除胃肠穿孔。②腹腔内积液及气液征象：是胃肠穿孔后继发性腹膜炎的表现，显示

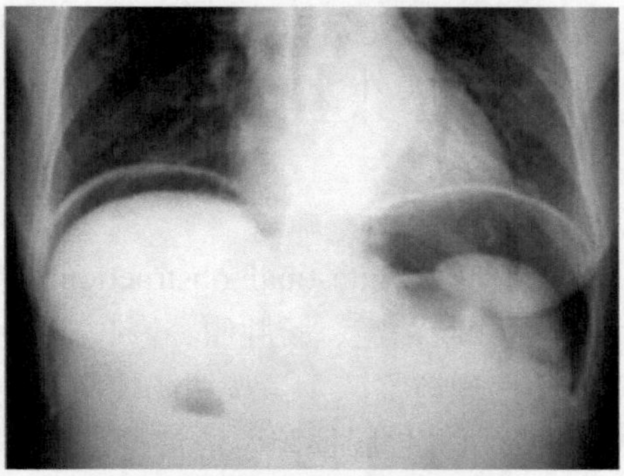

图7-96 双侧膈下游离气体X线表现

腹腔积液或气液征象，相邻腹脂线变模糊，伴麻痹性肠胀气。

2. CT 表现 ①气腹：CT 显示于腹腔前部、腹中线处、肝前缘与腹部之间可见低密度气体影。此外，网膜囊、肝肾隐窝、盆腔、膀胱前间隙等处也是气体聚集的部位。②腹腔积液：胃肠道穿孔后，除了腹腔游离气体外，常伴有胃肠内液体渗出，进而引起腹膜炎症，产生腹腔积液（图 7-97）。

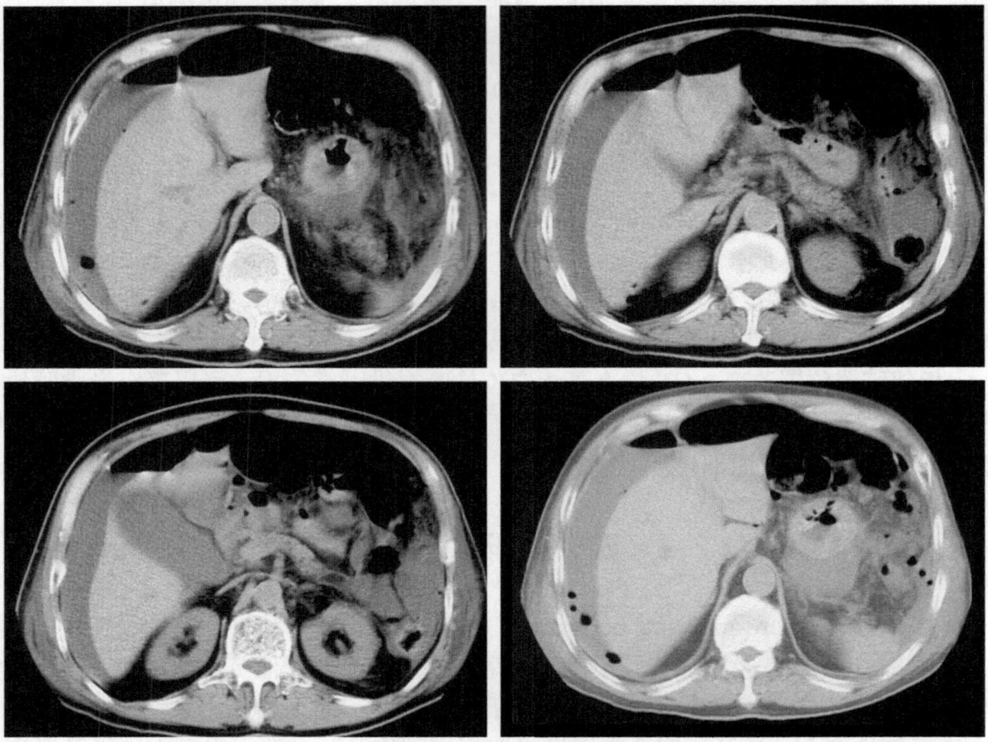

图 7-97 胃穿孔 CT 表现

胃穿孔并急性腹膜炎：肝前外方见大量积液积气

CT 显示气腹的能力优于平片，但应注意的是，应该使用较低的窗位、较宽的窗宽才能更好地显示气体并将气体与脂肪区分，有时甚至使用肺窗以助于判断少量气体。

【诊断与鉴别诊断】 影像检查的目的主要是确认是否有腹腔游离气体即气腹存在。膈下游离气体为典型表现，结合临床症状、体征和发病过程，易于明确诊断。腹内游离气体应与以下情况鉴别：腹部手术后短期内腹腔可见游离气体，不能误为胃肠道穿孔；间位结肠和左侧胃泡有时不易与膈下游离气体鉴别，可通过变换体位来观察气体是位于胃肠道内还是胃肠道外。

五、肠 梗 阻

肠梗阻（intestinal obstruction）指肠内容物不能正常运行或通过发生障碍。发病原因很多，如肠粘连、肠肿瘤、嵌顿疝、肠扭转和肠套叠等，其中肠粘连是最常见的原因。

【病理与临床】 按照肠梗阻发生的基本原因可分为三类。

1. 机械性肠梗阻 最常见。是由于各种原因引起肠腔变狭小，因而使肠内容物通过发生障碍。根据梗阻的肠管有无血运障碍又可分为两型。①单纯性肠梗阻：是由于肠粘连、炎症性狭窄、蛔虫、肿瘤等因素所致肠腔部分或完全性阻塞，不伴肠系膜血管血运障碍；②绞窄性肠梗阻：是由于肠扭转、粘连带压迫和内疝等所致肠系膜血管受压，进而发生肠袢血供障碍，引起肠坏死。

2. 动力性肠梗阻 是由于神经反射或毒素刺激引起肠蠕动功能丧失或肠管痉挛，而无器质性的肠腔狭窄。见于急性弥漫性腹膜炎、外伤、低钾血症、肠道功能紊乱等，可分为麻痹性肠梗阻与痉挛性肠梗阻。

3. 血运性肠梗阻 是由于肠系膜血管栓塞或血栓形成，使肠管血运障碍和肠肌运动功能失调。

肠梗阻主要病理变化是梗阻以上的肠内气体和液体通过受阻而淤积，肠壁吸收能力减弱，食物分解增加，因此肠腔内气体和液体越积越多，肠腔扩大。

各种原因的肠梗阻所致临床表现可有不同，但均有其共同症状：腹痛、腹胀、呕吐及停止排气排便等。

【影像学表现】

1. X 线表现 腹部平片可以明确有无肠梗阻的存在，了解梗阻的部位，分析梗阻的原因。不同类型的肠梗阻其 X 线表现可不同，其典型 X 线表现可概括为梗阻以上肠腔扩大、积气积液，可见气液平面；梗阻以下肠腔萎陷无气体或仅见少量气体。

（1）单纯性小肠梗阻：①确定肠梗阻的存在：立位腹部平片可见积气扩张的肠腔内有多个长短不一的液平面，形成所谓“阶梯状”表现（图 7-98）。卧位腹部平片见积气扩张的空、回肠充满腹腔，形成连贯的透亮影，横跨腹腔之大部，称为“大跨度肠袢”。同时，可见空肠内密集排列的弧线状皱襞，形似鱼肋骨状影，称之为“鱼肋征”。②判断梗阻部位：根据积气扩张的肠管分布范围，以及肠壁的黏膜皱襞形态，可以判断梗阻的部位。积气扩张的肠曲少，液平面少，扩张的肠曲和液平面位置高，肠腔内皱襞显著，可提示梗阻的部位高；如果扩张的肠曲多，液平面多，扩张积气和液平面布满全腹，可以提示梗阻部位低（图 7-98，图 7-99）。

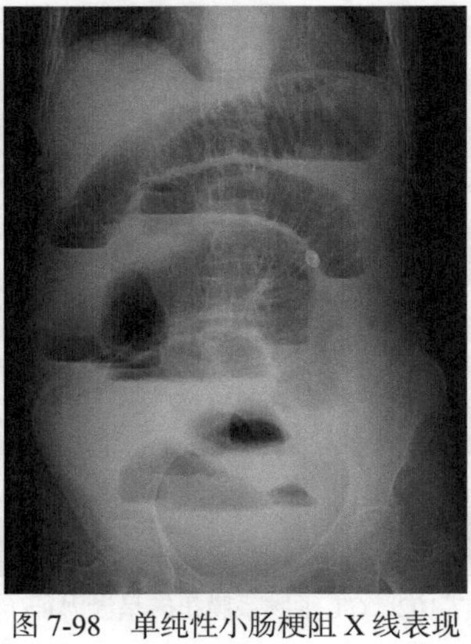
图 7-98 单纯性小肠梗阻 X 线表现

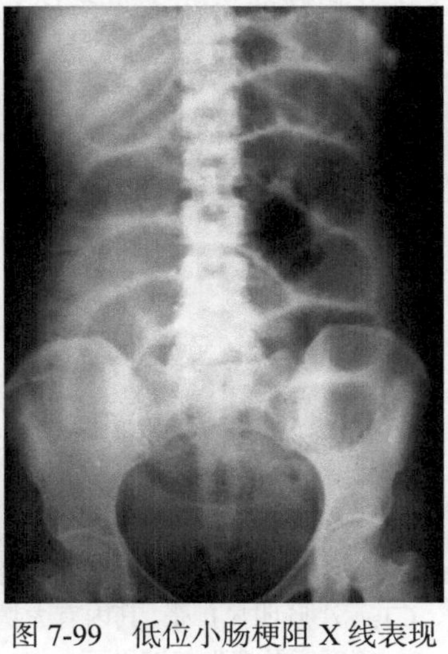
图 7-99 低位小肠梗阻 X 线表现

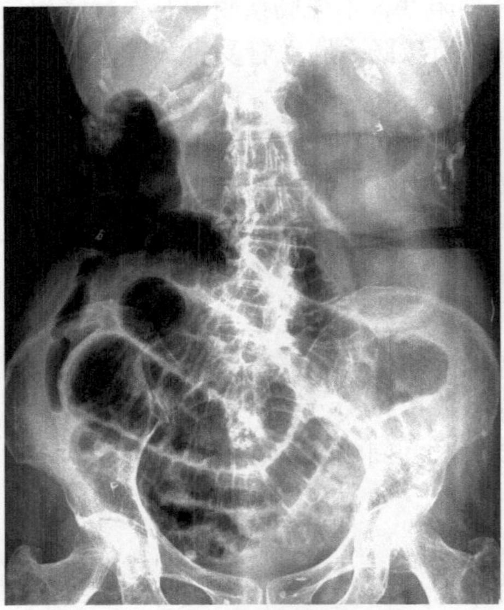

图 7-100　空、回肠换位征 X 线表现

（2）绞窄性肠梗阻：除出现小肠扩张、积气和积液等肠梗阻的基本 X 线表现外，还可见到其特殊征象。①假肿瘤征：是由于被液体完全充满的闭袢肠曲，在周围充气肠曲的衬托下，显示为类圆形软组织包块影。②咖啡豆征：是近端肠管内的大量气体和液体进入闭袢肠曲，致使闭袢肠曲不断扩大显示为椭圆形、中央有分隔带的透亮影，形如咖啡豆。③小跨度卷曲肠袢：是积气扩张的小肠肠曲明显卷曲，并在两端相互靠拢，形成各种特殊排列形状，如 C 形、8 字形、花瓣形等。④空、回肠换位征：表现为皱襞密集的空肠曲位于下腹偏右，而皱襞稀少的回肠曲位于上腹偏左，与正常空、回肠排列位置相反（图 7-100）。

（3）麻痹性肠梗阻：卧位检查可见整个胃肠道普遍积气、扩张，尤以结肠积气为显著。立位检查可见肠腔内有少量液平面，透视下肠管形态改变不明显。

（4）血运性肠梗阻：与前述肠梗阻的基本表现大致相同。根据血管闭塞的部位和范围不同，其表现也有所不同，常需做 CTA 或血管造影才能明确诊断。

2. CT 表现

（1）单纯性小肠梗阻：CT 平扫可以显示肠梗阻扩张、积气的肠管，并可见肠腔内气液平面（图 7-101）。对分析梗阻的病因也有一定的价值。若肠管互相融合靠拢或与腹壁相连，提示为粘连性梗阻；若肠道内或腹腔内见到肿块，提示为肿瘤所致梗阻。

（2）绞窄性肠梗阻：CT 检查可准确观察假肿瘤征和咖啡豆征的特定征象，可明确腹腔内是否有积液。此外，若发现肠系膜血管扭曲呈漩涡征、肠系膜血管水肿呈缆绳征等，则有利于小肠扭转的诊断（图 7-102）。

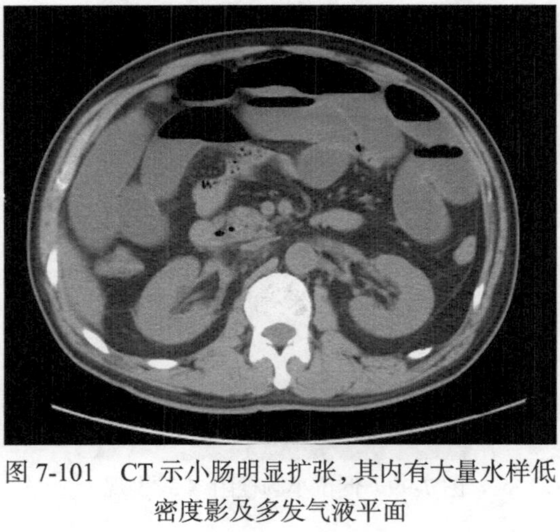

图 7-101　CT 示小肠明显扩张，其内有大量水样低密度影及多发气液平面

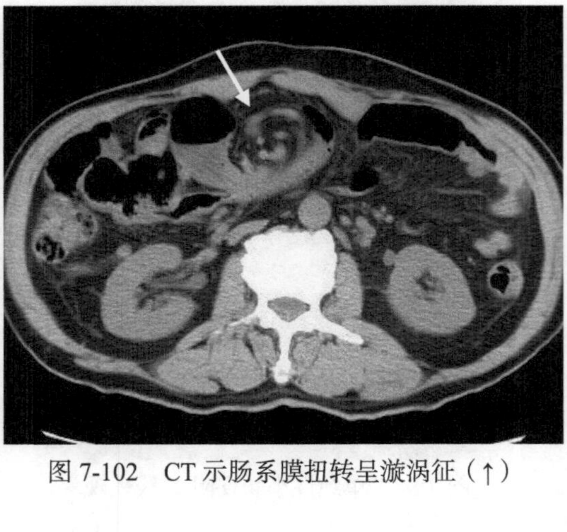

图 7-102　CT 示肠系膜扭转呈漩涡征（↑）

（3）麻痹性肠梗阻：腹腔内大肠、小肠均充气扩张，肠腔内可见气液平面，但积气较积液明显。

（4）血运性肠梗阻：CT 增强可见肠系膜上动脉或（和）静脉血栓呈低密度充盈缺损，是特异性征象（图 7-103）。肠缺血继发肠管积气、积液扩张，肠壁增厚，部分出现“双晕征”样增厚改变，即“靶征”，表现为内外层呈相对高密度，中心层为黏膜下层水肿呈低密度。

【诊断与鉴别诊断】 腹部平片显示肠腔扩大、积气积液，结合临床腹胀、呕吐、肛门停止排气排便等症状，即可诊断肠梗阻。但还需分析是否有绞窄性肠梗阻的可能，若发现空回肠换位征、假肿瘤征、小跨度卷曲肠袢等征象，应进一步做 CT 检查；若发现肠系膜血管出现漩涡征、缆绳征等，即可诊断绞窄性肠梗阻。CT 增强扫描并应用 CTA 技术可直接显示肠系膜上动脉或静脉血栓，是诊断血运性肠梗阻的最佳手段。此外 CT 还可显示部分单纯性肠梗阻的病因，如肠粘连、肿瘤、粪石等。

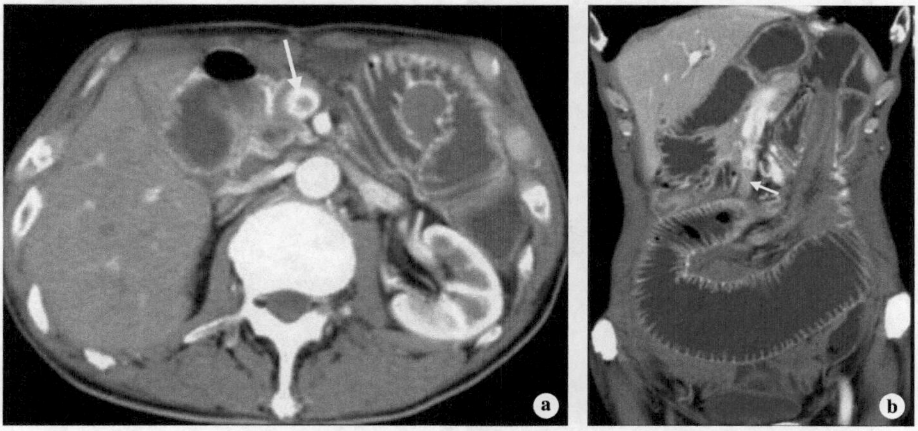

图 7-103　血运性肠梗阻

a、b. 肠系膜上静脉血栓（↑），部分小肠积液扩张（↑）

六、急性肠套叠

肠套叠（intussusception）是一段肠管套入其相邻的肠管腔内，并引起肠梗阻。肠套叠是常见的急腹症，也是小儿肠梗阻的常见病因，最常见的是回肠末端套入结肠。

【病理与临床】 肠套叠一般是近端肠管套入远端肠管，套叠由三层肠壁组成，外层肠管称为鞘部，进入其内的两层肠管称为套入部。根据套入部位的不同，肠套叠分为回结型、小肠型和结肠型，以回结型最常见。由于套入部的肠系膜血管受压、肠管供血发生障碍，导致肠壁缺血、水肿、出血和坏死。

临床上常见于小儿，80%为 2 岁以下婴幼儿。肠套叠的三大典型症状是腹痛、血便和腹部肿块。腹痛为突发性、阵发性疼痛（由于婴幼儿不能诉述，主要表现为烦躁和哭闹），伴呕吐和果酱样血便。

【影像学表现】

1. X 线表现

（1）腹部 X 平片表现为小肠梗阻征象，肠管内可见阶梯状气液平面。早期腹部平片可为正常表现。

（2）空气灌肠：在透视下，经肛门插管注入气体。气体沿结肠逆行充盈，到达套入部时通过受阻，并见肠管受阻处呈圆形软组织肿块影（图 7-104a），此为本病的特征性表现。随着肠腔内气体压力的维持和增加，气体继续向前推进，肿块影向后退缩，随后肿块影变小、消失，说明肠套叠已复位（图 7-104b）。

肠套叠空气灌肠复位的标准：有大量空气进入小肠，盲肠充盈良好，腹部包块消失，患者腹痛减轻，血便消失。

2. CT 表现 CT 检查可显示肠套叠的软组织肿块影，由于套叠部包含各层肠壁和肠系膜结构，各层密度高低相间；若套叠部与层面垂直，则可见多层“靶环”状表现，颇具特征性。

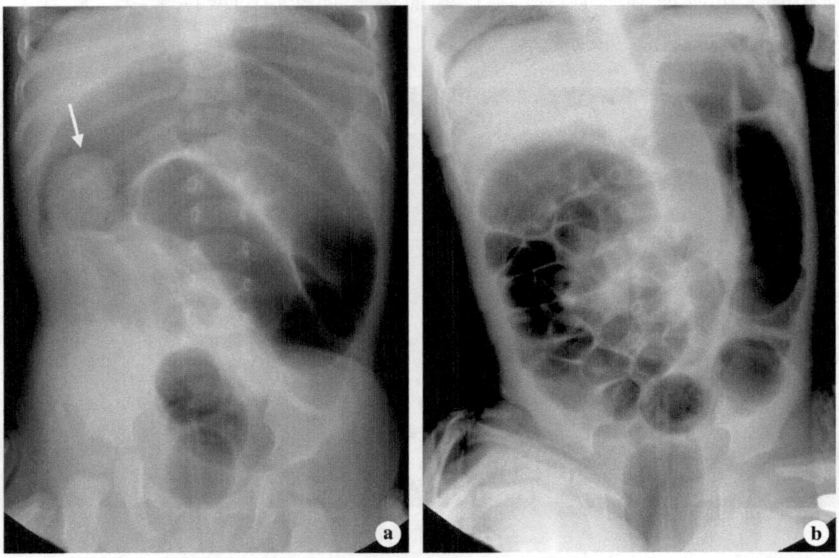

图 7-104 肠套叠空气灌肠

a. 升结肠肝曲处见软组织肿块（↑）；b. 增加灌气压力后，肿块消失

【诊断与鉴别诊断】 肠套叠的影像学和临床表现均具有特征性，易于诊断。空气灌肠作为复位治疗的主要方法已普遍应用，空气灌肠治疗应严格掌握适应证与禁忌证。

七、腹部外伤

创伤性急腹症主要是腹部受到直接或间接外力作用后，致使腹部实质性脏器或空腔性器官受到损伤，可以是腹部单一器官损伤，也可以是多器官损伤同时发生，即复合性损伤。根据损伤器官和损伤程度不同，临床表现截然不同。创伤性急腹症的诊断除了根据临床病史外，影像学检查是其确诊的主要手段，可以明确损伤的解剖部位、损伤的性质和程度及估计预后。

（一）脾破裂

脾位于左季肋部且为肋骨所掩盖，但由于脾是一个含血丰富的实质性器官，质地较脆，稍受外力即可破裂，故脾是腹腔内最易受外伤而发生破裂的器官。

【病理与临床】 脾破裂多为暴力或刀枪伤直接损伤所致，左下胸部或左上腹部遭受直接暴力或挤压也可发生脾破裂。根据破裂程度可分为完全性破裂、中央破裂和包膜下破裂。

临床上有明确外伤史，左上腹、左下胸部疼痛或全腹部疼痛，特别是伴有肋骨骨折者，疼痛更明显且出现呼吸困难。大多数患者有不同程度失血性休克表现，如烦躁、口渴、心慌、冷汗、面色苍白及血压下降等。体征有血液外溢后腹膜刺激征象，实验室检查示血红蛋白下降明显。

【影像学表现】 CT 检查简单便捷，且有很高的敏感性和准确性，为目前首选检查方法。脾破裂 CT 表现如下。

（1）脾包膜下血肿：表现为脾外周新月形或半月形稍高密度、等密度或低密度影，密度根据出血时间长短而表现各异，随时间推移血肿密度逐渐降低；相邻的脾实质受压变扁或呈内凹状（图 7-105a）。

（2）脾内血肿：新鲜血肿表现为稍高密度或等密度，呈圆形或不规则形；对于等密度血肿需要做增强扫描才能显示，增强后脾实质明显强化，而血肿不强化呈低密度。如果脾包膜破裂，则形成腹腔积血征（图 7-105b）。

（3）脾挫裂伤：表现为脾实质内线条状或不规则形密度减低区（图 7-105c）。

（4）脾撕裂伤：脾实质由于撕裂处充满血块可使脾实质分离，分离处呈单发或多发不规则低密度，低密度可局限在脾实质内，也可延伸至脾边缘，使脾失去连续性（图 7-105d）。

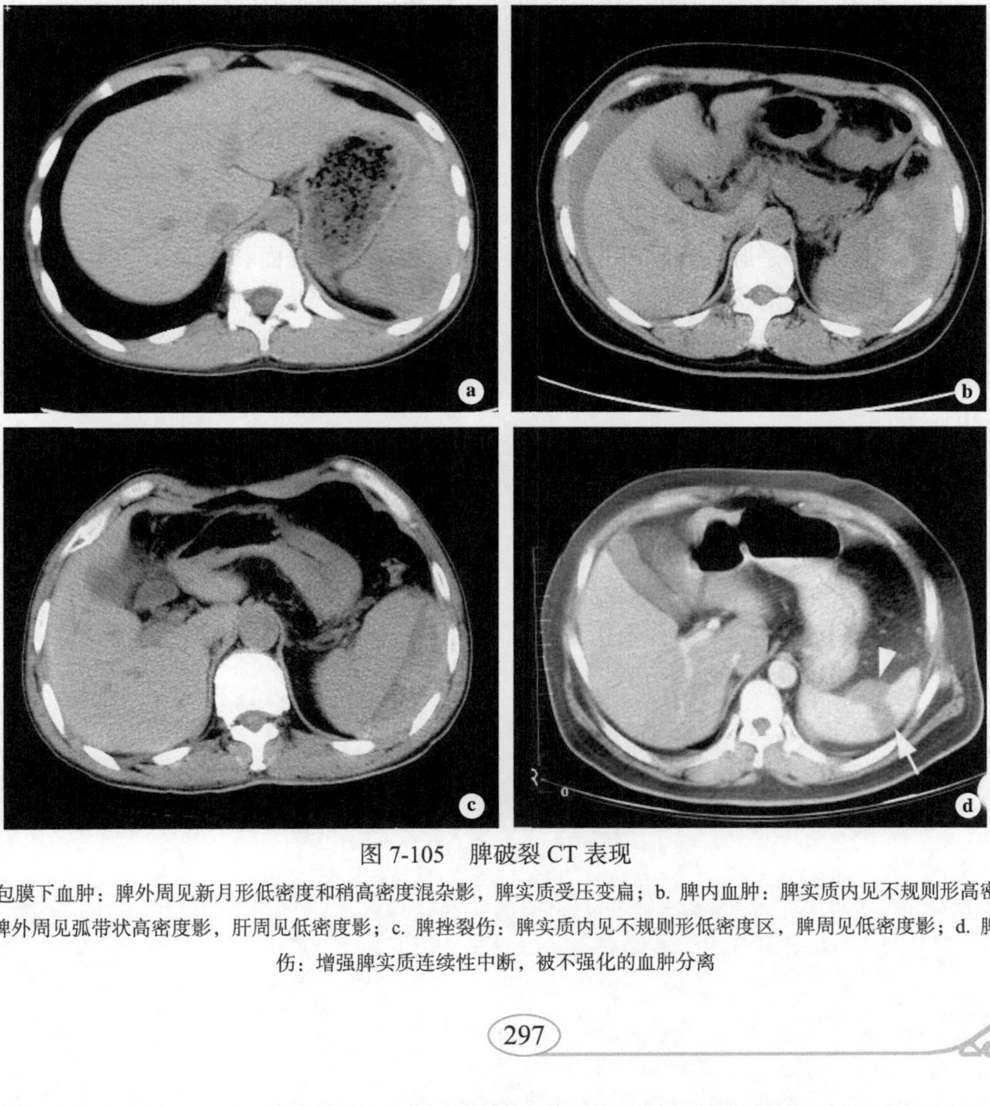

图 7-105 脾破裂 CT 表现

a. 脾包膜下血肿：脾外周见新月形低密度和稍高密度混杂影，脾实质受压变扁；b. 脾内血肿：脾实质内见不规则形高密度血肿，脾外周见弧带状高密度影，肝周见低密度影；c. 脾挫裂伤：脾实质内见不规则形低密度区，脾周见低密度影；d. 脾撕裂伤：增强脾实质连续性中断，被不强化的血肿分离

【诊断与鉴别诊断】 CT检查能确认脾损伤的存在，同时还可了解脾破裂的范围和类型。当CT平扫表现不明显但临床高度怀疑脾损伤时，应行CT增强检查。当初次CT检查阴性时，应密切观察并复查，以免遗漏迟发性脾出血。

（二）肝损伤

肝损伤在腹部实质性器官损伤中仅次于脾，其危险主要在于出血性休克、胆汁性腹膜炎和继发性感染，如不能得到及时诊断和处理，后果将极为严重，故肝损伤的早期诊断和及时治疗对其预后至关重要。

【病理与临床】 多数肝损伤患者常合并其他脏器损伤，如脾或肾损伤、盆腔损伤及胸腔损伤等。肝损伤程度主要从肝实质内血肿和撕裂伤两方面进行评估，实质内血肿主要评估血肿所占肝的范围及是否扩展；撕裂伤主要评估损伤的长度、深度、广度及是否有活动性出血。

临床表现为右上腹或全腹疼痛，有时向右肩部放射，严重者伴恶心、呕吐、烦躁、口渴、心慌、冷汗及血压下降等休克症状。体征有血液外溢后腹膜刺激征象，实验室检查示血红蛋白下降。

【影像学表现】 当怀疑有肝损伤时首选的检查方法是CT。

（1）肝挫伤：CT表现为肝实质内境界较清楚的局灶性低密度区（图7-106a），边缘可不规则，有时可伴有肝包膜下出血，诊断时切勿漏诊和误诊。少数肝挫伤患者可并发迟发性肝内血肿，因此短时间内CT复查是非常必要的。

（2）肝内血肿：CT平扫表现为肝实质内圆形、卵圆形的稍高密度或等低密度影。新鲜血肿CT值可高达70～80HU，较肝实质密度稍高（图7-106b）；经过数天或数周密度逐渐降低，接近水样密度，CT值为20～40HU；有时肝内血肿与肝呈等密度。

（3）肝撕裂伤：是肝损伤最常见的类型，CT表现为肝表面和（或）肝实质内线样、树枝状、星状或不规则状低密度影（图7-106c）。大部分严重肝损伤均伴有肝包膜破裂，从而导致不同程度的腹腔出血。根据肝撕裂伤的程度，CT上可分为单纯性肝撕裂和多发性肝撕裂，前者表现为条状或线样低密度，后者表现为肝实质呈星状或枝状碎裂并腹腔内大量出血。

（4）肝包膜下血肿：CT典型表现为肝包膜与肝周缘之间新月形或半月形的低密度或等、稍高密度影，边缘清楚，占位效应较明显，肝边缘受压与包膜分离，严重者可见肝侧缘向内移位（图7-107）。

【诊断与鉴别诊断】 CT检查能确认肝损伤的存在，还可了解损伤的范围和类型，具有很高的敏感性和特异性，结合外伤史和临床表现不难诊断。

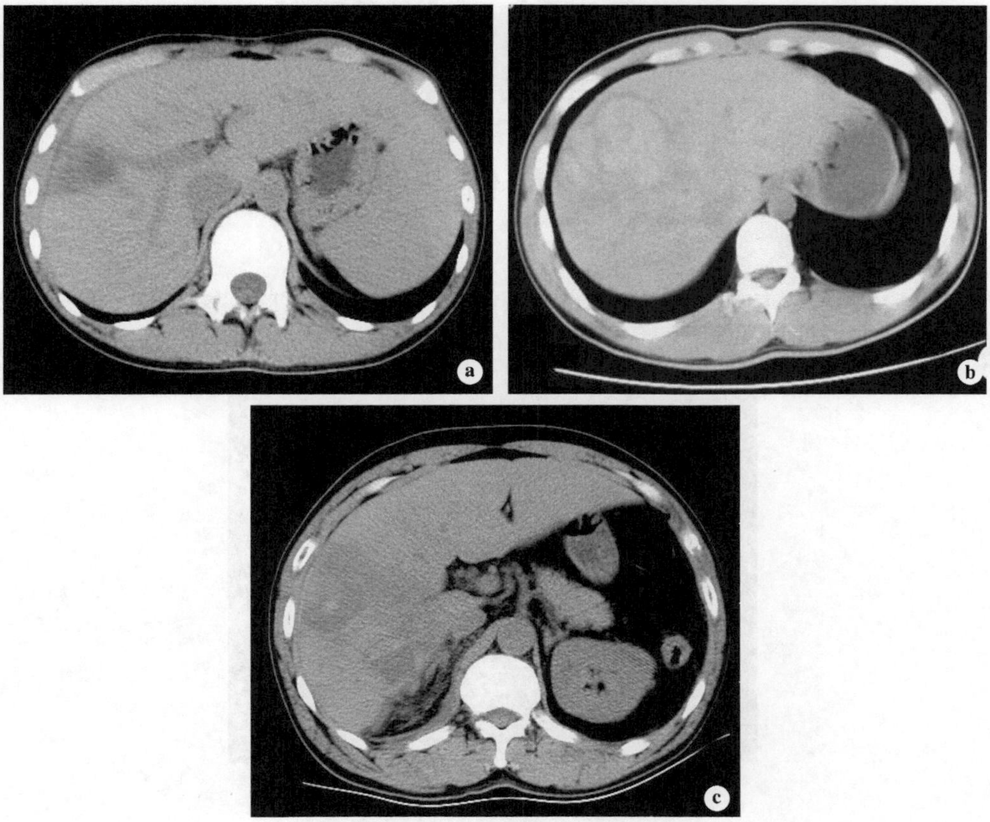

图 7-106　肝损伤 CT 表现

a. 肝挫伤：肝右叶见局限性楔形低密度影；b. 肝内血肿：肝右叶见类圆形稍高密度影，周围见环状低密度；c. 肝挫裂伤：肝右叶见不规则大片状低密度影，内可见斑点状高密度

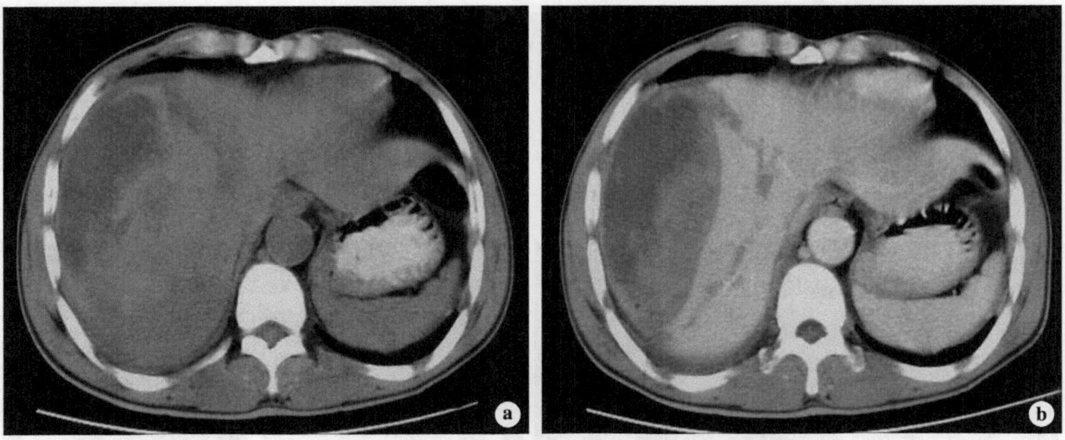

图 7-107　肝包膜下血肿 CT 表现

a. 平扫肝外侧等低混杂密度影与肝分界不清；b. 增强肝外侧包膜下血肿不强化，与强化的肝实质分界清楚，肝受压内陷

（张振勇）

目 标 检 测

一、病 例 分 析

病例一

男，52 岁。剑突下隐痛不适半年余，加重 1 周，伴食欲下降、乏力、消瘦。查体：左侧腋窝可触及肿大淋巴结。实验室检查：大便潜血试验阳性（图 7-108）。

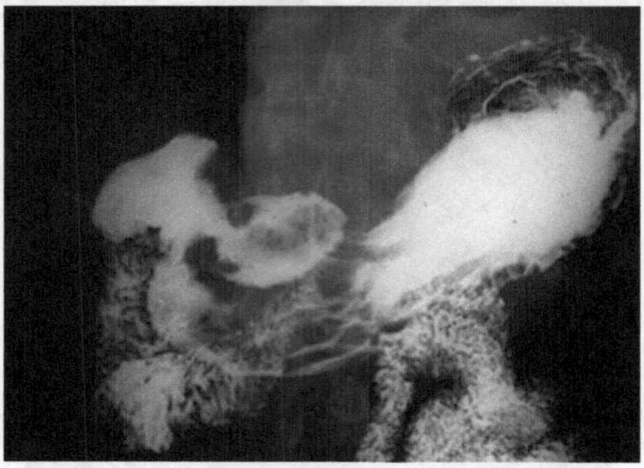

图 7-108 病例一

【问题及讨论】

1. 指出病变发生部位。
2. 请进行病灶的形态分析。
3. 试解释病灶形态的病理基础。
4. 初步诊断是什么疾病？请说出诊断依据。
5. 应与何种疾病鉴别？简要说明鉴别要点。

病例二

男，42 岁。体检超声发现肝右叶占位。平素体健，查体未发现异常（图 7-109）。

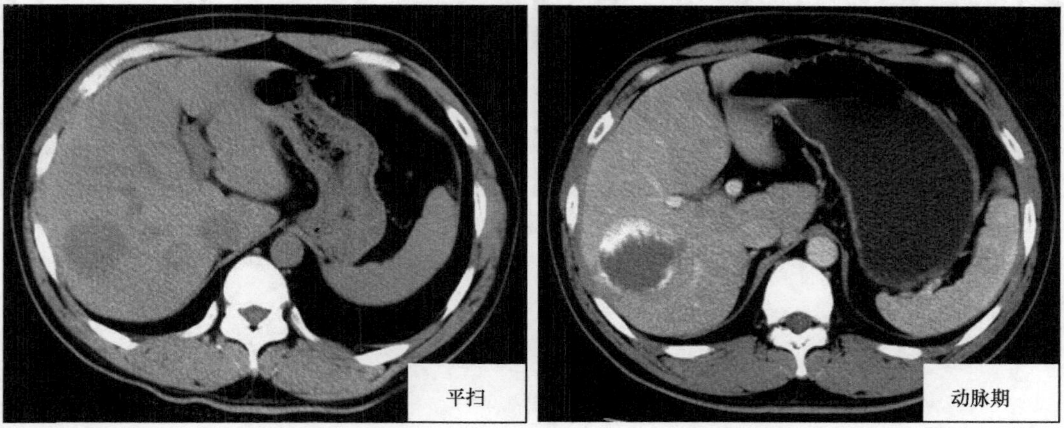

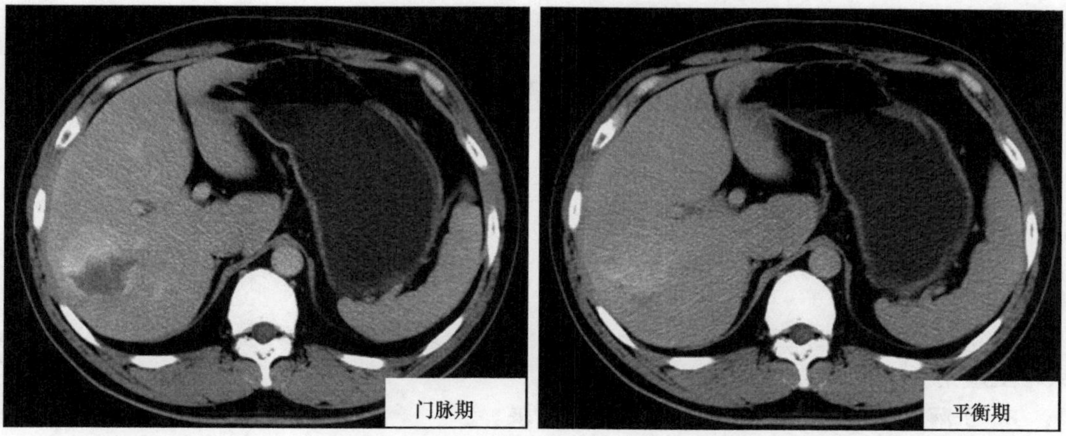

图 7-109 病例二

【问题及讨论】

1. 指出病变发生部位。
2. 请进行病灶的形态分析。
3. 试解释病灶形态的病理基础。
4. 初步诊断是什么疾病？请说出诊断依据。
5. 应与何种疾病鉴别？简要说明鉴别要点。
6. 完成该病例诊断报告书写。

二、复习思考题

1. 简述胃肠道常用的影像检查方法。
2. 简述正常胃的分型及其 X 线表现。
3. 简述食管的病理分型及其 X 线表现。
4. 简述食管静脉曲张的病理学基础及其 X 线表现。
5. 简述胃良、恶性溃疡的 X 线鉴别诊断。
6. 简述十二指肠溃疡的 X 线表现。
7. 简述溃疡性结肠炎的 X 线表现。
8. 简述 Couinaud 肝分段法。
9. 试述正常肝多期增强扫描各期的 CT 表现。
10. 肝癌的 CT 表现有哪些？
11. 试述胆道梗阻常见于哪些疾病？简要列出鉴别要点。
12. 胰腺癌的 CT 表现有哪些？
13. 列出肠梗阻的分类，并说明各型肠梗阻的影像学特点。

第八章　泌尿与生殖系统

学习目标

1. 掌握泌尿与生殖系统正常影像学表现；掌握泌尿与生殖系统常见疾病的影像诊断及鉴别诊断。

2. 熟悉泌尿与生殖系统影像检查技术；熟悉泌尿与生殖系统异常影像学表现；熟悉泌尿与生殖系统常见疾病的病理及临床表现。

3. 了解泌尿与生殖系统检查技术的新进展。

影像学检查是临床诊断泌尿与生殖系统疾病的重要手段和选择治疗方法的主要依据。对于绝大多数泌尿与生殖系统疾病，如肿瘤、结石、炎症、囊肿和先天性异常等，影像学检查多能准确发现病变，且能确定病变的位置、数目、大小、范围及性质等。

第一节　泌 尿 系 统

一、影像学检查技术

泌尿系统由肾、输尿管、膀胱及尿道组成。各种影像检查技术在不同的器官、组织的应用价值不同。

（一）X 线检查

1. 腹部平片　常规摄取腹部仰卧前后位片。在质量优良的 X 线平片上能显示肾影轮廓，有时可显示泌尿系结石。泌尿系统的器官和组织均为软组织，天然对比差，在平片上显影不佳，诊断价值有限，主要用于观察泌尿系统阳性结石及钙化病变。

2. 尿路造影

（1）静脉肾盂造影：又称排泄性尿路造影（intravenous pyelography，IVP），是常用的泌尿系统造影方法，它是通过静脉注入对比剂，不仅能显示肾盂、肾盏、输尿管及膀胱的形态结构，还可大致了解肾的排泄功能。

（2）逆行性肾盂造影（retrograde pyelography）：是通过膀胱镜将导管插入输尿管内，于透视下经导管缓慢注入对比剂，使肾盂、肾盏、输尿管和膀胱充盈，用以观察全尿路情况，适用于静脉尿路造影不显影或显影不佳者。

3. 选择性肾动脉造影　选择性肾动脉造影（selective renal arteriography）主要用于检查肾血管病变，通常采用经皮股动脉穿刺插管技术。肾动脉造影可以显示肾动脉有无狭窄及狭窄的部位、程度、范围和性质，了解有无先天发育畸形及损伤等，也是肾血管性病变介入治疗不可缺少的检查技术。

（二）CT 检查

1. CT 平扫　无需特殊准备。常规取仰卧位，扫描范围包括全部肾、输尿管、膀胱。

2. CT 增强扫描　应常规行增强检查。方法是向静脉内快速注入对比剂后 30～60 秒和 2 分钟，行双肾区扫描，分别称为肾皮质期和肾实质期。可观察肾皮、髓质强化程度的变化；注药 5～10 分钟后，再次行双肾区、输尿管区及膀胱区扫描，称肾盂期，以观察肾盂、输尿管和膀胱充盈情况。应用多层螺旋 CT 在增强肾动脉期行三维重组，得到肾动脉的 CT 血管造影（CT angiography，CTA）图像；在肾盂期行三维重组获得类似于 IVP 的图像，称为 CT 尿路成像（CT urography，CTU）。

CT 检查的临床应用特点：①易于发现泌尿系结石，尤其是肾内小的结石。②可显示肿瘤内的钙化、脂肪组织等，并根据肿瘤的强化特点，对部分肿瘤可做出定性诊断。③CT 血管成像（CT angiography，CTA）无需插管可立体地显示肾动脉，用于诊断肾血管性病变，如肾动脉狭窄等；但对肾内小分支的显示欠佳。④用于肾创伤的诊断，可判断肾外伤的程度。⑤用于膀胱疾病，尤其是膀胱肿瘤的诊断。

CT 尿路成像可显示肾盏、肾盂、输尿管和膀胱，用于尿路梗阻性病变的诊断。

（三）MRI 检查

1. 平扫检查　肾与输尿管 MRI 检查常规使用快速自旋回波序列和梯度回波序列，行横轴位和冠状位 T_1WI 和 T_2WI 成像，必要时辅以矢状位扫描。应用 T_1WI 并脂肪抑制技术有助于对肾解剖结构的分辨及含脂肪性病变的诊断。

2. 增强检查　顺磁性对比剂 Gd-DTPA 犹如含碘对比剂，经静脉注入后由肾小球滤过。行快速梯度回波序列 T_1WI 成像，可获得不同期相肾与输尿管的增强图像。

3. MR 尿路造影（MR urography，MRU）　MRU 是利用 MR 水成像技术原理，使含尿液的肾盂、肾盏、输尿管和膀胱成为高信号，周围结构为极低信号。主要用于检查尿路梗阻性病变。可确定尿路梗阻的部位、梗阻的原因及尿路扩张的程度。

二、正常影像学表现

（一）肾

1. 正常 X 线表现

（1）腹部平片：在良好的腹部平片上可显示双肾轮廓。正常肾位于脊柱两侧，呈八字形排列，边缘光滑，呈蚕豆形，密度均匀。肾影长 12～13cm，宽 5～6cm，位于第 12 胸椎至第 3 腰椎之间，一般右肾略低于左肾 1～2cm。肾的长轴自内上斜向外下，其与脊柱间形成的夹角称肾脊角。侧位片上，肾影与脊柱重叠，不易显示。

（2）尿路造影：静脉肾盂造影时，在注入对比剂 1～2 分钟后，肾实质显影，密度均匀，此时肾脏密度略高于平片所示肾影；2～3 分钟后，对比剂充盈肾盏肾盂并使其开始显影，待 5 分钟时应显示满意；15～30 分钟时肾盏肾盂显影最浓。肾小盏分为体部和穹窿，体部又称漏斗部，是与肾大盏相连的短管；管的远端为穹窿部，其顶端由于肾乳头突入而形成杯口状凹陷，杯口的两侧缘的尖锐部分是肾小盏穹窿。肾大盏边缘光滑整齐，呈长管状，分为

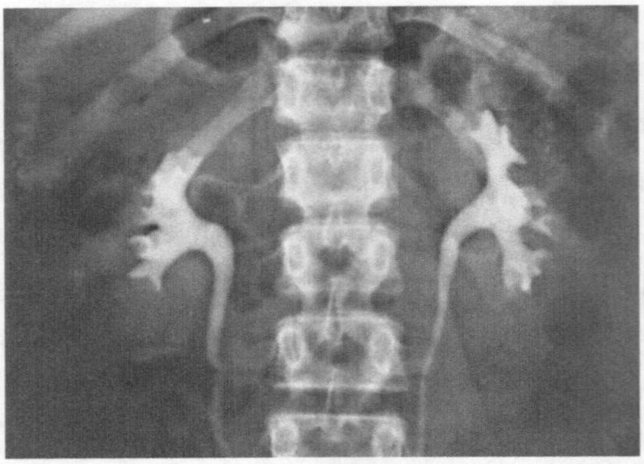

图 8-1　正常肾盂肾盏 X 线表现

注药后 20 分钟显示双肾盂肾盏

顶部、峡部和基底部三部分。①顶端或尖部：与数个肾小盏相连。②峡部：为长管状部分。③基底部：与肾盂相连（图 8-1）。肾盂略呈三角形，上缘隆凸，下缘微凹，边缘光滑整齐。肾盂肾盏的解剖形态变异很大，常见为喇叭状，少数为分支型或壶腹型。

2. 正常 CT 表现

（1）平扫：正常肾横断面呈圆形或椭圆形软组织密度影，边缘光滑、锐利，肾实质密度均匀一致，CT 值为 30～50HU。肾的中部层面可见肾门内凹，指向前内，肾窦脂肪呈较低密度，肾盂肾盏呈水样密度（图 8-2a）。肾动脉和肾静脉呈窄带状软组织密度影，自肾门分别向腹主动脉及下腔静脉走行。

（2）增强扫描：肾的强化分为三个期相。①肾皮质期：肾血管和肾皮质明显强化，强化的肾皮质还向肾实质内伸入（谓肾柱），而髓质仍维持较低密度，因此可清晰分辨出肾皮质和肾髓质。②肾实质期：髓质强化程度类似或略高于皮质，两者分界不清，肾盂、肾盏开始强化。③肾排泄期：肾实质强化程度减低，肾盏、肾盂发生明显强化（图 8-2）。

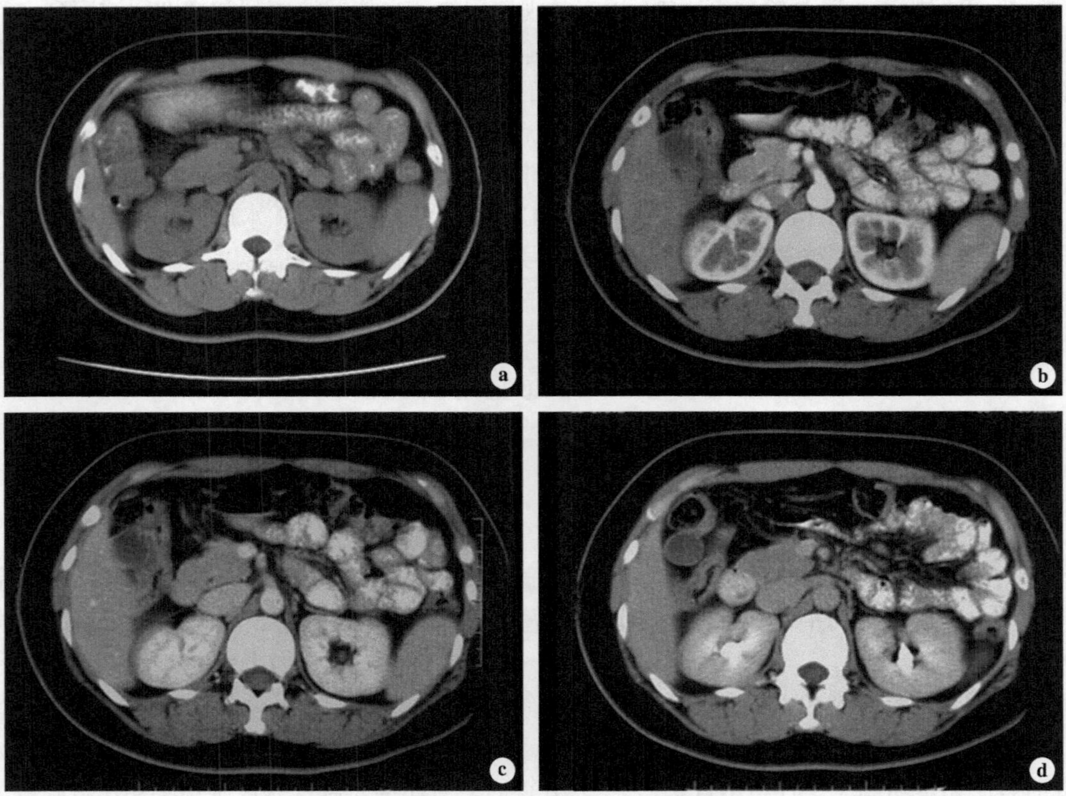

图 8-2　正常肾 CT 表现

a. 平扫：肾实质密度均匀，肾窦脂肪为低密度；b. 增强皮质期：肾皮质明显强化；c. 实质期：髓质明显强化，皮质、髓质不可分；d. 肾盂期：肾盂肾盏明显强化，肾实质密度减低

3. 正常 MRI 表现 常规 SE 序列 T_1WI 和 T_2WI 检查时，在周围高信号或中等信号脂肪组织的对比下，肾能够清晰显示，其边缘光整。在 T_1WI 像上，由于肾皮质含水量低于髓质，因而肾皮质呈较高信号，位于肾的周边部位并伸至肾锥体之间；肾髓质为较低信号，呈多个三角结构即肾锥体，位于肾的中心部位。在 T_1WI 脂肪抑制像上，肾皮、髓质的信号差异更为显著。T_2WI 像上，肾的皮、髓质难以分辨，均呈高信号。肾窦脂肪组织在 T_1WI 和 T_2WI 上分别为高信号或中等信号。肾动脉和肾静脉由于流空效应，均表现为低信号。Gd-DTPA 增强扫描，肾强化形式取决于检查时间和成像速度，类似于 CT 增强扫描。

（二）输尿管

1. 正常 X 线表现 腹部平片上正常输尿管不能显示。尿路造影时，输尿管管腔充盈对比剂后显示为细长形致密影，全长 25～30cm，上端与肾盂相连，在腹膜后沿脊椎旁向前下行。入盆腔后，在骶髂关节内侧走行，过骶骨水平后再弯向外，最后斜行进入膀胱。输尿管有三个生理狭窄区：即与肾盂交界处、越过盆腔边缘与髂总动脉相交处和进入膀胱处（图 8-3）。

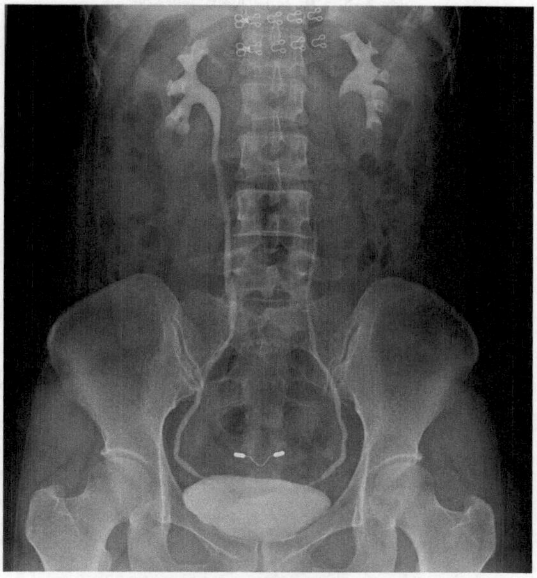

图 8-3 正常输尿管造影 X 线表现

2. 正常 CT 表现

（1）平扫：自肾盂向下连续层面追踪，多能识别正常输尿管腹段的上、下部分，呈位于腰大肌前缘处圆点状软组织密度影，而盆段输尿管通常难以识别。

（2）增强扫描：注入对比剂 10 分钟之后的延迟扫描，沿输尿管管腔内充盈对比剂而呈圆点状高密度影。自肾盂向下连续追踪，常能观察输尿管全程，直至输尿管的膀胱入口处。

3. 正常 MRI 表现 MRI 的 T_1WI 或 T_2WI 横断面检查时，自肾盂连续向下追踪，在周围高信号或中等信号的脂肪组织对比下，正常腹段输尿管呈点状低信号影，而正常盆段输尿管难以识别。

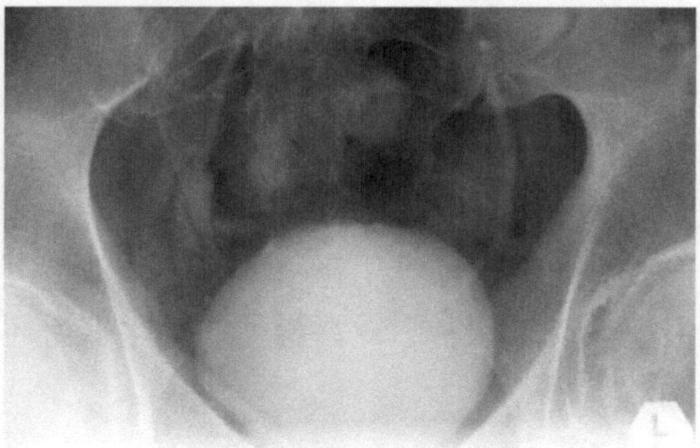

图 8-4 正常膀胱造影表现

（三）膀胱

1. 正常 X 线表现 腹部平片上膀胱呈软组织密度，与盆腔其他结构缺乏对比，不能显影。膀胱造影时可见充盈较满的膀胱在正位片上呈类圆形或横置的椭圆形，横置于耻骨联合上方；密度均匀，边缘光滑整齐（图 8-4）。膀胱顶部可略凹，为乙状结肠或子宫压迫所致。如果膀胱充盈不全时，膀胱顶部下陷，并可见粗大的黏膜皱襞，使膀胱边缘不整呈锯齿状。

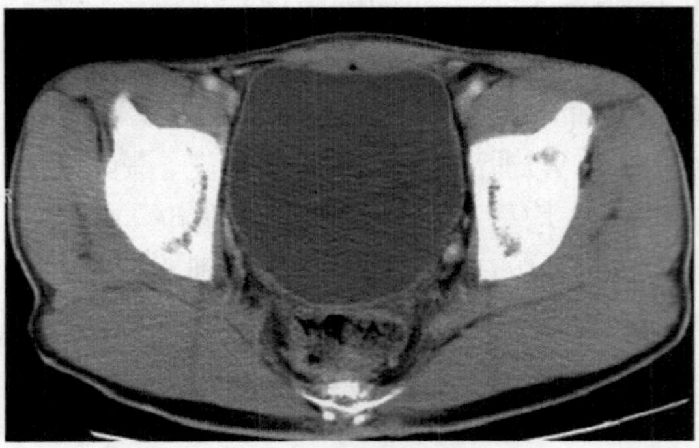
图 8-5　正常膀胱 CT 表现

2. 正常 CT 表现

（1）平扫：膀胱易于识别，其大小、形态与充盈程度有关。充盈较满的膀胱呈圆形、椭圆形或类方形，膀胱腔内尿液呈均匀水样密度。膀胱壁在周围低密度脂肪及腔内尿液的对比下，显示为厚度一致的薄壁软组织影，其内外缘光滑，厚度为 2～3mm（图 8-5）。

（2）增强扫描：注入对比剂后的早期，显示膀胱壁均匀强化，膀胱腔内尿液无强化。稍延迟扫描，可见含对比剂的尿液自输尿管膀胱入口处喷入；30～60 分钟后扫描，膀胱腔呈均匀高密度，若对比剂与尿液混合不均，则可出现液-液平面。

3. 正常 MRI 表现　平扫检查，膀胱内尿液在 T_1WI 呈低信号，T_2WI 呈高信号；膀胱周围脂肪组织在 T_1WI 上呈高信号，T_2WI 上呈中等信号；膀胱壁在周围脂肪组织和腔内尿液对比下，表现为厚度一致的薄壁环状影，在 T_1WI 上高于腔内尿液信号，而在 T_2WI 上则低于腔内尿液信号。T_1WI 增强扫描时，膀胱内尿液含有对比剂表现为高信号，当对比剂浓度较高并达到一定程度时，可呈低信号改变。

三、异常影像学表现

（一）肾

1. 异常 X 线表现

（1）腹部平片

1）位置改变：肾位置的过高或过低，向内或外移动，以及肾轴的显著改变均提示为病理现象。肾的位置异常可以是先天性异常，如异位肾、游走肾等；也可为肾本身的疾病，如肾实质内肿瘤、囊肿、多囊肾、严重肾盂积水等所致；还可以是邻近病变压迫所致，如肾上腺肿瘤、腹膜后肿瘤等。

2）大小和轮廓改变：肾大小改变包括肾影增大或缩小。肾影增大可见于肾积水、肾肿瘤、肾囊肿、多囊肾、肾脓肿及血肿；肾影缩小常见于一侧肾发育不全、慢性肾盂肾炎所致肾萎缩、肾动脉狭窄所引起的肾缺血也可使之变小；当一侧肾影缩小时，可出现对侧肾代偿性增大；肾轮廓局部凹陷常见于慢性肾盂肾炎或局限性肾缺血所致的局部肾萎缩和纤维性变；肾轮廓局限性膨大突出或呈分叶状，常见于肾实质肿瘤、肾囊肿、多囊肾。

3）肾区密度改变：正常肾影密度均匀一致，如发现其中有致密影，一般见于结石或各种病灶的钙化。肾结石常见形状为圆形、椭圆形或鹿角形密度影。肾结核的钙化常呈斑点状、云絮状或全肾弥漫性钙化；肾癌的钙化常为散在斑点状密影；肾囊肿的钙化多为环形或弧形密影。平片上一般难以显示密度减低的病灶。

（2）尿路造影

1）破坏性改变：肾实质破坏形成不规则空洞与肾盏相通，在尿路造影时，造影剂进入破坏区，呈现小“棉球状”密度增高影，边缘毛糙，少数边缘光滑；相应区域的肾小盏杯口呈虫蚀状破坏，边缘毛糙、不规则，甚至消失。

2）占位改变：肾实质内占位性病变于X线尿路造影时，可使肾盂肾盏发生压迫移位、拉长、变细或呈弧形压迹，其边缘可光整或毛糙；而肾盂肾盏内占位性病变，根据其形态不同，可呈各种不规则的充盈缺损。

3）狭窄、梗阻、积水改变：尿路梗阻时，尿路内尿液潴留和腔内压力升高，均可使梗阻近段尿路扩张，最终导致肾积水。当肾盂严重扩张积水时，可见肾影轮廓增大；静脉尿路造影时，病变早期可显示肾小盏杯口变平或膨隆呈杵状，峡部变宽变短，边缘光滑整齐；当肾积水进一步加重时，肾盏扩大近似球状，同时肾盂肾盏的距离相对缩短，扩张的肾盂肾盏连成一体，成为一个多房形的囊袋状，肾实质萎缩变薄（图 8-6）。当输尿管积水时，在阻塞以上部位输尿管出现扩张、迂曲及延长。

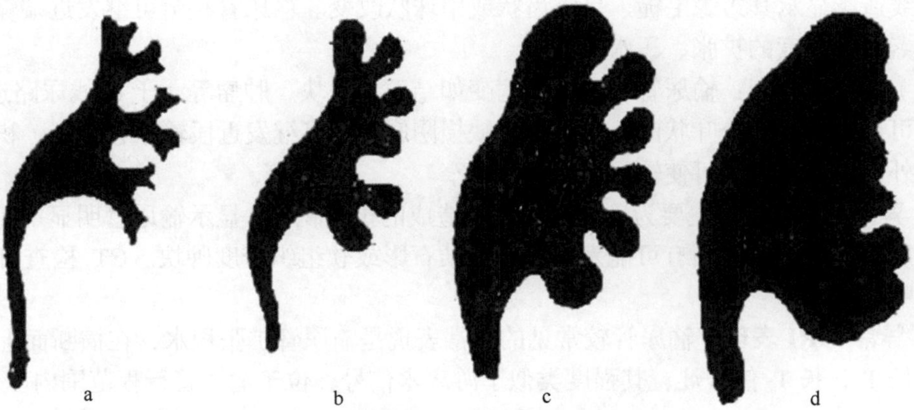

图 8-6 肾积水扩张示意图

a. 正常肾盂肾盏；b. 轻度积水扩张；c. 中度积水扩张；d. 重度积水扩张

4）功能性改变：静脉尿路造影可了解肾的分泌排泄功能。正常情况下，静脉注射造影剂后2～3分钟，肾盂肾盏已开始显影；5～7分钟肾盂肾盏显影良好，而且一般两肾的显影时间和密度相仿；如果肾的分泌排泄功能减退，则肾盂肾盏显影延迟，密度减低变淡。一般认为，当静脉注射造影剂后 15～20 分钟，肾盂肾盏显影密度浅淡或不显影，即提示该侧肾排泄功能减退；若 60 分钟后仍不显影，则提示该侧肾功能严重受损，多见于肾结核、肾肿瘤及肾积水等。

2. 异常CT表现 肾的大小、形态、位置异常与X线平片相同。根据肾实质内病变密度可分为：①水样密度病变：囊性肿块，其边缘光滑，增强无强化，见于肾囊肿及多囊肾；肾盂积水可使肾盂肾盏扩张。②低密度、软组织密度病变：混杂密度肿块，可有不同程度强化，见于各种类型良、恶性肾肿瘤及肾脓肿。③高密度病变：常为外伤后血肿，偶见于囊肿出血和少数肾癌，后者可发生强化。④肾盂肾盏内高密度病变：常见于肾结石。

3. 异常MRI表现 肾病变的信号特征、增强表现及其位置、形态等均与病变性质有关：①肾内病变 T_1WI 呈低信号，T_2WI 呈高信号，且信号强度与游离水相似，提示病变富含水分，常见于各种肾囊肿及肾盂积水。②T_1WI 和 T_2WI 均呈高信号的病灶，见于含蛋白量较高或出血肾囊肿及外伤后形成的亚急性血肿。③T_1WI 和 T_2WI 上呈混杂信号的实质性肿块，其内含与脂肪组织相同强度的信号灶，在脂肪抑制像上这些信号强度明显减低，提示病变内含脂肪组织，这是肾血管平滑肌脂肪瘤的特征性表现；若肿块在脂肪抑制序列上信号无改变，增强检查呈不均匀强化，为肾癌的常见表现。

（二）输尿管

1. 异常X线表现

（1）位置、大小、形态的改变：输尿管移位见于腹膜后肿瘤的压迫及纤维组织的牵拉；输尿管增粗扩张或迂曲延长见于尿道梗阻、先天性巨输尿管、输尿管结石、结核及外在性压迫；输尿管局限性或广泛性狭窄见于炎性痉挛、瘢痕收缩或肿瘤压迫，狭窄以上输尿管可扩张。

（2）密度改变：主要见于输尿管结石和输尿管结核所致的钙化，前者常呈圆形、椭圆形或梭形致密影，其长轴与输尿管走行一致；后者呈索条状不规则致密影或双轨状致密影。

（3）破坏性改变：输尿管炎症、结核性病变均可使输尿管壁破坏、溃疡及纤维组织增生，X线造影显示其边缘毛糙、呈锯齿状或串珠状改变。输尿管狭窄可继发近端输尿管、肾盂肾盏不同程度的扩张、积水。

（4）占位性病变：输尿管内占位性病变如结石、血块、肿瘤等，于X线尿路造影时，在腔内可形成圆形或分叶状的不规则充盈缺损阴影，并可继发近段输尿管扩张、积水。输尿管腔外占位性病变，可使输尿管移位、狭窄。

2. 异常CT表现 主要为输尿管因梗阻造成的扩张积水，显示输尿管明显增粗，呈水样低密度，于梗阻端层面有可能发现高密度结石影或软组织密度肿块。CT 检查可显示输尿管管壁增厚。

3. 异常MRI表现 输尿管较常见的异常表现是输尿管扩张积水，在横断面上表现为类圆形长 T_1、长 T_2 信号灶，其强度类似于游离水信号，位于输尿管行程范围内。

（三）膀胱

1. 异常X线表现

（1）大小、形态改变：膀胱腔扩大见于尿道梗阻、膀胱神经性功能障碍；膀胱缩小，边缘毛糙不整，多由膀胱结核和膀胱炎所致。

（2）密度改变：膀胱区密度增高见于结石和膀胱肿瘤，前者多为椭圆形致密影，位于耻骨联合上方；后者则呈散在斑点状、结节状或小环状致密影。

（3）占位性病变：膀胱造影时，膀胱内的占位性病变，在腔内形成不规则的充盈缺损。

2. 异常CT、MRI表现 CT、MRI 检查时，在膀胱周围脂肪和腔内尿液的对比下，可显示膀胱腔内占位性病变的密度或信号变化及形态、边缘改变。

四、先天性发育异常

泌尿系统的先天性发育异常较为常见且类型繁多，这同泌尿系统胚胎发育过程复杂有关；在泌尿系统发育衍变过程中的任何阶段发生失常，均会导致先天性发育异常。影像学检查是确定泌尿系统先天性异常的主要手段。泌尿系统的先天性发育异常类型较多，本节仅就常见类型加以叙述。

（一）孤立肾

孤立肾一般无任何明显临床表现，多因体检或其他原因行腹部影像学检查时意外发现。

【影像学表现】

1. X 线表现　腹部平片可见一侧肾影缺如，对侧肾影相对增大；静脉肾盂造影显示缺如侧无肾盂肾盏显影；逆行性尿路造影，缺如侧的输尿管呈盲端且管径较细。腹主动脉造影显示缺如侧无肾动脉发出。

2. CT 表现　平扫显示缺如侧肾床内无肾影，其空间可被其他组织所占据，对侧肾影较正常为大；增强检查示孤立肾正常强化（图 8-7）。

3. MRI 表现　与 CT 表现类似，缺如侧肾床处无正常肾脏信号。

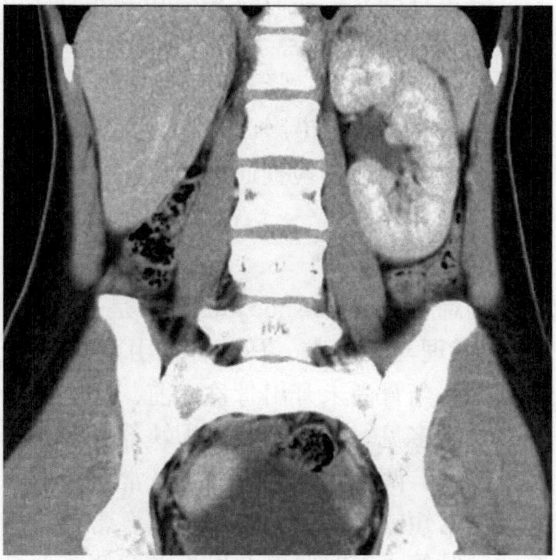

图 8-7　右侧肾缺如，左肾代偿性增大

【诊断与鉴别要点】

孤立肾影像学表现特征明显，即缺如侧无肾结构显示，对侧肾发生代偿性增大，易于做出诊断。应与异位肾、先天性肾发育不良及手术后肾缺如相鉴别。不同类型异位肾，CT 或 MRI 检查均可发现异位的肾脏。

（二）异位肾

异位肾主要包括单纯异位肾和游走肾。单纯异位肾为肾在发育过程中未上升、上升不足或过度上升所致，两侧者罕见，常伴有旋转异常。异位肾可位于盆腔、髂窝、下腹、膈下或胸腔内，分别称为盆肾、髂肾、腹肾、膈下肾和胸内肾。临床上单纯异位肾常无症状，此外，常被误认为肿块性病变。游走肾可致腰腹部疼痛，触诊时可触及一移动性肿块，如发生扭转可致肾盂积水或继发感染。

【影像学表现】

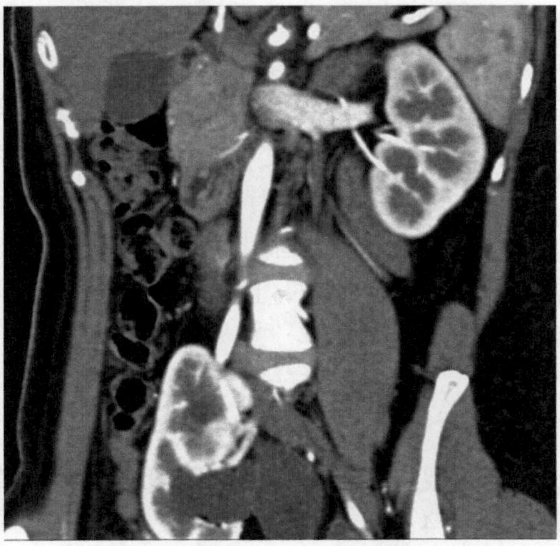

图 8-8　异位肾 CT 表现

右肾位于盆腔

1. X 线表现　单纯异位肾平片可示患侧正常肾区无肾影，尿路造影可见异位肾的肾盂、肾盏及输尿管显影，由于多同时伴有肾旋转异常，因而形态常有别于正常。

游走肾行静脉肾盂造影检查时，采取改变体位的摄影方式可显示游走肾的肾盂、肾盏有很大的活动度。

2. CT 与 MRI 表现　单纯异位肾平扫显示肾床内无肾影，多被脂肪、肠管、胰腺等结构占据，肾上腺位置正常。可于盆腔、下腹、膈下或胸内可见肿块影，密度类似正常肾；增强检查，其强化形式和程度与正常肾相同（图 8-8）。MRI 检查表现类似于 CT 检查。

游走肾的 CT 与 MRI 检查可显示处于异常位置的肾及可能并发的肾盂积水。

【诊断与鉴别要点】 根据上述影像学表现特征，诊断并不困难，单纯异位肾应与肾下垂及游走肾鉴别。肾下垂是由于肾支持结构松驰所致，影像学特征是行静脉肾盂造影检查时，于立、卧位摄影，肾盂位置变化超过一个椎体的高度，而低位异位肾无此明显活动度。游走肾行造影检查通过变化体位时，常有较明显的活动度。

（三）马蹄肾

马蹄肾（horse-shoe kidney）是一种常见的肾融合畸形。

【病理与临床】 马蹄肾常由两侧肾的上极或下极相融合而成。其特点是在胚胎发育过程中，当肾尚未升出骨盆以前，两侧肾的下极已融合在一起，形态似马蹄而得名；以下极融合型多见。融合部位称为峡部，多为肾实质，少数为纤维组织相连。马蹄肾的位置较正常为低，两肾纵轴向内向下，常伴有旋转不良。马蹄肾的双肾有各自的收集系统，输尿管较正常短，肾血管在肾的前方，常伴有血供异常，肾动脉可来自髂总动脉、腹主动脉、髂内动脉等。有时肾融合发生在两侧肾上极，称为倒马蹄肾；两肾上、下极都融合者，称盘状肾。

临床多无症状。因马蹄肾的肾盂在前方，输尿管进入肾盂的位置较高，尿流不畅，易引起肾盂积水、感染或结石。

【影像学表现】

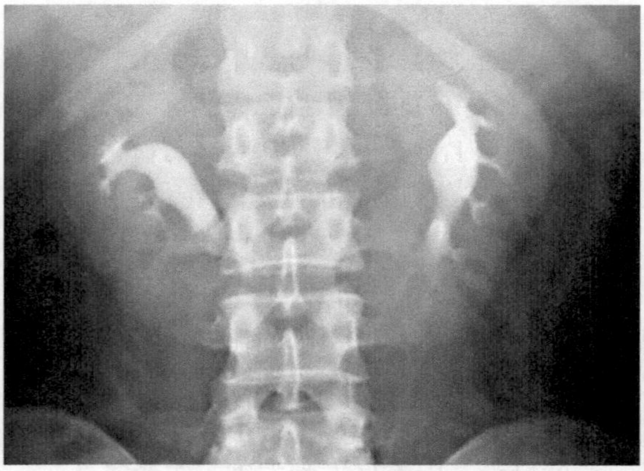

图 8-9　马蹄肾 X 线表现

双肾下极距离缩短，肾盂肾盏指向异常

1. X 线表现 平片表现为肾影位置低，在同一水平线，下极境界不清，并靠近脊柱。静脉肾盂造影时，两肾位置低，两侧下极肾盏距离缩短，两侧上极相距较远；肾盂肾盏呈旋转异常表现，输尿管分居两侧（图 8-9）。腹主动脉-肾动脉造影可显示肾的异常血供及峡部血管分布情况。

2. CT 与 MRI 表现 MRI 表现与 CT 表现相似。均可清楚显示两肾下极或上极肾实质相连，其密度、信号及强化表现多同于正常肾实质，有时可见并发的肾积水，倒马蹄肾和盘状肾可见相应的表现。

【诊断与鉴别要点】 马蹄肾的特征是两侧肾上极或下极相连，且多为下极相连，尿路造影、CT 等影像学检查均可发现，易于明确诊断。

（四）肾盂输尿管重复畸形

肾盂输尿管重复畸形（duplication of kidney）即重复肾，是一种常见的肾和输尿管畸形，可单侧亦可双侧，大多发生于一侧，右侧较左侧多 4 倍，女性较男性多。

【病理与临床】 肾盂输尿管重复畸形可分为完全性与不完全性两种，前者是指重复之输尿管分别开口于膀胱或其他部位；后者是指重复之输尿管汇合后共同开口于膀胱。若重复之输尿管开口于膀胱以外，称为异位输尿管开口。男性异位开口多见于后尿道及精囊，女性多见于尿道、前庭和阴道。异位输尿管开口可发生狭窄，导致狭窄以上肾盂、输尿管积水。

在合并感染和结石时可有相应的临床症状。异位开口的位置不同，其临床表现不同。女性患者的典型症状是既有正常自行排尿，又有持续漏尿或尿失禁；若异位开口于男性尿道外括约肌近端尿道，则无尿失禁现象。

【影像学表现】

1. X 线表现　平片无特殊发现。静脉肾盂造影是确诊本病的主要检查方法，可显示同一侧肾区有两套肾盏、肾盂和输尿管，并可见两支输尿管汇合后或分别进入膀胱。

2. CT 与 MRI 表现　普通检查显示肾盂输尿管重复畸形的效果一般不如尿路造影检查，CTU 可清楚显示肾盂、输尿管畸形的形态、汇合的位置及异位开口的部位（图 8-10）。MRU 与 CTU 的表现相似。

【诊断与鉴别要点】　造影是诊断肾盂输尿管重复畸形的首选方法，显示为同一侧或两侧肾区有两套肾盂、肾盏、输尿管，征象明显，不难诊断，必要时行 CTU 与 MRU 检查亦可明确诊断。

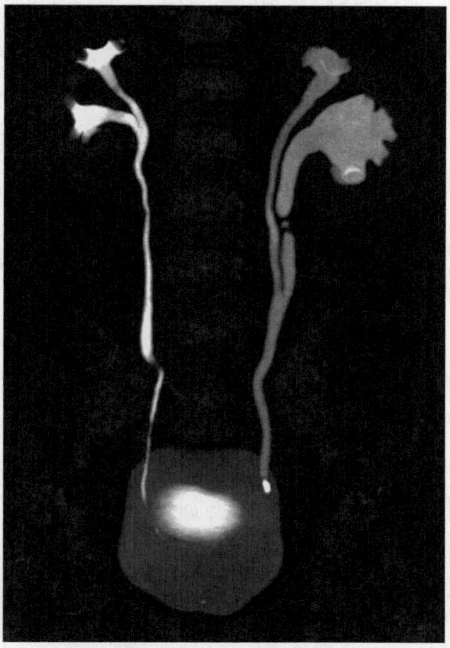

图 8-10　左侧肾盂输尿管重复畸形 CTU 表现

五、泌尿系统结石

泌尿系统结石（urolithiasis）是泌尿系统的常见病之一，可位于泌尿系的任何部位。我国南方各省区尤其多见。本病多发于青壮年，男性多于女性。

由于结石的成分有差异，其含钙量不同。X 线平片检查时，能够显影的尿路结石称为阳性结石，不能显影的尿路结石称为阴性结石。近年阴性结石检出率增高，与 CT、超声在临床上广泛应用有关。

【病理与临床】　结石由多种化学成分构成，包括草酸钙、磷酸钙、尿酸盐及胱氨酸盐等；但多以某一成分为主。不同成分组成的结石其密度和形态也各不相同，以草酸钙结石最为常见，其质硬、密度高、边缘多有刺，形状如桑椹；磷酸盐结石常较大，质软，表面粗糙，发生在肾盏肾盂时可呈鹿角状，小的结石则为圆形或沙粒状；尿酸盐结石常较小，表面光滑，密度较低，多呈圆形。

泌尿系统结石依其发生部位，分为肾结石、输尿管结石、膀胱结石和尿道结石。主要临床表现为疼痛和血尿，疼痛可为钝痛或绞痛，常向下腹和会阴部放射。膀胱结石可有排尿困难或排尿中途停止。

【影像学表现】

1. X 线表现

（1）X 线平片

1）肾结石：表现为肾窦区或其邻近部位的高密度影（图 8-11），侧位片上与脊柱影重叠，表现为圆形、卵圆形、桑椹状或鹿角状高密度影，可均匀一致，也可浓淡不均或呈分层状。填满肾盏肾盂内的结石，与肾盏肾盂的形态一致，呈“珊瑚状”或“鹿角状”，称为铸型结石，为结石的特征性表现。

2）输尿管结石：多数为肾结石脱落入输尿管所致，易停留在输尿管的三个生理狭窄处。X线平片表现为输尿管走行区，尤其是生理性狭窄处约米粒大小的致密影，形态多呈圆形或梭形，其长轴与输尿管的长轴一致。

3）膀胱结石：膀胱结石多为阳性结石，来源有两种，一种是原发于膀胱，较多见；另一种是由肾结石下降入膀胱而成。结石多为单发，也可多发；在X线平片上表现为膀胱区的圆形或椭圆形致密影，大小不等，边缘光滑或毛糙，密度均匀或不均匀，也可呈环形分层状。结石可随体位变化而改变位置。

（2）尿路造影

1）肾结石：在充盈对比剂的肾盂肾盏内，可显示出结石影。如结石小，易被对比剂遮盖；如果是阴性结石则形成充盈缺损。

2）输尿管结石：如平片难以显示，可行排泄性或逆行性尿路造影，确定其是否在输尿管内，并可观察肾功能。造影表现为结石以上的输尿管和肾盂肾盏可有不同程度的扩张积水，梗阻处可见长圆形或梭形影（图8-12）。

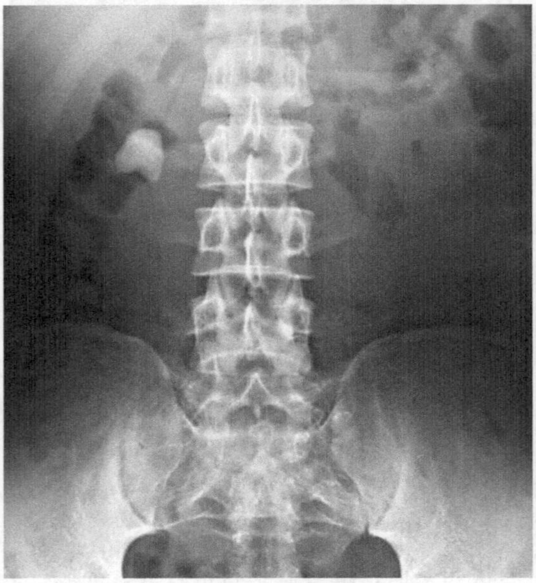

图8-11　右肾结石X线表现

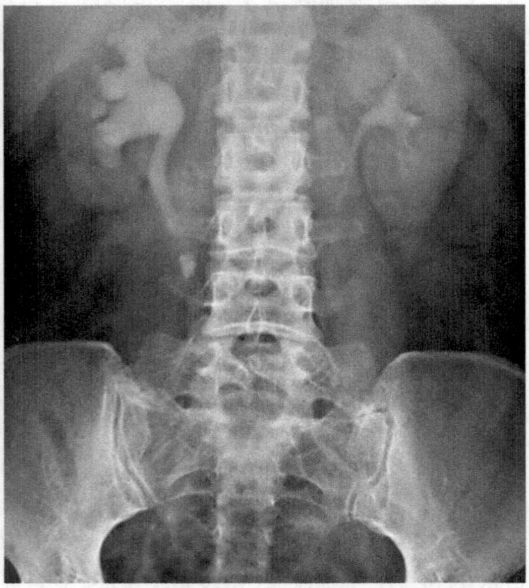

图8-12　右输尿管结石伴肾积水X线表现

3）膀胱结石：膀胱造影可进一步确定膀胱结石和膀胱憩室内结石，膀胱结石表现为膀胱内的充盈缺损，可随体位变化而移动。膀胱憩室内常有尿液淤积，可发生结石。憩室内的结石常偏于膀胱的一侧，不随体位改变而移动，表现为憩室内的充盈缺损。

2. CT表现

（1）肾结石：CT平扫即能确切发现位于肾盂肾盏内的高密度结石，CT不仅能发现较小的结石，并能显示平片不能显影的阴性结石。

（2）输尿管结石：CT 平扫表现为输尿管走行区内约米粒大小的高密度影，结石以上输尿管和肾盂常有不同程度的扩张，并于高密度影处突然截断。CT 尿路成像可显示结石的准确部位。

（3）膀胱结石：CT 表现为圆点状或块状高密度影，阳性结石密度多高于其他病变，阳性结石的 CT 值在 100HU 以上。

3. MRI 表现　结石在 T_1WI 和 T_2WI 上均呈很低的信号。MRI 检查对结石显示不佳，但 MRI 可显示由于结石造成的肾盂和输尿管积水。

【诊断与鉴别要点】　泌尿系结石在 X 线平片和 CT 上显示为高密度影，表现典型，诊断不难。主要需与腹、盆腔内异常钙化和静脉石鉴别，前者影像学检查显示位于泌尿系以外，后者影像学检查在静脉血管内。

六、泌尿系统结核

泌尿系结核（urinary tuberculosis）多为继发性，来源于身体其他部位结核灶。泌尿系结核中最常见的是肾结核，可累及肾、输尿管和膀胱。多见于 20—40 岁，男性发病率明显高于女性。

【病理与临床】　泌尿系结核大多数由血源性感染而引起。结核杆菌经血行播散到肾后形成感染灶，初期为皮质感染，在皮质内形成多数小的结核病灶；若病变继续进展，则蔓延至髓质，病灶逐渐扩大可形成结核性脓肿，脓肿的破溃及结核杆菌沿肾小管进入尿液继而造成肾盏和肾盂的破坏，发生干酪化坏死。坏死物经肾盂排出形成空洞。干酪化病灶可发生钙化，若全肾钙化，则称为肾自截。病变向下蔓延，可引起输尿管结核，输尿管黏膜破坏，溃疡形成，管径扩大；后期因结核性肉芽组织形成致输尿管管壁增厚、僵直和管腔狭窄甚至闭塞。向下累及膀胱，初期引起黏膜弥漫性炎症，出现充血、水肿，进一步发展形成结核结节或干酪性溃疡；病变侵及肌层，引起纤维化，使膀胱挛缩变小。

早期大多数无临床症状，仅尿中查到结核杆菌；进展期出现典型症状为尿频、尿急、血尿或脓尿。此外，还可伴有全身症状，如低热、乏力、贫血、消瘦、肾功能受损等。

【影像学表现】　泌尿系结核以尿路造影和 CT 检查为主。

1. X 线表现

（1）肾结核：X 线平片可无异常表现，有时可见肾区斑点、斑片状钙化，甚至全肾钙化。静脉肾盂造影早期病变局限在肾实质时，可表现正常；当病变累及肾小盏时，显示肾小盏边缘不整，如虫蚀状；当肾实质空洞与肾小盏相通时，可见肾小盏外侧有一团对比剂与之相连，边缘不整（图 8-13）；病变进展造成肾盏肾盂广泛破坏或形成肾

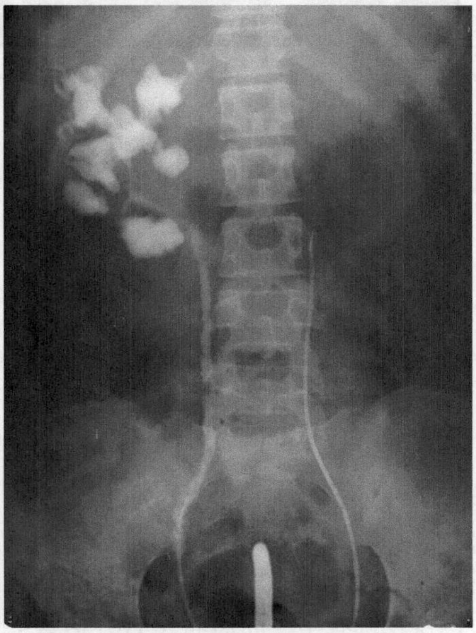

图 8-13　右肾、输尿管结核 X 线表现

逆行性肾盂造影示右侧肾盏扩大，边缘不整，右侧输尿管粗细不均，边缘毛糙

盂积脓时，静脉肾盂造影常不显影，逆行性尿路造影显示肾盂肾盏共同形成一不规则的空腔。

（2）输尿管结核：尿路造影显示输尿管管壁增厚，管腔不规则，粗细不均、僵直或扭曲，形成不规则狭窄与扩张，呈串珠样或笔杆状改变（图 8-13）。

（3）膀胱结核：早期造影表现为膀胱局部轮廓不规则，边缘不整齐，甚至形成充盈缺损；晚期表现为膀胱变形和纤维收缩，容积缩小，边缘不规则而呈锯齿状改变。膀胱结核又可逆行向上蔓延，使健侧输尿管下段受侵，造成管壁增厚、管腔狭窄，上段输尿管和肾盂积水。

2. CT 表现

（1）肾结核：早期 CT 平扫显示肾实质内边缘模糊的低密度灶；增强扫描，对比剂可进入肾实质内的结核性空洞，显示为高密度影；但对肾盂肾盏的早期破坏显示不佳。病变进展，可见部分或全部肾盂肾盏扩张，呈多个囊状低密度影，CT 值略高于水（图 8-14）；可伴有肾盂和输尿管壁的增厚、管腔狭窄。膀胱变小，壁不规则。晚期，肾结核可发生钙化，显示为多发点状或不规则高密度影，甚至全肾钙化，肾影增大或萎缩；输尿管常完全闭塞。CTU 可显示肾盂、输尿管及膀胱受累的表现。

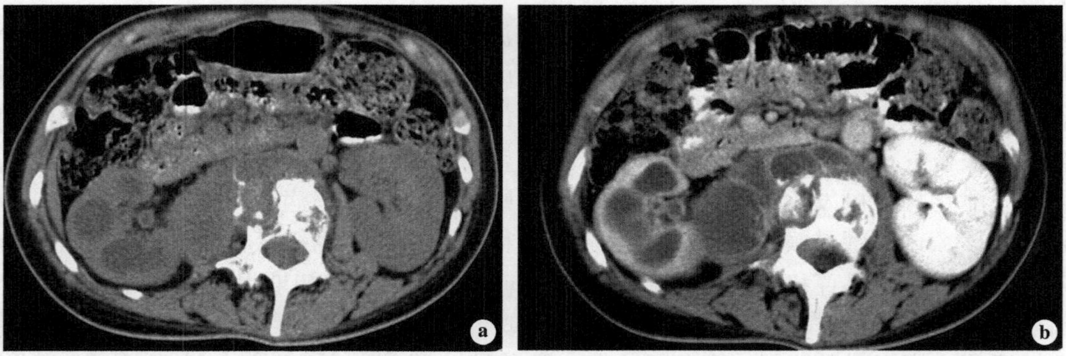

图 8-14　右肾结核 CT 表现

a. 平扫右肾稍缩小，肾盏扩大，椎体骨质破坏并椎旁肿脓；b. 增强示右肾功能减退

（2）输尿管结核：早期输尿管结核常无异常发现或呈轻度扩张，后期可显示输尿管管壁增厚，管腔呈多发不规则狭窄与扩张，可累及输尿管全程。

（3）膀胱结核：可发现膀胱壁内缘不规则，并可显示水肿或纤维化造成的膀胱壁增厚和膀胱腔变小。

3. MRI 表现　肾结核无特征性表现，应用较少。MRU 能清楚显示肾盂和输尿管的扩张、狭窄、梗阻及梗阻的部位。

【诊断与鉴别要点】　泌尿系统结核的影像学检查主要以尿路造影和 CT 检查为主，可显示病变的范围、程度等，特别是尿路造影能显示早期肾盏改变；CT 能敏感发现钙化病灶，均有助于正确诊断。肾结核与输尿管结核依据上述影像学表现外，还需依赖于尿中检出结核杆菌才能做出诊断。膀胱结核晚期需与慢性膀胱炎鉴别，虽都可显示为膀胱体积变小与壁的增厚，而后者多合并假性憩室，且多无肾及输尿管的相应改变。

七、泌尿系统肿瘤

（一）肾癌

肾癌（renal cancer），也称肾细胞癌，是最常见的肾恶性肿瘤，在肾恶性肿瘤中占 85%。好发于中老年人，男性多于女性。

【病理与临床】 肾癌来源于肾小管上皮细胞，病理上分为透明细胞癌（约占 70%）、乳头状细胞癌（占 10%～20%）、嫌色细胞癌（占 5%～10%）、集合管癌（占 1%）和未分化类癌（罕见）。癌肿呈实质性肿块，无包膜，但肿瘤周围可有被压缩的肾实质及纤维组织形成的假包膜；透明细胞癌表面血管丰富，瘤内常发生出血、坏死、囊变和钙化；乳头状细胞癌等为少血供瘤体。肿瘤较大时可穿破肾包膜，侵及邻近器官和组织，侵及肾静脉或下腔静脉时往往形成瘤栓。肾癌可转移到肺、肝、脑和骨骼等处。

典型临床表现为无痛性血尿；肿瘤较大时可触及肾区肿块；腰部钝痛或隐痛，血块通过输尿管时可发生肾绞痛。

【影像学表现】

1. X 线表现

（1）X 线平片：常可见肾影增大，肾轮廓出现局限性突出或呈分叶状改变。10%～15%的肿瘤可见钙化，呈斑点状、条状或弧线形致密影，位于肿瘤的中心或边缘部。诊断意义不大。

（2）尿路造影：由于肿瘤压迫，肾小盏杯口不规则加深扩大，肾盏拉长、移位及变形，肾盏颈部狭小而细长（图 8-15）。压迫肾小盏杯口和穹隆，可呈“手握球”状。肿瘤较大，压迫多个肾盏，使其变细、变长、分离及侵蚀可呈“蜘蛛足”样改变。压迫或侵犯肾盂时，肾盂变形或出现充盈缺损。

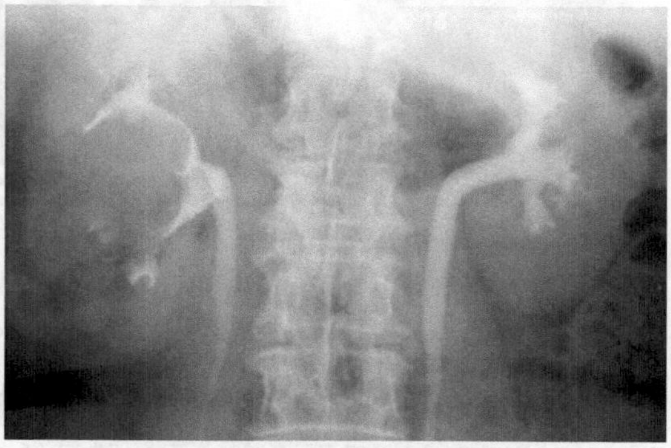

图 8-15　肾癌尿路造影表现

右侧肾盂肾盏受压拉长、移位及变形

2. CT 表现

（1）平扫：表现为肾实质肿块，呈类圆形或分叶状，边界模糊不清，密度可均一、低于或类似周围肾实质密度，偶为高密度。肿块内可出现密度更低的坏死区，中心或边缘可有钙化；较大肿块多不均匀。

（2）增强扫描：肿块的强化程度和形式与病理组织学类型相关。①透明细胞癌：肿瘤血供丰富，皮质期肿块实质部分呈明显强化，强化程度类似肾皮质，而实质期强化程度明显降低，呈所谓的“快进快出”型（图 8-16）。②乳头状和嫌色细胞癌：为少血供肿瘤，皮质期肿块强化程度较低，明显低于肾皮质，且其后各期强化程度有逐渐增高的趋势，呈“缓慢升高”型。

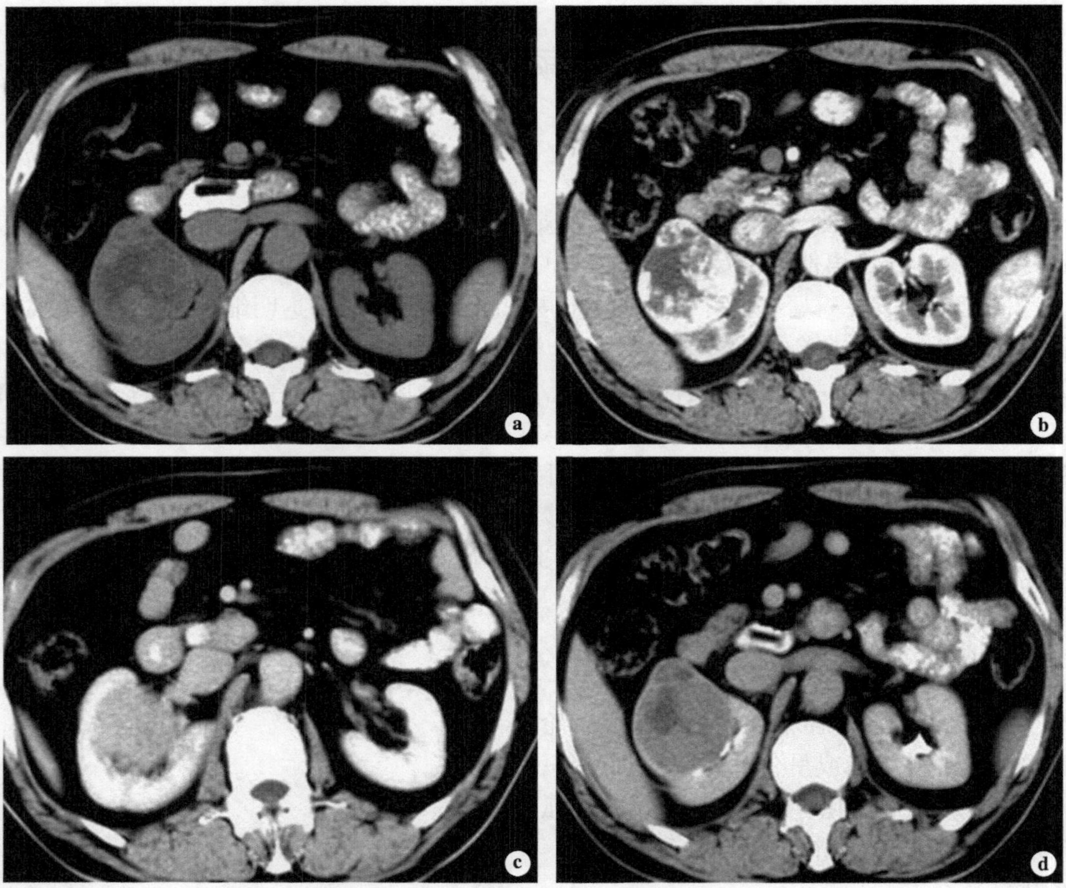

图 8-16　右肾癌 CT 表现

a. 平扫：右肾实质肿块；b. 增强皮质期：肿块明显强化，强化程度与肾皮质相当，右肾功能减退；c. 增强实质期：肿块强化程度减低；d. 增强肾盂期：肿块强化程度进一步降低

3. MRI 表现　多数肾癌在 T_1WI 上呈低信号，低于正常肾皮质，T_2WI 上呈高信号或混杂信号。MRI 可显示肾癌的假包膜呈低信号环，尤以 T_2WI 上显示率高而且更为清楚。不同组织学亚型肾细胞癌 MRI 增强的强化程度与形式类似于 CT 增强检查。MRI 检查的重要价值在于确定肾静脉和下腔静脉内有无瘤栓及其范围；发生瘤栓时，血管内流空信号消失。

【诊断与鉴别要点】　肾癌的影像学诊断主要依赖 CT 和 USG 检查，多具有典型表现。需与下列疾病鉴别。①肾血管平滑肌脂肪瘤：肿瘤内含脂肪是诊断的主要依据，肾细胞癌中极少有脂肪成分。根据 CT 的密度及 MRI 的信号特征可判断肿瘤内是否含脂肪成分，以此可做出鉴别。②肾盂癌：肾细胞癌侵犯肾盂时需与肾盂癌鉴别。肾盂癌位于肾窦区，多不造成肾轮廓的改变，无瘤内坏死囊性变。

（二）肾盂癌

肾盂癌（renal pelvic carcinoma）占肾肿瘤总数的 10%左右，好发于 40 岁以上男性。

【病理与临床】　病理上属于尿路上皮肿瘤，80%～90%为移行细胞癌，常呈乳头状生长，又称乳头状癌。肿瘤可种植在输尿管和（或）膀胱壁上。

典型临床表现是无痛性全程血尿，并可有胁腹疼痛，瘤体较大或合并肾盂积水时可触及肿块。

【影像学表现】

1. X 线表现　平片无诊断价值。尿路造影显示肾盂肾盏内有固定的充盈缺损，形态不规则，肾盂和肾盏有不同程度的扩张（图 8-17）；当肿瘤侵犯肾实质，可致肾盏移位、变形。由于肿块阻塞可造成肾盂和肾盏扩张、积水。

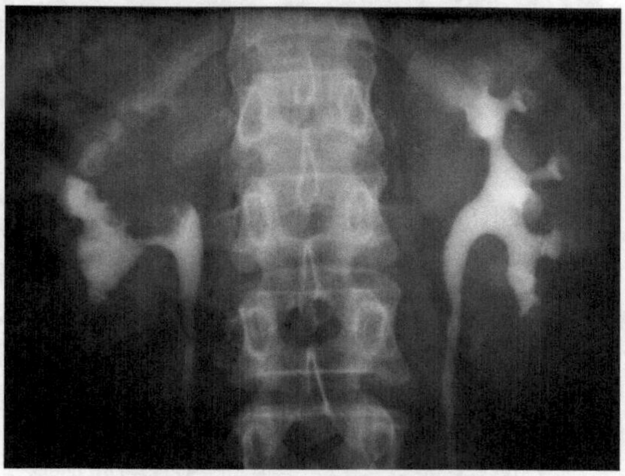

图 8-17　右侧肾盂癌 X 线表现

右侧肾盂充盈缺损，下极肾盏扩张

2. CT 表现

（1）平扫：表现为肾窦内肿块，其密度高于尿液而低于肾实质，肿块周围肾窦脂肪受压，较大肿块可致脂肪完全消失。肾盂或肾盏梗阻时，出现肾积水表现。

（2）增强扫描：肾窦肿块仅有轻度强化。CTU 可显示肾盂内肿瘤所致的充盈缺损。

3. MRI 表现　在 T_1WI 上，肿块信号强度高于尿液，而在 T_2WI 上则低于尿液。MRU 可显示肾盂、肾盏内的充盈缺损。如有肾盂肾盏积水，能确定梗阻的部位和程度。

【诊断与鉴别要点】　肾盂癌的诊断依据是发现肾盂内肿块，CT、MRI、USG 检查可确定其范围及有无转移。肾盂癌应与肾盂内阴性结石及血块鉴别：阴性结石在 CT 的密度较高，增强扫描无强化。

（三）肾血管平滑肌脂肪瘤

肾血管平滑肌脂肪瘤（renal angioleiomyolipoma）是较为常见的肾良性肿瘤。常见于中年妇女，可单发或多发。20%肿瘤合并有结节性硬化，常为双侧多发。

【病理与临床】　肿瘤起源于中胚层组织，由平滑肌、脂肪和异常血管混合而成，但其构成比例有很大差异。多数以脂肪成分为主，少数以平滑肌为主。大体上，肿瘤光滑，境界清楚，呈圆形、卵圆形或分叶状肿块，无包膜，大小不一，可自数毫米至 20cm。生长缓慢。由于肿瘤血管明显扩张，管壁缺乏弹力纤维，可导致瘤体内或肾周常出血。

早期可无临床症状，肿瘤较大时偶可触及肿块，血尿少见。如肿瘤自发破裂，可并发出血产生剧烈腰腹痛。

【影像学表现】

1. X 线表现　平片和尿路造影检查：肿瘤较小时，可无异常发现。肿瘤较大时，平片显示肾轮廓改变，肾影增大，尿路造影表现为肾盂肾盏受压、移位和变形等改变。肾动脉造影可显示丰富迂曲的肿瘤性血管。

2. CT 表现　取决于其内脂肪与非脂肪成分的比例，典型表现为肾实质内混杂密度肿块，境界清楚，密度不均，可呈多房分隔表现，其内可见脂肪性低密度灶。血管和平滑肌组织为软组织密度。增强扫描肿块强化不均，血管性结构发生较明显强化，脂肪组织和坏死区不强化（图 8-18）。并发急性出血时，肿块周围可见高密度出血灶。

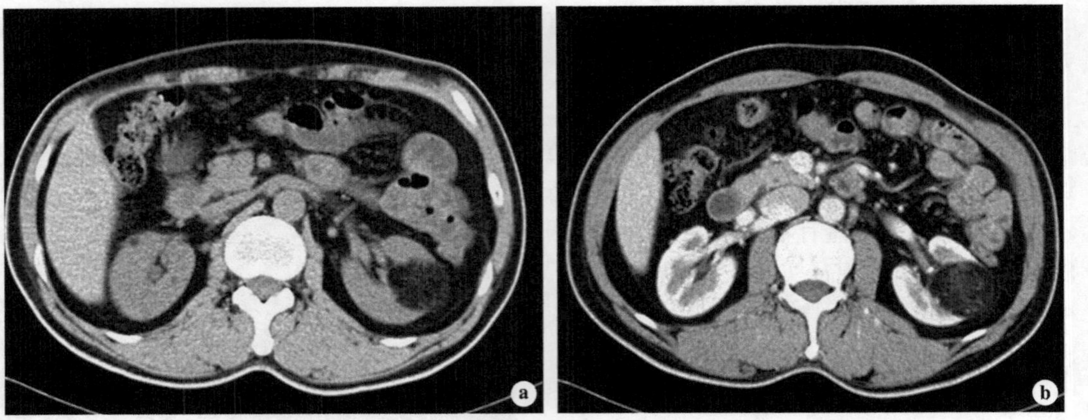

图 8-18　左侧肾血管平滑肌脂肪瘤 CT 表现

a. 平扫示左肾实质低密度肿块，其内可见大量脂肪密度；b. 增强检查示肿块内少部分组织强化，脂肪影无强化

3. MRI 表现　为肾实质内不均质肿块。由于肿块内肌肉、脂肪和血管含量不一，信号强度不同，具有特征性的是脂肪信号。脂肪在 T_1WI 上呈高信号，T_2WI 上呈中等信号。其内可有分隔。脂肪抑制序列成像，脂肪组织的信号强度随之下降，具有特征性。MRI 对于显示血管较为敏感。

【诊断与鉴别要点】　依据 CT 或 MRI 检查显示肾实质肿块，其中含有脂肪组织，即可明确诊断。脂肪含量很少的肾血管平滑肌脂肪瘤与肾癌鉴别较为困难。

（四）肾母细胞瘤

肾母细胞瘤（nephroblastoma），又称 Wilms 瘤或肾胚胎瘤，是儿童肾最常见的原发性恶性肿瘤。多发生于 7 岁以下，尤其是 1—4 岁的儿童，偶见于成年人。

【病理与临床】　肾母细胞瘤起源于肾内残留的后肾胚芽组织，由胚胎性组织混合而成。其特征是具有胚胎发育过程中不同阶段的幼稚的肾小球或肾小管结构，细胞成分可分为间叶组织、上皮样细胞和胚基的幼稚细胞。肿瘤多表现为单个实性肿物，体积较大，边界清楚，可有假包膜形成。约 10%的病例为双侧或多灶性。肿瘤质软，可有灶性出血、囊性变或坏死，约 5%有钙化，有的可见少量骨或软骨。

典型的临床症状是腹部肿块，约 1/2 患者合并有高血压，也可出现血尿、腹痛或肠梗阻。较大肿瘤可侵犯肾周脂肪组织或肾静脉，部分病例可出现肺等脏器的转移。

【影像学表现】

1. X 线表现　平片显示腹部较大的软组织密度肿块影，有时可见病侧横隔抬高，脊柱侧弯等。病侧肾轮廓往往消失。尿路造影可见肾盂、肾盏变形及肾盂肾盏和肾旋转；也可见肾盂、肾盏局限性积水。

2. CT 表现　常表现为肾区巨大混杂密度肿块，平扫主要表现为低密度，由于出血、坏死而密度不均匀，少数可见斑点状、不规则钙化，增强扫描强化不均匀（图 8-19）。肿瘤挤压残留的肾组织，使之移位。巨大肿块，使肾组织的大部分或全部破坏、消失。有时可见肾静脉或下腔静脉内的瘤栓，以及主动脉及肾门旁肿大的淋巴结。肿块可与周围组织粘连。

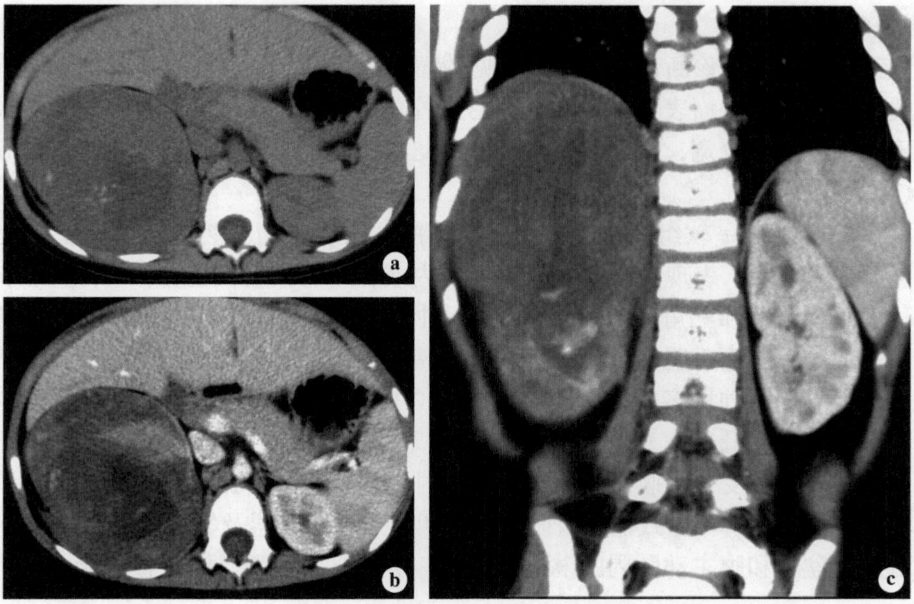

图 8-19　右肾母细胞瘤 CT 表现

a. 平扫示右肾呈一巨大混杂密度肿块，内见小点状钙化及液性坏死灶；b. 增强检查示肿块实性部分呈不均匀强化；c. 冠状面重组示肿瘤侵及全肾

3. MRI 表现　肿瘤常较大，在 T_1WI 上呈低信号，T_2WI 上呈高信号，可见低信号的环形假包膜。由于肿瘤内有出血、坏死和囊变，呈混杂信号。MRI 可显示肿瘤供血血管来自肾动脉，也可显示肾静脉及下腔静脉内的瘤栓为其优势。

【诊断与鉴别要点】　发生在儿童肾实质巨大肿块，应首先考虑肾母细胞瘤。需与血管平滑肌脂肪瘤、肾细胞癌鉴别，前者肿块内有脂肪成分，后者多见于成年人。

（五）膀胱癌

膀胱癌（carcinoma of urinary bladder）是指发生在膀胱黏膜上的恶性肿瘤，是泌尿系统最常见的恶性肿瘤之一，多发生于 40 岁以上，男性的发病率是女性的 2～3 倍。

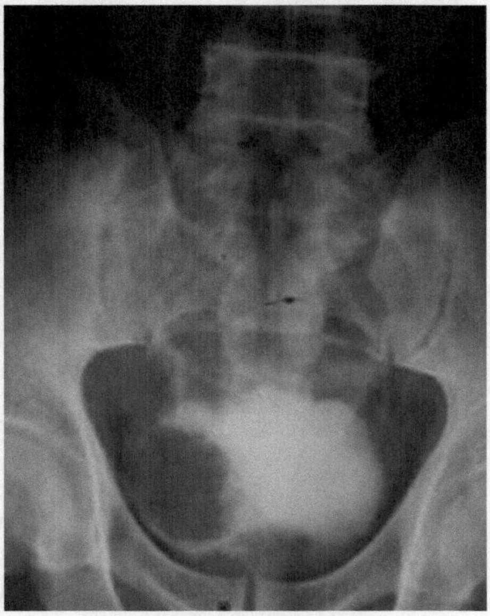

图 8-20　膀胱癌 X 线表现

膀胱右侧菜花状充盈缺损

【病理与临床】　膀胱癌 90%为移行细胞癌，其他组织学类型为鳞状细胞癌和腺癌。移行细胞癌的好发部位为膀胱侧壁和膀胱三角区近输尿管开口处，并常侵犯肌层。肿瘤可单发或多发，大小不等。分化较好者多呈乳头状，也可呈息肉状，有蒂与膀胱黏膜相连。分化较差者常为扁平状突起，呈菜花状，基底宽，无蒂，表面可有坏死和溃疡形成，并可向周围浸润。

临床常见的症状是无痛性血尿，血尿呈间隔性出现，出血量或多或少，一般为全程血尿。如合并感染，出现尿频、尿急和尿痛等膀胱刺激症状。

【影像学表现】

1. X 线表现 平片诊断价值不大，偶见肿瘤钙化，呈小斑点状、结节状或小环状致密影。膀胱造影检查，肿瘤表现为大小不等的充盈缺损，多为单发，也可多发（图 8-20）。轮廓多不规则，基底较宽，表面凹凸不平呈菜花状。侵犯肌层时，局部膀胱壁僵硬。

2. CT 表现

（1）平扫：肿瘤呈软组织密度，在膀胱周围低密度脂肪和腔内液体密度尿液的对比下，肿瘤可清楚显示；表现为自膀胱壁突入腔内或腔外的软组织密度肿块，呈结节或菜花状，常位于膀胱侧壁和三角区（图 8-21a）。肿块密度常较均匀，少数表面可有点状或不规则钙化。部分膀胱癌无明确肿块，仅表现为膀胱壁局部不规则增厚，表面常凹凸不平。

（2）增强扫描：肿块多呈均一性明显强化（图 8-21b）。延迟期扫描，膀胱腔内充盈对比剂，肿块表现为低密度充盈缺损。

（3）肿瘤外侵改变：肿瘤侵犯周围脂肪层时，膀胱壁与脂肪层间的分界模糊不清；肿瘤累及输尿管的开口，可导致输尿管阻塞；晚期肿瘤可向外累及邻近脏器，如直肠等；CT 检查还可发现盆腔和腹主动脉周围淋巴结增大，提示已发生淋巴结转移可能。

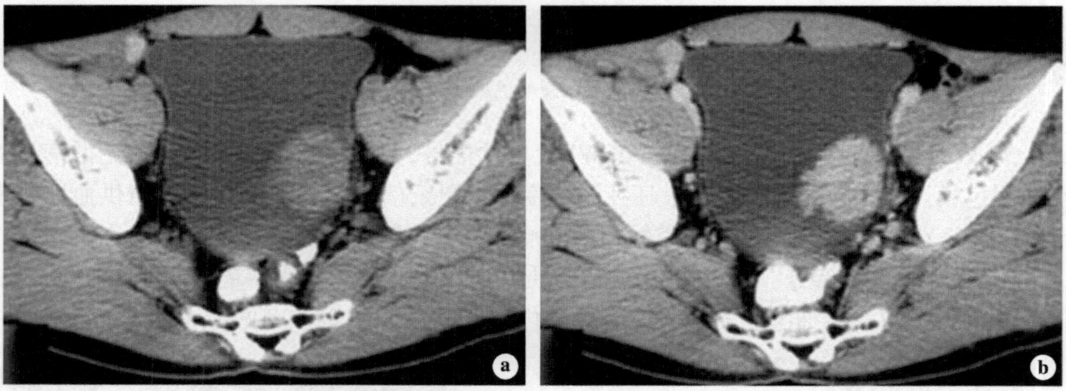

图 8-21 膀胱癌

a. 平扫示膀胱左侧壁见一软组织密度肿块突入膀胱，边缘不规则；b. 增强检查示肿块呈均匀性明显强化

3. MRI 表现 表现为自膀胱壁突向腔内肿块或膀胱壁局限性不规则增厚。膀胱癌在 T_1WI 上信号强度介于尿液与脂肪之间，T_2WI 上呈高信号，与尿液的信号相似。增强 MRI 检查能显示肿瘤对膀胱壁的侵犯深度。膀胱周围受侵犯，表现为膀胱壁与高信号脂肪界面模糊。

【诊断与鉴别要点】 膀胱癌的影像学表现较为典型，结合临床所见，多可作出明确诊断。膀胱癌需与膀胱内阴性结石、血块或其他类型膀胱肿瘤鉴别。阴性结石和血块也可造成膀胱内充盈缺损，但变化体位检查多有位置变化；早期膀胱癌与膀胱其他类型肿瘤有相似的影像学表现，鉴别多较困难，此时利用膀胱镜并活检可明确诊断。

八、肾囊性疾病

肾囊性病变有多种类型，最为常见的是肾单纯性囊肿和多囊性肾病。

（一）肾单纯性囊肿

【病理与临床】 单纯性肾囊肿（simple renal cyst）极为常见，病因不明，病理上为一薄壁充液的囊肿，囊内为浆液，可单发或多发，多起于肾皮质，常突向肾外。大小不等，可自数毫米至数厘米。单纯性肾囊肿临床上多无症状，常为偶然发现。

【影像学表现】

1. X 线表现 平片多无异常。囊肿较大时，可使肾轮廓发生改变，表现为肾边缘局部膨出，但边缘光滑，偶见囊肿壁的线状钙化。

尿路造影检查，囊肿小或位于肾边缘并向外生长时，可无异常发现。囊肿较大且位置较深在肾盂肾盏间生长时，可见肾盂肾盏受压、变形，但不造成肾盂肾盏破坏。

2. CT 表现 囊肿呈圆形或椭圆形，与肾实质分界清楚、锐利，囊内密度均匀，呈水样密度，壁薄而难以显示。可单发或多发，可累及一侧或双侧肾。增强扫描囊肿不强化（图 8-22）。单纯性囊肿如发生出血、感染可成为复杂性囊肿，表现为囊壁增厚，囊内密度增高。

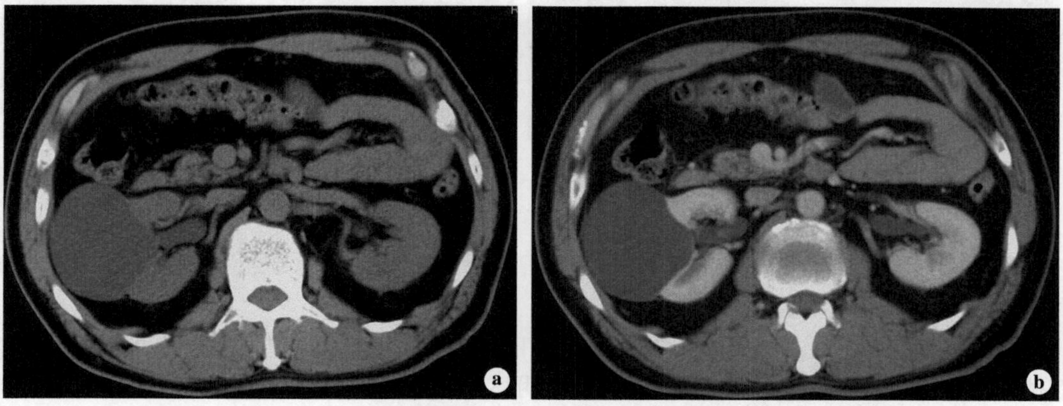

图 8-22 右肾囊肿 CT 表现

a. 平扫示左肾类圆形低密度影；b. 增强扫描示囊肿无强化

3. MRI 表现 肾囊肿信号强度均匀，T_1WI 上为低信号，T_2WI 上为高信号，增强扫描病变不强化。

【诊断与鉴别要点】 肾单纯性囊肿影像学表现典型，易于诊断。

（二）多囊肾

多囊肾（polycystic renal disease）为较常见的遗传性疾病，多发生于双侧，单侧多囊肾极少见。

【病理与临床】 多囊肾分常染色体显性遗传性多囊肾（成人型）和常染色体隐性遗传性多囊肾（婴儿型）。婴儿型少见，常合并肝、脾、胰腺多发囊肿，肾功能差，多数婴儿存活时间短，如存活到青年期，多合并肾功能低下、慢性肾盂肾炎等。成人型多囊肾的特征是双肾皮、髓质多发大小不等的囊肿，早期囊肿间仍有正常肾实质，晚期肾实质几乎完全被大小不等的囊肿所替代，可死于肾衰竭，常合并多囊肝。

多囊肾主要是成人型。通常在 30—50 岁出现症状，表现为腹部肿块、高血压和血尿等，晚期发生肾衰竭。

【影像学表现】

1. X 线表现 平片表现为双侧肾影增大，边缘呈分叶状，有时可见囊壁钙化。尿路造影显示肾盂肾盏移位、变形、短缩和伸长。位于肾盏间的囊肿使相邻肾盏分开，肾盏颈部变细长，呈“蜘蛛足”样改变（图 8-23a）。由于双侧肾功能低下，静脉肾盂造影时肾盂肾盏显影不佳。

2. CT 表现 平扫表现为双肾布满多发大小不等的圆形或卵圆形水样低密度病变，增强扫描病变无强化。早期肾形态正常，随病变进展，双肾影增大、边缘呈分叶状。同时可显示多囊肝的表现（图 8-23b）。

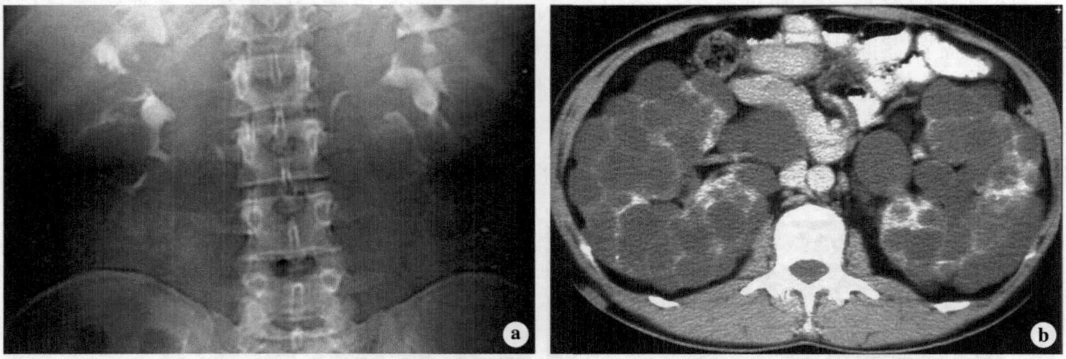

图 8-23 多囊肾 X 线与 CT 表现

a. 静脉肾盂造影示双肾盂肾盏呈“蜘蛛足”样改变；b. CT 增强扫描示双肾布满大小不等囊液性密度影

3. MRI 表现 多囊肾的形态表现类似 CT 所见，囊肿的信号强度多为类似于水的长 T_1 低信号和长 T_2 高信号。

【诊断与鉴别要点】 成人型多囊肾的 CT、MRI 检查均有典型表现，不难诊断。需与双侧性多发单纯性囊肿鉴别，后者肾增大不明显，囊肿数目少，很少合并肝囊肿且无家族遗传史，易于鉴别。

九、肾 外 伤

肾外伤（renal injuries）较常见，是泌尿系统中最易发生损伤的脏器。按发生的原因分为开放性损伤和闭合性损伤，临床上最多见为闭合性肾外伤。

【病理与临床】 肾外伤可根据损伤程度分为不同类型，常见者包括肾被膜下血肿、肾周血肿、肾挫伤及肾撕裂伤。肾外伤的临床表现视损伤程度而异，主要为疼痛、血尿、外伤侧腹壁或腰部肿胀，严重者可发生休克。

【影像学表现】

1. X 线表现 肾外伤目前很少应用 X 线和尿路造影检查。

2. CT 表现 CT 是肾外伤快捷而有效的检查方法。各型肾外伤表现如下：①肾被膜下血肿：表现为与肾实质边缘紧密相连的新月形高密度影，常使邻近肾实质受压、变形。②肾周血肿：表现为肾周围的新月形高密度影，范围较广，但局限于肾筋膜囊内（图 8-24a）；常合并肾被膜下血肿。③肾挫伤：根据出血量多少、肾组织水肿和尿液外溢情况而有不同表现，可为肾实质内高密度、混杂密度或低密度影，增强检查偶见对比剂血管外溢。④肾撕裂伤：表现为肾实质连续性中断，呈不规则带状高密度或低密度影，其内为血液和（或）外溢的尿液混合物；撕裂伤通常合并有肾周血肿（图 8-24b）。

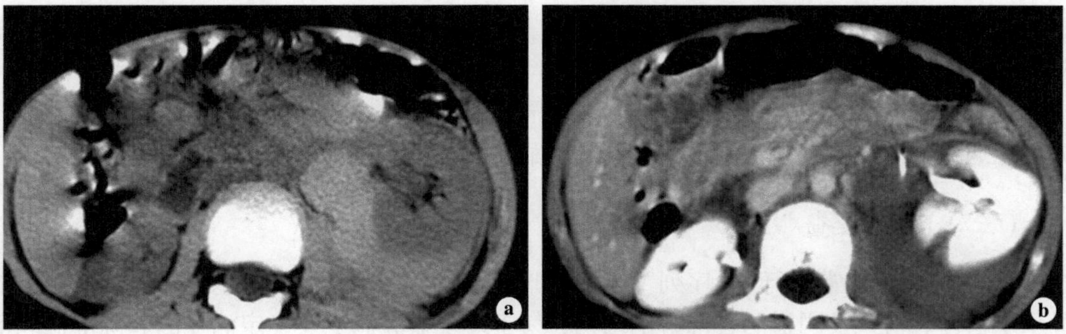

图 8-24　左肾外伤 CT 表现

a. 左肾周血肿，平扫示左肾内后缘见较广泛的新月形稍高密度病灶；b. 左肾撕裂伤并肾周血肿，增强扫描示左肾明显强化，左肾内侧肾实质不连续，血肿不强化

肾内、肾周血肿及肾包膜下血肿的形态和密度，可随时间的不同而变化。早期血肿密度较高，可明显高于肾实质；5～7 天后血肿密度逐渐下降，可逐步接近于肾实质的密度，称等密度期；慢性血肿的密度低于肾实质。增强扫描血肿不强化，而肾实质明显强化，血肿显示更清楚。CTA 可显示肾动脉的损伤。

3. MRI 表现　MRI 检查很少应用。

【诊断与鉴别要点】　肾区外伤后，CT 是主要检查方法，检查可确定有无肾脏损伤，并可根据 CT 表现确定损伤的类型和程度，以指导临床治疗。

（于新设）

第二节　女性生殖系统

目前影像学检查已广泛应用于女性生殖系统疾病诊断，主要包括炎性病变和良、恶性肿瘤。影像学检查多可发现这些病变并能准确显示病变的大小和范围。

一、影像学检查技术

（一）X 线检查

当前女性生殖系统很少应用 X 线平片检查。

1. 子宫输卵管造影　子宫输卵管造影（hysterosalpingography）是经子宫颈口注入有机碘对比剂以显示子宫颈管、子宫腔和输卵管内腔的一种检查方法。临床上主要用于检查子宫的位置、宫腔的形态、大小、有无先天性畸形及输卵管是否通畅。有时可使宫腔内的粘连分离，起治疗作用。

2. 盆腔动脉造影　盆腔动脉造影是经皮穿刺行股动脉插管，将导管顶端置于腹主动脉分叉处行造影检查，显示子宫动脉和盆腔动脉各分支；若置于肾动脉稍下方，可显示卵巢动脉。

（二）CT 检查

1. CT 平扫　在空腹状态下，检查前 2～3 小时，分多次口服水或 1%泛影葡胺 800～

1000ml，并憋尿使膀胱充盈以识别盆腔肠管。扫描范围通常自髂嵴水平至耻骨联合，层厚 5 mm 或 10mm，连续扫描。

2. 增强扫描 常规平扫后进行，若发现病变，尤其是发现肿块性病变，需行增强扫描。方法是通过静脉内快速注入对比剂后，即对病变区进行扫描。

（三）MRI 检查

1. 平扫检查 常规行 SE 序列 T_1WI 和 T_2WI 并脂肪抑制技术检查。其中 T_2 WI 检查能显示子宫体、宫颈及阴道的各部解剖结构，易于发现盆腔病变及确定病变的起源部位和范围。

2. 增强检查 普通检查发现盆腔病变后，一般需行增强 MRI 检查。方法是于静脉内快速注入顺磁性对比剂 Gd-DTPA，注射完毕后即对病变区行脂肪抑制 T_1WI 检查。

二、正常影像学表现

（一）正常 X 线表现

1. X 线平片表现 子宫及输卵管呈软组织密度，与周围结构缺乏天然对比，不能显影。

2. 正常子宫输卵管造影表现 ①子宫：宫腔呈倒置三角形，底边在上，为子宫底；两侧角为子宫角，与输卵管相通。子宫腔边缘光滑、整齐。宫颈管呈柱形，边缘呈羽毛状。②输卵管：自子宫角两侧向外下走行，两侧输卵管由子宫角向外下走行，管腔纤细，呈迂曲柔软的线状影，依次分为间质部、峡部、壶腹部和伞端。注入有机碘水溶液数分钟后摄片，显示输卵管内对比剂全部排空并进入腹膜腔，呈多发性弧线状或波浪状致密线影，提示输卵管通畅（图 8-25）。

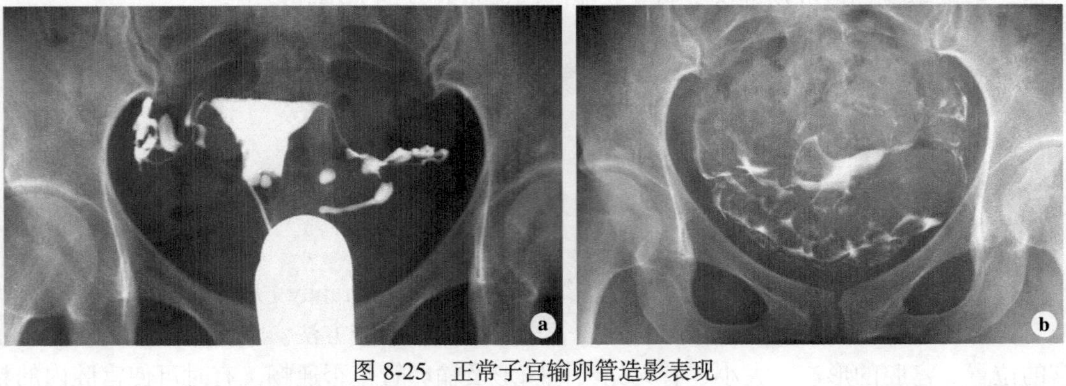

图 8-25 正常子宫输卵管造影表现

a. 注药后，子宫腔显影，呈倒置三角形，两侧输卵管呈迂曲的线状影；b. 复查摄片，输卵管内造影剂全部排入腹腔，呈多发线状密影

（二）正常 CT 表现

1. 子宫 子宫体表现为横置梭形或椭圆形的软组织密度影，边缘光滑锐利，中央可见一小圆形略低密度影，为宫腔及分泌液。宫颈显示在子宫体下方，呈圆形或椭圆形软组织

密度影，外缘光滑，横径小于 3 cm。增强检查，子宫肌明显均一强化，中心低密度宫腔显示更为清晰。

2. 卵巢和输卵管　育龄妇女卵巢大小为 2～4cm，常位于子宫角两侧，大小可不对称，CT 上为圆形或椭圆形稍低密度影，有时难以识别。输卵管在 CT 上不易显示。

（三）正常 MRI 表现

1. 子宫和阴道　平扫 MRI 检查 T_1WI 上，子宫体、宫颈和阴道为一致性较低信号；T_2WI 上能清晰显示宫体、宫颈和阴道的解剖结构（图 8-26）。宫体由三层组成：①子宫肌层：厚度为 1～3cm，T_1WI 上呈均匀的中等信号影。②子宫内膜：厚度为 1～7mm，T_1 WI 上表现为稍高信号，T_2WI 上表现为子宫中央的长条状均匀高信号。③联合带：是子宫肌与内膜之间的一条状结构，T_2WI 上呈低信号，厚度约 5 mm，在月经期边界更清晰。宫颈自内向外分为四种信号，宫颈管内含黏液呈高信号，宫颈黏膜呈中等信号，宫颈纤维化间质为低信号，宫颈肌层呈中等信号。阴道全长 7～9cm，MRI 矢状位显示最佳，T_1 WI 上阴道壁呈中等信号，T_2WI 上呈低信号。阴道内主要为分泌液及上皮，呈明显高信号。

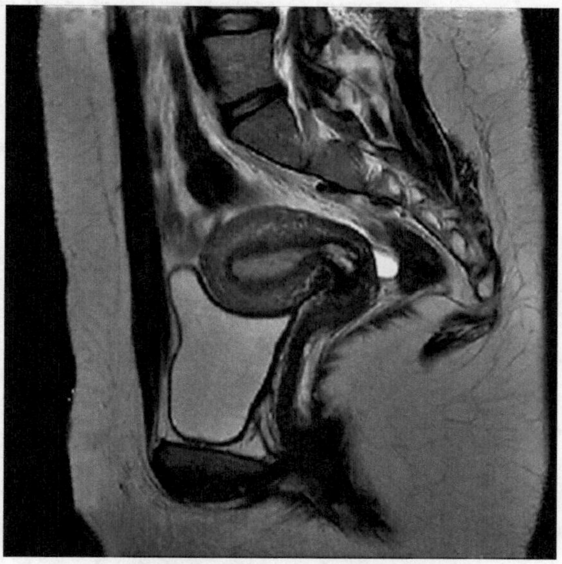

图 8-26　正常子宫 MRI 表现
T_2WI 矢状面清楚显示子宫体的三层信号

2. 卵巢和输卵管　MRI 通常可识别出正常卵巢，但绝经后妇女因卵巢萎缩而不易显示。在 T_1 WI 上，卵巢呈卵圆形均匀低信号结构，和周围高信号的脂肪组织形成明显对比；在 T_2WI 上，卵泡呈高信号，而内部的中央基质呈低信号。输卵管在 T_1 WI、T_2WI 上均难以识别。

三、异常影像学表现

（一）异常 X 线表现

子宫输卵管造影　①宫腔异常：子宫先天性发育异常常表现为子宫大小、形态改变；炎性病变可致宫腔变形、边缘不规则；黏膜下肌瘤及息肉表现为宫腔内充盈缺损。②输卵管异常：结核和非特异性炎症可致输卵管僵硬、狭窄和扩张等改变。

（二）异常 CT 表现

1. 子宫异常　①子宫大小、形态异常：单纯子宫大小、形态异常者较为少见，主要为各种类型先天性子宫发育异常，例如幼稚子宫、双角子宫和双子宫等，同时可伴有宫腔改变；子宫大小和形态异常更常见于子宫肿瘤和瘤样改变。②子宫密度异常：子宫内局灶性异常密度改变，常合并子宫大小和形态改变。其中，边界清楚、内含钙化、低密度的肿块常提示良性子宫肌瘤；而边界不清、无包膜的中等密度的肿块多提示恶性子宫肿瘤。

2. 盆腔肿块 女性盆腔肿块常来源于卵巢。位于盆腔的薄壁囊液性肿块多为各种类型的卵巢囊肿；边缘不规则或呈分叶状且囊实性并存的肿块，为卵巢囊腺瘤或囊腺癌常见表现；肿块内含有脂肪性低密度区或有脂-液分层，是卵巢囊性畸胎瘤的特征表现。

（三）异常 MRI 表现

1. 子宫异常 ①子宫大小、形态异常：表现和意义同 CT 检查，但 MRI 可显示子宫内部的各层解剖结构，对病变的显示优于 CT。②子宫信号异常：T_2WI 上，宫腔内有类圆形中等信号，提示息肉或黏膜下肌瘤；宫壁信号异常，联合带增宽，边界不清，见于子宫内膜异位；宫壁内信号异常见于子宫良、恶性肿瘤。宫颈信号异常，T_1WI 呈等信号、T_2WI 呈中等信号，常见于宫颈癌。

2. 盆腔肿块 女性盆腔肿块常来源于卵巢。卵巢肿块呈类圆形且信号与尿液相似，常为卵巢囊肿；肿块形态不规则，呈多房状，同时含有液体和实性成分，为卵巢囊腺瘤或囊腺癌常见表现；肿块内含有脂肪性高信号，是卵巢囊性畸胎瘤的特征表现。

四、子宫输卵管炎

子宫输卵管的非特异性炎症是一种常见病，好发于 25—35 岁。急性子宫输卵管炎有典型症状，易于诊断。慢性子宫输卵管炎，常导致女性不孕。

【病理与临床】 急性子宫输卵管炎多由上行感染而致；在月经期、流产期或产褥期内，女性生殖道防御能力减低，极易引起子宫输卵管炎。急性期表现为充血、水肿，继而形成积脓；慢性期发生宫腔粘连，输卵管增粗、粘连和闭塞。病变向外扩散，可引起盆腔炎，并常遗留输卵管周围及盆腔粘连。

急性期临床主要表现为高热、下腹痛、白带多或子宫出血，临床上多能作出诊断。慢性期主要表现为腰背痛、下坠感和月经不调。

【影像学表现】

1. X 线表现 子宫输卵管炎的影像学检查主要是子宫输卵管造影，同时还有分离粘连的作用。慢性输卵管炎多为双侧发生，显示输卵管粗细不均，炎症造成宫腔粘连与狭窄，甚至闭塞。闭塞近侧输卵管扩大，形成输卵管积水。造影剂弥散复查片显示输卵管内对比剂不能进入或仅部分进入腹膜腔，此为输卵管阻塞的重要征象。

2. CT 和 MRI 表现 诊断价值不大，很少用于检查。

【诊断与鉴别要点】 子宫输卵管造影可发现宫腔狭窄、粘连，输尿管狭窄、闭塞、积水和碘油积聚等征象，一般不难做出诊断。需与子宫输卵管结核鉴别，后者可见子宫输卵管钙化影，充盈对比剂时呈植物根须状，是结核的重要征象。

五、子宫平滑肌瘤

子宫平滑肌瘤（uterine leiomyoma）又称子宫肌瘤，由平滑肌及纤维间质所组成，是子宫最常见的良性肿瘤。好发年龄为30—50岁，一般在绝经期后肿瘤停止生长或逐渐萎缩。

【病理与临床】 子宫肌瘤可发生在子宫的任何部位，95%发生在子宫体，依次为后壁、前壁与侧壁；少数可发生于子宫颈和阔韧带。按生长部位又可分为肌壁间肌瘤、黏膜下肌瘤和浆膜下肌瘤三种类型。肌瘤可单发或多发。肌瘤多呈球形，质较硬，边界明显，但无包膜。肿瘤由蜗状排列的平滑肌细胞组成，并含有不等量的胶原、间质和纤维组织。生长迅速或供血不足时，可发生玻璃样变、囊性变、水肿、出血及坏死等。

临床主要表现为月经量过多、严重痛经、月经期长及盆腔肿块。肿瘤大，压迫膀胱可引起尿频，压迫直肠引起便秘。由于失血多，可出现贫血。

【影像学表现】

1. X线表现 X线平片仅能发现子宫肌瘤的颗粒状或蛋壳样钙化，诊断意义不大。

2. CT表现 表现为子宫增大，可呈分叶状改变；密度可等于或略低于周围正常子宫肌；增强检查肿瘤有不同程度的强化，略低于正常子宫肌的强化（图8-27）。浆膜下肌瘤表现为向外突出的肿块影；肌壁间肌瘤和黏膜下肌瘤可见宫腔闭塞。少数肿瘤可见不规则的斑点状或蛋壳样钙化影；如发生坏死，可见不规则低密度区。

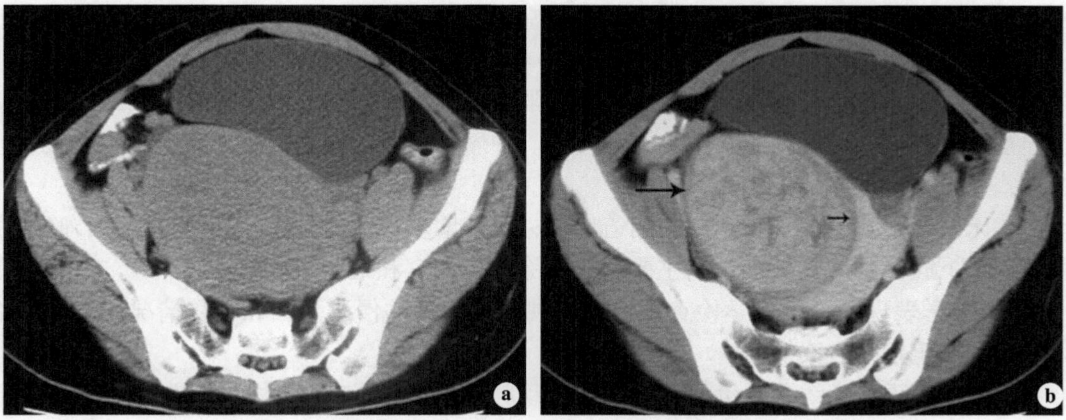

图8-27 子宫肌瘤CT表现

a. 平扫示子宫明显增大；b. 增强示肿块强化程度略低于正常子宫肌的强化

3. MRI表现 MRI是发现和诊断子宫肌瘤最敏感的方法。T_1WI上信号强度类似子宫肌，而T_2WI上呈明显均一低信号，与正常子宫肌层分界清楚。MRI可清楚显示和区别肌壁间肌瘤、黏膜下肌瘤和浆膜下肌瘤。肿瘤伴发囊性变，T_1WI上为低信号，T_2WI上为高信号。MRI增强检查，肌瘤常为不均一强化（图8-28）。

【诊断与鉴别要点】 超声应为子宫肌瘤的首选检查方法，而MRI是主要的选择检查方法，能准确发现肌瘤，并显示其大小、位置和数目，其诊断依据是T_2WI上可见类圆形低信号。

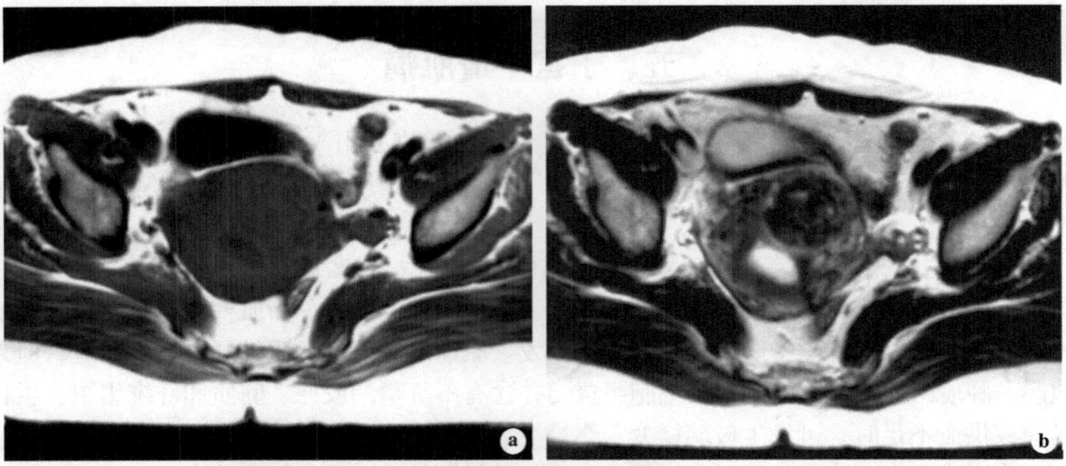

图 8-28　子宫肌瘤 MRI 表现

a. T_1WI 上子宫稍增大，宫腔偏离；b. T_2WI 上肿块呈明显较均一低信号

六、子　宫　癌

子宫癌是女性生殖器官最常见的恶性肿瘤，分为宫颈癌及宫体癌，以前者为多。

【病理与临床】　宫颈癌（cervical carcinoma）是女性生殖系统最常见的恶性肿瘤，95%以上为鳞状上皮癌，常累及宫颈外面和阴道，形成外生性肿块，破坏宫颈浸润阴道穹窿。少数为腺癌，起源于子宫颈管的上皮，侵犯宫颈和宫旁组织。

宫体癌也称子宫内膜癌（endometrial car-cinoma），发病率仅次于宫颈癌，常为腺癌。早期常规影像学检查难以发现。肿瘤分为局限型和弥漫型。局限型为息肉状或外生性连接于子宫内膜表层；弥漫型累及整个子宫内膜。肿瘤可累及宫体与宫颈，穿透肌层累及邻近器官，并可发生盆腔淋巴结转移。

临床上，子宫癌表现为不规则阴道出血，白带增多，并有血性和脓性分泌物；晚期发生疼痛和下腹部肿块。早期诊断主要靠宫颈涂片、刮宫和细胞学检查。

【影像学表现】　影像学检查主要用于观察子宫癌的侵犯范围和转移情况，有利于临床分期和制定治疗方案。

1. X 线表现　X 线平片价值不大。盆腔动脉造影可显示杂乱不规则的肿瘤血管。

2. CT 表现

（1）宫颈癌：可使宫颈增大，形成不规则软组织密度肿块，可局限于宫颈或蔓延至子宫体和宫旁。如肿瘤较大发生坏死时，肿块内可见低密度区。肿瘤向外蔓延，表现为向子宫外伸出的不规则形或分叶状软组织密度影。侵犯邻近器官，如膀胱、直肠，相邻脂肪间隙消失，直肠、膀胱壁增厚。CT 诊断宫颈癌淋巴结转移的敏感性为 70%～80%，因此 CT 检查阴性不能排除淋巴转移。

（2）宫体癌：表现为子宫对称性或局限性分叶状增大，密度不均匀，有低密度坏死区。肿瘤累及宫颈，可见宫颈增大。增强扫描示病变强化程度低于周围正常子宫肌。

3. MRI 表现

（1）宫颈癌：MRI 能较准确地判断肿瘤的大小、形态。肿块在 T_1WI 上与宫颈信号相仿，T_2WI 上呈中等信号，正常宫颈组织层次消失（图 8-29）。MRI 能显示癌肿向腔内的生长情况，并能显示周围器官组织的层次。MRI 由于对软组织的分辨能力高和多方位成像，对宫颈癌的分期优于 CT。

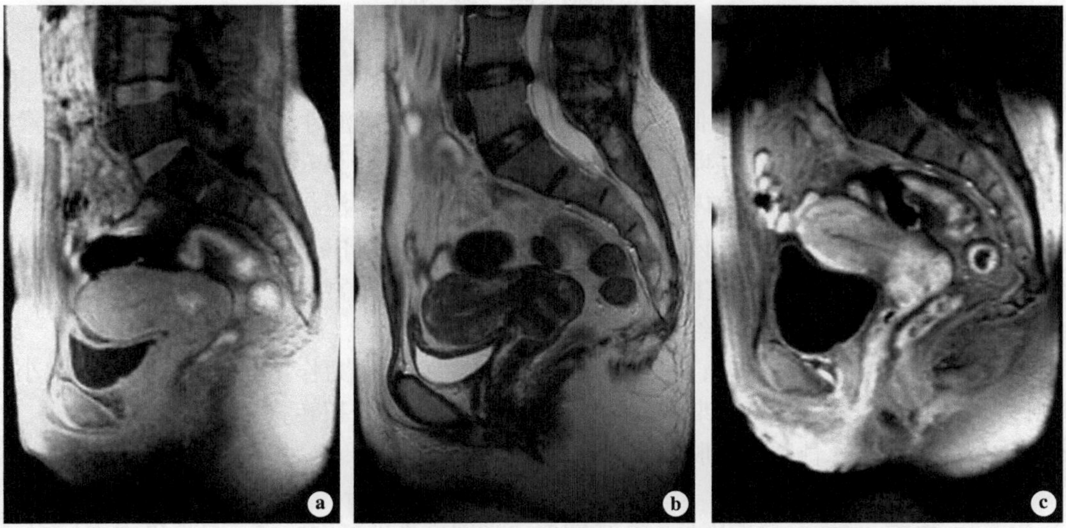

图 8-29　宫颈癌Ⅰ期 MRI 表现

a. T_1WI 子宫颈增大，其内见一稍高信号影；b. T_2WI 上呈中等信号，正常宫颈组织层次消失；c. 增强示宫颈部呈均匀性明显强化，宫颈外周组织结构清晰，阴道及宫体部未受侵

（2）宫体癌：MRI 检查表现为子宫内膜增厚，宫体不对称性增大，T_1WI 上与子宫肌层相比呈等信号，T_2WI 上呈高信号，其间可混有结节状中等或低信号区（图 8-30）。癌肿侵犯肌层时，在 T_2WI 上可见低信号的联合带破坏、中断且不规则；宫旁组织受侵犯时，邻近结构显示不清，脂肪信号消失。MRI 对于子宫内膜癌的检出及其分期明显优于 CT 和超声。

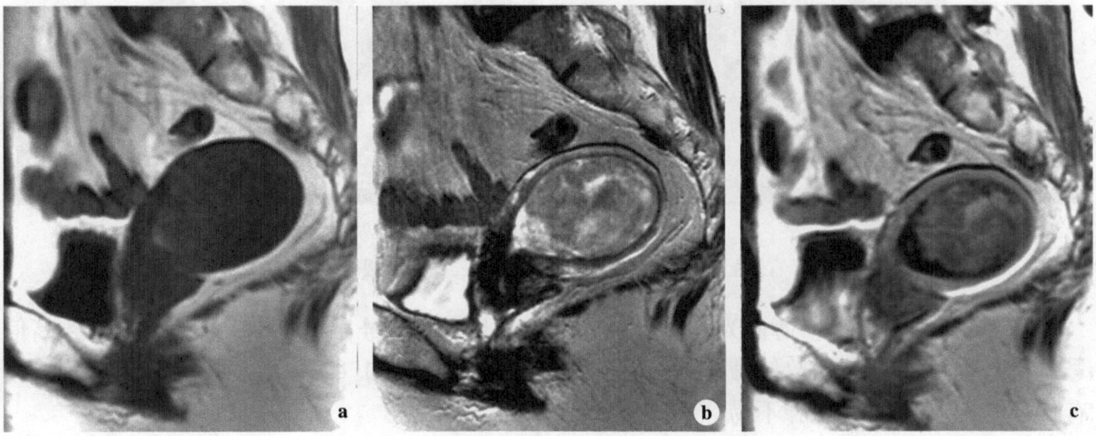

图 8-30　宫体癌Ⅱ期 MRI 表现

a. T_1WI 子宫稍增大；b. T_2WI 宫腔内见一肿块呈不均匀高信号影，子宫壁变薄，子宫前壁部分联合带中断；c. 增强检查示肿块呈不均匀性强化

【诊断与鉴别要点】　宫体癌与宫颈癌的诊断特别是早期诊断主要依赖细胞学检查，

影像学检查的主要目的是确定肿瘤的侵及范围。在各种影像学检查中，MRI 检查最有价值，应作为主要检查方法。

七、卵巢囊肿

卵巢囊肿是女性生殖系统常见疾病之一，有不同的性质和形态，各种年龄均可患病。

【病理与临床】 卵巢囊肿有多种类型，可分为单纯浆液性囊肿、滤泡囊肿、黄素囊肿和巧克力囊肿等，以单纯性卵巢囊肿较多见。①单纯性卵巢囊肿：为单房性充有浆液的囊肿，外表光滑，壁薄，囊腔内壁光滑。②滤泡囊肿：是卵泡在生长发育过程中，垂体促卵泡素分泌过多，致卵泡内液体潴留而成。③黄素囊肿：是由于绒毛膜促性腺激素刺激卵泡引起，常为多房性，双侧发生。④巧克力囊肿：是由于子宫内膜异位引起卵巢出血形成的慢性血肿，囊肿大小可随月经周期而变化。

临床上，卵巢囊肿较小时，多无症状。囊肿大，可因重力作用引起腰痛。中等大小的囊肿，当重心偏向一侧或妊娠期子宫位置改变时，易发生蒂扭转，为常见的妇科急症。如囊肿破裂，可产生急性腹痛，肿物突然消失或缩小。

【影像学表现】

1. CT 表现 CT 表现为均匀一致的圆形或类圆形囊性低密度区，呈水样密度，CT 值为 0～15HU，边缘光滑，分界清楚，囊壁薄而均匀。增强检查囊内无强化，囊壁可有轻度强化（图 8-31）。

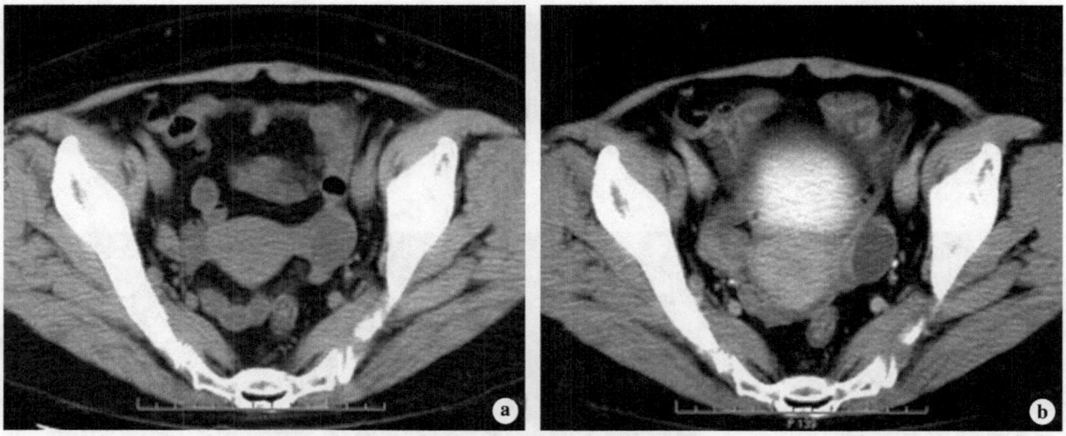

图 8-31 卵巢囊肿 CT 表现

a. 平扫，子宫体左旁见一液性密度肿块；b. 增强，囊肿不强化，显示更加明显

2. MRI 表现 囊壁薄而光滑，囊肿在 T_1WI 上为低信号，在 T_2WI 上为均匀一致高信号，信号强度变化与一般体液相似。巧克力囊肿在 T_1WI 和 T_2WI 上均表现为高信号，具有特征性；其他卵巢囊肿不易区别。

【诊断与鉴别要点】 CT、MRI 和 USG 检查均易发现本病，表现为圆形或类圆形水样密度（信号）灶，增强检查囊内无强化。

八、卵巢肿瘤

卵巢肿瘤是指发生在卵巢上的肿瘤，是女性生殖系统中比较常见的疾病，分良性和恶性，良性主要为囊腺瘤和畸胎瘤，恶性主要为卵巢癌。

【病理与临床】　卵巢肿瘤是女性生殖器官常见肿瘤。卵巢组织复杂，可发生多种类型肿瘤。

根据肿瘤组织的发生分为表面上皮-间质肿瘤、生殖细胞肿瘤、性索间质肿瘤和转移性肿瘤等。卵巢肿瘤有良性和恶性，可表现为囊性或实质性；良性肿瘤中以囊腺瘤和畸胎瘤为多见。

囊腺瘤又可分为浆液性囊腺瘤（serous cystadenoma）和黏液性囊腺瘤（mucinous cystadenoma）。浆液性囊腺瘤的房壁薄，囊内充满清澈液体，可有钙化，30%～50%的病例可发生恶变；黏液性囊腺瘤的体积大，呈多房样，囊壁光滑，内含黏稠的液体。

良性畸胎瘤多为囊性，少数为实性，由三个胚层的成熟组织构成；其表面光滑，囊壁较厚，内含皮脂样物质、脂肪、毛发和骨组织等。

恶性肿瘤多为来源于上皮的浆液囊腺癌和黏液囊腺癌，其他类型卵巢癌少见。其中，以浆液囊腺癌最为多见，大部分由浆液囊腺瘤恶变而来。病理上，肿瘤为囊实性，切面示瘤内有多个大小不等囊性区，内含陈旧性出血，囊壁上有明显乳头状突起。卵巢恶性肿瘤的发病率在女性生殖器官的恶性肿瘤中仅次于宫颈癌。

卵巢良性肿瘤临床上一般无症状，部分患者仅觉腹部不适或胀满，少数因肿瘤发生扭转可产生腹痛。卵巢恶性肿瘤早期多无症状或症状轻微，当症状出现时，病情已较晚，多表现为腹部不适或疼痛，阴道流血及腹部包块。实验室检查：卵巢上皮癌通常 CA125 和 CEA 明显升高。

【影像学表现】

1. CT 表现

（1）囊腺瘤：平扫表现为盆腔内较大的单房或多房低密度囊液性肿块，其中黏液性囊腺瘤密度稍高；肿块边缘光滑，囊壁和间隔多较薄且均匀一致（图 8-32a）。增强检查示囊壁和间隔呈轻至中度强化，囊内无强化。

（2）畸胎瘤：平扫表现为盆腔内密度不均匀的囊实性肿块，囊壁可均匀，也可厚薄不等，其内通常可见脂肪密度（图 8-32b），还可有钙化、牙或骨骼组织。增强扫描可见肿块不均匀性强化。

（3）卵巢癌：平扫表现为盆腔较大肿块，多呈囊实性，边缘不规则，囊壁和分隔厚薄不均。增强检查示囊壁、间隔和实性部分明显强化（图 8-32c，图 8-32d）。可伴发腹腔、大网膜转移，腹腔转移表现为肠袢周围或器官边缘模糊，较明显时可见结节状或块状的软组织影；典型的大网膜转移表现为横结肠与前腹壁之间的扁平状软组织肿块，又称“网膜饼”，肿块密度不均匀或呈蜂窝状，边界不清。部分患者可出现腹水征。卵巢癌的淋巴结转移，主要见于主动脉周围淋巴结及髂外、髂总动脉旁淋巴结。

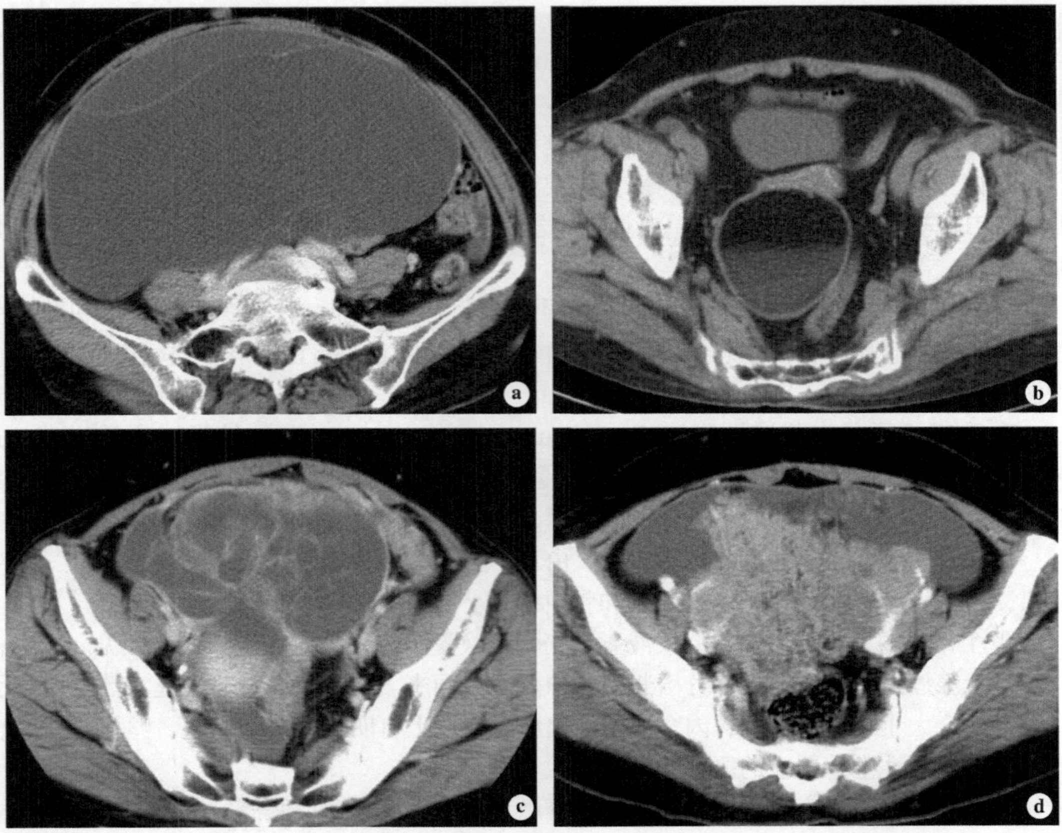

图 8-32 卵巢肿瘤 CT 表现

a. 卵巢囊腺瘤：盆腔巨大薄壁囊液性肿块，囊内见均匀间隔线；b. 盆腔畸胎瘤：盆腔见一薄壁囊性肿块，内含液性与脂肪性密度，并见一液-脂平面；c. 卵巢囊腺癌：盆腔巨大囊液性肿块，囊壁和间隔线厚薄不均，并见小结节影；d. 卵巢癌：盆腔巨大实性肿块，形态不规则，囊壁和间隔线厚薄不均，肿块前方见较大量腹水

2. MRI 表现

（1）囊腺瘤：浆液性囊腺瘤表现为 T_1WI 低信号、T_2WI 高信号；黏液性囊腺瘤由于蛋白含量较高，T_1WI 上表现为高信号，T_2WI 上呈更高信号。

（2）畸胎瘤：表现为混杂信号肿块，脂肪在 T_1WI 和 T_2WI 上均呈高信号，在 STIR 上呈低信号。MRI 对显示囊内容物的成分有一定的优势。

（3）卵巢癌：形态表现类似 CT 检查所见，MRI 在判断卵巢癌的范围、囊实性、盆腔脏器受累状况及术前分期方面具有优势。癌肿在 T_1WI 上表现为中等信号，T_2WI 上呈不均匀高信号。腹水在 T_1WI 上呈低信号，但较一般液体信号高；因蛋白含量高，在 T_2WI 上呈明显高信号（图 8-33）。

【诊断与鉴别要点】 囊腺瘤一般表现为较大的分房性囊性肿块，囊壁和间隔薄而均匀，其内呈液性密度、信号。畸胎瘤显示为不均质肿块，内常有脂肪、骨、软组织等成分。卵巢癌呈囊实性混合肿块，其壁和间隔厚而不规则并有明显的实性部分；若发现大网膜转移、腹水和淋巴结肿大，则诊断更为明确。

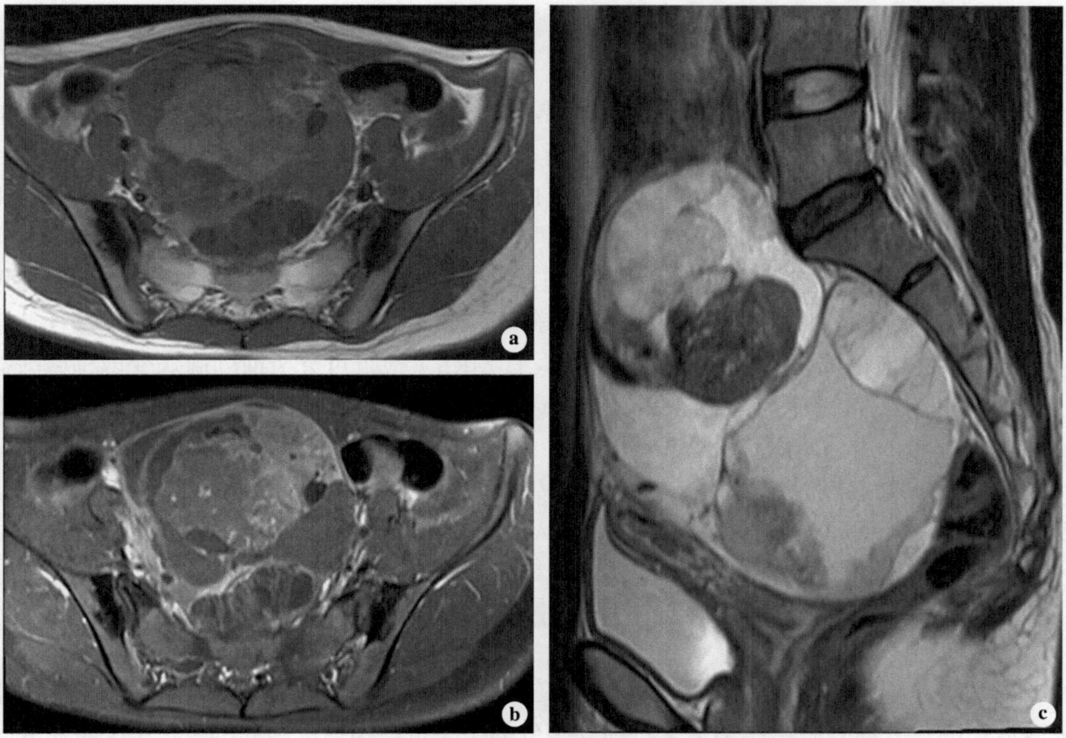

图 8-33　卵巢囊腺癌 MRI 表现

a. T_1WI，盆腔见一个巨大混合信号肿块；b. 增强示肿块为等高信号，部分组织呈轻至中度强化，大部分等低部分组织不强化；c. T_2WI，肿块中大部分为囊性高信号，内见分隔，囊内见多个大小不等的稍低信号肿块

（于新设）

第三节　男性生殖系统

对于男性生殖系统疾病，影像学检查具有较高的诊断价值，不但能较敏感地发现病变，且多能指明病变性质、位置及范围；其中对于恶性病变还能确定局部侵犯范围和有无其他部位转移，从而有利于临床治疗。男性生殖系统中最常见的疾病是前列腺增生和前列腺癌，本节将重点讲述。

一、影像学检查技术

（一）CT 检查

1. CT 平扫　在空腹状态下，检查前口服水或 1%泛影葡胺 800～1000ml，以充盈和识别盆腔肠管；且应在膀胱充盈状态下进行检查。常规行盆腔横断面扫描，层厚 10mm 或 5mm。

2. 增强扫描　常规平扫后进行，方法是通过静脉内快速注入对比剂后，即对病变区进行扫描。用于鉴别盆腔内血管影与肿大淋巴结，有利于发现病变和对病变的定性诊断有较大帮助。

（二）MRI 检查

MRI 检查能够清楚地显示前列腺周围带与中央带、前列腺周围脂肪与静脉丛等，对前列腺增生肥大和前列腺癌的诊断及鉴别诊断具有较高的敏感性及准确率。

1. 平扫检查 常规行 SE 序列 T_1WI 和 T_2WI 检查，常选用体部相控阵线圈，联合应用直肠内线圈可提高图像质量。

2. 增强检查 平扫发现病变后，常需进行增强扫描。方法是静脉内快速注入顺磁性对比剂 Gd-DTPA 后，对病变区进行脂肪抑制前、后的 T_1WI 增强检查。

3. 磁共振波谱成像 磁共振波谱成像（^{1}H-MRS）检查可分析前列腺病变内枸橼酸盐（citrate，Cit）、胆碱复合物（choline，Cho）和肌酸（creatine，Cre）等代谢物的浓度变化及代谢特征。

4. 磁共振功能成像 目前磁共振功能成像（fMRI）常用于前列腺疾病的 fMRI，包括扩散加权成像（DWI）和灌注加权成像（PWI）。

二、正常影像学表现

前列腺位于膀胱与尿生殖隔之间，呈栗子形或倒锥形，前邻耻骨联合，后为直肠，中央有尿道通过。前列腺组织学上又将前列腺分为中央带、移行带和周围带；中央带主要是中叶，移行带为尿道旁的两侧叶部分，周围带相当于侧叶及后叶的部分（图 8-34）。精囊是一对卷曲的管道结构，内含精液，位于前列腺上方，膀胱之后，为椭圆形。

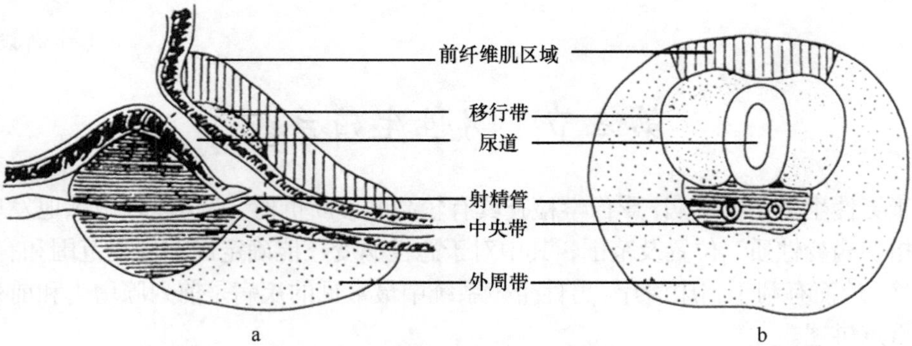

图 8-34 前列腺正常解剖示意图

a. 矢状面；b. 横断面

（一）正常 CT 表现

前列腺紧邻膀胱下缘，横断面显示为椭圆形软组织密度影，境界清楚；大小随年龄增大而增大，年轻人前列腺平均上下径为 3cm，前后径为 2.3cm，横径为 3.1cm，而老年人分别为 5cm、4.3cm、4.8cm。

精囊与前列腺周围为低密度脂肪组织所包绕，CT 平扫能清晰显示。精囊位于膀胱底后方，呈八字形对称的软组织密度影，边缘常呈小的分叶状；两侧精囊于中线部汇合。精囊前缘与膀胱后壁之间为三角形低密度脂肪间隙，称为膀胱精囊角；仰卧位时，此角 30°左右；俯卧位时精囊紧贴膀胱，此角消失。所以在判断膀胱或前列腺肿瘤有无侵及精囊时，需仰卧位扫描观察此角是否存在和对称。

（二）正常 MRI 表现

前列腺在 T_1WI 上呈均一低信号，强度类似肌肉信号；前列腺周围是高信号的脂肪组织，其中可见蜿蜒状低信号的静脉丛；在 T_2WI 上，自内向外前列腺各区因组织结构和含水量不同而可分辨。前列腺的周围带比中央带和移行带的腺体多、间质成分少，因腺体含水量高，所以移行带和中央带呈低信号，周围带为高信号，周边可见低信号环影，代表前列腺被膜（图 8-35）。

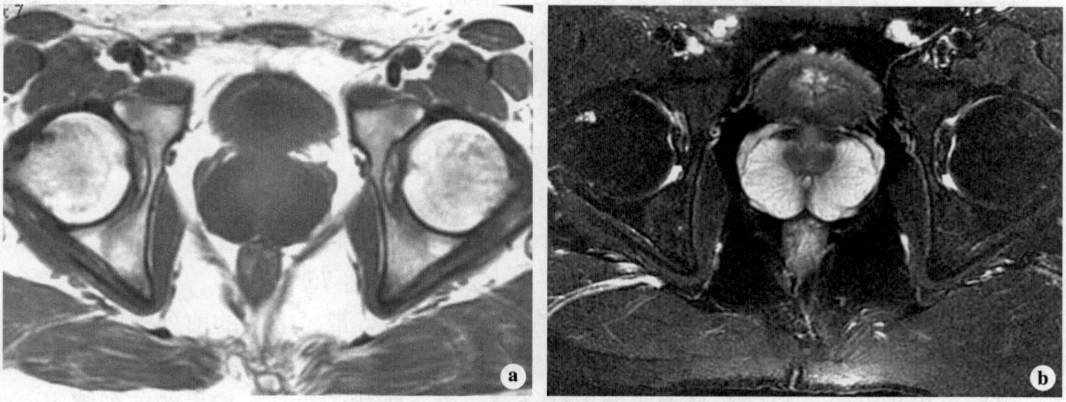

图 8-35 正常前列腺 MRI 表现

a. T_1WI 示前列腺呈均一较低信号；b. T_2WI 压脂像示前列腺周围带呈高信号，中央带和移行带呈低信号

精囊位于前列腺后上方和膀胱后方，由卷曲的细管构成，内含液体，T_1WI 上呈低信号，T_2WI 上呈高信号。

三、异常影像学表现

（一）异常 CT 表现

1. 前列腺 ①体积增大：前列腺横径超过 5cm 或其上缘超过耻骨联合上方 2cm 可诊断为前列腺增大；可分为对称性和非对称性，前者常见于良性前列腺增大，后者常见于前列腺癌。②形态异常：前列腺呈分叶状伴体积增大，多为前列腺癌。③密度异常：前列腺内低密度灶见于脓肿、囊肿或肿瘤坏死灶，高密度钙化灶常为腺体内结石。

2. 精囊 ①大小异常：两侧精囊对称性增大通常为液体潴留所致，一侧增大可为囊肿、脓肿、肿瘤等。②形态异常：膀胱精囊角消失，对于膀胱癌和前列腺癌的患者，提示肿瘤侵犯精囊；精囊局限性形态改变常提示局部占位。③密度异常：低密度灶见于脓肿、囊肿或肿瘤坏死灶，软组织密度灶常为肿瘤。

（二）异常 MRI 表现

1. 前列腺

（1）常规 MRI 异常：①前列腺体积增大、形态异常和信号异常，前两者表现和意义同 CT 表现。②前列腺信号异常：T_2WI 上周围带内有低信号灶，常提示前列腺癌，但也可能是良性病变，如慢性前列腺炎、肉芽肿性病变和活检后出血。当移行带增大并以多发不均匀高信号结节为主时，常提示以腺体为主的良性前列腺增生；若以中等信号为主，则提示以基质为主的良性前列腺增生。

（2）DWI 异常：前列腺内明显高信号结节提示前列腺癌，其 ADC 值低于周围组织。

（3）MRS 异常：移行带 Cit 峰明显升高，Cho 峰和 Cre 峰变化不大提示前列腺良性增生，前列腺病变区 Cit 峰值明显下降和（或）（Cho+Cre）/Cit 的比值显著增高，均提示前列腺癌。

2. 精囊 ①大小和形态异常：表现与 CT 相同。②信号异常：精囊肿块呈水样长 T_1 低信号和长 T_2 高信号时，提示精囊囊肿。若精囊肿块与前列腺肿块相连，并且均呈短 T_2 低信号时，提示前列腺癌已侵犯精囊。

四、前列腺增生

前列腺增生（hyperplasia of the prostate）又称良性前列腺增生（benign prostatic hy-perplasia），是老年人常见的病变，60 岁以上发生率高达 75%。

【病理与临床】 前列腺增生主要发生在前列腺的移行带，增生的前列腺由腺体、平滑肌和间质组成，增生不均匀呈结节状。增生的早期结节可由疏松的纤维组织和平滑肌组成，以后可出现纤维、腺体及平滑肌增生性结节，可有钙化的小结。增生的前列腺表面光滑，呈结节状，质韧，有弹性。增大的前列腺使尿道前列腺段受压弯曲、变窄，可引起下尿路梗阻。

临床主要表现为尿频、尿急、夜尿、排尿困难及尿潴留。直肠指检可触及前列腺增大，表面光滑富有弹性，中央沟变浅或消失。

【影像学表现】

1. X 线表现 平片诊断价值不大。膀胱造影可见膀胱底部抬高，有压迹。膀胱充气造影，显示突入膀胱的软组织密度影。

2. CT 表现 正常前列腺上界一般不超过耻骨联合上缘。增大的前列腺上缘超过耻骨联合上方 2cm，密度均匀，其内可有钙化灶。常突入膀胱底部，采用冠状位扫描或冠状位图像重组，可见突入膀胱内的部分呈宽基底，与增大的前列腺相连，膀胱壁受压向上推移，边界清楚。

3. MRI 表现 前列腺增生多表现为中央带和移行带均增大。增生的前列腺在 T_1WI 上为均匀低信号，T_2WI 上呈均匀或不均匀的高、低相间的混杂信号。增生的结节周围常可见一环行低信号假包膜，周围带仍为高信号，并显示受压变薄（图 8-36）。以此征象可与前列腺癌鉴别，前列腺癌多数起源于周围带。MRS 检查，增生的移行带常由于腺体增生，Cit 峰明显升高，Cho 峰和 Cre 峰变化不大。

【诊断与鉴别要点】 前列腺增生行 CT 或 MRI 检查时，均可发现前列腺呈均匀对称性增大。而 CT 不能诊断被膜内的前列腺癌，MRI 检查具有较高的鉴别诊断价值。

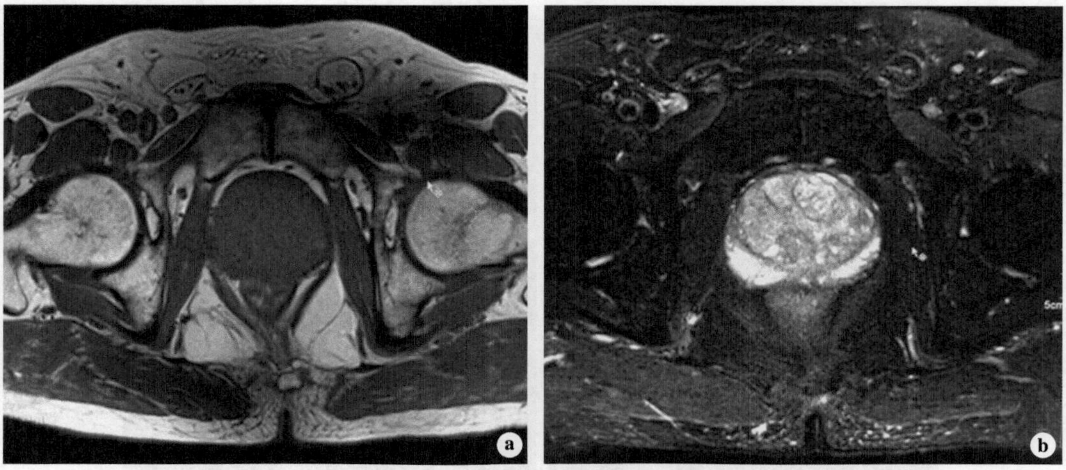

图 8-36　前列腺增生 MRI 表现

a. T_1WI，前列腺呈均匀对称性增大，信号均匀；b. T_2WI 压脂像示中央带和移行带增大信号不均，周围带受压变薄

五、前列腺癌

前列腺癌（carcinoma of the prostate）是男性生殖系统较常见的恶性肿瘤，好发于 50 岁以上。

【病理与临床】　前列腺癌约 75%发生在前列腺周围带的腺体，多数起源于被膜下的周边部。肿瘤质硬，瘤体多呈结节状，境界不清。大多数（90%以上）为腺癌，少数为黏液癌、移行细胞癌或鳞状细胞癌。前列腺癌早期可浸润包膜，晚期突破包膜侵犯前列腺周围脂肪、精囊和邻近结构，如膀胱、尿道，也可发生淋巴和血行转移。

早期前列腺癌临床上多无症状；中后期出现症状者，主要表现为局部尿道受压引起排尿困难、血尿及局部疼痛等。直肠指检可触及前列腺硬结，表面不规则。实验室检查：前列腺特异性抗原（PSA）增高。

【影像学表现】

1. CT 表现　肿瘤早期限于前列腺被膜内时，可表现为前列腺外形不对称性膨隆，前列腺内可见密度稍低的癌结节或密度不均匀。由于前列腺癌结节与正常组织的密度差别小，CT 检查时要用窄窗宽观察。肿瘤突破被膜向外侵犯，最易受累的是精囊。膀胱精囊角消失是肿瘤外侵的一个征象，也可见精囊增大。精囊受累的病人，80%已有盆腔淋巴结转移。

2. MRI 表现　MRI 对前列腺癌定位和定性诊断的敏感性和特异性较高。肿瘤在 T_1WI 上为低信号，与前列腺组织信号相仿，难以识别；T_2WI 上正常的前列腺周围带呈高信号，肿瘤为低信号，对比明显；DWI 上，肿瘤呈明显高信号（图 8-37）。肿瘤外侵时，被膜显示不完整，T_1WI 上表现为前列腺周围的高信号脂肪消失，两侧精囊不等大，信号降低；累及膀胱时为低信号，膀胱壁信号中断。MRS 检查，前列腺病变区 Cit 峰值明显下降和（或）（Cho+Cre）/Cit 的比值显著增高，均提示前列腺癌。

【诊断与鉴别要点】　对于早期前列腺癌，MRI 宜作为首选的影像检查方法。局限于被膜内的前列腺癌，特别是中央带与移行带内的前列腺癌，需与良性前列腺增生鉴别。对于进展期的前列腺癌，CT 和 MRI 均能较准确显示肿瘤范围，据此进行肿瘤分期，还可评价治疗效果。

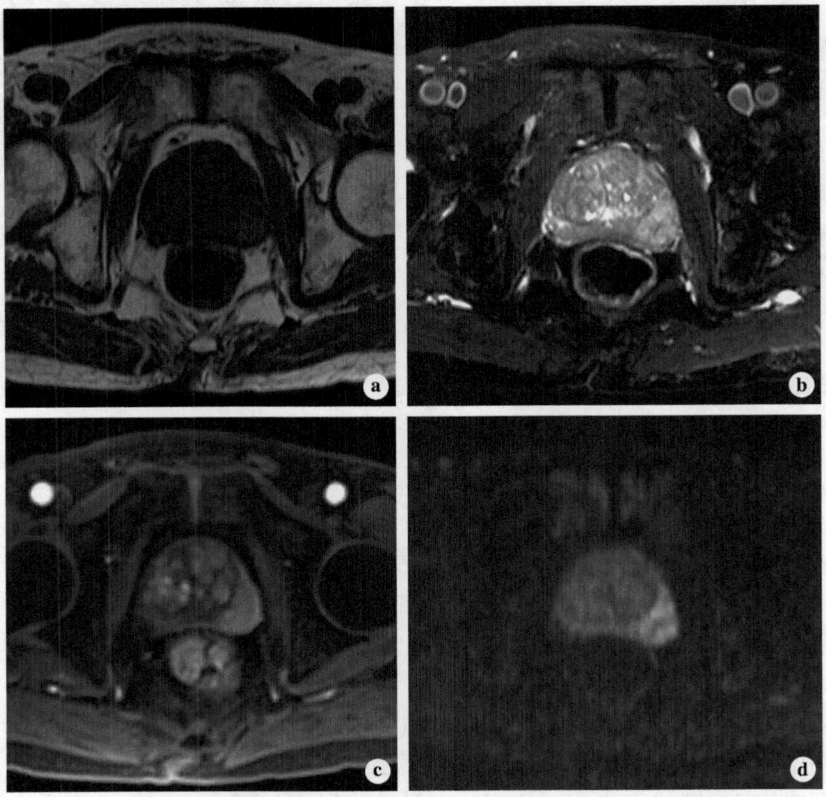

图 8-37 前列腺癌 MRI 表现

a. T_1WI：前列腺形态大小及信号未见异常；b. T_2WI：左侧周围带见一高信号结节，被膜完整；c. 增强 T_1WI：结节明显强化；d. DWI：结节呈高信号

（于新设）

目 标 检 测

一、病 例 分 析

病例一

男，35 岁。反复右腰部疼痛 2 周加重 1 天。实验室检查见尿中大量红细胞，其他无明显异常（图 8-38）。

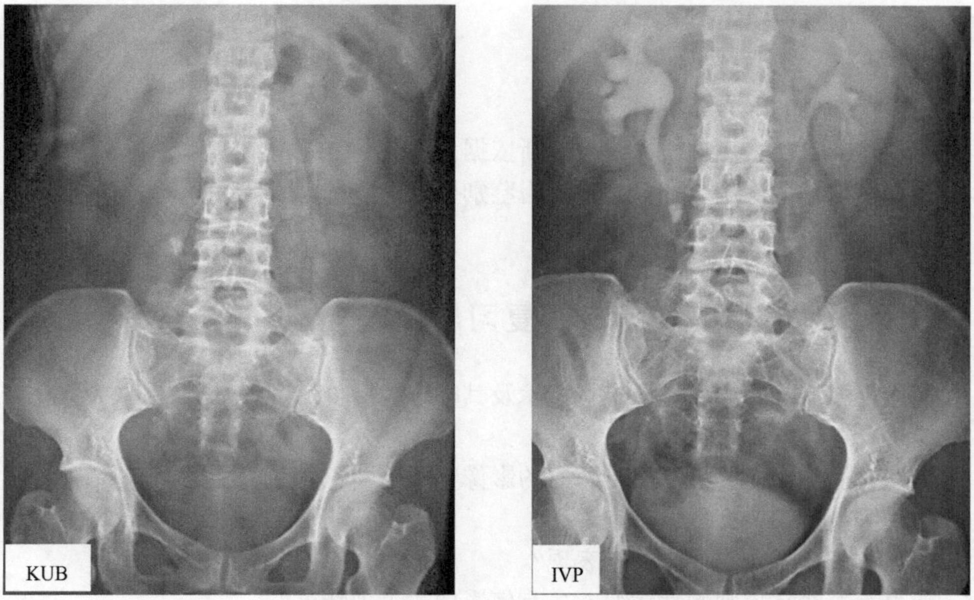

图 8-38　病例一

【问题及讨论】

1. 指出病变发生部位。
2. 初步诊断是什么疾病，并说出诊断依据。
3. 完成该病例 CT 诊断报告书写。

病例二

男，67 岁。腰部不适伴血尿 3 个多月（图 8-39）。

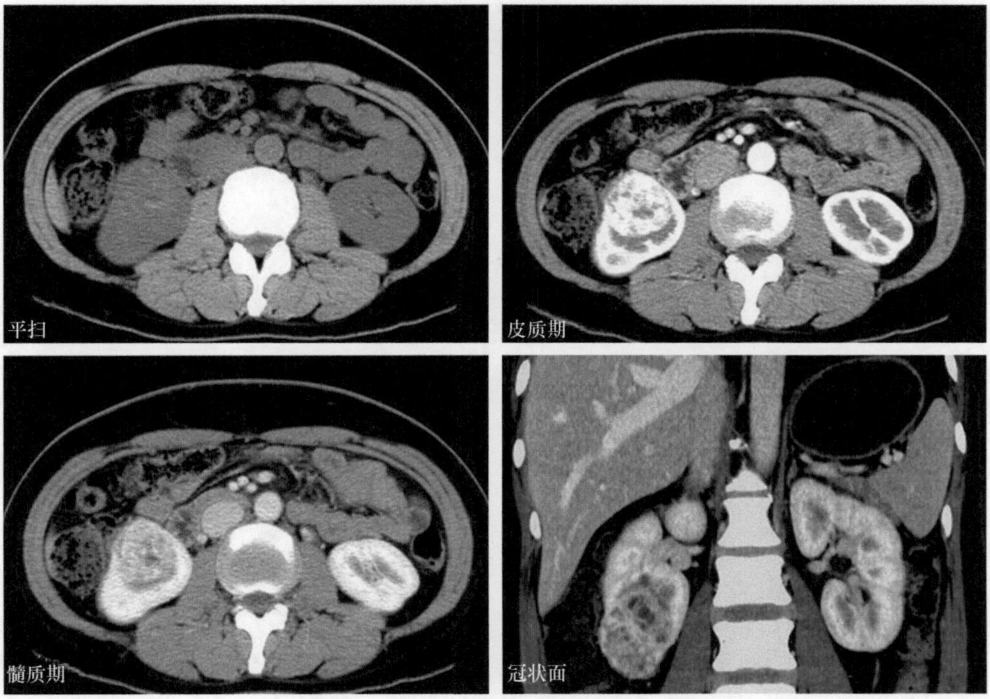

图 8-39　病例二

【问题及讨论】

1. 指出病变发生部位。
2. 请进行病灶的形态分析。
3. 初步诊断是什么疾病，并说出诊断依据。
4. 是否应与其他疾病鉴别？简要说明鉴别要点。
5. 完成该病例CT诊断报告书写。

二、复习思考题

1. 简述泌尿系统的主要影像检查技术及其临床应用价值。
2. 简述肾结核的CT表现。
3. 试述肾癌和肾血管平滑肌脂肪瘤的影像鉴别诊断。
4. 简述多囊肾的典型影像学表现。
5. 子宫肌瘤有哪些主要影像学表现？
6. 卵巢有哪些常见肿瘤性病变？各有何影像学表现特点？
7. 试述前列腺增生与前列腺癌的影像学鉴别要点。

第九章　骨骼肌肉系统

学习目标

1. 掌握骨骼肌肉系统正常影像学表现；掌握骨骼肌肉系统常见疾病的影像诊断与鉴别诊断。

2. 熟悉骨骼肌肉系统影像学检查技术；熟悉骨骼肌肉系统异常影像学表现；熟悉骨骼肌肉系统常见疾病的病理及临床表现。

骨骼、关节及其周围软组织的疾病种类多而复杂，除外伤、炎症、肿瘤和畸形等疾病外，全身性疾病和内分泌疾病也可引起骨骼的改变。由于骨骼肌肉系统组织结构的特点，影像学的各种成像技术，不仅能反映这些疾病的病理变化、显示病变范围、程度及发展过程，还能为临床诊断和治疗疾病提供重要依据，在临床中被广泛应用。

第一节　影像学检查技术

一、X线检查

X线平片是骨骼肌肉系统最基础和常规的检查方法，不仅能显示各种基本病变的范围和程度，而且还能做出定性诊断，特别是对钙化和骨皮质破坏的显示及对病变的跟踪随访很有价值。一般常用正、侧位投照。但对于不少骨骼疾病和软组织病变，由于X线表现晚于病理及临床体征出现，或由于病变密度与正常骨组织缺乏良好的对比而不易发现。因此，X线检查后，需要结合临床情况并依据不同疾病的发展规律，定期复查或选择CT、MRI检查。

二、CT检查

CT检查作为常规影像学检查的补充，能为临床诊断、治疗提供更多、更有价值的信息。CT不但能清楚显示病变部位的解剖结构，且CT值的测量对识别病变内的脂肪组织、气体、钙化或骨化有决定性意义。临床上多应用于细微骨折、细小骨质病变和软组织病变等。CT增强扫描主要用于了解病变血供情况、确定病变范围、发现病变有无坏死，对疾病的定性诊断有一定价值。

三、MRI检查

MRI是骨关节及邻近软组织病变常用的检查方法。当临床、X线或CT诊断骨骼肌系统疾病有疑难时，可进一步做MRI检查。对早期骨质破坏和细微骨折，MRI较X线平片和CT敏感；MRI对脊柱解剖结构及其病变的显示也优于CT检查；但MRI对于细小钙化、骨化和骨皮质的显示则不如X线平片和CT。MRI平扫中自旋回波和快速自旋回波的T_1WI

和 T_2WI 是基本扫描序列；脂肪抑制 T_1WI 和 T_2WI 也是骨肌系统检查常用的基本序列。层面方位可根据部位和病变选用横断、冠状、矢状或任意方位成像的斜切面。增强扫描主要用于检查骨关节及邻近软组织病变血供情况、确定病变与水肿界限、区分肿瘤活性成分和坏死成分，是观察肿瘤性病变疗效的重要检查手段。

（蒋　蕾）

第二节　正常影像学表现

一、正常 X 线表现

（一）四肢长骨

1. 成人长骨　成人长骨分为骨干和骨端两部分（图 9-1）。

（1）骨干：位于长骨中央的管状部分，其外侧被一层致密的骨所包围，即骨皮质。X 线上显示为密度均匀的致密影，在骨干中部较厚，向两端渐次变薄；骨皮质内缘与骨松质相续，外缘光整。骨松质位于皮质下方显示为网状骨纹理，密度较骨皮质略低，骨小梁的排列、粗细和数目，因重力、肌肉张力和部位而异。骨髓腔位于骨的中心区域，常被骨皮质和骨松质遮盖而不能清晰显示，在骨干中部呈条带状密度减低区，其两侧逐渐消失。正常骨膜与骨周围软组织密度相同，在 X 线上不能显示；如出现骨膜影，即为病理现象。

（2）骨端：长骨两端光滑的边缘部，即骨端。骨端的皮质多菲薄，但韧带附着处可不规则，骨内可见清晰的骨小梁。

2. 儿童长骨　儿童骨骼因在发育阶段，其管状骨组织构成与成人不同，其主要特点是骨干两端仍为软骨，未完全骨化（图 9-2）。因此儿童长骨可分为骨干、干骺端、骨骺和骺板四部分。

（1）骨干：骨皮质 X 线表现为密度均匀的致密影，外缘清楚；在骨干中部最厚，向两端逐渐变薄。骨皮质内、外均覆有骨膜，正常情况下骨膜为软组织，在 X 线上不显影，如显影即为病理现象。骨干中央为骨髓腔，X 线表现为无结构的半透明区。

（2）干骺端：骨干两端增宽的部分称干骺端，干骺端主要为松质骨，近骺线处为一不规则致密带，称干骺端临时钙化带。临时钙化带由钙化的软骨和初级骨小梁组成。在机体出现内分泌或代谢障碍时，干骺端可发生明显变化。

（3）骨骺：位于长骨骨端或突出部，在儿童时期多为软骨，即骺软骨；X 线上不显影。骺软骨具有骨化功能，在骨化初期于骺软骨内出现一个或几个二次骨化中心，X 线表现为点状骨性致密影。随着骺软骨不断增大，其中的二次骨化中心也逐渐增大形成骨松质，其边缘由不规则变为光整，最后与干骺端融合为完整的骨。

（4）骺板：为骨骺与干骺端之间的软骨，呈透明的带状或线状透亮影，随年龄的增长和骨化的进展而逐渐变窄；若消失则提示骨的生长已经完成。

3. 骨龄　在骨的发育过程中，骨骺内骨化中心的出现、骨骺完全骨化及与骨干闭合的时间及其形态的变化都有一定的规律性，这种规律性以时间来表示即为骨龄。测定骨龄的方法有简单计数法、图谱法、评分法和计算机评分等多种方法，在临床工作中可以根据实际情况联合运用。通常 2 岁以下拍摄手・腕、足及膝部 X 线片；2 岁以上可进行手・腕部摄影，若发现骨发育延迟仍需拍摄足及膝部 X 线片；7 岁以上需加肘部摄影观察。将 X 线片与相应的图谱进行对照，寻找相符的一张，即可判断骨龄。

检测骨龄是了解被检者实际骨发育的情况，由于种族、区域及性别的差异，被检者骨龄低于或高于正常骨龄标准 1～2 岁，多属正常范围。若骨龄与被检者实际年龄相差超出一定范围，常提示骨发育过早或延迟，对诊断内分泌疾病和一些先天性畸形或综合征有一定临床价值。

（二）四肢关节

包括骨端、关节软骨和关节囊。关节由两个或两个以上的骨端组成。每个骨端的骨性关节面上覆盖着关节软骨，关节囊内层衬以滑膜，关节腔内含少量滑液。另外，不少关节有囊内和（或）囊外韧带，有的关节还有关节间软骨（关节盘）。

（1）骨性关节面：是关节软骨深层的菲薄钙化带和其下方的薄层致密骨。在 X 线上表现为边缘锐利光滑的线样致密影。

（2）关节间隙：是两个相对骨端的骨性关节面之间的半透明间隙（图 9-3）。在 X 线上显示的关节间隙包括关节软骨、关节间软骨及真正微小间隙的关节腔和少量滑液。正常关节间隙相距匀称、间隙清晰、宽度均匀。新生儿的关节间隙，由于骨端有骺软骨，骨化中心尚未出现或很小，而显得很宽；随着年龄增长，骨骺逐渐增大，间隙逐渐变窄，待骨骼发育完成，则成为成人的关节间隙；老年时期，因关节软骨退变变薄，关节间隙变窄。

（3）关节囊：由于其密度与周围软组织密度相仿，在 X 线上不能显示，偶尔在关节囊外脂肪层的衬托下可见其边缘。

（4）关节附属结构：某些大关节周围的韧带，如膝关节、髋关节；在脂肪组织的衬托下可显示。

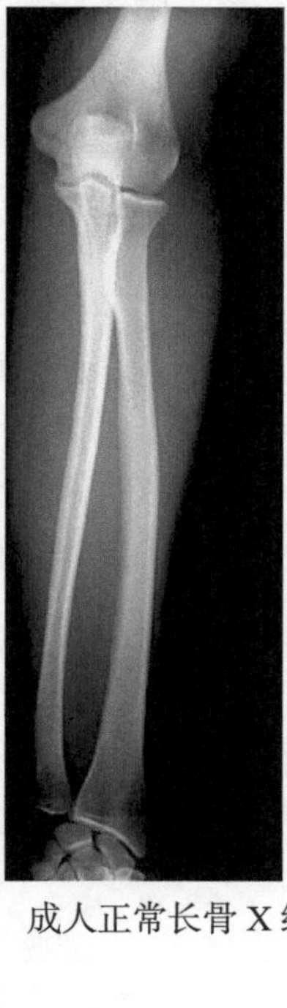

图 9-1　成人正常长骨 X 线表现

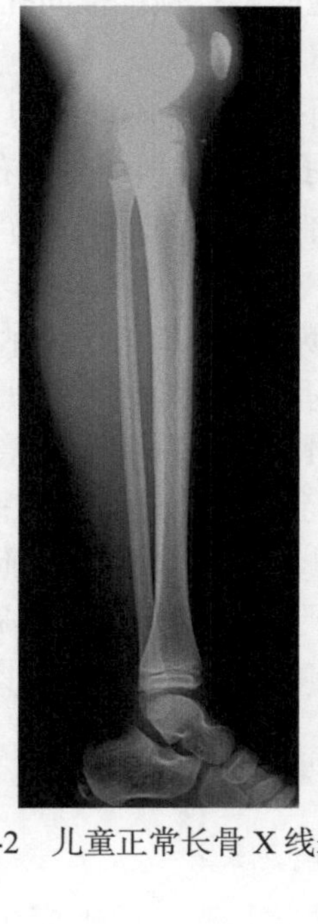

图 9-2　儿童正常长骨 X 线表现

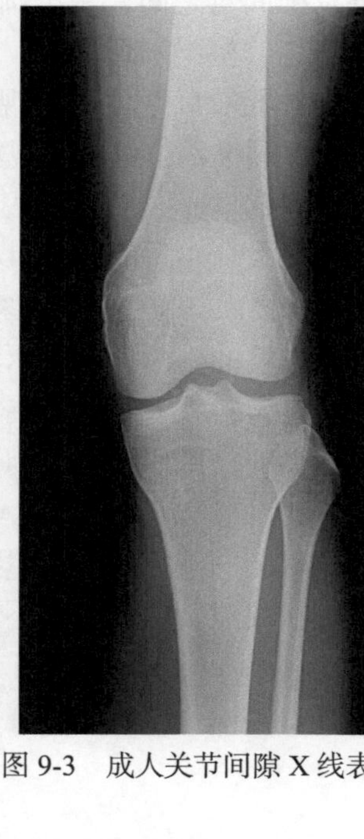

图 9-3　成人关节间隙 X 线表现

（三）脊柱

脊柱由脊椎骨和椎间盘组成。除第 1 颈椎外，每个脊椎分为椎体和椎弓两部分。椎弓由椎弓根、椎弓板、棘突、横突和关节突等附件结构组成；相邻的上下关节突之间构成椎小关节。各个椎体与椎弓围成椎管，容纳脊髓。椎间盘位于椎体之间；椎间盘腰部最厚，中胸部较薄，腰椎和颈椎椎间盘前宽后窄，胸椎椎间盘则前后基本一致。

1. 正位片　椎体呈长方形，从上向下依次增大。主要由松质骨构成，纵行骨小梁较横行骨小梁明显，周围为一层致密骨皮质，密度均匀，轮廓光滑；其上下缘的致密线状影为终板。横突为椎体两侧向外的延伸影，左右对称。在横突内侧可见椭圆形环状致密影，为椎弓根投影，称椎弓环；在椎弓环的上下方为上下关节突的影像。椎弓板由椎弓根向后内延续，在中线联合成棘突，投影在椎体中央的偏下方，呈尖朝上的类三角形结构，周边为线状致密影，其大小、形态可有不同。以棘突为中心向两旁观察椎弓各部分，犹如一只展翅的蝴蝶，棘突似蝴蝶体部，椎板、上下关节突等对称分居两旁，似蝴蝶双翼。

2. 侧位片　可清晰显示脊椎的四个生理弯曲：颈椎向前弯曲，以第 4 颈椎处最明显；胸椎向后弯曲，以第 7 胸椎处最明显；腰椎向前弯曲，以第 4 腰椎处最明显；骶椎向后弯曲。脊椎椎体在侧位片上呈长方形，其上下缘与前后缘成直角，椎弓根紧居后方。椎体后方的椎管显示为纵行的半透明区。椎弓板位于椎弓根与棘突之间；棘突在上胸段斜向后下，与肋骨重叠不易观察，在腰段则向后突，易于显示。上、下关节突分别起于椎弓根与椎弓板连接处的上、下方，上关节突在前方，下关节突在后方。椎间小关节间隙为匀称的透亮影，颈、胸椎小关节侧位显示清楚，而腰椎正位显示清楚。相邻两个椎体之间的横行透亮间隙为椎间隙。胸椎的椎间隙较窄，于腰椎自上而下逐渐增宽，以腰 4、腰 5 椎间隙最宽，至腰 5、骶 1 椎间隙又变窄。椎间孔位于相邻两个椎弓根、椎体、关节突及椎间盘之间，呈类圆形半透明影；颈椎椎间孔于斜位显示清楚，胸、腰椎于侧位显示清楚，呈类圆形。

3. 斜位片　主要用于观察椎间孔和椎弓附件结构。

（1）颈椎斜位：主要观察椎间孔，右前斜位显示右侧椎间孔，左前斜位显示左侧椎间孔。椎间孔呈卵圆形，第 2～5 颈椎之间的椎间孔稍窄。第 1、2 颈椎间和第 6、7 颈椎间椎间孔较大。左右两侧应对称。

（2）腰椎斜位：主要观察椎弓峡部，右前斜位显示右侧峡部，左前斜位显示左侧峡部。与椎体重叠的椎弓根影显示清晰，呈环形致密影；椎弓根向上、向前的突起分别为上关节突和横突，向后下延伸的狭长致密影为椎弓峡部，峡部继续向下延伸为下关节突。正常椎弓及附件的投影形似“猎狗”，“狗嘴”为同侧横突；“狗眼”为椎弓根的纵切面投影；“狗耳”为同侧上关节突；“狗颈”为椎弓峡部；“狗腹”为椎板；“狗前后腿”分别为同侧及对侧的下关节突；“狗尾巴”为对侧横突。正常情况下椎弓峡部骨皮质完整，若局部见线状裂隙，即为峡部不连，常喻为“狗脖子戴项圈”（图 9-4）。

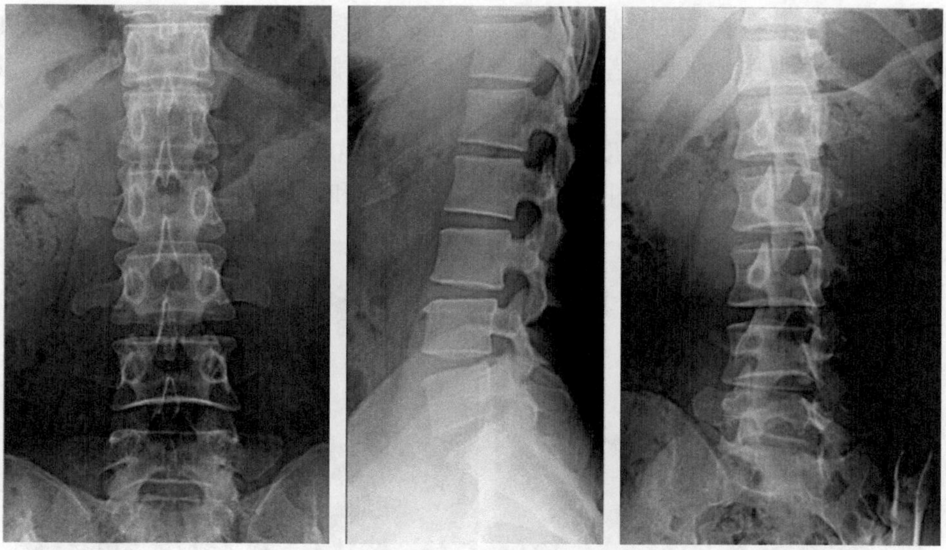

图 9-4　正常成人腰椎 X 线表现

二、正常 CT 表现

（一）四肢长骨

1. 成人长骨　成人骨干 CT 骨窗显示骨皮质呈线状或带状致密影；骨小梁为细密网状影；骨髓腔呈低密度影。正常骨膜不显示。

2. 儿童长骨

（1）骨干：CT 表现与成人相似。

（2）干骺端：CT 骨窗显示为骨小梁交错构成细密的网状影，密度低于骨皮质。网格间低密度影为骨髓组织；临时钙化带在 CT 上呈致密影。

（3）骨骺：骺软骨为软组织密度影，其中骨化中心的结构和密度类似干骺端。

（4）骺板：CT 表现为软组织密度影。

（二）四肢关节

CT 显示关节骨性关节面表现为线样高密度影；关节软骨不能显示；关节间隙显示为低密度间隙，在冠状和矢状重组图像上比较直观；关节软骨及少量滑液在 CT 上多不能分辨；关节囊壁在 CT 上显示为窄带状软组织密度影，厚约 3mm；韧带显示为线条状或带状软组织密度影。膝关节半月板在薄层 CT 图像上显示为密度均匀的 C 形或 O 形结构，CT 值为 70～90HU；显示效果不及 MRI。

（三）脊柱

椎体在骨窗上显示为薄层骨皮质包绕的海绵状松质骨结构，其后缘向前凹或平直；在椎体中部层面上有时可见松质骨中的 Y 形低密度线条影，为椎体中央静脉管。椎管由椎体、椎弓根和椎弓板共同构成，为骨性椎管横断面；硬膜囊居椎管中央，呈较低密度影，与周围结构形成明显对比；黄韧带呈软组织密度，附着于椎弓板和关节突内侧，厚 2～4mm；腰段神经根位于硬膜囊前外侧，呈圆形中等密度影，两侧对称；侧隐窝呈漏斗样，其前方是椎体后外部，后方是上关节突，侧方是椎弓根内侧壁，其前后径＞3mm，内有神经根穿行。椎间盘表现为均匀软组织密度影，CT 值为 50～110HU，由于层厚和扫描位置的原因常见椎体终板影混入其间。CT 图像上不能区分纤维环和髓核（图 9-5）。

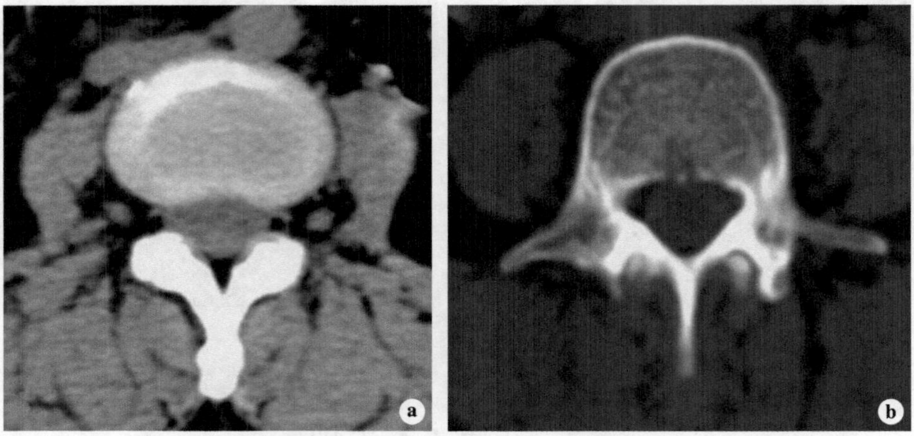

图 9-5　正常成人腰椎 CT 表现

a. 椎间盘层面；b. 椎体中部层面

三、正常 MRI 表现

（一）四肢长骨

1. 成人长骨　成人骨骼的骨皮质和骨小梁在 T_1WI 和 T_2WI 均显示为低信号；随着年龄增长骨髓中脂肪成分增多，故成人骨髓信号较儿童高。正常骨膜不能显示。

2. 儿童长骨

（1）骨干：与成人骨干 MRI 信号基本一致。骨髓腔如为红骨髓，T_1WI 为中等信号，T_2WI 呈高信号；如为黄骨髓，在 T_1WI 和 T_2WI 均为高信号。

（2）干骺端：干骺端骨髓多为红骨髓且含有一定量的骨小梁，MRI 信号低于骨干区的骨髓腔；临时钙化带在 T_1WI 和 T_2WI 均为低信号。

（3）骨骺：由于富含脂肪组织，在 T_1WI 和 T_2WI 上信号较骨髓腔高。

（4）骺板：骺板和骺线在 T_1WI 和 T_2WI 上均为高信号。

（二）四肢关节

MRI 显示关节骨性关节面表现为薄层清晰锐利的低信号影；关节软骨在 T_1WI 和 T_2WI 均为弧形中等偏低信号影；关节腔内滑液在 T_1WI 上呈薄层低信号，在 T_2WI 上呈细条样高信号；关节囊壁在 MRI 上显示为光滑连续的弧形低信号影；韧带显示为条带状低信号影。膝关节半月板在 T_1WI、T_2WI 的矢状和冠状图像上可清晰显示，表现为领结样或三角形低信号影（图 9-6）。

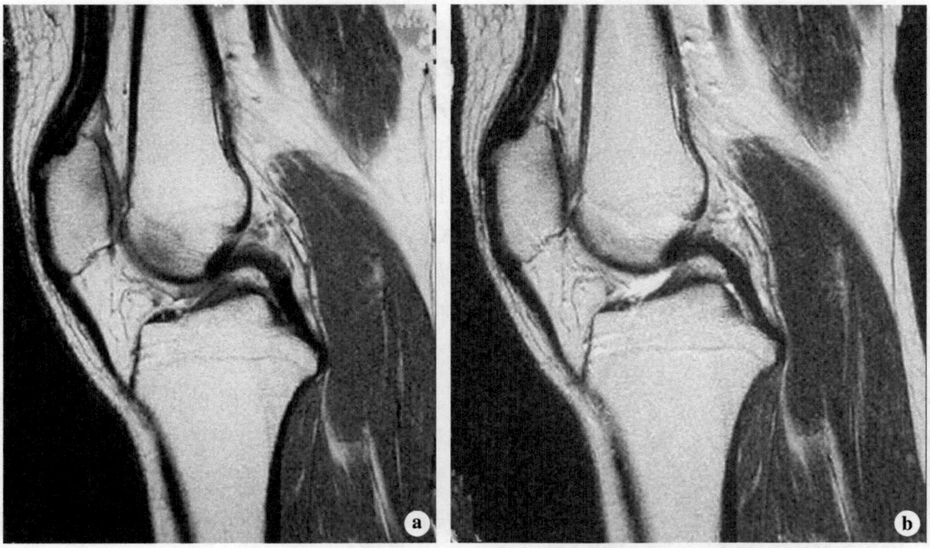

图 9-6　膝关节正中矢状面 MRI 表现

a. T_1WI 像；b. T_2WI 像

（三）脊柱

在 MRI 图像上脊椎各皮质、前及后纵韧带和黄韧带均呈低信号；骨髓在 T_1WI 上呈高信号，T_2WI 上呈中等或稍高信号；椎间盘在 T_1WI 上呈低信号，不能区分髓核和纤维环，在 T_2WI 上髓核呈高信号，纤维环呈低信号；脊髓在 T_1WI 上呈中等信号，较脑脊液高，在 T_2WI 上则低于脑脊液信号。

（蒋　蕾）

第三节　异常影像学表现

一、异常 X 线表现

（一）骨骼的改变

1. 骨质疏松　指在一定单位体积内正常钙化的骨组织量的减少，即骨组织的有机成分和钙盐均减少，但骨的有机物和无机物的比例正常。组织学上骨皮质变薄、哈氏管扩大和骨小梁减少。

X 线上主要表现为骨密度减低和骨小梁稀疏。在长骨可见骨小梁变细、数量减少、间隙增宽，骨皮质出现分层和变薄现象。在脊椎椎体表现为骨皮质变薄，横行骨小梁减少或消失，纵行骨小梁相对明显，呈不规则纵行排列；严重时椎体内结构消失，椎体变薄，其上下缘内凹，椎间隙增宽；疏松的骨骼易发生骨折，椎体可因轻微外伤而被压缩呈楔形改变。

临床上骨质疏松见于多种疾病。广泛性骨质疏松主要见于老年人及绝经后、内分泌紊乱、营养性或代谢障碍性疾病、先天性疾病、医源性、酒精中毒等；局限性骨质疏松多见于肢体失用、感染、肿瘤等。

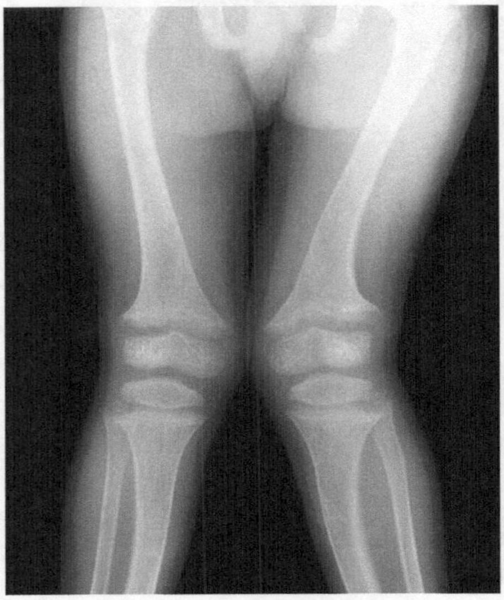

图 9-7　骨质软化 X 线表现

双膝外翻呈 "X" 形，双侧股骨干、胫骨及腓骨弯曲变形，骨密度减低，骨皮质变薄，干骺端增宽，边缘呈毛刷样

2. 骨质软化　指一定单位体积内骨组织有机成分正常，而矿物质含量减少。组织学上骨样组织钙化不足，骨小梁中央部分钙化，而外围为一层未钙化的骨样组织。

X 线上主要表现为骨密度减低、骨皮质变薄和骨小梁减少变细；以腰椎和骨盆尤为明显。与骨质疏松不同的是，其骨小梁或骨皮质因含有大量未钙化的骨样组织而边缘模糊。承重骨骼发生骨质软化常伴骨骼变形；在儿童可见干骺端和骨骺改变；此外还可见假骨折线，表现为与骨皮质垂直的 1～2mm 宽的透明线，边缘稍致密，周围无骨痂形成，且多为两侧对称性存在，常见于耻骨支、股骨、肱骨、胫骨上 1/3、肋骨等部位（图 9-7）。

在成骨过程中，骨样组织的钙盐沉积发生障碍，即可引发骨质软化。如钙磷代谢障碍、维生素 D 缺乏及肠道吸收功能减退等。骨质软化属于全身性骨病，发生在生长期为佝偻病，发生在成年则为骨软化症。

3. 骨质破坏　是局部正常骨组织被病理组织所代替而造成骨组织缺失。破坏的病理基础是由病变组织本身或其引起的破骨细胞活动增强所致；骨松质和骨皮质均可发生骨质破坏。

X 线上主要表现为局部骨质密度减低，骨小梁稀疏消失而形成骨质缺如区，其中无正常骨质结构；骨质破坏初期，骨松质破坏可表现为斑片状骨小梁缺损；骨皮质破坏发生于哈氏管周围，X 线上呈筛孔样，骨皮质内外层表层破坏呈虫蚀样改变。当骨质破坏进展到一定程度，可见骨松质和骨皮质大片状缺损。

骨质破坏见于感染、肉芽肿、肿瘤或肿瘤样病变。不同病因造成的骨质破坏各具特点：感染性疾病急性期或恶性肿瘤多表现为溶骨性骨质破坏，常呈不规则或大片状，边界模糊，病变进展迅速；感染性疾病慢性期或良性肿瘤多表现为膨胀性骨质破坏，病变境界清楚，边缘有致密增生硬化环围绕，骨干轮廓多膨胀变形，病变进展缓慢。

4. 骨质增生硬化　指一定单位体积内骨量的增多。组织学上骨皮质增厚、骨小梁增粗增多，为成骨细胞增多或破骨细胞减少或两者同时存在所致（图 9-8）。

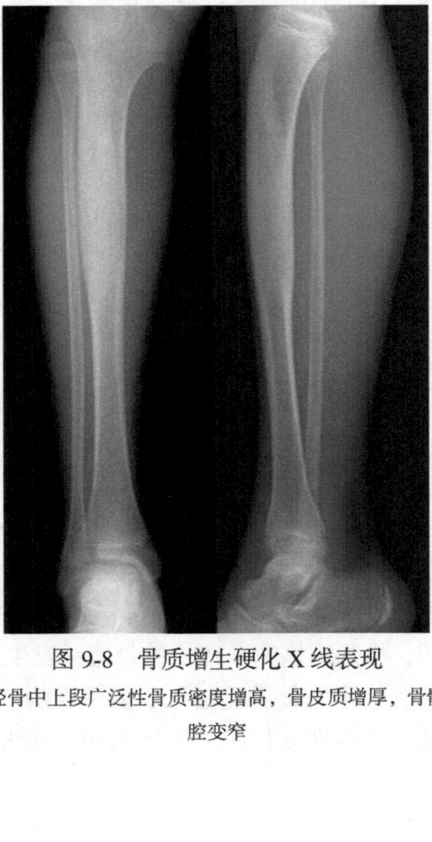

图 9-8　骨质增生硬化 X 线表现

胫骨中上段广泛性骨质密度增高，骨皮质增厚，骨髓腔变窄

X线表现为骨质密度增高，骨皮质增厚，皮质与髓质分界不清，骨小梁粗密、小梁间隙变窄或消失，髓腔硬化或闭缩，骨干增粗或变形。

骨质增生硬化见于多种疾病。多数为慢性疾病，外伤后修复、感染、肿瘤均可引起局部骨质增生硬化，是机体一种代偿性修复反应；全身性骨质增生硬化见于氟骨症、石骨症、某些代谢性骨病等。

5. 骨膜增生 是骨膜受各种刺激后，骨膜内层的成骨细胞活动亢进引起的骨膜反应性新生骨形成。组织学上骨膜内层或外层的形成层成骨细胞增多，有新生骨小梁出现。

X线上在病变急性期表现为与骨皮质平行的细线状致密影，与骨皮质间可见1～2mm宽的透亮间隙，呈平行排列；病变慢性期，骨膜新生骨常使骨皮质增厚。由于骨膜反应、新生骨小梁排列形式不同，骨膜增生在X线上可显示为多种不同的形态；常见的有与骨皮质平行的线状、层状、葱皮样改变，亦有与骨皮质垂直的放射状、针状表现。骨膜增生的厚度、范围与病变发生部位、性质和发展阶段有关，一般以长骨骨干最明显；炎症者较广泛，而肿瘤者则局限。随着病变好转，骨膜新生骨变得致密，并逐渐与骨皮质融合，表现为骨皮质增厚；痊愈后骨膜新生骨被逐渐吸收消失。若引起骨膜增生的病变进展，已形成的骨膜新生骨可被破坏，破坏区两侧的残留骨膜新生骨与骨皮质间呈三角形改变，称骨膜三角或Codman三角，常为恶性肿瘤的征象。

骨膜增生见于感染、外伤、肿瘤和骨的生长发育异常等，仅依据其形态不能确定病变性质，需结合其他表现才能做出诊断。

6. 软骨钙化 指软骨基质发生钙化，标志着骨内或骨外有软骨组织或瘤软骨存在。软骨钙化可为生理性或病理性，前者多见于喉软骨、肋软骨的钙化；后者多见于肿瘤软骨的钙化。

X线表现为大小不同的环形或半环形致密影，中心区域密度低或呈毛玻璃样。良性病变的软骨钙化密度较高，钙化环完整、清楚；恶性病变的软骨钙化密度较低，边缘模糊，钙化环形态多不完整或残缺不全，钙化可融合成片状而呈蜂窝影。

7. 骨质坏死 指骨组织局部代谢的停止，坏死的骨质称为死骨。形成死骨的主要原因是血液供应的中断。组织学上骨细胞死亡、消失和骨髓液化、萎缩。在坏死早期，骨结构和骨钙含量变化不大；随着周围血管丰富的肉芽组织长向死骨，则出现破骨细胞对死骨的吸收和成骨细胞生成的新骨。

骨质坏死初期X线上无异常发现。在骨质坏死1～2个月后，死骨表现为局限性密度增高；其原因为在死骨骨小梁表面及髓腔内有新骨形成；死骨周围骨质被吸收或在周围肉芽组织及脓液的衬托下，使死骨密度增高。晚期死骨被清除，新骨形成并重组，出现真正的骨密度增高。

骨质坏死多见于化脓性骨髓炎、骨结核、骨缺血性坏死和外伤骨折后。

8. 骨内矿物质沉积 铅、磷、铋等矿物质进入人体后，主要沉积在骨内；在生长期沉积在生长较快的干骺端。

X线表现为干骺端内多条平行于骺线的致密带，厚薄不一，成年期则不易显示。

9. 骨骼变形 多与骨骼大小改变并存，可累及一骨、多骨或全身骨骼。局部病变或全身性疾病均可引起骨骼变形，如骨肿瘤可使骨局部膨大、变形；发育畸形可使一侧骨骼增大；脑垂体功能亢进使全身骨骼增大；骨软化症和成骨不全使全身骨骼变形。

X线上易于显示局部或全身骨骼变形，对于适合矫形治疗的骨骼变形能进行术前测量分析，为临床治疗提供参考。

（二）关节的改变

1. 关节肿胀 多由关节腔积液或关节囊及其周围软组织充血、水肿、出血和炎症所致；常见于关节炎症、外伤或出血性疾病等。

X线表现：关节周围软组织影增厚、密度增高，病变累及的周围软组织结构层次欠清晰；大量关节腔积液时，关节间隙多增宽。

2. 关节破坏 指关节软骨及其下方的骨性关节面被病理组织侵犯、代替，包括关节软骨破坏和骨质破坏；常见于各种急、慢性关节感染，肿瘤，痛风等。关节破坏是关节疾病的重要诊断依据。

X线表现：当关节破坏只累及关节软骨时，仅见关节间隙变窄；累及关节面骨质时，则出现相应区域的骨质破坏和缺损，严重时可引起关节脱位、半脱位或变形。

关节破坏的部位和进展可因疾病不同而异。急性化脓性关节炎，软骨的破坏首发于关节持重面，软骨和骨破坏进展迅速，破坏范围广泛；关节滑膜结核，软骨破坏常从边缘部位开始，逐渐累及骨质，表现为关节边缘骨质呈虫蚀样破坏；类风湿关节炎在疾病晚期才出现关节破坏，表现为关节边缘或关节面下多发囊状骨质破坏，邻近骨质疏松明显。

3. 关节退行性变 指关节软骨变性坏死，逐渐被纤维组织代替，引起不同程度关节间隙狭窄，骨性关节面边缘骨质增生硬化并形成骨赘，关节囊肥厚、韧带骨化。常见于老年人，以承重的脊柱和髋、膝关节尤为明显，是组织衰退的表现；此外还见于长期关节过度负重、慢性关节创伤和感染性疾病的晚期。

关节退行性变早期X线表现为骨性关节面模糊、中断、消失；中晚期出现关节间隙狭窄，以承重部位为重，软骨下骨质囊变，关节边缘骨赘形成；严重者出现关节变形，无明显骨质破坏。

4. 关节强直 关节遭到破坏后，滑膜关节骨端之间被异常的骨或纤维组织增生连接而使关节丧失运动功能；分为骨性强直和纤维性强直两种。常见于化脓性关节炎、强直性脊柱炎等疾病。

骨性强直X线表现为关节间隙明显变窄或消失，并有骨小梁通过关节连接两侧骨端；多见于急性化脓性关节炎愈合后和强直性脊柱炎。

纤维性强直X线表现为关节间隙变窄，关节面不规整，边界清楚，无骨小梁通过关节间隙；多见于关节结核。

5. 关节脱位 构成关节的骨端正常相对位置发生改变或距离增宽；分为完全脱位和半脱位。常见于外伤、先天性和病理性。

完全性脱位是构成关节正常解剖关系完全丧失，X线显示为相对关节面整个分开；半脱位是组成关节正常解剖关系部分丧失，X线显示为相对关节面分开，但仍有部分对合在一起。

（三）软组织的改变

1. 软组织肿胀 是指由于炎症、出血、水肿或脓肿等原因造成软组织肿大、增厚。

X线表现：病变部位密度略高于正常邻近软组织；水肿可使皮下脂肪层内出现网状结

构影，皮下组织与肌肉间境界不清。如形成脓肿，其边界较清楚，邻近肌束受压移位；结核性脓肿的壁可发生钙化；血肿的边界锐利清晰或模糊不清。

2. 软组织肿块　是指各种软组织起源的良、恶性肿瘤或肿瘤样病变引起的结节或团块。软组织肿块也可见于骨肿瘤破坏骨皮质侵入软组织内形成或炎症引起的包块。

X线表现：良性软组织肿块，多边界清楚，邻近软组织可受压移位，邻近骨质可出现压迫性骨质吸收或反应性骨质硬化；恶性软组织肿块，边缘模糊，邻近骨皮质受侵明显。肿块组织成分不同，密度亦有所差异，脂肪瘤密度较一般软组织低；软骨类肿瘤可见钙化影；骨化性肌炎内可见成熟的骨样组织。

3. 软组织钙化　是指软组织因出血、退变、坏死、肿瘤、结核及寄生虫感染等导致在肌肉、肌腱、关节囊、血管和淋巴结等处发生的钙盐沉积。

X线表现：表现为各种形状的高密度影。不同病变的钙化或骨化各有特点，软骨组织的病变内钙化多为环形、半环形或点状高密度影；骨化性肌炎骨化多为斑片状，可见骨小梁甚至骨皮质；成骨性骨肉瘤的瘤骨多为云絮状或针状。

4. 软组织积气　软组织内气体为软组织外伤、手术或产气杆菌感染等病理情况下所引起。X线上表现为单发或多发的不同形态气体性极低密度影，边界锐利，常沿皮下、筋膜和肌肉间分布，甚至可充分显示其软组织外形。

二、异常CT表现

（一）骨骼的改变

骨骼系统基本病变CT表现的病理基础和临床意义与X线表现相同，CT图像不仅能够显示X线上所能观察到的所有表现，而且较X线更为敏感和细致。

1. 骨质疏松和骨质软化　两者的CT表现和征象评价与X线表现基本一致。

2. 骨质破坏　CT能够区分骨松质和骨皮质的破坏。前者在早期表现为局部的骨小梁稀疏，破坏区呈软组织样密度；晚期表现为斑片状或大片状骨质缺损（图9-9）。骨皮质破坏表现为皮质内筛孔样破坏和其内外表面的不规则虫蚀样改变、骨皮质变薄或出现大小和范围不一的全层骨皮质缺损。

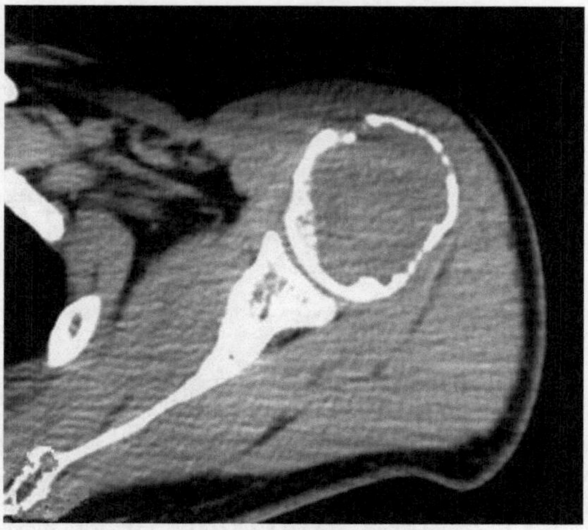

图9-9　骨质破坏CT表现

肱骨近端膨胀性骨质破坏

3. 骨质增生硬化　CT表现和征象评价与X线表现基本一致。

4. 骨膜增生　CT表现和征象评价与X线表现基本一致，但有其特殊性。CT能够显示平片不能显示的扁平骨，如肩胛骨、髂骨的骨膜增生。但由于CT空间分辨力不足，对于多层状的骨膜增生显示不佳；对于骨膜增生与骨皮质之间的透亮区域，多不能清楚显示，呈骨皮质增厚样表现。

5. 软骨钙化　CT能优于X线平片显示，且能显示平片不能见到的分化较低的软骨肿瘤所产生的小点状钙化。

（二）关节的改变

1. 关节肿胀 CT扫描显示关节周围软组织肿胀优于X线，能够直接显示关节腔内、关节附近滑膜囊内的积液和关节囊的增厚。表现为呈软组织密度的关节囊肿胀、增厚；关节腔内出现水样密度影，合并积血或积脓其密度更高；关节附近的滑膜囊积液表现为关节附近含液的囊状影。

2. 关节破坏 可清晰显示关节软骨下的细小骨质破坏，但对关节软骨的破坏显示不佳；因软骨破坏所造成的关节间隙的狭窄，较X线平片敏感，特别是与健侧对比时。

3. 关节退行性变 CT与X线平片表现相似，可以清晰显示软骨下囊变、关节囊肥厚、韧带增生与钙化或骨化。

4. 关节强直 CT与X线平片表现相似，MPR图像可清晰显示关节间隙改变和有无骨小梁通过关节。

5. 关节脱位 能够显示平片难以发现或显示不佳的关节脱位。MPR图像可清晰显示关节结构和关节囊改变，三维重组图像可以整体显示骨性关节结构，并可进行相关测量。

（三）软组织的改变

1. 软组织肿胀 CT显示软组织肿胀优于X线检查。脓肿的边界较清楚，内可见液性密度区；水肿表现为局部肌肉肿胀，肌间隙模糊，密度正常或稍低，邻近的皮下脂肪层密度增高并可见网状影；新鲜血肿表现为边界清楚或模糊的高密度区。

2. 软组织肿块 CT表现优于X线检查，能清楚显示软组织肿块的边界、密度（其内是否含有脂肪、钙化或骨化、囊变、坏死）等。增强扫描可明确肿块与邻近组织的关系，也可区分肿瘤与瘤周水肿并了解其内有无囊变、坏死等；动态增强扫描有助于了解肿块的血供情况及肿块与周围血管的关系。

3. 软组织钙化 CT平扫显示软组织内钙化和骨化效果最佳，可直接反映其形态、大小与密度情况。

4. 软组织积气 CT能准确显示软组织内少量的气体，CT值<−200HU，边界清楚。

三、异常MRI表现

（一）骨骼的改变

1. 骨质疏松 老年性骨质疏松因黄骨髓增多，骨小梁稀疏，在T_1WI和T_2WI上信号均增高；骨皮质变薄其内出现异常线状高信号影，提示哈氏管扩张和黄骨髓侵入；炎症、肿瘤、骨折等病变引起的骨质疏松因局部组织充血、水肿而呈边界模糊的长T_1、长T_2信号。

2. 骨质软化 MRI很少用于诊断骨质软化。

3. 骨质破坏 骨质破坏MRI表现为低信号的骨质被不同信号强度的病理组织所取代。骨皮质破坏表现与CT相似，呈不规则虫蚀样改变和变薄，骨破坏区周围的骨髓因水肿而呈现边缘模糊的长T_1、长T_2信号；骨松质破坏常表现为高信号的骨髓被较低信号或混杂信号的病理组织所取代。

4. 骨质增生硬化 增生硬化的骨质在 MRI 表现为长 T_1、短 T_2 信号。

5. 骨膜增生 显示骨膜增生早于 X 线和 CT，早期的骨膜水肿在骨膜内层细胞增生、肥大，骨膜增厚，在 T_1WI 呈中等信号、T_2WI 呈高信号的连续线样影；骨膜新生骨形成后，在 MRI 各序列上均为低信号。MRI 空间分辨力不足，其显示骨膜增生的形态精细程度不及 X 线。

6. 骨质坏死 MRI 显示骨质坏死较 X 线、CT 早。在骨密度和形态尚未出现变化前，就能显示骨髓信号的改变，坏死区 T_1WI 上呈均匀或不均匀等或低信号，T_2WI 上呈中至高信号。死骨周围肉芽组织和软骨化生组织带在 T_1WI 上为低信号，T_2WI 为高信号；最外侧新生骨质硬化带在 T_1WI 和 T_2WI 均为低信号，两者构成双线征。晚期坏死区出现纤维化和骨质增生硬化，在 T_1WI 和 T_2WI 上均为低信号。

（二）关节的改变

1. 关节肿胀 关节肿胀 MRI 除显示关节囊增厚外，在 T_2WI 上可见关节囊尤其是滑膜层呈高信号；关节周围软组织肿胀呈弥漫性长 T_1、长 T_2 信号；MRI 对关节腔积液较 X 线、CT 敏感，表现为液性长 T_1、长 T_2 信号，合并出血时 T_1WI 和 T_2WI 均为高信号。

2. 关节破坏 关节软骨破坏早期 MRI 显示为关节软骨表面毛糙、不规整或表层缺损，晚期可显示关节软骨信号不连续，呈碎片状或大片状缺失；当关节骨质破坏时，低信号骨性关节面出现信号中断或混杂信号。

3. 关节退行性变 较 X 线、CT 更早发现关节软骨的改变，能够清楚显示软骨下囊变、滑膜增生，关节囊肥厚等。关节面下的骨质增生在 T_1WI 和 T_2WI 均为低信号；骨赘的表面为低信号的骨皮质，其内可见高信号的骨髓；关节面下的囊变区呈长 T_1、长 T_2 信号，大小不一，边缘清晰。

4. 关节强直 关节骨性强直时，可见关节软骨完全破坏，关节间隙消失，骨髓信号贯穿于关节骨端之间；纤维性强直时，关节间隙可见，但关节骨端有破坏，骨端间可见高低混杂异常信号影。

5. 关节脱位 MRI 不但能显示关节脱位，还可直观显示关节脱位合并的损伤及关节周围软组织损伤等；尤其对解剖结构复杂部位的关节脱位的显示有独到之处。

（三）软组织的改变

1. 软组织肿胀 MRI 分辨水肿、脓肿及血肿优于 CT、X 线。水肿及脓肿呈长 T_1、长 T_2 信号；血肿根据形成时期不同而呈不同的信号，较具特征的是亚急性期血肿呈短 T_1、长 T_2 信号。

2. 软组织肿块 MRI 对软组织肿块的观察优于 CT、X 线，但对钙化、骨质的显示不如 CT、X 线。一般软组织肿块多呈均匀或不均匀的长 T_1、长 T_2 信号或混杂信号；脂肪成分呈短 T_1、中长 T_2 信号，在脂肪抑制序列上其信号可被抑制；液化坏死区呈液性长 T_1、长 T_2 信号，有时可见液-液平面，上层为液体信号，下层为坏死组织或血液信号。增强扫描可提供与 CT 相似的更详尽信息。

3. 软组织钙化 软组织内钙化和骨化在 MRI 各序列上均显示为均匀或不均低信号。

4. 软组织积气 软组织积气在 MRI 各序列上均呈无信号区。

（蒋　蕾）

第四节　骨与关节创伤

骨与关节创伤（trauma of bone and joint）是外科常见病，影像学检查是临床诊断和观察的主要手段。X线平片检查是诊断、观察骨折最简便且有效的常用方法，并可指导临床治疗。CT、MRI 可从不同的方面弥补平片不能直接显示软组织的细微结构和影像重叠等不足。

一、骨　折

骨折（fracture）是指骨的完整性和连续性中断，包括骨小梁及骨皮质的断裂。根据骨折的原因可分为创伤性骨折、疲劳性骨折和病理性骨折。

（一）骨折概论

【病理概述】 骨折后在断端之间及其周围形成血肿，在骨折后 2～3 天，新生毛细血管侵入血肿，血肿开始机化，形成肉芽组织，再由成骨细胞在肉芽组织的基础上产生新骨形成骨痂。骨折断端依靠骨痂连接起来并固定。随着骨性骨痂的形成和不断增多，骨折断端不再活动，即达临床愈合期。此后骨痂范围扩大，充填在骨折断端之间和骨髓腔内，使骨折的连接牢固，骨折线消失而达到骨性愈合。为了适应功能的需要，愈合的骨还要进行重组，承力部分的骨痂形成骨皮质或小梁，不承力的被吸收；骨变形处由破骨细胞清除或由骨膜新生骨来填补，从而使断骨恢复正常形态。

【影像学表现】

1. X 线表现

（1）直接征象：骨折线呈不规则的锐利透明线，在骨皮质显示清楚，在骨松质则表现为骨小梁中断、扭曲、错位。

（2）骨折类型：根据骨折的程度可分为完全性和不完全性，前者骨折线贯穿骨全径，后者则不贯穿骨全径；根据骨折线的形状和走向，可将骨折分线形、横形、斜形、T 形、Y 形和螺旋形骨折等（图 9-10）；根据骨碎片情况可分为撕脱性、嵌入性和粉碎性骨折；根据骨折的时间可分为新鲜骨折和陈旧性骨折。

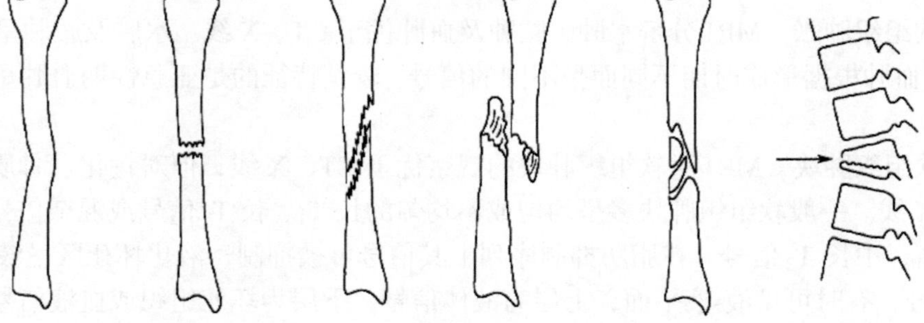

图 9-10　骨折类型示意图

a. 青枝骨折；b. 横形骨折；c. 斜形骨折；d. 螺旋骨折；e. 粉碎骨折；f. 压缩骨折

（3）骨折断端对位、对线情况：完全性骨折时，要注意骨折断端的移位情况，为临床提供确切的诊断；确定移位时，以骨折近端为准判断骨折远端相对于骨折近端的移位方向和程度。

（4）常见骨折断端移位：①成角移位：两断端纵轴形成大小不等的交角；②侧方移位：为骨折远侧端向侧方或前后方移位；③缩短移位：多半发生在长骨的干骺端或骨端，为较细的骨干断端嵌入较宽大的干骺端或骨端的松质骨内，应注意和断端重叠区别；④分离移位：骨折断端间距离较大，多为软组织嵌入其间或牵引所致；⑤旋转移位：为远侧断段围绕骨纵轴向内或向外旋转（图 9-11）。上述骨折断端的内外、前后和上下移位称为对位不良，而成角移位则称为对线不良。

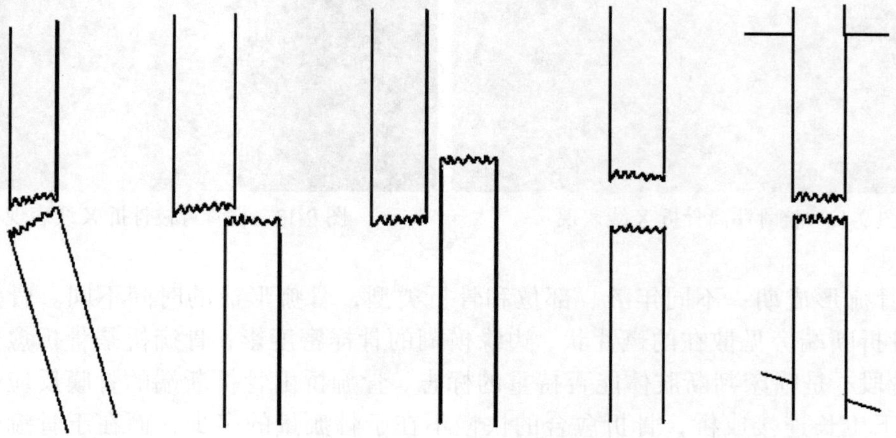

图 9-11　骨折移位示意图

a. 成角；b. 横向移位；c. 重叠移位；d. 分离移位；e. 旋转移位

（5）嵌入性骨折：骨折断端相互嵌入形成，X 线片上并不显示透明的骨折线，而表现为密度增高的条带状影。骨皮质与骨小梁连续性消失，断裂相错。由于骨折嵌入而引起骨骼的缩短与变形，但断端移位多不明显，以股骨颈部发生较多。

（6）骨折复位：应着重分析骨折错位、成角、重叠是否得到改善，旋转移位是否纠正，即对位不良、对线不良是否得到了纠正。骨折复位以断端对位、对线完全恢复正常为最理想；但实际工作中，在对线良好的情况下，骨折断端对位超过 2/3 者，即已达到要求。

（7）儿童常见骨折：①骺离骨折：骨折线先经过骺板然后折向干骺端的骨折，X 线片上骨骺与干骺端对位异常，骨骺处可见干骺端骨折片且向同侧移位（图 9-12）；②青枝骨折：由于儿童骨骼柔韧性较大，外力不易使骨质完全断裂，仅表现为局部骨皮质和骨小梁的扭曲，而不见骨折线或只引起骨皮质发生皱折、凹陷或隆突（图 9-13）。

（8）骨折愈合：骨折后的修复和再生不仅限于骨痂的生长，还包括软组织损伤后的修复。骨折愈合的速度同患者年龄、骨折类型与部位、营养状况和治疗方法有关。

1）骨折初期：1 周之内，骨折处软组织肿胀，层次及肌间线模糊，密度稍高，骨折线变得模糊不清；2～3 周，骨折处软组织膨隆，但层次及肌间线较前清晰，密度稍高，骨折线变得更模糊不清。

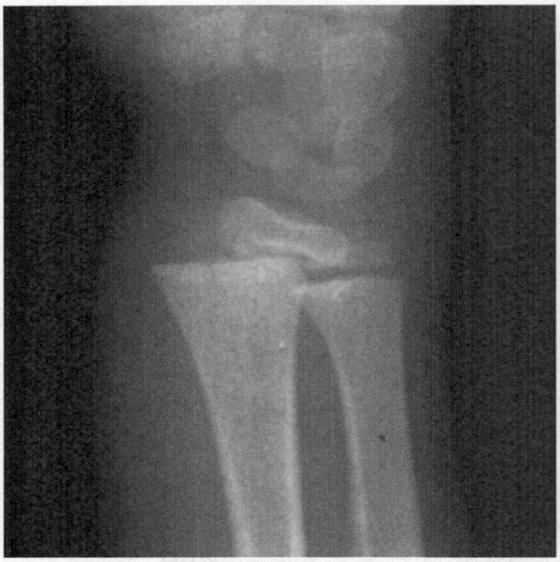

图 9-12　桡骨骺离骨折 X 线表现

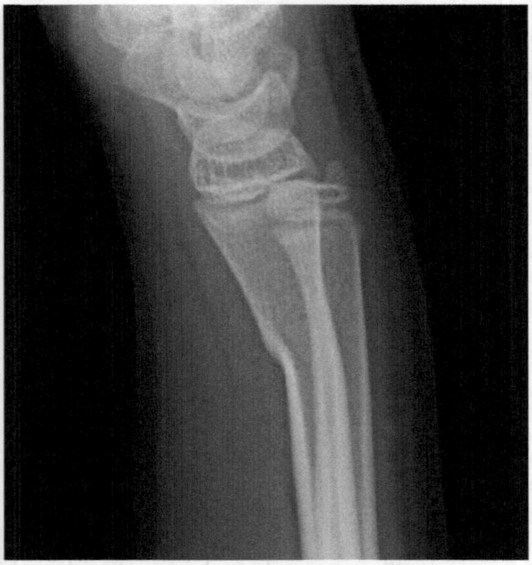

图 9-13　桡骨青枝骨折 X 线表现

2）骨痂形成期：不同年龄、部位和骨折类型，骨痂形成的时间不同。骨痂出现表现为骨折断端旁见散在的斑片状、边缘模糊的骨样密度影；骨痂桥是骨折愈合过程的重要阶段，是临床判断肢体能否持重的标志，骨痂桥由骨折断端的骨膜反应及骨痂“托”上下生长连接成桥，骨折愈合的快慢不在于骨痂量的多少，而在于骨痂桥的形成（图 9-14）。

3）骨痂修复期：该时期很长，可达数年；骨膜反应逐渐消退，骨痂逐渐缩小，密度由不均匀变均匀，出现骨纹理结构，随后骨皮质连接，骨髓腔沟通，愈合部位的变形逐渐纠正。

（9）骨折的并发症及后遗症

1）骨折延迟愈合或不愈合：①复位不良、固定不佳、局部血供不足、全身营养代谢障碍、肌肉嵌入断端间和并发感染等都可以引起延迟愈合或不愈合。②延迟愈合：骨痂出现延迟、稀少或不出现，骨折线消失迟缓或长期存在。③不愈合：可表现为骨痂很多，但无骨痂桥形成，骨折面硬化，骨皮质增厚，骨髓腔闭锁，也可表现为骨折断端吸收变细，无骨痂形成，断端间有明显的裂隙，有时可形成假关节（图 9-15）。

2）骨折畸形愈合：由于整复固定不理想，骨折复位、对位对线差，但骨折断端有骨痂形成。

3）外伤后骨质疏松：骨折整复后，因疼痛而长期不活动，可引起伤肢失用性骨质疏松，而骨质疏松可以延缓骨折的愈合。

4）骨关节感染：见于开放性骨折或闭合性骨折手术复位后。

5）骨缺血性坏死：由于动脉供血中断或因反复手术复位所致，常见股骨颈骨折后股骨头坏死。

6）关节强直：X 线上关节间隙依然存在，但可见骨质疏松和软组织萎缩。

7）关节退行性变：关节内骨折的晚期变化。

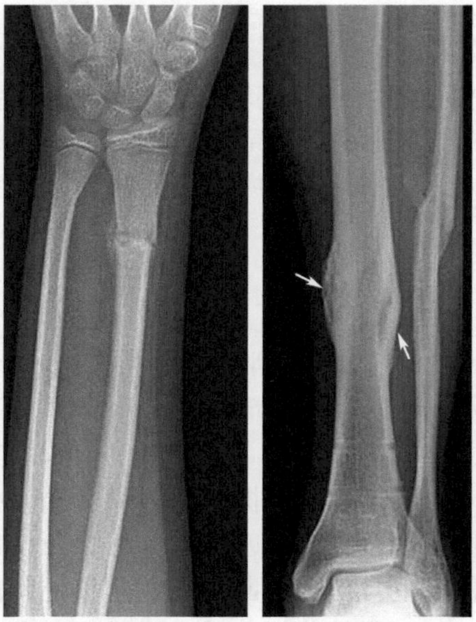

图 9-14　骨痂形成 X 线表现

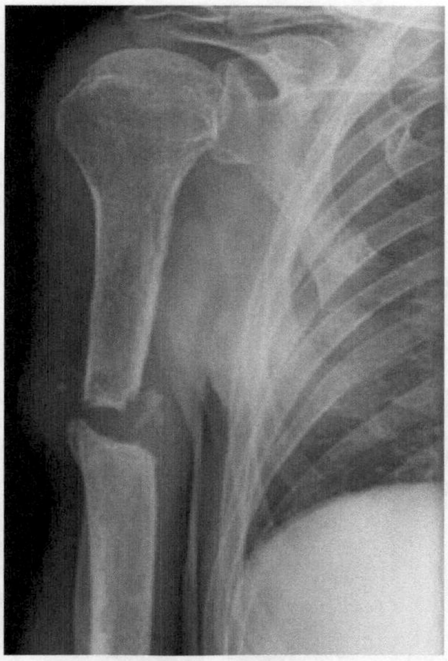

图 9-15　肱骨中段骨折不愈合畸形 X 线表现

8）骨化性肌炎：骨折后在软组织中形成广泛性骨化，可引起局部疼痛和关节活动受限，可逐渐吸收缩小。

2. CT 表现　不作为常规的检查方法，但对骨盆、髋、肩、膝等关节的检查非常重要，可以了解这些解剖结构比较复杂的部位有无骨折和骨折碎片的数目及位置；三维重组时可以立体显示骨折的详情，有利于临床处理（图 9-16）。

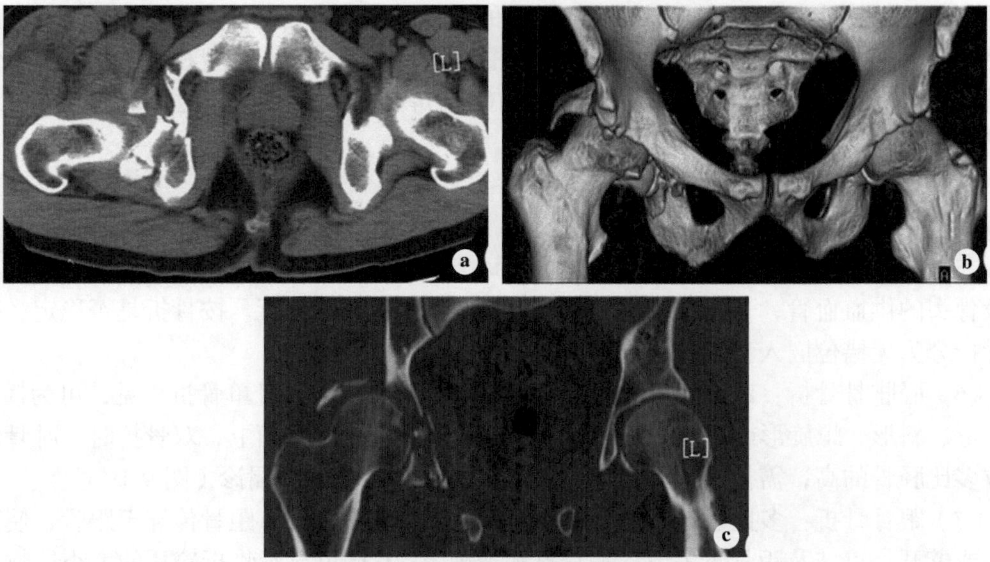

图 9-16　右侧髋关节粉碎性骨折并脱位 CT 表现

a. CT 平扫横断面；b. VR 重组；c. MPR 重组：显示右侧髋臼粉碎性骨折，关节间隙变窄，周围见多个骨碎片

3. MRI 表现　在显示骨折线方面不及 CT，可清晰显示骨折断端及周围出血、水肿和软组织损伤情况，以及邻近组织和脏器的损伤情况。骨折在 T_1WI 上表现为线样低信号影，与骨髓的高信号形成明显的对比；T_2WI 上为高信号影，代表水肿或肉芽组织。

（二）四肢骨折

【病理与临床】 患者一般均有明确的外伤史，为直接或间接暴力作用于骨骼所致。临床主要表现为局部持续性疼痛、肿胀、压痛、肢体缩短、局部变形和功能障碍等，可闻及或触及骨的摩擦音感；常见骨折有柯莱斯（colles）骨折、肱骨髁上骨折、肱骨外科颈骨折及股骨颈骨折等。

【影像学表现】

1. X线表现

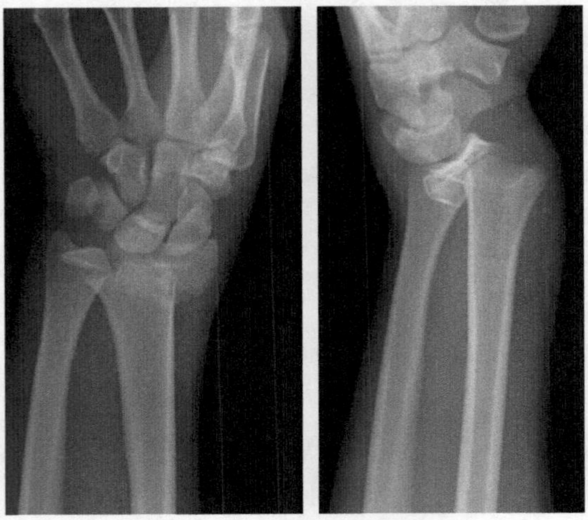

图 9-17　colles 骨折 X 线骨折

（1）指、掌骨骨折：发生率高，单发或多发，可见各种骨折类型，可向各方位错位或成角。

（2）柯莱斯骨折：即桡骨远端骨折，是指桡骨远端距离远端关节面 2.5cm 以内的骨折。常伴远侧断段向背侧移位和向掌侧成角，桡骨前倾角减小或成为负角，使手呈银叉状畸形。骨折线常为横形，有时为粉碎性骨折，并累及关节面。此种骨折常合并尺骨茎突骨折和下尺桡关节分离。桡骨远端骨骺闭合前，常发生桡骨远端骨骺分离（图 9-17）。

（3）肱骨髁上骨折：发生在肱骨干与肱骨髁交界处，肱骨内、外上髁上方 2cm 以内的骨折。多见于儿童。多因间接暴力所致，肘部疼痛，肿胀明显，肘部畸形，活动障碍。根据暴力来源分为伸直型和屈曲型，前者骨折线横过喙突窝和鹰嘴窝，远侧端多向背侧移位；后者骨折向后成角，远侧端向前移位或无明显移位。

（4）肱骨外科颈骨折：常发生在肱骨解剖颈下 2～3cm 处，多见于成年人，常合并大结节撕脱骨折。

（5）股骨颈骨折：多见于老年人，常为间接暴力所致；多为单侧。股骨颈骨折极易损伤股骨头的供血血管，骨折愈合缓慢，易并发股骨头缺血性坏死。按骨折是否稳定，股骨颈骨折分为无错位嵌入型骨折和错位型骨折（图 9-18）。

（6）胫腓骨骨折：以双骨折最多见，胫骨单骨折次之，腓骨单骨折少见，可为横形、短斜形、斜形、螺旋形或粉碎骨折。胫腓骨双骨折多在一个平面上，双骨折时，腓骨骨折部位多比胫骨的高，需拍摄包括腓骨上下端的 X 线片，否则易漏诊（图 9-19）。

（7）跟骨骨折：多见于自高处落下，后跟着地，垂直暴力从距骨传导至跟骨，使跟骨压缩或劈开。可波及距骨下关节，平片显示不理想；CT 可显示骨折碎片的大小、数量及移位情况。

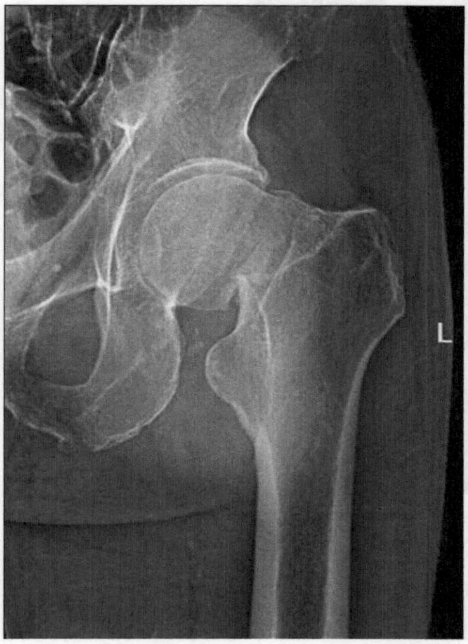

图 9-18　左股骨颈嵌入型骨折 X 线表现

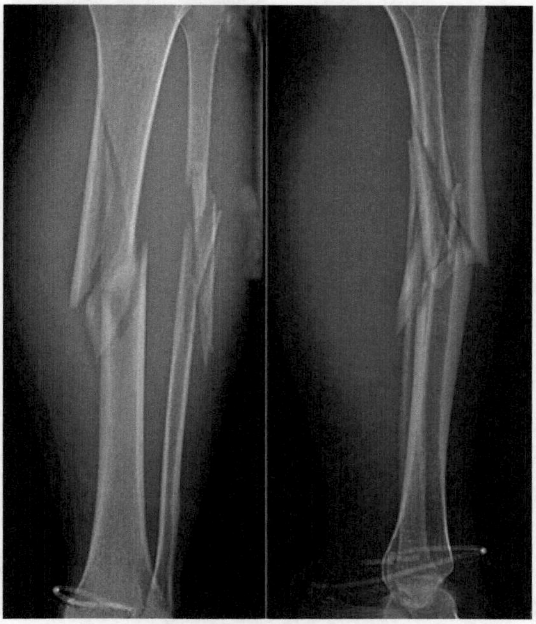

图 9-19　胫腓骨粉碎性骨折 X 线表现

2. CT 表现　可发现平片上不能发现的隐匿骨折。对于结构复杂和有骨性重叠部位的骨折，CT 比平片能更精确显示骨折移位情况。但当骨折线与 CT 扫描平面平行时，则可能漏掉骨折，因此不能单凭 CT 就排除骨折，一定要结合平片。不易观察骨折的整体情况也是其缺点，但三维重组可以全面直观地了解骨折情况。

3. MRI 表现　比 CT 更敏感地发现隐匿骨折，能清晰地显示骨挫伤、软组织及脊髓的损伤；显示有结构重叠部位骨折的关系不如 CT。骨折在 T_1WI 上表现为线样低信号影，与骨髓的高信号形成明显的对比；T_2WI 上为高信号影，代表水肿或肉芽组织；由于骨折断端间出血的时间及肉芽组织形成与演变的不同，可表现为多种信号。

【诊断与鉴别要点】　影像学检查发现骨折线，结合患者局部外伤史，即可确诊。发现骨折线还应注意邻近有无骨质破坏，以排除病理性骨折的可能。

（三）脊柱骨折

【病理与临床】　常见由高处跌下时足或臀部着地，或重物落下冲击头肩部，使脊柱骤然过度前屈，导致受力的脊椎发生骨折。好发于颈 1～2、颈 5～7 和胸 11～腰 2 椎体，以单个椎体多见。伤后易引起神经功能障碍，甚至截瘫或死亡。

脊椎骨折分为次要损伤和主要损伤，前者包括单纯的横突、棘突关节突和椎弓峡部骨折，这类骨折极少引起神经损伤及脊柱畸形；后者包括压缩或楔形骨折、爆裂骨折、安全带型骨折及骨折脱位。

【影像学表现】

1. X 线表现

（1）椎体压缩性骨折：椎体压缩呈楔形，前缘及两侧骨皮质断裂、皱折、嵌入，椎体内骨小梁相互嵌压，可见横形不规则线状致密带；其上、下椎间隙一般保持正常。如压缩超过 50%，需行 CT 以排除爆裂骨折（图 9-20）。

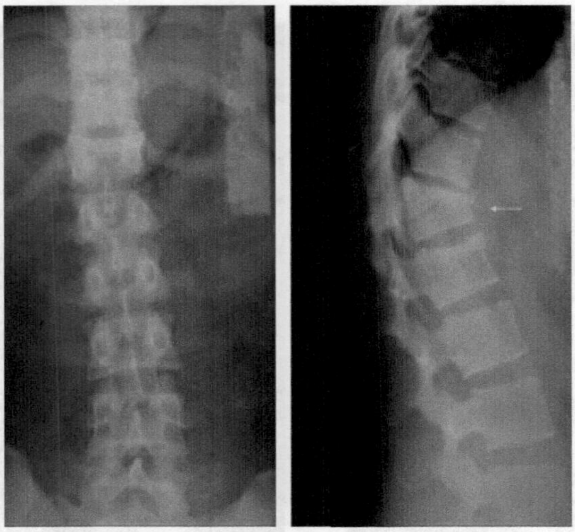

图 9-20　第 12 胸椎压缩性骨折 X 线表现

（2）爆裂骨折：损伤可形成上和下部终板粉碎骨折。前中柱受累，并有骨碎片突入椎管，常压迫脊髓；同时也可有椎板骨折，椎弓间距加大。CT 显示爆裂骨折最佳，可清晰地显示椎体后上部分碎裂和后侧突入椎管的骨片。

（3）安全带骨折：多见于车祸。平片显示骨折线横行经过棘突、椎板、椎弓与椎体，后部张开；或仅有棘上、棘间与黄韧带断裂，关节突分离，椎间盘后部破裂；或骨折与韧带断裂同时存在。

（4）骨折-脱位：平片上可显示椎体脱位、关节突绞锁，常伴骨折。CT 显示关节突的位置价值较高；矢状面重组能显示椎体脱位及椎管狭窄的程度。

2. CT 表现　可充分显示脊椎骨折类型、骨折碎片移位程度、椎管内骨碎片或椎管内血肿等，容易发现附件骨折和椎间小关节脱位；矢状面重组有助于观察椎管变形和狭窄。椎体压缩性骨折时，表现为骨小梁密集，椎体前方见断裂移位的骨片；在矢状重组像上见椎体变扁呈楔形。爆裂骨折表现为椎体垂直方向上的粉碎性骨折，椎体正常外形与结构丧失，骨折片向四周各个方向移位，同时可伴有椎弓及附件的骨折（图 9-21）。

3. MRI 表现　脊柱外伤行 MRI 检查的目的主要是检查是否合并脊髓损伤（程度、范围），以及治疗后的复查；同时也可显示脊柱骨结构及周围软组织的改变。压缩性骨折在 T_1WI 上，椎骨骨折处呈低信号，与骨折旁的骨质水肿区相连成片，骨折线大部分不可见；T_2WI 上呈高信号，信号通常不均匀。爆裂骨折 MRI 上见椎体前部呈楔形变，后部向椎管方向移位，属不稳定性骨折；受损椎间盘可疝入粉碎的椎体内，椎体前后径明显增大，骨折块向后移位直接损伤韧带、硬脊膜蛛网膜等，进而压迫脊髓。由于受伤椎体内的渗出和水肿，在 T_1WI 呈低信号，在 T_2WI 上呈高信号。

【诊断与鉴别要点】　依据明显外伤史及椎体形态改变，脊柱骨折不难诊断。脊柱结构比较复杂，邻近脊髓、神经根外伤后诊治不当，常引起多种并发症。X 线片由于其前后结构重叠，征象观察受到较大的限制。因此，脊椎骨折，特别是爆裂骨折，在 X 线平片的基础上应进一步行 CT 检查，必要时还需行 MRI 检查。

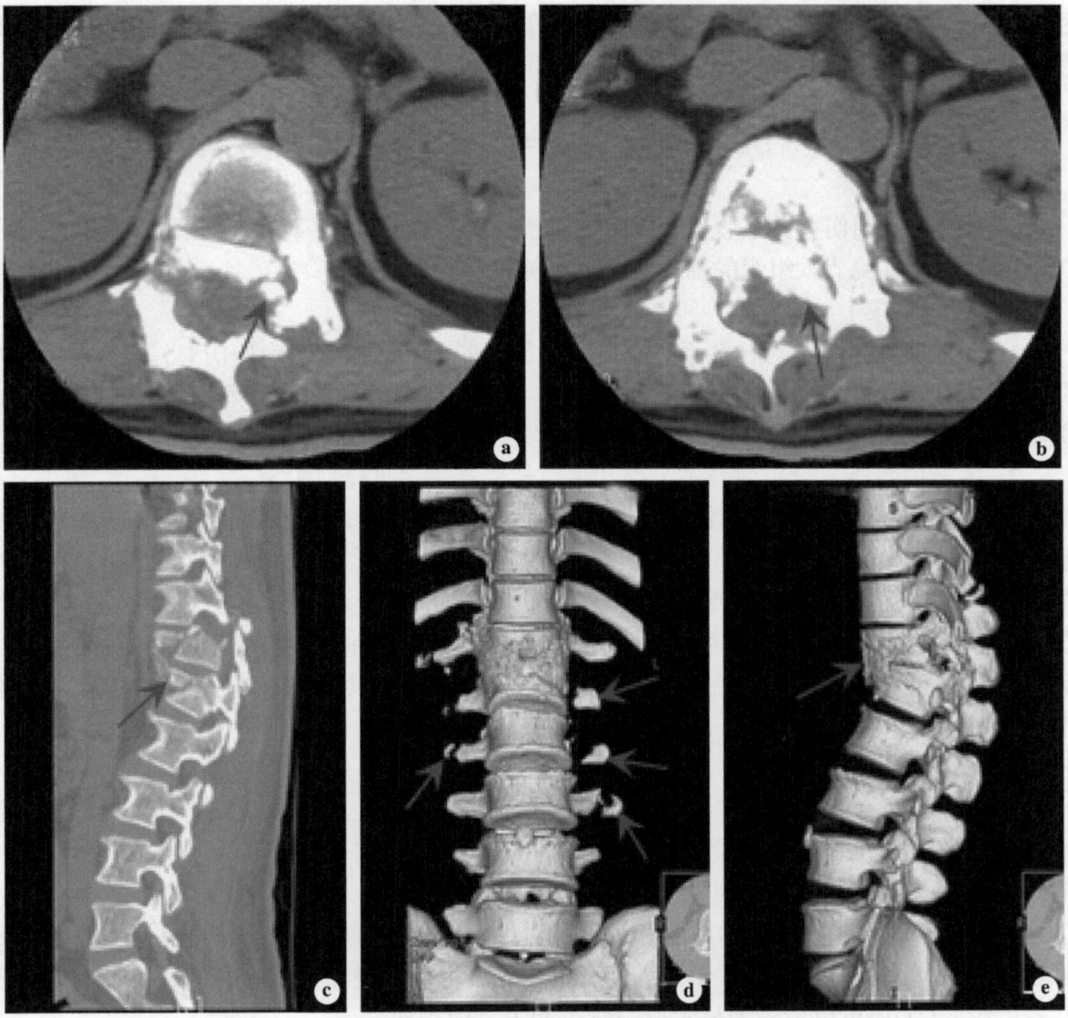

图 9-21　胸腰椎粉碎性骨折 CT 表现

a、b. CT 横断面；c. MPR 冠状面；d、e. VR 重组：显示胸 12 椎体及腰 1、腰 2 双侧横突粉碎性骨折（↑），碎骨片嵌入椎管

（四）疲劳骨折

长期、反复的外力作用于骨的某一部位，可逐渐发生慢性骨折，称为疲劳骨折（fatigue fracture）。好发于跖骨和胫腓骨；常见于长途行军、跑步运动员与舞蹈演员。起病缓慢，最初仅感局部疼痛，以后逐渐加重，影响功能。局部可触及固定骨性包块，压痛明显，无异常活动，表面软组织可有轻度肿胀。发病 1～2 周内 X 线检查可无所发现；发病 3～4 周后，骨折线周围已有梭形骨痂包围。骨折线的特点是横形的，周围有明显不规则硬化。

（五）病理性骨折

由于先已存在的骨病变使其强度下降，即使轻微的外力也可引起骨折，称为病理性骨折（pathological fracture）。骨病变既可以是局限性病变，如肿瘤、炎症；也可以是全身性病变，如骨质疏松、成骨不全等。X 线上除有骨折的征象外还有原发病变引起的骨质改变。

根据骨质改变和轻微外伤史，可以诊断为病理性骨折。CT 发现骨质破坏比 X 线敏感；MRI 显示骨髓的病理改变及骨质破坏最敏感，有助于诊断。

二、关 节 创 伤

常见的关节创伤有关节脱位、关节内骨折、关节软骨和肌腱与韧带损伤；关节脱位和关节内骨折都有关节软组织的损伤，而后者亦可单独出现。

【病理与临床】

1. 关节脱位 关节对位关系完全脱离或部分脱离。临床有明确外伤史，关节疼痛、肿胀变形，关节功能丧失。多发生于活动范围大、关节囊和周围韧带不坚固、结构不稳定的关节，以肩和肘关节常见，常伴有骨折同时发生。

2. 关节内骨折 骨折波及关节面和关节软骨；最多见于肘关节。

3. 关节软骨和肌腱与韧带损伤 关节骨端的骨折常引起关节软骨的损伤或断裂；肌腱与韧带损伤多见于急性创伤，如切割伤和撕裂伤。临床常有局部肿胀、疼痛，相应关节活动受限，关节异常活动或关节间隙异常增宽，并可合并肌腱、韧带附着处的撕脱骨折。韧带与肌腱部分断裂时，损伤的韧带和肌腱内有出血和水肿与尚未断裂的纤维交织，邻近组织内可有出血和水肿；韧带与肌腱完全断裂时，可见韧带和肌腱的位置异常和出血、水肿。

【影像学表现】

1. X 线表现 关节脱位包括完全脱位和半脱位。①完全脱位：组成关节诸骨之关节面对应关系完全脱离或分离；②半脱位：相对应之关节面失去正常相互均匀的弧度，变为关节间隙分离、移位、宽窄不均。

2. CT 表现 能直接显示肌腱和韧带，对诊断有较大帮助。损伤后可见受损肌腱和韧带边缘模糊、肿胀、失去正常形态；伴有出血时，可见肌腱和韧带内和周围有不均匀的较高密度影。CT 还可以清晰地显示撕脱骨折和关节内积液。

3. MRI 表现 MRI 可以直接显示断裂的关节软骨，表现为低信号的关节软骨中断，该处呈较高信号，甚至关节软骨和骨性关节面呈阶梯状，受损的软骨下的骨髓腔内可见局部水肿和出血。正常肌腱和韧带在 T_1WI 和 T_2WI 上表现为边缘光滑的带状低信号影；肌腱和韧带部分断裂时，低信号的韧带或肌腱内出现高信号区，但仍可见部分低信号的纤维影保持其连续性；肌腱和韧带完全断裂时，带状低信号影完全中断，被水样信号取代，其位置和走行方向也可发生改变。

4. 常见关节创伤

（1）月骨脱位：X 线正位片显示头、月关节间隙消失，侧位片上月骨脱出于掌侧。

（2）肘关节脱位：青少年及成人常见，常合并骨折及血管神经损伤；以后脱位最常见，尺桡骨向后脱位伴向外侧移位（图 9-22）。

（3）肩关节脱位：包括前脱位（盂下、喙突下、锁骨下）与后脱位，常伴大结节撕脱性骨折和（或）肱骨颈骨折。患者有明显外伤史，伤肩疼痛、无力、酸胀和活动受限；体检见“方肩”畸形。CT 可以明确肱骨头前后移位情况，还可显示平片不易发现的肱骨头压缩性骨折和关节盂骨折（图 9-23）。

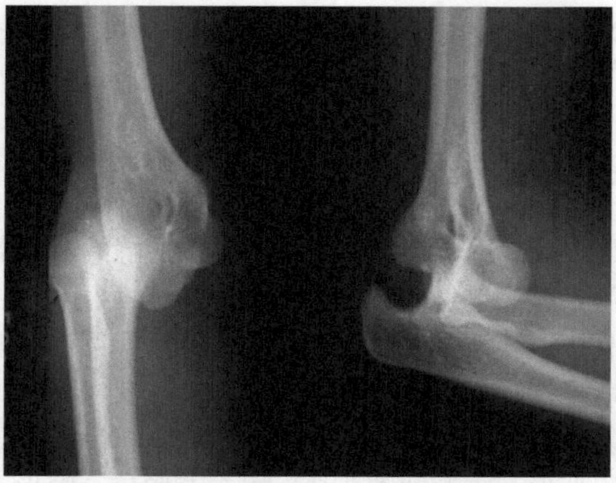

图 9-22　肘关节脱位 X 线表现

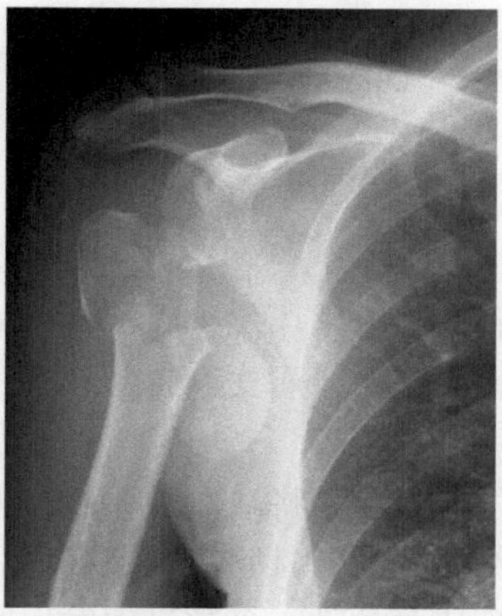

图 9-23　肱骨外科颈骨折并肩关节脱位 X 线表现

（4）髋关节脱位：分为后脱位、中心脱位和前脱位，以后脱位多见。X 线平片容易诊断髋关节脱位。髋关节后脱位常伴髋臼后上缘骨折。

（5）膝关节半月板损伤：患者有扭伤史，关节疼痛、肿胀、活动受限；肿胀逐渐消退，疼痛减轻但不能完全缓解。半月板是位于股骨与胫骨内、外侧髁关节面之间的半月形纤维软骨板；内侧半月板较大，呈 C 形，前窄后宽；外侧半月板较小，近似 O 形。通常将其人为划分为前角、体部和后角三个部分。正常半月板在常规 MRI 序列上均为低信号影。当半月板损伤时，由于纤维软骨变性、渗出、坏死及损伤处关节滑液的渗入，在快速自旋回波（FSE）序列的质子密度加权像（PDWI）上表现为高信号，与正常半月板的低信号形成良好对比。在 MRI 矢状位像上可清晰显示半月板前、后角的形态和信号改变（图 9-24）。

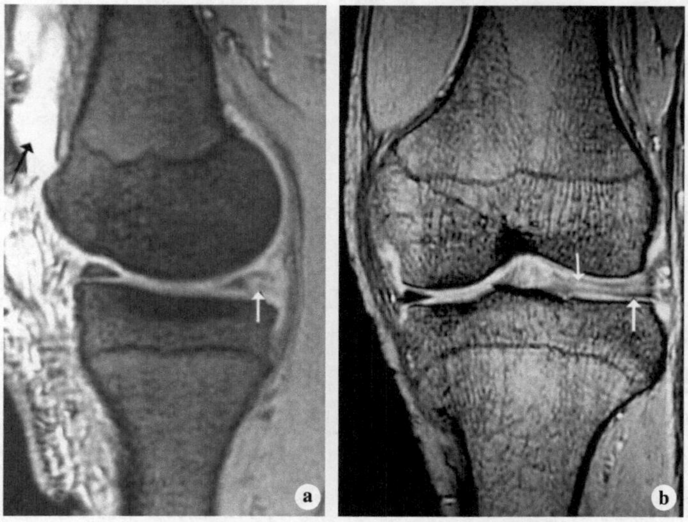

图 9-24　膝关节半月板损伤 X 线表现

a. MRI T_2WI（白↑），后角见粗线状高信号，达关节面，髌上囊积液（黑↑）；b. 另一例，外侧盘状半月板伴损伤，外侧半月板呈平行板状（↑），达到髁间棘水平，同时信号增高

（黄　晓）

第五节 骨坏死和骨软骨病

一、股骨头缺血坏死

股骨头缺血性坏死（ischemic necrosis of femoral head）致病相关因素包括解剖结构上的先天缺陷、血管病变、骨营养不良、内分泌疾患和创伤等。

【病理与临床】 病理改变包括骨细胞坏死、血管再形成、重新骨化和死骨吸收。根据病理发展过程，将缺血性坏死分为骨坏死期、骨修复期和骨愈合期。早期改变为缺血所致的骨细胞坏死，骨陷窝空虚；随后出现修复反应，坏死的骨组织被肉芽组织清除代替，周围出现成骨活动。多数进而发生股骨头塌陷变形，关节间隙改变，髋关节脱位、畸形，髋关节退行性骨关节病。

临床上，发病及进展缓慢，可有外伤史。常以疼痛为首发症状，多位于髋部或腹股沟；跛行、活动受限及肌痉挛和萎缩。部分患者亦可无任何症状。

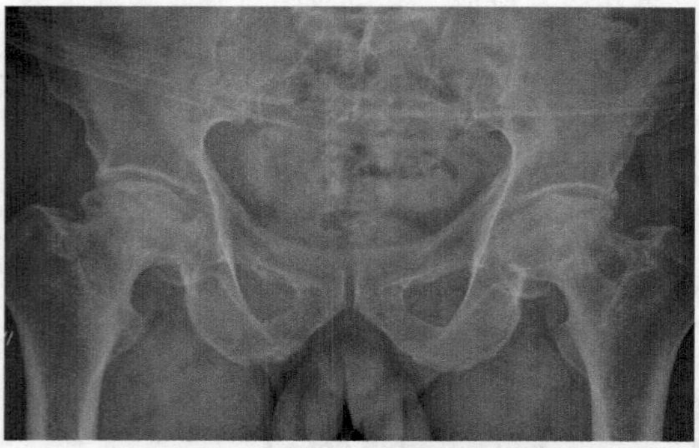

图 9-25 双侧股骨头缺血坏死 X 线表现

【影像学表现】

1. X 线表现 根据股骨头和关节间隙改变，股骨头缺血坏死大致可分为三期。①早期：股骨头外形和关节间隙正常，股骨头内出现散在的斑片状或条带状硬化区，边界模糊。②中期：股骨头塌陷，但关节间隙无变窄；股骨头内以混杂存在的致密硬化区和斑片状、囊状透光区为主。③晚期：股骨头塌陷加重，明显变形，股骨颈短缩畸形，关节间隙变窄；股骨头内多呈混合性死骨改变，Shenton 线不连等（图 9-25）。

2. CT 表现 CT 检查和 X 线检查一样，对早期发现并明确股骨头坏死的诊断缺乏灵敏度。但 CT 检查对于确定股骨头塌陷、软骨下骨折等骨结构改变方面要优于其他检查方法。主要表现为星状征变形或消失（正常股骨头骨小梁以股骨头为中心呈放射状排列，由粗变细向外延伸），股骨头碎裂变形，碎片之间有骨质吸收区；股骨头内出现斑片状、条带状高密度硬化区和多种形态的骨质硬化同时存在，股骨头边缘皮质增厚、硬化。

3. MRI 表现 MRI 有助于早期诊断。早期坏死区在 T_1WI 上为中低信号，在 T_2WI 上呈较高信号，周围环绕线样低信号；中期常见不规则走行的低信号带环绕信号不均一的坏死区；晚期除形态变形外，在股骨头脂肪的高信号中出现不同形态的环状、带状和片状低信号区。

【诊断与鉴别要点】 本病主要应与髋关节结核相鉴别。髋关节结核由股骨颈发展而来，常见股骨颈和髋臼边缘骨质破坏，周围较少有硬化带，邻近关节骨质疏松广泛，关节间隙明显变窄；早期股骨头缺血性坏死无股骨颈和髋臼破坏，关节间隙多保持正常。

二、剥脱性骨软骨病

剥脱性骨软骨病（osteochondritis dissecans，OCD）指各种致病因素导致的局限性关节软骨及其软骨下骨的无菌坏死，并逐渐与其周围正常骨分离和（或）脱落的一种关节疾病。常累及身体负重较多的一些部位，如股骨内、外髁和股骨头。

【病理与临床】 病理分级可分为四级。Ⅰ级：关节软骨软化，软骨下骨水肿，但关节面尚完整；Ⅱ级：骨软骨部分分离，部分与周围骨相连；Ⅲ级：骨软骨分离，但还位于缺损内；Ⅳ级：骨软骨分离脱落合并游离体形成。

临床可有关节钝痛，活动时加重，休息时减轻；关节内可出现游离体，可出现关节绞锁、关节肿胀等表现。

【影像学表现】

1. X 线表现 受累骨性关节面显出凹陷缺损部，边缘光滑；缺损部内有均匀致密的碎骨片，周围环绕透亮线（图 9-26）。完全剥脱并移位者可见关节面透亮缺损区，关节腔内可见骨化性游离体。

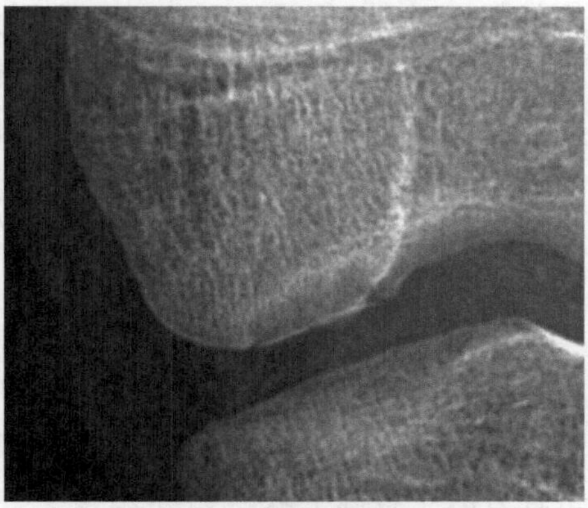

图 9-26　膝关节内侧髁关节面局部密度增高，病变处骨小梁稀疏 X 线表现

2. CT 表现 可见病灶位于关节软骨下，呈类圆形高密度影，与周围正常骨质分界较清，周围环绕低密度透亮带。当骨块脱落形成游离体时，原骨块位置遗留局限性软组织或液性密度凹陷缺损区，并见边缘高密度硬化带。游离体可出现大小不一的钙化，边缘清楚光滑或不规则。在矢状位和冠状位重组及三维重组图像中可见关节面的不规则缺损。

3. MRI 表现 MRI 不仅能够显示病变的部位、范围和形状、游离体的存在、软骨和软骨下骨的状态，还能显示骨水肿的程度、游离体下方的高信号区域等。病变早期见关节软骨有不完全缺损及关节软骨与骨质交界面有明显小碎裂高信号影，病灶呈与关节面平行的卵圆形，T_1WI 呈低信号、混杂信号或正常；T_2WI 信号不均匀增高或正常，周围为并行的肉芽组织带和（或）骨质硬化增生带。肉芽组织带在 Gd-DTPA 增强扫描呈条带状强化。病骨关节面软骨变薄、翘起或中断、分离及缺损。晚期坏死病灶髓腔侧边缘可出现明显的长 T_2 信号，关节腔内少量积液。

【诊断与鉴别要点】 本病诊断要点为受累关节面下骨质圆形或椭圆形缺损区，其中常存在小块死骨；于关节腔内常可发现一个或几个游离体。CT 及 MRI 检查对早期诊断有较高价值，尤其是病理改变尚处于软骨层时。

三、骨 梗 死

骨梗死（infarct of bone）是指发生于骨干和干骺端的骨细胞及骨髓细胞因缺血而引起的无菌性坏死。多发生于股骨下端、胫骨上端和肱骨上端，呈多发性和对称性改变。

【病理与临床】 基本病理改变分为细胞性坏死阶段和骨修复阶段。细胞性坏死为骨组织血供中断，骨细胞死亡，骨髓脂肪细胞坏死为骨梗死末期的改变；骨梗死发生后则进入骨修复阶段，包括血管再生、肉芽组织生成、死骨吸收、新生骨形成。骨梗死在演变的过程中有三个基本病理改变，即死骨块、吸收带（充血、水肿带）、新生骨带，是骨梗死影像学诊断的基础。

本病在临床上主要见于有应用激素和免疫抑制剂、长期酗酒者，以20～60 岁多见。

病程几天到几年不等。主要表现为患部疼痛，当病变累及关节时可有关节活动障碍。

【影像学表现】

1. X 线表现 早期 X 线上无明显异常，难以发现本病的早期变化。随病情进展 X 线上表现为囊状、分叶状透光区，周围可见不规则硬化缘；当病变区钙化或骨化较明显时，病变局部的骨密度增高或骨质硬化，呈硬化斑块影、条带影。骨内膜骨化或钙化，表现为骨皮质内缘平行延伸的条状致密影；骨外膜增生导致骨皮质增厚及骨干增粗。

2. CT 表现 CT 的密度分辨力高，反映骨质密度改变较 X 线敏感。早期虽有坏死骨发生，但 CT 上可无异常表现；此后骨质疏松逐渐明显，CT 上在骨髓腔内见片状异常低密度影，边界模糊不清，死骨密度逐渐增高；晚期病变骨质内出现坏死囊变、硬化和骨质疏松共存，表现为多个圆形或椭圆形低密度影，边缘可见斑点状、条状或环形异常高密度，CT 值可达 1000HU，边界清楚，中央呈软组织样等密度。

3. MRI 表现 ①急性期：病变中心 T_1WI 呈与正常骨髓等或略高信号，T_2WI 呈高信号，边缘呈长 T_1、长 T_2 信号；②亚急性期：病变中心 T_1WI 呈与正常骨髓相似或略低信号，T_2WI 呈与正常骨髓相似或略高信号，边缘呈长 T_1、长 T_2 信号；③慢性期：T_1WI 和 T_2WI 均呈低信号。以上分期和本病的早、中、晚期相对应。

【诊断与鉴别要点】 本病的诊断需要结合病史和临床资料，多数患者有使用激素或免疫抑制剂，以及外伤病史；早期 X 线、CT 无明显异常改变，MRI 是诊断早期病变的最佳方法。影像上表现为坏死囊变、纤维肉芽组织增生和骨化硬化同时存在，骨干、骨髓腔、干骺端或骨骺内形成不规则的“地图板块”状异常信号改变。

（黄　晓）

第六节　骨与关节化脓性感染

化脓性骨髓炎（pyogenic osteomyelitis）是指因各种感染因素造成的骨髓炎症，涉及骨膜、骨密质、骨松质与骨髓组织的化脓性细菌感染，以病程长短分为急性和慢性两种。急性骨髓炎以骨质吸收、破坏为主；慢性骨髓炎以死骨和新生骨形成为主。溶血性金黄色葡萄球菌是最常见的致病菌。感染途径有血源性、外伤性和直接蔓延。

一、急性化脓性骨髓炎

急性化脓性骨髓炎（acute pyogenic osteomyelitis）多为血源性感染，以胫骨上段和股骨下段受累最多见，其次为肱骨和髂骨。

【病理与临床】 血行感染时，细菌栓子经滋养动脉进入骨髓，广泛地侵犯骨髓和骨皮质，常较多停留于干骺端的骨松质部分，造成明显充血、水肿，大量中性粒细胞浸润，形成局部脓肿。发病 7～14 天骨质往往未见异常，主要是周围软组织充血、水肿；14 天后可出现局限性骨质疏松，继而出现虫蚀状骨质破坏；随病程进展，破坏区向骨干发展，范围扩大，可达骨干大部或全部，有时引起病理性骨折。骨质破坏的同时，常出现骨质增生。

临床上儿童及青少年多见，起病急骤，寒战、高热，有明显的全身中毒症状。白细胞计数增高。

【影像学表现】

1. X 线表现　急性化脓性骨髓炎 X 线特点是以骨破坏为主，同时伴有死骨形成，骨膜反应，软组织肿胀和骨质增生。骨质增生硬化比较轻，随病变发展骨质增生硬化逐渐明显。

（1）早期：骨质改变不明显，以广泛软组织肿胀为主。病变周围软组织密度增高及厚度增加，肌间结构模糊、移位或消失，皮下脂肪浑浊，出现网、条状阴影。

（2）进展期（急性期）：软组织肿胀更明显。干骺端或（和）骨干见多发性斑点状边缘模糊破坏区（图 9-27a）；短期复查见破坏区迅速扩大、融合，周边可有部分增生硬化，可见广泛骨膜增生及位于破坏区内死骨形成。

（3）抗炎治疗后：X 线改变较临床表现缓慢，常常可以见到临床症状已消失，而 X 线改变仍继续进行。

2. CT 表现　能发现小的骨质破坏、小的死骨及不明显的软组织肿胀；对破坏区边缘的骨硬化和骨膜反应显示也较好，有利于诊断。

3. MRI 表现　早期骨髓的充血、水肿、渗出和坏死在 T_1WI 均表现为广泛分布的斑片状不均匀低信号，与正常的骨髓信号形成明显的对比；T_2WI 呈高信号，境界不清楚；脂肪抑制更为敏感而直观（图 9-27b，图 9-27c）。骨皮质周围的软组织内见弥漫分布的 T_1WI 低信号、T_2WI 高信号，矢、冠状面呈半梭形，横轴面上呈环形或“C”形，骨皮质多显示完整。继之病灶向骨皮质蔓延，穿破骨皮质形成半梭形骨膜下脓肿及在软组织内形成脓肿。脓肿 T_1WI 呈低信号、T_2WI 呈高信号，增强后脓肿壁明显强化。MRI 上骨髓炎的直接征象是骨髓的信号在 T_1WI 上信号强度减低，在 T_2WI 或 STIR 上信号强度增高，水肿、渗出、充血及坏死引起骨髓水分增加，导致骨髓组织 T_1、T_2 值明显延长。

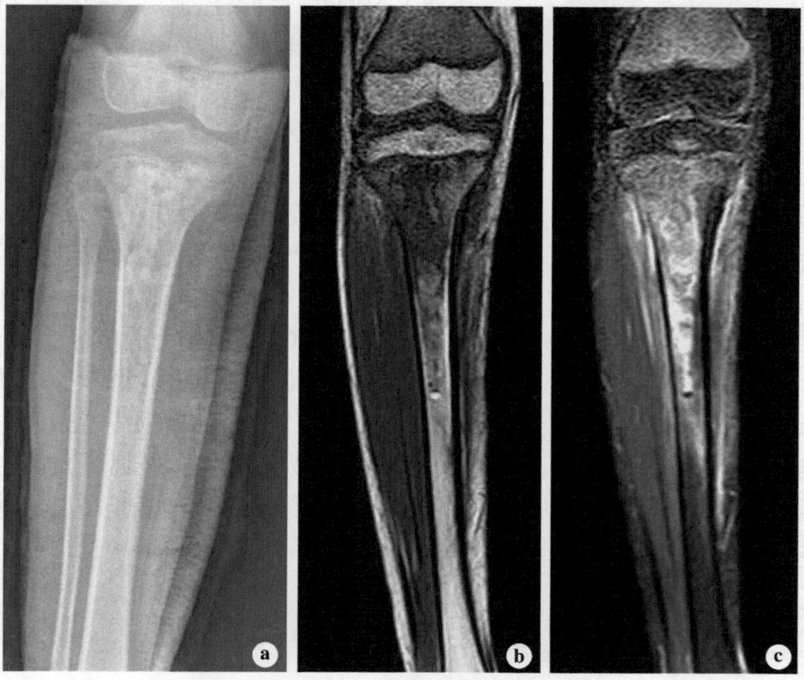

图 9-27　急性骨髓炎 X 线与 MRI 表现

a. X 线片示右胫骨中上段多发虫蚀状骨质破坏及少量骨质增生；b. MRI 冠状面 T_1WI 胫骨中上段骨髓腔呈广泛斑片状不均匀低信号；c. MRI 冠状面 T_2WI 脂肪抑制示胫骨中上段髓腔广泛斑片状高信号，周围软组织水肿

【诊断与鉴别要点】 急性化脓性骨髓炎起病急，软组织肿胀，红肿热痛常见，主要表现为不同程度的骨质破坏，骨膜新生骨形成和死骨。应与不典型的骨结核和恶性骨肿瘤如成骨肉瘤、尤文肉瘤鉴别，注意其急性起病，患肢大范围间断性骨质破坏和一定程度的骨增生，可以资鉴别。

二、慢性化脓性骨髓炎

【病理与临床】 慢性化脓性骨髓炎（chronic pyogenic osteomyelitis）常由急性骨髓炎治疗不当或不及时而发展形成，骨质增生硬化与骨质破坏反复发生，以骨质增生硬化为主要病理改变。

本病好发小儿长管骨干骺端。多数有急性骨髓炎发作史、开放性骨折感染史、急性炎症反复发作或长期不愈、反复发作的窦道流脓及小块死骨自窦道排出史。临床上以窦道流脓、死骨和死腔、肢体变形为特征。

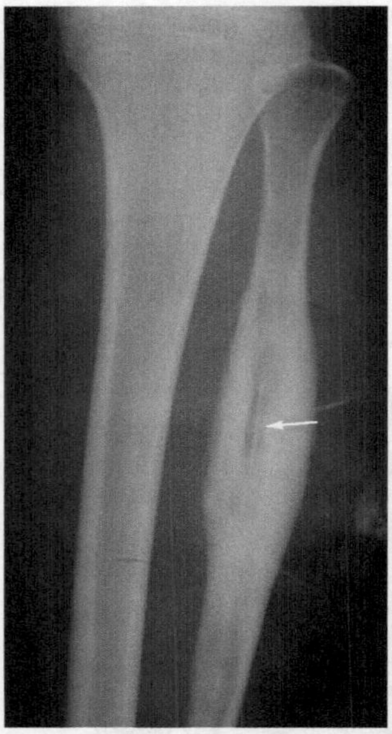

图 9-28 腓骨慢性化脓性骨髓炎 X 线表现
腓骨上、中段骨干增粗、皮质增厚，其内可见长条状死骨（↑）

【影像学表现】

1. X 线表现 死骨和包壳形成是慢性化脓性骨髓炎的特征性改变，并可伴有周围软组织脓肿或窦道。典型表现为骨破坏周围广泛性增生硬化，但仍有脓腔和死骨存在。骨内膜增生致髓腔变窄甚至闭塞、消失，致骨密度明显增高；骨外膜增厚增浓，其深层与骨皮质融合，致骨干增粗，轮廓不规整（图 9-28）。慢性骨髓炎痊愈后，骨破坏和死骨消失，增生的骨质逐渐被吸收，髓腔再通。

2. CT 表现 与平片相似，主要为骨皮质增厚、髓腔变窄或消失，密度增高，骨干增粗，边缘不整。死骨表现为孤立的高密度骨块，被低密度脓腔包绕。

3. MRI 表现 死骨在 T_1WI 和 T_2WI 中均为低信号，增强后无明显强化；骨髓腔内活动性炎症呈不均匀长 T_1、长 T_2 信号，而慢性纤维化组织和硬化骨 T_1WI 和 T_2WI 中均为低信号；窦道为直线状或曲线样 T_2WI 高信号影，由髓腔延伸至周围软组织；骨髓和软组织脓肿 T_1WI 呈低信号，T_2WI 呈高信号，增强后脓壁明显强化。

【诊断与鉴别要点】 慢性化脓性骨髓炎的特点为残存的骨破坏、大量的骨质增生和可有死骨形成，诊断不难。骨皮质或骨膜感染引起局限性不典型骨髓炎应与骨样骨瘤、硬化型骨肉瘤相鉴别。

三、化脓性关节炎

化脓性关节炎（pyogenicarthritis）是指化脓性细菌引起的关节内感染。多见于承受体重的关节，如髋和膝关节；常单发。

【病理与临床】 化脓性关节炎主要病理改变为关节滑膜明显充血、水肿，关节腔内有大量渗出液，内含较多的纤维素及中性粒细胞，继之滑膜坏死。愈合期，关节腔内形成肉芽组织；最后发生纤维化或骨化，关节形成纤维性强直或骨性强直。

多见于儿童与婴儿，临床上常起病急骤、寒战、高热，关节红、肿、热、痛；血白细胞增高，尤其是中性粒细胞计数增高为著。

【影像学表现】

1. X 线表现

（1）早期：关节囊肿胀和关节间隙增宽，关节周围软组织弥漫性肿胀。关节内渗出液较多时，引起关节半脱位。构成关节的骨骼可一过性、废用性骨质疏松。

（2）进展期：关节间隙狭窄，骨性关节面发生破坏，以持重部分出现最早和最明显；严重时可发生干骺端的骨髓炎（图 9-29）。

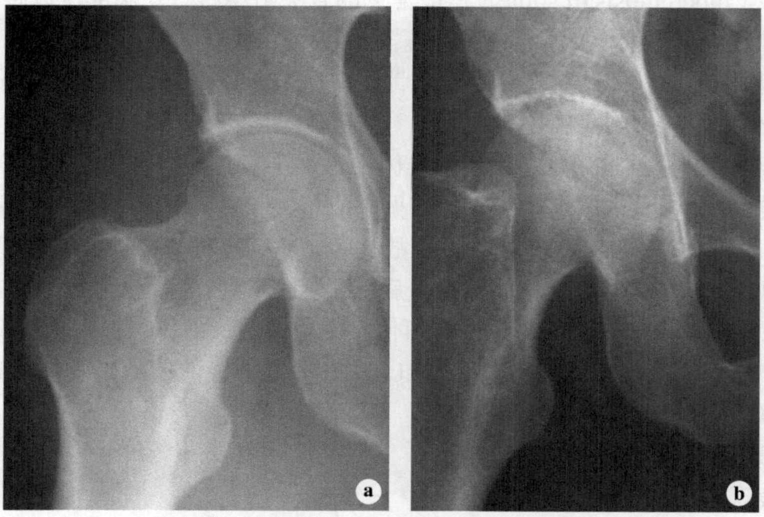

图 9-29 右髋化脓性关节炎进展期 X 线表现

a. X 线正位片示右髋关节间隙均匀轻度变窄；b. 26 天后，X 线正位片示关节间隙迅速均匀狭窄

（3）愈合期：破坏区边缘明显骨质增生硬化，纤维或骨性关节强直。

2. CT 表现 可显示化脓性关节炎的关节肿胀、积液及骨质破坏，可明确病变的范围。

3. MRI 表现 软组织肿胀 MRI 表现为边缘模糊的长 T_1、长 T_2 信号区，滑膜及肉芽组织增生在脂肪抑制 T_2WI 上表现为关节腔内混杂信号影，骨质破坏表现为极低信号的骨皮质内出现斑点状、斑片状及横穿骨皮质的线状异常信号。

【诊断与鉴别要点】 本病起病急骤、高热，关节周围肿胀、疼痛，关节可出现脱位或半脱位，较早出现关节间隙变窄，关节面持重部位骨质破杯；晚期多产生骨性关节强直，诊断不难。需与关节结核鉴别，关节结核起病缓慢，白细胞稍高，有低热、盗汗等症状，全身中毒症状较轻，关节周围炎症较局限。

（黄 晓）

第七节 骨与关节结核

骨关节结核（tuberculosis of bone and joint）绝大多数继发于肺结核或胸膜结核，结核杆菌经血行转移到骨，停留在血管丰富的椎体、短管状骨、骨骺及干骺端松质骨内和负重大、活动较多的髋、膝关节等关节而发病。好发于儿童和青年；以脊椎结核发生率最高，其次为关节结核。

骨关节结核病理学上主要表现为渗出、变性和增殖三种基本病变。骨内渗出性病变以大量巨噬细胞或中性粒细胞浸润为主，常伴有较多的纤维蛋白渗出；增殖性病变以形成结核结节为特征，结节中央有多少不等的干酪性坏死；变性病变主要是干酪样坏死。这三种病变往往同时存在，仅是多少或程度上的差异。

一、脊 椎 结 核

脊柱结核（tuberculosis of spine）是最常见的骨关节结核，发病部位以腰椎最多，其次为胸椎，颈椎较少见，骶尾部很少见；常累及邻近两个椎体。

【病理与临床】 椎体结核按最先发生骨质破坏的部位，分为椎体结核和附件结核。椎体结核又分为中心型、边缘型和韧带下型。①中心型：多见于 10 岁以下儿童，由于椎体营养由中央血管供应，故结核病灶多发生于椎体中心。椎体中央骨质破坏导致椎体塌陷，呈楔状变形，但椎间盘一般正常。②边缘型：多见于成年人，成人供应椎体的主要血管为肋间动脉及腰动脉，从前方进入，沿骨膜下分支，故病灶常出现在椎体边缘；在引起椎体边缘破坏的同时，椎间盘也被侵及，因此椎间盘常变扁。③骨膜下型：病灶发生于椎体前缘和前纵韧带间，当大量脓液积聚于前纵韧带下时，可使多个椎体前缘破坏，椎间盘很少受累。

临床上，全身症状可有低热、食欲差和乏力。局部脊柱活动障碍及强迫姿势，颈、背、腰疼痛或脊椎后突畸形等。

【影像学表现】

1. X 线表现

（1）骨质破坏：①中心型：椎体内圆形或不规则形骨质缺损区，可有小死骨，边缘不清；进一步破坏加上承重的原因，椎体可塌陷变扁或呈楔形；若病变继续发展，整个椎体可全被破坏而消失。多见于胸椎（图 9-30a）。②边缘型：破坏开始于椎体的上、下缘，逐渐向椎体和椎间盘侵蚀、蔓延；随椎体破坏扩大，椎间隙变窄。多见于腰椎。③韧带下型：病变常开始于前纵韧带下，累及数个椎体，椎体前缘破坏；若病变继续发展，向后扩散可同时累及多个椎体及椎间盘。主要见于胸椎。④附件型：较少见，包括棘突、横突、椎弓、椎板及小关节突结核。表现为骨小梁模糊，骨质密度减低，骨皮质模糊、中断；累及关节突时常跨越关节。

（2）椎间隙变窄或消失：因相邻两椎体的软骨板被破坏，髓核疝入椎体并被破坏，进而椎间盘完全破坏，相邻的破坏的椎体互相融合在一起；此为脊椎结核的重要征象。

（3）后突畸形：较常见，可伴有侧弯；通常见于少儿胸椎结核。

（4）椎旁脓肿：病灶周围软组织干酪性坏死形成脓肿，脓肿可沿固有组织间隙流注，引流很长距离，并于皮肤破溃，形成窦道。腰椎结核形成腰大肌脓肿，表现为腰大肌轮廓不清或呈弧形突出；胸椎结核形成椎旁脓肿，表现为胸椎两旁梭形软组织肿胀影；颈椎结核形成咽后壁脓肿，表现为咽后壁软组织影增宽，并呈弧形前突，气管受压向前移位。结核性脓肿无红、热、痛，故又称“寒性脓肿”。

2. CT 表现 有利于发现早期轻微的骨质破坏及隐蔽的脓肿；能更清晰显示病灶的范

围及椎管受累的程度，有利于临床治疗方案的制定与疗效观察。椎体破坏多起于椎体前 2/3 或上、下缘，出现斑片状低密度区，内常可见沙粒样碎小死骨；同时伴有增生及修复，表现为斑点状、小片状或环形高密度影。病变侵及椎管或椎体后突引起椎管狭窄，相应平面脊髓和硬脊膜囊受压。椎旁冷脓肿表现为椎前软组织增厚，呈等或略低密度（颈或胸椎）；椎体两旁类圆形略低密度肿块（胸或腰椎）；冷脓肿沿组织间隙广泛延伸，可累及多个平面；增强扫描冷脓肿边缘出现环形强化（图 9-30b）。

3. MRI 表现　脊柱结核的椎体和椎间盘骨质破坏在 T_1WI 多呈较低信号，T_2WI 多呈混杂高信号；增强检查呈不均匀强化。冷脓肿在 T_1WI 呈低信号，T_2WI 多为混杂高信号；增强后脓肿壁可呈环形强化，壁薄且均匀强化是其特点（图 9-30c）。

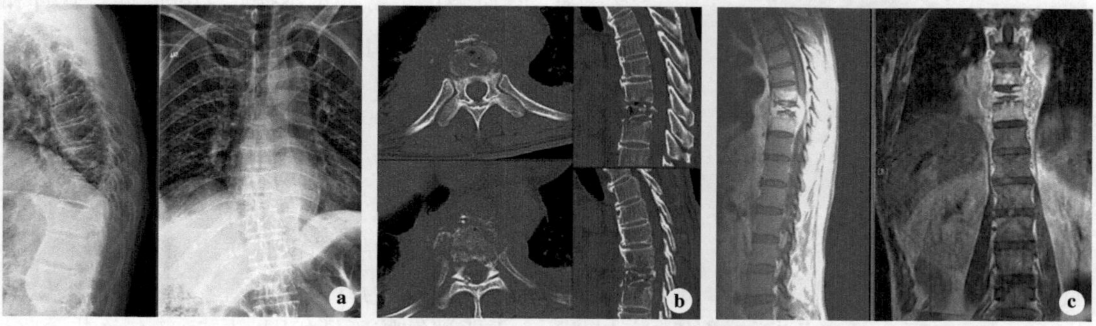

图 9-30　胸椎结核 X 线、CT 与 MRI 表现

a. 正侧位 X 线片；b. CT 横断面+MPR 重组；c. MRI T_1WI

【诊断与鉴别要点】　椎体骨质破坏、椎间隙变窄和椎旁脓肿为脊柱结核特点。但有时应与化脓性脊椎炎、椎体压缩性骨折及骨肿瘤进行鉴别。

1. 化脓性脊柱炎　急性起病，持续性高热，白细胞增高；慢性全身症状不明显，仅偶有低热、局部疼痛、活动受限，不易与结核相区别。

2. 转移瘤　多有恶性肿瘤病史，椎体附件易受累，常首先侵犯椎体的后部及椎弓根，多累及数个椎体，且呈跳跃性，很少累及关节软骨及椎间盘，周围可见分叶状软组织肿块。

3. 椎体压缩性骨折　多有外伤史、骨质疏松病史，多累及单个椎体，呈楔状变形，无椎间隙变窄，无冷脓肿。

二、关节结核

关节结核（tuberculosis of joint）多见于少年和儿童，以髋和膝关节常见。按发病部位分为骨型和滑膜型。

【病理与临床】　骨型关节结核先为骨骺、干骺端结核，然后蔓延至关节，侵犯滑膜；渗出液较多时关节间隙增宽；继之出现关节边缘局限性骨质侵蚀，之后破坏全关节。关节间隙变窄，可合并关节脱位。滑膜型关节结核为结核菌首先侵犯滑膜，以渗出性为主，表现为滑膜明显肿胀充血，表面有纤维素性渗出物或干酪样坏死物覆盖；晚期纤维组织增生致滑膜增厚，关节渗出液中常缺少蛋白溶解酶，较晚才破坏关节软骨及骨端。

临床上患者有结核病史，发病及病程缓慢。早期主要表现为局部肿胀、疼痛、活动功能障碍；晚期有寒性脓肿，窦道形成，肌肉萎缩及关节畸形。全身症状为慢性中毒表现，如食欲缺乏、低热。实验室检查：血沉增快。

【影像学表现】

1. X 线表现

（1）骨型关节结核：表现较为明显，即在骨骺与干骺端结核征象的基础上，又出现关节周围软组织肿胀、关节骨质破坏及关节间隙不对称狭窄等。

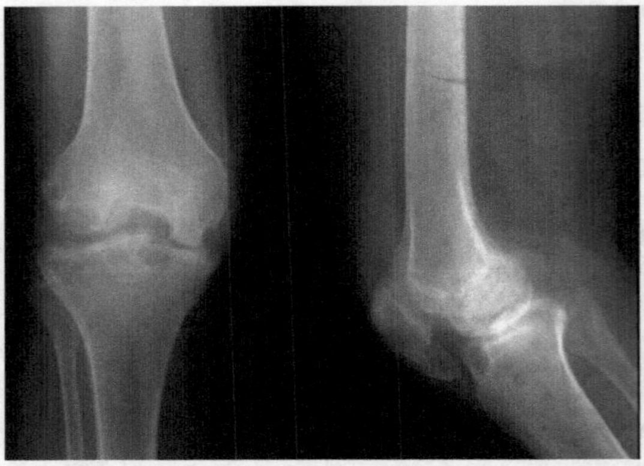

图 9-31　膝关节滑膜型结核进展期 X 线表现

（2）滑膜型关节结核：①早期：关节囊和关节软组织肿胀，密度增高，关节间隙正常或增宽和周围骨质疏松；可持续几个月或 1 年以上，多次复查仅软组织肿胀，无明显骨质破坏，常提示本病。②进展期：软骨和关节面受侵首先发生于关节非承重面（即骨端边缘部分），出现虫蚀状骨质破坏，边缘模糊，且关节上、下边缘多对称受累（图 9-31）；关节间隙不对称变窄出现较晚，可发生半脱位。③晚期：病变愈合，则骨质破坏停止发展，关节面骨质边缘变得锐利，骨质疏松也逐渐消失；严重病例，愈合后产生关节强直，多为纤维性强直。

2. CT 表现　骨型关节结核的改变与骨骺、干骺端结核所见相同，同时又有关节肿胀、积液、关节骨质破坏等。滑膜型在 CT 上可清楚地显示关节囊增厚，关节腔积液和周围软组织肿胀；冷脓肿形成可确定其部位和范围。增强检查关节囊和脓肿壁呈均匀强化。

3. MRI 表现　MRI 可全面显示关节结构的病理改变，如关节积液、滑膜肿胀充血、结核肉芽组织、软骨及软骨下骨质破坏和关节周围脓肿等。关节囊内积液表现为 T_1WI 低信号、T_2WI 高信号；关节面骨皮质低信号缺损；冷脓肿表现为 T_1WI 低信号，T_2WI 高信号。

【诊断与鉴别要点】

1. 化脓性关节炎　后者起病急，症状重且体征明显，病变进展快，关节软骨破坏早，关节间隙常对称性狭窄，骨破坏为关节承重面，骨质疏松不明显。

2. 类风湿性关节炎　骨破坏亦从骨关节边缘开始，骨质疏松明显与结核相似，但类风湿性关节炎常对称性侵及多个关节，关节间隙变窄出现较早，且匀称性狭窄，然后再累及骨性关节面。

（黄　晓）

第八节　骨肿瘤与肿瘤样病变

一、概　　述

骨肿瘤（bone tumor）通常分为原发性和继发性两大类，继发性骨肿瘤包括恶性肿瘤的骨转移和骨良性病变的恶变。肿瘤样病变（tumor-like disease）是指临床、病理和影像学表现与骨肿瘤相似而并非真性肿瘤，但也具有骨肿瘤的某些特征如复发和恶变的一类疾病。影像检查在诊断中占重要地位，它可以显示肿瘤的大小、发生部位、周围骨质和软组织的改变，还能判断其良、恶性以及原发性或转移性，对临床治疗有很大帮助。影像学检查对骨肿瘤良、恶性的判断虽然确诊率较高，但由于不同肿瘤的表现具有多样性，恒定的典型征象不多，因而确定部分肿瘤的组织类型仍较困难。因此，影像学、临床和病理相结合是诊断骨肿瘤的正确途径。

骨肿瘤的早期正确诊断和及时治疗是提高生存率的关键。对骨肿瘤影像诊断的要求是：①判断骨骼病变是否为肿瘤性；②如属肿瘤，是良性或恶性，属原发性还是转移性；③肿瘤的组织类型；④肿瘤的侵犯范围。

（一）影像学分析

在分析观察图像时，应注意发病部位、病变数目、骨质改变、骨膜增生和周围软组织变化等。因为这些方面的差别对诊断有所帮助。

1. 发病部位 不同肿瘤有其一定的好发部位，对鉴别诊断有一定帮助。如骨巨细胞瘤好发于长骨骨端，偏心生长；骨肉瘤好发于长骨干骺端；而骨髓瘤好发于扁骨和异形骨。

2. 病变数目 原发性骨肿瘤多为单发，而骨髓瘤和转移性骨肿瘤常为多发。

3. 骨质变化 常见的是骨质破坏。良性骨肿瘤多引起膨胀性、压迫性骨质破坏，界限清楚、锐利，破坏区邻近的骨皮质多完整、连续。恶性骨肿瘤则多为浸润性骨质破坏，边缘不整、界限不清，少见膨胀，骨皮质早期可出现破坏和缺损；肿瘤易穿破骨皮质进入周围软组织形成肿块影。

有些恶性骨肿瘤还可引起骨质增生。一种是生长较缓慢的骨肿瘤可引起邻近骨组织的成骨反应，可见骨破坏区周围有骨质增生带，多见于良性或恶性程度较低的肿瘤；另一种是肿瘤自身的成骨，即肿瘤骨形成，这种骨质增生可呈毛玻璃状、斑片状、放射针状或骨皮质硬化，常见于骨肉瘤。

4. 骨膜增生 良性骨肿瘤常无骨膜增生，即使出现，也表现为均匀、致密、清晰，并常与骨皮质愈合。恶性骨肿瘤常有广泛的不同形式的骨膜增生，而且骨膜新生骨还可被肿瘤所破坏，形成 Codman 三角，这种表现对恶性骨肿瘤有特征性。

5. 周围软组织变化 良性骨肿瘤多无软组织肿胀，仅见软组织被肿瘤推移；恶性骨肿瘤常侵入软组织并形成软组织肿块影，与邻近软组织界限不清。

（二）临床分析

骨肿瘤的诊断需结合临床资料。应注意肿瘤的发病率、年龄、症状、体征和实验室检查结果等，这些资料对骨肿瘤定性诊断具有参考价值。

1. 发病率 在良性骨肿瘤中以骨软骨瘤多见；恶性骨肿瘤以转移瘤多见，而原发性恶性骨肿瘤则以骨肉瘤为常见。

2. 年龄 多数骨肿瘤患者的年龄分布有相对的规律性。在恶性骨肿瘤中，年龄更有参考价值，在婴儿多为转移性神经母细胞瘤，尤文肉瘤好发于儿童与少年，青少年以骨肉瘤为多见，而 40 岁以上则多为骨髓瘤和转移瘤。

3. 症状与体征 良性骨肿瘤较少引起疼痛；而恶性者，疼痛常是首发症状，且常为剧痛。良性骨肿瘤的肿块边界清楚，压痛不明显；而恶性者则边界不清，压痛明显。良性骨肿瘤患者健康，全身情况良好；而恶性者，除非早期否则可有消瘦和恶病质，且发展快、病程短。

4. 实验室检查 良性骨肿瘤，血液、尿和骨髓检查均正常；而恶性者则常有变化，如骨肉瘤碱性磷酸酶多增高，尤文肉瘤血中白细胞可增高，转移瘤和骨髓瘤可发生继发性贫血及血钙增高；骨髓瘤患者血清球蛋白增高，尿中可查出本-周蛋白。

二、良性骨肿瘤

（一）骨瘤

骨瘤（osteoma）是一种起源于膜内成骨的良性骨肿瘤。根据骨密度不同，分为致密骨型及松质骨型，前者多见。

【病理与临床】 骨瘤组织学上发生于骨膜内层骨母细胞。由成骨性纤维组织、成骨细胞及其所产生的新生骨组成，随生长发育成长。骨瘤质硬，有骨膜覆盖，基底与骨组织相连，可有宽广基底或带蒂。

多在儿童发病，男性较多。生长慢，症状较轻，无恶变倾向；多发生在颅骨及颜面骨。致密骨瘤发生在颅面骨表面者，局部隆起；发生在颅内板者，肿瘤如突入，可引起颅内压迫，引起晕眩、头痛甚至癫痫。骨松质瘤则常发生于长骨骨干与骨骺交界处的软骨部；随管状骨长度的增长，骨瘤亦有变化，呈不同形状。

【影像学表现】

1. X 线表现 ①颅面骨骨瘤：多起于外板，表现为半球状、分叶状边缘光滑的均匀高密度影。②鼻窦骨瘤：多有蒂，常呈结节状、分叶状突出于鼻窦腔内，并可由一窦腔向其他窦腔生长（图 9-32）。③四肢骨瘤：突出于骨表面，基底部与骨皮质外表面相连，肿瘤表面光滑，邻近软组织可受压。

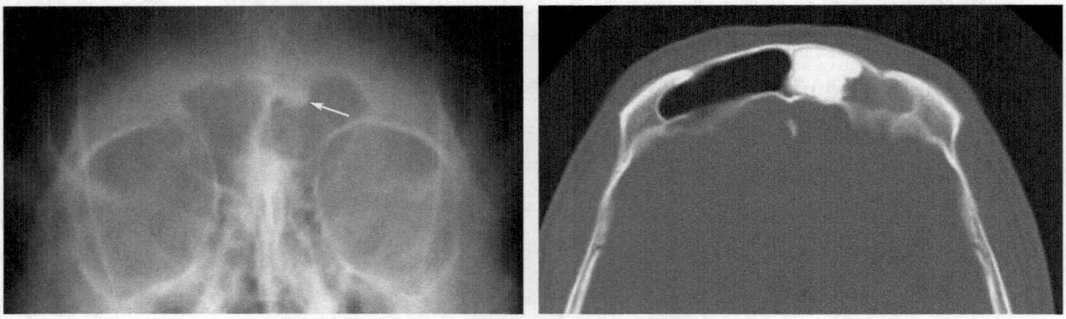

图 9-32 额窦内致密型骨瘤 X 线表现

2. CT 表现 CT 表现似 X 线，但显示瘤结构更佳。致密型为圆形或椭圆形、边缘光滑锐利且与正常骨皮质相连的高密度肿物，伴局部软组织向外推移；松质骨型内部密度不均。

3. MRI 表现 致密型骨瘤在 T_1WI、T_2WI 上均呈边缘光滑的低信号或无信号，强度与邻近骨皮质一致，周围软组织信号正常。

【诊断与鉴别要点】 根据发病部位及影像表现，不难诊断。但需与骨岛、骨软骨瘤鉴别。

1. 骨岛 是正常松质骨内的局灶性致密骨块，它是软骨内成骨过程中次级骨小梁未被改建吸收的残留部分。X 线片上表现为位于骨内的致密影，密度类似于骨皮质，边缘清楚但不锐利，常可见有骨小梁与周围正常小梁相连。CT 可清楚显示位于骨髓腔内的致密骨块，邻近骨质正常，骨外形无改变。MRI 上表现为低信号或无信号影。

2. 骨软骨瘤　发生于软骨内成骨的骨骼，多自干骺端或相当于干骺端的部位向外生长。其基底部由外围骨皮质和中央松质骨构成，两者均与母体骨相对应结构相连续。

（二）骨样骨瘤

骨样骨瘤（teoid osteoma）为良性成骨性肿瘤。常见于 30 岁以下的青少年。最常见部位为股骨小粗隆、肱骨近端内侧皮质、胫骨远端 1/3。

【病理与临床】　骨样骨瘤由成骨细胞及其产生的骨样组织构成，富于血管性支持组织。病灶为一小的瘤巢，周围有许多成熟的反应骨。长骨的病变多在皮质内，短骨的病变则常在松质骨中。

临床上疼痛为其主要症状，病初为间歇性疼痛，夜间加重；服用水杨酸类药物可缓解；疼痛多局限，也可向周围扩散。

【影像学表现】

1. X 线表现　任何骨均可发病，以胫骨和股骨多见。肿瘤多发生于长管状骨骨干，多发生于骨皮质，其次为松质骨和骨膜下；发生于脊椎者大多位于附件。据受累部位大致可分为皮质型、松质型和骨膜下型，均表现为瘤巢所在部位的骨破坏区及周围不同程度的反应性骨硬化；偶可见瘤巢内的钙化或骨化影。①皮质型：瘤巢位于骨皮质，周围骨质增生硬化和骨膜反应明显且广泛，甚至可遮盖瘤巢（图 9-33）。②松质型：瘤巢位于松质骨内，周围仅有轻度的骨硬化带；发生于末节指（趾）骨者可无骨质硬化。③骨膜下型：瘤巢所在部位骨皮质可出现凹陷，肿瘤可将骨膜掀起形成数量不等的骨膜新生骨，邻近骨皮质硬化。

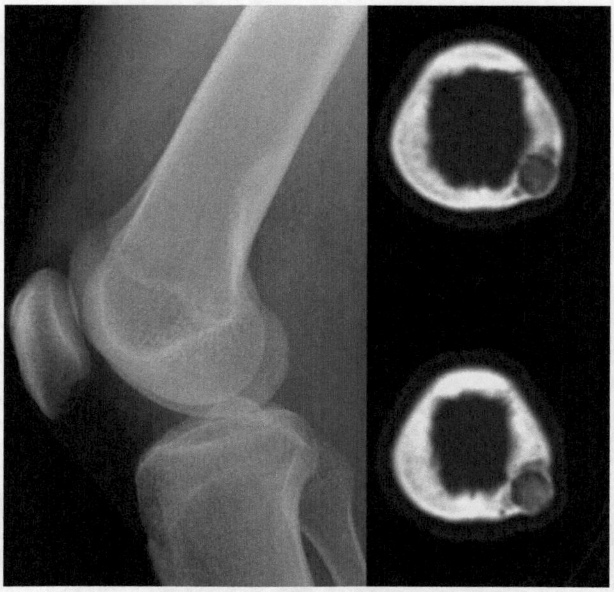

图 9-33　股骨皮质型骨样骨瘤 X 线表现

2. CT 表现　采用 2～3mm 薄层 CT 扫描是目前显示骨样骨瘤瘤巢的最佳方法；不但能显示瘤巢的大小、范围及其确切位置，还可确诊平片所不能诊断的可疑病例。瘤巢呈圆形或卵圆形边界清楚的低密度区，其内可有斑点钙化或骨化，即所谓“靶征”。巢周大量高密度硬化骨，骨皮质增厚。位于松质骨及关节囊内的瘤巢较大，周围硬化却较轻。

3. MRI表现 瘤巢在 T_1WI 上呈低到中等信号，在 T_2WI 上呈低、中等或高信号，内部钙化或骨化明显者则大部分为低信号；增强后多数瘤巢强化明显。肿瘤周围的骨髓和软组织常有充血和水肿，呈 T_1WI 低信号，T_2WI 高信号，并可有一定程度的强化。

【诊断与鉴别要点】 通过临床表现及影像学检查可以明确诊断。

1. 慢性骨脓肿 多见于长骨干骺端，可有反复发生的炎症表现。骨破坏区呈圆形，周围常有骨质增生，内无钙化或骨化。

2. 硬化性骨髓炎 双侧骨皮质对称性增厚硬化，表面光滑，无软组织密度瘤巢。疼痛常呈间歇性，服用水杨酸类药物无效。

（三）骨软骨瘤

骨软骨瘤（osteochondroma）为具有软骨帽的骨性突出物，常见于长骨干骺端的表面，只发生在软骨化骨的骨骼，是最常见的良性骨肿瘤。肿瘤分为单发性和多发性，后者具有家族遗传史。本病好发于10—30岁，男性多于女性；肿瘤好发于股骨远端和胫骨近端。

【病理与临床】 骨软骨瘤组织学上肿瘤由骨性基底、软骨帽和纤维包膜三部分构成。骨性基底可宽可窄，为骨小梁和骨髓，外被薄层骨皮质，两者均分别与母骨的相应部分相连续；软骨帽位于骨性基底的顶部，为透明软骨，其厚度一般随年龄增长而减退，至成年可完全钙化。

肿瘤生长缓慢，早期一般无症状，仅局部可扪及一硬结。肿瘤增大时可有轻度压痛和局部畸形，近关节的可引起相应关节活动障碍，或压迫邻近的神经而引起相应的症状；若肿瘤突然长大或生长迅速，应考虑恶变可能。

【影像学表现】

1. X线表现 常发生于长骨干骺端。表现为突出于干骺端骨表面的骨性突起，背向关节生长。X线片上肿瘤包括骨性基底和软骨帽两部分。肿瘤以细蒂或广基与母体骨相连，基底部与正常骨皮质相延续，向瘤体远端逐渐变薄；瘤内松质骨与正常松质骨相延续，内有软骨残留，所以其透亮度较相邻正常松质骨高，骨小梁较远端相邻正常松质骨稀疏。软骨帽钙化呈线状、团状或菜花状等，覆盖于瘤体顶周，与周围软组织分界清楚。可压迫邻骨形成缺损或变形（图9-34）。

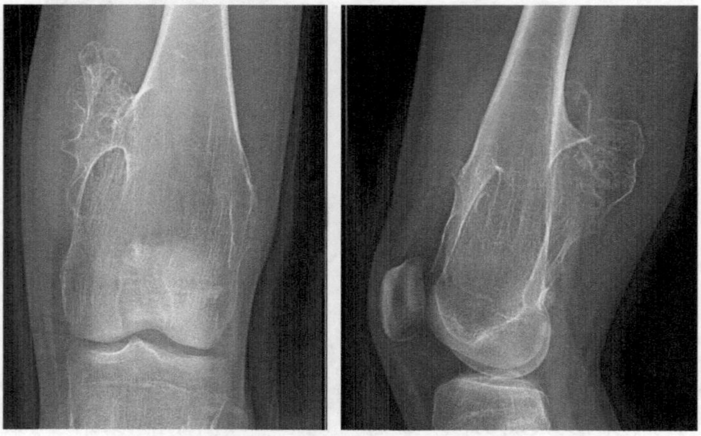

图9-34 股骨骨软骨瘤X线表现

2. CT 表现　主要用于平片不能确定的小肿瘤、生长迅速考虑恶变者、病变位于解剖结构复杂者。主要表现为骨性基底的骨皮质和骨松质均与母骨相延续，表面有软骨覆盖呈低密度区，当软骨帽钙化时可见肿瘤顶部高密度影；增强扫描无明显强化。

3. MRI 表现　骨性基底各部的信号特点与母体骨相同；软骨帽在 T_1WI 上呈低信号，在脂肪抑制 T_2WI 上为明显的高信号，信号特点与关节透明软骨相似。

【诊断与鉴别要点】　骨软骨瘤的影像表现具有特征性，易于诊断。

1. 骨旁骨瘤　肿瘤骨皮质和骨松质与母骨均无连续性。

2. 肌腱和韧带钙化　发生于肌腱、韧带附着处，沿肌腱、韧带走行，多呈尖角状或条带状，平片或 CT 上为钙化密度，MRI 为低信号，而非松质骨结构和骨髓信号。

（四）软骨瘤

软骨瘤（chondroma）是一种软骨源性的良性肿瘤。据病灶数目分为单发性软骨瘤和多发性软骨瘤。单发性内生软骨瘤多见于干骺端和骨干髓腔；多发性软骨瘤可发生于骨髓腔、骨皮质和骨膜，其中以髓腔者多见。

【病理与临床】　肿瘤组织切面可见白色坚硬的钙化区或黄色的骨小梁，有的部位可呈胶冻状；有时可见大小不等的囊变区，内含液体。邻近骨皮质可受肿瘤压迫而变薄，其内侧有不规则的骨嵴。镜下所见肿瘤由软骨细胞和软骨基质构成。据病变部位分为内生性软骨瘤（骨髓腔内）与外生性（皮质旁）软骨瘤。

软骨瘤多发生于四肢短管状骨，其次是股骨、肋骨、胫骨。软骨瘤生长缓慢，症状轻，常因肿瘤长大发生畸形而发现；主要症状为轻微疼痛和压痛，位于表浅者见局部肿块。肿块表面光滑，质硬，局部皮肤正常。患部运动可有轻度受限，偶可合并病理性骨折。

【影像学表现】

1. X 线表现　病变位于骨干者多为中心性生长，而位于干骺端者则以偏心性生长为主。病灶呈囊状膨胀性骨质破坏区，边缘清晰，多有硬化缘与正常骨质相隔；骨质破坏区内可见点状、小环状钙化或不规则软骨钙化影。相邻骨皮质膨胀变薄或偏心性膨出，内缘因骨嵴而凹凸不平或呈多弧状（图 9-35）。

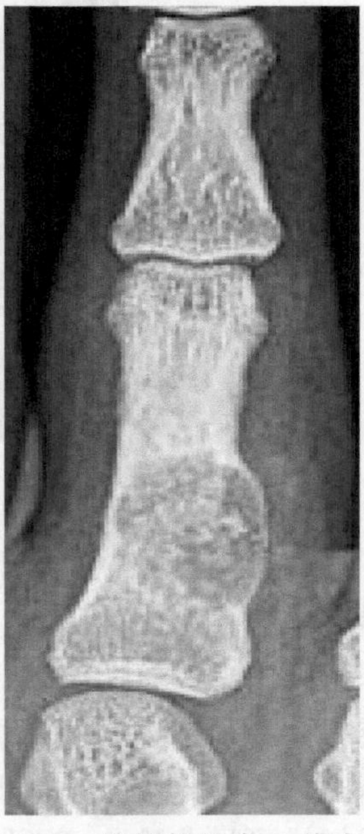

图 9-35　指骨软骨瘤 X 线表现

2. CT 表现　髓腔内异常软组织影，密度略低于肌肉；其内可见小环形、点状或不规则钙化影。邻近皮质膨胀变薄，边缘光整、锐利，一般无中断，其内缘凹凸不平。增强扫描可见肿瘤轻度强化。

【诊断与鉴别要点】　手足短管状骨发生边界清楚的髓腔内膨胀性骨质破坏，内见钙化，病灶侵蚀骨皮质内面，周边呈花边或波浪状硬化边是内生软骨瘤典型 X 线征象。应与以下疾病鉴别。

1. 骨囊肿　极少见于短管状骨，也少见偏心生长；骨破坏区内无钙化。

2. 骨巨细胞瘤　手足短骨少见，多见于长骨骨端。膨胀一般较显著，骨破坏区内无钙化影。

（五）骨巨细胞瘤

骨巨细胞瘤（giant cell tumor of bones）是起源于骨骼结缔组织间充质的肿瘤。大部分为良性。以 20—40 岁为常见；好发于骨骺板已闭合的四肢长骨骨端，以股骨下端、胫骨上端和桡骨下端为常见。

【病理与临床】 骨巨细胞瘤组织学上由多核巨细胞和单核基质细胞构成瘤体，常有出血、坏死或形成大小不等的囊腔，其间有纤维分隔，与正常骨分界清晰，边缘有或无包膜；肿瘤外可有薄层骨壳，为骨破坏后骨膜不断形成新骨所致；肿瘤组织可突破骨皮质形成软组织肿块。

主要症状为疼痛和肿胀，可伴有软组织肿块；局部包块，压之有乒乓球样感觉，关节活动受限。

【影像学表现】

1. X 线表现 病变部位一般位于骨端、关节面下，呈偏心膨胀性生长，最大径常与骨干垂直。病灶典型表现为多房皂泡样改变，骨皮质变薄、膨胀，一般良性者完整，生长活跃部分断裂；恶性者广泛断裂。骨质破坏区边界一般清楚，若见硬化，则提示生长缓慢；刮除手术或放疗后，边缘不清提示恶性可能。发生病理性骨折或生长活跃及恶性骨巨细胞瘤，可见骨膜反应。生长活跃骨巨细胞瘤软组织肿块范围局限，边界较清晰；恶性者软组织肿块范围广泛，边界可不清（图 9-36）。

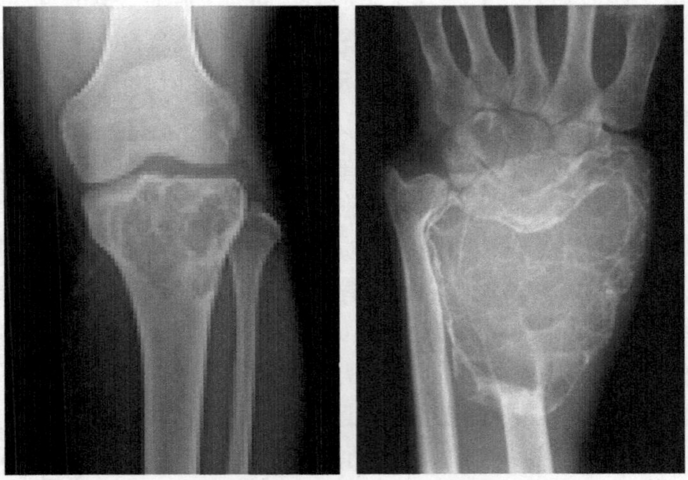

图 9-36　良性骨巨细胞瘤 X 线表现

2. CT 表现 适合于解剖结构复杂部位，如脊椎和骨盆等；软组织分辨力好，易显示早期恶变；易显示出血、坏死或囊变。肿瘤常表现为偏心囊状膨胀性骨质破坏区，呈软组织密度，少数有薄层硬化缘。骨皮质或骨壳基本完整，部分可见骨嵴伸向瘤区；生长活跃或恶性者可出现断裂。瘤内出血有时可见液-液平面，下部较上部密度高，可随体位变化；瘤内坏死液化区则呈更低密度。生长活跃和恶性病例可显示软组织肿块的形态和边界。增强扫描可见非液化坏死肿瘤组织明显强化。

3. MRI 表现 肿瘤在 T_1WI 上多呈低或中等信号，在 T_2WI 上多为高信号。坏死囊变区在 T_1WI 上信号较低而在 T_2WI 呈高信号；肿瘤内出血在 T_1WI 和 T_2WI 上均为高信号；

液-液平面在 T_1WI 下部信号常高于上部，而在 T_2WI 则相反。增强扫描病灶呈轻度到明显不规则强化（图 9-37）。

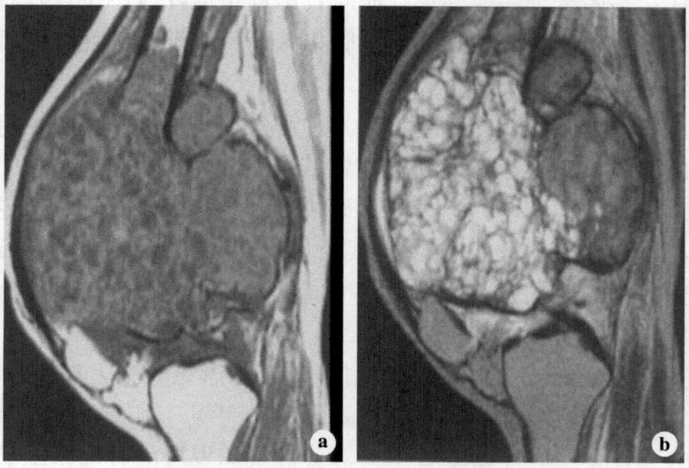

图 9-37 骨巨细胞瘤 MRI 表现

a. T_1WI 像；b. T_2WI 像

【诊断与鉴别要点】

1. 骨囊肿 好发于儿童和青年，病变位于干骺端，纵向扩展，膨胀较骨巨细胞瘤轻。

2. 软骨母细胞瘤 多发于 20 岁以下患者，好发于长骨干骺愈合前的骨骺，肿瘤内常见钙化影。

3. 动脉瘤样骨囊肿 好发于长骨干骺端和脊椎附件，肿瘤较大、病史较长者，瘤内可有液-液平面。

三、恶性骨肿瘤

（一）骨肉瘤

骨肉瘤（osteosarcoma）又称为成骨肉瘤，在原发性恶性肿瘤中占据首位。肿瘤细胞直接成骨为其诊断的主要依据。多见于 25 岁以下青少年；好发于股骨下端、胫骨上端和肱骨上端。

【病理与临床】 骨肉瘤具有分化为骨样组织和骨质、软骨及纤维组织的潜能。主要成分为肿瘤性成骨细胞、肿瘤性骨样组织和肿瘤骨，还可见肿瘤性软骨组织和纤维组织。长骨干骺端的骨肉瘤开始在骨髓腔内产生不同程度、不规则的骨破坏和增生，病变向骨干一侧发展且侵蚀骨皮质，侵入骨膜下则出现平行、层状骨膜增生，肿瘤可侵及和破坏骨膜新生骨，当侵入周围软组织时则形成肿块，其中可见多少不等的肿瘤新生骨。病变早期不侵犯骨骺，晚期则可超越骺线进入关节。

主要临床表现是局部进行性疼痛、肿胀和功能障碍。局部疼痛最为常见，最早期症状常为局部疼痛，初为间断性，以后为持续性，夜间尤甚，药物治疗无效；以后局部肿胀，可扪及硬韧之肿块；局部皮肤红、热，皮温增高、有压痛，后期见皮肤表浅静脉怒张、水肿。肿块发生于关节附近时可引起关节疼痛和运动障碍。实验室检查：血清碱性磷酸酶升高。

【影像学表现】

1. X 线表现

（1）骨质破坏：多始于干骺端中央，松质骨出现虫蚀样或小斑片状骨质破坏，继而出现骨皮质边缘破坏区，在皮质内表现为哈氏管扩张而呈筛孔状破坏；以后骨破坏区融合扩大，形成大片的骨缺损。

（2）肿瘤骨：肿瘤细胞形成的骨组织为“肿瘤骨”。骨破坏区和软组织肿块内的肿瘤骨是骨肉瘤本质的表现，也是影像诊断的重要依据。瘤骨的主要形态：①云絮状瘤骨：密度较低，边界模糊，是分化较差的瘤骨。②斑块状瘤骨：密度较高，边界清楚，多见于髓腔内或肿瘤的中心部，为分化较好的瘤骨。③针状瘤骨：为骨皮质外呈放射状向软组织伸展的肿瘤新骨，骨针粗细不均，其成因是肿瘤向软组织浸润发展时，肿瘤细胞沿供应肿瘤的微血管周围形成肿瘤性骨小梁。

（3）骨膜增生和 Codman 三角：骨肉瘤可引起各种形态的骨膜新生骨和 Codman 三角，两者虽是骨肉瘤常见而重要的征象，但并非特异，也可见于其他骨肿瘤和非肿瘤性病变。Codman 三角是由于骨膜反应性新生骨中央部分被快速发展的肿瘤组织破坏，两端残留的骨膜新生骨向外掀起而形成的三角形阴影，也称“肿瘤三角”。

（4）软组织肿块：表示肿瘤已侵犯骨外软组织，肿块多呈圆形或半圆形，境界多不清楚；在软组织肿块内可见瘤骨。

骨肉瘤的骨破坏和瘤骨的形成总是不断交替和重复地进行，根据瘤骨形成的多少分为成骨型、溶骨型和混合型。①成骨型：瘤区以密度增高的肿瘤骨为主，呈磨玻璃样、斑片状、象牙质样硬化区；骨膜增生较明显；软组织肿块中多有肿瘤骨生成（图 9-38）。②溶骨型：瘤区以骨质破坏为主，呈不规则斑片状或大片溶骨性骨质破坏，边界不清；骨皮质受侵较早，呈虫蚀状破坏或消失，范围较广；骨膜增生易被肿瘤破坏，而于边缘部分残留，形成骨膜三角。软组织肿块中大多无新骨生成；易引起病理性骨折（图 9-39）。③混合型：溶骨破坏与肿瘤骨形成相近，成骨与溶骨的程度大致相同。

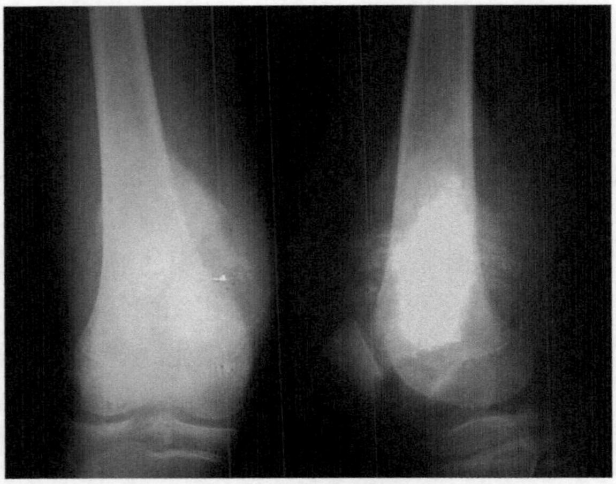

图 9-38　股骨成骨型骨肉瘤 X 线表现

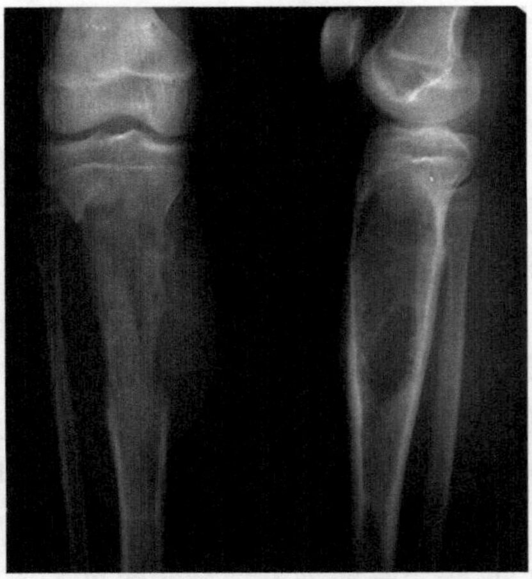

图 9-39　胫骨溶骨型骨肉瘤 X 线表现

2. CT 表现　主要用于进一步明确平片怀疑的骨质破坏，了解肿瘤在髓腔、软组织的侵犯程度。骨破坏在 CT 上表现为松质骨的斑片状缺损，骨皮质内表面的侵蚀或骨皮质全层的虫蚀状、斑片状破坏甚至大片的缺损。骨质增生表现为松质骨内不规则斑片状高密度影和骨皮质增厚。软组织肿块常偏于病骨一侧或围绕病骨生长，其边缘大多模糊而与周围正常的肌肉、神经和血管分界不清，其内常见大小不等的坏死囊变区。瘤骨分布在骨破坏区和软组织肿块内，形态与平片所见相似。增强扫描肿瘤的非骨化部分可有明显强化，使肿瘤与周围组织的界限变得较为清楚。

3. MRI 表现　骨肉瘤在 T_1WI 呈不均匀低信号或低、等、高混杂信号，T_2WI 为不均匀高信号或混杂信号（图 9-40）。肿瘤骨在 T_1WI 及 T_2WI 均为低信号；出血在 T_1WI 均为高信号，液化坏死区 T_1WI 呈低信号，T_2WI 呈高信号，可见液-液平面。增强扫描肿瘤呈不均匀强化，多为周边强化；出血、坏死及水肿区无强化。

【诊断与鉴别要点】　典型的骨肉瘤诊断不难，表现为长骨干骺端髓腔内边界不清的骨质破坏区，穿破骨皮质生长并伴软组织肿块形成，内见瘤骨，有时可发生病理性骨折。需与以下疾病鉴别。

1. 化脓性骨髓炎　骨肉瘤与化脓性骨髓炎的征象有很多相似之处，如两者均有弥漫性骨质破坏、较明显的新生骨和广泛的骨膜反应。骨髓炎的骨破坏、新生骨和骨膜反应从早期至晚期的变化是有规律的，即早期骨破坏模糊，新生骨密度低，骨膜反应轻微；晚期骨破坏清楚，新生骨密度高，骨膜反应光滑完整，有死骨形成，无软组织肿块。骨肉瘤则相反，新生的骨质又被破坏，骨膜反应不是修复而是继续破坏，有瘤骨形成、Codman 三角和软组织肿块。

2. 软骨肉瘤　软骨肉瘤发病年龄较大，髓腔有轻度膨胀，瘤组织内有大量环状或颗粒状钙化。

3. 尤因肉瘤　尤因肉瘤发病年龄低于骨肉瘤，好发于长管状骨的骨干，对放射治疗极为敏感。

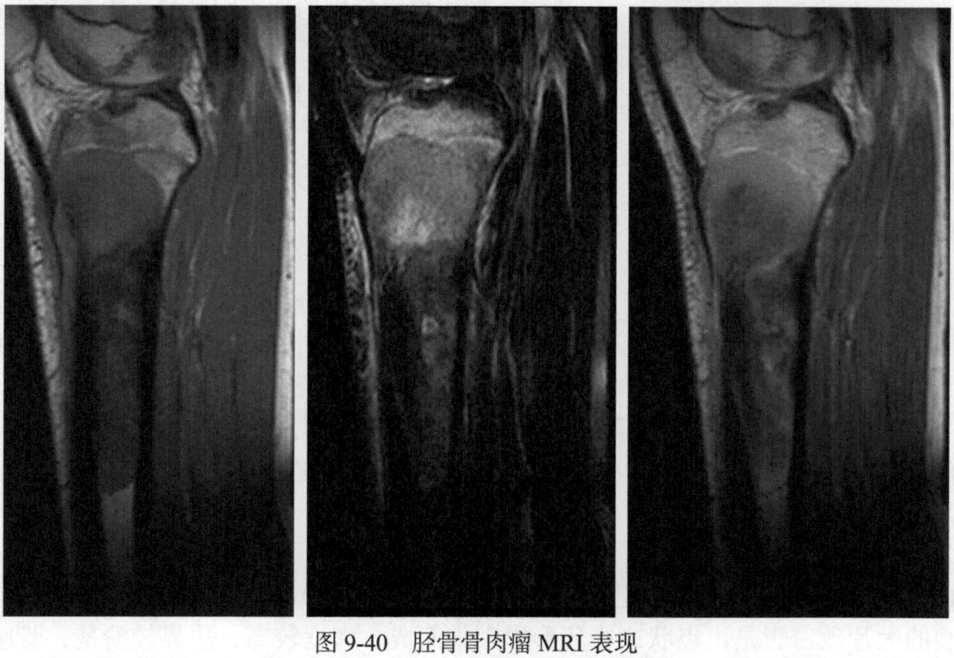

图 9-40　胫骨骨肉瘤 MRI 表现

a. T_1WI 胫骨上段干骺端呈等、低混杂信号；b. T_2WI 脂肪抑制呈等、高混杂信号；c. 病灶呈轻至中度不均匀强化

4. 转移瘤 有原发肿瘤病史，多来源于前列腺癌、鼻咽癌、肺癌、甲状腺癌等；病灶常多发，较少侵犯骨皮质。

（二）软骨肉瘤

软骨肉瘤（chondrosarcoma）是起源于软骨或成软骨结缔组织的一种较常见的骨恶性肿瘤。

【病理与临床】 按肿瘤发生部位可分为中央型和周围型，前者发生于骨髓腔或皮质内部；后者发生于骨膜下皮质或骨膜。肿瘤呈分叶状，可见钙化灶和软骨内骨化部分。肿瘤表面有纤维性假包膜，纤维组织伴随血管伸入瘤内，将肿瘤分隔为大小不等的小叶。软骨基质的钙化多沿血管丰富的小叶边缘区进行，并可见以软骨内骨化方式形成骨质。

原发性软骨肉瘤，发病年龄一般在 30 岁以下，好发于四肢长骨，尤以股骨下端、胫骨上端和肱骨上端的干骺端最为多见。主要症状为钝性疼痛，可由间歇性转为持续性，并影响邻近关节使之活动受限；有时局部扪及肿块。

【影像学表现】

1. X 线表现

（1）中心型软骨肉瘤：呈溶骨性破坏，髓腔内高、低混杂密度肿块，其中肿瘤破坏区呈低密度，边界多不清楚，破坏后残余骨、瘤骨及软骨钙化呈高密度；邻近骨皮质膨胀变薄，或穿破骨皮质形成大小不等、密度不均匀的软组织肿块；肿块内有片状、环状或（和）半环状钙化灶是其特征。

（2）周围型软骨肉瘤：多为继发性。继发于骨软骨瘤者，肿瘤与相应骨皮质相连，顶部有一较厚的软骨帽，形成界限模糊的软组织肿块，内有较多不规则的钙化灶（图 9-41）。

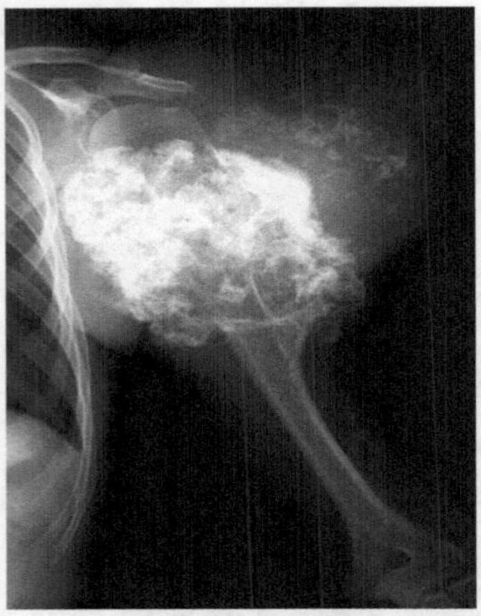

图 9-41 肱骨上段骨软骨肉瘤 X 线表现

2. CT 表现 平扫有助于发现骨破坏区残骨、瘤骨、肿块内的小片状、环状及半环状钙化灶，肿瘤非钙化部分的密度可不均匀，肿瘤内还可见坏死、囊变等更低密度影。增强扫描肿瘤边缘及分隔强化明显。

3. MRI 表现 肿瘤常呈分叶状，信号不均匀，其信号特点与其组织成分和恶性程度有关。低度恶性者内含透明软骨成分，T_1WI 上呈低信号，T_2WI 上呈均匀高信号；高度恶性者内含黏液和软骨细胞，T_1WI 呈低信号，T_2WI 上呈不均匀中等信号，瘤内骨化和钙化灶呈低信号。骨外软组织呈分叶状，T_1WI 和 T_2WI 多呈低信号。行 MRI 增强扫描骨内肿瘤呈中等强化，软组织肿块强化明显，但坏死区无强化。

【诊断与鉴别要点】

1. 骨肉瘤 骨肉瘤的瘤骨呈斑片或棉絮状，边界较模糊，并多见各种骨膜反应；软骨肉瘤的大片致密影是由点状或小环形影密集而成，密度较高，边界较清楚，骨膜反应较少。

2. 软骨瘤 软骨瘤表现为囊状或囊状膨胀性骨质破坏，骨皮质连续，周围无软组织肿块。

（三）骨髓瘤

骨髓瘤（myeloma）又称浆细胞瘤，起源于骨髓中网织细胞的恶性肿瘤，是一种较常见的恶性肿瘤。有单发性和多发性之分，以后者多见。

【病理与临床】 骨髓瘤好发于脊柱、胸骨、肋骨、颅骨及长骨干骺端红髓部分。临床症状主要为患骨疼痛，初期为间歇性，继而为持续性，疼痛剧烈；常伴全身症状，如发热、乏力及消瘦等；一般有进行性贫血，70%病例在晚期发生肾病。实验室检查：约40%患者尿中可见本-周蛋白，约50%病例的血清球蛋白或（和）血清钙增高。

【影像学表现】

1. X线表现 ①广泛性骨质疏松：脊椎和肋骨常有病理性骨折。②多骨多发性骨质破坏：破坏区呈穿凿状，边缘清楚或模糊，无硬化缘和骨膜反应；以颅骨最多见和典型。膨胀分房性骨破坏，见于脊椎和骨盆，皮质变薄，破坏区中可见残存骨小梁，呈皂泡状。③骨质硬化：少见，表现为骨质破坏与骨质增生硬化并存；骨髓瘤治疗后也可出现硬化改变。④软组织肿块：位于破坏区周围，椎旁软组织肿块很少跨越椎间盘水平。

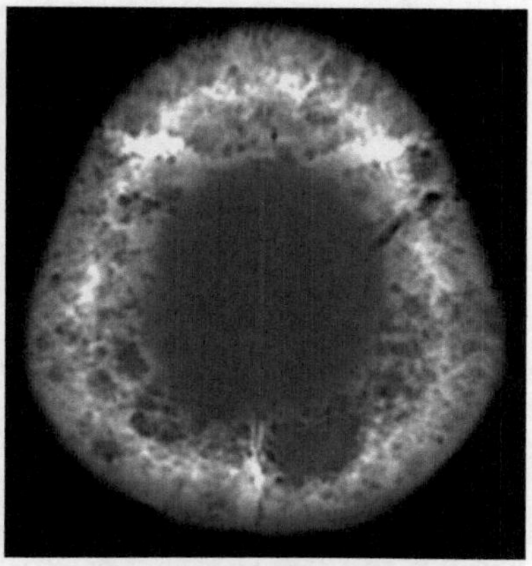

图9-42 颅骨多发性骨髓瘤CT表现

2. CT表现 与X线所见相同，但较X线平片能更早期显示骨质细微破坏和骨质疏松，并能观察肿瘤侵犯椎体情况；增强扫描肿瘤可有强化（图9-42）。

3. MRI表现 骨质破坏或骨髓浸润区在T_1WI上呈边界清楚的低信号，多位于中轴骨及四肢骨近端；病变弥漫时，呈多发、散在点状高信号，分布于高信号骨髓背景内，呈特征性的“椒盐性”改变。T_2WI呈高信号。脂肪抑制T_2WI或STIR序列上，由于脂肪信号被抑制，病灶的高信号较T_2WI更明显。

【诊断与鉴别要点】

1. 骨转移瘤 转移瘤常有原发肿瘤病史。病灶大小不一，边缘清楚，多不伴有骨质疏松，病灶之间的骨质密度正常；骨转移瘤所致的骨质变形和软组织肿块更常见，椎体破坏时常累及椎弓根。

2. 白血病骨质侵犯 白血病侵犯骨髓时影像学表现与骨髓瘤相似，确诊主要依靠骨髓细胞学检查。

（四）转移性骨肿瘤

骨转移瘤（metastatic tumor of bone）较任何一种原发性骨肿瘤多见，任何恶性肿瘤均可转移至骨内。骨转移瘤可单发或多发，以多发常见。

【病理与临床】 骨转移瘤组织学上以癌常见，肉瘤少见。根据肿瘤发生骨内转移的频率，可分为两大类：亲骨性肿瘤，常发生骨内转移，如前列腺癌、甲状腺癌、乳腺癌、肾癌和肺癌等；厌骨性肿瘤，较少发生骨内转移，如皮肤癌、口腔癌、食管癌、胃癌和结肠癌。恶性肿瘤骨内转移主要通过三种途径：直接侵犯、血行转移和淋巴转移。

骨转移瘤多经血行转移，好发部位与骨髓造血功能有关，易发生在富含红骨髓的部位，常见脊椎骨、骨盆、肩胛骨、胸骨、股骨、颅骨、肱骨近端及肋骨等处，肘、膝关节以下少见。骨转移瘤引起的骨质破坏分为溶骨型、成骨型和混合型。溶骨型骨转移瘤多见于肺癌、乳腺癌等；成骨型骨转移瘤多见于前列腺癌、结肠癌、鼻咽癌、肺癌等；混合型骨转移瘤常见于乳腺癌、前列腺癌等。

主要症状为疼痛，进行性加重，病理性骨折和脊髓神经根压迫症状。转移瘤引起广泛性骨质破坏时，血清碱性磷酸酶可增高，血钙增高。实验室检查：成骨性转移者碱性磷酸酶增高、血清钙磷正常或偏低；溶骨性转移者血清钙磷增高；前列腺癌转移者酸性磷酸酶增高。

【影像学表现】

1. X 线表现

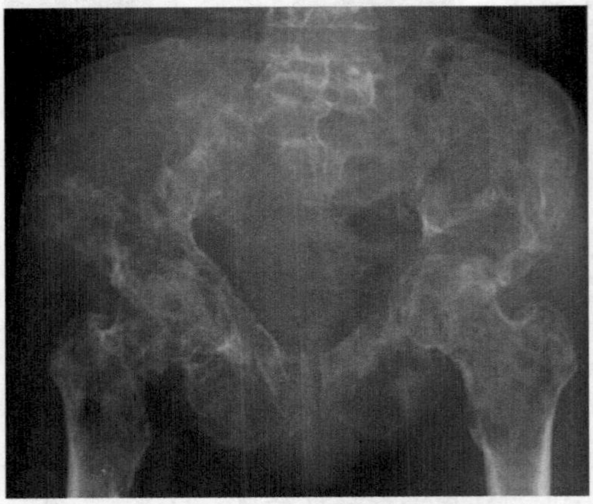

图 9-43　骨盆溶骨型转移瘤 X 线表现

（1）溶骨型：最常见，发生在长骨骨干或邻近的干骺端者，表现为骨松质内多发或单发小的虫蚀状骨质破坏；进一步发展，破坏灶融合扩大，形成大片溶骨性破坏区，骨皮质也被破坏，形成软组织肿块，但一般无骨膜增生（图 9-43）。常并发病理性骨折。发生在脊椎者椎体和椎弓根受侵、破坏；重者椎骨广泛性破坏、受压变扁，但椎间隙仍保持完整。

（2）成骨型：病变于骨松质内呈多发高密度斑片状或结节状影，密度均匀，境界不清，骨皮质多完整；多发生在腰椎与骨盆。椎体无压缩变扁。多见于前列腺癌、乳腺癌、肺癌或膀胱癌。

（3）混合型：兼有溶骨型和成骨型的骨质改变。

2. CT 表现

（1）溶骨型转移瘤：表现为松质骨或（和）皮质骨的低密度缺损区，边缘较清楚，无硬化，常伴不太大的软组织肿块。

（2）成骨型转移瘤：松质骨内斑点状、片状、棉团状或结节状边缘模糊的高密度灶，一般无软组织肿块，少有骨膜反应。

（3）混合型：兼有上述两型表现。

3. MRI 表现　骨转移瘤 T_1WI 呈低信号；T_2WI 根据成骨、溶骨的不同而信号各异，溶骨型病灶呈高信号，成骨型病灶呈低信号，混合型病灶呈高低混杂信号。MRI 对骨髓中的肿瘤组织及其周围水肿非常敏感，能够显示 X 线平片、CT 不易发现的转移灶，能更明确转移瘤的位置、分布、大小、数目和邻近组织受累情况；MRI 检查较常规 X 线、CT 能更早、更准确发现骨转移瘤。

【诊断与鉴别要点】　本病常见于中老年人，好发于脊椎、肋骨、髂骨、股骨上端及颅骨等部位，病灶多发，疼痛明显，多为溶骨性骨破坏，少数为成骨性改变，累及脊柱者而不累及椎间盘为其特征。骨转移瘤常需与多发性骨髓瘤鉴别，多发性骨髓瘤病灶大小多较一致，呈穿凿样骨质破坏，常伴有明显的骨质疏松，实验室检查血清球蛋白增高，尿中可出现本-周蛋白。

四、骨肿瘤样病变

（一）骨囊肿

骨囊肿（simple bone cyst）是常见的非肿瘤性病变，一般单发；最好发于肱骨近端，其次为股骨近端。

【病理与临床】 囊肿局部骨皮质膨胀，在薄的皮质壳外包有完整的骨膜。囊肿壁被间皮细胞覆盖，囊腔内有草黄色液体；可为单一的囊腔，亦可为由纤维组织间隔分开的多个囊腔，囊壁有许多骨嵴伸入囊腔。

好发于青少年男性，尤以4～10岁的儿童多见。临床上一般无任何症状，或仅有隐痛或间歇性不适。

【影像学表现】

1. X线表现 单房性囊肿位于干骺端中央，呈圆形、卵圆形或圆柱状边界清楚、密度均匀的透亮区，可有一线状硬化边；病变沿骨长轴发展，常引起轻度膨胀，膨胀程度一般不超过干骺端的宽度。膨胀使骨皮质变薄，但不致破裂，亦无骨膜反应。随着骨骼生长，囊肿逐渐移向骨干。多房性者其中可见大的分房状改变，骨间隔大部分与长骨纵轴垂直。骨囊肿发生病理性骨折时，因囊内液体流出，致使骨碎片向囊内移位，称为“骨片陷落征”，此为骨囊肿的特殊征象（图9-44）。

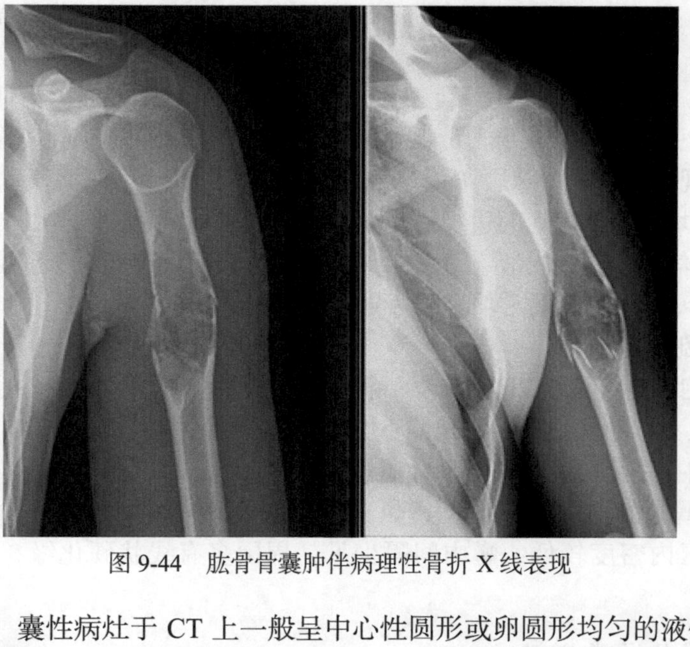

图9-44　肱骨骨囊肿伴病理性骨折X线表现

2. CT表现 囊性病灶于CT上一般呈中心性圆形或卵圆形均匀的液体密度影，骨壳完整；若合并病理性骨折，显示骨片陷落征。

3. MRI表现 病变T_1WI呈中低信号，T_2WI为高信号，由于囊液成分不同如出血或蛋白沉积等可使信号有变化。

【诊断与鉴别要点】

1. 动脉瘤样骨囊肿 多为偏心性生长，其内可呈皂泡状或有斑片状钙化影，囊壁可呈蛋壳样改变，膨胀程度较囊肿为大，常向外膨突；CT 或 MRI 可见液-液平面。

2. 骨纤维异常增殖症 病变范围多较广泛，内密度较高，多呈毛玻璃样改变，可不呈中心性生长。

（二）动脉瘤样骨囊肿

动脉瘤样骨囊肿（aneurysmal bone cyst，ABC）大多认为是骨骼局部的血管性改变，静脉压持续增高、血管床扩张，引起骨质吸收，并发生反应性修复。

【病理与临床】 病理上为大小不等的扩张的血性囊腔，腔壁多由纤维组织及巨噬细胞所包绕，囊腔内含新鲜或陈旧血液。

好发于四肢长骨及脊柱。最常见的症状为局部轻度疼痛、肿胀、压痛及关节运动障碍；可合并病理性骨折；脊柱受累者可出现神经症状。

【影像学表现】

1. X 线表现 管状骨病变可分为偏心型、中心型及骨旁型三种。

（1）偏心型：最常见，好发于长骨干骺端，病灶偏心性膨胀呈气球样膨出至骨外；囊外缘为薄的骨壳包绕，骨壳可部分缺如；病灶内常有粗细不一的小梁分隔，使病灶呈分房状；病灶髓腔侧边界清楚，部分可有硬化边。可合并病理性骨折，也可有不同程度的骨膜反应（图 9-45a）。

（2）中心型：较少见，多见于短管状骨。病灶位于病骨中央，向四周扩展，呈溶骨性囊样透明区，囊内有粗或细的骨小梁分隔致其呈蜂窝状改变。

（3）骨旁型：少见，病变大部分位于骨外，被完整或断续的菲薄骨壳包绕，局部骨皮质受压、凹陷。

2. CT 表现 CT 上液性密度囊腔内可见液-液平面，液平面以上为低密度，平面以下为略高密度；增强扫描病灶实质部分明显强化，液性囊腔无明显强化（图 9-45b）。

3. MRI 表现 所有的动脉瘤样骨囊肿均有膨胀性改变，大部分呈不规则的分叶状；无论 T_1WI、T_2WI 均可显示病灶的边缘呈薄而光整的低信号；内部分隔在 T_1WI 上呈低信号，在 T_2WI 呈略高信号。囊腔内液-液平面在 T_1WI 上，液面上层相对于下层可呈低信号、中等信号或高信号，在 T_2WI 通常均呈高信号（图 9-45c）。

【诊断与鉴别要点】

1. 骨巨细胞瘤 多见于 20—40 岁，病变多位于长骨骨端，呈偏心性生长，膨胀常达关节软骨下，但不像动脉瘤样骨囊肿偏心性地膨出于骨外软组织内；CT 或 MRI 显示为实性肿块，增强扫描强化幅度远高于动脉瘤样骨囊肿。

2. 单纯性骨囊肿 多呈中心型，位于骨干或长骨干骺端松质骨内，膨胀性生长多不显著；破坏区内密度较低，囊内间隔少见，周围多有线状硬化缘，合并病理性骨折常见。

（三）骨纤维异常增殖症

骨纤维异常增殖症（fibrous dyplasia of bone）也称骨纤维结构不良，系一种先天性类似于错构瘤的骨纤维发育异常的疾病。

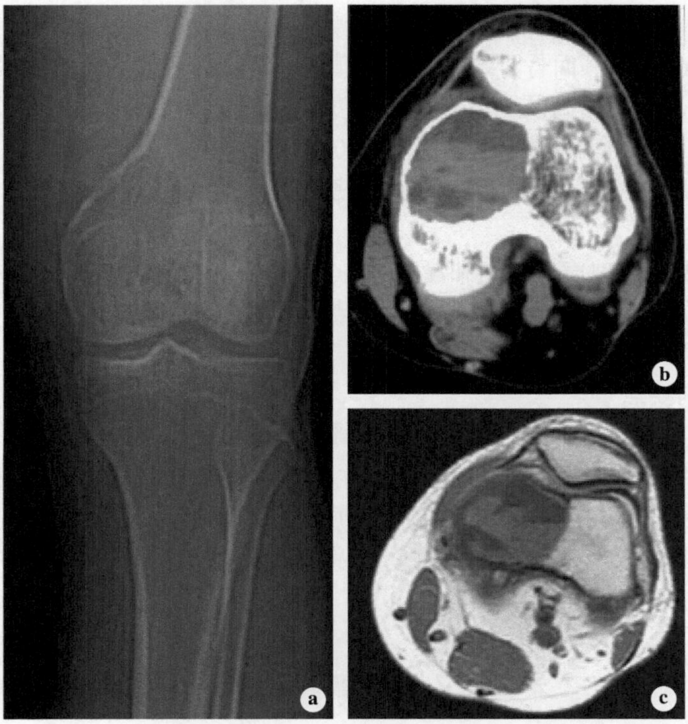

图 9-45　股骨内踝动脉瘤样骨囊肿 X 线、CT 与 MRI 表现

a. X 线片示股骨下端内侧囊性骨质破坏区；b、c. CT 和 MRI 均示骨质破坏区内见液-液平面

【病理与临床】　骨纤维异常增殖症组织学上由脆弱的类骨质及含小梁骨的纤维组织构成。病变好发部位是股骨近段、胫骨、肋骨、颌骨和尺、桡骨；多骨发病者病变常呈偏肢性分布。

好发年龄为 8—30 岁。病变进展缓慢，多数患者无自觉症状；症状轻重与病损程度有关，主要包括骨膨大、疼痛、病理性骨折和畸形。

【影像学表现】

1. X 线表现　可分四种类型。

（1）毛玻璃样改变：病变区呈半透明结构，正常骨纹理消失，病骨膨胀变形，范围较大，甚者累及骨干的大部且伴有弯曲畸形，可见不全骨折或假骨折线。长骨病变的上、下两端有时呈尖角状，边缘硬化，可有索条状致密影向上、下延伸。

（2）囊状透光改变：最好发于股骨近段，呈圆形、椭圆形或半圆形异常透光区，有明显硬化缘，周围硬化带可厚达数毫米；病灶内可见斑点状钙化或絮状略高密度影（图 9-46）。

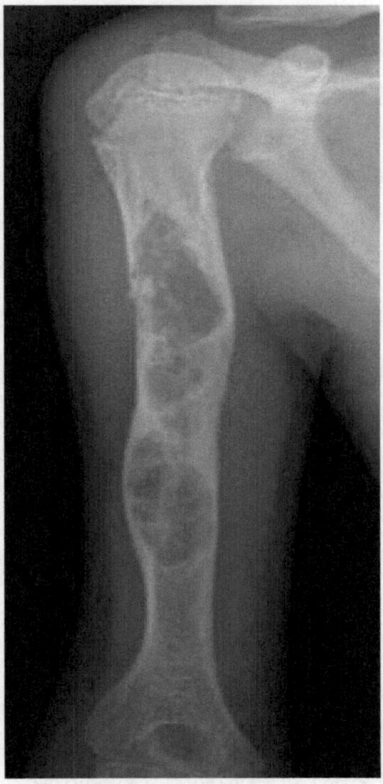

图 9-46　肱骨骨纤维异常增殖症 X 线表现

（3）丝瓜络样改变：病变内有许多扭曲和粗大的骨小梁，呈纵形或横形排列；皮质膨胀变薄。有时在病变周围可见长条状密度增高影向

外延伸。

（4）硬化性改变：颅面骨骨纤维异常增殖症主要以骨质膨大、增生硬化为主，表现为外板和板障肥厚，密度增高及少量囊样低密度改变；长骨可呈略膨胀的硬化性病变。

2. CT 表现 病灶 CT 值一般为 40～80HU。毛玻璃样高密度区内可有不规则斑点状、条索状和絮样更高密度影和小囊状低密度区，边缘可有憩室样突出；增强无明显强化。

3. MRI 表现 磨玻璃样病变和囊型骨纤在 MRI 上表现为 T_1WI 为中等或略低信号，T_2WI 和 T_2WI 压脂像为高信号；其内可有斑点状或条带状低信号硬化区；囊型骨纤周边常绕以明显的低信号硬化缘。

【诊断与鉴别要点】

1. 骨囊肿 骨囊肿呈椭圆形，CT 显示骨囊肿密度较低，CT 值为 2～39HU，边缘清楚或有薄层硬化缘；常伴病理性骨折，骨折片向囊内陷入为特征性改变；核素显像为冷灶。

2. 非骨化性纤维瘤 病变位于皮质或皮质下，呈椭圆形或扇贝壳样，长轴与骨干一致，边缘硬化；一般膨胀较轻，无磨玻璃样密度及丝瓜络样改变。

（黄　晓）

第九节　慢性骨关节病

一、类风湿关节炎

类风湿关节炎（rheumatoid arthritis，RA）是一种以慢性非化脓性炎症为主要特征的全身性疾病。病因不明，手足小关节最易受侵，以多发性、对称性侵犯手足小关节为特征。

【病理与临床】 类风湿关节炎病理过程分为渗出期和增殖期。初期以渗出为主，随后滑膜血管翳形成，并侵蚀软骨、韧带、肌腱及骨等关节结构，最终引起关节纤维化、强直、错位甚至骨化。

本病好发于青壮年女性，年龄多为 20—40 岁。临床上发病隐匿，对称性侵犯周围关节，以手足小关节为主，特别是掌指及近侧指间关节。表现为手指关节梭形肿胀、疼痛、僵硬，以晨起为重（晨僵），活动后好转；晚期由于腕、指等关节的滑膜炎侵蚀骨质并使韧带拉长和撕裂，表现为多关节畸形，如手指“尺侧偏移”、指间关节屈曲和过伸畸形，并常伴肌肉萎缩。患者皮下可出现风湿结节，血沉加快、血清类风湿因子阳性。

【影像学表现】

1. X 线表现 ①关节软组织梭形肿胀，系因滑膜及周围软组织充血、水肿和关节积液所致。②关节间隙早期因关节积液而增宽，待关节软骨破坏，则变窄。③关节面骨质侵蚀多见于边缘，是滑膜血管翳侵犯的结果，也可累及邻近骨皮质；小关节特别是手骨最为常见。④骨性关节面模糊、中断，软骨下骨质吸收囊变是血管翳侵入骨内所致，内充填纤维肉芽组织及滑膜液，呈透明影，周围有硬化；最后为骨质充填。⑤关节邻近骨骼发生骨质疏松，病变进展则累及全身骨骼。⑥邻近关节的骨骼可出现骨膜增生，呈层状。⑦晚期可见四肢肌肉萎缩，关节半脱位或脱位，骨端破坏后形成骨性融合；指间、掌指间关节半脱位明显，常造成手指向尺侧偏斜畸形，具有一定特点（图 9-47）。

2. MRI 表现　显示 RA 较敏感，在侵蚀灶出现之前，即可出现炎性滑膜的强化。平扫加增强扫描，对显示关节骨质侵蚀，比平片敏感得多。主要能显示充填在侵蚀灶内的血管翳，表现为 T_1WI 呈低信号，T_2WI 呈高信号；指间关节梭形肿胀，双腕关节破坏，有明显强化，与关节内血管翳相延续。类风湿关节炎骨侵蚀灶的改变可以判断病变的活动性。

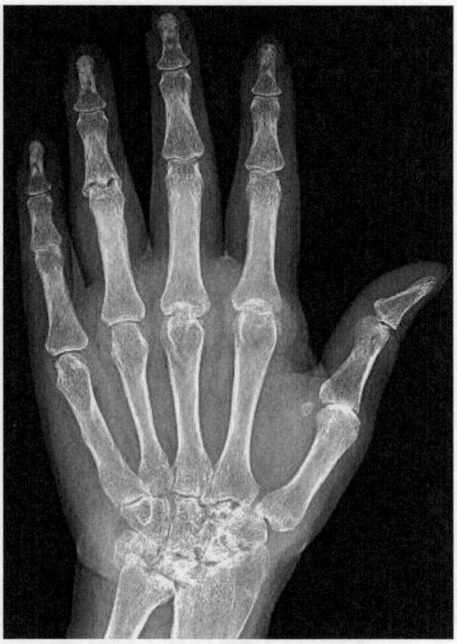

图 9-47　类风湿关节炎 X 线表现

腕、指关节变窄，关节边缘骨质虫蚀状改变

【诊断与鉴别要点】　类风湿关节炎性好发于四肢小关节，表现为慢性、对称性、进行性、萎缩性，结合临床表现和类风湿因子阳性，诊断不难。本病应与以下疾病鉴别。

1. 痛风性关节炎　呈间歇性发作，以男性多见，半数以上先侵犯第 1 跖趾关节；早期关节间隙不变窄，发作高峰期以高血尿酸为特点，晚期形成痛风结节。

2. 牛皮癣性关节炎　多有皮肤牛皮癣病病史，好发于手足的远侧指（趾）间关节；以病变不对称和指（趾）骨的肌腱、韧带附着部骨质增生为特征。

二、强直性脊柱炎

强直性脊柱炎（ankylosing spondylitis）是一种全身性慢性退行性炎症性疾病。病变主要侵犯中轴关节和髋关节，几乎全部累及骶髂关节，并从骶髂关节开始，逐渐累及上位脊柱和四肢大关节。

【病理与临床】　强直性脊柱炎关节滑膜的病理改变为非特异性炎症，以非特异性滑膜炎及纤维素沉积为主，可出现滑膜炎症、软组织水肿及骨质疏松；骶髂关节是最先发病的部位。滑膜炎症及出现的血管翳可造成关节软骨及软骨下骨的侵蚀破坏。其渗出性变化较轻，而增殖性变化明显。纤维增殖后使脊柱韧带、关节突、关节囊及椎间盘发生广泛钙化、骨化，将相邻各椎体连接在一起，呈“竹节”状脊柱。

本病病因不明，好发于 30 岁以下男性，90%以上患者 HLA-B27 抗原阳性。早期出现晨僵，继而出现持续性腰痛、大关节痛，并呈上行性进展，最终出现脊柱强直，呼吸困难。

【影像学表现】

1. X 线表现

（1）早期：双侧骶髂关节下 2/3 关节边缘模糊，以髂骨侧为主，关节面锯齿状骨质缺损，周围硬化；椎间小关节模糊、狭窄；椎体上、下角缺损。

（2）中晚期：双侧骶髂关节骨质侵蚀，骨硬化，整个关节间隙狭窄、消失乃至骨性强直。椎弓小关节间隙变窄或消失、骨性强直。椎旁韧带钙化，骨桥形成，椎体呈方椎及竹节状改变；正位片见车辙征。脊柱侧弯、变直或（和）后突畸形（图 9-48）。

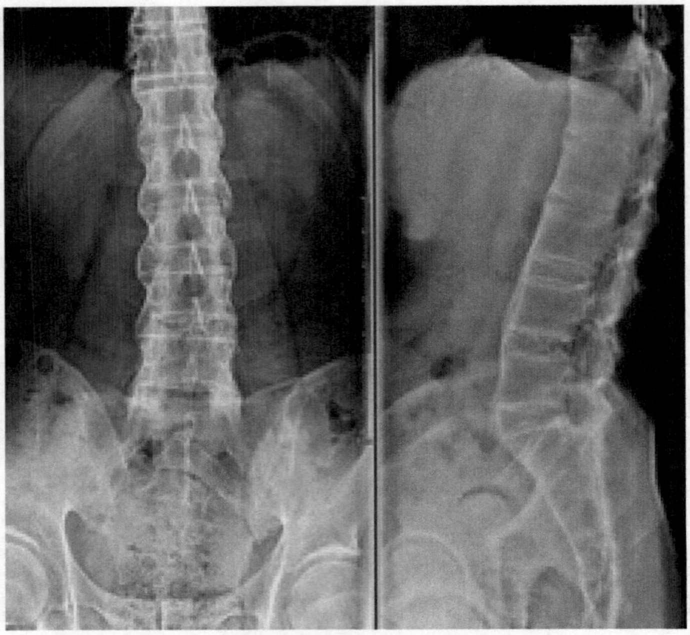

图 9-48 强直性脊柱炎腰椎改变 X 线表现

2. CT 表现 主要用于观察骶髂关节，能早期发现平片难以显示的侵蚀灶。

【诊断与鉴别要点】 强直性脊柱炎的影像学改变一般较临床症状出现晚，100%对称性侵犯双侧骶髂关节，大多侵犯脊柱；青年男性易发病；边缘不清的骨侵蚀伴邻近骨尤其是髂骨的硬化、关节间隙狭窄、骨性融合和韧带骨化是典型强直性脊柱炎的特征性表现。

三、退行性骨关节病

退行性骨关节病（degenerative osteoarthrosis）是一种非炎性退行性的关节疾病，以关节软骨退变、关节面和其边缘形成新生骨为特征。

【病理与临床】 本病分原发性和继发性两类。原发性者最多见，见于老年人，为随年龄增长关节软骨退行性变的结果；继发性者可为任何原因引起的关节软骨破坏所致。病理改变主要为软骨水含量减少、表层侵蚀或磨损而引起软骨变薄，严重者可完全破坏而剥脱。关节液通过关节软骨微小缺损，压迫其下方组织引起软骨下囊变，囊变周围纤维组织增生和反应性新生骨形成。晚期关节软骨碎片脱落，形成关节内游离体，后者可发生钙化和骨化。

临床上原发性者发病缓慢，多见于 40 岁以上；好发于髋关节、膝关节、指间关节、脊椎等关节。病变初期受累关节活动障碍，在晨起或久坐起立时明显，经活动后消失；关节疼痛和关节绞锁。

【影像学表现】

1. X 线表现 关节间隙变窄，软骨下骨质硬化，骨赘形成；后期出现关节失稳、畸形、游离体和关节面下囊性变等。临床症状往往不与 X 线表现的严重程度相关。关节间隙变窄是最常见的早期征象；骨赘开始可表现为关节面边缘变锐利，以后为关节面周缘的骨性突起，呈唇样骨质增生（图 9-49）；软骨下反应性骨质硬化为关节软骨下广泛性密度增高，关节面下可见单发或多发的圆形或类圆形透光区，边缘清楚，常有窄硬化带，为关节面下假囊肿。

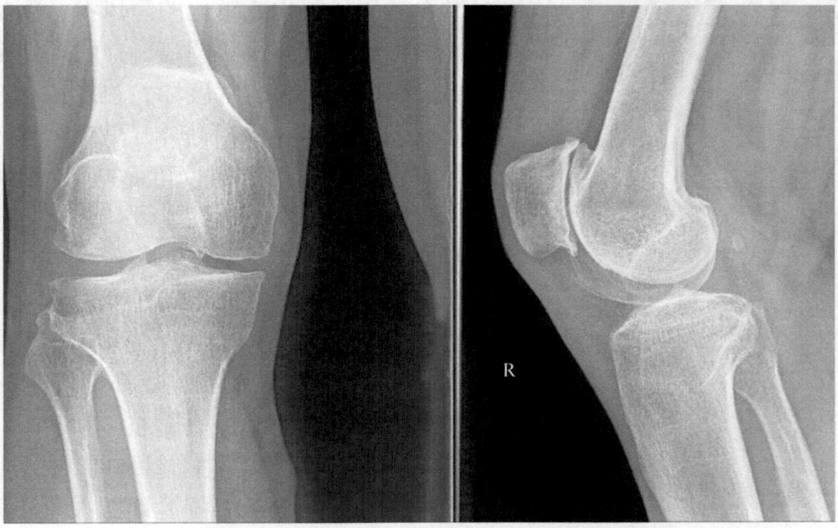

图 9-49　右侧膝关节退行性骨关节病 X 线表现

2. CT 表现　主要用于复杂关节（骶髂、髋、膝关节等）的观察。滑膜炎关节积液时，CT 比平片敏感，表现为关节囊扩张，内为均匀液性密度影。

3. MRI 表现　关节软骨退行性变主要发生在承重区，关节内出现条状或不规则形低信号，以 T_1WI 像明显。软骨下骨质水肿、充血、肉芽组织增生，表现为厚薄不一的 T_1WI 低信号、T_2WI 高信号。关节面下骨质硬化及增生骨质表现为长 T_1、短 T_2 信号，关节面下囊变呈长 T_1、长 T_2 液性信号，边缘清晰锐利。

【诊断与鉴别要点】　本病发展缓慢，好发于髋关节、膝关节、指间关节、脊椎等关节，关节间隙变窄，软骨下骨质硬化，骨赘形成，诊断不难。

四、痛　风

痛风（pout）是嘌呤代谢障碍而产生过多的尿酸盐蓄积引起的疾病。本病以血清、体液中尿酸增高及尿酸盐沉着于骨、关节囊、皮下组织、肌腱与滑膜组织引起的炎症反应为特征。

【病理与临床】　尿酸盐结晶沉积于关节软骨、软骨下骨质、关节周围结构和肾，结晶引起局灶性坏死，继而发生炎症反应，形成肉芽组织。尿酸盐沉积及其周围纤维化，即为痛风结节。关节病变主要为软骨变性、滑膜增生和边缘性骨质侵蚀，关节强直罕见。

临床上分为三期。①无症状期：仅有高尿酸血症，可持续很长时间，甚至十多年；部分患者可有尿路结石。②急性痛风性关节炎期：发作期起病急骤，关节剧痛。早期多侵犯单关节，以第 1 跖趾关节多见，其次为踝、手、腕、膝和肘等关节；一般数日至 2 周症状可缓解，关节炎逐渐消退，皮肤红肿逐渐恢复正常。③慢性痛风性关节炎期：炎症不能完全消退，关节畸形、僵硬。

【影像学表现】

1. X 线和 CT 表现　痛风发病 5～10 年内可无任何 X 线表现。早期表现为关节周围软

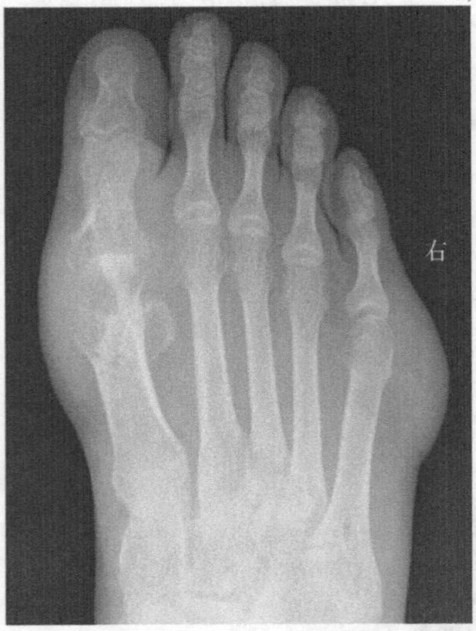

图 9-50　右足部痛风 X 线表现

组织肿胀，随后出现小花边状骨膜反应，以后关节周围软组织出现结节状钙化或钙化的痛风石；病情发展，骨皮质出现硬化或多处波浪状凹陷，并逐渐增多，邻近骨皮质不规侵蚀破坏或穿凿状破坏，边缘锐利，周围无硬化，严重的多个破坏区相互融合，呈蜂窝状；关节间隙不变窄为其特征。多始于第 1 跖趾关节。晚期严重者关节间隙变窄，甚至出现纤维性或骨性强直，也可有关节半脱位（图 9-50）。

2. MRI 表现　痛风结节 MRI 信号取决于钙盐的含量，一般 T_1WI 为低信号，T_2WI 为均匀高信号至接近均匀的等信号；增强后几乎所有病灶都均匀性强化，肌腱、韧带、肌肉和骨髓内病灶也有强化。

【诊断与鉴别要点】　本病诊断主要根据临床症状和实验室检查发现高血尿酸，第 1 跖趾关节破坏并软组织肿胀，诊断不难。本病需与风湿性关节炎和假痛风鉴别。

（黄　晓）

第十节　脊 柱 病 变

一、脊柱退行性变

脊柱退行性变（degenerative spinal diseases）为退行性骨关节病发生于脊柱，多为生理性老化过程。

【病理与临床】　脊柱退行性变主要病理改变包括椎间盘、椎间关节与韧带的退行性变。一般无明显症状，常见颈、腰背部僵硬或疼痛；当并发椎间盘突出、椎管狭窄等病变压迫神经血管时，才引起相应的症状和体征。

【影像学表现】

1. X 线表现　脊柱生理曲度变直、侧弯；椎间隙不对称性变窄；椎体面骨硬化，边缘骨刺、骨赘及骨桥形成；椎体变形（方扁）、不稳（滑脱），Schmorl 氏结节形成及椎间盘钙化；椎间小关节上、下关节突变尖，关节面骨质硬化和关节间隙变窄（图 9-51）。

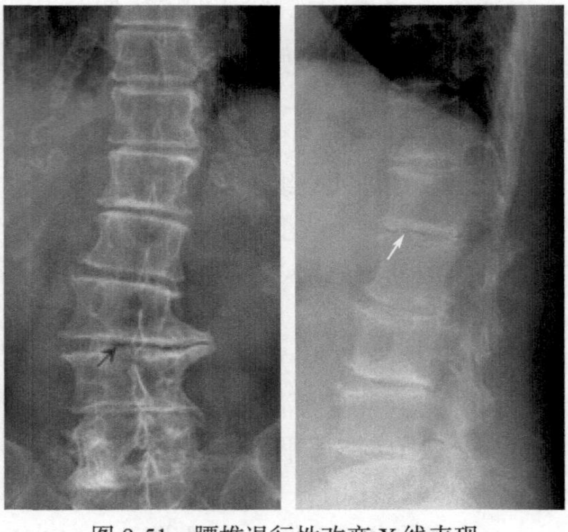
图 9-51　腰椎退行性改变 X 线表现

2. CT 表现　几乎所有退行性变都由椎间盘变性开始，包括椎间盘膨出、椎间盘积气、髓核钙化、Schmorl 氏结节。椎体边缘唇样增生、硬化；椎间小关节关节突肥大，骨刺形成，关节间隙变窄、积气，关节脱位。常见黄韧带及后纵韧带肥厚、钙化。可伴硬膜囊、脊髓受压移位，椎间孔狭窄。

3. MRI 表现　矢状位 T_2WI 在椎间隙水平，硬膜囊与脊髓前、后缘受压改变。增生骨质、钙化肥厚韧带均为低信号。椎间盘变性 T_2WI 为中低信号，丧失夹层样结构。脊髓受压，急性期可引起髓内水肿，长期压迫导致不可逆性损伤（胶质增生、脱髓鞘、坏死软化），T_2WI 髓内灶性或线样高信号。

【诊断与鉴别要点】　平片显示椎体骨质增生硬化、椎间隙变窄、椎间关节变窄、关节面硬化，即可诊断为本病；CT 检查优于 X 线，MRI 对显示椎间盘、椎体骨髓、硬膜囊、脊髓和神经根的改变较好。

二、椎间盘突出

椎间盘突出（disc protrusion）是常见病多发病，大多数为慢性损伤所致；椎间盘突出主要压迫神经根或脊髓，引起相应的临床症状。

【病理与临床】　由于椎间盘变性，致椎间盘变薄并向椎体周围膨隆，称椎间盘膨出；由于退变或外伤致纤维环破裂，部分髓核通过纤维环缺损处突出，称椎间盘突出。因纤维环前部厚，后部薄，后侧的中央又有后纵韧带加强，故椎间盘突出常在后纵韧带的侧后方，导致后纵韧带隆起。当突出的髓核穿过中央有裂隙的后纵韧带且髓核组织进入椎管内时，则形成髓核脱出。

椎间盘突出以腰 4～5 和腰 5～骶椎最常见。临床常见症状为颈肩痛或腰痛和下肢放射性疼痛，由臀部沿坐骨神经方向向下蔓延，疼痛可因步行、咳嗽及腹内压力增加而加重，休息后可减轻，直腿抬高试验常阳性。椎间盘前突和前侧突较少，并且常无明显的临床症状。

【影像学表现】

1. X 线表现　不能确诊，但下列征象可提示病变的存在。椎间隙均匀或不对称性狭窄，特别是后宽前窄；椎体边缘，尤其是后缘出现骨赘；脊椎生理曲度变直或有侧弯现象；Schmorl 结节表现为相邻椎体的上、下缘有边缘清楚的隐窝状切迹，多位于椎体的中间，也可位于椎体的后部，形态常为圆形。

2. CT 表现

（1）椎间盘变性：侧位定位片及矢状面重组像可见椎间盘高度降低。退变的椎间盘可产生氮气，称为所谓的“真空”现象，在椎间盘内见不规则气体密度区，CT 值为负值。Schmorl 结节表现为相邻终板相应部位结节状骨质缺损，边缘硬化且光滑锐利。

（2）椎间盘膨出：表现为椎间盘均匀且对称地超出椎体边缘的软组织密度影，轮廓完整。硬膜外脂肪间隙存在，硬膜囊和神经根无受压移位（图 9-52）。

（3）椎间盘突出和脱出：分三型：①中央型，指位于中线者（图 9-53）；②侧后型，指位于中线两侧椎管内者；③外侧型，指突出的中心位于椎管外者。

CT 直接征象：①椎间盘后缘向椎管内局限性突出的软组织块影，其密度与相应的椎间盘密度一致（介于骨质与硬膜囊之间），形态不一，边缘规则或不规则。②突出的椎间盘可有大小、形态不一的钙化；需与椎体后缘骨质增生相鉴别，钙化常孤立存在，多与椎间盘相连，上下层面无连续性，而骨质增生时椎体后缘较宽，上下层面有连续性。③脱出时椎管内硬膜外可见髓核游离碎片，其密度高于硬膜囊。

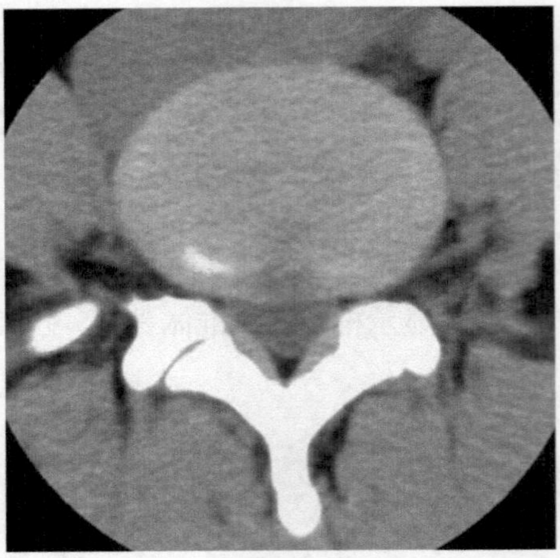

图 9-52　椎间盘膨出 CT 表现

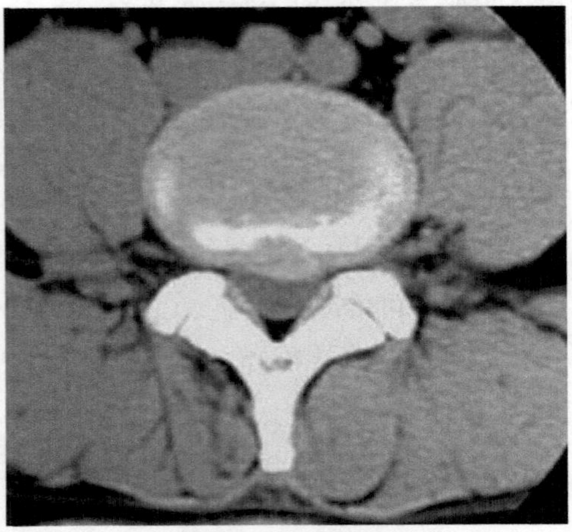

图 9-53　椎间盘突出 CT 表现

CT 间接征象：①硬膜囊外脂肪间隙移位、变窄或消失。②硬膜囊前缘或侧方及神经根受压移位；脊髓造影有助于显示蛛网膜下腔、脊髓及神经根受压征象。③椎间盘突出所致骨质改变：脱出的髓核周围反应性骨质硬化，其形态不一且不规则，多位于椎体后部表面。

3. MRI 表现　MRI 能清晰地显示脊髓、脑脊液、硬脊膜等组织，对椎间盘突出的显示优于 CT。正常椎间盘的髓核和纤维环的内侧部含水量较多，在 T_1WI 呈稍高信号；纤维环外侧部和后纵韧带的水分较少，呈 T_1WI 低信号；在 T_2WI 上前者呈高信号而后者仍呈低信号。椎间盘变性时水分丢失，T_2WI 上高信号消失。T_1WI 轴位像上突出的髓核在椎间盘后方呈中等信号，基底部可宽广或局限。在 T_2WI 椎间盘呈中等稍低信号，由于脑脊液呈高信号，能更准确地显示硬脊膜和神经根鞘的受压及椎间孔内脂肪的移位情况。MRI 还可进行矢状位扫描，若椎间盘向后突出，可直接显示硬脊膜受压情况（图 9-54）。

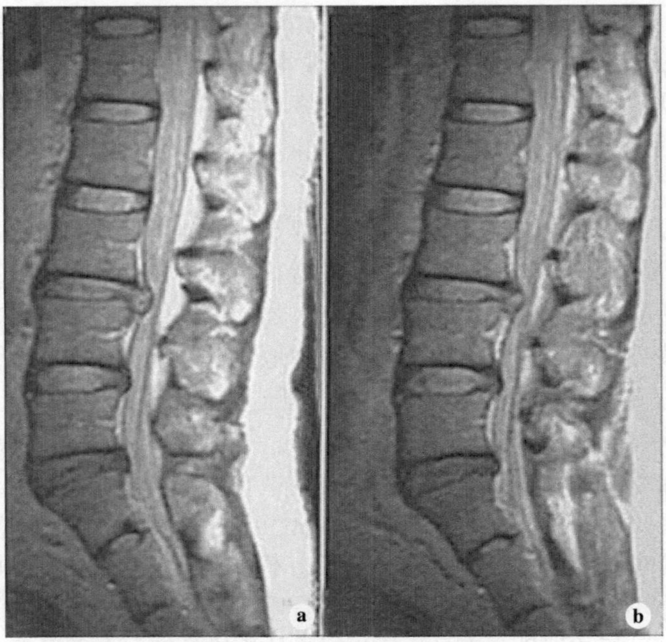

图 9-54　椎间盘突出 MRI 表现

MRI 矢状面 T_2WI 示腰 4～5 椎间盘髓核信号减低，并见椎间盘突出

【诊断与鉴别要点】　椎间盘突出一般有比较典型的临床表现，CT 和 MRI 可见突出于椎体后方的椎间盘结构及硬膜囊、神经根和椎间孔受压移位。

三、椎弓崩裂及脊椎滑脱

椎弓崩裂及脊椎滑脱是指因椎弓峡部缺损、分离，而引起椎体向前滑动。只有椎弓峡部缺损而没有椎体滑动者，称为脊椎滑脱症前期；椎弓峡部存在缺损且有椎体滑动者，称为真性脊椎滑脱症；只有椎体滑动但椎弓完整者，称为假性滑脱。

【病理与临床】　真性脊椎滑脱症多见于 40—50 岁男性。椎弓峡部的骨质缺损可为一侧性或两侧性的，但以两侧多见；多数脊椎滑脱症发生在第 4、5 腰椎，多数累及第 5 腰椎。因椎板的椎弓峡部缺损，故其稳定性差，导致脊椎向前、向后有不同程度的滑动。常见症状为腰腿痛；也可出现类似椎间盘脱出症所致的神经根受压症状。

通常将滑脱椎体的下位椎体由前向后分为四等份，以此来衡量脊椎滑脱的程度：椎体向前滑动超过 1/4 者为Ⅰ度滑脱，超过 1/2 者为Ⅱ度滑脱，超过 3/4 者为Ⅲ度滑脱，超过 4/4 者为Ⅳ度滑脱。

【影像学表现】

1. X 线表现　X 线平片是诊断腰椎滑脱的首选方法。根据病变程度不同，侧位片上可见滑脱部位脊柱的椎体可不同程度地向前滑动移位；也可见脊椎先天畸形、椎小关节面硬化及其关节间隙变窄、椎弓峡部断裂缺损，且多为两侧对称性发生（图 9-55）；患者常合并骨刺、椎间隙变窄、椎体骨质硬化等脊椎继发性改变。

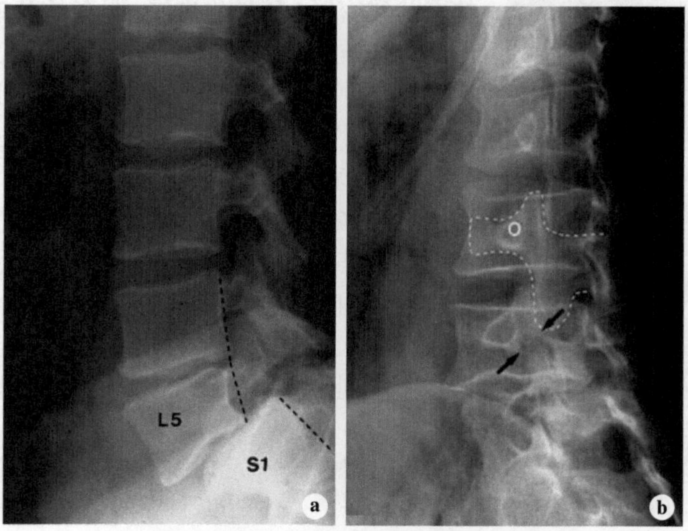

图 9-55　第 5 腰椎椎弓崩裂并滑脱 X 线表现

a. 侧位；b. 斜位

2. CT 表现　①椎弓峡部呈锯齿状断裂，断端不规则骨质增生硬化，常伴有骨赘形成。②椎小关节突肥大，关节面硬化，关节边缘骨赘形成，关节间隙变窄。③滑脱水平以下的椎管狭窄。④峡部骨赘向下突入椎间孔内而致其狭窄。⑤侧隐窝变窄、变长，呈横行狭窄。⑥椎间盘纤维环变形，可并发椎间盘膨出或突出。⑦神经根和硬膜囊受压、韧带骨化。

【诊断与鉴别要点】 本病影像学表现典型，一般诊断不难。当侧位片上椎弓峡部裂缺损显示不清时，可加摄取斜位片或进一步 CT 检查。

（黄　晓）

第十一节　软组织病变

一、骨化性肌炎

【病理与临床】 骨化性肌炎（myositis ossificans）是指发生于肌肉或软组织内的异位骨化性疾病。根据有无外伤史，可分为外伤性和非外伤性骨化性肌炎，其中以外伤性多见。

主要病理改变为肌肉内出血后钙化及骨化，约外伤 1 周后先从出血病灶周围开始有钙化形成；2 周后，钙化向病灶内部发展；约 6 周后，病灶已进入成熟期，钙化转为骨化，骨化组织内可有骨髓形成。

好发于青年男性，可有明显肿胀、疼痛，软性包块；后期肿块逐渐缩小、变硬，症状减轻，可遗留硬实性肿块。

【影像学表现】

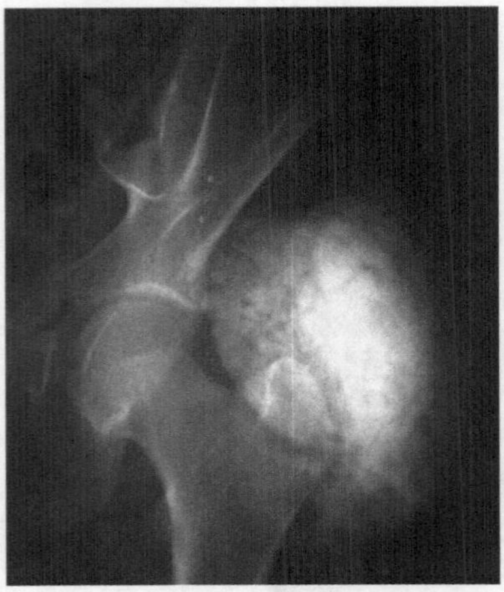

图 9-56　骨化性肌炎 X 线表现

1. X 线表现　初期肿块内呈斑片状钙化及毛糙不整的网状致密影；随骨化进展，呈条纹状或层状致密结构，与肌束方向平行。成熟的骨化灶可清楚显示骨小梁结构。骨化肿块与邻近骨皮质或骨膜之间有透亮间隙（图 9-56）。

2. CT 表现　在 CT 上呈边缘模糊、不规则的絮状高密度影，多为不同程度的环状钙化或骨化，中央与周围密度相比呈低密度。初期表现为边缘不清的低密度肿块，随病灶周围部钙化和骨化的逐渐增多，病灶逐渐清楚，可呈斑点状或云雾状；肿块可部分或全部钙化。钙化呈形态不规则、无结构致密影；骨化多呈条纹状、分层状致密结构。

【诊断与鉴别要点】 主要与皮质旁骨肉瘤鉴别，后者瘤骨先在病灶中心形成，再向外扩展，并常侵犯邻近骨骼。

二、软组织脓肿

【病理与临床】 软组织脓肿（soft tissue abscess）是因细菌经创口直接侵入、血行性播散或邻近病灶直接扩散等原因形成，常合并骨髓炎。常见软组织肿胀、脂肪层模糊、关节间隙增宽，肿胀的软组织内可出现液气平面或气泡。临床表现有红、肿、热、痛。

【影像学表现】

1. CT表现　软组织内可见圆形或类圆形肿块，可呈分叶状，边界较清；中央坏死，液化区出现水样密度，有时可见气液平面或气体影。增强扫描坏死灶周围可出现环状强化。

2. MRI表现　中央液化、坏死区多呈长T_1、长T_2信号，有时也可呈低信号；周边常可见一低信号环，边界光整，厚薄均匀，为脓肿壁的纤维化。

【诊断与鉴别要点】　软组织脓肿影像学检查以MRI为佳，CT次之。表现为病变中央区为液性信号或密度，脓腔内含气体或气液平面出现为特征性征象，诊断不难。

三、软组织肿瘤

（一）脂肪瘤

【病理与临床】　脂肪瘤（lipoma）是一种由成熟脂肪细胞构成的良性肿瘤，多发生于含有脂肪组织的任何部位，常见于颈、肩、背、臀及肢体皮下组织和腹膜后。脂肪瘤常有一薄层纤维包膜，呈扁平或分叶状，边缘清楚，质软。镜下可见成熟的脂肪细胞堆积，其间有不规则纤维组织分隔。皮下脂肪瘤发展较缓慢，大小不一。

【影像学表现】

1. X线表现　边缘规整、清楚的低密度区，多呈圆或卵圆形，密度略低于软组织（图9-57）。

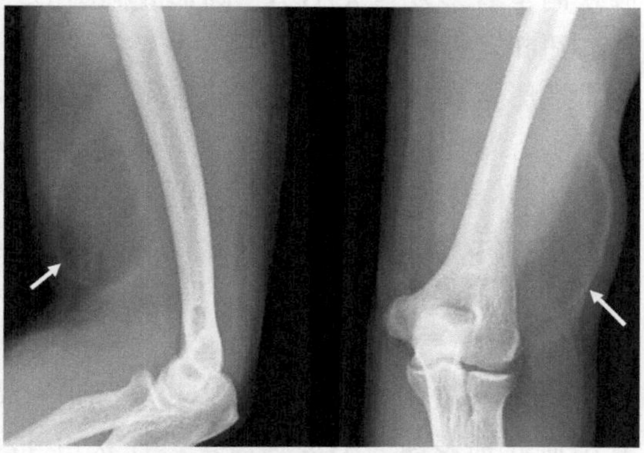

图9-57　脂肪瘤（↑）X线表现

2. CT表现　肿瘤呈一个或多个边缘光整的低密度区，多呈分叶状；周围组织受压。CT值−20～−80HU，密度均匀，有包膜，内部可有分隔。增强扫描无强化。

3. MRI表现　信号具有特征性，呈短T_1、中长T_2信号，在所有序列中均与皮下脂肪组织信号相同，边缘清楚，信号强度均匀。

【诊断与鉴别要点】　脂肪瘤影像学具有特征性，多无需与其他病变鉴别。

（二）脂肪肉瘤

【病理与临床】　脂肪肉瘤（liposarcoma）多发生于深部软组织，最常见于大腿及腹膜后。肿瘤呈节结或分叶状，有假包膜，切面呈鱼肉状，可见出血及坏死灶。按肿瘤所含细胞成分不同，可分为黏液型（最常见）、圆细胞型（恶性程度最高）、分化良好型、多形性型及混合型。多见于中老年，发生于四肢者，可有局限性软组织肿胀；发生于腹膜后者，多表现为肿瘤引起的继发症状。

【影像学表现】

1. CT表现　肿瘤呈圆形或不规则形软组织肿块，边界不清。肿瘤密度取决于肿瘤内脂肪细胞的分化程度及与纤维组织或黏液组织的混合程度，一般其密度高于人体脂肪组织。脂肪含量少，肿块密度高，恶性程度高；脂肪含量多，肿块密度低，其恶性程度也低，增强扫描其实性部分呈不均匀强化。

2. MRI 表现 肿瘤呈大小不一、形态不整、边界不清、信号强度不均匀的软组织肿块影。根据肿瘤成分不同，其 MRI 信号有所不同。圆细胞型含脂肪量少，多为等 T_1、等 T_2 信号；黏液型以含液体囊性成分为主，多表现为长 T_1、长 T_2 信号；分化良好、含脂肪成分较多的脂肪肉瘤，则表现为不均匀的短 T_1、中长 T_2 信号。

【诊断与鉴别要点】 分化好的脂肪肉瘤与脂肪瘤难以鉴别。分化差的脂肪肉瘤一般无脂肪成分发现，需与恶性纤维组织细胞瘤、纤维肉瘤、原始神经外胚层肿瘤等鉴别。

（三）血管瘤

【病理与临床】 血管瘤（haemangioma）为血管组织所形成的良性肿瘤，可发生于任何组织。发生于软组织的血管瘤多见于皮肤、肌肉、肌腱、滑膜及结缔组织。常分为三种类型：毛细血管瘤、海绵状血管瘤、混合型血管瘤。多见于儿童，无明显自觉症状，可有间歇性疼痛、肿胀；若发展可侵犯、破坏周围组织，引起肢体功能障碍、畸形或并发感染、溃疡及出血。可在肿胀处触及搏动和听到血管性杂音。

【影像学表现】

1. X 线表现 血管瘤范围较大形成块样结构后，可见软组织肿胀或肿块，边界不清。肿块内常有多发、大小不一圆形或椭圆形环状钙化；环状钙化影内有时伴有小点状钙化，呈“纽扣”样影（静脉石），为本病的特征性表现。周围骨质结构多有压迫性骨质破坏。血管造影呈囊状不规则扩张的血窦或粗细不均、迂曲扩张的血管样结构（供血动脉及引流静脉），对比剂通过缓慢。

2. CT 表现 肿块形态不规则，边界不清；常伴有脂肪组织增生，多位于肌间或肌内，呈不均匀低密度。钙化及静脉石常见，为本病重要的诊断依据，CT 显示敏感。增强扫描明显强化。

3. MRI 表现 多呈不均匀长 T_1、长 T_2 信号，无明显流空现象及占位效应。其内的脂肪组织呈散在点状短 T_1、中长 T_2 信号；静脉石及钙化则均呈低信号。亚急性及慢性反复出血分别表现为不规则斑点、片状短 T_1、长 T_2 信号及含铁血黄素沉着引起的短 T_2 低信号环。

【诊断与鉴别要点】 发生在深部组织的血管瘤，首选 CT 检查，发现静脉石和骨侵蚀性改变是其特征性表现；MRI 可以显示瘤体的大小、部位、范围及其与周围结构的关系。

（黄　晓）

目 标 检 测

一、病 例 分 析

病例

男，34 岁。右肩部持续性疼痛 1 个月余。右肩关节活动障碍，无发热（图 9-58）。

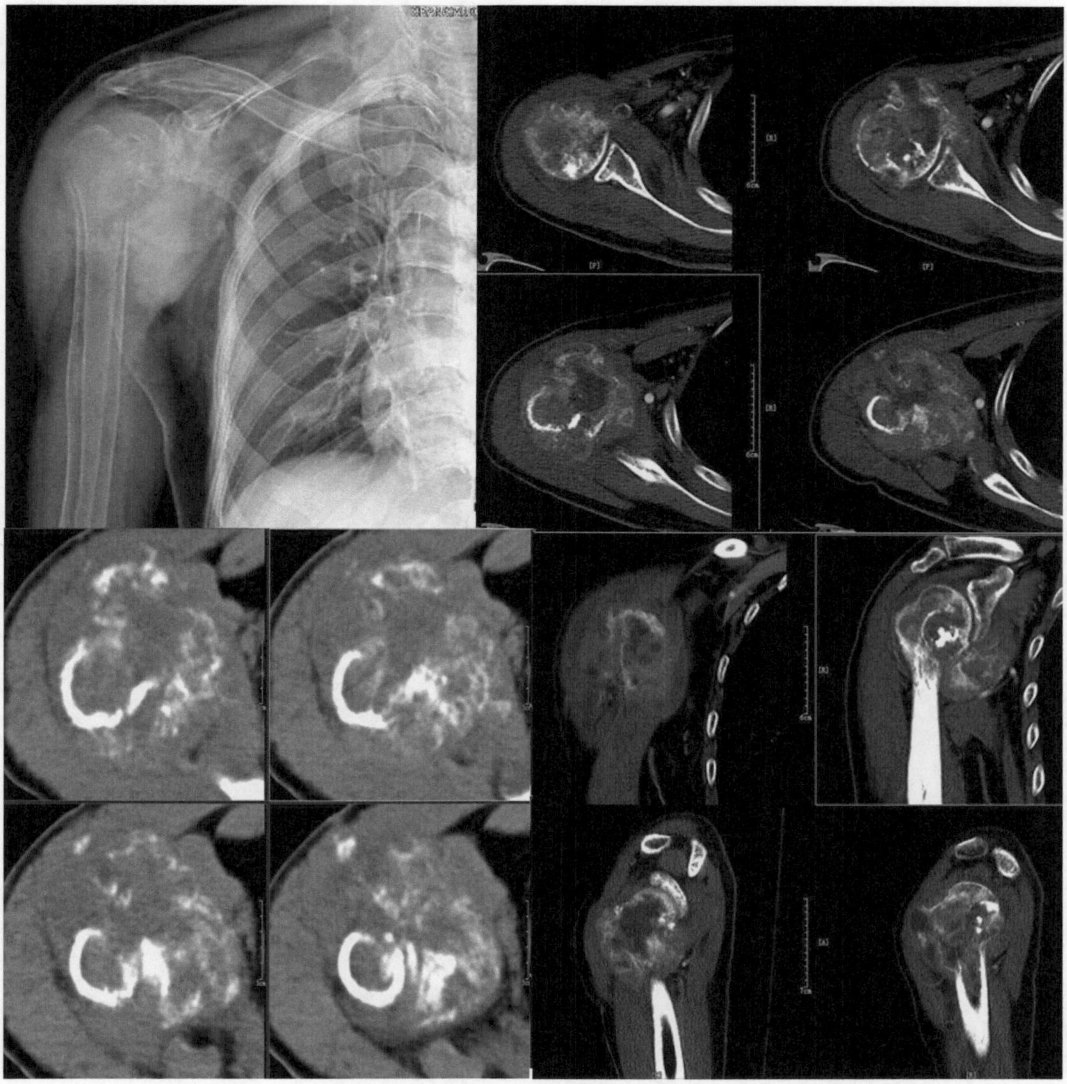

图 9-58　病例

【问题及讨论】

1. 指出病变发生部位。
2. 请进行病灶的形态分析。
3. 试解释病灶形态的病理基础。
4. 初步诊断是什么疾病？请说出诊断依据。
5. 是否应与哪种疾病鉴别？简要说明鉴别要点。

二、复习思考题

1. 简述小儿长骨的特点及其正常 X 线表现。
2. 何谓骨质疏松和骨质软化？
3. 简述关节退行性变的 X 线表现。

4. 何谓骨折对位不良和对线不良?
5. 简述椎体骨折的分型及影像学表现。
6. 简述椎弓崩裂的 X 线表现。
7. 简述股骨头缺血坏死的影像学表现。
8. 简述急性化脓性骨髓炎的影像学表现。
9. 简述脊柱结核的影像学表现。
10. 简述类风湿关节炎 X 线表现。
11. 简述强直性脊柱炎 X 线表现。
12. 简述骨纤维异常增殖症 X 线表现。
13. 简述骨巨细胞瘤影像学表现。
14. 简述骨肉瘤影像学表现。
15. 简述良、恶性骨肿瘤的鉴别诊断。

病例分析参考答案

第二章

病例一：右侧额颞顶部硬膜下血肿；病例二：左侧听神经瘤。

第三章

病例一：全组副鼻窦炎；病例二：颈部淋巴结转移瘤。

第四章

病例一：双肺囊状支气管扩张；病例二：右上叶周围型肺癌；病例三：双肺亚急性血行播散型肺结核。

第五章

病例一：风湿性心脏病（二尖瓣狭窄）；病例二：慢性肺源性心脏病。

第六章

病例一：乳腺癌。

第七章

病例一：胃窦部溃疡型胃癌；病例二：肝右叶海绵状血管瘤。

第八章

病例一：右侧输尿管结石并右肾积水；病例二：右肾透明细胞癌。

第九章

病例：右侧肱骨上段骨肉瘤。